Michael Bolien, Dr. Albrecht Ehlert, Ali Hafezi, Elke Preckel, Roland Ritter,
Martin Schleyer, Thomas Schneider

Herausgeber: Dr. Albrecht Ehlert

Basiswissen IT-Berufe

Anwendungsentwicklung in Theorie und Praxis

1. Auflage

Bestellnummer 01606

Bildungsverlag EINS
westermann

Die in diesem Produkt gemachten Angaben zu Unternehmen (Namen, Internet- und E-Mail-Adressen, Handelsregistereintragungen, Bankverbindungen, Steuer-, Telefon- und Faxnummern und alle weiteren Angaben) sind i. d. R. fiktiv, d. h., sie stehen in keinem Zusammenhang mit einem real existierenden Unternehmen in der dargestellten oder einer ähnlichen Form. Dies gilt auch für alle Kunden, Lieferanten und sonstigen Geschäftspartner der Unternehmen wie z. B. Kreditinstitute, Versicherungsunternehmen und andere Dienstleistungsunternehmen. Ausschließlich zum Zwecke der Authentizität werden die Namen real existierender Unternehmen und z. B. im Fall von Kreditinstituten auch deren IBANs und BICs verwendet.

Die in diesem Werk aufgeführten Internetadressen sind auf dem Stand zum Zeitpunkt der Drucklegung. Die ständige Aktualität der Adressen kann vonseiten des Verlages nicht gewährleistet werden. Darüber hinaus übernimmt der Verlag keine Verantwortung für die Inhalte dieser Seiten.

service@westermann.de
www.westermann.de

Bildungsverlag EINS GmbH
Ettore-Bugatti-Straße 6-14, 51149 Köln

ISBN 978-3-427-**01606**-9

westermann GRUPPE

Inhaltsverzeichnis

Vorwort

Das vorliegende Werk **„Anwendungsentwicklung in Theorie und Praxis“** dient der Ausbildung in den IT-Berufen in ganz Deutschland. Zielgruppen sind somit vorwiegend **Auszubildende in den dualen IT-Ausbildungsberufen.** Aber auch **Schülerinnen** und **Schülern** im Leistungskurs Informatik oder **Studierenden** mit dem Schwerpunkt Software-Engineering bzw. Angewandte Informatik bietet das Buch wertvolle Informationen. **Lehrende** werden beim handlungsorientierten Unterricht unterstützt.

Der **Inhalt** ist fachsystematisch strukturiert und in neun Hauptkapitel gegliedert. Die Themen orientieren sich am KMK-Rahmenlehrplan, genauer gesagt am Lernfeld 6 (Entwickeln und Bereitstellen von Anwendungssystemen) aller IT-Berufe. Das Buch berücksichtigt bereits alle Neuerungen nach der Änderungsverordnung über die Stufe I der Novellierung der Berufsausbildung der IT-Berufe vom 1.8.2018 und stellt neben den klassischen Themen der Anwendungsentwicklung zusätzliche praxisnahe aktuelle Themen zur Verfügung, wie zum Beispiel:

- IT-Sicherheit, u. a. mit dem Thema „Angriffsverfahren auf Software“ und mit den Auswirkungen der Datenschutzgrundverordnung (DSGVO) auf die Anwendungsentwicklung
- Verfahren und Werkzeuge zur Versionierung und kooperative Software-Entwicklung (git)
- Agile Softwareentwicklung, Cleancode und Test Driven Development
- Big Data, KI-Algorithmen, Industrie 4.0

Die **Konzeption** des Buches sieht einen starken Bezug zur täglichen Praxis und den Inhalten der IHK-Prüfung für IT-Berufe vor. Vor jedem Kapitel werden die Kompetenzen benannt, die durch das Lesen, das Durchdringen des Themas, die praxisbezogenen Beispiele und das Lösen der Aufgaben, Übungen und Handlungsschritte entwickelt werden sollen.
Das Buch beschreibt (als roten Faden) ein **IT-Softwareunternehmen mit drei Auszubildenden**, welche ein Softwareprojekt von A bis Z begleiten. Die Inhalte aller Hauptkapitel werden am Ende zusammengefasst, zwischendurch werden Tipps für die IHK-Prüfung gegeben.
Das Buch kann einerseits von vorne nach hinten durchgelesen bzw. durchgearbeitet werden, andererseits eignet es sich vorzüglich als Nachschlagewerk für bestimmte Themen.

Lösungen zu den Aufgaben, Übungen und Handlungsschritten sind als Download über unseren Webshop unter www.westermann.de unter der ISBN 3-427-01613-7 verfügbar.

Die **Qualität dieses Buches** wird über die Qualität der Autoren erreicht. Alle sechs Autoren unterrichten IT-Auszubildende in der Berufsschule und sind größtenteils auch IHK-Prüfer. Die Autorin, Elke Preckel, unterrichtet im beruflichen Gymnasium an den Berufsbildenden Schulen 1 in Northeim/Niedersachsen. Michael Bolien, Ali Hafezi, Martin Schleyer und Dr. Albrecht Ehlert arbeiten alle an der größten IT-Schule Berlins, dem Oberstufenzentrum Informations- und Medizintechnik. Thomas Schneider und Roland Ritter sind Lehrende am Oberstufenzentrum Technik in Teltow/Brandenburg.

Autoren und Verlag sind allen Nutzern des Buches für kritische Hinweise und Verbesserungsvorschläge an service@westermann.de dankbar.

Berlin, im Juni 2019 — Die Verfasser

Vorstellung der Auszubildenden und der Ausbilderin der Softwarefirma

Anna, Emre und Paul sind Auszubildende in der Leipziger Softwarefirma ProSoftware Business Consulting (PSBC). Sie wollen verschiedene Berufe im IT-Bereich erlernen. Anna hat einen Vertrag über eine Ausbildung zur **IT-Kauffrau** in der Tasche, Emre wird zum **Fachinformatiker Anwendungsentwicklung** (FIAN) ausgebildet und Paul erfüllt sich seinen Traum vom **IT-Systemelektroniker** (ITSE).

Anna (21) | Azubi – IT-Kauffrau

Sie studiert bisher Betriebswirtschaftslehre. Sie hat gemerkt, dass sie IT spannend findet und mehr Praxisbezug möchte. Sie hat ihr Studium abgebrochen und lässt sich nun zur IT-Kauffrau ausbilden.

Ihr Leben:

- Freunde = Familie
- Passion: Fotografie, nutzt Pinterest und Instagram
- Reist gerne, fertigt Reisetagebücher an (digital), Reisen ist ihre Inspiration
- Hat die IT als große Leidenschaft für sich entdeckt
- Liebt die drei Kids ihrer großen Schwester

Sie mag:

- Mit ihrer Kamera das Besondere entdecken
- Flanieren durch große Städte, Neues und Inspirationen entdecken
- Schönes mit Freunden und ihrer Community digital teilen
- Webseiten für ihre Freunde entwerfen und erstellen

Sie mag nicht:

- Starre, rigide Abläufe
- Fremdgesteuert sein
- Unsensible Menschen, Spießer
- Falsche Versprechen
- Konsumorientierte Leute

Sie wünscht sich:

- Klarheit, ob der Studienabbruch die richtige Entscheidung ist
- Eine gute Ausbildung zur IT-Kauffrau
- Eine angenehme Arbeitsatmosphäre
- Eine gute fachliche Grundlage für ihr späteres Berufsleben

Emre (29) | Azubi – Fachinformatiker

Er hat einen mittleren Schulabschluss und bereits eine Ausbildung zum Mechatroniker absolviert. In seinem Beruf kam er in Kontakt mit der IT und der Programmierung. Nun möchte er mehr in der Programmierung arbeiten und hat sich auf einen Ausbildungsplatz zum Fachinformatiker Anwendungsentwicklung (FIAN) beworben. Er hat diese Lehrstelle bei der Leipziger Softwarefirma ProSoftware Business Consulting (PSBC) gefunden und ist sehr gespannt, welche Projekte er im Rahmen seiner Ausbildung kennenlernen wird.

Sein Leben:

- Verheiratet
- Freunde = viele
- Passion: Autos und Fußball, nutzt WhatsApp für Verabredungen
- Informiert sich über neueste Technik im Internet
- Hat die Programmierung für sich entdeckt
- Liebt seine Familie

Er mag:

- Samstag auf dem Fußballplatz sein
- Mit Freunden Zeit verbringen
- Erlebnisse mit Freunden digital teilen
- Seinem Sohn die Welt erklären

Er mag nicht:

- (Vor-)schnelle Entscheidungen
- Wenn man ihm Unsicherheit/Verunsicherung anmerkt
- Wenn es ihm zu schnell geht und er nicht mitkommt

Er wünscht sich:

- Eine klare Entscheidung für Anwendungsentwicklung oder Systemintegration
- Einen schnellen Durchblick in der Softwareentwicklung
- Eine angenehme Arbeitsatmosphäre
- Eine gute fachliche Grundlage für sein späteres Berufsleben

Paul (17) | Azubi – IT-Systemelektroniker

Er interessiert sich von klein auf brennend für Technik. Die Computertechnik und -netze haben es ihm besonders angetan. Nun hat er seinen mittleren Schulabschluss und sich damit sofort auf einen Ausbildungsplatz zum IT-Systemelektroniker (ITSE) beworben. Ihn reizt die Vielfältigkeit dieses Berufes. Die Leipziger Softwarefirma ProSoftware Business Consulting (PSBC) hat ihn als Auszubildenden angenommen und nun freut sich Paul auf die vielen Herausforderungen, die ihn in einem solchen Unternehmen erwarten.

Sein Leben:

- Wohnt bei seinen Eltern
- Hat viele Kumpels, aber nur einen guten Freund
- Passion: Gamen und IT, nutzt WhatsApp und SnapChat
- Feiert gern (W)LAN-Partys
- Programmiert oft bis in die Nacht
- Hat seinen eigenen YouTube-Kanal

Er mag:

- Die Wochenenden am liebsten online verbringen
- Chatten mit seinen Kumpels
- Musik und Videos machen

Er mag nicht:

- Sein Zimmer aufräumen
- Streber
- Im Haushalt mithelfen
- Vor großen Gruppen sprechen

Er wünscht sich:

- Einen guten Überblick über das Berufsbild des IT-Systemelektronikers
- Spannende Projekte innerhalb seiner Ausbildung zum IT-Systemelektroniker
- Eine angenehme Arbeitsatmosphäre
- Eine gute fachliche Grundlage für sein späteres Berufsleben

Die Ausbilderin der drei Azubis ist Frau Zeinab.

Manuela Zeinab (36) | Chef-Entwicklerin

Sie ist Fachinformatikerin Anwendungsentwicklung und hat sich damit ihren Traum vom Programmieren erfüllt. Schon in der Schulzeit belegte sie alle Kurse, die etwas mit Anwendungsentwicklung zu tun hatten, und den größten Teil ihrer Freizeit widmete sie dieser Leidenschaft.

Nun ist sie Chef-Entwicklerin bei der Leipziger Firma ProSoftware Business Consulting (PSBC) und nimmt die Auszubildenden unter ihre Fittiche.

Ihr Leben:

- Sie lebt mit Mann und Kind in einem Vorort
- Passion: Programmierung, nutzt soziale Medien
- Besucht gern Conventions
- Liebt ihre Tochter und ist deren großes Vorbild

Sie mag:

- Mit ihrem Notebook im Park sitzen
- Das schöne Leben und die Technik miteinander verbinden
- Weltreisen
- Ihren Job, bei dem sie mit ganzem Herzen dabei ist

Sie mag nicht:

- Desinteresse
- Mitläufertum
- Unmotivierte Leute und Nörgler
- Zu spät kommen
- Profitgetriebenes Verhalten anderer

Sie wünscht sich:

- Dass sie innerhalb ihrer Firma erfolgreich bleibt
- Nette Auszubildende
- Eine angenehme Arbeitsatmosphäre aufrecht zu erhalten
- Weiterbildung

Alle vier freuen sich, dass ihre Firma bei der Ausschreibung einer Berliner Immobilienverwaltungsfirma, der ImmoVerPlus GmbH, für eine neue Hausverwaltungssoftware den Zuschlag bekommen hat. Der konkrete Auftrag zur Softwareerstellung liegt nun vor und im Unternehmen werden die Aufgaben verteilt.

Anna, als angehende IT-Kauffrau, wird stark in den kaufmännischen Teil des Auftrags eingebunden werden. Emre wird einen tiefen Einblick in die professionelle Softwareerstellung erhalten und Paul wird einiges über die Verteilung von Software lernen, denn das neue Programm zur Immobilienverwaltung soll dezentral konzipiert werden.

1 Softwareentwicklung bzw. Software Engineering

Bevor es nun an die konkreten Aufgaben zum Projekt herangeht, bekommen Anna, Emre und Paul den Auftrag, sich über die Geschichte der Softwareentwicklung zu informieren. Dabei sollen sie herausfinden, was Programme machen und was Software Engineering eigentlich ist. Um zu verstehen, wie Programme professionell erstellt werden, sollen sich die drei mit den Regeln und Verfahren der Softwareerstellung befassen.

Im Laufe dieses ersten Kapitels erwerben Anna, Emre und Paul die folgenden Kompetenzen.

Sie ...

- ... erläutern ausgewählte Vorgehensmodelle (z. B. Wasserfallmodell, Spiralmodell, V-Modell, Extreme Programming, Kanban oder Scrum).
- ... beschreiben den Aufbau eines Lasten- und Pflichtenheftes und erläutern den Unterschied der beiden Dokumente.
- ... erläutern im Kontext von Programmiersprachen ausgewählte Einordnungsmuster (z. B. Einordnung nach der Programmiersprachen-Generation, nach dem Programmiersprachen-Paradigma, nach der „Sprachhöhe" oder nach der Übersetzungsart).
- ... erstellen ein kurzes Pflichtenheft anhand eines vorgegebenen Lastenhefts.
- ... dokumentieren ein Kurzprojekt mit selbst ausgewählten Dokumenten (z. B. Benutzerdokumentation und/oder Systemdokumentation und/oder Projektdokumentation).
- ... kategorisieren Vorgehensmodelle (sequenziell, agil, dokumentengetrieben, risikogetrieben, testgetrieben etc.) und wählen in Abhängigkeit von einem Anwendungsproblem ein geeignetes Vorgehen aus.
- ... diskutieren die Vor- und Nachteile der verschiedenen Vorgehensmodelle und ordnen sie im historischen Kontext ein.
- ... wenden die Methode „Design Thinking" an einem speziellen Anwendungsproblem an.
- ... begründen die Wichtigkeit von Anforderungsspezifikationen und erstellen entsprechende Dokumente (z. B. Requirements, Lasten- und Pflichtenheft, User Stories, Use Case 2.0).
- ... begründen die Wahl einer Programmiersprache und einer geeigneten Entwicklungsumgebung (Eclipse, VisualStudio, NetBeans etc.) aufgrund eines vorgegebenen Lastenhefts.

1.1 Einführung

Das allererste Programm für eine Maschine wurde von Ada Lovelace (1815–1852) im Jahr 1842 erstellt. Es war eine Vorschrift, wie die Analytical Engine von Charles Babbage (1791–1871) bedient werden musste, um die Bernoulli-Zahlen zu berechnen.

Die ersten Programme für „richtige“ Computer wurden auf Lochstreifen erstellt und seriell von der Maschine abgearbeitet. Die Z1 von Konrad Zuse (1910–1995) war die erste Maschine, die das konnte (s. Abb. 1.1). Sie wurde im Jahr 1938 vorgestellt und beherrschte die vier Grundrechenarten sowie das Quadratwurzelziehen. Jeder Lochstreifen enthielt eine Rechenaufgabe und die Speicheradresse, an der das Ergebnis eingetragen wurde. Jeder Schritt wurde mechanisch eingelesen und direkt ausgeführt. So waren diese ersten Programme nicht mehr als Algorithmen, die Schritt für Schritt automatisch abgearbeitet wurden. Wollte man diesen Ablauf wiederholen, musste der Lochstreifen zurückgespult und von vorn eingelesen werden.

Doch nach und nach wurde die Hardware immer leistungsfähiger. Bald schon war es möglich, den Inhalt der Lochstreifen in einen Arbeitsspeicher einzulesen und erst dann auszuführen. So konnte die Bearbeitung wesentlich schneller ausgeführt werden. Jedoch blieben die Programme an die Hardware gebunden. Sie wurden in Maschinensprache geschrieben, einem Befehlssatz, den die Maschine verstehen konnte, der aber für den Menschen recht schwer verständlich war. Zudem hatte jede Maschine ihre eigene Sprache und so konnten Programme, die für eine Maschine geschrieben worden waren, auf einer anderen nicht ausgeführt werden.

Abb. 1.1: Eine Replika der Z1 im Deutschen Technikmuseum in Berlin

Erst als es gegen Ende der 1950er-Jahre möglich wurde, dass Computer eine für den Menschen verständliche Sprache in Maschinensprache übersetzen konnten, entwickelten sich die ersten standardisierten höheren Programmiersprachen, wie Cobol, FORTRAN, LISP oder ALGOL. Nun konnten Programme unabhängig von der Maschine erstellt und dann durch einen Compiler für die jeweilige Maschine übersetzt werden.

Dieser Schritt löste die Programmierung von der Hardware und gründete so ein neues Feld: die professionelle Softwareentwicklung (Software Engineering). Am Anfang wurden, wie vorher in der Maschinensprache, Algorithmen programmiert, nur eben in einer Hochsprache. Diese Programme wurden länger und länger und beanspruchten mehr und mehr menschliche Ressourcen. Ein Programm erstellen zu lassen, nahm immer mehr Zeit in Anspruch und wurde immer teurer, gleichzeitig wurde es immer schwieriger, bestehende Programme an die immer besser werdende Hardware anzupassen.

In den Sechzigerjahren des 20. Jahrhunderts war dann der Punkt erreicht, an dem die Programmierung teurer wurde als die Hardware und die Entwicklung der Programme nicht mehr mit der Entwicklung der Hardware Schritt halten konnte. Die Programmierbranche steckte in einer „Software-Krise“. Es war nicht möglich, durch Erhöhung der Anzahl der Programmierer an einem Projekt die Effizienz der Softwareentwicklung zu steigern. Es mussten Methoden gefunden werden, um komplexe Programme für komplexe Rechenanlagen zu erstellen und um Ressourcen und Teams zu verwalten. In dieser Zeit begann die systematische Softwareentwicklung, das Software Engineering, so wie man es heute kennt.

Professionelle Softwareentwicklung ist mehr als „gute Programmierung“. Es müssen Software-Engineering-Verfahren Anwendung finden, damit hochkomplexe und große Softwarepakete „industriell“ entwickelt werden können.

1.2 Software-Lebenszyklus

Die Zeitspanne von der Idee einer Software über ihre Entwicklung, ihren Einsatz, bis zu ihrem Verschwinden wird Software-Lebenszyklus (Software Life Cycle) genannt. Die allgemeine Einteilung in einzelne Etappen umfasst mindestens[1]:

- **Zielsetzung:** Es erfolgt die Bestimmung der Visionen und Ziele des angestrebten Endprodukts.
- **Bedarfs- und Umsetzbarkeitsanalyse:** Die Bedürfnisse des Kunden (Auftraggebers) sowie aller Personen, die vom Projekt betroffen sind, werden ermittelt.
- **Allgemeine Konzeption:** Die Anforderungsspezifikation der Gesamtarchitektur der Software wird festgelegt.
- **Detaillierte Konzeption:** Die Anforderungsspezifikation jeder Untereinheit der Software wird festgelegt.
- **Codierung:** Die Implementierung bzw. Programmierung der Anforderungen wird vorgenommen.

---

1 *Vgl. SilkeCCM/Pouquet, Pascal (Hrsg.): Software-Lebenszyklus, veröff. am 09.11.2017 unter: https://de.ccm.net/contents/574-software-lebenszyklus*

- **Einzeltests:** Es erfolgt die Überprüfung aller Untereinheiten (Module) der Software, ob diese den Spezifikationen entsprechend umgesetzt wurden und ob sie fehlerfrei laufen.
- **Integrationtests:** Verschiedene Elemente (Module) werden zu einem Gesamtsystem verbunden. Man überprüft, ob die Kommunikation zwischen den Modulen fehlerfrei funktioniert, das Gesamtsystem die Gesamtspezifikation erfüllt und ob es fehlerfrei läuft.
- **Dokumentation:** Erstellung der nötigen Informationen, um den Prozess der Softwareentwicklung, die Software selber, die Tests, die Verwendung der Software und vieles mehr darzustellen.
- **Auslieferung:** Die Software wird an den Kunden übermittelt. Es erfolgen eventuell Installation und Test der Software in der Produktivumgebung des Auftraggebers.
- **Wartung:** Die Wartung umfasst die Beseitigung auftretender Fehler und Weiterentwicklung der Software.

Läuft eine Version der Software aus oder wird die Software generell vom Markt genommen, wird das Ende des Software-Lebenszyklus zu einem bestimmten Termin bekannt gegeben. Nach diesem Termin findet keine weitere Wartung dieser Softwareversion oder der Software generell statt.

> Die Zeitspanne von der Idee einer Software über ihre Entwicklung, ihren Einsatz bis zu ihrem Verschwinden wird **Software-Lebenszyklus (Software Life Cycle)** genannt.

1.3 Klassische Vorgehensmodelle

Die drei Azubis Anna, Emre und Paul sind beeindruckt. Bisher kannten sie Programme von ihren Computern und als Apps auf ihren Handys. Sie hatten nie darüber nachgedacht, welcher Aufwand dahintersteckt. Vor allem die Planung einer Software finden sie besonders kompliziert. Ihre Ausbildungsleiterin Frau Zeinab meint, so schwierig sei es nicht, und erklärt ihnen die üblichen Vorgehensmodelle.

Im Weiteren finden sich einige Vorgehensmodelle für die Erstellung von Software. Das erste Modell **(Wasserfallmodell)** ist ein sequenzielles Vorgehensmodell, d.h., die einzelnen Phasen werden Schritt für Schritt abgearbeitet. Erst wenn eine Phase vollständig durchlaufen wurde, geht es mit der nächsten Phase weiter.

Danach folgen im historischen Kontext das **Spiralmodell** und das **V-Modell**.

1.3.1 Wasserfallmodell

Das Wasserfallmodell ist ein sequenzielles Vorgehensmodell, bei dem einzelne Phasen strikt nacheinander abgearbeitet werden. Es gilt als „dokumentengetrieben", weil nach jeder Phase neue Dokumente fertig sind, die (teilweise) für die nächste Phase benötigt werden.

Das Wasserfallmodell wird oft mit dem Namen Winston W. Royce in Verbindung gebracht. Er hat 1970 in seinem Artikel „Managing the Development of Large Software Systems“ ein gängiges Projektvorgehen der damaligen Zeit dargestellt (s. Abb. 1.2). Den speziellen Namen „Wasserfallmodell“ erhielt diese Vorgehensweise erst später.[1] Royce begründet in seinem Artikel, warum diese Vorgehensweise bei großen Projekten in der Regel nicht funktioniert, und macht einige Verbesserungsvorschläge.[2] Das größte Problem ist nämlich, dass die Anforderungsspezifikation gleich zu Beginn des Projekts vom Auftraggeber vollständig vorliegen muss und dass Fehler oft sehr spät entdeckt werden. Durch einen Rücksprung in eine der ersten Phasen entstehen hohe Kosten und ein hoher Zeitverlust (s. Abb. 1.3).

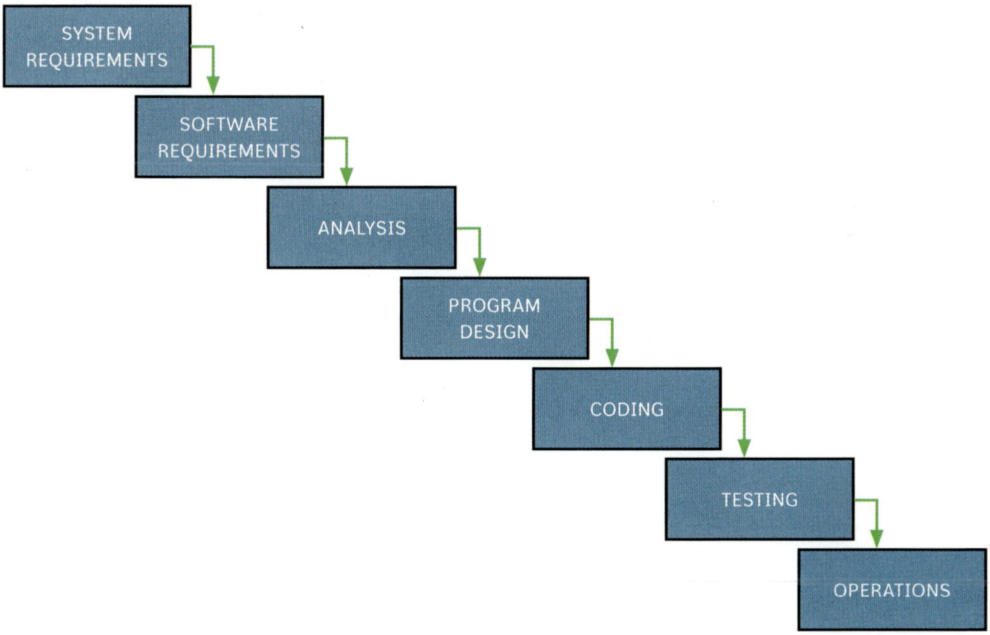

Abb. 1.2: Das sog. „Wasserfallmodell“ von 1970[3]

1 *Vgl. Boehm, Barry W.: Software Engineering Economics, University of Michigan, Prentice-Hall, 1981*

2 *Vgl. Royce, Dr. Winston W.: Managing the development of large software systems, 1970*

3 *Vgl: Royce, Dr. Winston W.: Managing the development of large software systems, Zugriff am 03.09.2018 unter: http://leadinganswers.typepad.com/leading_answers/files/original_waterfall_paper_winston_royce.pdf, Figure 2, S. 329; Nachdruck aus: Proceedings, IEE Wescon, August 1970, S. 1–9; © 1970 by The Institute of Electrical and Electronics Engineers Inc., im Original veröffentlicht von TRW*

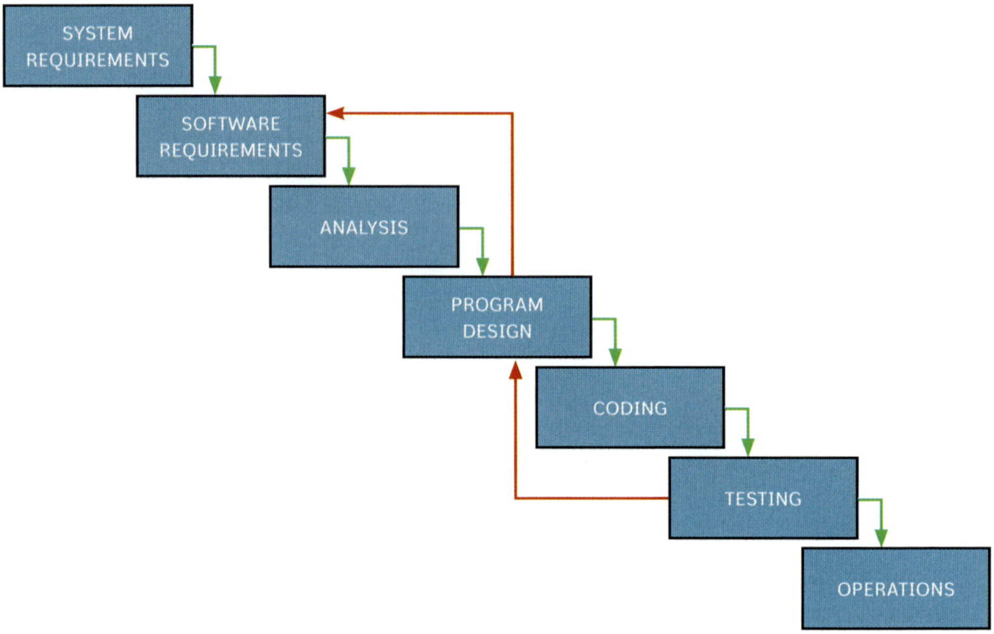

Abb. 1.3: Gefundene Fehler erfordern Rücksprünge[1]

Wenn man heute vom Wasserfallmodell spricht, werden je nach Quelle in der Regel fünf bis acht Phasen unterschieden. Hier ein Beispiel mit sechs Phasen[2]:

- Bedarfsanalyse (Machbarkeitsstudie, Lastenheft)
- Anforderungsanalyse (Pflichtenheft)
- Design bzw. Entwurf (Systemarchitektur)
- Codierung und Modultest (Programm)
- Integration und Systemtest (Testergebnisse)
- Installation und Wartung (Handbücher)

In Klammern sind mögliche Dokumente bzw. Ergebnisse der einzelnen Phasen aufgeführt.

Tipp

Für den Berufsabschluss soll bei den IT-Berufen auch ein Projekt durchgeführt werden. Dieses kann anhand eines Wasserfallmodells erfolgen. Nimmt man z. B. die 70 Stunden für ein Softwareprojekt der Fachinformatiker, Fachrichtung Anwendungsentwicklung, dann könnte der Projektablauf wie folgt aussehen:

1 *Vgl. Royce, Dr. Winston W.: Managing the development of large software systems, 1970*

2 *Vgl. Siepermann, Dr. Markus: Gabler Wirtschaftslexikon – Stichwort „Wasserfallmodell", veröff. am 22.07.2014 unter: https://wirtschaftslexikon.gabler.de/definition/wasserfallmodell-53465/version-185349*

Phase	Dokument	Zeit
Klärung der Anforderungen mit dem Auftraggeber	Kleines Lastenheft	1 Std.
Präzisierung der Anforderungen und Testfallerstellung	Kleines Pflichtenheft	5 Std.
Grobentwurf	Systemarchitektur, Use-Case-Diagramm, Aktivitätsdiagramme	5 Std.
Feinentwurf	Module, Schnittstellen, Klassen- und Objektdiagramme, Sequenzdiagramme, Entwurfsmuster	10 Std.
Codierung	Dokumentierter Quelltext	30 Std.
Modul- und Integrationstest	Testprotokolle	4 Std.
Systemtest inkl. Testfälle laut Pflichtenheft	Testprotokolle	4 Std.
Abnahme durch den Auftraggeber	Abnahmeprotokoll	1 Std.
Projektdokumentation	Projektdokumentation	10 Std.
Summe		70 Std.

1

Wie jedes Vorgehensmodell hat auch das Wasserfallmodell spezielle Vor- und Nachteile. Die Vorteile sind:

- Der Auftraggeber und der Auftragnehmer definieren frühzeitig alle Anforderungen.
- Die Anforderungen sind klar definiert.
- Die Phasen sind klar abgegrenzt.
- Die Entwicklung wird ausführlich dokumentiert.

Dagegen stehen die folgenden Nachteile:

- Das Modell ist unflexibel gegenüber Änderungen der Anforderungsspezifikation.
- Geänderte Anforderungen verursachen hohe Kosten und hohen zusätzlichen Entwicklungsaufwand, da abgeschlossene Phasen neu absolviert werden müssen.
- Fehler werden oft erst spät gefunden.
- Das Modell ist sehr dokumentenlastig.
- Der Auftraggeber ist nur am Anfang und bei der Abnahme involviert.
- Bei (sehr) großen Projekten droht oft ein Scheitern.

Abb. 1.4: Wasser (sprich: Softwareentwicklung) kennt nur eine Richtung.

1.3.2 Spiralmodell

Das Spiralmodell geht auf Barry W. Boehm[1] zurück, der ähnlich wie Winston Royce ein Kritiker des Wasserfallmodells war. Im Jahre 1988 stellte er in einem Artikel sein Spiralmodell vor (s. Abb. 1.5), welches als „risikogetriebenes" Vorgehensmodell gilt. Jeder Umlauf der Spirale entspricht einem Entwicklungsschritt bzw. einem Erkenntnisgewinn. Der Winkel der Spirale ist proportional zur Zeit, der Radius ist proportional zu den Kosten.

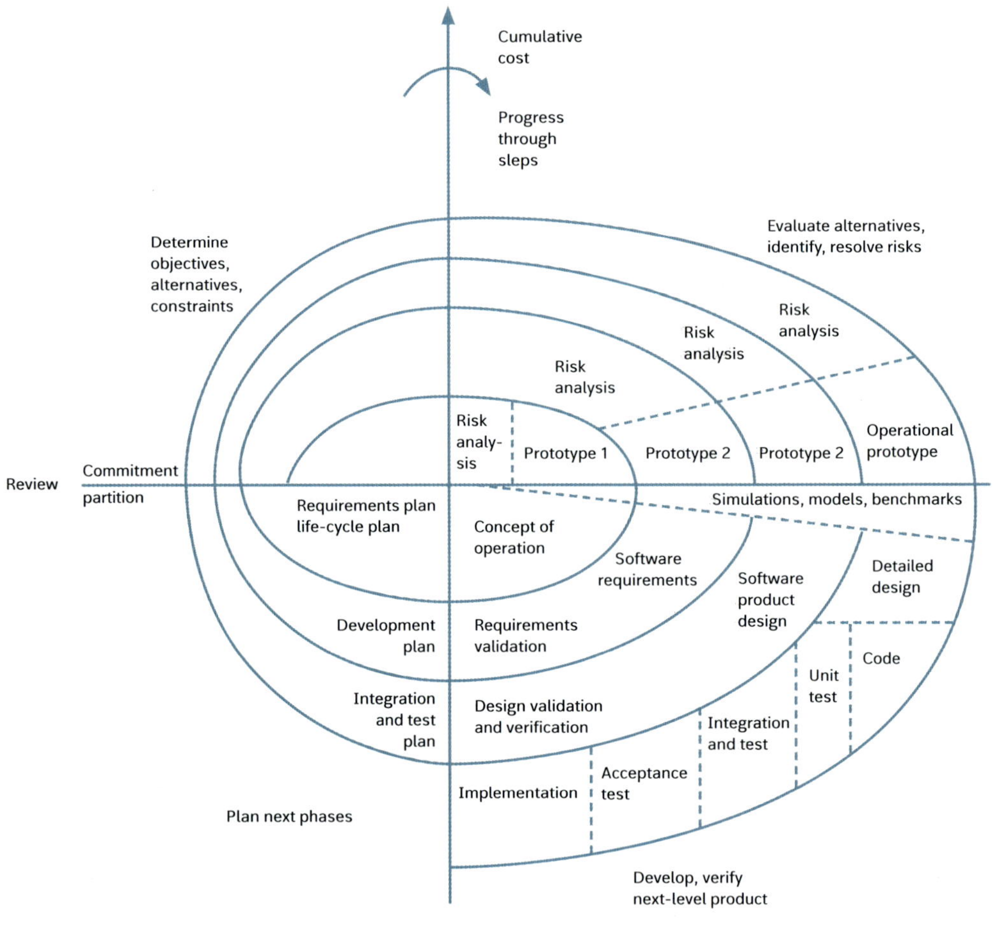

Abb. 1.5: A Spiral Model Of Software Development and Enhancement[2]

1 *Vgl. Boehm, Barry W.: A Spiral Model of Software Development and Enhancement, in: Computer, Band 21, Ausgabe 5, Los Alamitos (Kalifornien), IEEE Computer Society Press, Mai 1988, S. 61–72*

2 *Vgl: Boehm, Barry W.: A Spiral Model of Software Development and Enhancement, in: Computer, Band 21, Ausgabe 5, Los Alamitos (Kalifornien), IEEE Computer Society Press, Mai 1988, S. 61–72*

Jeder Umlauf besteht aus vier Hauptphasen (Quadranten):

1. Anforderungsdefinition an das Ergebnis der nächsten Spirale
2. Findung und Bewertung von Alternativen und Risiken (auch mithilfe von Prototypen)
3. Produktivphase (z. B. mithilfe eines Wasserfallmodells)
4. Auswertung und Planung des nächsten Umlaufs

Die ersten Spiralen müssen noch keine Softwareprodukte generieren, sondern können der Konzeptentwicklung, der Anforderungsspezifikation und der Design-Entwicklung dienen. Im späteren Verlauf dürfen natürlich auch aufeinander aufbauende Softwareprodukte mit entsprechender Versionierung entstehen. Daher ist dieses Vorgehensmodell sowohl iterativ als auch inkrementell. Es darf allerdings nicht mit Prototyping (s. Kapitel 1.3.3) verwechselt werden.

1.3.3 Prototyping

Wenn man Prototyping als Vorgehensmodell der Softwareentwicklung bezeichnet, dann ist ein Vorgehen gemeint, bei dem Prototypen hintereinander so lange entwickelt werden, bis das Produkt der Anforderungsspezifikation genügt (evolutionäres Prototyping).

Abb. 1.6: Test eines Prototyps

Prototyping ist aber eher eine Methode der Softwareentwicklung als ein eigenes Vorgehensmodell. Dabei unterscheidet man die folgenden Methoden:

a) **Exploratives Prototyping** wird dort angewendet, wo die Problemstellung bzw. Anforderungsspezifikation unklar ist. Anforderungen der Benutzer und/oder des Auftraggebers an das Anwendungssystem sollen geklärt werden.

b) **Experimentelles Prototyping** wird dort angewendet, wo die technische Umsetzung einer Entwicklungsidee geklärt werden soll. Gesucht wird somit nach Möglichkeiten einer Realisierung. Die Benutzer und/oder das Entwicklungsteam sollen experimentell ihre Vorstellungen über das Softwaresystem konkretisieren.

c) Beim **vertikalen Prototyping** wird genau nur eine Funktion des Softwaresystems (z. B. das Drücken des Speicher-Buttons) implementiert, diese aber vollständig. Bei einer Drei-Schichten-Architektur würde somit die Speicher-Funktionalität über alle drei Schichten implementiert. Das Entwicklungsteam möchte geklärt haben, ob das Zusammenspiel der Schichten an einem Beispiel funktioniert.

1

d) Beim **horizontalen Prototyping** wird nur horizontal die gesamte Funktionalität realisiert, z.B. bei einer Drei-Schichten-Architektur die gesamte oberste Schicht (Benutzungsoberfläche). Hinter bzw. unter dieser Schicht befindet sich aber nichts. Das Entwicklungsteam möchte dadurch klären, ob der spätere Nutzer und/oder der Auftraggeber mit der Kommunikationsschnittstelle vollständig einverstanden ist.

1.3.4 V-Modell und V-Modell XT

Das V-Modell wurde ursprünglich von Barry W. Boehm im Jahre 1979 entwickelt.[1] Es sollte eine Weiterentwicklung des Wasserfallmodells sein. Typisch für dieses Modell ist (s. Abb. 1.7), dass jeder Entwicklungsphase auf dem absteigenden Ast des Vs eine Testphase auf dem aufsteigenden Ast des Vs gegenübersteht. Dies bedeutet, dass in jeder Phase der Entwicklung schon der spätere Test definiert wird, der zu dieser Phase passt bzw. erforderlich ist.

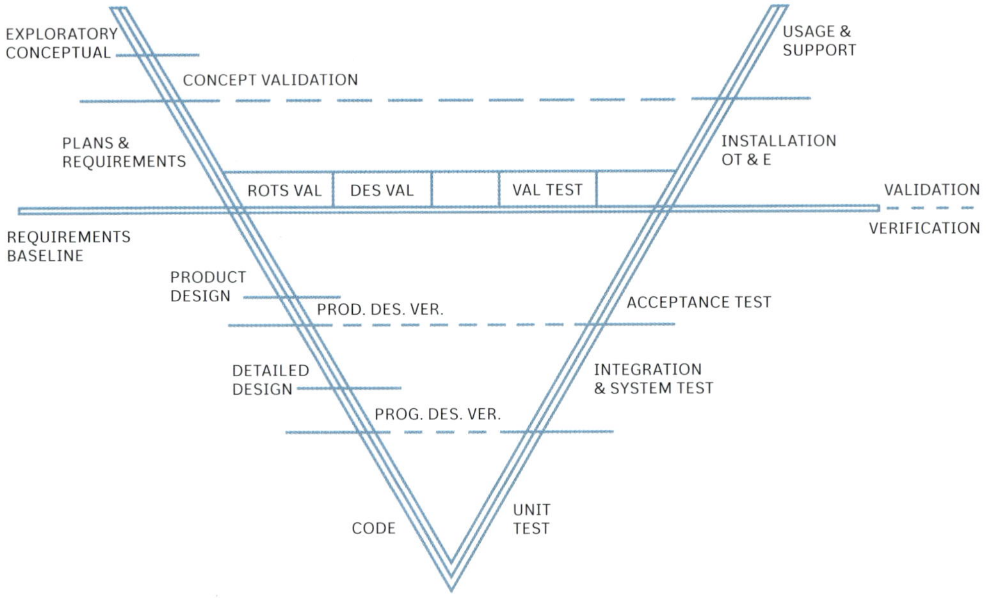

Abb. 1.7: Erstes V-Modell[2]

Während sich also auf dem absteigenden Ast die Entwicklungsphasen eines Wasserfallmodells wiederfinden, enthält der aufsteigende Ast in der Regel (von unten nach oben) die folgenden Tests (s. Kapitel 4):

- Unit Test: Test einzelner Methoden und Klassen
- Integrationstest: Test der Kommunikation zwischen einzelnen Modulen bzw. Units
- Systemtest: Test nach Anforderungsspezifikation
- Akzeptanztest: Test der Software in der Praxis durch reale Anwender

1 *Vgl. Boehm, Barry W.: Guidelines for Verifying and Validating Software Requirements and Design Specifications, hrsg. v. P.A. Samet, Amsterdam, North Holland, 1979, S. 711–719*

2 *Vgl. Boehm, Barry W.: Guidelines for Verifying and Validating Software Requirements and Design Specifications, hrsg. v. P.A. Samet, Amsterdam, North Holland, 1979, S. 711–719*

All diese Tests werden aber schon während der Entwicklungszeit spezifiziert.

Das V-Modell wurde vom deutschen Bundesministerium für Verteidigung weiterentwickelt, 1986 für Softwareprojekte im Ministerium eingeführt und 1992 veröffentlicht. 1997 wurde es noch einmal überarbeitet und als Software-Entwicklungsstandard „V-Modell 97" allen Bundesverwaltungen empfohlen.

Abb. 1.8: Logo V-Modell XT[1]

Im Februar 2005 wurde das Modell noch einmal stark überarbeitet und bekam den Namen „V-Modell XT". XT steht für „eXtreme Tailoring". Es sollte deutlich flexibler gegenüber den Anwenderwünschen und den spezifischen Projektumfeldern sein. An der Entwicklung des Modells waren Forschung, freie Wirtschaft und öffentliche Hand gleichermaßen beteiligt.[2] Das V-Modell XT ist (genau wie die Vorgängermodelle) ein Vorgehensmodell für die Durchführung von IT-Projekten, insbesondere zur Entwicklung von großen Softwaresystemen. Es unterstützt die Arbeit von Projekten, indem es die Abläufe so vorgibt, dass möglichst keine unnötigen Arbeiten bzw. keine Leerlaufzeiten entstehen. Zusätzlich regelt es die Kommunikation zwischen Auftraggeber und Auftragnehmer, um typische Quellen für Missverständnisse zwischen ihnen auszuschließen (vgl. Abb. 1.20 in Kapitel 1.6.1).[3]

Als Ziele dieses Vorgehensmodells werden genannt:[4]

- Verbesserung der Kommunikation zwischen allen Beteiligten
- Minimierung der Projektrisiken
- Gewährleistung der Qualität
- Eindämmung der Gesamtkosten über den gesamten Projekt- und Systemlebenszyklus

Inzwischen befindet sich das V-Modell XT in der Version 2.2 und wurde um Aspekte zur Gewährleistung der Informationssicherheit erweitert. Es steht unter der Obhut des „WEIT e. V. – Verein zur Weiterentwicklung des V-Modell XT". Die Softwareentwicklung ist Teil eines Managementmodells. Dieses unterscheidet eine Auftragnehmer- und eine Auftraggeberseite und definiert die Schnittstelle zwischen beiden Beteiligten. Der Auftraggeber ist in der Regel für die Anforderungsdefinition zuständig, der Auftragnehmer übernimmt die konkrete Entwicklung im „V" (s. Abb. 1.9).

---

1 *V-Modell® ist eine geschützte Marke der Bundesrepublik Deutschland*

2 *Vgl. Innenministerium des Innern, für Bau und Heimat (BMI): Das V-Modell XT, Zugriff am 04.09.2018 unter: www.cio.bund.de/Web/DE/Architekturen-und-Standards/V-Modell-XT/vmodell_xt_node.html*

3 *Vgl. Innenministerium des Innern, für Bau und Heimat (BMI): Das V-Modell XT, Zugriff am 04.09.2018 unter: www.cio.bund.de/Web/DE/Architekturen-und-Standards/V-Modell-XT/vmodell_xt_node.html*

4 *Vgl. Bartelt, Christian/Bauer, Otto/Beneken, Gerd u. a.: V-Modell XT – Das deutsche Referenzmodell für Systementwicklungsprojekte, Version 2.1, Zugriff am 04.09.2018 unter: http://ftp.tu-clausthal.de/pub/institute/informatik/v-modell-xt/Releases/2.1/V-Modell-XT-Gesamt.pdf, S. 4*

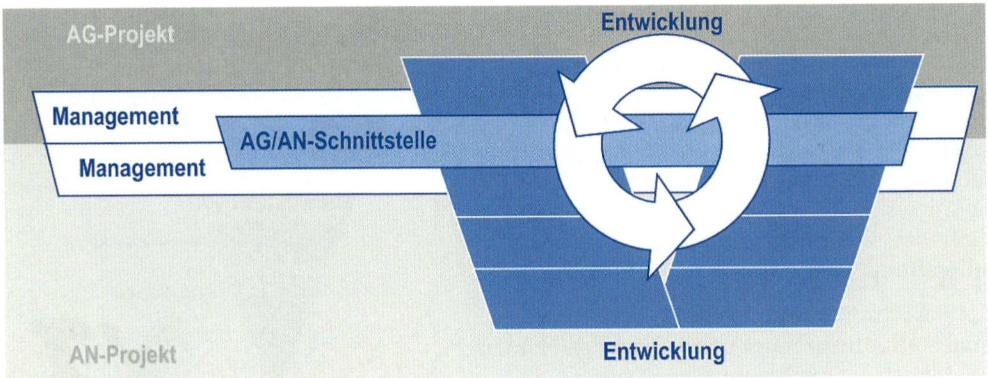

Abb. 1.9: V-Modell XT im Überblick[1]

Diese Entwicklung beschreibt ein iteratives Vorgehen, bei dem der Entwicklungszyklus (also das „V") nicht nur einmal, sondern mehrmals durchlaufen wird. Dadurch werden Risiken frühzeitig erkannt und auf Anforderungsänderungen kann schnell reagiert werden. Der Auftraggeber ist ständig miteinbezogen.

Da Projekte bzw. Projektsituationen sehr unterschiedlich sein können, kann ein projektspezifisches Vorgehensmodell generiert werden. Beim sog. Tailoring werden die V-Modell-XT-Anwender durch ein Werkzeug – den Projektassistenten – unterstützt. Er stellt Vorlagen für die erwarteten Ergebnisse bereit und unterstützt den Projektleiter z. B. bei der Ausarbeitung des Projektplans.[2]

Nichtsdestotrotz muss sich ein Team, welches zum ersten Mal mit dem Modell arbeiten möchte, einige Zeit mit den folgenden Themen beschäftigen:

- Überblick: Ziele, Vorteile, Methoden und Werkzeuge
- Grundkonzepte: Vorgehensbausteine, Strategien, Entscheidungspunkte, Rollen und Aktivitäten
- Managementmechanismen: Tailoring, Projektorganisation, Projektplanung, Projektsteuerung und Qualitätssicherung
- Inhaltliche Projektdurchführung: Schnittstelle Auftraggeber/Auftragnehmer, Systementwicklung und Entwicklung eines organisationsspezifischen Vorgehensmodells
- Produkte: Angebots-, Ausschreibungs- und Vertragswesen, Berichtswesen, Anforderungen und Analysen, Systemelemente, Systemspezifikation und -entwurf

> Zu den klassischen Vorgehensmodellen gehören alle Modelle aus dem letzten Jahrtausend. Das **Wasserfallmodell** ist dabei sequenziell und dokumentengetrieben. Beim **Spiralmodell** (iterativ, risikogetrieben) und beim **Prototyping** (iterativ, inkrementell) werden gewisse Zyklen mehrmals wiederholt. Das **V-Model XT** versucht sequenzielle und iterative Methoden bzw. Verfahren in sich zu vereinen.

1 *Vgl. Bartelt, Christian/Bauer, Otto/Beneken, Gerd u. a.: V-Modell XT – Das deutsche Referenzmodell für Systementwicklungsprojekte, Version 2.1, Zugriff am 04.09.2018 unter: http://ftp.tu-clausthal.de/pub/institute/informatik/v-modell-xt/Releases/2.1/V-Modell-XT-Gesamt.pdf, S. 5*

2 *Vgl. Bartelt, Christian/Bauer, Otto/Beneken, Gerd u. a.: V-Modell XT – Das deutsche Referenzmodell für Systementwicklungsprojekte, Version 2.1, Zugriff am 04.09.2018 unter: http://ftp.tu-clausthal.de/pub/institute/informatik/v-modell-xt/Releases/2.1/V-Modell-XT-Gesamt.pdf*

> Bei stabilen, klar definierten Anforderungen und bei kleinen Softwareprojekten ist das **Wasserfallmodell** durchaus einsetzbar, z. B. auch im Rahmen einer Projektarbeit am Ende einer Berufsausbildung (z. B. zum Fachinformatiker). Ansonsten sollten agile Vorgehensmodelle oder weiterentwickelte Wasserfall-Vorgehensmodelle wie das V-Modell XT eingesetzt werden.

1.4 Agile Vorgehensmodelle

Azubi Paul interessiert sich sehr für die klassischen Vorgehensweisen und deren Geschichte. Zusammen mit Anna und Emre recherchiert er im Internet nach Beispielen für diese Vorgehensmodelle und findet einige Informationen auf YouTube.

Während der Internetrecherche entdecken die drei Azubis, dass es neben den klassischen Vorgehensmodellen weitere Modelle gibt: die agilen Vorgehensmodelle.

Die nächsten drei Modelle (Extreme Programming, Kanban und Scrum) sind sog. agile Vorgehensmodelle. Sie sind im Gegensatz zu den sequenziellen Modellen flexibler im Hinblick auf das Endergebnis. Während bei einem sequenziellen Vorgehensmodell die Definition des Endprodukts in der Regel von vornherein feststeht, darf sich bei einem agilen Vorgehensmodell die Definition jederzeit ändern. Zudem steht der Kunde (Auftraggeber) im Mittelpunkt des Entwicklungsprozesses.

Um die agilen Vorgehensmodelle besser zu verstehen, folgt nun eine Einführung der Begriffe über Fragestellungen.

Was heißt überhaupt agil?

Agil steht für flink, beweglich.

Was ist agile Softwareentwicklung?

Das ist der Begriff für alle Methoden in der Softwareentwicklung, die eine Flexibilität und schnelle Reaktionszeit von Entwicklungsteams ermöglichen.

Abb. 1.10: „Agile Programming" kurz erklärt

Was ist ein agiles Team?

Grundsätzlich besteht ein agiles Team aus allen Mitarbeitern, die am Entwicklungsprozess eines Softwaremoduls beteiligt sind. Es heißt oft, z. B. in Scrum, dass jeder im Team alles können muss und es keine Spezialisten mehr gibt. Möglicherweise stimmt dies in idealer

Betrachtung, in Wirklichkeit ist jedes Teammitglied seinen Fähigkeiten entsprechend aufgestellt. Allerdings hat sich in solchen Teams der Begriff „T-Shaped-Professional" entwickelt: Jedes Teammitglied verfügt über ein breites Wissen, das alle Disziplinen im Team einschließt, bei gleichzeitigem tiefen Fachwissen in seiner speziellen Disziplin. So können alle Teammitglieder gut miteinander arbeiten und gleichzeitig von den anderen lernen.

Was ist ein inkrementelles und iteratives Vorgehensmodell?

Ein iteratives Vorgehen bedeutet, dass die Software in wiederkehrenden Zyklen entwickelt wird. Inkrementell ist dabei das Produkt: nach jeder Schleife ist es einen Schritt weiter.

1.4.1 Extreme Programming

Extreme Programming (XP) ist eine Vorgehensweise im Rahmen der agilen Softwareentwicklung. Ziel ist es, eine gute Software herzustellen, bei gleichzeitiger Entlastung der Entwickler. Im Hinblick auf andere agile Methoden, z. B. Scrum (s. Kapitel 1.4.3) ist XP eine sehr spezielle Methode, die ausschließlich zur Softwareentwicklung eingesetzt wird.

XP wurde zum ersten Mal Mitte der 1990er-Jahre im Programm „Chrysler Comprehensive Compensation" (C3) eingesetzt. Der Entwickler Kent Beck wurde für das Programm eingekauft, um die Performance zu steigern. Zusammen mit einigen anderen Entwicklern etablierte er seine Methode und rückte XP in den Fokus der Softwareentwicklungs-Welt.

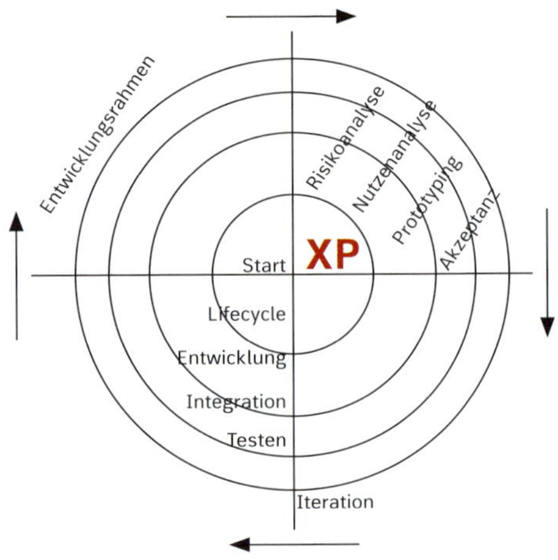

Abb. 1.11: Extreme Programming

XP ist keine Standardvorgehensweise und kann auch nicht für alle Projekte eingesetzt werden, sondern dann, wenn die folgenden Kriterien erfüllt sind:

- Schnell wechselnde Anforderung an die Software.
- Für die Entwicklung liegt ein enger Terminplan vor.
- Das Entwicklerteam ist klein und arbeitet am selben Standort.
- Die eingesetzte Technik erlaubt automatische Tests der Bibliotheken und Funktionen.

XP besteht aus **Werten**, **Prinzipien**, **Techniken** und **Rollen**:

1. Die fünf **Werte** im XP sind Kommunikation, Einfachheit, Feedback, Mut und Respekt:
   - **Kommunikation:** Softwareentwicklung ist von Natur aus ein Prozess, der auf der Kommunikation innerhalb des Entwicklerteams basiert. XP fördert das Bewusstsein dafür durch wiederkehrende Meetings, in denen über den Stand der Entwicklung gesprochen wird.
   - **Einfachheit:** Einfachheit steht für die Frage: „Was ist die einfachste Lösung, die funktioniert?" Der Sinn hinter dieser Frage liegt darin, nur die absolut notwendigsten Arbeiten auszuführen und dabei die Software so einfach wie möglich zu halten.

So wird es leichter, das fertige Produkt zu pflegen, Support zu leisten und Updates auszurollen. Einfachheit heißt, sich nur um die gegenwärtige Entwicklung zu kümmern und nicht in die Zukunft zu schauen.

- **Feedback:** Ein ständiges Feedback über ihre Arbeit gibt den Teammitgliedern die Möglichkeit, sich selbst zu reflektieren und zu erkennen, an welchen Stellen ihre Stärken, aber auch ihre Schwächen liegen, um dadurch immer besser zu werden. Regelmäßiges Feedback unterstützt auch die Einfachheit im Projekt und im Entwurf der Benutzungsschnittstellen. Kompliziertheit und Fehler werden so schnell erkannt und beseitigt.
- **Mut:** Die kompromisslose Umsetzung der Prinzipien und Werte im XP erfordert Mut. Das umfasst das Kommunizieren des wahren Projektstands, der benötigten Ressourcen und das Annehmen von Kritik. Verantwortliches Handeln bedeutet, nicht nach Entschuldigungen zu suchen, sondern Änderungen anzunehmen und umzusetzen.
- **Respekt:** Um auf Augenhöhe zu kommunizieren, müssen die Teammitglieder gegenseitigen Respekt voreinander haben. Auch die Kundenmeinungen über die erstellten Prototypen verdienen Respekt. Nur so ist ein effizientes Arbeiten im Team möglich. Jeder hat seinen Anteil am Erfolg, auch wenn es nur ein kleiner Teil ist.

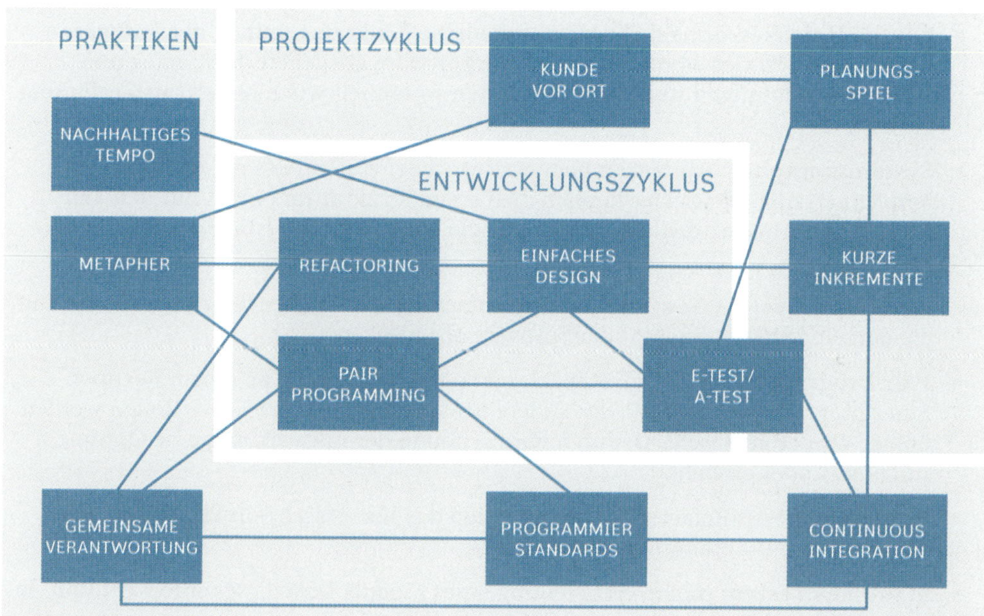

Abb: 1.12: Überblick über XP[1]

1 *Vgl. Sohn, Dirk M.: Extreme Programming – Werte, Prinzipien und Praktiken, Zugriff am 04.09.2018 unter: www.braintime.de/methoden/ueberblick-extreme-programming-beratung/xp-grundlagen-kompakt/*

2. Aus den Werten können **15 XP-Prinzipien** abgeleitet werden, die man in **zentrale Prinzipien** und **verfeinerte Prinzipien** untergliedert. Zu den zentralen Prinzipien zählen:
   - **Unmittelbares Feedback:** Feedback sollte zu allen Tätigkeiten so schnell wie möglich eingeholt werden, hierdurch werden auch gute Lerneffekte erzielt.
   - **Einfachheit anstreben:** Einfache Lösungen sind einfacher zu verstehen, es kann schneller Feedback eingeholt werden.
   - **Inkrementelle Veränderung:** Kontinuierlich kleine Veränderungen vorantreiben – große Änderungen haben meist viele Abhängigkeiten.
   - **Veränderung wollen:** Veränderungen gegenüber aufgeschlossen sein.
   - **Qualitätsarbeit**: Ermöglicht man dem Projektteam Qualitätsarbeit, erhöht sich die Arbeitszufriedenheit. Die Entscheidung über die Qualität treffen die Anwender.

3. Die **Techniken** von XP sind:
   - **Planungsspiel:** Die Kundenwünsche werden mit den zur Verfügung stehenden Entwicklerressourcen in Verbindung gebracht. Geplante Funktionen werden durch User Stories (s. Kapitel 1.6.4) beschrieben und es wird festgelegt, welche Funktionalität als nächste programmiert wird.
   - **Kleine Releases:** Sobald der kleinstmögliche Funktionsumfang der Software erstellt und getestet worden ist, wird die Software ausgeliefert. Updates und Weiterentwicklungen werden dem Kunden so schnell wie möglich zur Verfügung gestellt.
   - **Systemmetapher:** Als Systemmetapher wird der Aufbau des gesamten Systems bezeichnet. Alle Entwickler kennen die Gesamtstruktur und nicht nur den Teilbereich, an dem sie arbeiten. Das schafft ein allgemeines Verständnis des ganzen Projekts.
   - **Einfaches Design:** Gewünscht ist es, immer das einfachste Design zu wählen, um die derzeitige Funktionalität der Software abzudecken.
   - **Pair Programming:** Zwei Entwickler arbeiten gleichzeitig an einem Rechner. Einer programmiert *(driver)*, der andere beobachtet *(follower)*. Diese Rollen werden immer wieder getauscht. Dadurch wird schon in der Entwicklung eine Optimierung des Codes erreicht.
   - **Refactoring:** Als Refactoring versteht man das Verbessern von Programmcode, das nichts am Programmverhalten ändert.
   - **Ständiges Testen:** Nach Fertigstellung eines Moduls wird dieses sofort getestet. In der Regel handelt es sich um einen Unittest. Diese Tests werden nach und nach in Test-Suiten zusammengefasst, die automatisch ablaufen können. So wird eine relative Fehlerfreiheit der Software erreicht.
   - **Collective Code Ownership:** Jeder Entwickler kann jederzeit an jeder Stelle des Codes arbeiten.
   - **Vor-Ort-Kunde:** Die Software wird direkt beim Kunden entwickelt. Dadurch sind eine intensive Kommunikation und ein schnelles Feedback möglich.

- **Programmierrichtlinien:** Namenskonventionen innerhalb des Projekts werden streng eingehalten. So wird der Code einheitlich und jedem Entwickler wird ermöglicht, an jeder Stelle des Codes zu arbeiten.
- **Keine Überstunden:** Überstunden zermürben die Mitarbeiter. Durch strenge Einhaltung der Arbeitszeiten werden die Motivation und Leistungsfähigkeit der Mitarbeiter erhalten. Mehrarbeit ist nur in Ausnahmesituationen erlaubt; wenn es dauernd passiert, stimmt etwas mit dem Prozess nicht.
- **Ständige Integration:** Codeänderungen und Codeerweiterungen werden täglich ins System eingespielt. Vorher müssen alles Tests fehlerfrei bestanden werden.

Abb. 1.13: Vorteile des Pair Programming

4. Die **Rollen** im XP sind:
   - **Kunde:** Der Kunde ist der Auftraggeber. Er entscheidet über die Funktionalität der zu erstellenden Software und nimmt die Tests ab. Wenn der Kunde eine Funktionalität akzeptiert, gilt sie als fertiggestellt.
   - **Entwickler:** Der Entwickler kümmert sich um den technischen Teil. Er sorgt dafür, dass die Funktionalitäten gemäß den User Stories erstellt und ausgeliefert werden.
   - **Manager:** Der Manager vermittelt zwischen Kunden und Entwicklern und sorgt dafür, dass beide im Prozess immer mehr zusammenwachsen und schließlich ein Team bilden, das das Projekt sicher ins Ziel bringt.

1.4.2 Kanban

Der Begriff „Kanban“ wurde erstmals 1947 bei Toyota in Japan benutzt. Übersetzt steht Kanban für Signalkarte und für eine Technik, mit der ein gleichmäßiger Fluss in der Fertigung hergestellt werden kann. Das Ziel war, die bisher immensen Lagerbestände von Teilen für die Fertigung zu reduzieren und an den tatsächlichen Bedarf anzupassen. Wichtigste Neuerung dieses Systems war die Überwachung der Kapazitäten und der benötigten Teile im Herstellungsprozess quasi in „Echtzeit“. Auf einer Kanban wurde der Materialbedarf an einer Produktionsstraße vermerkt und dann wurde diese in das Lager gegeben. Das Lager lieferte das benötigte Material an die Straße und bestellte wiederum auf einer Kanban neues Material beim Zulieferer. Der Kern dieses Systems wird heute noch in der Just-in-time-Fertigung (JIT) eingesetzt.

Das System Kanban, wie es auch in der Softwareentwicklung eingesetzt wird, wurde im Jahr 2007 vorgestellt. Es funktioniert im Kern genauso wie das bewährte Kanban aus der

Produktionssteuerung. Statt Materialien werden Aufgaben („To-dos“) durch Signalkarten visualisiert. Auf einer Kanban-Tafel, dem sog. „Kanban-Board“ oder „Task-Board“, werden die Zustände einzelner Aufgaben angezeigt. Das einfachste Kanban-Board besteht aus drei Spalten: „zu machen“, „in Arbeit“ und „erledigt“ (s. Abb. 1.14).

Abb. 1.14: Ein einfaches Kanban-Board

Die Anzahl der Spalten und deren Bezeichnungen werden dem gewünschten Prozess angepasst. Während das eben beschriebene einfache Kanban-Board ohne Weiteres für die Organisation eines Haushalts eingesetzt werden kann, können für die Entwicklung von Software mehr Spalten und andere Bezeichnungen verwendet werden. Ein Standard ist „Backlog“, „Bereit“, „Coding“, „Test“, „Bestätigung“ und „Erledigt“. Die Spalten können aber auch jede andere passende Bezeichnung bekommen. Es gibt auch Tafeln, auf denen in den Spaltenköpfen die jeweilig verfügbaren Kapazitäten vermerkt werden, wodurch ein schneller Überblick über die Auslastung der Teams gewährleistet werden kann.

1.4.3 Scrum

Im Rahmen eines agilen Projektmanagements, das von den bisher starren Entwicklungsmodellen wegführt und eine größere Flexibilität mit sich bringt, entwickelte sich eine weitere agile Methode namens „Scrum“. Dieser Begriff leitet sich aus dem Rugby-Spiel ab und steht für das Gedränge um den Ball (s. Abb. 1.15).

Abb. 1.15: Scrum: Das Rugby-Spiel wird neu gestartet

Sinnbildlich beschreibt Scrum den schnellen und flexiblen Prozess der täglichen Treffen (Meetings) aller Projektbeteiligten.

Innerhalb der Methode gibt es drei Rollen:

- den Produkteigner *(product owner)*,
- den Scrum-Master *(scrum master)* und
- das Teammitglied im Projektteam *(team member)*.

Der **Produkteigner** steht als Vertreter des Produkts. Er vertritt sowohl den Auftraggeber, als auch die zukünftigen Nutzer des Softwaresystems sowie die sog. Stakeholder des Projekts. Das sind alle Personen, die vom Projekt betroffen sind und ein Interesse an dessen Erfolg haben, z. B. das Marketing, der Vertrieb oder der Kundendienst. Auch rechtliche und interkulturelle Berater können mit einbezogen werden.

Der **Scrum-Master** sorgt dafür, dass das Team arbeiten kann. Er ist Moderator, Mediator und der Ansprechpartner nach außen. Er sorgt für die benötigten Ressourcen und steht dem Team bei methodischen Problemen zur Seite. Der Scrum-Master überwacht die Einhaltung der Regeln des agilen Projektmanagements.

Die **Teammitglieder** bilden Teams zwischen fünf und zehn Mitgliedern. Es gibt keine Hierarchie, das Team organisiert alle Aufgaben selbst. Jedes Mitglied hat dieselben Rechte und Pflichten, aber durchaus unterschiedliche Kompetenzen aus den Bereichen, die für eine Lösung (Bearbeitung) des Projekts notwendig sind. Es kommt durchaus vor, dass bei der Programmierung Zweierteams gebildet werden (Pair-Programming).

Der Scrum-Prozess besteht aus zehn Schritten, die teilweise nacheinander, teilweise in Schleifen abgearbeitet werden. Die eigentliche Erstellung des Produkts findet in Teilaufgaben statt, die „Sprints“ genannt werden. Doch bevor diese durchgeführt werden können, müssen Vorbereitungen getroffen werden. Ganz am Anfang steht die Idee für das Produkt. Eine solche Idee kann z. B. mit der agilen Methode „Design Thinking“ erarbeitet werden (s. Kapitel 1.5). Aus dieser Idee wird ein Auftrag formuliert, der den Scrum-Prozess startet.

Abb. 1.16: Arbeitsstress in der Softwareentwicklung

Ein Scrum-Prozess besteht aus den folgenden Schritten (s. auch Abb. 1.17):

1. Die Anforderungen werden vom Produkteigner auf **Story Cards** festgehalten: Die zukünftigen Nutzer des Produkts beschreiben die einzelnen Anforderungen und gewünschten Funktionalitäten an das Produkt in ihren Worten auf Kärtchen. Dadurch wird das zu erstellende Produkt übersichtlich und zu erstellende Elemente und Merkmale lassen sich erkennen. So können hier schon Anforderungen an die Qualifikation der Entwickler und benötigte Ressourcen definiert werden.
2. Ein **Produkt-Backlog** wird erstellt: Aus den im vorigen Schritt erstellten Story Cards wird eine Liste der Merkmale und Funktionen des Produkts angelegt. Am Anfang ist diese Liste noch grob und wird im Lauf des Prozesses immer genauer.
3. **Prioritäten** werden festgelegt: Unter dem Aspekt der Kundenzufriedenheit werden Prioritäten gesetzt. Es wird festgelegt, welche Funktionen und Merkmale nötig sind, um eine Version des Produkts zu erstellen, die den Kunden zufriedenstellen kann. Dabei werden nicht so wichtige Funktionen und Merkmale aussortiert, entweder weil sie technisch nicht zu realisieren sind, oder weil sie auf einen späteren Zeitpunkt verschoben werden können. Diese Funktionen und Merkmale können dann bei einer Überarbeitung oder Erweiterung des Produkts berücksichtigt werden.
4. Planung der Sprints: Jetzt beginnt die Phase der aktiven Erstellung des Produkts. Im ersten Meeting der **Sprint-Planung** werden die Rahmenbedingungen und die Teilziele (Milestones) festgelegt. Zu welcher Uhrzeit wird sich das Team täglich treffen? Wie soll das Produktergebnis aussehen? Welche Teilaufgaben – die Sprints – soll das Projekt bekommen? Welche Schnittstellen werden nötig sein, welche

Konventionen müssen eingehalten werden? Welche Besonderheiten gilt es zu berücksichtigen? Aus den Antworten auf diese Fragen ergeben sich die Struktur und Regeln für das weitere Vorgehen.

5. Die Aufgaben eines Sprints werden im **Sprint-Backlog** festgehalten: Jede definierte Teilaufgabe – das Ticket bzw. der Task – wird in eine Liste eingetragen. Das ist das Sprint-Backlog. Für jeden Task muss festgelegt werden, wann dieser als beendet angesehen werden kann (Definition of Done).
   Das Sprint-Backlog ist der Arbeitsplan für das Team, aus dem sich jedes Team-Mitglied gemäß seinen Kompetenzen und Ressourcen ein Ticket nimmt und eigenverantwortlich bearbeitet. Das Übernehmen eines Tickets entspricht einer Verpflichtungserklärung für die Fertigstellung dieser Teilaufgabe.

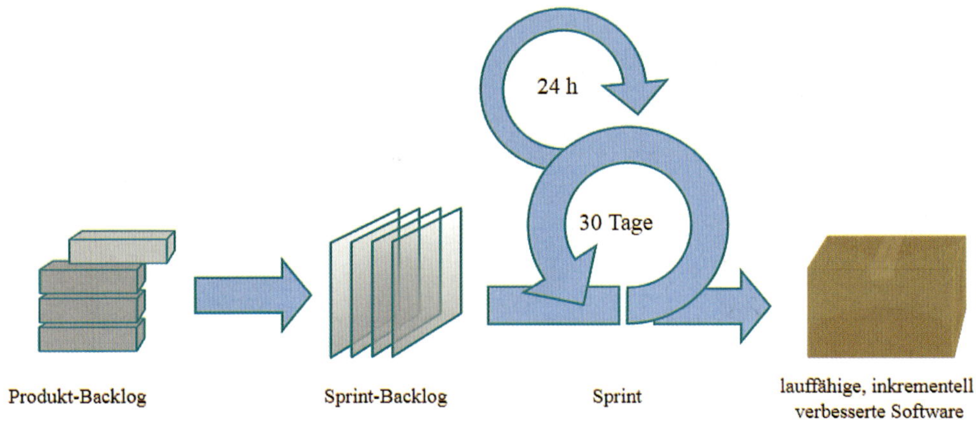

Abb. 1.17: Scrum-Prozess

6. Der **Sprint** wird durchgeführt: Im Sprint bearbeitet jedes Teammitglied (manchmal auch mit einem anderen Teammitglied als Pair-Programming-Team) seine übernommene Teilaufgabe selbstständig. Ziel ist es, eine Lösung für die Teilaufgabe gemäß des Sprint-Backlogs bzw. der Definition of Done (DoD) zu entwickeln. Ein Task ist fertig, wenn
   - der *product owner* oder ein anderer Abnehmender die „Fitness for Purpose" erklärt hat,
   - die Tests die Übereinstimmung mit den Abnahmekriterien bestätigt haben,
   - der Ersteller der Software die Dokumentation im Projekt-Workspace freigegeben hat,
   - der Status einvernehmlich mit dem Scrum-Team auf „Done" gesetzt wurde.

7. Tägliches **Stand-Up-Meeting**: Das Team trifft sich täglich für 15 Minuten, in denen jedes Teammitglied berichtet, was es seit dem letzten Meeting gemacht hat, was es bis zum nächsten Treffen machen wird, und ob es Schwierigkeiten gibt. Der Scrum-Master greift diese Schwierigkeiten auf und wird helfen, diese zu beseitigen. Der Fortschritt des Teams wird in einem sog. Sprint-Burndown-Chart festgehalten.

8. **Sprint Review Meeting**: Ist ein Sprint abgeschlossen, werden die Ergebnisse dem Produkteigner (und evtl. auch dem Auftraggeber) präsentiert. Dieser nimmt sie entweder ab oder nicht. Falls nicht, muss der Sprint modifiziert und wiederholt

werden (rekursives Vorgehen). Dieses Treffen dauert maximal vier Stunden, wobei keine Dummies, sondern nur fertige Funktionalitäten im Projekt präsentiert werden.

9. **Sprint Retrospektive Meeting:** Direkt im Anschluss an das Sprint Review Meeting erfolgt das Sprint Retrospektive Meeting. Das Team schaut auf den gerade eben zu Ende gegangen Sprint. Wie ist es gelaufen? Was war gut, was war schlecht, wo liegt Verbesserungspotenzial? In diesem Vorgehen liegt ein Lernprozess, der das Team immer besser werden lässt. Das maximal dreistündige Treffen wird vom Scrum-Master moderiert.

10. **Projektabschluss:** Sind alle geplanten Sprints durchgeführt und deren Ergebnisse vom Produkteigner abgenommen worden, kann das Projekt abgeschlossen werden.

Um den Überblick über den Prozess und den Fortschritt des Projekts zu gewährleisten, werden die Tickets der Sprints auf einem **Scrum Board** verwaltet. Empfehlenswert ist eine „haptische" Variante des Scrum Boards. Man benötigt lediglich 2 m² freie Wandfläche, etwas Abklebeband zur Gestaltung von Spalten und verschiedenfarbige Post-ITs (s. Abb. 1.18).

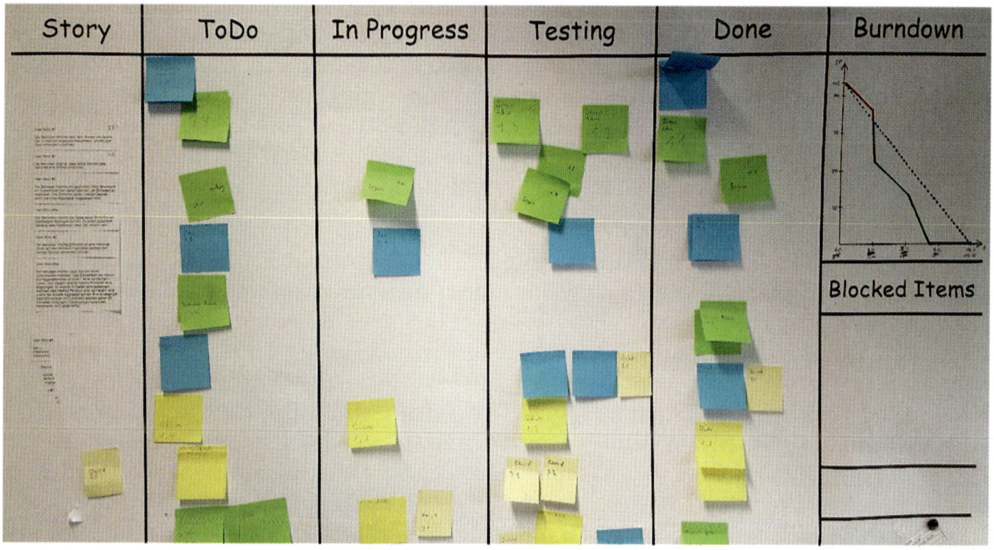

Abb. 1.18: Ausschnitt eines Scrum-Boards bei einem Projekt an einer Berliner Berufsschule

Mit einem Scrum Board weiß jedes Teammitglied auf einen Blick, welche Arbeitspakete im Sprint gerade bearbeitet werden (ToDo/In Progress/Test/Done) und wo das Projekt in diesem Moment steht. Der Scrum-Prozess bzw. der aktuelle Sprint wird für alle Beteiligten gut visualisiert.

Agile Vorgehensmodelle sind im Gegensatz zu den sequenziellen Modellen flexibler im Hinblick auf das Endergebnis. Während bei einem sequenziellen Vorgehensmodell die Definition des Endprodukts in der Regel von vornherein feststehen muss, darf bei einem agilen Vorgehensmodell die Anforderungsspezifikation Lücken aufweisen bzw. sich auch ändern. Zudem steht der Kunde (Auftraggeber) im Mittelpunkt des Entwicklungsprozesses. Zu den agilen Vorgehensmodellen zählen z. B. **Extreme Programming**, **Kanban** und **Scrum**.

1.5 Design Thinking

Anna, Emre und Paul dreht sich der Kopf. So viele Möglichkeiten der Softwareerstellung. Paul fragt sich, was wohl davor kommt, vor der Softwareerstellung? Die Idee, meint Anna. Emre stimmt zu: Zuerst muss eine gute Idee für eine Software her. Die Ausbildungsleiterin erklärt den dreien, dass es jede Menge Ideen gibt, die einem einfach so zufliegen: Der unerwartete Geistesblitz, der meistens zur Unzeit kommt, nämlich genau dann, wenn man keine Möglichkeit hat, sich etwas aufzuschreiben. Oder man träumt davon und vergisst es kurz nach dem Aufwachen.

Die drei möchten wissen, ob es denn keine Möglichkeit gibt, geplant und strukturiert kreative Ideen zu entwerfen. Frau Zeinab bejaht und gibt den dreien den Auftrag, sich über „Design Thinking" zu informieren.

Design Thinking (DT) heißt übersetzt Entwurfsentwicklung und ist ein agiler Ansatz zur Problemlösung. Diese kreative Technik geht auf David Kelley (Elektroingenieur und Produktdesigner) zurück, der in den 1970er-Jahren zusammen mit seinem Kollegen Dean Hovey die Firma Hovey-Kelley gründete. Einer der ersten Kunden dieser Firma war Steve Jobs mit Apple. Der Auftrag: Lisa, der Nachfolgecomputer des Apple II, benötigte eine Maus für die Eingabe und Hovey-Kelley sollte diese Maus entwickeln. Diese Maus sollte großartig werden und so entstanden immer wieder neue Ideen zur Funktionsweise und zum Design, schnell wurden Prototypen entwickelt, wieder verworfen oder verfeinert, so lange, bis ein optimales Ergebnis erreicht wurde. Die Lisa-Maus war fertig und mit ihr entstand eine kreative Methode, die Urform des Design-Thinking-Prozesses.

Als Dean Hovey die Firma verließ, benannte David Kelley seine Firma in David Kelley Design um. 1991 schloss er sich mit zwei weiteren Agenturen zusammen, die Firma IDEO entstand. Intern arbeitete IDEO fast ausschließlich mit Design Thinking und verfeinerte diese Technik mehr und mehr. Längst wurde Design Thinking für viel mehr eingesetzt als für bloßes Produktdesign. Im Jahr 2004 gründete David Kelley, der seit 1991 auch Professor an der Stanford University in Palo Alto (USA) ist, zusammen mit anderen das Hasso Plattner Institute of Design, die sog. d.school. Seitdem und seit der Gründung der HPI D-School in Potsdam, findet Design Thinking eine weite Verbreitung und gilt heute als *der* kreative Ansatz zur Lösung von Problemen (insbesondere von sog. *wicked problems*) und Entwicklung von Ideen.

Die Methode **Design Thinking** wird in der Regel in interdisziplinären Teams durchgeführt. Sie umfasst **sechs Prozessschritte**, die der menschlichen Kunst, mit begrenztem Wissen und wenig Zeit dennoch zu praktikablen Lösungen zu kommen, sehr nahe sind (s. Abb. 1.19).

Die Prozessschritte werden nachfolgend erklärt:

1. **Verstehen (Understand)**
   Im erste Schritt geht es um Klärung: Was genau soll durch den Design-Thinking-Prozess erreicht bzw. erstellt werden? Dieser erste Schritt erscheint trivial, ist er aber nicht. Denn oft liegt in der Ausgangsfrage eine (versteckte) Hypothese, die den gesamten Prozess im weiteren Verlauf infrage stellen kann.
   Beispiel: ein Softwarehaus möchte seine Software für eine jüngere Zielgruppe attraktiver machen. Daher soll mithilfe eines DT-Prozesses eine modernere Oberfläche entwickelt werden. Die Hypothese liegt nun darin, dass der Kunde glaubt, durch eine

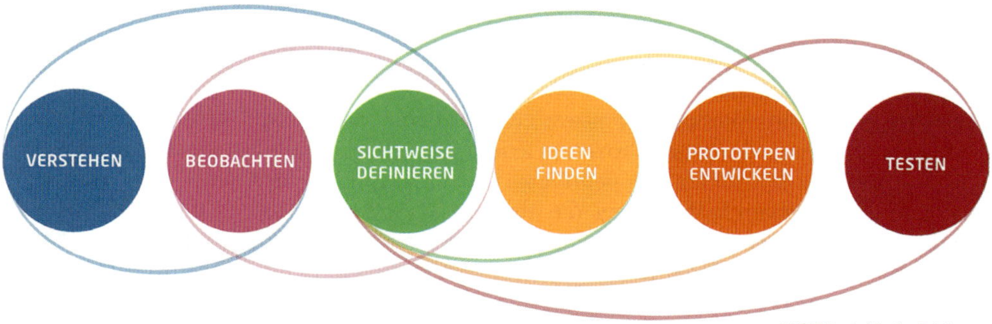

Abb. 1.19: Der Design-Thinking-Prozess

Modernisierung der Oberfläche jüngere Kundschaft zu erreichen. In Wirklichkeit nutzt die anvisierte Zielgruppe gar keine Desktop-Programme mehr, sondern Apps. Also müsste das Ziel dieses DT-Prozesses die Entwicklung einer App für ein jüngeres Publikum sein.
Um dies erkennen zu können, ist es wichtig, in interdisziplinären Teams zu arbeiten, denn nur wenn viele verschiedene Perspektiven auf ein Problem entwickelt werden, können solche „versteckten" Hypothesen – manchmal sind es sogar Dogmen – offengelegt werden.

2. **Beobachten (Observe)**
Design Thinking ist ein kunden- und nutzerzentriertes Framework. Beim zweiten Prozessschritt, der Beobachtung, kommt dieser Aspekt voll zum Tragen: Mithilfe von Methoden (z. B. „Persona" und „Customer Journey") kann man das Problem und die Fragestellung aus der Perspektive des Kunden betrachten. Ziel ist es hierbei, die Bedürfnisse des Nutzers herauszuarbeiten.
Um solche Kundenperspektiven zu systematisieren, arbeitet man mit der „Persona-Methode". Diese ermöglicht einen empathischen Zugang zum Kunden. Der Kunde wird für den Auftraggeber (der ja in der Regel Teil des Teams ist) erlebbar, ohne dass der Kunde am Prozess teilnimmt und befragt werden kann.
Die Frage lautet: Was braucht der Kunde wirklich? Die Entwickler denken vielleicht, dass ein detailliertes Einstellungscenter mit vielen Optionen gut für den Kunden wäre. Hierin steckt die Hypothese, dass der Kunde gerne möglichst viele Vorgänge in seiner Software einstellen und justieren können möchte. Der Kunde möchte aber tatsächlich, dass alles „wie von selbst", intuitiv funktioniert, ohne dass er noch etwas einstellen muss (Bedürfnis: Entlastung). Er möchte es gern bequem und funktionell, denn er ist nicht so technisch versiert wie die Entwickler. Dies ist nur ein Beispiel für eine Kundenperspektive. Es gibt für jedes Entwicklungsziel verschiedene Kundenperspektiven.

3. **Sichtweise definieren (Point of view)**
In den ersten beiden Schritten werden viele Perspektiven gesammelt. Jetzt geht es darum, diese Perspektiven, Erkenntnisse und das gesammelte Wissen zu systematisieren, zu synthetisieren und in einem gemeinsamen Standpunkt zu formulieren. Der Standpunkt ist eine spezifische Perspektive auf das Problem, die das Team gemeinsam einnimmt.
In der Regel beschreibt der Standpunkt auch eine Abweichung von der Ausgangsfragestellung. Im Design Thinking spricht man hier vom „Reframing": Die eigentliche

Fragestellung kann durch das neu gewonnene Wissen in einem anderen Kontext betrachtet werden und so zu neuen Einsichten („Insights") führen.

4. **Ideen finden (Ideate)**
   Während der Standpunkt den Prozess zusammenführt und zuspitzt, öffnet die nächste Phase der Ideenfindung den Prozess wieder. Hier gilt es, möglichst viele Ideen für die zuvor formulierte Problemperspektive zu finden. Verschiedene Kreativ- und Brainstorming-Techniken helfen dabei, die Ideenfindung und Kreativität in Gang zu setzen. Die größte Herausforderung besteht hierbei in der Regel darin, die „Schere im Kopf" zu vergessen und zunächst keine Wertung vorzunehmen. Beim Brainstorming sind alle Ideen erlaubt. Anschließend werden die Ideen sortiert und strukturiert und entlang von Kriterien bewertet. Diese Kriterien kann das Team entweder selbst bestimmen oder sie werden extern, z. B. vom Auftraggeber, vorgegeben, wenn dieser etwa eine Lösung braucht, die möglichst schnell umsetzbar ist.
5. **Prototypen entwickeln (Prototype)**
   Um einen Prototypen zu bauen, muss sich das Team zunächst für eine Idee entscheiden. Ein Prototyp kann alles sein, was der Idee entspricht. Im Design Thinking spricht man oft vom „rapid prototyping", also vom schnellen Erstellen eines Prototyps, und genau darum geht es: Ist eine Idee noch wenig ausgereift, reichen in der Regel einfache Mittel, wie Bastelmaterialen oder ein kurzes Rollenspiel, um die Idee zu „verproben". Ziel ist es, die Idee anfassbar und erlebbar zu machen, um so schnell und ohne große Investitionen „Bugs" oder Verbesserungsmöglichkeiten zu identifizieren. Je weiter eine Idee ausgereift ist, umso ausgereifter ist auch der Prototyp. In der Softwareentwicklung könnte ein einfacher erster Prototyp also beispielsweise gezeichnete Bilder vom Ablauf des geplanten Programms sein. Mit wachsendem Reifegrad der Idee könnten dann Möglichkeiten wie Mock-Ups oder Click Dummies genutzt werden.
6. **Testen (Test)**
   Der Prototyp wird ausgiebig getestet – funktioniert die Idee oder nicht? Das Team findet in diesem Schritt sehr schnell heraus, ob es am Ziel ist oder zurückgehen muss, um eine neue Idee auszuwählen (Iteration).

Auch kreative und agile Prozesse wie Design Thinking brauchen Regeln, um produktives Arbeiten zu ermöglichen. Im Zentrum steht hierbei eine Haltung, die jeder für sich selbst und den Teammitgliedern gegenüber einnimmt. Diese Haltung ist geprägt von konstruktiver Kritik, Lernbereitschaft, Neugier und Offenheit. Die „Scheren im Kopf", die das Denken behindern, werden vor der Tür gelassen, ebenso wie Titel und Machtstrukturen. Denn die besten Ergebnisse werden nur als Team erzielt. Die Teammitglieder arbeiten auf Augenhöhe. Erst so wird „wildes" Denken „out of the box" ermöglicht. Um vom Denken ins Tun zu kommen und andere Hirnareale zu aktivieren, werden keine langen prosaischen Texte geschrieben, sondern viele Gedanken bildlich festgehalten.

Design Thinking zählt wie Scrum oder Kanban zu den agilen Methoden. Diese Methoden sind durch ein spezifisches Mindset geprägt: Im Zentrum steht nicht der Einzelne, sondern das Team (Kollaboration). Im Team werden die besten Ergebnisse für den Kunden (Kundenperspektive) erreicht. Der Einzelne bringt hierbei eine positive, konstruktive und offene Haltung sich selbst und allen anderen entgegen (Empathie). Verantwortung wird über Rollen strukturiert. Es wird nach einem agilen Plan gegen die Zeit (Timeboxing) gearbeitet. Iterationen schützen das Team vor einer „Wasserfallmentalität". Um Iterationen zu ermöglichen, werden Ergebnisse dokumentiert und allen zugänglich gemacht. Das Team arbeitet entlang von Hypothesen – das alles gibt dem DT-Prozess Geschwindigkeit.

> **Design Thinking** zählt wie Scrum oder Kanban zu den **agilen Methoden** und dient dazu, ein Problem agil und kreativ zu lösen. Die Methode Design Thinking wird in der Regel in interdisziplinären Teams durchgeführt und folgt klaren Regeln. Der Prozess ist in sechs Schritte eingeteilt: Verstehen, Beobachten, Sichtweise definieren, Ideen finden, Prototypen entwickeln und Testen.

1.6 Anforderungsspezifikationen

Jetzt wird es für Anna, Emre und Paul Zeit, an konkrete Aufgaben im Projekt zu gehen. Die drei erhalten den Auftrag, die Anforderungsspezifikation der Firma ImmoVerPlus GmbH zu analysieren.

1.6.1 Einführung (Requirements)

Jedes zu entwickelnde Softwaresystem benötigt eine Anforderungsspezifikation. An dieser Spezifikation können viele Personen beteiligt sein, z. B. der Softwareentwicklungschef, der Projektleiter, der Chef der Testabteilung, der Qualitätsbeauftragte, der Marketingleiter, der Vertriebsleiter, die Rechtsabteilung, evtl. auch Layouter und Kulturbeauftragter, der Finanzleiter, natürlich der Auftraggeber (Kunde) etc. Sie alle werden **Stakeholder** genannt. Das Auseinandersetzen mit den Anforderungen *(requirements)* wird als **Requirements Engineering** bezeichnet.

Glinz und Wieringa schreiben: „A stakeholder is a person or organization who influences a system's requirements or who is impacted by that system. Frequently, roles are used instead of individuals. Typical stakeholder roles in an average software project are, for example, end user, project sponsor or client, architect, developer, tester, quality engineer, project manager, product manager, operator, and maintainer."[1]

Bei den Anforderungen kann man grob zwischen funktionalen und nicht funktionalen Anforderungen unterscheiden.

Funktionale Anforderungen beziehen sich auf Funktionalität und Verhalten, aber auch auf Daten.

Nichtfunktionale Anforderungen können sich auf Leistung (Reaktionszeiten, Durchsatz etc.), Softwarequalität (s. Kapitel 4.1) und Randbedingungen beziehen. Randbedingungen können rechtliche Rahmenbedingungen sein oder z. B. auch kulturelle: Ein Game für den arabischen Kulturkreis wird vielleicht anders aussehen als das gleiche Spiel für Westeuropa.

Die einzelnen Stakeholder können verschiedene Interessen haben. Die letztendlich definierten Anforderungen sind daher oft ein Kompromiss zwischen allen Beteiligten.

---

1 *Quelle: Glinz, Martin/Wieringa, Roel: Stakeholders in Requirements Engineering, Washington, DC (USA), IEEE Software, 2007, S. 18–20*

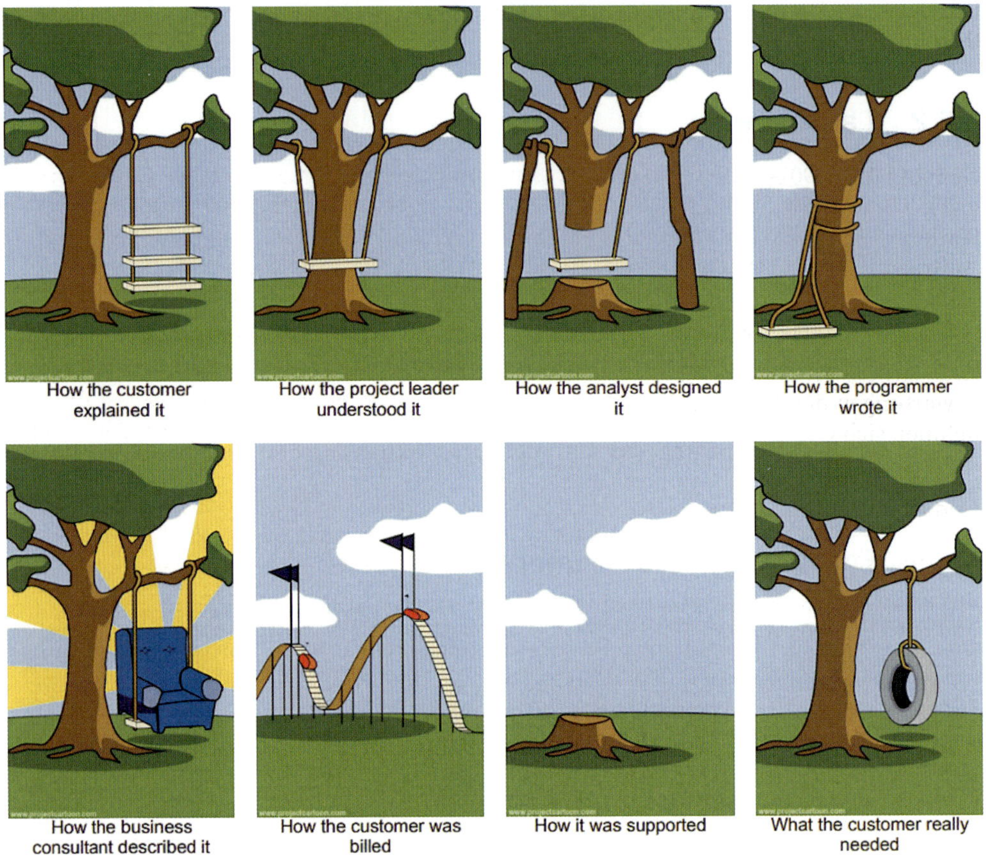

Abb. 1.20: Mögliche Missverständnisse bei der Softwareentwicklung

Die Anforderungsspezifikation wird meist in ein spezielles Dokument aufgenommen, z. B.

- in ein Lasten- und Pflichtenheft (s. auch DIN-Norm 69901-5),
- in eine Spezifikation (s. auch IEEE-Spezifikation 830-1998: IEEE Recommended Practice for Software Requirements Specifications),
- in User-Stories für ein Product-Backlog bei einem Scrum-Vorgehensmodell,
- usw.

Abb. 1.21: Diskussion über Requirements

In den nächsten beiden Kapiteln sollen exemplarisch ein Lasten- und ein Pflichtenheft thematisiert werden.

1.6.2 Lastenheft

Gemäß DIN 69901-5 („Projektmanagement – Projektmanagementsysteme – Teil 5: Begriffe“) beschreibt das Lastenheft die „vom Auftraggeber festgelegte Gesamtheit der Forderungen an die Lieferungen und Leistungen eines Auftragnehmers innerhalb eines Auftrages“[1]. Das Lastenheft wird vom Auftraggeber formuliert und dient (z. B. über eine Ausschreibung) als Grundlage zur Einholung von Angeboten. In der Regel wird durch ein Lastenheft die Frage beantwortet, **was** gemacht werden soll.

„Das Lastenheft fasst damit die wirtschaftlichen, technischen und organisatorischen Erwartungen des Auftraggebers zusammen und ermöglicht es dem potenziellen Auftragnehmer, sich ein Bild vom zu erwartenden Auftragsumfang zu machen. Das Lastenheft stellt damit die Grundlage von Vertragsverhandlungen dar.“[2]

Und es ist die Vorlage für die Erstellung des Pflichtenheftes durch den Auftragnehmer.

Die Gliederung eines Lastenheftes ist nicht vorgeschrieben. In der Regel hat jede Firma ihren eigenen Standard. Wenn das Lastenheft als Leistungsverzeichnis (LV) gesehen wird und der DIN-Norm folgt, könnte es die folgenden Punkte enthalten:

- Die Spezifikation des zu erstellenden Produkts (die „Last“)
- Die Anforderungen an das Produkt bei seiner Verwendung (z. B. Rechner und Betriebssystemumgebung)
- Rahmenbedingungen für das Produkt und für die Leistungserbringung (z. B. einzuhaltende Normen)
- Vertragliche Konditionen (z. B. Erbringen von Teilleistungen, Gewährleistungsanforderungen, Risikomanagement usw.)
- Anforderungen an den Auftragnehmer (z. B. Zertifizierung nach ISO 9001)
- Anforderungen an das Projektmanagement des Auftragnehmers (z. B. Projektdokumentation, Qualitätsmanagement)[3]

Manche Firmen richten sich nach der Lastenheftgliederung der VDI/VDE 3694 (Lastenheft/Pflichtenheft). Diese ist aber eigentlich für den Einsatz von Automatisierungssystemen gedacht.

- Einführung in das Projekt
- Beschreibung der Ausgangssituation (Ist-Zustand)
- Aufgabenstellung (Soll-Zustand)
- Anforderungen für die Kommunikationsschnittstellen
- Anforderungen an die Systemtechnik
- Anforderungen für die Inbetriebnahme und den Einsatz (Nutzung)
- Anforderungen an die Qualität
- Anforderungen an die Projektabwicklung

---

1 *Vgl. DIN 69901-5 (2009): Projektmanagement – Projektmanagementsysteme (Teil 5: Begriffe); Hrsg.: Deutsches Institut für Normung e. V.; herausgegeben von: Beuth Verlag GmbH, Berlin*

2 *Quelle: Schulte-Zurhausen, Manfred: Organisation, 6. Aufl., München, Verlag Franz Vahlen, 2014, S. 634*

3 *Vgl. Freitag, Erich: Lastenheft und Pflichtenheft, veröff. am 25.06.2013 unter: www.pqrst.at/download_dateien/PQRST_Paper_Lastenheft_Pflichtenheft.pdf*

- Anhang (Begriffe, Abkürzungen, Nomenklatur, Gesetze, Normen, Richtlinien)

Für den Bereich der Softwareentwicklung richten sich viele Quellen im Internet[1] nach einem alten Vorschlag von Helmut Balzert aus dem Jahr 1996[2]:

- Zielbestimmungen
- Produkteinsatz
- Produktfunktionen
- Produktdaten
- Produktleistungen
- Qualitätsanforderungen
- Ergänzungen
- Glossar

Inzwischen schlägt Helmut Balzert aber eine kürzere Gliederung vor[3] und begründet dies damit, dass sich ein Auftraggeber oft noch gar nicht zu 100 % über die Spezifikation des Produktes sicher ist, sondern eher „Visionen" über das Softwareprodukt hat:

- Visionen und Ziele
- Rahmenbedingungen
- Kontext und Überblick
- Funktionale Anforderungen
- Qualitätsanforderungen
- Glossar

Im Folgenden soll ein konkretes (didaktisch reduziertes) Beispiel für diesen Gliederungsansatz gegeben werden. Dabei wird das folgende Szenario zugrunde gelegt:

Die Immobilienverwaltung ImmoVerPlus GmbH aus Berlin will seine Kunden (Immobilienbesitzer) nicht mehr mit einer Excel-Tabelle verwalten, sondern mithilfe eines Softwaresystems. Hierfür erstellt die Firma ein Lastenheft, welches hier in Auszügen dargestellt wird, und sucht per Ausschreibung deutschlandweit eine Softwarefirma, die die Anwendung realisiert.

1 *Z. B. Baur, Stefan K.: Beispiel: Lastenheft – Brettspiele, veröff. am 20.06.2005 unter: www.geoinf.uni-jena.de//fileadmin/Geoinformatik/Lehre/SoSe_2007/GEO412/Literatur/Projektentwicklung/Lastenheft/Lastenheft_Beispiel.pdf*

2 *Vgl. Balzert, Helmut: Lehrbuch der Software-Technik, Heidelberg, Spektrum Akademischer Verlag, 1996*

3 *Vgl. Balzert, Helmut: Lehrbuch der Softwaretechnik – Basiskonzepte und Requirements Engineering, 3. Aufl., Heidelberg, Spektrum Akademischer Verlag, 2009*

Lastenheft

Immobilien-Verwaltungssystem

ImmoVerPlus GmbH
(Auftraggeber)
Berlin, 3. März 2019
info@immoverplus.de

Version	Autor	Quelle	Status	Datum	Kommentar
1.0	Frau Dr. Müller	Inhaberin der Firma ImmoVerPlus GmbH	Akzeptiert	01.01.2019	Ohne Qualitätsanforderungen und Glossar
2.0	Frau Dr. Müller	Inhaberin der Firma ImmoVerPlus GmbH	Akzeptiert	03.03.2019	Endredaktion

1. Visionen und Ziele

/LV10/ Die Firma ImmoVerPlus GmbH soll durch ein Softwaresystem in die Lage versetzt werden, die Immobilien ihrer Kunden effizient rechnerunterstützt zu verwalten.
/LZ10/ Die Software soll ohne viel Aufwand für die Zukunft änderbar sein, z. B. im Hinblick auf eine Änderung der Benutzungsoberfläche (z. B. vom Client weg zu einer webbasierten Lösung, oder von der Konsole weg hin zu einer GUI) oder im Hinblick auf eine Änderung der Datenhaltung (z. B. von einem relationalen Datenbanksystem weg hin zu einer anderen Speicherlösung, z. B. XML).

2. Rahmenbedingungen

/LR10/ Das Produkt Immobilienverwaltung ist eine administrative Client-Anwendung.
/LR20/ Die Zielgruppe besteht aus den Mitarbeitern der Firma ImmoVerPlus GmbH.

3. Kontext und Überblick

/LK10/ Die Rechner der Firma laufen unter Windows 10.

4. Funktionale Anforderungen

/LF10/ Das System *muss* dem Mitarbeiter die Möglichkeit bieten, neue Kunden zu erfassen und vorhandene Kunden zu aktualisieren bzw. zu löschen.
/LF20/ Das System *muss* dem Mitarbeiter die Möglichkeit bieten, neue Immobilien zu erfassen und vorhandene Immobilien zu aktualisieren bzw. zu löschen.
/LF30/ Das System *muss* dem Mitarbeiter die Möglichkeit bieten, alle Kunden und alle Immobilien anzuzeigen.
/LF31/ Das System *soll* dem Mitarbeiter die Möglichkeit bieten, die Kunden alphabetisch und die Immobilien getrennt nach Wohn- und Geschäftshäusern anzuzeigen.
/LF40/ Das System *muss* dem Mitarbeiter die Möglichkeit bieten, alle Besitzverhältnisse der Kunden anzuzeigen.
/LF50/ Das System *muss* dem Mitarbeiter die Möglichkeit bieten, vorhandene Immobilien vorhandenen Kunden zuzuordnen bzw. bestehende Besitzverhältnisse zu löschen.
/LF60/ Das System *muss* alle Kundendaten, Immobiliendaten und die Daten über die Besitzverhältnisse permanent speichern.
/LF70/ Das System *muss* die Daten in einem relationalen Datenbanksystem speichern.
/**LF71**/ Das System *soll* die Daten auch mithilfe einer anderen Speicherart sichern können.
/LF80/ Das System *muss* eine Konsole (Text User Interface) als Benutzungsoberfläche zur Verfügung stellen.
/LF81/ Das System *soll* eine GUI (Graphical User Interface) als Benutzungsoberfläche zur Verfügung stellen.
[...]
/**LF510**/ Das System *muss* dem Mitarbeiter die Möglichkeit bieten, neue Mieter innerhalb einer Immobilie zu erfassen und vorhandene Mieter zu aktualisieren bzw. zu löschen.

2

/LF520/ Das System *muss* eine Immobilie in beliebig viele Mietobjekte (Wohnung, Laden, Büro) einteilen können.
/LF530/ Das System *muss* einem Mietobjekt genau einen Mieter zuordnen können.
[...]
/LF610/ Das System *muss* dem Mitarbeiter die Möglichkeit bieten, in einem jährlichen Abrechnungszeitraum für ein Wohnhaus und für jede einzelne Wohnung die Betriebskostenabrechnung in tabellarischer Form zu erstellen. Betriebskosten sind dabei die Summe der folgenden Positionen: Grundsteuer, Kaltwasser, Abwasser, Müllabfuhr, Hausmeister, Haftpflicht- oder Gebäudeversicherungen, Treppenhausreinigung, Fahrstuhl, Kabelanschluss und Strom.
/LF620/ Das System *muss* dem Mitarbeiter die Möglichkeit bieten, die Nebenkostenabrechnung in tabellarischer Form für einzelne Mieter zu erstellen. Nebenkosten sind die Summe der Betriebskosten und sonstiger anfallenden Kosten, die dem Vermieter (Immobilienbesitzer) für das Mietobjekt entstehen.
/LF630/ Das System *muss* für jeden Mieter den Nachzahlungsbetrag (bzw. die Gutschrift) auf Basis der Vorauszahlung und der entstandenen Nebenkosten berechnen können.
/LF631/ Das System *muss* eine angemessene Anpassung der Vorauszahlung der Nebenkosten auf Basis der aktuellen Nebenkostenabrechnung (nach § 560 Abs. 4 BGB) vornehmen können.
/LF640/ Das System *muss* dem Mitarbeiter die Möglichkeit bieten, mithilfe eines Formulars bzw. Serienbriefs dem einzelnen Mieter die Nebenkostenabrechnung (inkl. Betriebskostenabrechnung sowie Heizungs- und Warmwasserkosten), den Nachzahlungsbetrag (bzw. die Gutschrift) und den angepassten Vorauszahlungsbetrag zukommen zu lassen.

5. Qualitätsanforderungen

/LQ10/ Alle Reaktionszeiten auf Benutzeraktionen *müssen* unter 1 Sekunde liegen.

Systemqualität	**Sehr gut**	**Gut**	**Normal**	**Nicht relevant**
/LQ20/ Funktionalität			x	
/LQ30/ Zuverlässigkeit			x	
/LQ40/ Benutzbarkeit		x		
/LQ50/ Effizienz			x	
/LQ60/ Änderbarkeit	x			
/LQ70/ Übertragbarkeit		x		

6. Glossar

Geschäftshaus: Es ist eine spezielle → Immobilie für gewerbliche Zwecke.
Hausbesitzer: Er ist Besitzer mindestens einer → Immobilie.
Immobilie: Sie ist entweder ein → Wohnhaus oder ein → Geschäftshaus.
Kunde: Er ist entweder → Hausbesitzer oder kein → Hausbesitzer.
Mieter: Er hat eine ganze → Immobilie oder Teile einer → Immobilie gemietet.
Mitarbeiter: Der spätere Anwender bzw. Benutzer der Software. Er ist Angestellter der Firma ImmoVerPlus GmbH.
System: Synonym für das Softwareprodukt bzw. die zu erstellende Anwendersoftware.
Wohnhaus: Es ist eine spezielle → Immobilie für Wohnzwecke.

3

1.6.3 Pflichtenheft

Gemäß DIN 69901-5 („Projektmanagement – Projektmanagementsysteme – Teil 5: Begriffe") umfasst das Pflichtenheft die „vom Auftragnehmer erarbeiteten Realisierungsvorgaben aufgrund der Umsetzung des vom Auftraggeber vorgegebenen Lastenhefts"[1]. Während im Lastenheft also steht, was der Auftraggeber will, enthält das Pflichtenheft die Details, **wie** der Auftragnehmer die Vorgaben des Auftraggebers umsetzen will[2]. Das Lastenheft kann also mit der Nachfrage und das Pflichtenheft mit dem Angebot verglichen werden. Das Angebot beantwortet u. a. die Frage „Wie sollen die Anforderungen umgesetzt werden?". Was häufig vergessen wird, aber unbedingt auch im Pflichtenheft stehen sollte, sind die späteren Testfälle bzw. Abnahmekriterien.

Das Pflichtenheft dient oft als verbindliche Grundlage des zu schließenden Vertrags zwischen Auftraggeber und Auftragnehmer. Bei Großprojekten ist die Erstellung und vertragliche Vereinbarung des Pflichtenhefts selbst ein kleines Projekt. Pflichtenhefte können mehrere hundert Seiten umfassen, 60–80 Seiten gelten aber als „psychologische Grenze"[3]. In der einfachsten Form beinhaltet das Pflichtenheft die Benennung des Liefertermins und des Preises.

Manche Firmen richten sich nach der Pflichtenheftgliederung der VDI/VDE 3694 („Lastenheft/Pflichtenheft für den Einsatz von Automatisierungssystemen"). Bei dieser Gliederung kommen zu den Punkten des Lastenhefts (s. Kapitel 1.6.2) zwei weitere hinzu:

- Systemtechnische Lösung
- Systemtechnik (Ausprägung)

Abb. 1.22: Produktionsstress

---

1 *Vgl. DIN 69901-5 (2009): Projektmanagement – Projektmanagementsysteme (Teil 5: Begriffe); Hrsg.: Deutsches Institut für Normung e.V.; herausgegeben von: Beuth Verlag GmbH, Berlin*

2 *Vgl. Montag, Torsten: Projektmanagement: Was ist ein Pflichtenheft?, veröff. am 21.08.2012 unter: www.gruenderlexikon.de/magazin/projektmanagement-was-ist-ein-pflichtenheft-2129*

3 *Quelle: Freitag, Erich: Lastenheft und Pflichtenheft, veröff. am 25.06.2013 unter: www.pqrst.at/download_dateien/PQRST_Paper_Lastenheft_Pflichtenheft.pdf, S. 4*

Nach dem bereits genannten alten Vorschlag von Helmut Balzert, der von vielen Internetquellen benutzt wird[1], hat ein Pflichtenheft die folgende Gliederung[2]:

- Zielbestimmungen (Muss-Kriterien, Wunschkriterien, Abgrenzungskriterien)
- Produkteinsatz (Anwendungsbereiche, Zielgruppen, Betriebsbedingungen)
- Produktumgebung (Software, Hardware, Orgware)
- Produktfunktionen
- Produktdaten
- Produktleistungen
- Benutzungsoberfläche
- Qualitätsanforderungen
- Globale Testszenarien und Testfälle
- Entwicklungsumgebung (Software, Hardware, Orgware)
- Ergänzungen
- Glossar

Helmut Balzert schlägt seit dem Jahr 2009 eine andere Gliederung vor[3], die für den folgenden Gliederungsvorschlag als Grundlage genommen wird, ergänzt durch UML- und Mockup-Darstellungen:

- Visionen und Ziele (ausführlicher als im Lastenheft)
- Rahmenbedingungen (geplante Realisierung)
- Kontext und Überblick (geplante Realisierung)
- Bei Bedarf: Anwendungsfalldiagramm
- Funktionale Anforderungen (ausführlicher als im Lastenheft)
- Qualitätsanforderungen (ausführlicher als im Lastenheft)
- Bei Bedarf: Benutzungsoberfläche (als Mockup)
- Zusätzlich zum Lastenheft: Abnahmekriterien
- Zusätzlich zum Lastenheft: Subsystemstruktur, Versionierung und Liefertermine
- Glossar

Im Folgenden soll ein konkretes (didaktisch reduziertes) Beispiel für diesen Gliederungsansatz gegeben werden. Dabei wird davon ausgegangen, dass die Softwarefirma ProSoftware Business Consulting (PSBC) aus Leipzig die Ausschreibung zur Erstellung des Softwareprodukts für die Firma ImmoVerPlus GmbH gewinnt. Sie erstellt als Auftragnehmer (auch in wiederholter Rücksprache mit dem Auftraggeber) ein Pflichtenheft, welches im Folgenden ausschnittsweise dargestellt wird.

---

1 *Z. B. Baur, Stefan K.: Beispiel: Pflichtenheft – Brettspiele, veröff. am 20.06.2005 unter: www.geoinf.uni-jena.de/fileadmin/Geoinformatik/Lehre/SoSe_2007/GEO412/Literatur/Projektentwicklung/Pflichtenheft/Pflichtenheft_Beispiel.pdf*

2 *Vgl. Balzert, Helmut: Lehrbuch der Software-Technik, Heidelberg, Spektrum Akademischer Verlag, 1996*

3 *Vgl. Balzert, Helmut: Lehrbuch der Softwaretechnik – Basiskonzepte und Requirements Engineering, 3. Aufl., Heidelberg, Spektrum Akademischer Verlag, 2009*

Pflichtenheft

Immobilien-Verwaltungssystem

ProSoftware Business Consulting
(Auftragnehmer)
Leipzig, 5. Mai 2019
info@psbc.de

Version	Autor	Quelle	Status	Datum	Kommentar
0.1	Hr. Meier	Softwareteam der Firma PSBC	In Bearbeitung	10.04.2019	Grundlage ist das Lastenheft der Firma ImmoVerPlus vom 03.03.2019
0.2	Hr. Meier	Softwareteam der Firma PSBC	In Bearbeitung	15.04.2019	Mit Use-Case-Diagramm und Mockup
0.3	Hr. Meier	Softwareteam der Firma PSBC	In Bearbeitung	20.04.2019	Abnahmekriterien definiert
1.0	Hr. Meier, Frau Dr. Müller	Firma PSBC und Firma Immo-VerPlus	Akzeptiert	05.05.2019	Endredaktion

1. Visionen und Ziele

/V10/ (/LV10/) Die Firma ImmoVerPlus GmbH als Auftraggeber soll durch ein Softwaresystem in die Lage versetzt werden, die Immobilien ihrer Kunden effizient rechnerunterstützt zu verwalten.
/Z10/ (/LZ10/) Die Software soll ohne viel Aufwand für die Zukunft änderbar sein, z. B. im Hinblick auf eine Änderung der Benutzungsoberfläche (z. B. weg vom Client hin zu einer webbasierten Lösung, oder weg von einer Konsole hin zu einer GUI) oder im Hinblick auf eine Änderung der Datenhaltung (z. B. weg von einem relationalen Datenbanksystem hin zu einer XML-Lösung).

2. Rahmenbedingungen (geplante Realisierung)

/R10/ (/LR10/) Das Produkt Immobilienverwaltung ist eine administrative Client-Anwendung.
/R20/ (/LR20/) Die Zielgruppe beinhaltet die Mitarbeiter der Firma ImmoVerPlus GmbH.
/R30/ (/LK10/) Das System wird in einer Büroumgebung unter einem Microsoft-Betriebssystem (aktuell: Windows 10) eingesetzt.
/R40/ Die Software wird unter Eclipse mit Java (und JavaFX) entwickelt.
/R50/ Als Datenbanksystem wird MySQL, als zweite Speicherart eine XML-Datei eingesetzt.
/R60/ Die Entwicklungsumgebung kann mit der Zielumgebung identisch sein.
/R70/ Eine Internetverbindung ist nicht erforderlich.
/R80/ (/LZ1/, /LQ60/) Um eine sehr gute Änderbarkeit der Software zu ermöglichen, wird das Softwaresystem als Drei-Schichten-Architektur realisiert. Zwischen den Schichten wird jeweils ein Interface vorgesehen.

3. Kontext und Überblick (geplante Realisierung)

/K10/ (/LK10/) Die Rechner der Firma laufen unter Windows 10. Die Programmiersprache ist Java.

4. Funktionale Anforderungen

/F10/ (/LF10/) Das System *muss* dem Mitarbeiter die Möglichkeit bieten, neue Kunden zu erfassen und vorhandene Kunden zu aktualisieren bzw. zu löschen.
/F11/ (/LF10/, /LF60/) Das System *muss* die folgenden Kundendaten permanent speichern: Name.

2

/F12/ (/LF10/, /LF60/) Das System *soll* die folgenden Kundendaten permanent speichern: Vorname, Adresse, Telefonnummer, Kundennummer.
/F20/ (/LF20/) Das System *muss* dem Mitarbeiter die Möglichkeit bieten, neue Immobilien zu erfassen und vorhandene Immobilien zu aktualisieren bzw. zu löschen.
/F21/ (LF20/, /LF60/) Das System *muss* die folgenden Immobiliendaten permanent speichern:
Bei einem Geschäftshaus: Adresse, Preis, Anzahl der Büroräume.
Bei einem Wohnhaus: Adresse, Preis, Typ, Wohnfläche. Der Typ besteht aus drei Möglichkeiten: Einfamilienhaus, Zweifamilienhaus und Mehrfamilienhaus.
/F22/ (LF20/, /LF60/) Das System *soll* die folgenden Immobiliendaten permanent speichern:
Bei einem Geschäftshaus: Fläche aller Büroräume, Anzahl der Stockwerke.
Bei einem Wohnhaus: Grundstücksfläche.
/F30/ (/LF30/) Das System *muss* dem Mitarbeiter die Möglichkeit bieten, alle Kunden und alle Immobilien anzuzeigen.
/F31/ (/LF31/) Das System *soll* dem Mitarbeiter die Möglichkeit bieten, die Kunden alphabetisch und die Immobilien getrennt nach Wohn- und Geschäftshäusern anzuzeigen.
/F40/ (/LF40/) Das System *muss* dem Mitarbeiter die Möglichkeit bieten, alle Besitzverhältnisse der Kunden anzuzeigen.
/F50/ (/LF50/) Das System *muss* dem Mitarbeiter die Möglichkeit bieten, vorhandene Immobilien vorhandenen Kunden zuzuordnen bzw. bestehende Besitzverhältnisse zu löschen.
/F51/ (/LF50/) Das System *muss* folgende Logik beachten: Ein Kunde kann „null bis viele" Immobilien besitzen, eine Immobilie ist aber nur genau einem Kunden zugeordnet.
/F60/ (/LF60/) Das System *muss* alle Kundendaten, Immobiliendaten und die Daten über die Besitzverhältnisse permanent speichern.
/F70/ (/LZ10/, /LF60/, /LF70/) Das System *muss* die Daten in einer MySQL-Datenbank speichern.
/F71/ (/LZ10/, /LF60/, /LF71/) Das System *soll* die Daten in einer XML-Datei speichern.
/F80/ (/LZ10/, /LF60/, /LF80/) Das System *muss* eine Konsole (Text User Interface) als Benutzungsoberfläche zur Verfügung stellen.
/F81/ (/LZ10/, /LF60/, /LF81/) Das System *soll* eine JavaFX-GUI als Benutzungsoberfläche zur Verfügung stellen.
[...]
/F510/ (/LF510/) Das System *muss* dem Mitarbeiter die Möglichkeit bieten, neue Mieter (Anrede, Name, Anschrift) innerhalb einer Immobilie zu erfassen und vorhandene Mieter zu aktualisieren bzw. zu löschen.
/**F520**/ (/LF520/) Das System *muss* eine Immobilie in beliebig viele Mietobjekte (Wohnung, Laden, Büro) einteilen können.
/F530/ (/LF530/) Das System *muss* einem Mietobjekt genau einen Mieter zuordnen können.
/**F531**/ Das System *muss* einem Mieter beliebig viele Mietobjekte zuordnen können.
[...]
/F610/ (/LF610/) Das System *muss* dem Mitarbeiter die Möglichkeit bieten, in einem jährlichen Abrechnungszeitraum für ein Wohnhaus und für jede einzelne Wohnung die Betriebskostenabrechnung in tabellarischer Form zu erstellen. Betriebskosten sind dabei die Summe der folgenden Positionen: Grundsteuer, Kaltwasser, Abwasser, Müllabfuhr, Hausmeister, Haftpflicht- oder Gebäudeversicherungen, Treppenhausreinigung (ja/nein, abhängig von der Immobilie), Fahrstuhl (ja/nein, abhängig von der Immobilie), Kabelanschluss und Strom.

3

Betriebskostenabrechnung – Beispiel

Kostenart	**Schlüssel**	**Gesamtbetrag (in €)**	**Einheiten gesamt**	**Kosten pro Einheit (in €)**	**Mieter Einheiten**	**Mieterkosten (in €)**
Immobilie-Nr. 337 im Abrechnungszeitraum 01.01.2018 bis 31.12.2018					Mietobjekt: D-337-477 Mieter-Nr.: 124	
Grundsteuer	Wohn-Fläche in m^2	1 200,00	800	**1,50**	80	**120,00**
Kalt- und Abwasser	Verbrauch in m^3	1 400,00	200	**7,00**	30	**210,00**
Müllabfuhr Grundgebühr	Anzahl der Wohnungen	1 100,00	10	**110,00**	1	**110,00**
Müllabfuhr	Wohnfläche in m^2	800,00	800	**1,00**	80	**80,00**
Hausmeister	Wohnfläche in m^2	1 600,00	800	**2,00**	80	**160,00**
Kosten für Haftpflicht und Gebäudeversicherung	Wohnfläche in m^2	1 700,00	800	**2,125**	80	**170,00**
Treppenhausreinigung	Wohnfläche in m^2	2 400,00	800	**3,00**	80	**240,00**
Fahrstuhl	Wohnfläche in m^2	2 000,00	800	**2,50**	80	**200,00**
Kabelanschluss	Anzahl der Wohnungen	900,00	10	**90,00**	1	**90,00**
Strom	Wohnfläche in m^2	600,00	800	**0,75**	80	**60,00**
Gesamtkosten		**13 700,00**				**1 440,00**

Eingabe:
- Gesamtbetrag (in €)
- Einheiten gesamt
- Mieter Einheiten

Berechnung:
- Kosten pro Einheit (in €) = Gesamtbetrag (in €) : Einheiten gesamt
- Mieter Kosten (in €) = Kosten pro Einheit (in €) • Mieter Einheiten

4

Ausgabe:
- Kosten pro Einheit (in €)
- Mieter Kosten (in €)
- Gesamtbetriebskosten der Immobilie im Abrechnungszeitraum (in €)
- Gesamtbetriebskosten des Mieters im Abrechnungszeitraum (in €)

Hinweis: Rundung erfolgt nur bei Mieter Kosten (in €).

/F620/ (/LF620/) Das System *muss* dem Mitarbeiter die Möglichkeit bieten, die Nebenkostenabrechnung für einzelne Mieter zu erstellen. Nebenkosten sind die Summe der Betriebskosten und sonstiger anfallender Kosten, die dem Vermieter (Immobilienbesitzer) für das Mietobjekt entstehen.

/F630/ (/LF630/) Das System *muss* für jeden Mieter den Nachzahlungsbetrag (bzw. die Gutschrift) auf Basis der Vorauszahlung und der entstandenen Nebenkosten berechnen können.

Nebenkostenabrechnung – Beispiel

Ihr Betriebskostenanteil für den Abrechnungszeitraum beträgt:	1 440,00 €
Sperrmüll einmalig:	+ 174,00 €
Ihre Nebenkosten betragen für den Abrechnungszeitraum:	1 614,00 €
Ihre Heizungs- und Warmwasserkosten betragen:	+ 1 401,60 €
Ihre Nebenkostenvorauszahlung beträgt:	– 1 900,00 €
Daraus ergibt sich Ihr Nachzahlungsbetrag (positives Vorzeichen)/ Ihre Gutschrift (negatives Vorzeichen)	+ 1 115,60 €

/F631/ (LF631/) Das System *muss* eine angemessene Anpassung der Vorauszahlung der Nebenkosten auf Basis der aktuellen Nebenkostenabrechnung (nach § 560 Abs. 4 BGB) vornehmen können. Die Anpassung erfolgt dadurch, dass 1/12 des Nachzahlungs- oder Guthabenbetrags auf die monatliche Nebenkostenvorauszahlung aufgeschlagen oder abgezogen wird.

Anpassung der Nebenkostenvorauszahlung – Beispiel

Nachzahlungsbetrag : 1 115,60 €
Monatlicher Vorauszahlungsbetrag: 92,97 €
Angepasster Vorauszahlungsbetrag
= (Monatlicher Vorauszahlungsbetrag + (Nachzahlungsbetrag : 12)) • 12
Angepasster Vorauszahlungsbetrag = 2 231,24 €
Angepasster monatlicher Vorauszahlungsbetrag = 185,94 €

/F640/ (/LF640/) Das System *muss* dem Mitarbeiter die Möglichkeit bieten, mithilfe eines Formulars bzw. Serienbriefs einzelnen Mietern die Nebenkostenabrechnung (inkl. Betriebskostenabrechnung sowie Heizungs- und Warmwasserkosten), den Nachzahlungsbetrag (bzw. die Gutschrift) und den angepassten Vorauszahlungsbetrag zukommen zu lassen.

5

Formular – Beispiel

Absender:
Name und Anschrift des Vermieters

Herrn/Frau
Name und Anschrift des Mieters

Immobilien-Nr.: 337
Immobilien-Anschrift:
Anschrift der Immobilie
Mietobjekt-Nr.: D-337-477
Mieter-Nr.: 124
Abrechnung vom: 01.01.2019
Abrechnungszeitraum:
01.01.2018 bis 31.12.2018
Abrechnung erstellt durch:
Immobilienverwaltung ImmoVerPlus GmbH
Friedrichstraße 211/212
10969 Berlin
im Auftrag/nach Angaben von:
Name Hausverwalter

Sehr geehrter Anrede Name

Ihr Betriebskostenanteil für den Abrechnungszeitraum beträgt:	1 440,00 €
Sonstige anfallende Kosten:	
Sperrmüll (einmalig)	+ 174,00 €
Ihre Nebenkosten betragen für den Abrechnungszeitraum:	1 614,00 €
Ihre Heizungs- und Warmwasserkosten betragen:	+ 1 401,60 €
Ihre Nebenkostenvorauszahlung beträgt:	– 1 900,00 €
Daraus ergibt sich Ihr Nachzahlungsbetrag (positives Vorzeichen)/ Ihre Gutschrift (negatives Vorzeichen)	**+ 1 115,60 €**

Die Vorauszahlung der Nebenkosten wird auf Basis der aktuellen Nebenkostenabrechnung (nach § 560 Abs. 4 BGB) auf **2 231,24 €** (monatlich: 185,94 €) angepasst.

[Oder, wenn keine Anpassung der Vorauszahlung erfolgen muss]
Der aktuelle Vorauszahlungsbetrag von 1 900,00 € bleibt bestehen.

6

5. Qualitätsanforderungen

/Q10/ (/LQ10/) Alle Reaktionszeiten auf Benutzeraktionen *müssen* unter 1 Sekunde liegen.

Systemqualität	**Sehr gut**	**Gut**	**Normal**	**Nicht relevant**
/Q20/ Funktionalität			(x)	
/Q21/ Angemessenheit		x		
/Q22/ Richtigkeit		x		
/Q23/ Interoperabilität				x
/Q24/ Sicherheit				x
/Q25/ Ordnungsmäßigkeit			x	
/Q30/ Zuverlässigkeit			(x)	
/Q31/ Reife			x	
/Q32/ Fehlertoleranz			x	
/Q33/ Wiederherstellbarkeit				x
/Q40/ Benutzbarkeit		(x)		
/Q41/ Verständlichkeit		x		
/Q42/ Erlernbarkeit	x			
/Q43/ Bedienbarkeit		x		
/Q50/ Effizienz			(x)	
/Q51/ Zeitverhalten			x	
/Q52/ Verbrauchsverhalten			x	
/Q60/ Änderbarkeit	(x)			
/Q61/ Analysierbarkeit	x			
/Q62/ Modifizierbarkeit	x			
/Q63/ Stabilität		x		
/Q64/ Prüfbarkeit	x			
/Q70/ Übertragbarkeit		(x)		
/Q71/ Anpassbarkeit	x			
/Q72/ Installierbarkeit		x		
/Q73/ Austauschbarkeit				
/Q74/ Konformität			x	

/Q80/ Die Grundsätze der DIN EN ISO 9241-110 von 2006 mit dem Titel „Ergonomie der Mensch-System-Interaktion – Teil 110: Grundsätze der Dialoggestaltung" *müssen* eingehalten werden.

7

6. Anwendungsfalldiagramm

(Exemplarisch: Hausbesitzer ↔ Immobilien)

Hausbesitzer-Verwaltung

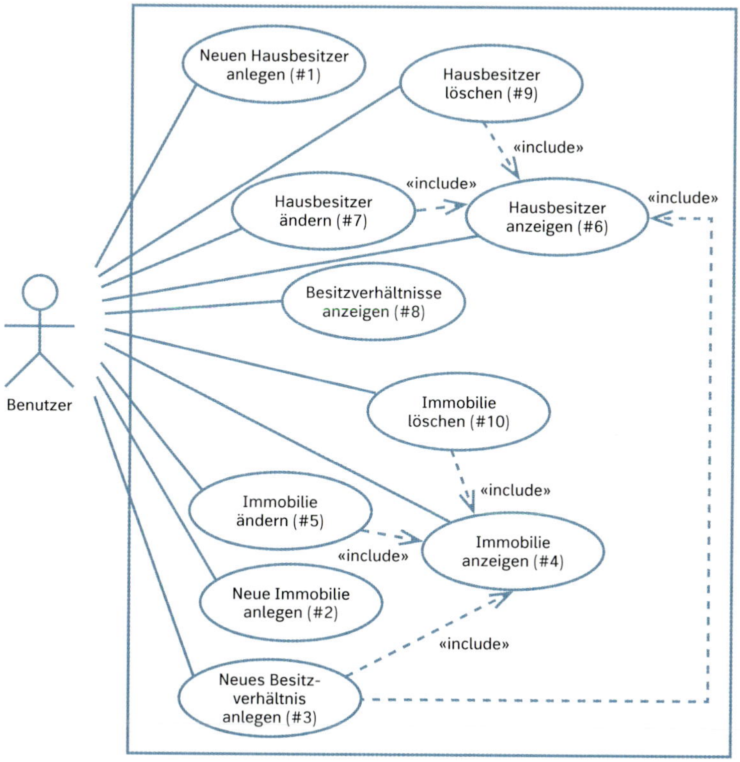

7. Benutzungsoberfläche

Es *muss* eine Konsolen-Benutzungsoberfläche (TUI) vorhanden sein. Sie könnte für die Zuordnung von Kunden (Hausbesitzern) zu Immobilien wie folgt aussehen:

```
HAUSBESITZER-VERWALTUNGS-SYSTEM

Hausbesitzer anzeigen          (a)
Neuer Hausbesitzer             (b)
Hausbesitzerdaten ändern       (c)
Hausbesitzer löschen           (d)
-------------------------
Immobilien anzeigen            (e)
Neue Immobilie                 (f)
Immobiliendaten ändern         (g)
Immobilie löschen              (h)
-------------------------
Besitzverhältnisse anzeigen    (i)
Neues Besitzverhältnis         (j)
-------------------------
Ende                           (k)

Wählen Sie einen Menüpunkt:    _
```

8

Es *soll* eine GUI-Benutzungsoberfläche erstellt werden. Diese könnte für die Zuordnung von Kunden (Hausbesitzern) zu Immobilien wie folgt aussehen:

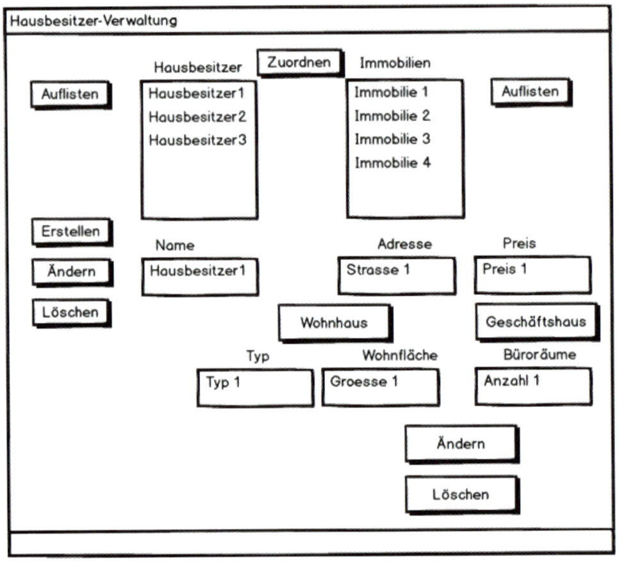

8. Drei-Schichten-Architektur

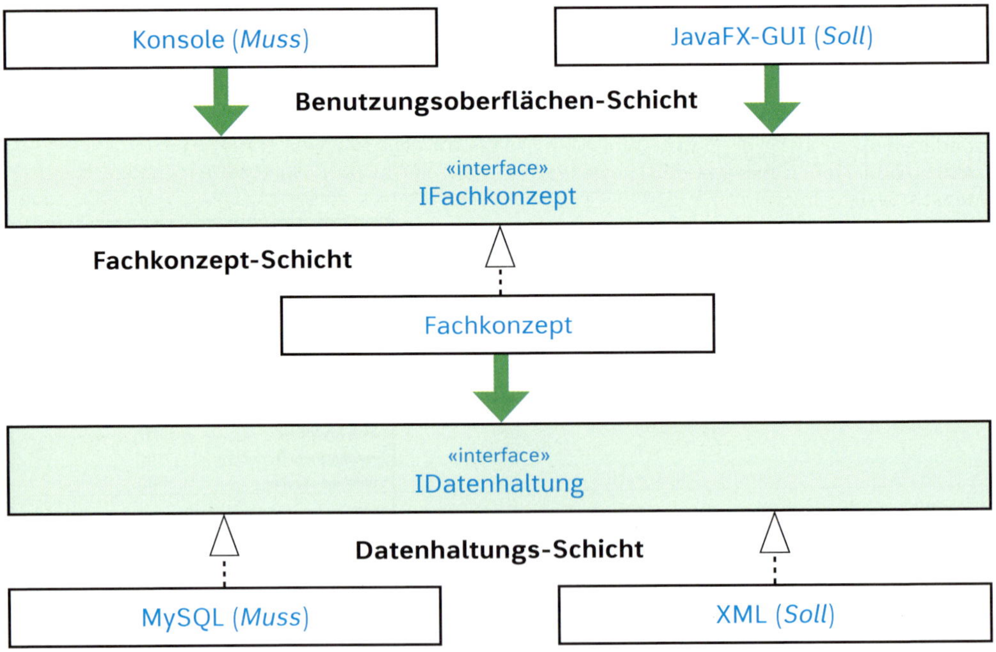

9

9. Abnahmekriterien

/A10/ (/F10/, /F11/, /F60/) Der Mitarbeiter *muss* einen neuen Kunden mit seinem Namen erfassen und speichern können.
/A11/ (/F10/, /F11/, /F60/) Der Mitarbeiter *muss* vorhandene Kunden aktualisieren (z. B. neuer Name) und speichern können.
/A12/ (/F10/, /F11/, /F60/) Der Mitarbeiter *muss* vorhandene Kunden löschen können. Die Löschung *muss* die Datenhaltung betreffen.
/A20/ (/F20/, /F21/) Der Mitarbeiter *muss* eine neue Immobilie erfassen (bei einem Geschäftshaus: Adresse, Preis, Anzahl der Büroräume; bei einem Wohnhaus: Adresse, Preis, Typ, Wohnfläche) und speichern können.
/A21/ (/F20/, /F21/) Der Mitarbeiter *muss* eine Immobilie aktualisieren und speichern können.
/A22/ (/F20/, /F21/, /F60/) Der Mitarbeiter *muss* eine vorhandene Immobilie löschen können. Die Löschung *muss* die Datenhaltung betreffen.
/A30/ (/F30/) Der Mitarbeiter *muss* sich alle Kunden anzeigen lassen können.
/A31/ (/F30/) Der Mitarbeiter *muss* sich alle Immobilien anzeigen lassen können.
/A40/ (/F40/) Der Mitarbeiter *muss* sich alle Besitzverhältnisse der Kunden anzeigen lassen können.
/A50/ (/F50/, /F51/, /F60/) Der Mitarbeiter *muss* eine vorhandene Immobilie genau einem vorhandenen Kunden zuordnen können und das Besitzverhältnis speichern können.
/A51/ (/F50/, /F51/, /F60/) Der Mitarbeiter *muss* einem Kunden mehrere vorhandene Immobilien zuordnen und die Besitzverhältnisse speichern können.
/A52/ (/F50/, /F60/) Der Mitarbeiter *muss* bestehende Besitzverhältnisse löschen können. Die Löschung *muss* die Datenhaltung betreffen.
/A60/ (/Z10/, /F70/) Der Administrator *muss* dem Mitarbeiter in Version 1 eine MySQL-Datenbank zur Verfügung stellen können.
/A61/ (/Z10/, /F71/) Der Administrator *muss* dem Mitarbeiter in Version 2 eine XML-Datei zur Verfügung stellen können.
/A70/ (/Z10/, /F80/) Der Administrator *muss* dem Mitarbeiter in Version 1 eine Konsole (TUI) als Benutzungsoberfläche zur Verfügung stellen können.
/A71/ (/Z10/, /F81/) Der Administrator *muss* dem Mitarbeiter in Version 2 eine JavaFX-GUI als Benutzungsoberfläche zur Verfügung stellen können.
/A80/ (/Q10/) Alle Reaktionszeiten auf Benutzeraktionen *müssen* unter 1 Sekunde liegen, insbesondere der Zugriff auf die Datenhaltung (z. B. bei der Aktion „Anzeigen aller Kunden").
/A90/ (/Q80/) Die Grundsätze der DIN EN ISO 9241-110 von 2006 mit dem Titel „Ergonomie der Mensch-System-Interaktion – Teil 110: Grundsätze der Dialoggestaltung" *müssen* eingehalten werden.
[...]
/**A510**/ (/F510/) Der Mitarbeiter *muss* einen Mieter (Vorname, Nachname) innerhalb einer Immobilie erfassen bzw. anlegen können.
/**A511**/ (/F510/) Der Mitarbeiter *muss* einen vorhandenen Mieter aktualisieren können.
/**A512**/ (/F510/) Der Mitarbeiter *muss* einen vorhandenen Mieter löschen können.
/**A520**/ (/F520/) Der Mitarbeiter *muss* jeder Immobilie beliebig viele Mieter zuordnen können.
/A521/ (/F520/) Der Mitarbeiter *muss* einem Mieter beliebig viele Immobilien zuordnen können.
[...]
/**A620**/ (/F620/ bis /F629/) Der Mitarbeiter *muss* für jeden Mieter eine Nebenkostenabrechnung erstellen können.
[...]

10. Subsystemstruktur, Versionierung und Liefertermine

/K10/ Das System Immobilienverwaltung (IV) wird in drei Versionen erstellt und ausgeliefert. Version 1 besitzt die gesamte Muss-Funktionalität mit einer Konsolen-Benutzungsoberfläche und mit einer MySQL-Datenhaltung.

10

In Version 2 kommen die zweite Benutzungsoberfläche (JavaFX-GUI) und die zweite Datenhaltung (XML) hinzu.
In Version 3 wird das System um wünschenswerte Soll-Anforderungen erweitert, z. B. weitere Attribute für Immobilien bzw. für Kunden sowie spezielle Anzeigearten.

Funktionalität	IV Version 1	IV Version 2	IV Version 3
/F10/	x		
/F11/	x		
/F12/			x
/F20/	x		
/F21/	x		
/F22/			x
/F30/	x		
/F31/			x
/F40/	x		
/F50/	x		
/F51/	x		
/F60/	x		
/F70/	x		
/F71/		x	
/F80/	x		
/F81/		x	
[...]	x		
/F510/	x		
/F520/	x		
/F521/	x		
[...]	x		
/F620/	x		
[...]	x		
Geplante Lieferung	02.01.2020	31.03.2020	01.06.2020

11. Glossar

Auftraggeber: Firma ImmoVerPlus GmbH mit Sitz in Berlin
Auftragnehmer: Firma ProSoftware Business Consulting (PSBC) mit Sitz in Leipzig
Geschäftshaus: Es ist eine spezielle → Immobilie für gewerbliche Zwecke.
Hausbesitzer: Er ist Besitzer mindestens einer → Immobilie.
Immobilie: Sie ist entweder ein → Wohnhaus oder ein → Geschäftshaus.
Kunde: Er ist entweder → Hausbesitzer oder kein → Hausbesitzer.
Mieter: Er hat eine ganze → Immobilie oder Teile einer → Immobilie gemietet.
Mitarbeiter: Der spätere Anwender bzw. Benutzer der Software. Er ist Angestellter der Firma ImmoVerPlus GmbH.
System: Synonym für das Softwareprodukt bzw. die zu erstellende Anwendersoftware.
Wohnhaus: Es ist eine spezielle → Immobilie für Wohnzwecke.

1.6.4 User Stories

Anna, Emre und Paul unterhalten sich über das Gelernte. „Ich finde gut“, sagt Anna, „dass die Anforderungen des Kunden durch das Lastenheft klar definiert werden können. Aber auch, dass der Auftragnehmer durch das Pflichtenheft ganz klar beschreiben kann, wie er den Auftraggeber verstanden hat. Dadurch werden Missverständnisse von vornherein ausgeschlossen.“ „Ja, so ist es“, findet Paul, „aber was ist mit den Wünschen bzw. den Anforderungen der späteren Benutzer der Software?“ „Dafür gibt es doch User Stories und Use Cases“, weiß Emre.

User Stories, zu Deutsch „Anwendererzählungen“, stellen die nötige Verbindung zwischen den Kunden und den Entwicklern her. Wird in der Regel eine Software von Entwicklern eher technisch beschrieben, so kommt bei der Formulierung einer User Story mehr der Kunde ins Spiel. Auf den sog. User Story Cards werden die gewünschten Funktionalitäten einer Software in einfachen Worten erklärt. Ein bis zwei Sätze reichen aus.

Eine User Story besteht aus drei Teilen:

- kurze, prägnante Überschrift (Story Name)
- kurze Beschreibung der gewünschten Funktionalität in einfachen Worten
- Akzeptanzkriterien (Definition of Done)

Die **Überschrift** sollte so aussagekräftig wie möglich sein, z. B. „Alle Immobilien anzeigen“. Dieser Story Name sagt bereits aus, was der Kunde (Mitarbeiter der Immobilienfirma) von der gewünschten Funktionalität erwartet.

Das **Format** einer User Story ist allgemein wie folgt: „Ich als *User* möchte folgende *Funktion* haben, um diesen *Nutzen* zu erreichen“. Damit soll erreicht werden, kundenseitige Teammitglieder auf eine klare Rollensicht und eine Zweckorientierung zu fokussieren: Ein kleiner Perspektivwechsel mit großer Wirkung. Für die User Story „Alle Immobilien anzeigen“ könnte die Beschreibung somit wie folgt lauten: „Ich als *User* möchte mir gern *alle Immobilien anzeigen* lassen und sie *nach Hausbesitzern sortieren*, um eine *Übersicht über die Immobilien bestimmter Hausbesitzer* zu erhalten.“

In den **Akzeptanzkriterien** legt der Benutzer den Umfang der Funktionalität fest:

- Die Liste zeigt alle Immobilien an.
- Die Liste lässt sich nach Hausbesitzern sortieren.

Abb. 1.23: Diskussion über User Stories

Woran erkennt ein Entwicklerteam, dass die Funktionalität erreicht und damit die User Story erfüllt ist? Dies ist dann der Fall, wenn der Produkteigner *(product owner)* die Akzeptanzkriterien getestet und abgenommen hat, der Ersteller der Software die Dokumentation im Projekt-Workspace freigegeben hat und der Status einvernehmlich mit dem Scrum-Team auf „Done" gesetzt wurde.

Die erste Version einer User Story Card ist meist noch sehr grob gehalten. Erst wenn es an die Entwicklung der Funktionalität geht, wird die Anforderung in Zusammenarbeit mit den Entwicklern weiter verfeinert (oft **Tasks**, Tokens oder Tickets genannt).

Eine gute User Story richtet sich nach dem INVEST-Prinzip:

- **I**ndependent: Um eine User Story zu programmieren, dürfen keine anderen User Stories zuerst programmiert werden.
- **N**egotiable: User Stories sind immer verhandelbar. Wenn sich während der Entwicklung herausstellt, dass diese User Story keinen Mehrwert mehr hat, darf sie herausgenommen oder gemeinsam mit den Entwicklern verändert werden.
- **V**aluable: Die User Stories sollten immer einen erkennbaren Mehrwert liefern. Der beste Ansatz hierfür ist, sie vom Kunden selbst schreiben zu lassen.
- **E**stimatable: Eine User Story muss überschaubar sein. Die Entwickler können so die Umsetzung der Anforderung einschätzen. Dafür müssen die Entwickler über die entsprechenden fachlichen und technischen Kompetenzen verfügen.
- **S**mall: User Stories sollen nicht zu groß, aber auch nicht zu klein sein. Über den Umfang entscheidet am Ende das gesamte Team. Es sollten nicht weniger als ein halber Personentag und nicht mehr als zehn Personentage erforderlich sein, um die User Story umzusetzen.
- **T**estable: Um eine User Story erfolgreich abzuschließen, muss sie „testbar" sein. Die Tests beziehen sich dabei oft auf die Definition of Done (DoD). Erst nach erfolgreichen Tests kann die User Story als abgeschlossen markiert werden.

1.6.5 Use Case 2.0

100, 200, 300 oder noch mehr User Stories – wie soll man da den Überblick über ein Produkt behalten? Woher weiß der Product Owner, ob die User Stories alle Anforderungen abdecken und wie sie günstig geschnitten werden?[1]

Hier setzt **Use Case 2.0** an, indem es zwei Techniken miteinander verbindet.

1. Technik: **Anforderungsspezifikation** bei nicht agilem Vorgehen **durch Anwendungsfälle** (s. Kapitel 3.2). Ivar Jacobson definierte 1987 auf der OOPSLA-Konferenz („Object-Oriented Programming, Systems, Languages and Applications") einen Use Case als „a special sequence of transactions, performed by a user and a system in a dialogue"[2]. Heutzutage werden Use Cases (Beschreibung von Anwendungsfällen) immer noch häufig beim Requirements Engineering verwendet.

1 *Vgl. Dr. Vinga-Martins, Renato/Schmetzer, Christine: Alte Konzepte und neue Verfahren in Symbiose, veröff. am 09.09.2016 unter: http://accso.de/magazin/use-case-2-0/*

2 *Quelle: Ivar Jacobson: Object Oriented Development in an Industrial Environment, OOPSLA – Proceedings, October 4–8, 1987, ACM 0-89791-247-0/87/0010-0183*

2. Technik: **Anforderungsspezifikation** bei agilem Vorgehen **durch User Stories** (in der Regel durch nur einen Satz). Was der Auftraggeber darüber hinaus zu den Anforderungen sagt, wird nicht aufgeschrieben, sondern mündlich geklärt. Um einen Nachweis zu haben, ob die Stories in der vom Auftraggeber gewünschten Weise implementiert wurden, werden für jede Story Akzeptanzkriterien festgelegt. Die User Stories werden dann für die Projektplanung priorisiert. Je umfangreicher agile Projekte werden, desto mehr beklagen die Teams, dass das „Big Picture", also der Überblick über die Systemfunktionalität, verloren geht. Use Cases, dargestellt in Anwendungsfall-Diagrammen der UML, zeigen gerade hier ihre Stärke.[1]

Im Dezember 2011 veröffentlichten Jacobson, Spence und Bittner das Konzept **„Use Case 2.0"**. Es beschreibt eine skalierbare, agile Technik zur Entwicklung von Anforderungen, mit denen sich die inkrementelle Systementwicklung steuern lässt. Die Prinzipien des Konzeptes[2] sind:

- Beschreibe Dinge einfach, mit Geschichten („Storytelling").
- Verstehe das große Ganze („Big Picture").
- Stelle den Nutzen in den Mittelpunkt.
- Baue das System scheibchenweise auf („Slices").
- Liefere das System in Inkrementen.
- Beachte die Bedürfnisse des Teams.

Die Problemlösung für agile Projektplanung mit Use Cases liefert die Technik des „Slicings", also des Aufschneidens eines Use Case in kleinere Einheiten bzw. Scheibchen, die sich dann innerhalb eines Sprints realisieren lassen. Wie funktioniert aber das scheibchenweise Bauen und wie greifen Use Case Slicing und Scrum ineinander?
Ein aus Use Case Stories und Testfällen gebildetes Use Case Slice wird als Backlog-Item in das Product Backlog der agilen Entwicklung eingestellt (s. Abb. 1.24). Bevor der Scrum-Ablauf beginnen kann, muss das Product Backlog zu einem gewissen Grad gefüllt sein. Es sind also Use Cases identifiziert und daraus Use Case Slices abgeleitet. **Use Case 2.0** setzt nicht voraus, dass zu Beginn eines Projekts alle Use Cases vollständig definiert werden. Um erste Backlog-Items zu gewinnen, genügt es, einige zentrale Use Cases zu identifizieren. Dies erfordert den folgenden Vorlauf[3]:

- Zuerst sind die Stakeholder des Projekts zu identifizieren. Ihre Ziele müssen verstanden werden. Ausgehend von den Zielen kann begonnen werden, die Use Cases zu ermitteln.

- Sobald eine Reihe stabiler Use Cases identifiziert ist, können die gefundenen Use Cases durch Storytelling der Anwender genauer verstanden werden, ihre Flows detailliert beschrieben und Use Case Stories gebildet werden. Hilfreich ist es, bei der Beschreibung der Abläufe bereits die Testfälle festzuhalten. Sobald Use Case Stories definiert sind, können Stakeholder, Entwickler und Tester in Zusammenarbeit Slices bilden. Slices sind so klein zu wählen, dass sie sich in einem Sprint umsetzen lassen.

1 *Vgl. Meseberg, Ursula: Use Case 2.0: Agile Projektplanung mit Use Case Slices, veröff. am 03.02.2015 unter: www.heise.de/developer/artikel/Use-Case-2-0-Agile-Projektplanung-mit-Use-Case-Slices-2535642.html*

2 *Vgl. microTOOL GmbH (Ursula Meseberg/Bernd Nawrot): Wie funktioniert Use Case 2.0?, Zugriff am 02.09.2018 unter: www.microtool.de/wissen-online/wie-funktioniert-use-case-2-0/*

3 *Vgl. Meseberg, Ursula: Use Case 2.0: Agile Projektplanung mit Use Case Slices, veröff. am 03.02.2015 unter: www.heise.de/developer/artikel/Use-Case-2-0-Agile-Projektplanung-mit-Use-Case-Slices-2535642.html*

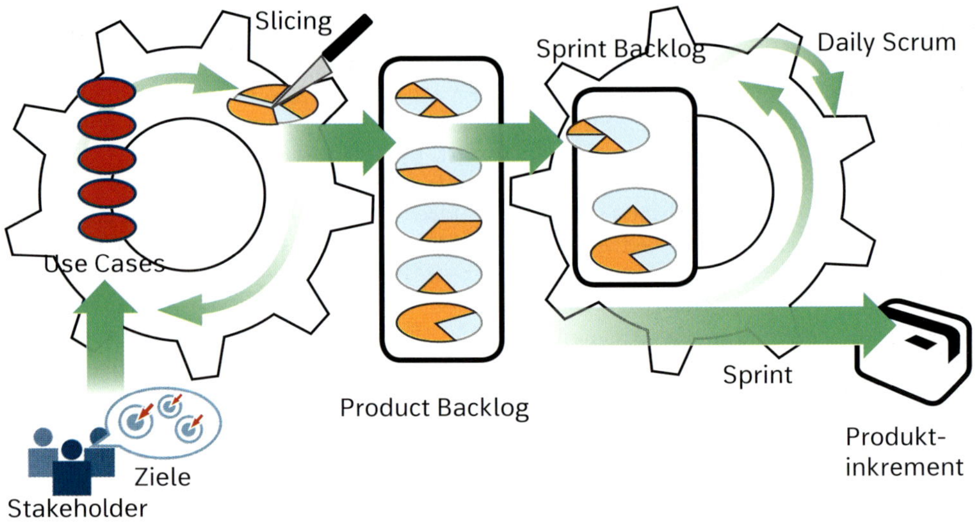

Abb. 1.24: Agiles Requirements Engineering und Scrum Flow greifen ineinander

- Es soll niemals horizontal geschnitten werden (im ersten Sprint alle GUI-Elemente implementieren, im zweiten Sprint alle Fachkonzeptfunktionalitäten und im dritten Sprint alle Datenhaltungsfunktionalitäten implementieren), sondern immer vertikal (z. B. im ersten Sprint das Speichern eines Objekts ausgehend vom Drücken eines Buttons auf der GUI bis zur Speicherung des Objekts in der Datenhaltung implementieren). Die Geschichten haben somit immer einen Anfang und ein Ende.
- Die Slices werden in das Product Backlog übernommen. Dort muss sie der Product Owner nach den Kriterien Priorität, Wert, Risiko und Notwendigkeit gewichten.
- In kleineren Projekten kann das Entwicklerteam Ermittlung, Beschreibung und das Slicing von Use Cases und damit die Fortschreibung des Product Backlog selbst übernehmen. Jacobson empfiehlt Scrum-Teams, 5 % bis 10 % ihrer Zeit in die Pflege des Backlogs zu investieren.

Use Cases eignen sich somit gut zur Release-Planung, Use Case Slices gut zur Planung kleinerer Inkremente innerhalb eines kompletten und komplexen Release.
Das Konzept **Use Case 2.0** hilft, die Granularität der Entwicklung zu verfeinern. Jedes Inkrement baut auf dem vorhergehenden auf und bringt entweder mehr Funktionen oder verbessert die Qualität vorheriger Versionen.[1]

Jedes zu entwickelnde Softwaresystem benötigt eine **Anforderungsspezifikation**. Das Auseinandersetzen mit den Anforderungen *(requirements)* wird als **Requirements Engineering** bezeichnet. Alle Personen, die an der Anforderungsspezifikation beteiligt sind, nennt man **Stakeholder**. Ein Stakeholder ist z. B. der Auftraggeber, der seine

1 Vgl. Meseberg, Ursula: Use Case 2.0: Agile Projektplanung mit Use Case Slices, veröff. am 03.02.2015 unter: www.heise.de/developer/artikel/Use-Case-2-0-Agile-Projektplanung-mit-Use-Case-Slices-2535642.html

Anforderungen (sofern diese schon eindeutig definierbar sind) in einem **Lastenheft** spezifizieren kann. Ein weiterer Stakeholder ist natürlich der Auftragnehmer, der aus dem Lastenheft ein **Pflichtenheft** macht. Dieses beschreibt nicht nur, wie die Anforderungen umgesetzt werden sollen, sondern definiert in der Regel schon die Abnahmekriterien. Wird ein agiles Vorgehensmodell gewählt, dann kommen (statt Lasten- und Pflichtenheft) in den Sprints die **User Stories** zum Einsatz. Einzelne Anforderungen werden dort in ein bis zwei Sätzen kurz und prägnant formuliert. Beim agilen Vorgehen stehen die Anforderungen am Anfang der Softwareentwicklung eher noch nicht vollständig fest, Auftraggeber und Auftragnehmer sind stattdessen während der gesamten Softwareentwicklung im ständigen Kontakt über die Anforderungen. Für sehr große agile Projekte gibt es das Konzept **Use Case 2.0**. Es beschreibt eine skalierbare, agile Technik zur Entwicklung von Anforderungen, mit denen sich die inkrementelle Systementwicklung steuern lässt.

1.7 Dokumentationstechniken

Wird in einem Unternehmen oder auch privat Software eingesetzt, benötigen die Anwender eine Dokumentation, welche die einzelnen Schritte bei der Anwendung erläutert. Diese **Benutzerdokumentation** geht heutzutage immer mehr von Handbüchern weg und hin zu Onlinehilfen.

Für die Wartung von Software ist eine **System-** bzw. **Softwaredokumentation** wichtig. Je besser eine Software ist, je höher die Softwarequalität (s. Kapitel 4) ist und je besser sie dokumentiert ist, umso geringer wird der Wartungsaufwand ausfallen (s. Abb. 1.25).

Wartungskosten sind ein großes Problem innerhalb der Softwarekosten. Je nach Quelle werden für die Wartungskosten zurzeit zwischen 60% und 90% (s. Abb. 1.26: 67%) der Gesamtkosten angegeben, die Tendenz ist seit Jahrzehnten eher steigend. Abhilfe verspricht nur eine Steigerung der Softwarequalität und eine gute Softwaredokumentation.

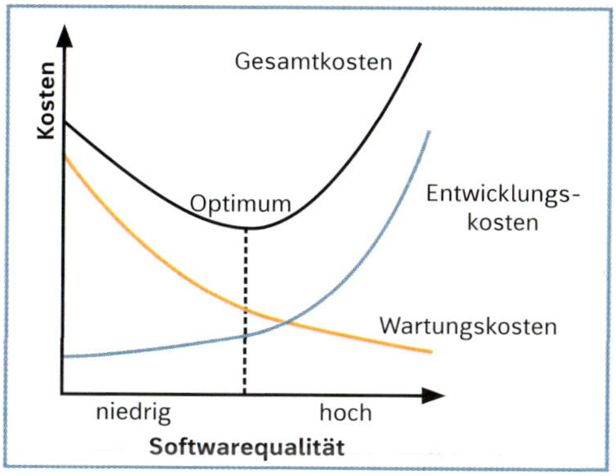

Abb. 1.25: Optimale Software-Gesamtkosten[1]

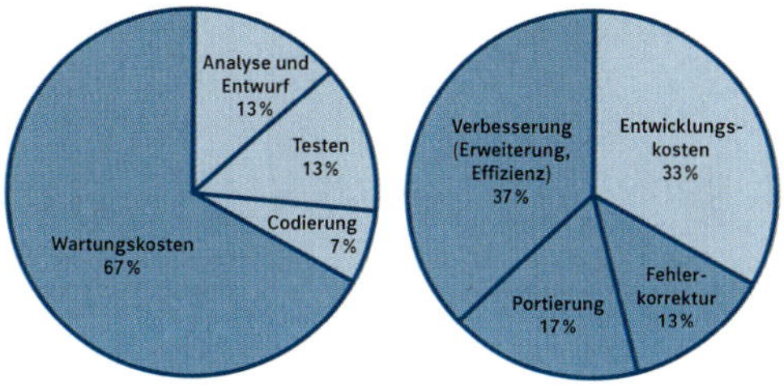

Abb. 1.26: Aufteilung der Entwicklungs- und Wartungskosten[2]

---

1 *Vgl.: Stenzel, Kurt/Seebach, Hella: Softwaretechnik, Vorlesungsskript, Zugriff am 04.09.2018 unter: www.informatik.uni-augsburg.de/lehrstuehle/swt/se/teaching/fruehere_semester/ws1112/softwaretechnik/unterlagen/ScriptAllInOne.pdf, S. 23*

2 *Vgl.: Stenzel, Kurt/Seebach, Hella: Softwaretechnik, Vorlesungsskript, Zugriff am 04.09.2018 unter: www.informatik.uni-augsburg.de/lehrstuehle/swt/se/teaching/fruehere_semester/ws1112/softwaretechnik/unterlagen/ScriptAllInOne.pdf, S. 19 und 21*

Für die Softwarefirma bzw. auch das Entwicklerteam kann es hilfreich sein, den Entwicklungsprozess bzw. das Projekt zu dokumentieren. Dies kann durch eine Prozessdokumentation und/oder eine **Projektdokumentation** erfolgen. Für die Qualitätssicherung ist es gut, im Nachhinein die gewählte Vorgehensweise kritisch zu betrachten.

1.7.1 Benutzerdokumentation

Für den Softwareanwender erfüllt eine gute Benutzerdokumentation drei Aufgaben: Überblick, Referenz und Anleitung.

Die zu einer gekauften Software mitgelieferte Benutzerdokumentation kann viele Formen besitzen: Handbuch, Speichermedium (CD-ROM, DVD etc.), Link in die Cloud oder Teil der Software.

Die Arten der Benutzerdokumentation sind u. a.:

- Installationsanleitung (Installationshandbuch inkl. „Readme.txt")
- Bei größeren Systemen evtl. auch Administrationsanleitung (Administrationshandbuch)
- Kleiner Film nach Start der Software mit einem groben Feature-Überblick (Quick Start Guide)
- Kontextbezogene Hilfe zu jedem Feature
- Externe Bedienungsanleitung (Benutzerhandbuch)
- Referenzhandbuch
- Tutorial
- Reference Cards, Wall Charts und Poster
- Onlinedokumentation (Multi-Media) und Online-Kontexthilfe
- Hilfeforen (z. B. Known Bugs), FAQs und Telefonhotlines vom Hersteller (s. Abb. 1.27).

Abb. 1.27: Sinn und Unsinn von Telefonhotlines

1.7.2 Systemdokumentation

Wie eine Software-Systemdokumentation auszusehen hat, ist strittig. „Von den Vertretern ausufernder, viele hundert und tausend Seiten langer Dokumentationen bis hin zu den radikalen „Code-only"–Verfechtern findet man in der IT alle Abstufungen, die ihre Positionen vehement vertreten. [...] Während der Kunde eine umfassende Dokumentation des zu liefernden Systems fordert [...], würden viele Dienstleister am liebsten nur die Software ohne jede Dokumentation ausliefern. Schließlich ist der Code doch die einzig zuverlässige Informationsquelle, oder?"[1]

Folgende Inhalte können sich in einer **Systemdokumentation** befinden:

- Beschreibung des Problems bzw. der Anforderung (z. B. Anforderungsspezifikation im Lasten- und Pflichtenheft; Kapitel 1.6.2, 1.6.3, 3.2 und 3.3)
- Beteiligte Stakeholder (Kapitel 1.6.1 und 1.6.5)
- Screenshots der Benutzungsoberfläche
- Beschreibung des Grobentwurfs (z. B. System- und Softwarearchitektur, spezielle UML-Diagramme (s. unten), Module, Schnittstellen)
- Beschreibung des Feinentwurfs (z. B. verwendete Entwurfsmuster, spezielle Algorithmen, spezielle UML-Diagramme (s. unten))
- Beschreibung der strukturierten Programmentwicklung (s. unten)
- Beschreibung der Datenhaltung (s. unten)
- Beschreibung der verwendeten Dateien (Name, Inhalt, Struktur) und Daten (Struktur, Datentypen, Ein- und Ausgabe)
- Zugriffsrechte und Maßnahmen zur Einhaltung des Datenschutzes
- Maßnahmen zur Datensicherheit
- Maßnahmen zur Qualitätssicherung und Dokumentation der Tests (Kapitel 4)
- Gesamter Quelltext inkl. des Versionierungsverlaufs (Kapitel 7.1)

Die Beschreibungselemente der strukturierten Programmentwicklung sind dabei:

- Datenflussplan (DFP, Kapitel 1.8.1)
- Programmablaufplan (PAP, Kapitel 1.8.2)
- Struktogramm (Kapitel 1.8.3)
- Pseudocode (Kapitel 1.8.6)
- Entscheidungstabellen (Kapitel 1.8.4)

Die Beschreibung der Datenhaltung könnte die folgenden Elemente enthalten:

- Art des Datenbanksystems (Kapitel 5.1)
- Datenmodellierung und Entity-Relationship-Diagramme (Kapitel 5.4)
- Tabellen des relationalen Datenbanksystems (Kapitel 5.5)
- Verwendete SQL-Abfragen (Kapitel 5.8)

Die Systemdokumentation könnte einige der folgenden UML-Diagramme enthalten:

- Objektdiagramm (Kapitel 2.6 und Kapitel 3.4)
- Klassendiagramm (Kapitel 2.6 und Kapitel 3.5)
- Anwendungsfalldiagramm (Kapitel 3.2)
- Aktivitätsdiagramm (Kapitel 3.3)
- Sequenzdiagramm (Kapitel 3.6)
- Zustandsdiagramm (Kapitel 3.7)

Eine gute Systemdokumentation (neben vielen anderen Dingen, z. B. gutes Software-Requirement, gutes Software-Vorgehensmodell, gute Softwareimplementierung, guter

---

1 Quelle: Friedrichsen, Uwe: Optimale Systemdokumentation mit agilen Prinzipien, veröff. im Juni 2011 unter: www.codecentric.de/publikation/optimale-systemdokumentation-mit-agilen-prinzipien

Testaufbau etc.) erhöhen die Softwarequalität in den Punkten Funktionalität, Zuverlässigkeit, Benutzbarkeit, Effizienz, Änderbarkeit und Übertragbarkeit.

1.7.3 Projektdokumentation

Projekte sollten dokumentiert werden. Laut DIN 69901 ist eine Projektdokumentation eine Zusammenstellung ausgewählter Daten über Konfiguration, Organisation, Mitteleinsatz, Lösungswege, Ablauf und erreichte Ziele des Projekts. Sie soll Auskunft über das zu lösende Problem und über die verwendete Lösung geben.

Oft werden zwei Arten der **Projektdokumentation** unterschieden:

- Prozessdokumentation
- Produktdokumentation

Die IHK-Berlin gibt z. B. für die Dokumentation der Projektarbeit im Rahmen der Prüfung zum „Fachinformatiker Anwendungsentwicklung" die folgenden Informationen:

„Die Ausführung der Projektarbeit wird mit praxisorientierten Unterlagen dokumentiert. Durch die Projektarbeit und deren Dokumentation soll der Prüfling belegen, dass er die Arbeitsabläufe und Teilaufgaben zielorientiert unter Beachtung wirtschaftlicher, technischer, organisatorischer und zeitlicher Vorgaben selbstständig planen und kundengerecht umsetzen sowie Dokumentationen kundengerecht anfertigen, zusammenstellen und modifizieren kann." [1]

Die IHK-Berlin schlägt dabei folgende Gliederung vor:[2]

1. Beschreibung bzw. Konkretisierung des Auftrags, der Ausgangssituation und des Projektumfelds
   - Beschreibung der Ausgangslage, der Projektziele und des Projektanlasses
   - Beschreibung des Kundenauftrags, des Projektauftrags und des -umfelds
   - Beschreibung der betrieblichen Prozessschnittstellen
   - Kundenkontakt (Gespräche, Wünsche, Beratung, Ziele)
   - Planung von Aufgaben und Ressourcen unter Beachtung des Vorgehensmodells (Personal-, Sachmittel-, Zeit- und Kostenplanung)
   - Geplante Maßnahmen zur Qualitätssicherung
2. Beschreibung der Prozessschritte
   - Darstellung und logische Abfolge der Prozessschritte im Rahmen eines Vorgehensmodells (z. B. Ist-Analyse → Soll-Konzept → Realisierung → Abnahme und Übergabe an den Kunden)
   - Detaillierte Beschreibung der einzelnen Arbeitsschritte (auch Begründung für Abweichungen und Entscheidungen sowie Verweise auf die Anlagen), Zielorientierung des Vorgehens

1 *Quelle: Brandes, Anja (genannt als Ansprechpartnerin): Leitfaden zur IHK-Abschlussprüfung Fachinformatiker/-in für Anwendungsentwicklung, veröff. am 26.05.2016 unter: https://www.ihk-berlin.de/blob/bihk24/ausbildung/downloads/pdfdoc_download/Leitfaden_Abschlusspruefung/2278682/867bb1e3e397ba54120c78020e5eb633/Leitfaden_Fachinformatiker_Anwendungsentwicklung-data.pdf, S. 6*

2 *Quelle: Brandes, Anja (genannt als Ansprechpartnerin): Leitfaden zur IHK-Abschlussprüfung Fachinformatiker/-in für Anwendungsentwicklung, veröff. am 26.05.2016 unter: https://www.ihk-berlin.de/blob/bihk24/ausbildung/downloads/pdfdoc_download/Leitfaden_Abschlusspruefung/2278682/867bb1e3e397ba54120c78020e5eb633/Leitfaden_Fachinformatiker_Anwendungsentwicklung-data.pdf, S. 7*

- Angemessene Maßnahmen der Qualitätssicherung
- Abnahme, Übergabe an den Kunden und Kundeneinweisung

3. Darstellung der Projektergebnisse und praxisbezogene Dokumente
   - Soll-Ist-Vergleich und Begründung der Planungsabweichung
   - Qualitätskontrolle (ggf. Prüfprotokolle, Übergabeprotokolle)
   - Reflexion, Fazit (Bewertung des eigenen Vorgehens und des Ergebnisses)
   - Praxisbezogene Dokumente

Die Dokumentation über den Prozess und über das Produkt dient auch der Qualitätssicherung, gerade auch im Hinblick auf Erkenntnisse, was in zukünftigen Projekten besser gemacht werden kann.

Ein Softwareprodukt benötigt verschiedene Arten von Dokumentation.
Der Anwender bzw. Benutzer benötigt eine Installationsanleitung und braucht Beschreibungen, wie die Software zu benutzen ist (**Benutzerdokumentation**).
Die Softwarefirma, die das Softwareprodukt entwickelt hat, benötigt unbedingt eine **System-** bzw. **Softwaredokumentation**, um das Produkt gut (sprich: schnell und kostengünstig) warten zu können. Je besser die Software dokumentiert ist und je mehr sie gewissen Qualitätsstandards entspricht, umso geringer fällt der Wartungsaufwand aus.
Für ein Entwicklerteam kann es auch hilfreich sein, den Entstehungsprozess bzw. das Projekt zu dokumentieren. Dies kann durch eine **Projektdokumentation** erfolgen. Für die Qualitätssicherung kann es sehr hilfreich sein, im Nachhinein die gewählte Vorgehensweise kritisch unter die Lupe zu nehmen und daraus Lehren für die Zukunft zu ziehen.

1.8 Beschreibungselemente strukturierter Programmentwicklung

„Das war aber noch nicht alles, was Sie wissen müssen, wenn Sie eine Software professionell erstellen wollen", doziert die Ausbildungsleiterin Frau Zeinab. „Es gibt verschiedene Methoden, um strukturierte Programmentwicklung zu unterstützen."

Das folgende Kapitel beschreibt Elemente der **strukturierten Programmentwicklung**, die es schon seit den 1960er-/1970er-Jahren gibt und die oft in DIN-Normen erfasst wurden:

- **Datenflusspläne** (DIN 66001) beschreiben Datenflüsse im Kontext zur Ein- und Ausgabe und zu den Datenträgern.
- **Programmablaufpläne** (DIN 66001) beschreiben eher die logische Struktur eines Programms und enthalten oft Verzweigungen inkl. Sprüngen.
- **Struktogramme** (DIN 66261) dienen der strukturierten Programmentwicklung, also Programmen, die (fast) keine Sprünge (Goto-Anweisungen) enthalten. Sie sollen sog. „Spaghetti-Programmierung" verhindern.
- **Entscheidungstabellen** (DIN 66241) sind dazu da, logische Strukturen vollständig darzustellen, sodass die Implementierung der Programmlogik fehlerfrei ist.

- **Ereignisgesteuerte Prozessketten** stellen u. a. die Evaluation und Implementierung von Standardsoftware bzw. die Abläufe bei der Softwareentwicklung dar.
- **Pseudocodes** dienen dazu, Algorithmen bzw. konkrete Codes unabhängig von einer Programmiersprache darzustellen.

Diese Beschreibungselemente werden in der Regel in der Planungs- und Implementierungsphase eingesetzt, sie können aber auch zur Dokumentation verwendet werden. Heutzutage findet man sie eher nicht mehr. Sie wurden fast vollständig von anderen Elementen, z. B. der Unified Modeling Language (UML), abgelöst.

1.8.1 Datenflussplan

Den Datenflussplan (engl.: *data flow chart*) gibt es seit den 1970er-Jahren. Diese alte Darstellungsform stellt den Fluss von Daten durch ein Programmsystem dar und kommt heutzutage in der betrieblichen Praxis nur noch selten bis gar nicht mehr vor. Daher wird hier nur kurz darauf eingegangen.

Nach DIN 66001 stellt ein Datenflussplan Datenbearbeitung und Daten sowie die Verbindungen zwischen beiden dar. Die Verbindungen stellen dabei die Möglichkeiten des Zugriffs von Bearbeitungsvorgängen auf Daten dar. Datenflusspläne kennzeichnen somit[1]:

- Bearbeitungsvorgänge der Daten (z. B. Suchen oder Sortieren)
- Datenträger, die zur Ausführung der Bearbeitungsvorgänge benutzt werden (z. B. Eingabe über Bildschirm) und die Datenträger, auf denen die nach der Verarbeitung erzeugten Daten ausgegeben werden (z. B. Ausgabe auf Drucker oder Bildschirm)
- Stationen und Wege, über die die Daten das Programmpaket durchlaufen

DIN 66001 definiert die Symbole (z. B. Magnetbänder) bzw. Sinnbilder eines Datenflussplans. Diese lassen sich in fünf Bereiche einteilen:

- Bearbeitungssymbole
- Datenträgersymbole
- Datenflusssymbole
- Kombinationssymbole
- Formalsymbole

Abb. 1.28 zeigt ein konkretes Beispiel für einen Datenflussplan, nämlich den Vorgang einer Rechnungserstellung. Ausgehend von einem eingehenden Auftrag, wird das Zusammenspiel von Auftrags-, Kunden- und Artikeldatei im Kontext zur Rechnungserstellung dargestellt. Am Ende des Datenflussplans sieht man den Rechnungsdruck und die Speicherung der Rechnung in einer Rechnungsdatei.

Wenn man heutzutage den Fluss von Daten darstellen will, gibt es modernere Darstellungsarten als den Datenflussplan, z. B. das UML-Aktivitätsdiagramm.

1 *Vgl. Hering, Ekbert: Software Engineering, Wiesbaden, Springer Vieweg, 1984, Seite 56*

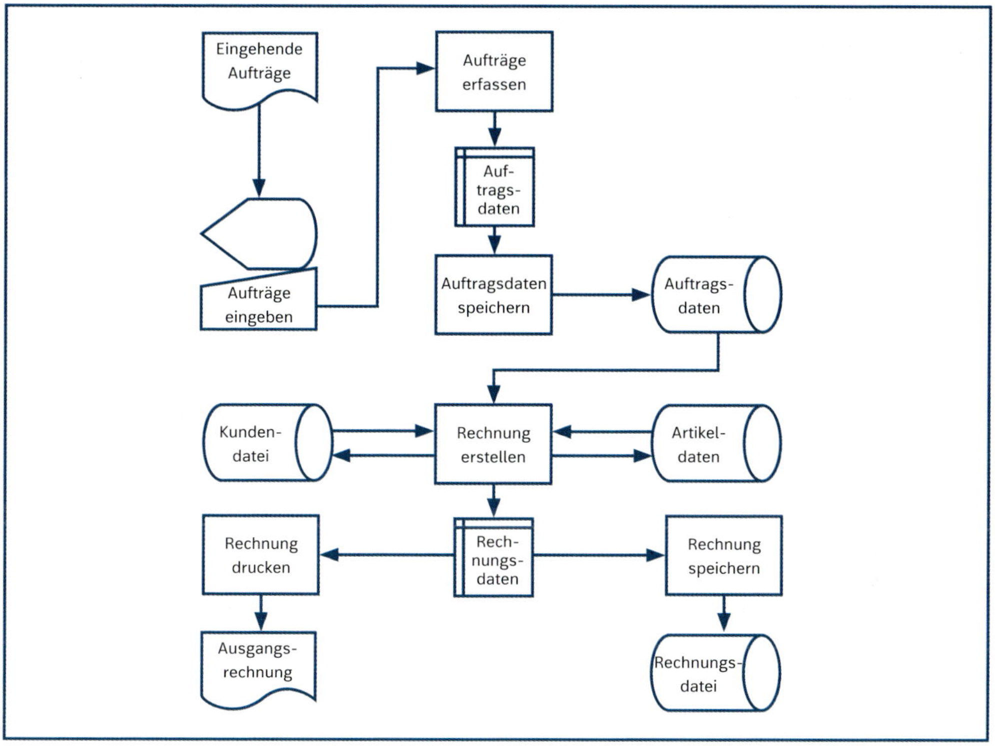

Abb. 1.28: Datenflussplan für eine Rechnungserstellung[1]

1.8.2 Programmablaufplan

Ein Programmablaufplan (PAP), auch Flussdiagramm (engl.: *flowchart*) genannt, dient der Visualisierung von Programmabläufen bzw. Algorithmen. Es können Anweisungsfolgen, Verzweigungen und Schleifen (die drei prinzipiell möglichen Steuerstrukturen) programmiersprachenunabhängig dargestellt werden. Beginnend bei der Visualisierung von Maschinenprogrammen über Assemblerprogramme wurden sie dann auch bei den höheren Programmiersprachen eingesetzt. Dort kam leider oft ein unstrukturierter Code, sog. „Spaghetti-Code", heraus. Dies ist ein Code, der schlecht lesbar (und damit schlecht wartbar) ist, weil er viele sog. Goto- bzw. Jump-Anweisungen enthält. Abhilfe sollten hier die Struktogramme bringen (s. Kapitel 1.8.3).

Nach DIN 66001 stellt ein Programmablaufplan die Verarbeitungsfolge in einem Programm dar. Die Verbindungen zeigen dabei die Reihenfolge der Verarbeitung auf, Daten werden nicht dargestellt.

In der DIN 66001 sind sowohl die Symbole für Programmablaufpläne (s. Abb. 1.29) als auch die Symbole für Datenflusspläne definiert.

1 *Vgl. Franz, Dietrich/Mattes, Rüdiger: Elektronische Datenverarbeitung, Berlin, Gabler, 2013, S. 110*

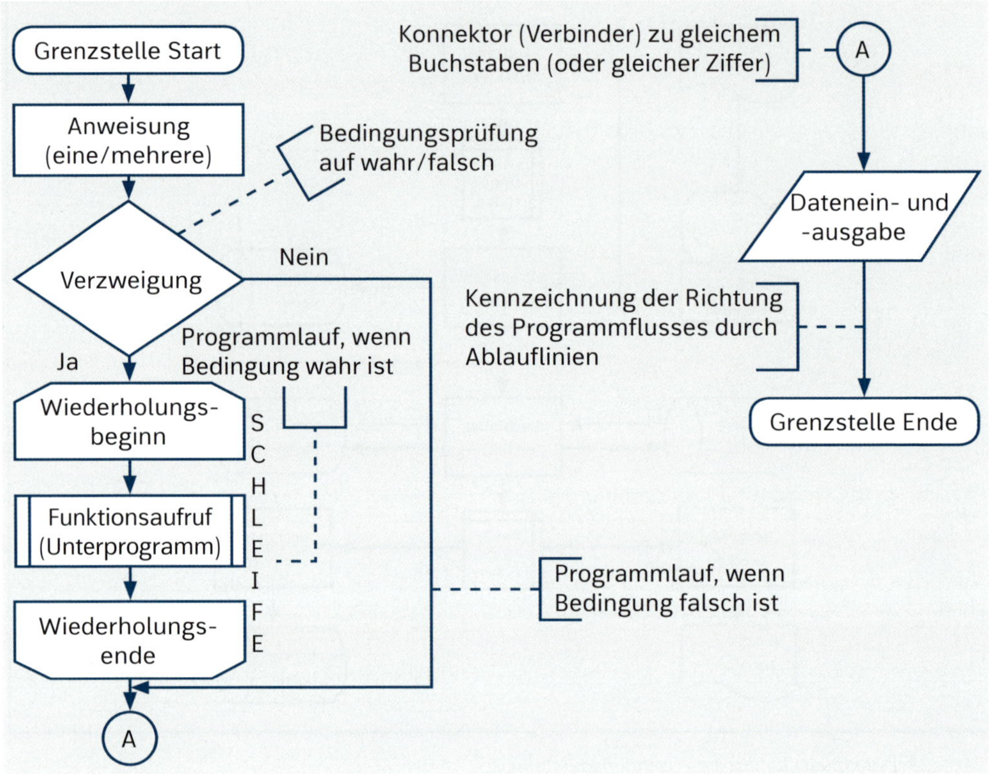

Abb. 1.29: Symbole für Programmablaufpläne nach DIN 66001

Die Beachtung folgender Regeln erweist sich bei der Erstellung eines PAP als zweckmäßig:

- Der PAP ist so aufzubauen, dass er von oben nach unten gelesen werden kann.
- In die Symbole sollten möglichst kurze, aber aussagekräftige Anweisungen oder Bezeichnungen eingesetzt werden.
- Bedingungen werden immer als Entscheidungsfrage (Ja/Nein-Frage) formuliert.
- Der Bearbeitungsanfang und das Bearbeitungsende sind durch das Symbol der Grenzstelle (Terminator) zu kennzeichnen.
- Wenn der Programmablaufplan zu komplex und damit unübersichtlich wird, sollte der PAP über Konnektoren (Verbinder) auf mehrere PAPs aufgeteilt werden.
- Die Darstellung soll so einfach bzw. übersichtlich wie möglich, aber so komplex wie nötig sein.

In Kapitel 2.5 findet sich ein konkretes Beispiel für einen Programmablaufplan (s. Seite 125).

1.8.3 Struktogramm

Im Jahr 1973 veröffentlichten Nassi und Shneidermann einen Artikel[1], in dem sie zum ersten Mal grafische Symbole für die einzelnen Steuer- bzw. Kontrollstrukturen vorschlugen (s. Abb. 1.30).

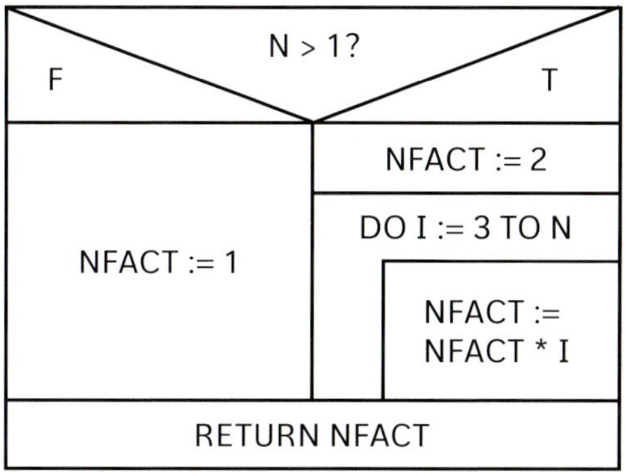

Abb. 1.30: Einfaches Programm zur Berechnung der Fakultät einer nicht-negativen natürlichen Zahl N

Ziel dieser Darstellung sollte zum einen eine (programmiersprachenunabhängige) Veranschaulichung von Algorithmen sein. Zum anderen sollte der Gebrauch von GoTo-Anweisungen, sprich die sog. „Spaghetti-Programmierung", verhindert werden.
Erreicht wurde diese strukturierte Programmierung durch einen kontrollierten „Eingang von oben" und einen kontrollierten „Ausgang nach unten".
Ihre Vorschläge fanden unter der Bezeichnung „Struktogramm" Einzug in die DIN 66261, in der die Darstellungen der elementaren Steuerstrukturen Folge, Auswahl und Schleife geregelt sind.
Struktogramme stellen somit eine von der eingesetzten Programmiersprache und der angestrebten Hardwareplattform unabhängige Planungs- und Dokumentationsunterlage dar. Im Vordergrund steht dabei die logische Problemlösung mit den dafür notwendigen Steuerstrukturen. Die drei Arten von Steuerstrukturen sind:

- Sequenz (Folge)
- Selektion (Auswahl)
- Iteration (Wiederholung/Schleife)

Die folgenden Abbildungen zeigen verschiedene Darstellungen.

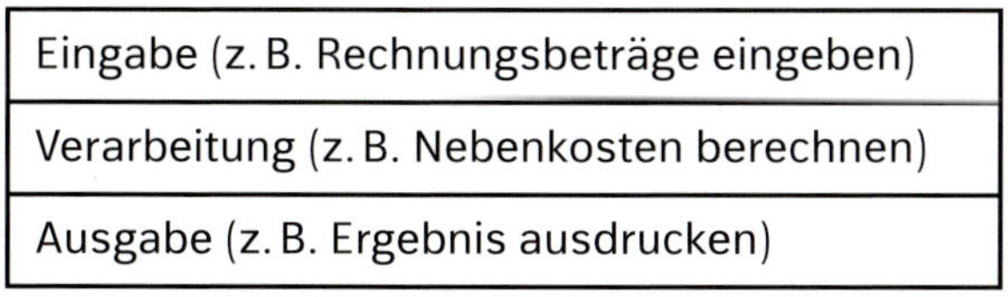

Abb. 1.31: Darstellung einer Folge (Sequenz)

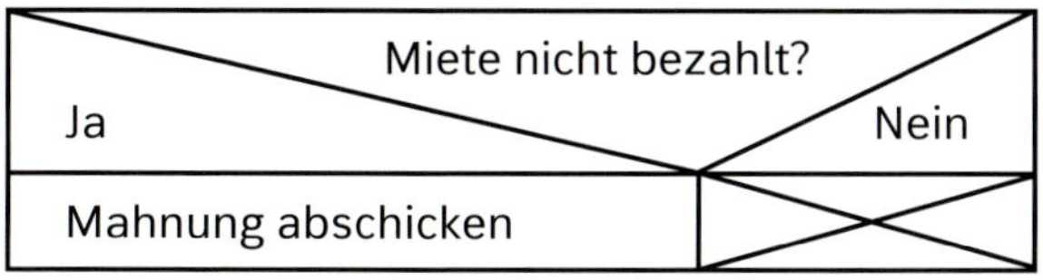

Abb. 1.32: Darstellung einer einseitigen Auswahl (Selektion)

1 *Vgl. Nassi, Isaac/Shneiderman, Ben: Flowchart techniques for structures programming, in: ACM Sigplan Notices, Heft 8/1973, S. 12–26*

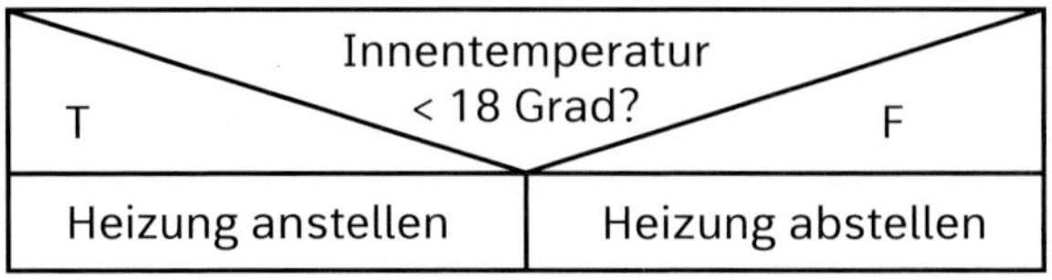

Abb. 1.33: Darstellung einer zweiseitigen Auswahl (Selektion)

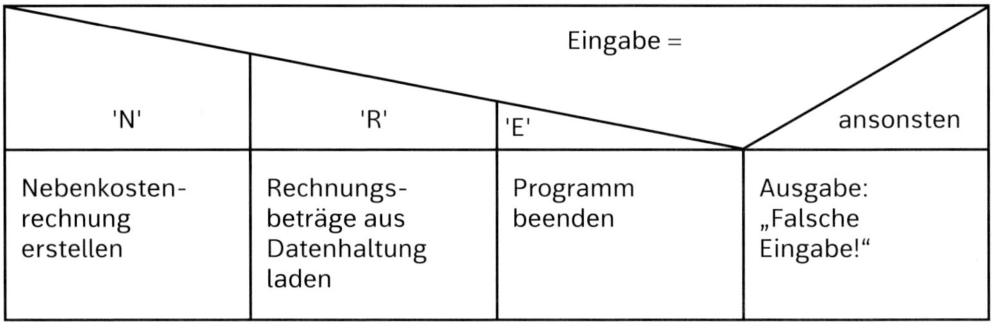

Abb. 1.34: Darstellung einer Fallunterscheidung (Selektion)

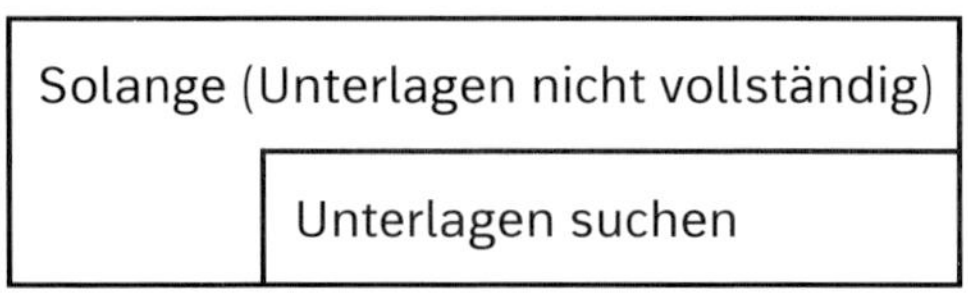

Abb. 1.35: Darstellung einer vorprüfenden Schleife und einer Zählschleife (Iteration)

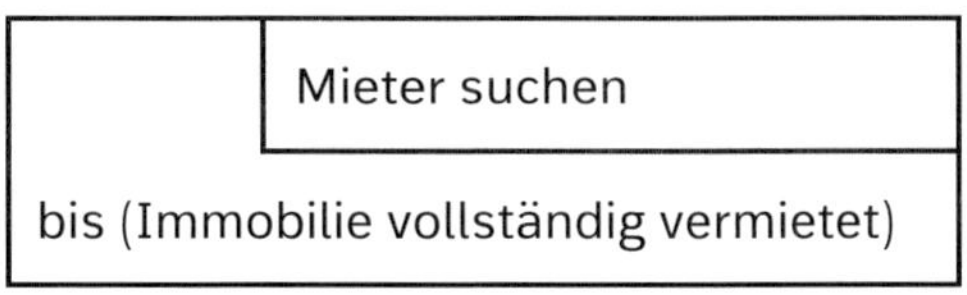

Abb. 1.36: Darstellung einer nachprüfenden Schleife (Iteration)

Weitere Beispiele zu Struktogrammen befinden sich in Kapitel 2.5.

Dieses Kapitel hat mit einem Nassi-Shneidermann-Beispiel zur Fakultätsberechnung begonnen. Jetzt zum Ende soll das gleiche Beispiel (mit leicht geändertem Algorithmus, s. Abb. 1.37) betrachtet werden, um zu veranschaulichen, wie aus den einzelnen eben dargestellten Strukturblöcken ein Struktogramm zusammengefügt wird:

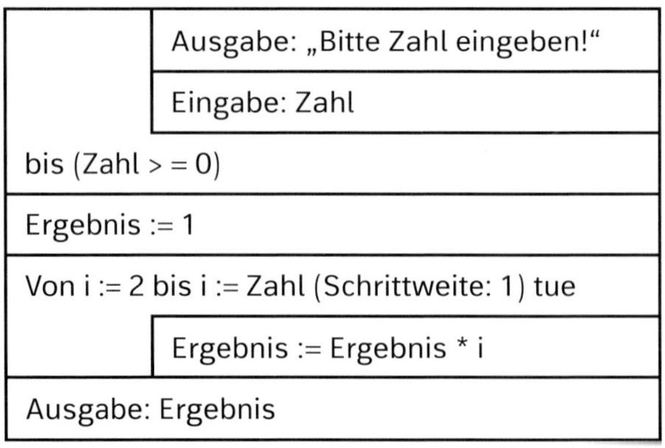

Abb. 1.37: Struktogramm zur Veranschaulichung der Fakultätsberechnung

Einige Hinweise zum Schluss:

- Wertzuweisungen (:=) können auch mit einem Linkspfeil (←) erfolgen.
- Bei der einseitigen Auswahl kann der leere Zweig statt mit „X" auch mit „Ø" oder durch gänzliches Leerlassen des Zweigs gekennzeichnet werden.
- Variablendeklarationen in Bezug auf den Datentyp werden laut DIN nicht angegeben. Geschieht dies doch, spricht man von „erweiterten Struktogrammen".
- In der betrieblichen Praxis spielen Struktogramme seit vielen Jahren (fast) keine Rolle mehr.

1.8.4 Entscheidungstabelle

Bei der Problemanalyse kann es sein, dass Lösungen bzw. Aktionen von bestimmten Bedingungen abhängig sind. Um alle möglichen Fälle auch tatsächlich zu berücksichtigen, hat sich die Entscheidungstabelle nach DIN 66241 als ein außerordentlich leistungsfähiges Hilfsmittel herausgestellt. Sie gestattet, die Voraussetzungen (Bedingungen = Wenn) zu formulieren, unter denen bestimmte Maßnahmen (Aktionen = Dann) zu ergreifen sind. In diese beiden Teile zerfällt daher die Entscheidungstabelle:[1]

- Im Bedingungsteil B werden in den Zeilen die einzelnen Voraussetzungen beschrieben.
- Im Aktionsteil A wird in den Zeilen angegeben, welche Maßnahmen ergriffen bzw. Aktionen ausgeführt werden.

Die Entscheidungstabelle dient somit der Darstellung von komplexen Bedingungskombinationen mit den zugehörigen Aktionen und kann der sicheren Auswahl von Handlungsalternativen dienen. Die Aktionen mit den dafür notwendigen Bedingungen werden übersichtlich dargestellt und können leicht auf vollständige Erfassung geprüft werden. Die Anzahl der Regeln kann durch sog. „Konsolidierung" reduziert werden.

Das folgende Beispiel zeigt eine vollständige Entscheidungstabelle.

	Problembeschreibung		Entscheidungsregeln							
	Bedingung Nummer	Bedingung Beschreibung	Regel 1	Regel 2	Regel 3	Regel 4	Regel 5	Regel 6	Regel 7	Regel 8
WENN	B1	Bedingung 1	J	J	J	J	N	N	N	N
	B2	Bedingung 2	J	J	N	N	J	J	N	N
	B3	Bedingung 3	J	N	J	N	J	N	J	N
	Aktion Nummer	Aktion Beschreibung								
DANN	A1	Aktion 1	X	X	X	X	–	–	–	–
	A2	Aktion 2	–	–	–	–	X	X	–	X
	A3	Aktion 3	–	–	–	–	–	–	X	–

1 *Vgl. Hering, Ekbert: Software Engineering, Wiesbaden, Springer Vieweg, 1984, S. 14*

WENN-Bereich: Die Bedingungen werden erfasst und logisch durch UND verknüpft. Die Regeln erfassen folgende Fälle:

- Bedingung erfüllt: Y oder J oder 1
- Bedingung nicht erfüllt: N oder 0
- Bedingung irrelevant: –

DANN-Bereich: Erfolgt auf eine Regel (Bedingungskombination) eine oder mehrere Aktionen, so wird diese mit „X" gekennzeichnet. Alle anderen Aktionen erhalten ein „–".

Die vollständige Entscheidungstabelle enthält n Bedingungsbeschreibungen und damit 2^n Regeln mit der Beschreibung und Zuordnung der zugehörigen Aktionen (z. B. drei Bedingungen ergeben acht Regeln). Führen Bedingungskombinationen zu gleichen Aktionen, so können diese konsolidiert (zusammengefasst) werden, wie die nächste Tabelle zeigt (z. B. ist die Aktion 1 nur noch von der Bedingung 1 abhängig).

Konsolidierte Entscheidungstabelle:

	Problembeschreibung		Entscheidungsregeln			
	Bedingung Nummer	**Bedingung Beschreibung**	**Regel 1 bis Regel 4**	**Regel 5, Regel 6**	**Regel 7**	**Regel 8**
WENN	B1	Bedingung 1	J	N	N	N
	B2	Bedingung 2	–	J	N	N
	B3	Bedingung 3	–	–	J	N
	Aktion Nummer	**Aktion Beschreibung**				
DANN	A1	Aktion 1	X	–	–	–
	A2	Aktion 2	–	X	–	X
	A3	Aktion 3	–	–	X	–

Im Folgenden soll eine Entscheidungstabelle auf das Immobilien-Szenario (s. Pflichtenheft aus Kapitel 1.6.3) angewendet werden.

Für das Mietobjekt mit der Nr. D-337-477 gelten folgende Termine für die Müllabfuhr:

- Schwarze Tonne: jede Kalenderwoche am Montag
- Gelbe Tonne: jede ungerade Kalenderwoche am Montag
- Blaue Tonne: jede Kalenderwoche am Mittwoch

Die Mieter sollen eine kostenlose App erhalten, bei der nach Eingabe des Wochentags (Mo bis So) und der Wochennummer (1 bis 52) die Ausgabe erfolgt, ob Müll abgeholt wird, und wenn ja, welche Farbe die Tonne hat.

Für die Softwareentwicklung ergibt sich die folgende vollständige Entscheidungstabelle:

	Problembeschreibung		Entscheidungsregeln							
	Bedingung Nummer	Bedingung Beschreibung	Regel 1	Regel 2	Regel 3	Regel 4	Regel 5	Regel 6	Regel 7	Regel 8
WENN	B1	Ungerade Kalenderwoche	J	J	J	J	N	N	N	N
	B2	Montag	J	J	N	N	J	J	N	N
	B3	Mittwoch	J	N	J	N	J	N	J	N
	Aktion Nummer	Aktion Beschreibung								
DANN	A1	Schwarze Tonne	X	X	–	–	X	X	–	–
	A2	Gelbe Tonne	X	X	–	–	–	–	–	–
	A3	Blaue Tonne	X	–	X	–	X	–	X	–

Regel 4 und Regel 8 sind keine Aktionen zugeordnet. Diese beiden Regeln werden deshalb gestrichen. Regel 3 und Regel 7 bewirken die gleiche Aktion und können zusammengefasst werden. Somit kann die folgende konsolidierte Entscheidungstabelle gewonnen werden:

	Problembeschreibung		Entscheidungsregeln				
	Bedingung Nummer	Bedingung Beschreibung	Regel 1	Regel 2	Regel 3/7	Regel 5	Regel 6
WENN	B1	Ungerade Kalenderwoche	J	J	–	N	N
	B2	Montag	J	J	N	J	J
	B3	Mittwoch	J	N	J	J	N
	Aktion Nummer	Aktion Beschreibung					
DANN	A1	Schwarze Tonne	X	X	–	X	X
	A2	Gelbe Tonne	X	X	–	–	–
	A3	Blaue Tonne	X	–	X	X	–

Aus der Tabelle lassen sich nun für die drei Aktionen folgende Aussagen treffen:

- Die Aktion A1 erfolgt bei den Regeln 1, 2, 5 und 6. Bei allen vier Regeln ist die Bedingung B2 erfüllt: A1 wenn B2.
- Die Aktion A2 erfolgt bei den Regeln 1 und 2. Bei diesen beiden Regeln ist immer B1 und B2 erfüllt: A2 wenn B1 $\wedge$ B2.
- Die Aktion A3 erfolgt bei den Regeln 1, 3/7 und 5. Bei allen drei Regeln ist die Bedingung B3 erfüllt: A3 wenn B3.

Mit Pseudocode (s. auch Kapitel 1.8.6) lässt sich dies z.B. wie folgt formulieren:

```
wenn (Montag (B2))
  schwarze Tonne (A1)
  wenn (ungerade Kalenderwoche (B1))
    zusätzlich gelbe Tonne (A2)
sonst
  wenn (Mittwoch (B3))
    blaue Tonne (A3)
  sonst
    keine Tonne
```

Der App-Algorithmus ergibt sich dann wie folgt:

Müllabfuhr

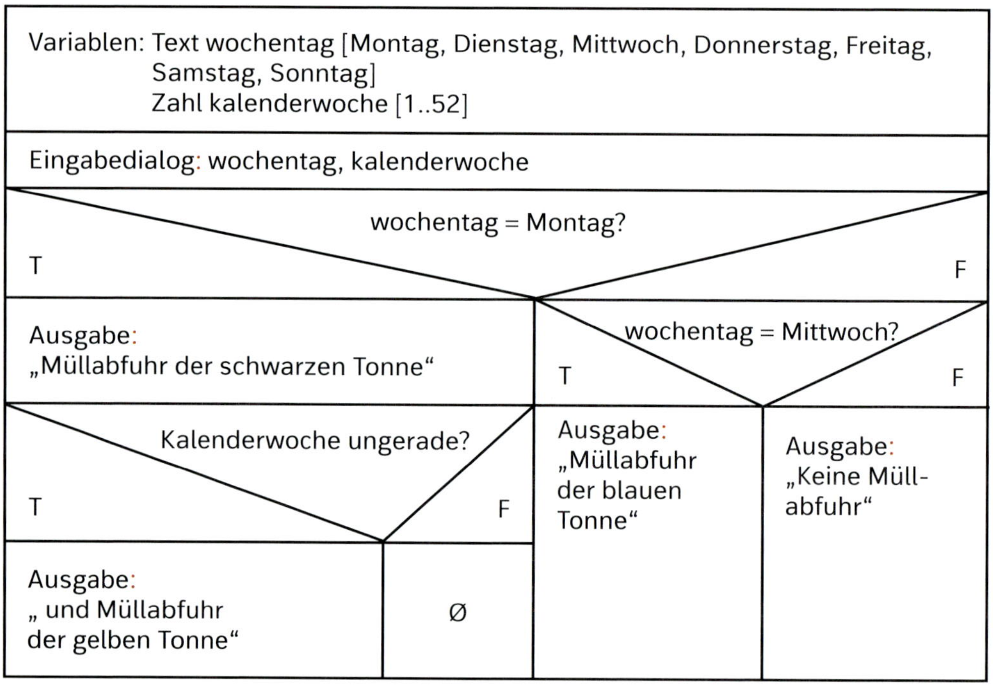

1.8.5 Ereignisgesteuerte Prozesskette

Mit einer ereignisgesteuerten Prozesskette (EPK) können Geschäftsprozesse einer Firma dargestellt werden, aber auch Evaluation und Implementierung von Standardsoftware bzw. Abläufe bei der Softwareentwicklung. Die EPKs wurden in den 1990er-Jahren vom Institut für Wirtschaftsinformatik an der Universität des Saarlandes entwickelt und in das ARIS Framework (ARIS = Architecture of Integrated Information Systems) integriert. Sie werden vereinzelt bei den IHK-Prüfungen in den IT-Berufen abgefragt.

Die EPK-Darstellung besteht aus drei grundlegenden Notationselementen, um Vorgänge zu beschreiben. Diese Elemente sind:

1. Notationselement **Event**:

Beispiel: „Unterschriebener Mietvertrag zurückgekommen"
Dieses Event tritt ein, nachdem die Immobilienfirma den unterschriebenen Mietvertrag eines neuen Mieters einer Immobilie zurückbekommen hat.

2. Notationselement **Funktion**:

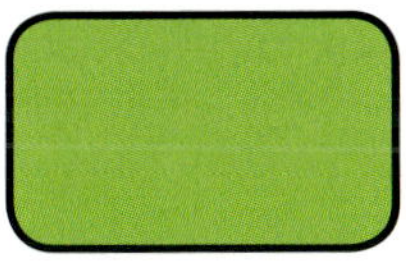

Beispiel: „Wähle Empfänger aus"
Diese Funktion beschreibt eine Unteraufgabe der Aufgabe „Sende Mietvertrag".

3. Notationselement **Logische Operatoren**:

Diese logischen Operatoren werden benutzt, um Funktionen und Events zu verbinden:
- XOR: nur **eine** der angegebenen Optionen ist möglich
- OR: **mehrere** Optionen sind möglich
- AND: parallele Ausführungen von Funktionen

Konnektoren können einen Ablauf in mehrere Teilabläufe unterteilen (Split) oder mehrere Teilabläufe zu einem einzigen Ablauf zusammenführen (Join).

Zusätzlich zu diesen drei Grundelementen kann eine EPK noch weitere detaillierte Elemente enthalten:

4. Notationselement **Organisationseinheit**:

Die Organisationseinheiten stehen für Rollen oder Personen, die verantwortlich für bestimmte Funktionen sind.

5. Notationselement **Informationsobjekt**:

Ein Informationsobjekt kann als Input oder Output einer Funktion angesehen werden.

6. Notationselement **Prozesspfad**:

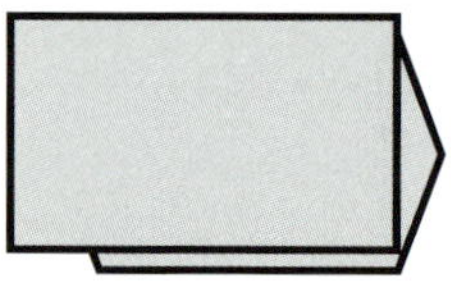

Der Prozesspfad ist eigentlich das gleiche Element wie eine Funktion. Es repräsentiert oft einen Prozesspfad mit komplexen Aktivitäten, die später in einer separaten EPK beschrieben werden.

Als abschließendes Beispiel (s. Abb. 1.38) soll angenommen werden, dass die Immobilienfirma neue PC benötigt. Dann könnte ein möglicher Bestellvorgang wie folgt mithilfe einer EPK dargestellt werden (aus Platzgründen von links nach rechts anstatt von oben nach unten).

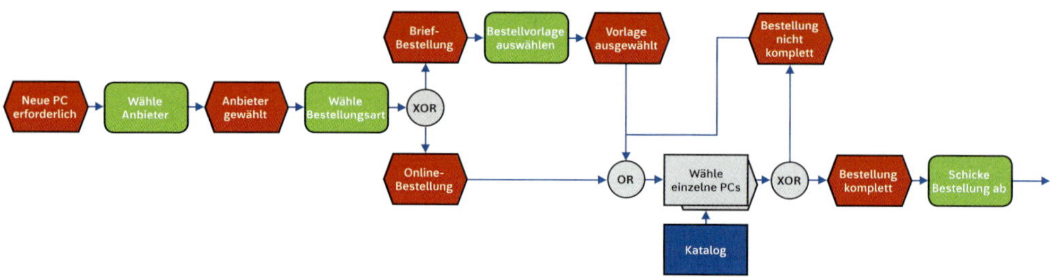

Abb. 1.38: Darstellung eines Bestellvorgangs mithilfe einer EPK

1.8.6 Pseudocode

Manchmal möchte man einerseits Algorithmen programmiersprachenunabhängig darstellen, andererseits schon eine Art Code formulieren. Dies geht mit sog. Pseudocode: Dies ist „Quellcode", der nicht eins zu eins einer Programmiersprache zuzuordnen ist. Im Gegensatz zum Programmablaufplan oder Struktogramm gibt es für Pseudocode keine in einer DIN festgelegten Anweisungen oder spezielle Syntax.

Um den Code gut lesbar zu machen, sollten im Pseudocode die Steuerstrukturen klar erkennbar sein, wie die folgende Tabelle beispielhaft zeigt.

Steuerstruktur	Pseudocode
Folge, z. B. Programmanfang und Programmende	BEGIN END
Einseitige Auswahl	IF Ausdruck THEN Anweisung(en)
Zweiseitige Auswahl	IF Ausdruck THEN Anweisung(en) ELSE Anweisung(en) ENDIF
Fallunterscheidung	CASE Ausdruck WHEN Wert 1, Anweisung(en) WHEN Wert 2, Anweisung(en) ... WHEN Wert n, Anweisung(en) ENDCASE
Schleife mit Anfangsabfrage	WHILE Ausdruck LOOP Anweisung(en) ENDLOOP
Schleife mit Endabfrage	REPEAT Anweisung(en) UNTIL Ausdruck
Zählschleife	FOR (Initialisierungsausdruck, Bedingungsausdruck, Reinitialisierungsausdruck) LOOP Anweisung(en) ENDLOOP

Die Anweisungen sollten in natürlicher Sprache formuliert werden und bei mathematischen Ausdrücken sollten die gängigen Zeichen für Rechenoperationen verwendet werden. Ausdrücke sollten unabhängig von einer Programmiersprache sein, z. B. „Ergebnis := Zahl modulo 10" (im Gegensatz zu JAVA: „ergebnis = zahl % 10").

Sehr deutlich wird Pseudocode auch, wenn man die Schlüsselwörter in Deutsch formuliert, wie z. B. den Algorithmus zur Berechnung der Fakultät:

```
tue
  Ausgabe: "Bitte Zahl eingeben: "
  Eingabe: Zahl
solange (Zahl < 0)
Ergebnis := 1
von i := 2 bis i := Zahl (Schrittweite: 1) tue
  Ergebnis := Ergebnis * i
Ausgabe: Ergebnis
```

Man sieht, dass die Schlüsselwörter beliebig sein können (aber ausdrucksstark), mit oder ohne Semikolons gearbeitet werden darf, genauso mit oder ohne geschweifte Klammern. Formatierung durch Einrückung sollte aber erfolgen.

Mittels Pseudocode kann die Funktion eines Algorithmus geplant, durchdacht und am Schreibtisch getestet werden.

1

Elemente der **strukturierten Programmentwicklung** sind im eigentlichen Sinne **Datenflusspläne**, **Programmablaufpläne** und **Struktogramme**. Datenflusspläne (DIN 66001) beschreiben Datenflüsse im Kontext zur Ein- und Ausgabe und zu den Datenträgern. Programmablaufpläne (DIN 66001) beschreiben eher die logische Struktur eines Programms und enthalten oft Verzweigungen inkl. Sprüngen. Struktogramme (DIN 66261) dienen der strukturierten Programmentwicklung, also der „Goto-freien" Programmierung.
Elemente im weiteren Sinne sind **Entscheidungstabellen** und **Pseudocodes**. Entscheidungstabellen (DIN 66241) dienen dazu, logische Strukturen vollständig darzustellen. Pseudocodes dienen dazu, Algorithmen bzw. Codes programmiersprachenunabhängig darzustellen.
All diese Beschreibungselemente werden in der Regel in der Planungs- und Implementierungsphase eingesetzt, sie können aber auch zur Dokumentation verwendet werden. Heutzutage findet man sie eher nicht mehr. Sie wurden fast vollständig von anderen Elementen, z.B. der Unified Modeling Language (UML), abgelöst.

1.9 (Programmier-)Sprachen

Gemäß Duden ist eine Programmiersprache ein „System von Wörtern und Symbolen, die zur Formulierung von Programmen für die elektronische Datenverarbeitung verwendet werden"[1].

In den nächsten beiden Unterkapiteln sollen die verschiedenen Arten von Programmiersprachen und von integrierten Entwicklungsumgebungen (IDEs) beschrieben werden.

1.9.1 Einteilung der (Programmier-)Sprachen

Lange vor den ersten Rechenmaschinen gab es schon Ansätze, wie man eine „Hardware" programmieren kann. Beispielsweise entwickelte der 1752 geborene französische Erfinder Joseph-Marie Jacquard Anfang des 19. Jahrhunderts den ersten mechanischen Webstuhl, der sich per Lochkarte programmieren ließ. Lochkarten benutzte auch Hermann Hollerith, der 1890 bei der amerikanischen Volkszählung half, den Auswertungsprozess zu automatisieren. Konrad Zuses Rechner Z3 (1941) gilt als erster programmgesteuerter Relaisrechner. Die Programme wurden auf Lochstreifen abgelegt. Die Operationscodes der neun Befehle bestanden aus 8-Bit-Lochstreifencodierungen (s. Tabelle[2]).

1 *Quelle: Bibliographisches Institut GmbH/Dudenverlag (Carstens, Olaf/Herbst, Joachim): Programmiersprache, die, Zugriff am 03.09.2018 unter: www.duden.de/rechtschreibung/Programmiersprache*

2 *Vgl. RAÚL ROJAS: "Konrad Zuse's Legacy: The Architecture of the Z1 and Z3", IEEE Annals of the History of Computing, Vol. 19, No. 2, 1997, Page 7, Table 1*

Type	Instruction	Description	Opcode
I / O	Lu Ld	read keyboard display result	01 110000 01 111000
Memory	Pr z Ps z	load address z store address z	11 zzzzzz 10 zzzzzz
Arithmetic	Lm Li Lw Ls_1 Ls_2	multiplication division square root addition subtraction	01 001000 01 010000 01 011000 01 100000 01 101000

Die ersten Programmbefehle bestanden aus Kombinationen von Nullen (0) und Einsen (1), die sog. **Maschinensprache** war geboren. Der 1976 eingeführte 8-Bit-Mikroprozessor 8085 von Intel konnte z. B. wie folgt programmiert werden:

```
11011011   ;Lies aus der Eingabe mit
00010010   ;der Port-Nr. 12 ein Byte ein!
11000110   ;Erhöhe den Wert (des Akkus)
00000001   ;um 1!
11010011   ;Gebe den berechneten Wert auf
00010011   ;der Port-Nr. 13 aus!
```

Diese Binärzahlen waren mühsam zu schreiben, also wurde auf hexadezimalen Code umgestiegen:

```
DB 12      ;Lies aus der Eingabe mit der Port-Nr. 12 ein Byte ein!
C6 01      ;Erhöhe den Wert (des Akkus) um 1!
D3 13      ;Gebe den berechneten Wert auf der Port-Nr. 13 aus!
```

Dies ist aber immer noch schlecht lesbare Maschinensprache, daher wurde jedem Befehl ein „sprechender“ Name gegeben. Die Ära der **Assemblerprogrammierung** begann:

```
IN 12      ;Input from adress
ADI 01     ;Add immediate to accu
OUT 13     ;Output to adress
```

Mit der Zeit lösten sich viele Programmiersprachen von der Nähe zur Hardware, die **höheren Programmiersprachen** waren geboren. Während z. B. die Programmiersprache C noch immer sehr nah an der Maschine ist, hat etwa Java keinen Bezug mehr zur Hardware: Es wird Byte-Code für eine virtuelle Maschine erzeugt, die auf beliebig vielen Plattformen laufen kann.

Wie lassen sich aber (Programmier-)Sprachen klassifizieren? Dies geschieht sehr unterschiedlich. Eben wurde schon eine Klassifikation im historischen Kontext dargestellt. Aber es gibt noch viele weitere Klassifikationsmöglichkeiten, und nicht jede Computersprache ist eine Programmiersprache.

a) Klassifikation nach der Sprachengeneration:
- 1. Generation: Maschinensprachen (Maschinencode für IBM-Großrechner OS/390)
- 2. Generation: Assemblersprachen (8085-Assembler)
- 3. Generation: höhere prozedurale und objektorientierte Sprachen (Fortran, Basic, Pascal, C, C++, Java)
- 4. Generation: Tabellenkalkulation, Datenbanksprachen (Lotus, dBase, SQL)
- 5. Generation: Sprachen der künstlichen Intelligenz (LISP, PROLOG)

Hinweis: Sprachen der 4. Generation gelten in der Regel nicht als Programmiersprachen.

b) Klassifikation nach dem Programmiersprachenparadigma:
- Prozedurale bzw. imperative Programmiersprachen (C)
- (Deskriptiv) Funktionale Programmiersprachen (LISP)
- (Deskriptiv) Logische Programmiersprachen (PROLOG)
- Objektorientierte Programmiersprachen (C++)

Hinweis: Es gibt Mischformen, wie z. B. Java. Java ist imperativ, objektorientiert und öffnet sich durch die Lambdas inzwischen auch der funktionalen Programmierung.

c) Klassifikation nach der „Sprachhöhe“:
- Niedere Programmiersprachen, also an den Hardwareeigenschaften des Computers orientiert (z. B. alle Assemblersprachen)
- Höhere Programmiersprachen, also an der Verstehbarkeit durch den Menschen orientiert (Fortran, ALGOL, LISP)

Hinweis: Die Grenze ist nicht eindeutig definiert.

d) Klassifikation nach Art der Notation:
- Textuelle Programmiersprachen (fast alle Programmiersprachen)
- Grafische bzw. visuelle Programmiersprachen (Scratch, Snap!)

Hinweis: Letztere werden gerne im Programmier-Anfängerunterricht verwendet.

e) Klassifikation nach Art der Anwendung:
- Wissenschaftlich-technischer Bereich (Fortran)
- Kommerzieller Bereich, z. B. Banken und Verwaltung (COBOL)
- Systemsoftware, z. B. Betriebssysteme (C, C++, Ada)
- Echtzeitsysteme (Pearl)
- Künstliche Intelligenz und Expertensysteme (Haskell, PROLOG, LISP)
- Telekommunikationssysteme (Chill)
- Datenbanksysteme (SQL)
- Statistische Anwendungen (SPSS, R)
- Simulationen (GPSS)
- Mathematik (Maple)
- Modellierungen (UML)
- Webseiten, z. B. Markup- und Seitenbeschreibungs-Sprachen (HTML, XML, Postscript)

Hinweis: Weitere Anwendungen sind möglich. Viele der letztgenannten Sprachen (SQL, UML etc.) sind keine Programmiersprachen.

f) Klassifikation nach dem Verbreitungsgrad:
Dies ist eine interessante Klassifikation, die unterschiedlich gefüllt werden kann. Es gibt beispielsweise den sog. TIOBE-Index des niederländischen Unternehmens TIOBE

Software BV[1]. Er beruht darauf, wie oft in Suchmaschinen Infos zu einer bestimmten Programmiersprache gesucht werden (s. Tabelle[2]).

Sep 2018	Sep 2017	Change	Programming Language	Ratings	Change
1	1		Java	17.436 %	+4.75 %
2	2		C	15.447 %	+8.06 %
3	5	^	Python	7.653 %	+4.67 %
4	3	v	C++	7.394 %	+1.83 %
5	8	^	Visual Basic .NET	5.308 %	+3.33 %
6	4	v	C#	3.295 %	−1.48 %
7	6	v	PHP	2.775 %	+0.57 %
8	7	v	JavaScript	2.131 %	+0.11 %
9	–	^^	SQL	2.062 %	+2.06 %
10	18	^^	Objective-C	1.509 %	+0.00 %
11	12	^	Delphi/Object Pascal	1.292 %	−0.49 %
12	10	v	Ruby	1.291 %	−0.64 %
13	16	^	MATLAB	1.276 %	−0.35 %
14	15	^	Assembly language	1.232 %	−0.41 %
15	13	v	Swift	1.223 %	−0.54 %
16	17	^	Go	1.081 %	−0.49 %
17	9	vv	Perl	1.073 %	−0.88 %
18	11	vv	R	1.016 %	−0.80 %
19	19		PL/SQL	0.850 %	−0.63 %
20	14	vv	Visual Basic	0.682 %	−1.07 %

In Abb. 1.39 ist die Entwicklung des Index gezeigt, bezogen auf die letzten 15 Jahre.

1 *Eine Definition ist zu finden unter: www.tiobe.com/tiobe-index/programming-languages-definition/.*

2 *Quelle: TIOBE Software BV (Hrsg.): TIOBE Index for September 2018, Zugriff am 04.09.2018 unter: www.tiobe.com/tiobe-index/*

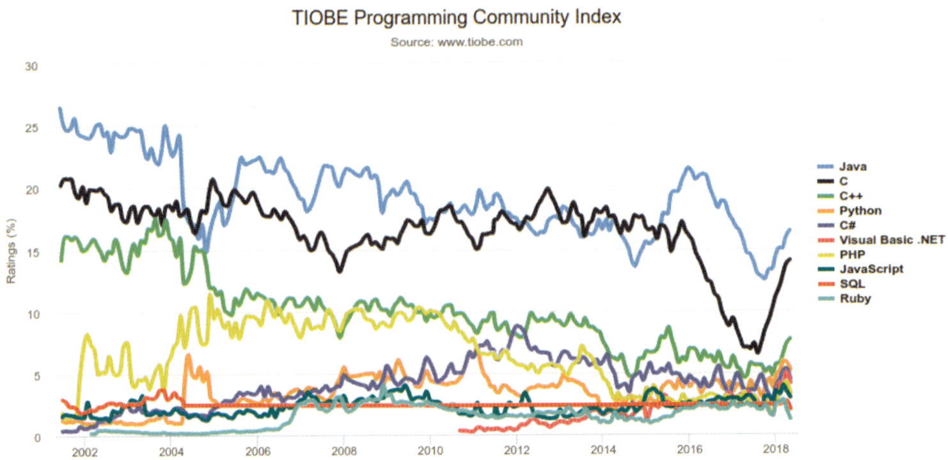

Abb. 1.39: Verlauf des TIOBE-Index für Programmiersprachen

Das „RedMonk Ranking" ist ein weiteres Verfahren, um die Popularität von Programmiersprachen zu bestimmen. Es basiert auf den häufigsten Programmiersprachen auf den Plattformen „GitHub"[1] und „Stack Overflow"[2]. Im Querschnitt der beiden Quellen dominiert JavaScript vor Java und PHP. Auf Platz 4 folgt Python, während sich C#, C++ und Ruby den fünften Rang teilen.

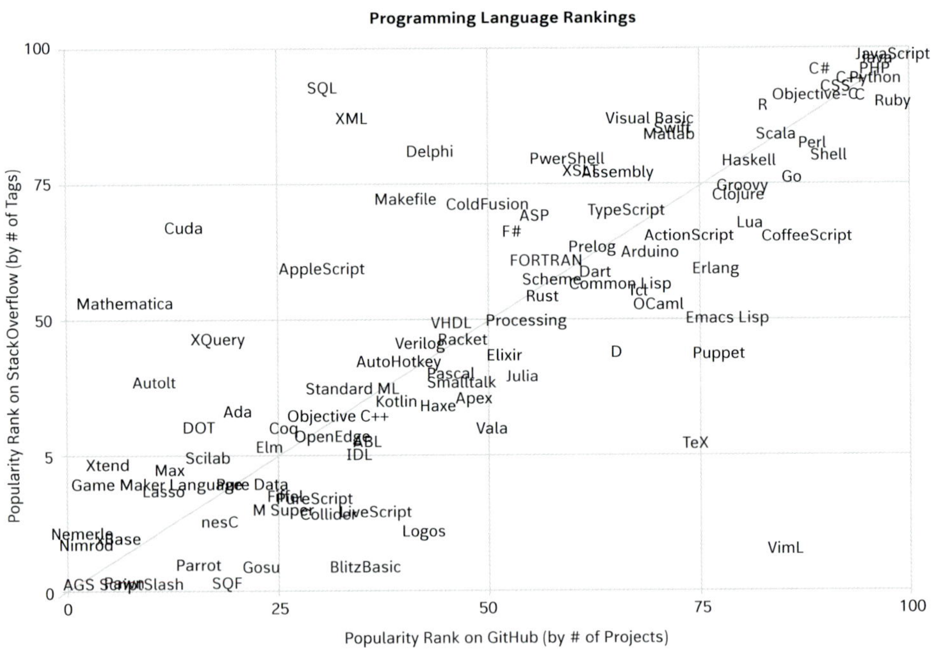

Abb. 1.40: Ranking für Programmiersprachen

1 *https://github.com/*
2 *https://stackoverflow.com/*

Beschränkt man die Auswahl der Suchmaschinen auf Google und schaut, wie oft Tutorials zu gewissen Programmiersprachen „gegoogelt“ werden, kann der sog. „**P**opularit**Y** of **P**rogramming **L**anguages Index (PYPL)“ gewonnen werden. Seit November 2015 steht Java dort mit einem großen Abstand von etwa 10% an der Spitze. Platz 2 belegt Python und Rang 3 PHP. Der vierte Platz geht an JavaScript, das im Vergleich zum Vorjahr einige Plätze gut gemacht hat. C# kann trotz Verlusten Position 5 halten (s. Tabelle[1]).

Rank	Change	Language	Share	Trend
1	^	Python	24.21 %	+5.7 %
2	v	Java	22.27 %	−0.7 %
3	^	JavaScript	8.45 %	+0.1 %
4	v	PHP	7.88 %	−1.5 %
5		C#	7.74 %	−0.4 %
6		C/C++	6.19 %	−0.8 %
7	^	R	4.15 %	−0.1 %
8	v	Objective-C	3.33 %	−1.0 %
9		Swift	2.64 %	−0.9 %
10		Matlab	2.08 %	−0.4 %

g) Klassifikation nach Art der Ausführung:
- Compilersprachen (C, C++, Pascal, Fortran, Cobol, Delphi, Eiffel)
- Interpretersprachen (Basic, Perl, Python, Scriptsprachen)

Hinweis: Bei einer Compilersprache wird der Quellcode mithilfe eines Compilers in ein ausführbares Programm übersetzt. Softwarefirmen können ihren Kunden die „Exe-Files“ zur Verfügung stellen, ohne den Quellcode preisgeben zu müssen. Bei Interpretersprachen gibt es keine Übersetzung des Quellcodes: Er wird während des Programmablaufs vom Interpreter in Maschinensprache umgesetzt. Die Performance im Vergleich zu Compilersprachen ist aber deutlich schlechter.

Im Folgenden sollen die Programmiersprachen kurz im Kontext des Sprachparadigmas vorgestellt werden.

- **Imperatives, prozedurales Paradigma**
  Dieses orientiert sich am Algorithmusbegriff mit den drei Steuerstrukturen Folge, Verzweigung und Wiederholung. Das Programm strukturiert sich in Prozeduren (bzw. Methoden, bzw. Funktionen) und Variablen (mit entsprechenden Datentypen) und hat häufig die Reihenfolge **E**ingabe, **V**erarbeitung und **A**usgabe (EVA-Prinzip). Ein Beispiel in Pascal:

1 Quelle: Carbonelle, Pierre: PYPL, PopularitY of Programming Language, Zugriff am 04.09.2018 unter: http://pypl.github.io/PYPL.html

```
PROGRAM Kreisberechnung;
USES Crt;
CONST Pi = 3.141592654;
VAR Umfang, Radius;
BEGIN
  Write ('Geben Sie den Kreisradius ein: ');
  ReadLn (Radius);                    (* Eingabe *)
  Umfang := 2 * Radius * Pi;          (* Verarbeitung *)
  WriteLn ('Umfang: ', Umfang);       (* Ausgabe *)
  ReadKey;
END.
```

- **Objektorientiertes Paradigma**
  Ausgehend vom Objektbegriff (z. B. `kreis1` und `kreis2`) und der Kommunikation zwischen den Objekten wird in der abstrahierten Klasse eine semantische Einheit aus Attributen und Methoden hergestellt. Ein Beispiel einer Java-Klasse:

```
public class Kreis {
  private double radius;
  public Kreis(double radius) {
    setRadius(radius);
  }
  public double getRadius() {
   return radius;
  }
  public void setRadius(double radius) {
    if (radius > 0)
      this.radius = radius;
  }
  public double getUmfang() {
    return 2 * Math.PI * radius;
  }
}
```

- **Logisches Paradigma**
  Nicht der Algorithmus wird definiert, sondern das Problem wird mithilfe von Regeln bzw. Prädikatenlogik beschrieben. Beispielsweise lässt sich in Prolog die Berechnung der Fakultät einer Zahl wie folgt beschreiben:

```
%Faktum
fakultaet(0,1).
%Regel
fakultaet(N,F):-
  N > 0,
  N1 is N-1,
  fakultaet(N1,F1),
  F is N * F1.
```


- **Funktionales Paradigma**
  Weder Variablen noch Algorithmen werden eingesetzt. Das Programm besteht aus einer Abfolge von mathematischen Funktionen, die für bestimmte Eingangsparameter bestimmte Rückgabewerte berechnen. In Common Lisp lässt sich z. B. die Fakultät einer Zahl wie folgt iterativ berechnen:

```
(defun fact (n)
  (loop for i from 2 to n
    for fact = 1 then (* fact i)
    finally (return fact)))
```

Abschließend soll die Frage beantwortet werden, welches nun die beste Programmiersprache ist. Edsger W. Dijkstra (niederländischer Informatiker, 1930–2002) soll darauf die folgende (nicht belegte) Antwort gegeben haben: „Jeder Programmierer weiß, dass es nur eine einzig wahre Programmiersprache gibt. Jede Woche eine neue." Seit Beginn der Programmierung sind sehr viele Jahre ins Land gegangen, da kommt man leicht auf Tausende von Programmiersprachen. Je nach dem Projektumfeld (Anwendungsgebiet, Wünsche des Auftraggebers, Vorschlag des Auftragnehmers) wird die Frage nach der besten Programmiersprache (Domainspecific Language) immer wieder neu gestellt.

Auch die Schulen in Deutschland legen sich unterschiedlich fest. Eine häufig verwendete Programmiersprache ist Java, die daher auch in diesem Buch für die Veranschaulichung von Programmierbeispielen verwendet wird.

Der Name „Java" geht angeblich darauf zurück, dass die Entwickler der Sprache ihren Kaffee gerne im Straßencafé in Menlo Park (Kalifornien) tranken, und dass sie die Kaffeebohnen mit der Insel Java in Verbindung brachten. Die objektorientierte Programmiersprache Java entstand im Auftrag des Computerherstellers Sun Microsystems in den frühen 1990er-Jahren und gilt als die erste plattformunabhängige Sprache der Welt. Plattformunabhängig bedeutet, dass Java-Programme auf jedem Betriebssystem laufen. Dafür ist allerdings eine angepasste Java-Laufzeitumgebung (JRE) erforderlich, die aus der Java Virtual Machine (JVM) und vielen Bibliotheken besteht. Java wird heute von der Firma Oracle weiterentwickelt, die Sun vor einigen Jahren übernommen hat. Oracle bietet Laufzeitumgebungen für Windows, Linux und Solaris an. Java läuft heute auch in vielen Dingen des alltäglichen Lebens, wie Autos, Kühlschränken und Fernsehern. Andere Einsatzfelder sind Spiele-, Web- und Multimedia-Anwendungen. Aber auch die Apps für Android-Smartphones sind in Java geschrieben.[1]

Ein erstes Java-Programm könnte wie folgt aussehen:

```
public class HalloWelt {
  public static void main(String[] args) {
    System.out.println("Hallo Welt!");
  }
}
```

1.9.2 Integrierte Entwicklungsumgebungen (IDEs)

„Schön“, denken sich die Azubis Anna, Emre und Paul. „Nun wissen wir, wie Software systematisch in Auftrag gegeben und strukturiert entwickelt werden kann. Doch womit wird sie eigentlich entwickelt?“

Moderne IDEs *(integrated development environments)* sind weit mehr als erweiterte Texteditoren. Sie bieten eine große Anzahl an Integrationen mit diversen Systemen und in diverse Prozesse. Durch Plug-ins (die von allen großen IDEs angeboten werden) lassen sich auch externe Prozesse, die nicht bereits von Haus aus unterstützt werden, gut einbinden. Alle Entwickler im Team sollten daher eine gute Vorstellung davon haben, welche Möglichkeiten die eingesetzte IDE bietet und wie diese im aktuellen Projekt eingesetzt werden können.[2]

Bekannte IDEs sind z. B. Eclipse, VisualStudio, IntelliJ und NetBeans. Manche unterstützen verschiedene Programmiersprachen (z. B. NetBeans und IntelliJ), manche nur eine Programmiersprache (Eclipse unterstützt theoretisch viele Programmiersprachen, wird aber in der Regel für Java eingesetzt) und einige werden vom Entwickler bzw. Unterstützer einer Programmiersprache angeboten (proprietäre IDEs, z. B. Visual Studio von Microsoft).

Im Bildungsbereich hat sich eine Vielzahl von Tools entwickelt, deren gemeinsames Ziel es ist, gerade den Programmieranfängern das Leben zu erleichtern. Zu nennen wären grafische Programmier-IDEs (BYOB: *build your own blocks*) wie Scratch und Snap! oder spielerische Tools, bei denen Schildkröten (z. B. mit Python: PythonTurtle von Raimond Reichert aus der Schweiz) oder Ameisen (z. B. mit C#: AntMe!) bewegt werden oder Musik produziert wird (Sonic Pi).

Eclipse ist ein Profi-Tool überwiegend im Java-Bereich mit der Möglichkeit, Konfiguration und allgemeine Einstellungen bzgl. der Konfiguration des lokalen Workspace zu vereinheitlichen. Durch Plug-ins lassen sich für Eclipse beispielsweise nahezu alle Einstellungen des lokalen Workspace von einem gemeinsamen Entwicklungsserver beziehen und aktualisieren. Es erlaubt daher dem gesamten Team, einen globalen Satz von Einstellungen und Konfigurationsparametern zu nutzen. Einerseits führt dies zu einem konsistenten Entwicklungsprozess, der u. a. Fehlerquellen wie unterschiedlich eingestellte

---

1 *Vgl. Freist, Roland: Die zehn wichtigsten Programmiersprachen, veröff. am 03.06.2013 unter: www.chip.de/artikel/Die-zehn-wichtigsten-Programmiersprachen_139933630.html*

2 *Vgl. Robert, Christian: Professionelle Entwicklungsumgebung: Besser und entspannter entwickeln, veröff. am 02.10.2014 unter: https://jaxenter.de/professionelle-entwicklungsumgebung-besser-und-entspannter-entwickeln-537*

Dateicodierungen unterbindet, andererseits zu einer enormen Zeitersparnis bei der Änderung von globalen Einstellungen wie etwa Codierungsrichtlinien. Richtig konfiguriert, werden so neue Einstellungen vollkommen unbemerkt und ohne aktives Eingreifen direkt aktualisiert und verwendet. Eclipse hat inzwischen auch ein Git-Plug-in.[1]

Bildungseinrichtungen verwenden gerne den JavaEditor von Gerhard Röhner[2] oder Greenfoot[3] bzw. BlueJ[4] von der University of Kent (Federführung: Michael Kölling) oder die JavaTurtle von Raimond Reichert aus der Schweiz.

Jedes Programm wird in einer speziellen Sprache geschrieben. Seit Beginn der Softwareentwicklung sind schon Tausende von **Programmiersprachen** entwickelt worden. Diese lassen sich nach unterschiedlichen Kriterien einordnen, z. B. der **Sprachhöhe** (hoch, niedrig), dem **Programmiersprachen-Paradigma** (objektorientiert, funktional, logisch etc.), der **Sprachengeneration** (1. bis 5. Generation) und der **Übersetzungsart** (Compiler, Interpreter). Script- und Datenbanksprachen (z. B. SQL) gelten nicht als Programmiersprachen.
Proprietäre **Entwicklungsumgebungen** (z. B. **Visual Studio**) werden von einem Programmiersprachen-Anbieter (z. B. Microsoft) für die entsprechenden Programmiersprachen (z. B. C#) bereitgestellt.
Dagegen stehen IDEs, die verschiedene Programmiersprachen unterschiedlicher Hersteller unterstützen (z. B. **NetBeans** und **IntelliJ**). Für die professionelle Java-Entwicklung werden am häufigsten **Eclipse** und **IntelliJ** verwendet.

1.10 Aufgaben, Übungen und Handlungsschritte

Zu jeder Ausbildung gehört das Überprüfen des Kompetenz- und Wissensstands der Auszubildenden. Anna, Emre und Paul bekommen daher von Frau Zeinab Aufgaben zu den bisherigen Themen, die sie lösen sollen. Manche Aufgaben und Übungen können dabei z. B. Teilaufgaben eines sogenannten Handlungsschrittes in der schriftlichen IHK-Prüfung sein.

---

1 *Vgl. Robert, Christian: Professionelle Entwicklungsumgebung: Besser und entspannter entwickeln, veröff. am 02.10.2014 unter: https://jaxenter.de/professionelle-entwicklungsumgebung-besser-und-entspannter-entwickeln-537*

2 *http://javaeditor.org*

3 *https://www.greenfoot.org*

4 *https://www.bluej.org*

AUFGABEN, ÜBUNGEN UND HANDLUNGSSCHRITTE

1. Wählen Sie ein **Vorgehensmodell** (z. B. Wasserfallmodell, Spiralmodell, V-Modell, Extreme Programming, Kanban oder Scrum) aus und beantworten Sie die folgenden Fragen:
   a) Wie wird vorgegangen?
   b) Zu welcher Kategorie zählt dieses Modell (dokumenten-, risikogetrieben etc.)?
   c) Wer hat es wann eingeführt?
   d) Was sind die Vor- und Nachteile?
   e) Wie stark wird es heute in der Softwareentwicklung angewendet?
   f) Welche Internetquellen zum Thema können Sie empfehlen?
2. Diskutieren Sie die Vor- und Nachteile der verschiedenen **Vorgehensmodelle** und ordnen Sie diese im historischen Kontext ein. Welche Vorgehensmodelle werden heutzutage überwiegend angewendet?
3. Begründen Sie, warum eine gute **Anforderungsspezifikation** so wichtig ist.
4. Beschreiben Sie ausführlich den Unterschied zwischen **Lasten- und Pflichtenheft**.
5. Gegeben ist der folgende Auszug aus einem **Lastenheft**:

   2. Rahmenbedingungen
   /LR10/ Das Produkt „Monatsnamen“ ist eine Client-Anwendung.
   /LR20/ Zielgruppe sind Kinder und Fremdsprachler.

   3. Kontext und Überblick
   /LK10/ Die Rechner der Firma laufen unter Windows 10.

   4. Funktionale Anforderungen
   /**LF10**/: Das Programm muss nach Eingabe einer „Monatsnummer“ (Zahl zwischen 1 und 12) den entsprechenden deutschen Monatsnamen ausgeben.
   /**LF20**/: Das Programm muss nach Eingabe der Zahl 0 abbrechen.
   /**LF30**/: Das Programm muss nach Eingabe einer falschen Zahl (Zahl < 0 oder Zahl > 12) den folgenden Hinweis ausgeben: „Falscher Wertebereich!“
   /**LF40**/: Das Programm muss nach Eingabe einer falschen Eingabe (Kommazahl, Text, Zeichen etc.) den folgenden Hinweis ausgeben: „Falsche Eingabe!“

   a) Erstellen Sie daraus Teile des **Pflichtenhefts**:
      Gliederungspunkt 2: Rahmenbedingungen/Geplante Realisierung
      Gliederungspunkt 3: Kontext und Überblick/Geplante Realisierung
      Gliederungspunkt 5: Funktionale Anforderungen
      Gliederungspunkt 7: Mockup der Benutzungsoberfläche (Konsole)
      Gliederungspunkt 8: Abnahmekriterien

   b) Wie begründen Sie die Wahl der Programmiersprache und der IDE?

   c) Welches **Vorgehensmodell** würden Sie bei der Realisierung der Software einsetzen? Begründen Sie Ihre Entscheidung.

   d) Nehmen Sie an, das Softwareprojekt sei fertig. Erstellen Sie ein **Benutzerhandbuch**.
6. Schreiben Sie das Lastenheft aus Aufgabe 5 um in User Stories für das Backlog eines Scrum-Prozesses.

7. Stellen Sie den Pseudocode-Algorithmus aus Kapitel 1.8.6 mithilfe eines **Programmablaufplans** und mithilfe eines **Struktogramms** dar.

8. Stellen Sie den Struktogramm-Algorithmus aus Kapitel 1.8.3 (Abb. 1.37) mithilfe der Pseudocode-Tabelle aus Kapitel 1.8.5 (s. Seite 79) als Pseudocode dar.

9. Gegeben sind die vier **Programmiersprachen** Java, C, 8085-Assembler und LISP. Nehmen Sie eine Einordnung nach der Programmiersprachen-Generation, nach dem Programmiersprachen-Paradigma, nach der Sprachhöhe und nach der Art der Ausführung vor.
Ergänzen Sie die folgende Tabelle mit zwei weiteren Programmiersprachen.

Sprache	Sprachen-Generation	Paradigma	Sprachhöhe	Art der Ausführung
Java	3			
C		imperativ		
8085-Assembler			niedrig	
LISP				Compiler
		logisch		
				Interpreter

2 Grundlagen der objektorientierten Programmierung mit Java

Anna, Emre und Paul sollen die Grundlagen der Java-Programmierung kennenlernen. Nur Emre hat schon Erfahrungen im Programmieren. Anna hat sich bisher nur an der Gestaltung von Webseiten beteiligt, Paul, der Jüngste, interessiert sich eher für die Netzwerktechnik als für die Programmierung. Emre erhält von der Ausbildungsleiterin Frau Zeinab den Auftrag, den beiden anderen die Grundlagen der Java-Programmierung (Kapitel 2.1 bis Kapitel 2.8) zu erläutern und mit konkreten Programmieraufgaben das Thema zu vertiefen. Zusätzlich soll er sich, als angehender Fachinformatiker, mit vertiefenden Programmierthemen (Kapitel 2.9 bis Kapitel 2.13) beschäftigen.

Im Laufe dieses zweiten Kapitels erwirbt Emre die gesamten folgenden Kompetenzen, Anna und Paul einen Teil davon.

Sie ...

- ... erläutern Datentypen in Java im Kontext zu Variablen und Konstanten.
- ... beschreiben grundlegende Algorithmen (Sequenz, Selektion, Iteration) und implementieren diese in Java für spezielle Anwendungsprobleme.
- ... wenden Elemente der strukturierten Programmentwicklung (z. B. Struktogramme) exemplarisch an.
- ... erläutern das Konzept der objektorientierten Programmierung (Klasse, Objekt, Attribute, Methoden, Datenkapselung).
- ... modellieren Klassen und implementieren diese in Java.
- ... erzeugen Objekte mithilfe von parameterlosen und vollparametrisierten Konstruktoren.
- ... stellen Beziehungen (Vererbung, Assoziation, Aggregation, Komposition) zwischen Klassen dar und implementieren diese in Java.
- ... weisen Polymorphie nach, indem sie ein Testprogramm schreiben, welches zur Laufzeit unterschiedliche Ergebnisse liefert.
- ... erläutern das Interface-Konzept und implementieren spezielle Interfaces in Java.
- ... implementieren eine grafische Benutzungsoberfläche mithilfe von JavaFX.

2.1 Einführung in Java

Die Firma Sun Microsystems stellte 1995 die objektorientierte Programmiersprache Java vor, die plattformunabhängig nicht nur auf Rechnern, sondern auf verschiedenen elektronischen Geräten (z. B. in Autos, Kühlschränken und Fernsehern) eingesetzt werden kann. Andere Einsatzfelder sind Spiele-, Web- und Multimedia-Anwendungen (vgl. Kapitel 1.9.1). Die Programmiersprache Java ist ein Teil der Java-Technologie. Diese besteht aus dem Java-Entwicklungswerkzeug (Java Development Kit, JDK) zum Erstellen von Java-Programmen und der Java-Laufzeitumgebung (Java Runtime Environment, JRE) zur Ausführung des sog. Byte-Codes. Die Laufzeitumgebung selbst umfasst die virtuelle Maschine (Java Virtual Machine, JVM), die mitgelieferten Klassenbibliotheken und die API (Application Programming Interface).

Im Jahr 2010 wurde Sun von der Firma Oracle gekauft.

Die Erstellung und Verarbeitung von Java-Programmen geschieht wie folgt:

- Das Programm wird mittels eines Editors (s. IDEs, Kapitel 1.9.2) geschrieben. Als Produkt ergibt sich ein von Programmierern lesbarer Java-Quelltext (z. B. „HalloWelt.java“).
- Der Compiler führt die Syntaxprüfung des Quelltextes durch (ggf. Korrektur des Quelltextes durch den Programmierer). Ist der Quelltext syntaktisch richtig, wird als Produkt des Compilers der sog. Java-Byte-Code generiert, eine Art Maschinenprogramm für die virtuelle Maschine (z. B. „HalloWelt.class“).
  Das Kommando für das Kompilieren auf der Konsole lautet:
  `javac HalloWelt.java`
- Der Byte-Code wird mittels Interpreter ausgeführt. Dafür braucht das entsprechende Betriebssystem die entsprechende Java Virtual Machine (JVM). Der Byte-Code wird in der Regel interpretiert, die JVM kann ihn bei Bedarf jedoch auch kompilieren und optimieren.
  Das Kommando auf der Konsole zum Ausführen des Byte-Codes lautet:
  `java HalloWelt`

Der Entwurf der Programmiersprache Java strebte u. a. folgende Ziele an:[1]

- Java soll eine einfache und vertraute Programmiersprache sein.
- Java soll objektorientiert sein.
- Java soll architekturneutral, portabel und sicher sein.
- Java soll interpretierbar und dynamisch sein.
- Java soll parallelisierbar sein, also Thread-Programmierung ermöglichen.

Plattformübergreifende Anwendungen können dadurch, dass die JDK und JVM von Oracle kostenfrei erhältlich sind, mit einfachen Mitteln und kostengünstig erstellt werden.

1 *Vgl. Gosling, James/McGilton, Henry: The Java Language Environment – A White Paper, Oktober 1995, Zugriff am 04.09.2018 unter: www.stroustrup.com/1995_Java_whitepaper.pdf*

Zusätzlich stellt Oracle eine mächtige API zur Verfügung, d. h. Sammlungen von vorgegebenen Klassen, z. B. für:

- Elementare Funktionen (z. B. mathematische Operationen)
- Formatierte Ausgaben (API Base)
- Netzwerkprogrammierung (API Network)
- Verteilte Anwendungen und Datenbankzugriff (API JDBC – Java Database Connectivity)
- Entwicklung von grafischen Benutzungsoberflächen (API AWT, Swing oder JavaFX)

Im Frühjahr 2018 erschien Java 10. Die technischen Neuerungen sind im Vergleich zum Modulsystem (Jigsaw) von Java 9 und den Lambda-Ausdrücken in Java 8 eher überschaubar. Das aktuelle Release enthält vor allem Ergänzungen, die für kompakteren und aufgeräumteren Code sorgen sollen. Oracle bietet das Java SE Development Kit 10 zum Download an.

Java ist eine der populärsten Programmiersprachen weltweit, sowohl im sog. TIOBE-Index als auch im RedMonk-Programmiersprachenindex liegt Java ganz weit vorne (s. Kapitel 1.9.1).

Java ist eine populäre **objektorientierte Sprache**. Durch die Übersetzung des Quellcodes in einen **Byte-Code**, welcher auf allen Plattformen ausgeführt werden kann, die eine Java Virtual Machine (JVM) zur Verfügung stellen, ist Java **plattformunabhängig**.

2.2 Programmaufbau, Ein- und Ausgabe, Kommentare

Anna, Emre und Paul sollen ihr erstes Programm schreiben. Hierfür setzen sie sich mit dem Grundgerüst eines Java-Programms auseinander. Frau Zeinab warnt sie, dass im Folgenden viele Begriffe (z. B. Klasse, Objekt, Attribut, Methode, Datentyp, statisch) erwähnt werden, die erst in späteren Kapiteln genauer erläutert werden.

Programmaufbau

Ein Java-Programm besteht aus importierten Paketen, Klassen und Methoden. Methoden enthalten dabei in der Regel Algorithmen (endliche Folge von eindeutigen Anweisungen, s. Kapitel 9.1).

Pakete in Java sind ähnlich wie Verzeichnisse in einem Dateisystem. In Java werden alle Klassen, die sich mit dem gleichen Thema befassen, zu einem Paket zusammengefasst. Die Pakete können auch selbst Pakete beinhalten.

Für das folgende Beispiel wird ein eigenes Paket `immobilienverwaltung` neu angelegt. Das erstellte Paket wird mithilfe des Schlüsselworts „package" für die Klasse `Immobilienverwaltung` definiert. Die Anweisung `package` muss dabei immer der erste Eintrag in der Datei sein. Da Java eine objektorientierte Sprache ist, wird für jede Anwendung mindestens eine Klasse mit der Hauptmethode `main(...)`benötigt. Als Beispiel ist im Folgenden die Klasse `Immobilienverwaltung` angegeben, welche die Main-Methode enthält.

```
package immobilienverwaltung;
import ...; // Z.B.: import java.util.Scanner;
/**
  Dokumentations-Kommentar zur Anwendung, zum Autor usw.
 */
public class Immobilienverwaltung {
  public static void main(String[] args) {
    /*
     Hier könnten dann Algorithmen stehen
     */
  }
}
```


Die folgende Tabelle erklärt die einzelnen Abschnitte:

`package`	Das Paket `immobilienverwaltung` wird für die Klasse definiert.
`import`	Externe Klassen (im oberen Beispiel die Klassen, die im Paket `java.util` enthalten sind) werden dem Compiler bekanntgegeben. Findet er eine Klasse nicht, schaut er in diesem Paket nach, ob sich die Klasse dort findet. Es werden somit nicht alle Klassen des Pakets importiert, wie es der Name `import` suggeriert.
`public class`	Die öffentliche Klasse `Immobilienverwaltung` wird deklariert. Diese Klasse muss öffentlich sein, da sie die Main-Methode enthält.
`public static void main(String[] args)`	Deklaration der statischen Methode `main()`, welche vom Java-Interpreter automatisch als Einstiegspunkt aufgerufen wird. Der Bezeichner `args` steht für „**arg**uments". Beim Aufrufen des Programms können String-Werte als Parameter übergeben werden.

Nach dem Kompilieren steht dem Interpreter der Byte-Code „Immobilienverwaltung.class" zur Verfügung.

Eingabe über die Tastatur und Standardausgabe auf dem Bildschirm

Eine einfache Möglichkeit für eine Eingabe über die Tastatur bietet die Klasse `Scanner`, welche Bestandteil des Pakets `java.util` ist. Die Ausgabe auf dem Bildschirm erfolgt mit der Methode `System.out.print()` oder `System.out.println()`.

```
public static void main(String[] args) {
  Scanner input = new Scanner(System.in);
  int wohnungenGesamt;
  System.out.print("Bitte Anzahl der Wohnungen eingeben: ");
  wohnungenGesamt = input.nextInt();
  System.out.println("Die Anzahl der Wohnungen beträgt: " +
                                                wohnungenGesamt);
}
```

Das Programm lässt sich kompilieren und ausführen:

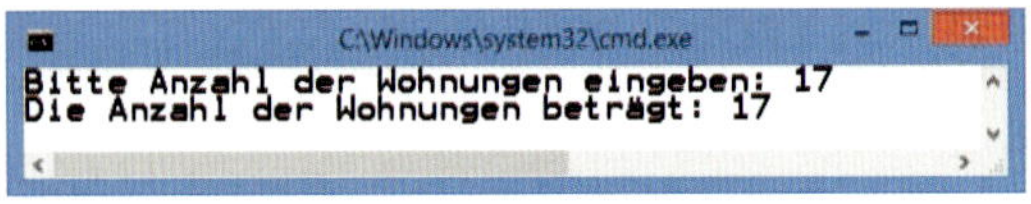

Abb. 2.1: Kompiliertes und ausgeführtes Programm

Die einzelnen Abschnitte haben folgende Bedeutung:

`Scanner input = new Scanner(System.in)`	Das Objekt `input` der Klasse `Scanner` wird angelegt bzw. erzeugt. Als Parameter wird ein Objekt `System.in` der Klasse `Input-Stream` übergeben. Dies ist die Standardeingabe (d. h. die Eingabe erfolgt über Tastatur).
`wohnungenGesamt = input.nextInt()`	Mithilfe der Methode `nextInt()` wird die erfolgte Eingabe gelesen und als int-Wert der Variablen `wohnungenGesamt` übergeben.
`System.out.print("...")`	Der `aktuelleParameter` (hier vom Typ String-Konstante) wird auf der Konsole (Bildschirm) ausgegeben. Die Methode `print` ist Bestandteil der Klasse `PrintStream`. Das statische Attribut `out` der Klasse `System` ist ein Objekt der Klasse `PrintStream`. Die Klasse `System` muss nicht explizit importiert werden, da sie automatisch in jedes Projekt eingebunden ist.

Formatierte Ausgabe

Neben dem einfachen Zeilenvorschub (`println()` statt `print()`) gibt es auch die Möglichkeit, Ausgaben über die Methode `printf()` zu formatieren:

```
System.out.printf(%[Schalter][Breite].[Genauigkeit][Typ]);
```

Formatelement	Beschreibung
%	Einleitung der formatierten Ausgabe
Schalter	Bestimmt das Ausgabeformat, z. B. linksbündig (optional)
Breite	Mindestanzahl der ausgegebenen Zeichen (optional)
Genauigkeit	Einschränkung der Anzahl der ausgegeben Zeichen (optional)
Typ	Datentyp der Ausgabe (z. B. d für Ganzzahl, f für Dezimalzahl, s für String)

Ein Quelltextbeispiel mit Screenshot der Ausgabe[1]:

```
import java.util.Date;

public class FormatierteAusgabe {

  public static void main(String[] args) {

    System.out.printf( "|%X|%n", 0xabc);
    System.out.printf( "|%04x|%n%n", 0xabc);

    int anzahl = 67;                      // Anzahl der Immobilienbesitzer
    System.out.printf("|%d|%n",           anzahl);
    System.out.printf("|%5d|%n",          anzahl);
    System.out.printf("|%-5d|%n",         anzahl);
    System.out.printf("|%+-5d|%n",        anzahl);
    System.out.printf("|%05d|%n%n",       anzahl);

    double mieteGesamt = 45345.326;          // Mieteinnahmen
    System.out.printf("|%f|%n",           mieteGesamt);
    System.out.printf("|%+f|%n",          mieteGesamt);
    System.out.printf("|% f|%n",          mieteGesamt);
    System.out.printf("|%.2f|%n",         mieteGesamt);
    System.out.printf("|%,.2f|%n",        mieteGesamt);
    System.out.printf("|%.2f|%n",         mieteGesamt);
    System.out.printf("|%10.2f|%n",       mieteGesamt);
    System.out.printf("|%010.2f|%n",      mieteGesamt);

    String kategorie = "Schulbuch";
    System.out.printf("%n|%s|%n",         kategorie);
    System.out.printf("|%S|%n",           kategorie);
    System.out.printf("|%20s|%n",         kategorie);
    System.out.printf("|%-20s|%n",        kategorie);
    System.out.printf("|%7s|%n",          kategorie);
    System.out.printf("|%.7s|%n",         kategorie);
    System.out.printf("|%20.7s|%n",       kategorie);

    Date date = new Date();
    System.out.printf("%tT%n",               date);
    System.out.printf("%tD%n",               date);
    System.out.printf("%1$te. %1$tb%n",      date);

  }

}
```

1 *Vgl. Ullenboom, Christian: Java ist auch eine Insel – Das umfassende Handbuch, Bonn, Rheinwerk Computing, 2014, Online-Version, Zugriff am 05.09.2018 unter: http://openbook.rheinwerk-verlag.de/javainsel9/javainsel_04_010.htm#mj53b74ba10bc69f50ef35fec994a0e0cf*

2

Die Spezifizierer stehen hierbei für:

Spezifizierer	Bedeutung
`%n`	Neue Zeile
`%%`	Prozentzeichen
`%c`	Unicode-Zeichen
`%x`	Hexadezimalschreibweise
`%f`	Fließkommazahl
`%b`	Boolean
`%s`	String
`%d`	Dezimalzahl
`%t`	Datum und Zeit
`%e`	Wissenschaftliche Notation

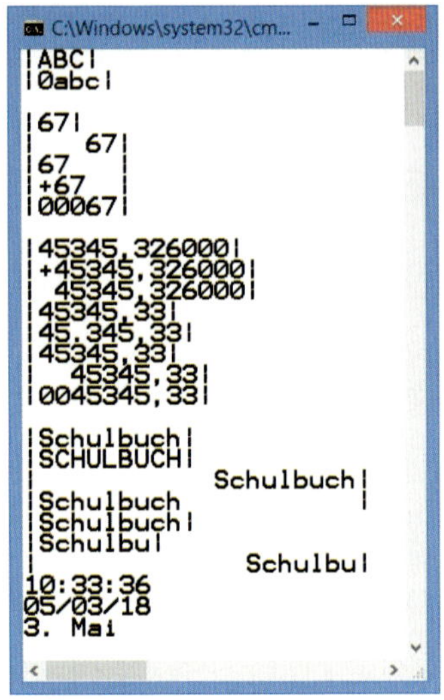

Abb. 2.2: Ausgabe des Quelltextes

Kommentare

In Java unterscheidet man zwischen den folgenden drei Arten von Kommentaren:

- **Einzeilige Kommentare** werden zeilenweise verwendet, beginnen mit einem Doppelschrägstrich (//) und enden mit dem Zeilenende.
- **Blockkommentare** werden für Erklärungen benutzt, die sich über mehrere Zeilen erstrecken. Sie beginnen mit einem Schrägstrich und Multiplikationszeichen (/*) und enden mit Multiplikationszeichen und Schrägstrich (*/).
- **Dokumentationskommentare** werden zu Dokumentationszwecken eingesetzt. Sie beginnen mit einem Schrägstrich und zwei Multiplikationszeichen (/**) und enden mit Multiplikationszeichen und Schrägstrich (*/).

Während Zeilen- und Blockkommentare überall im Quellcode verwendet werden können, stehen Dokumentationskommentare immer vor dem Element, welches sie beschreiben sollen.

```
/**
  @version 1.0 03.05.2018
  @author Schulbuch
 */
public class Immobilienverwaltung {
  public static void main(String[] args) {
  }
}
```

Mithilfe des Software-Dokumentationswerkzeugs „javadoc“ (Teil der JDK) lassen sich HTML-Seiten als Dokumentation erzeugen:
`javadoc Immobilienverwaltung.java`

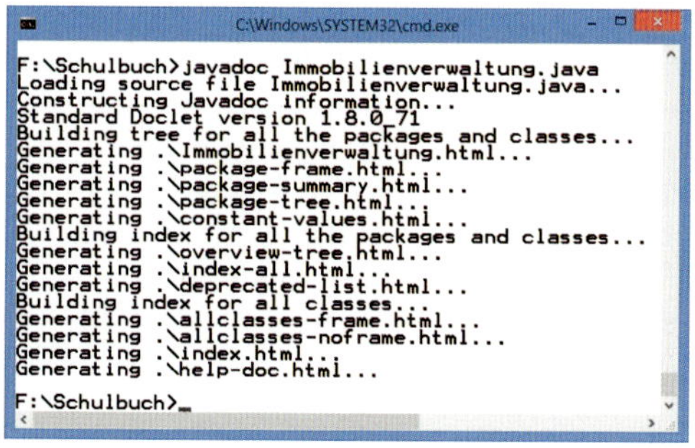

Abb. 2.3: Starten von javadoc auf der Konsole

2

Dann lassen sich mit einem Browser die generierten HTML-Seiten (z. B. „Immobilienverwaltung.html“) anzeigen. Einen Ausschnitt zeigt Abb. 2.4.

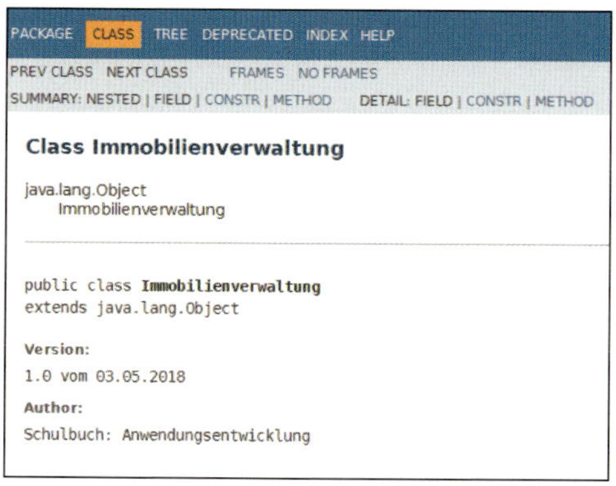

Abb. 2.4: Ausschnitt aus der HTML-Seite „Immobilienverwaltung.html“

Javadoc-Tags sind u. a.:

Tag und Parameter	Ausgabe
`@author` Name	Name des Autors wird angegeben
`@version` Version	Version wird angegeben
`@since` JDK-Version	Angabe: Seit wann existiert die Funktionalität?
`@see` Referenz	Erzeugt einen Link auf ein anderes Element der Dokumentation
`@serial`	Beschreibt die serialisierten Daten eines Serializable-Objekts
`@serial` Field	Dokumentiert ein Feld eines Serializable-Objekts
`@param` Beschreibung	Beschreibt die Parameter einer Methode
`@return` Beschreibung	Beschreibt den Rückgabewert einer Methode
`@exception` Beschreibung `@throws` Beschreibung	Beschreibt die Exception, die von einer Methode "geworfen" werden kann

Für einzeilige Kommentare und Blockkommentare gilt die Regel: So viele wie nötig, so wenige wie möglich (s. Kapitel 7.3: Einführung in Cleancode).

Ein Java-Projekt benötigt mindestens eine Klasse mit der **Hauptmethode** (`public static void main(String[] args))`. Der **Name einer Klasse** (`public class Immobilienverwaltung`) muss gleich dem **Namen der Datei** („Immobilienverwaltung.java“) sein. Für die **Eingabe** wird ein Scanner-Objekt (`Scanner input = new Scanner(System.in);`) benötigt, die **Ausgabe** erfolgt in der Regel mit `System.out.println(…)`. Ausgaben lassen sich mit `printf(…)` formatieren. Es gibt **einzeilige Kommentare**, **Blockkommentare** und **Dokumentationskommentare**. Dokumentationskommentare lassen sich mit dem Programm „javadoc.exe“ in HTML-Seiten umwandeln.

2.3 Datentypen und Datenstrukturen

Dieses Kapitel gibt eine Übersicht über die Behandlung von Datentypen in Java, veranschaulicht durch kleine Beispiele. Es ist als kompaktes Nachschlagewerk für die Folgekapitel konzipiert.

Durch den Datentyp einer Variablen wird festgelegt, in welchem Wertebereich die Datenwerte liegen können, wie groß der benötigte Speicherplatz für diese Variable ist und welche Operationen angewendet werden können. Der Datentyp wird bei der Deklaration der Variablen einmalig festgelegt.

Beispiel für den Datentyp einer Variablen:

Variablenname	Datentyp	Wertebereich	Datenwert	Speicherplatzgröße
`anzahlImmobilienbesitzer`	byte	−128 … +127	z. B. 76	1 Byte

Eine Variable kann man sich wie eine Schublade (Speicher) vorstellen, die beschriftet ist (Variablenname) und in der ein Zettel liegt, auf dem der Wert (Variablenwert) steht (siehe Abb. 2.5).

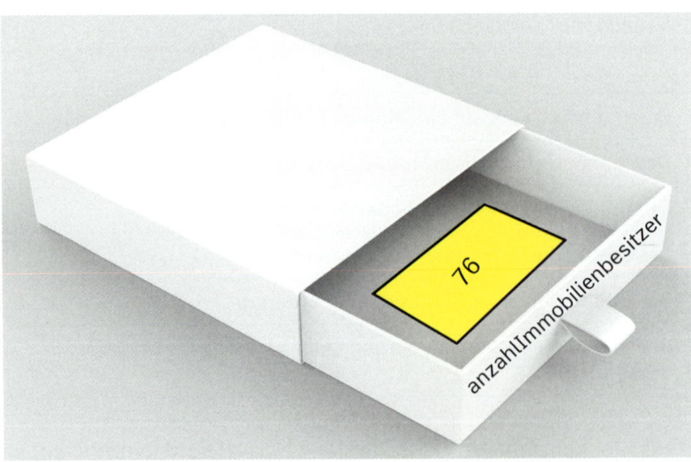

Abb. 2.5: Variablen-Modell

Primitive Datentypen

Die folgenden acht Datentypen zählen zu den in Java vordefinierten Typen und haben in der Regel eine verbindlich festgelegte Länge.

Primitiver Datentyp	Typname	Länge in Byte	Wertebereich	Standardwert
Logisch	`boolean`	Undefiniert	true, false	`false`
Ganze Zahl	`byte`	1	−128 ... +127 $(-2^7 \ldots +2^7-1)$	0
Ganze Zahl	`short`	2	−32768 ... +32767 $(-2^{15} \ldots +2^{15}-1)$	0
Ganze Zahl	`int`	4	−2147483648 ... +2147483647 $(-2^{31} \ldots +2^{31}-1)$	0
Ganze Zahl	`long`	8	−9223372036854775808 ... +9223372036854775807 $(-2^{63} \ldots +2^{63}-1)$	0
Fließkommazahl	`float`	4	$-3.40282347 \cdot 10^{38} \ldots +3.40282347 \cdot 10^{38}$	`0.0`
Fließkommazahl	`double`	8	$-1.79769313486231570 \cdot 10^{308} \ldots +1.79769313486231570 \cdot 10^{308}$	`0.0`
Zeichen	`char`	2	Alle Unicode-Zeichen	`\u0000`

Beispiele für die Anwendung der primitiven Datentypen:

Primitiver Datentyp	Variable	Wert	Bemerkungen/Beispiel
`boolean`	`istFertig`	`true`	`boolean istFertig = true;`
`byte`	`zahlB`	`74`	`byte zahlB = 74;`
`short`	`zahlS`	`141`	`short zahlS = 141;`
`int`	`zahlI`	`-1234567`	`int zahlI = -1234567;`

`long`	`zahlL`	`3123466000`	Der Datentyp „long" wird durch Anhängen eines „l" oder „L" gekennzeichnet.
			`long zahlL = 3123466000L;`
			`//oder: zahlL = 3_123_466_000L;`

`float`	`zahlF`	`0.234`	Der Datentyp „float" wird durch Anhängen eines „f" oder „F" im Wert gekennzeicnet. `float zahlF = 0.234f;`

`double`	`zahlD`	`0.0000001`	Exponenten werden bei Fließkommazahlen durch Anhängen eines „e" oder „E", gefolgt vom Exponentenwert, angegeben.
			`double zahlD = 0.0000001;`
			`// oder double zahlD = 1.0E-7;`

`char`	`zeichen`	§	`char zeichen = '§';`

Variablennamen fangen mit einem Kleinbuchstaben an und sollten aussagekräftig sein.

Typumwandlung

Es ist manchmal notwendig (z. B. wenn ein anderer Wertebereich gefordert wird), eine Typumwandlung des bestehenden Datentyps vorzunehmen. Dies geschieht in Java auf zwei Arten: implizit und explizit.

Die **implizite Typumwandlung** findet automatisch bei der Zuweisung statt, funktioniert aber nur bei Umwandlung eines niederwertigen in einen höherwertigen Datentyp.

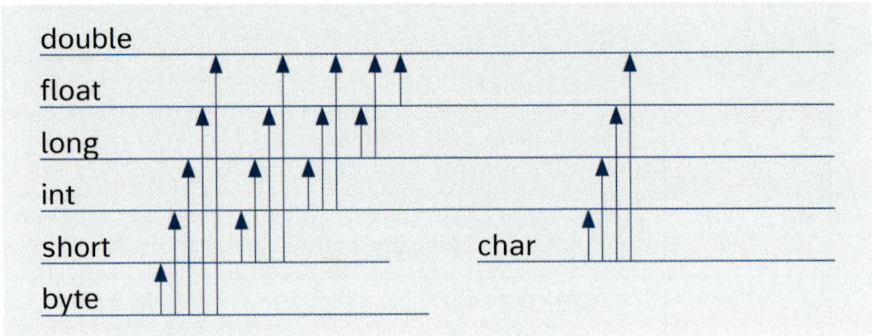

Abb. 2.6: Konvertierungsmöglichkeiten nach „oben"[1]

Ein Beispiel für die implizite Typumwandlung:

```
byte zahlB = 55;
short zahlS = 356;
long summeL = zahlB + zahlS;
// byte-Wert von zahlB und short-Wert von zahlS werden automatisch
// in einen long-Wert umgewandelt.
```

Die **explizite Typumwandlung** eines höherwertigen Datentyps in einen niederwertigen Datentyp erfolgt durch den sog. cast-Operator.

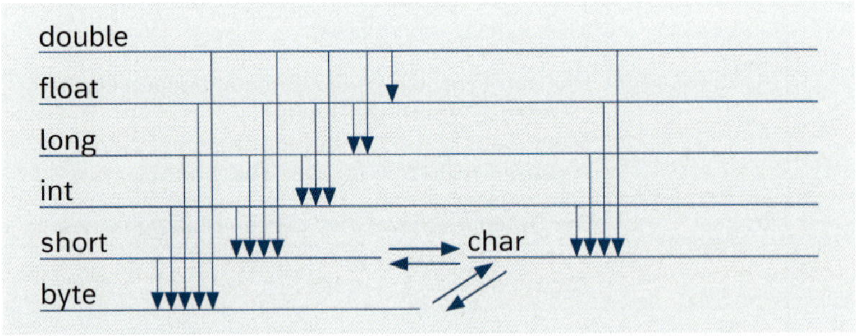

Abb. 2.7: Konvertierungsmöglichkeiten nach „unten"[2]

1 *Vgl. Petri, Britta/Petri, Björn: Typumwandlung – Type-Casting mit primitiven Datentypen, Zugriff am 05.09.2018 unter: www.java-tutorial.org/typecasting.html*

2 *Vgl. Petri, Britta/Petri, Björn: Typumwandlung – Type-Casting mit primitiven Datentypen, Zugriff am 05.09.2018 unter: www.java-tutorial.org/typecasting.html*

Ein Beispiel für die explizite Typumwandlung:

```
int zahlI = 120;
float zahlF = 30.8f;
int summeI = zahlI + (int)zahlF; // Ergebnis: 150
// float-Wert von zahlF wird in einen int-Wert umgewandelt:
// die Nachkommastellen werden abgeschnitten.
// Ohne Cast-Operator gäbe es beim Kompilieren die Fehlermeldung:
// Cast.java:15:20: error:
// incompatible types: possible lossy conversion from float to int
```


Aber Achtung: Im letzten Beispiel wurden (evtl. gewünscht) nur die Nachkommastellen abgeschnitten. Ganz anders sieht es bei diesem Beispiel aus:

```
int i = 32343423;
short s = (short)i;
System.out.println(s);
```

Die Ausgabe ist:

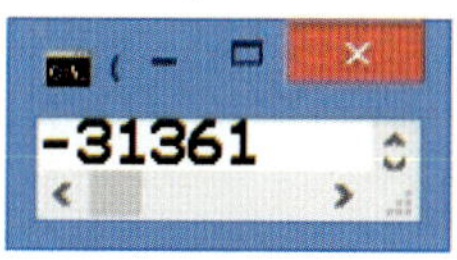

Ob dies gewünscht war, sei dahingestellt.

Gewrappte Datentypen, Klasse String, Arrays und Aufzählungstypen

Benötigt man die fundamentalen Datentypen als Klassen (Referenzdatentypen), bietet die Java-Klassenbibliothek für jeden primitiven Datentyp wie z. B. `int`, `double` und `char` spezielle Wrapper-Klassen an, z. B. für `int` die Klasse `INTEGER`.

Benötigt man mehr als einen Character (`char`), sprich einen Text, dann stellt Java den Datentyp bzw. die Klasse `String` (s. auch Kapitel 2.6.) zur Verfügung.

Benötigt man nicht nur einen Wert eines Datentyps, sondern eine Vielzahl von Werten, kann man sog. Felder (Arrays) verwenden.

Benötigt man einen eigenen Datentyp mit vorgegebenen konstanten Werten (z. B. für die vier Jahreszeiten), dann kann man einen eigenen Datentyp deklarieren, den sog. Aufzählungstyp (`enum`).

Datenstruktur	Variable	Wert/ Ausgabe	Bemerkungen/Beispiel

`Integer`	`i`	`7`	Der int-Wert 7 wird durch das Wrapper-Objekt gekapselt. Die Variable i ist ein Objekt. Typumwandlungen geschehen automatisch durch sog. Autoboxing.
			`Integer i = new Integer(7);`
			`int j     = i; // Unboxing`
			`Integer k = j; // Boxing`

`String`	`text`	`Hallo`	Eine Kette von Unicode-Zeichen, eingeschlossen in Hochkommata:
			`String text = "Hallo";`
			`// oder: String text = new`
			`//           String("Hallo");`

`int[]` eindimensionales Feld	`zahlenFeld`	101 | 102 | 103
		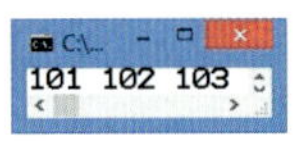
			Eine beliebige Anzahl von Variablen mit gleichem Datentyp können in Zeilenform erzeugt und verwendet werden.
			`int[] zahlenFeld = new int[3];`
			`// eindimensionales Array`
			`// mit 3 int-Werten`
			`zahlenFeld [0] = 101;`
			`zahlenFeld [1] = 102;`
			`zahlenFeld [2] = 103;`
			`for (int zahl: zahlenFeld)`
			`   System.out.print(zahl + " ");`

`char[][]` zweidimensionales Feld	`char-Tabelle`	D | a | s
		T | o | r
		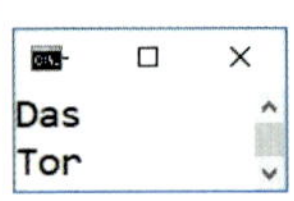
			Eine beliebige Anzahl von Variablen mit gleichem Datentyp können in Tabellenform erzeugt und verwendet werden. Felder können gleich bei der Deklaration initialisiert werden.
			`char[][] charTabelle =`
			`                  {{'D', 'a', 's' },`
			`                   {'T', 'o', 'r'}};`
			`for (int zeile = 0; zeile <`
			`      charTabelle.length; zeile++) {`
			`  for (int spalte = 0; spalte <`
			`          charTabelle[zeile].length;`
			`                           spalte++)`
			`    System.out.print(`
			`        charTabelle[zeile][spalte]);`
			` System.out.println();`
			`}`

`enum` Aufzählungstyp `{Frühling, Sommer, Herbst, Winter}`	`akt-Jahreszeit`	`Herbst`
		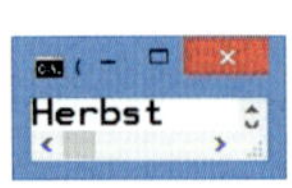
			Mehrere konstante Werte werden zu einer Einheit zusammengefasst.
			`enum Jahreszeiten { Frühling,`
			`            Sommer, Herbst, Winter }`
			`public static void`
			`               main(String[] args) {`
			`  Jahreszeiten aktJahreszeit =`
			`                Jahreszeiten.Herbst;`
			`  System.out.println(aktJahreszeit);`
			`}`

Java besitzt **acht** vordefinierte sog. **primitive Datentypen**: `boolean`, `byte`, `short`, `int`, `long`, `float`, `double` und `char`. Die **implizite Typumwandlung** (z. B. von `short` nach `int`) findet automatisch bei einer Zuweisung statt, funktioniert aber nur bei Umwandlung eines niederwertigen in einen höherwertigen Datentyp. Die **explizite Typumwandlung** eines höherwertigen Datentyps in einen niederwertigen Datentyp (z. B. `int` nach `short`) erfolgt durch den sog. cast-Operator und kann zu unerwünschten Ergebnissen führen. Es gibt eine Vielzahl weiterer **Datenstrukturen**, z. B. die Klasse `String`, Felder (Arrays) und Aufzählungstypen. Auf Listen, Mengen und Assoziativspeicher wird in Kapitel 2.10 eingegangen.

2.4 Variablen, Konstanten und Operatoren

In diesem Kapitel lernen Anna, Emre und Paul, wie sie Variablen anlegen und über Operatoren verknüpfen und nutzen können. Veranschaulicht durch einfache Beispiele, erhalten sie dabei einen kompakten Überblick.

Variablen

Variablen stehen für Speicherplätze, die Werte eines bestimmten Datentyps (z. B. `int`) speichern können. Diese werden über ihren Bezeichner, also ihren Namen, angesprochen.

Für die Festlegung der selbst gewählten Bezeichner haben sich folgende Regeln bewährt:

- Variablen werden mit kleinen Anfangsbuchstaben in der sog. CamelCase-Schreibweise (aufeinander folgende Begriffe ohne Leerzeichen und ab dem zweiten Begriff mit großem Anfangsbuchstaben) geschrieben, z. B. `immobilienBesitzer`.
- Nach dem Anfangszeichen können nur Buchstaben oder Ziffern verwendet werden, z. B. `immobilie1`.
- Es dürfen keine Java-Schlüsselwörter verwendet werden, z. B. `void` oder `int`.

Beim Deklarieren einer Variablen werden Bezeichner und Datentyp festgelegt:

```
float mietpreis;
```

Beim Initialisieren erfolgt die erste Wertzuweisung. Diese kann entweder bei der Deklaration der Variablen erfolgen oder später:

```
int anzahlKunden = 74;
float mietpreis;
mietpreis = 785.65f;
```

Variablen müssen immer initialisiert sein. Hier ein fehlerhafter Quelltext:

```
int anzahlKunden = 74;
float mietpreis1, mietpreis2;
mietpreis2 = mietpreis1;
```

Dieser fehlerhafte Code erzeugt die folgende Kompilermeldung:

```
Meldungen
Compiliere F:\Schulbuch\VariablenTest.java mit Java-Compiler
VariablenTest.java:14:18: error: variable mietpreis1 might not have been initialized
    mietpreis2 = mietpreis1;
                 ^
```

Konstanten

Darf der Wert einer Variablen im Programm nicht mehr verändert werden, dann wird die Variable mit dem Schlüsselwort `final` gekennzeichnet und man spricht von einer Konstanten. Daher ist die Initialisierung der Konstanten nur während der Deklaration möglich. Konstantenbezeichner werden in der Regel mit Großbuchstaben geschrieben:

```
final int MIN_PASSWORD_SIZE = 8;
```

Klassifizierung von Operatoren

Operatoren verknüpfen Operanden auf eine vorbestimmte Weise. Sie können z. B. nach der Anzahl der Operanden klassifiziert werden:

- Ein unärer bzw. einstelliger Operator wird auf genau einen Operanden (z. B. eine Variable) angewendet, z. B.:

```
anzahlKunden++; // Die Anzahl der Kunden wird um 1 erhöht
```

- Ein binärer bzw. zweistelliger Operator wird auf zwei Operanden angewendet, z. B.:

```
nachzahlungsbetrag = gesamtkosten - vorauszahlung;
```

- Ein ternärer bzw. dreistelliger Operator wird auf drei Operanden angewendet, z. B.:

```
gehalt = (monat != 12) ? grundgehalt : (grundgehalt + weihnachtsgeld);
```

Dies ist die verkürzte Schreibweise (s. auch nächstes Kapitel) von:

```
if (monat != 12)
  gehalt = grundgehalt;
else
  gehalt = grundgehalt + weihnachtsgeld;
```

Eine andere Art der Klassifizierung ist die Rangfolge bzw. Priorität der Operanden untereinander (s. nachfolgende Tabelle[1]), ähnlich der Regel „Punktrechnung vor Strichrechnung".

Operator	Rang	Typ	Beschreibung
`++, --`	1	Arithmetisch	Inkrement und Dekrement
`+, -`	1	Arithmetisch	Unäres Plus und Minus (Vorzeichen)
`~`	1	Integral	Bitweises Komplement
`!`	1	Boolean	Logisches Komplement
`(Typ)`	1	Jeder	Cast
`*, /, %`	2	Arithmetisch	Multiplikation, Division, Rest
`+, -`	3	Arithmetisch	Addition und Subtraktion
`+`	3	String	String-Konkatenation
`<<`	4	Integral	Verschiebung links
`>>`	4	Integral	Rechtsverschiebung mit Vorzeichenerweiterung
`>>>`	4	Integral	Rechtsverschiebung ohne Vorzeichenerweiterung
`<, <=, >, >=`	5	Arithmetisch	Numerische Vergleiche
`instanceof`	5	Objekt	Typvergleich
`==, !=`	6	Primitiv	Gleich-/Ungleichheit von Werten
`==, !=`	6	Objekt	Gleich-/Ungleichheit von Referenzen
`&`	7	Integral	Bitweises Und
`&`	7	Boolean	Logisches Und
`^`	8	Integral	Bitweises XOR
`^`	8	Boolean	Logisches XOR
|	9	Integral	bitweises Oder
|	9	Boolean	Logisches Oder
`&&`	10	Boolean	Logisches konditionales Und, Short Circuit
||	11	Boolean	Logisches konditionales Oder, Short Circuit
`?:`	12	Jeder	Bedingungsoperator
`=`	13	Jeder	Zuweisung
`*=, /=, %=, +=, -=, <<=, >>=, >>>=, &=, ^=,` |=	14	Jeder	Zuweisung mit Operation

1 *Vgl. Ullenboom, Christian: Java ist auch eine Insel, 11. Auflage, Bonn: Rheinwerk Verlag GmbH 2014, Tabelle 2.13*

Anwendungen von verschiedenen Operatoren

Der **Inkrementoperator**, z. B. `a++`, führt die Rechenoperation `a = a + 1` aus. Es wird zwischen pre-Inkrement `++a` (a wird zuerst erhöht, bevor die umgebenden Operatoren angewendet werden) und post-Inkrement `a++` (a wird erst nach der Anwendung der umgebenden Operatoren erhöht) unterschieden. Das Gleiche gilt für den **Dekrementoperator**.

```
int a, b, c, d;
a = 4;
b = 6;
c = a++ + b++;
d = --a + --b;
System.out.println(c + " " + d);
```

Es ergibt sich die folgende Ausgabe:

```
10 10
```

Bei den **arithmetischen Operatoren** für die Grundrechenarten sind einige Feinheiten zu beachten:

```
int a = 7 * 3 + 4;          // Punktrechnung vor Strichrechnung
int b = 7 / 2;              // Datentyp int verursacht Abrundung
double c = 7 / 2;           // Ziffern werden als int gewertet
double d = (double) 7 / 2;  // Durch den cast richtiges Ergebnis
double e = 7.0 / 0.0;       // Ergibt unendlich
System.out.println(a + " " + b + " " + c + " " + d + " " + e);
int f = 7 / 0;              // ArithmeticException: / by zero
```

Es ergibt sich die folgende Ausgabe:

```
Auswählen C:\WINDOWS\system32\cmd.exe
25 3 3.0 3.5 Infinity
Exception in thread "main" java.lang.ArithmeticException: / by zero
```

Der **Modulo-Operator** `%` führt eine Restwertdivision aus. Ergebnis dieser Ganzzahldivision ist der Rest, der nicht mehr durch den Divisor geteilt werden kann: `7 % 3` ergibt 1.

Mithilfe der **Zuweisungsoperatoren** (`+=`, `-=`, `*=`, `/=` und `%=`) lassen sich Algorithmen abkürzen, z. B. bedeutet `a *= b` dasselbe wie `a = a * b`.

Bei der Anwendung von **Vergleichsoperatoren** erfolgt ein Wertevergleich mit `true` oder `false` als Ergebnis:

```
System.out.println(7.0 == 7);
System.out.println(8 >= 7);
System.out.println('b' > 'a');
System.out.println('b' > 1);
System.out.println(7 > 6.97);
```

Die Ausgabe ergibt fünfmal `true`.

Bei der Anwendung von **logischen (boolschen) Verknüpfungsoperatoren** muss man zwischen `&&` (logisches UND) bzw. `||` (logisches ODER) und `&` bzw. `|` unterscheiden. Bei den ersten beiden, den sog. Short Circuit Operatoren, wird der Vergleich sofort abgebrochen, wenn das Ergebnis schon bekannt ist. Bei den zweiten Operatoren werden alle Operanden geprüft. Dies kann zu Systemabstürzen führen:


```
int a = 1;
int b = 0;
System.out.println((a == 0) && (7/b == 7));
System.out.println((a == 0) & (7/b == 7));
```

Die Ausgabe ist wie folgt:

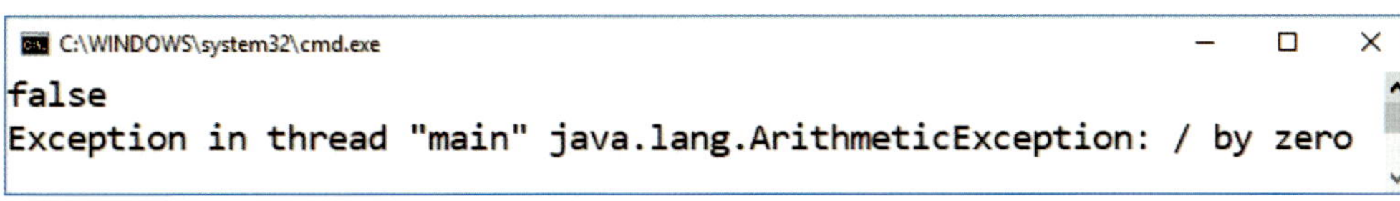

Es gibt auch noch den Nicht-Operator `!` und das exlusive ODER `^`, z. B. liefert `(!true ^ true)` als Ergebnis `true`.

Die **Operatoren zur Manipulation von Bits** greifen direkt auf die einzelnen Bits einer Variablen zu, z. B. invertiert der Operator ~ alle Bits der Variablen, der Operator << sorgt für eine Linksverschiebung der Bits, was oft einer Multiplikation um den Faktor 2 entspricht:

```
int b1 = 0;
int b2 = 4;
b1 = ~b1;
b2 = b2 << 1;
System.out.println(b1 + " " + b2);
```

Die Ausgabe ist wie folgt:

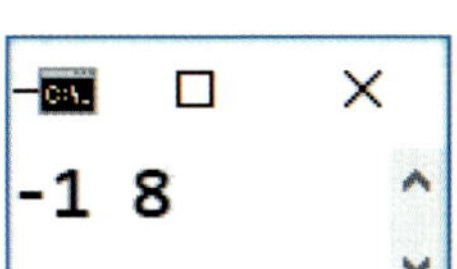

Beim Deklarieren einer **Variablen** werden Bezeichner und Datentyp festgelegt. Variablen sollten initialisiert werden. Besitzt eine Variable immer den gleichen Wert, sollte sie mit dem Schlüsselwort `final` als **Konstante** deklariert werden. Java kennt eine Vielzahl von **Operatoren**, z. B. **arithmetische Operatoren**, **Vergleichsoperatoren**, **logische Operatoren**, **Zuweisungsoperatoren**, **Bit-Operatoren** und einen **Bedingungsoperator**. Mittels Operatoren erfolgt die Verarbeitung der Werte von Variablen. Welche Operatoren angewendet werden können, hängt vom jeweiligen Datentyp der Variablen ab. Bei der Anwendung der Operatoren ist deren Rangfolge zu beachten.

2.5 Steuerstrukturen

Die drei Arten von Steuerstrukturen sind:

- Sequenz (Folge)
- Selektion (Auswahl)
- Iteration (Wiederholung/Schleife)

Steuerstrukturen (manchmal auch als Kontrollstrukturen bezeichnet) steuern zur Laufzeit den Programmablauf.

Im Folgenden werden zur Veranschaulichung der Steuerstrukturen oft sog. Struktogramme (s. Kapitel 1.8.3.) eingesetzt. Drei kleine Hinweise dazu:

- Wertzuweisungen (:=) können auch mit einem Linkspfeil (←) dargestellt werden.
- Leere Zweig können statt mit „X" auch durch „Ø" oder durch gänzliches Leerlassen des Zweigs gekennzeichnet werden.
- Variablendeklarationen in Bezug auf den Datentyp werden laut DIN 66261 in Struktogrammen nicht angegeben. Geschieht dies doch, spricht man von sog. „erweiterten Struktogrammen". Diese werden hier benutzt.

2.5.1 Folge (Sequenz)

Bei einer Folge werden Anweisungen bzw. Verarbeitungen, z. B. V_1 und V_2, nacheinander (sequenziell) ausgeführt (s. Abb. 2.8).

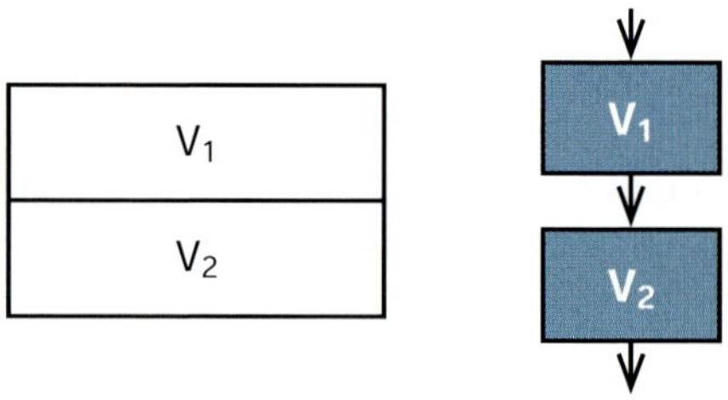

Abb. 2.8: Folge als Struktogramm und als Programmablaufplan

Als Beispiel soll ein Element der funktionalen Anforderungen des Pflichtenhefts zur Immobilienverwaltung (/F610/) herangezogen werden (s. Kapitel 1.6.3): Die Berechnung der Kosten pro Einheit (in Euro).

Der Algorithmus zur Berechnung ergibt sich wie folgt (s. Abb. 2.9): Das erste Strukturelement enthält die Deklaration der Variablen (Variablenname und Datentyp ggf. mit Initialisierungswert). Danach folgt über einen **E**ingabedialog die Initialisierung der Variablen `einheitenGesamt` und `gesamtbetrag`. Das dritte Strukturelement stellt die Verarbeitung dar: es erfolgt die Berechnung des Wertes der Variablen `kostenProEinheit`. Eine **A**usgabe des Werts der Variablen `kostenProEinheit`

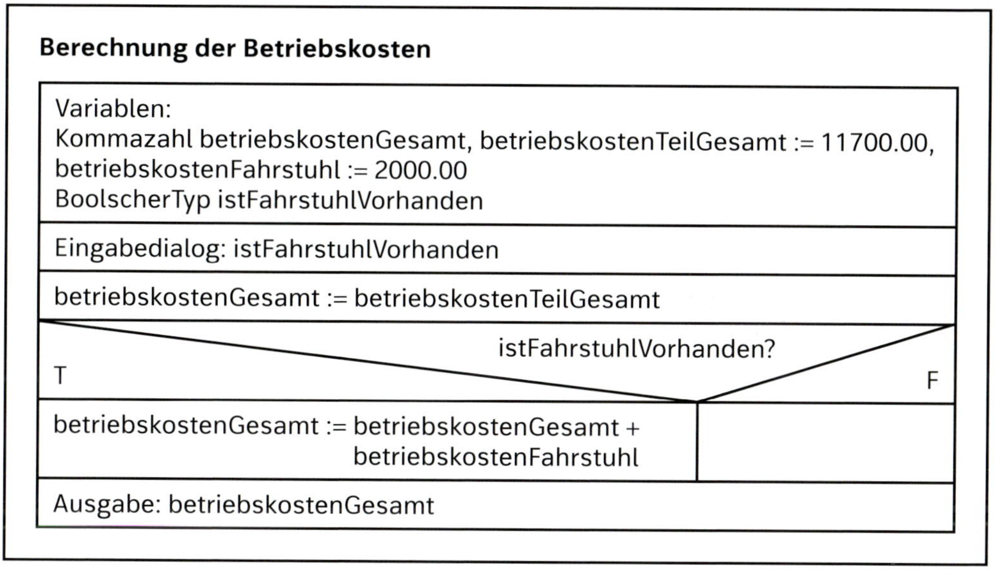

Abb. 2.11: Darstellung des Betriebskosten-Algorithmus als (erweitertes) Struktogramm

Der Java-Quelltext könnte wie folgt aussehen:

```
public static void main(String[] args) {
  Scanner input = new Scanner (System.in);
  double betriebskostenGesamt, betriebskostenTeilGesamt = 11700.00,
                                betriebskostenFahrstuhl = 2000.00;
  boolean istFahrstuhlVorhanden;
  // Eingabedialog
  System.out.print("Fahrstuhl(true/false): ");
  istFahrstuhlVorhanden = input.nextBoolean();
  // Verarbeitung
  betriebskostenGesamt = betriebskostenTeilGesamt;
  // einseitige Auswahl
  if (istFahrstuhlVorhanden) {
    betriebskostenGesamt += betriebskostenFahrstuhl;
  }
  // Ausgabe
  System.out.printf("Die Gesamtkosten in € betragen: %.2f %n",
                                      betriebskostenGesamt);
}
```

Je nachdem, ob ein Fahrstuhl vorhanden ist oder nicht, ergeben sich verschiedene Programmabläufe.

- Ein Fahrstuhl ist vorhanden:

```
Output - Gesamtkosten (run)
run:
Fahrstuhl(true/false): true
Die Gesamtkosten in € betragen: 13700,00
```

- Ein Fahrstuhl ist nicht vorhanden:

```
Output - Gesamtkosten (run)
run:
Fahrstuhl(true/false): false
Die Gesamtkosten in € betragen: 11700,00
```

Anwendung der zweifachen bzw. zweiseitigen Auswahl

Bei einer zweiseitigen Auswahl (s. Abb. 2.12) findet in Abhängigkeit von der Bedingung B entweder die Verarbeitung V_1 oder die Verarbeitung V_2 statt.

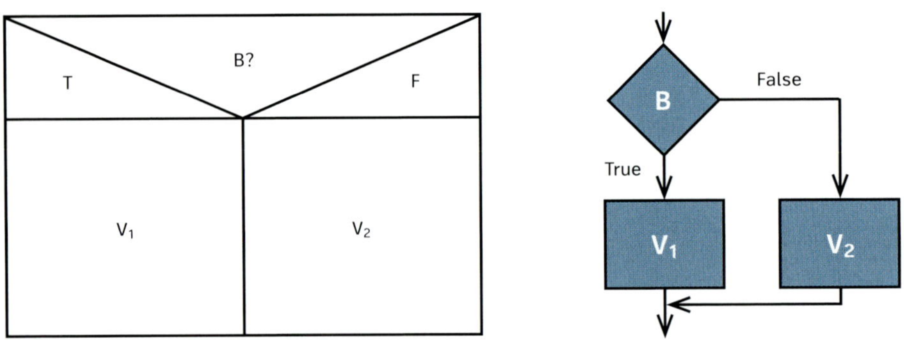

Abb. 2.12: Zweiseitige Auswahl als Struktogramm und als Programmablaufplan

Die Java-Implementierung einer zweiseitigen Auswahl lautet wie folgt:

```
if (bedingung == true) {                // oder: if (bedingung) {
   // V1: Folge von Anweisungen
}
else {
   // V2: Folge von Anweisungen
}
```

Als Beispiel soll ein Element der funktionalen Anforderungen des Pflichtenhefts zur Immobilienverwaltung (/F631/) herangezogen werden (s. Kapitel 1.6.3): Anpassung der Nebenkostenvorauszahlung.

Der Algorithmus zur Berechnung ergibt sich wie folgt (s. Abb. 2.13): Ist der Wert der Variablen `nachzahlungsbetragOderGutschrift` ungleich Null, so wird der Verarbeitungszweig V_1 ausgeführt, der Wert der Variablen `angepassterVorauszahlungsbetrag` wird berechnet und ausgegeben. Sonst wird der Verarbeitungszweig V_2 ausgeführt und der bestehende Wert der Variablen `nebenkostenVorauszahlung` ausgegeben.

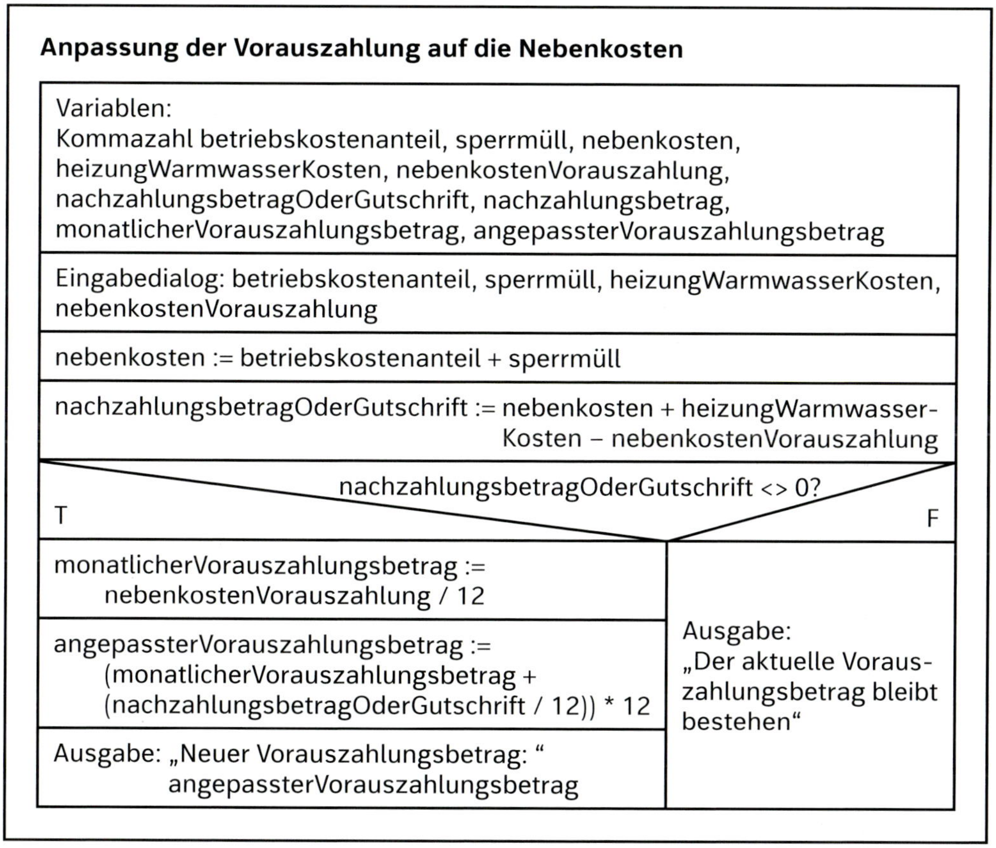

Abb. 2.13: Darstellung des Algorithmus zur Nebenkostenabrechnung als (erweitertes) Struktogramm

Der Java-Quelltext könnte wie folgt aussehen:

```
public static void main(String[] args) {
  Scanner input = new Scanner(System.in);
  double betriebskostenanteil, sperrmüll, nebenkosten,
  heizungWarmwasserKosten, nebenkostenVorauszahlung,
  nachzahlungsbetragOderGutschrift, nachzahlungsbetrag,
  monatlicherVorauszahlungsbetrag, angepassterVorauszahlungsbetrag;
  // Eingabedialog
  System.out.print("Betriebskostenanteil in €: ");
  betriebskostenanteil = input.nextDouble();
  System.out.print("Sperrmüll in €: ");
  sperrmüll = input.nextDouble();
  System.out.print("Heizung- und Warmwasserkosten in €: ");
  heizungWarmwasserKosten = input.nextDouble();
  System.out.print("Nebenkostenvorauszahlung in €: ");
  nebenkostenVorauszahlung = input.nextDouble();
```

```
  // Verarbeitung bzw. Berechnung
  nebenkosten = betriebskostenanteil + sperrmüll;
  nachzahlungsbetragOderGutschrift = nebenkosten +
              heizungWarmwasserKosten - nebenkostenVorauszahlung;
  // zweiseitige Auswahl
  if (nachzahlungsbetragOderGutschrift != 0) {
    monatlicherVorauszahlungsbetrag = nebenkostenVorauszahlung / 12;
    angepassterVorauszahlungsbetrag =
                 (monatlicherVorauszahlungsbetrag +
                 (nachzahlungsbetragOderGutschrift / 12)) * 12;
    System.out.println("Die Vorauszahlung der Nebenkosten wird auf
                                                    ");
    System.out.printf("Basis der Nebenkostenabrechnung (nach §560
       Abs. 4 BGB) " + "auf %.2f", angepassterVorauszahlungsbetrag);
    System.out.println (" € angepasst.");
  }
  else {
    System.out.printf("Der aktuelle Vorauszahlungsbetrag von %.2f",
                                       nebenkostenVorauszahlung);
    System.out.println(" € bleibt bestehen.");
  }
}
```

Je nachdem, ob die Vorauszahlungen exakt gleich den Nebenkosten waren oder nicht, ergeben sich verschiedene Programmabläufe:

- Nebenkosten waren höher als die Vorauszahlungen:

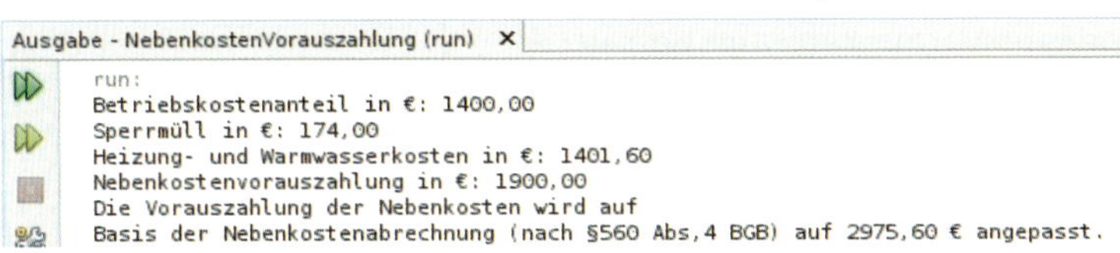

- Nebenkosten waren exakt gleich den Vorauszahlungen:

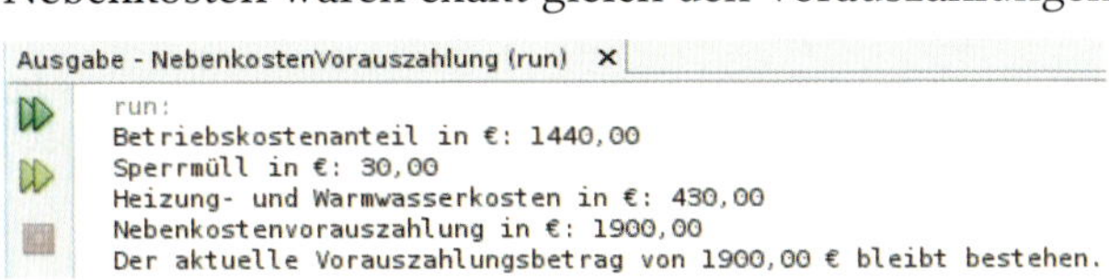

Anwendung der Mehrfachauswahl (Fallunterscheidung)

Bei einer Fallunterscheidung (s. Abb. 2.14) wird zuerst der Wert eines Ausdrucks ermittelt, der im einfachsten Fall aus einer Variablen bestehen kann. Je nach Wert zur Laufzeit werden die Verarbeitungen V_1 bis V_n zugeordnet. Auf den Sonst- bzw. Default-Zweig entfallen alle nicht vorgesehenen Fälle.

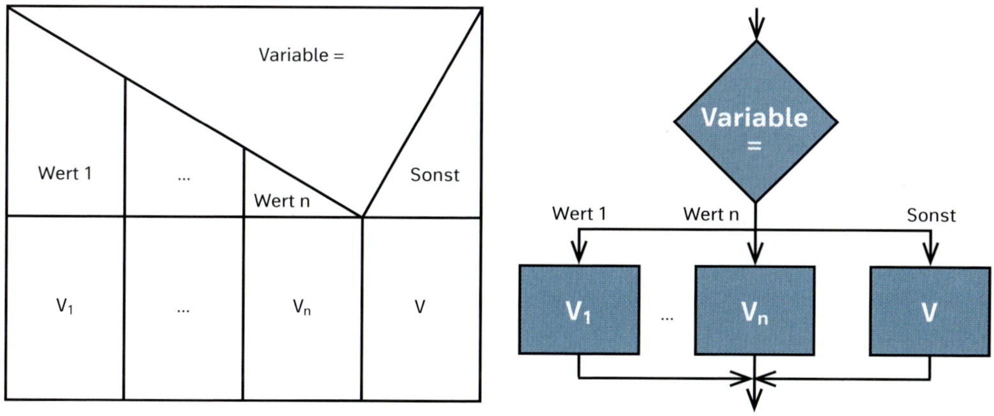

Abb. 2.14: Fallunterscheidung als Struktogramm und als Programmablaufplan

Die Java-Implementierung einer Fallunterscheidung lautet wie folgt:

```
switch (variable) {
  case wert1:
    // V1: Anweisung(en);
    break;
  case wert2:
    // V2: Anweisung(en);
    break;
  // ...
  case wertN:
    // VN: Anweisung(en);
    break;
  default:
    // V: Anweisung(en);
    break;
}
```

Nach der Break-Anweisung wird die Switch-Anweisung verlassen. Lässt man die Break-Anweisung weg, kann man auch mehrere Werte gleichzeitig abfragen:

```
switch (monat) {
  case 1: case 3: case 5:
  case 7: case 8: case 10:
  case 12:
    anzahlTage = 31;
    break;
  // ...
```

Als Beispiel für eine Fallunterscheidung soll ein Element der funktionalen Anforderungen des Pflichtenhefts zur Immobilienverwaltung (/F640/) herangezogen werden (s. Kapitel 1.6.3), nämlich das Formular für die Nebenkostenrechnung: Zuordnung der Mietobjektnummer zum Ort. Hier gab es die folgende Vorgabe:

Mietobjektnummer (* = beliebige Ziffer)	Ort
A-***-***	Berlin
B-***-***	Berlin
C-***-***	Potsdam
D-***-***	Hamburg

Der Algorithmus zur Berechnung ergibt sich wie folgt (s. Abb. 2.15).

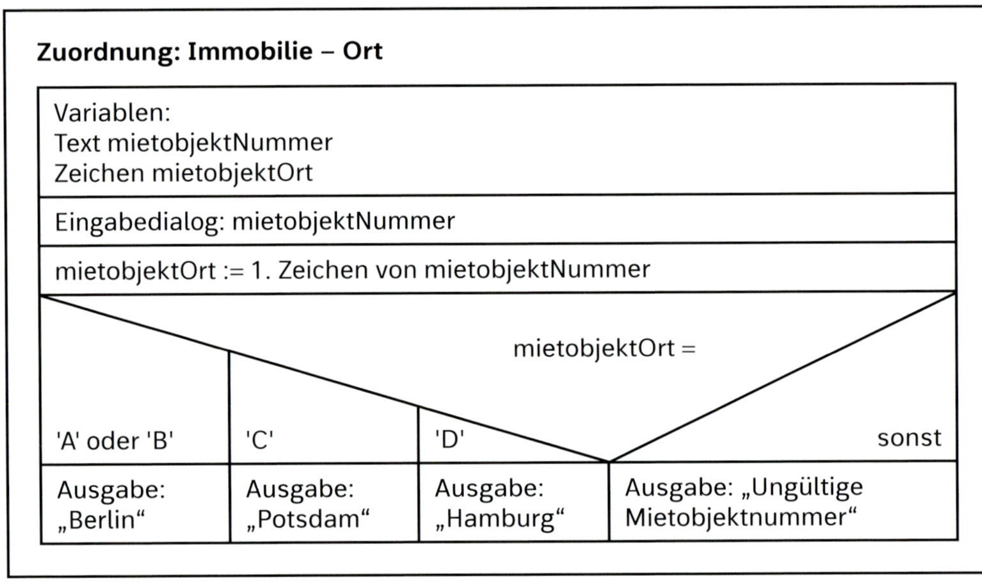

Abb. 2.15: Darstellung des Zuordnung-Algorithmus als (erweitertes) Struktogramm

Der Java-Quelltext könnte wie folgt aussehen:

```java
public static void main(String[] args) {
  Scanner input = new Scanner (System.in);
  String mietobjektNummer;
  char mietobjektOrt;
  // Eingabedialog
  System.out.print("Mietobjektnummer: ");
  mietobjektNummer = input.next();
  // Auslesen des 1.Zeichens der mietobjektNummer (Ortsangabe)
  mietobjektOrt = mietobjektNummer.charAt(0);
  switch (mietobjektOrt) {
    case 'A':
    case 'B':
      System.out.println("Berlin");
      break;
```

```
      case 'C':
        System.out.println("Potsdam");
        break;
      case 'D':
        System.out.println("Hamburg");
        break;
      default:
        System.out.println("Ungültige Mietobjektnummer");
    }
  }
```


Je nachdem, ob eine gültige oder eine ungültige Mietobjektnummer eingegeben wird, ergeben sich verschiedene Programmabläufe.

- Gültige Mietobjektnummer:

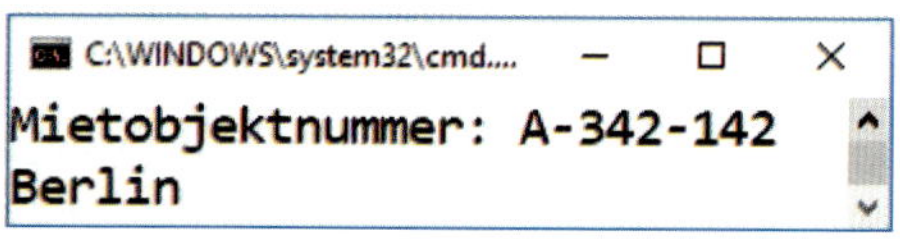

- Ungültige Mietobjektnummer:

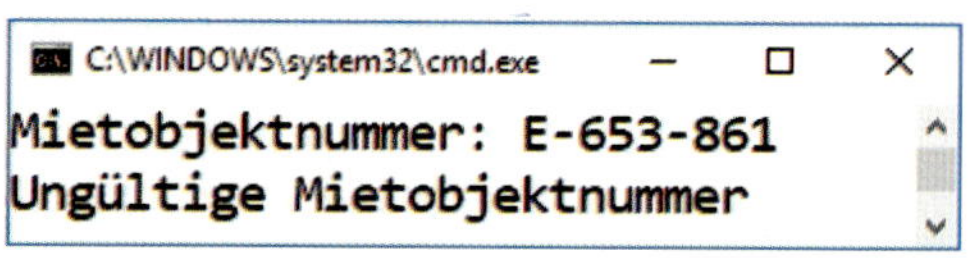

2.5.3 Wiederholung (Iteration)

Wiederholungen von denselben Anweisungen lassen sich mit (unterschiedlichen) Schleifen realisieren.

Anwendung von Schleifen mit Endabfrage (fußgesteuerte Schleife)

Die Wiederholung der Verarbeitung V (s. Abb. 2.16) erfolgt bei erfüllter Bedingung B, welche am Ende des Schleifenkörpers steht. Daher wird diese Schleifenart auch als fußgesteuerte Schleife bezeichnet. Die Schleife wird erst verlassen, wenn Bedingung B nicht mehr erfüllt ist. Bei dieser Schleifenart wird der Schleifenkörper mit der Verarbeitung V mindestens einmal ausgeführt. Dies muss unbedingt bedacht werden, da es eine Fehlerquelle darstellen kann.

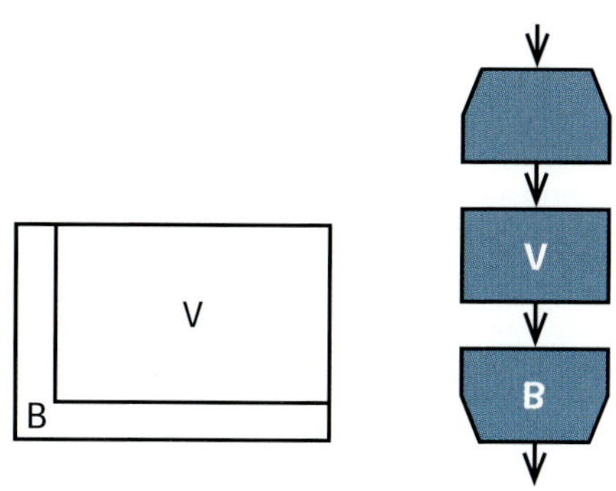

Abb. 2.16: Schleife mit Endabfrage als Struktogramm und als Programmablaufplan

Die Java-Implementierung einer Schleife mit Endabfrage lautet wie folgt:

```
do {
  // V: Anweisung(en);
} while (bedingung == true);   // oder: while (bedingung);
```

Ein Beispiel mit einer (möglichen) Fehlerquelle könnte so aussehen:

```
do {
  geheEinenSchrittNachVorne();
} while (istDerWegFrei());
```

Das Problem hierbei ist, dass man, wenn man am Anfang vor einer Barriere steht, trotzdem einen Schritte nach vorne geht, sprich voll gegen die Barriere läuft.

Als Beispiel für eine Schleife mit Endabfrage soll ein Element der funktionalen Anforderungen des Pflichtenhefts zur Immobilienverwaltung (/F640/) herangezogen werden (s. Kapitel 1.6.3), nämlich das Formular für die Nebenkostenrechnung: Prüfung der Mieternummer auf Gültigkeit (dreistellige Ganzzahl).

Der Algorithmus zur Berechnung ergibt sich wie folgt (s. Abb. 2.17).

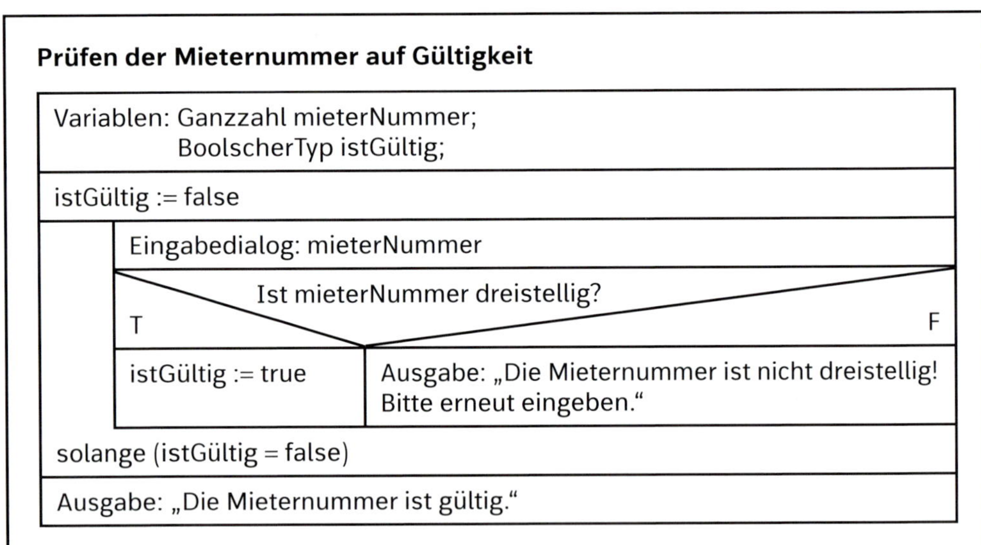

Abb. 2.17: Darstellung des Mieternummer-Prüfalgorithmus als (erweitertes) Struktogramm

Der Java-Quelltext könnte wie folgt aussehen:

```
public static void main(String[] args) {
  Scanner input = new Scanner(System.in);
  String mieterNummerString;
  int mieterNummer = 0;
  boolean istGültig = false;
  // Schleife mit Endabfrage
  do {
    // Eingabedialog
    System.out.print("Mieternummer: ");
    mieterNummerString = input.next();
    // Verarbeitung: Prüfung auf Dreistelligkeit
    if (mieterNummerString.length() == 3) {
      mieterNummer = Integer.parseInt(mieterNummerString);
      istGültig = true;
    }
    else {
      // Ausgabe 1
      System.out.println("Die Mieternummer ist nicht dreistellig!"
                                          + " Bitte erneut eingeben.");
    }
  } while (istGültig == false);
  // Ausgabe 2
  System.out.println("Die Mieternummer ist gültig.");
}
```

Ein Programmablauf könnte wie folgt aussehen:

Anwendung von Schleifen mit Anfangsabfrage (kopfgesteuerte Schleife)

Die Wiederholung der Verarbeitung V (s. Abb. 2.18) erfolgt bei erfüllter Bedingung B, welche am Anfang des Schleifenkörpers steht, daher wird diese Schleifenart manchmal auch als kopfgesteuerte Schleife bezeichnet. Ist die Bedingung B bei erstmaliger Prüfung nicht erfüllt, wird die Verarbeitung im Schleifenkörper kein einziges Mal ausgeführt.

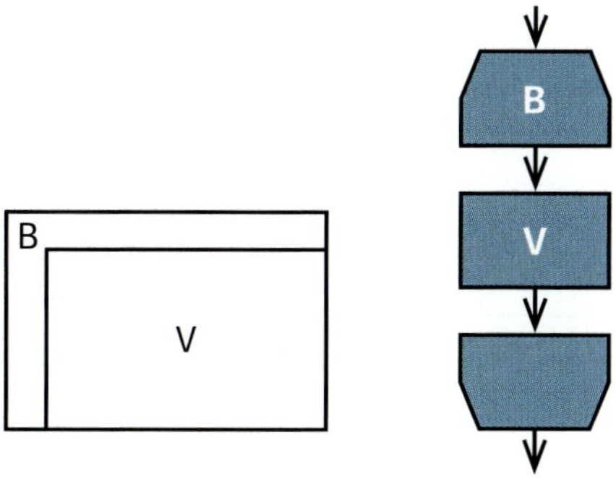

Abb. 2.18: Schleife mit Anfangsabfrage als Struktogramm und als Programmablaufplan

Die Java-Implementierung einer Schleife mit Anfangsabfrage lautet wie folgt:

```
while (bedingung == true) {    // oder: while (bedingung) {
  // V: Anweisung(en);
}
```

Man kann auch auf `false` abfragen:

```
while (bedingung == false) {  // oder: while (!bedingung) {
  // V: Anweisung(en);
}
```

Als Beispiel für eine Schleife mit Anfangsabfrage soll ein Element der funktionalen Anforderungen des Pflichtenhefts zur Immobilienverwaltung (/F640/) herangezogen werden (s. Kap. 1.6.3), nämlich das Formular für die Nebenkostenrechnung, speziell die Zuordnung von Mietobjekt-Nummer zum Ort der Immobilie.

Der Algorithmus zur Berechnung ergibt sich wie folgt (s. Abb. 2.19).

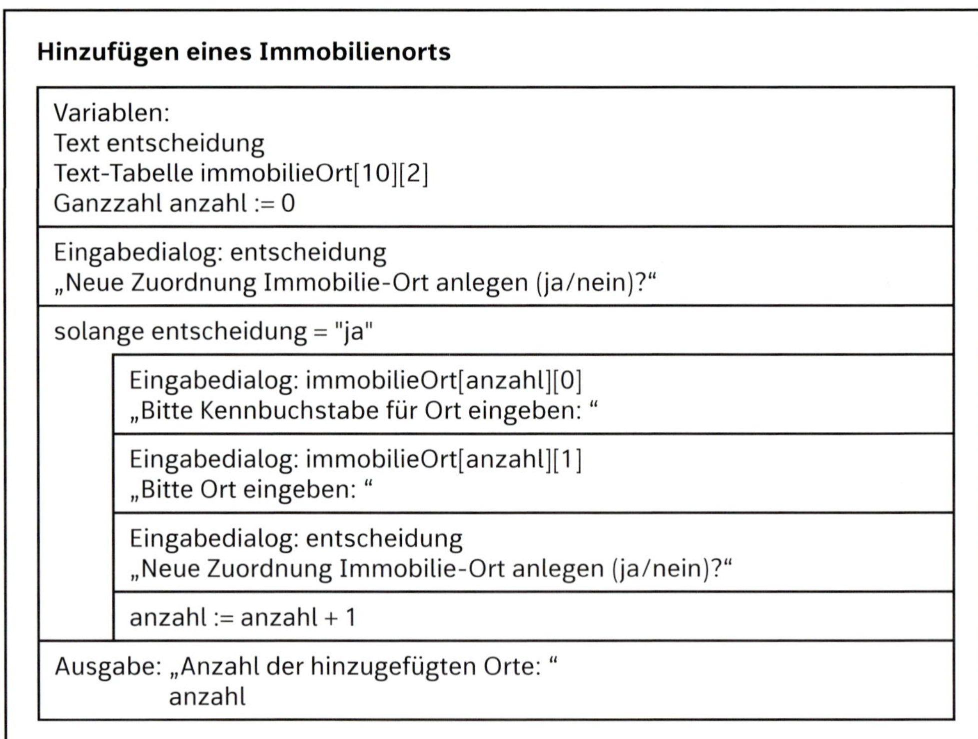

Abb. 2.19: Darstellung des Zuordnungs-Algorithmus als (erweitertes) Struktogramm

Der Java-Quelltext könnte wie folgt aussehen:

```
public static void main(String[] args) {
  String entscheidung;
  final int MAX_KENNBUCHSTABEN = 10;
  String[][] immobilieOrt = new String[MAX_KENNBUCHSTABEN][2];
  int anzahl = 0;
  Scanner input = new Scanner(System.in);
  System.out.print("Neue Zuordnung Immobilie-Ort anlegen (ja/nein)?:
                                                                   ");
  entscheidung = input.next();
  // Schleife mit Anfangsabfrage
  while (entscheidung.equals("ja") && (anzahl <
                                              MAX_KENNBUCHSTABEN)) {
    System.out.print("Bitte Kennbuchstabe für Ort eingeben: ");
    immobilieOrt[anzahl][0] = input.next();
    System.out.print("Bitte Ort eingeben: ");
    immobilieOrt[anzahl][1] = input.next();
    if (anzahl < MAX_KENNBUCHSTABEN - 1) {
      System.out.print("Neue Zuordnung Immobilie-Ort anlegen
                                                     (ja/nein)?: ");
      entscheidung = input.next();
    }
    anzahl++;
  }
  System.out.println("Anzahl der hinzugefügten Orte: " + anzahl);
}
```

Je nachdem, ob eine neue Zuordnung erwünscht ist oder nicht, ergeben sich verschiedene Programmabläufe:

- Keine neue Zuordnung erwünscht:

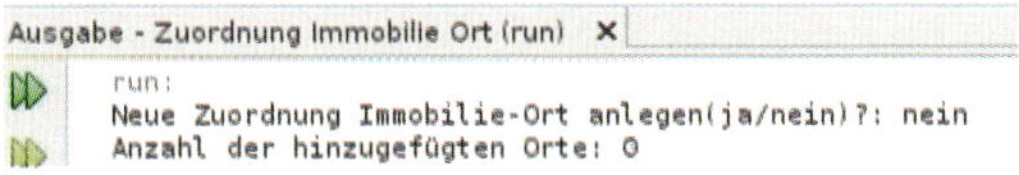

- Zwei neue Zuordnungen erwünscht:

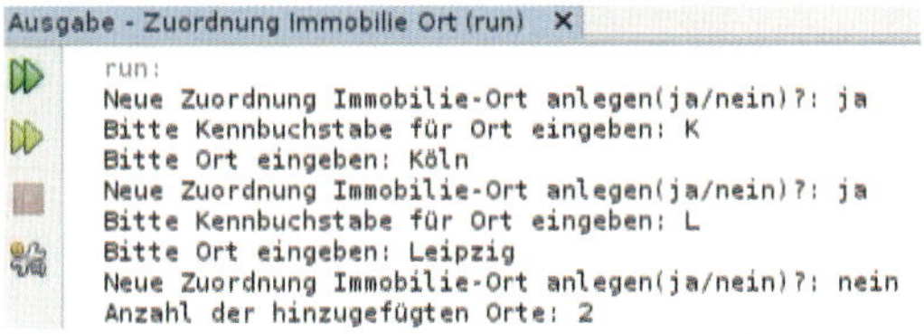

Anwendung von Schleifen mit Zählerabfrage (Zählschleife)

Eine Zählschleife (s. Abb. 2.20) ist eigentlich auch eine Schleife mit Anfangsabfrage. Allerdings gibt es außer einer Bedingung zusätzlich noch eine Zähl- bzw. Laufvariable, auf die sich die Bedingung bezieht.

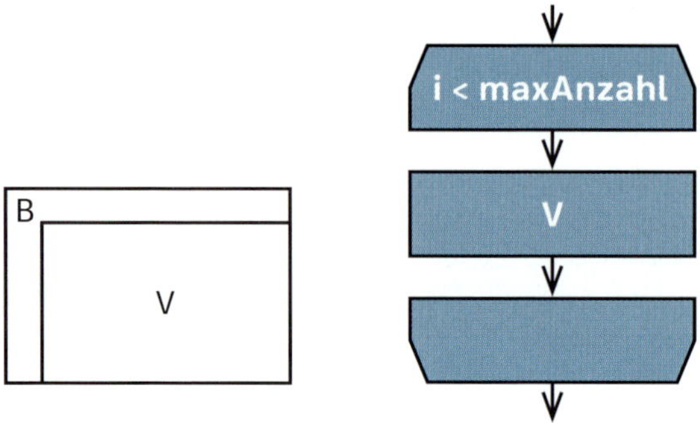

Abb. 2.20: Zählschleife als Struktogramm und als Programmablaufplan

Die Java-Implementierung einer Zählschleife lautet wie folgt:

```
for (Zählerinitialisierung; Bedingung; Zählerreinitialisierung) {
  // V: Anweisung(en);
}
```

Dies ist aber noch sehr theoretisch. Daher ein erstes real kompilierbares Beispiel:

```
for (int i = 0; i <= 3; i++) {
  // V: Anweisung(en);
}
```

Solange die Bedingung erfüllt ist, wird die Schleife ausgeführt. Die Initialisierung der Laufvariablen wird nur einmal vor dem Beginn der Schleife ausgeführt und gibt den Anfangswert der Laufvariablen vor (hier: i = 0). Danach wird sofort die Schleifenbedingung überprüft (hier: i <= 3). Ist die Bedingung erfüllt (hier: true) dann wird ein Schleifendurchlauf gestartet. Die Erhöhung der Laufvariablen um eine Schrittweite (hier: 1) wird nach dem Ende jedes Schleifendurchlaufs ausgeführt. Im Anschluss wird wieder die Bedingung abgeprüft, ob ein weiterer Durchlauf erfolgen soll.
Die Schleife wird somit viermal durchlaufen.

Jetzt ein zweites Beispiel mit einem Rückwärtszähler:

```
for (int j = 9; j >= 0; j -= 2) {
  // V: Anweisung(en);
}
```

Diese Schleife wird fünfmal durchlaufen.

Als Beispiel für eine Zählschleife soll folgendes Szenario dienen: Die Immobilienfirma möchte sich alle Mietobjekte durch die Mietobjekt-Nummer (z. B. A-653-373) anzeigen lassen. Hierfür wird von der Softwarefirma ein Prototyp geschrieben, bei dem eine fest codierte Dummy-Tabelle mit nur drei Einträgen ausgegeben wird. Später erfolgt dann ein realer Lesezugriff auf die Datenhaltung. Der Algorithmus soll dieses Mal nicht durch ein Struktogramm, sondern durch einen Programmablaufplan (s. Abb. 2.21) und durch einen Pseudocode veranschaulicht werden.

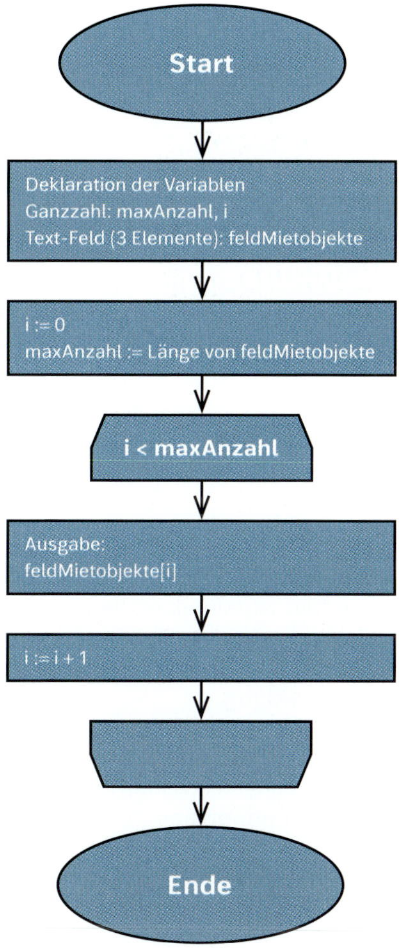

Abb. 2.21: Programmablaufplan (PAP) für die Ausgabe aller Mietobjekte

Der Pseudocode könnte wie folgt lauten:

```
Methode: mietobjektAusgabe()
BEGIN
  Variablen: Ganzzahl i, maxAnzahl;
  Text-Feld (3 Elemente): feldMietobjekte;
FOR Initialisierungsausdruck: i := 0, Bedingung: i <
  feldMietobjete.Länge, Reinitialisierungsausdruck: Inkrement i um 1
  LOOP
    Ausgabe: feldMietobjekte[i];
  ENDLOOP
END
```

Der Java-Code ist fast überschaubarer als der Pseudocode:

```
String[] feldMietobjekte = {"A-333-444", "A-432-587", "C-456-492"};
int maxAnzahl = feldMietobjekte.length;
for (int i = 0; i < maxAnzahl; i++) {
  System.out.println(feldMietobjekte[i]);
}
```

Es ergibt sich folgende Ausgabe:

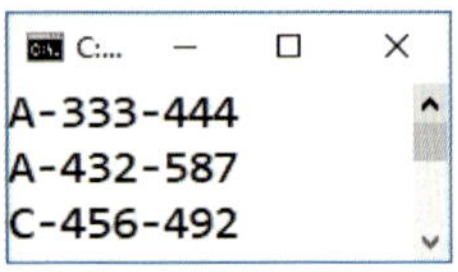

Die drei Arten von **Steuerstrukturen** sind die Sequenz (**Folge**), die Selektion (**Auswahl**) und die Iteration (**Wiederholung**/Schleife). Steuerstrukturen (manchmal auch als Kontrollstrukturen bezeichnet) steuern zur Laufzeit den Programmablauf.
Bei einer **Sequenz** werden die Anweisungen nacheinander ausgeführt.
Bei der **Selektion** unterscheidet man drei Arten: die **einseitige Auswahl**, die **zweiseitige Auswahl** und die **Fallunterscheidung**.
Die drei Steuerstrukturen zur **Iteration** ermöglichen das mehrfache Ausführen einer Anweisung oder Anweisungsfolge (Wiederholung der Anweisungen des Schleifenkörpers). In allen diesen Steuerstrukturen ist die wiederholte Ausführung von einer Bedingung abhängig. Bei der **Schleife mit Endabfrage** (fußgesteuerte Schleife) steht die Bedingung am Ende des Schleifenkörpers, welcher dadurch mindestens einmal ausgeführt wird. Bei der **Schleife mit Anfangsabfrage** (kopfgesteuerte Schleife) steht die Bedingung am Anfang des Schleifenkörpers, welcher bei nicht erfüllter Bedingung kein einziges Mal ausgeführt wird. Bei der **Zählschleife** wird die Anzahl der Schleifendurchläufe durch die Zählerbedingung, den Zählerstartwert und die Schrittweite festgelegt.

2.6 Objekte und Klassen

Emre sagt zu Anna und Paul: „Jetzt wird es interessant. Bisher haben wir uns nur mit der strukturierten Programmierung beschäftigt, jetzt können wir endlich in die objektorientierte Programmierung einsteigen!" Schnell merken die drei, dass im Gegensatz zum Pflichtenheft der Immobilienverwaltung mit den Klassen Immobilie, Geschäftshaus und Wohnhaus hier eine ganz andere Klasse erläutert wird, nämlich die Klasse Wohngebäude. Sie fragen Frau Zeinab, wie es dazu kommt. „Ganz einfach", sagt Frau Zeinab, „unsere Schulungsunterlagen für Azubis haben wir schon vor längerer Zeit erstellt und wir haben nie damit gerechnet, einen Auftrag von einer Immobilienverwaltungsfirma zu bekommen. So ein Zufall!"

Die objektorientierte Programmierung (OOP) trägt verschiedene Elemente in sich, die Basiselemente sind Objekte, Klassen, Attribute, Methoden, Datenkapselung und Konstruktoren.

In diesem Kapitel sollen diese Fachtermini erläutert und mit Beispielen veranschaulicht werden.

Objekte

Eine der Hauptideen der OOP ist, sowohl die Daten (Attributwerte) als auch die für die Bearbeitung dieser Daten notwendigen und relevanten Verfahren (Methoden) in einer Einheit (also in einem Objekt) vorzuhalten. Objekte sind eindeutig identifizierbare und klar abgegrenzte Gegenstände, Ereignisse, Sachverhalte oder Begriffe. Die Abgrenzung besteht in den spezifischen Eigenschaften und dem Verhalten der Objekte. Objekte können bei Gleichartigkeit zu Mengen zusammengefasst werden, z. B. die Menge aller konkreten Wohngebäude.

Abb. 2.22: Wohngebäude als konkretes Objekt

Als Beispiel soll ein Wohngebäude in der Hamburger Hafencity (s. Abb. 2.22) dienen. Dies ist ein konkretes Objekt.

Das Objekt (genauer: die Objektreferenz) hat einen Namen, z. B. `wohngebaeude1`, und könnte z. B. die folgenden Attribute und die folgende Methode besitzen:

- Attribute mit Werten: anzahlEtagen = 8, anzahlWohnungen = 20, baustoff = "Stahlbeton", wohnflaecheQm = 2400.00, nutzflaecheQm = 560.00
- Methode: berechneDurchschnittlicheWohnflaecheQm()

Es kann aber auch andere Wohngebäude geben, z. B. ein `wohngebaeude2` mit anderen Attributwerten, aber der gleichen Methode:

- Attribute mit Werten: anzahlEtagen = 1, anzahlWohnungen = 1, baustoff = "Lehm", wohnflaecheQm = 115.70, nutzflaecheQm = 40.50
- Methode: berechneDurchschnittlicheWohnflaecheQm()

Als **UML-Objektdiagramm** (vertiefende Informationen zum Objektdiagramm s. Kapitel 3.4) lassen sich die beiden Objekte wie folgt darstellen:

wohngebaeude1
anzahlEtagen = 8 anzahlWohnungen = 20 baustoff = "Stahlbeton" wohnflaecheQm = 2400.00 nutzflaecheQm = 560.00

wohngebaeude2
anzahlEtagen = 1 anzahlWohnungen = 1 baustoff = "Lehm" wohnflaecheQm = 115.70 nutzflaecheQm = 40.50

Es gilt:

- Ein Objekt besitzt einen bestimmten Zustand (definiert durch die Menge seiner **Attributwerte**).
- Ein Objekt hat ein definiertes und spezifisches Verhalten (definiert durch seine **Methoden**, die z. B. die Werte der Attribute verändern können).
- Objekte besitzen eine eigene Identität: Selbst wenn zwei Objekte den gleichen Zustand haben, unterscheiden sie sich trotzdem eindeutig voneinander durch eine einzigartige Referenz.
- Objektnamen werden in Java in der Regel durchgängig klein geschrieben (mindestens ist aber der Anfangsbuchstabe klein) und sollten keine möglichen Attributwerte oder Beziehungen in sich tragen, also nicht `müller` oder `meinMieter`, sondern eher allgemein, z. B. `mieter1`.
  Ganz genau betrachtet ist `mieter1` in Java kein Objekt, sondern eine Referenz auf einen konkreten Mieter, also eine Objektreferenz:

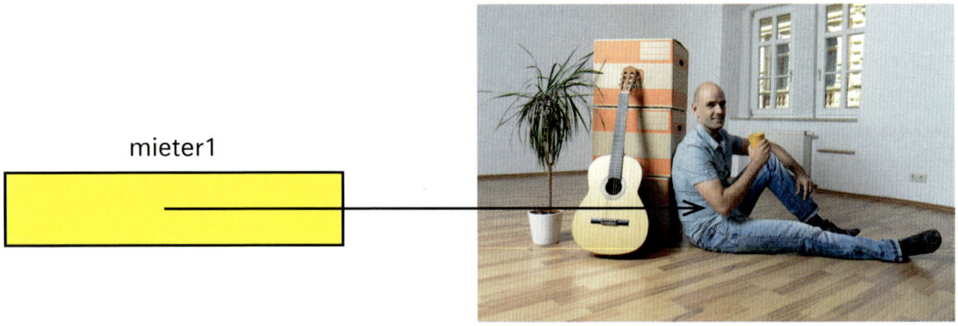

- Trotzdem wird in der Literatur verkürzt oft von Objekt gesprochen, auch in diesem Schulbuch.
- Attributnamen beginnen in Java wie Variablennamen mit einem Kleinbuchstaben und sollten aussagekräftig sein (s. Kapitel 2.4).

Klassen

Klassen bilden eine Art Bauplan für Objekte mit denselben Eigenschaften und demselben Verhalten. Sie dienen auch der Objekterzeugung. Jedes Objekt ist somit eine Instanz einer Klasse. Die Klasse beschreibt die **Attribute** und **Methoden** der Objekte. Die Objekte einer Klasse unterscheiden sich nicht durch ihre Methoden, die für alle Objekte ein und derselben Klasse gleich sind, sondern durch ihre Attributwerte, die in der Regel unterschiedlich sind.

Alle Wohngebäude-Objekte haben z. B. dieselben Attribute und Methoden. Aus ihnen lässt sich somit die Klasse `Wohngebaeude` abstrahieren.

Die Klasse `Wohngebaeude` definiert alle Attribute (inkl. Datentyp) und Methoden (inkl. Rückgabetyp und Parameterliste):

- Attribute: anzahlEtagen (Ganzzahl), anzahlWohnungen (Ganzzahl), baustoff (Text), wohnflaecheQm (Kommazahl), nutzflaecheQm (Kommazahl)

- Methode: berechneDurchschnittlicheWohnflaecheQm() mit einer Kommazahl als Rückgabewert

Als **UML-Klassendiagramm** (vertiefende Informationen zum Klassendiagramm s. Kap. 3.5) könnte die Klasse (vorläufig) wie folgt dargestellt werden:

Wohngebaeude
+ anzahlEtagen: int + anzahlWohnungen: int + baustoff: String + wohnflaecheQm: double + nutzflaecheQm: double
+ berechneDurchschnittlicheWohnflaecheQm(): double

Die Java-Implementierung lautet wie folgt:

```
public class Wohngebaeude {
   // Achtung: Keine Datenkapselung!
   public int anzahlEtagen;
   public int anzahlWohnungen;
   public String baustoff;
   public double wohnflaecheQm;
   public double nutzflaecheQm;
   public double berechneDurchschnittlicheWohnflaecheQm() {
      return wohnflaecheQm / anzahlWohnungen;
   }
}
```

Die Objekterzeugung in einem Anwendungsprogramm, z. B. in der Main-Methode, geschieht wie folgt:

```
public static void main(String[] args) {
   Wohngebaeude wohngebaeude1 = new Wohngebaeude();
   wohngebaeude1.anzahlEtagen = 8;
   wohngebaeude1.anzahlWohnungen = 20;
   wohngebaeude1.baustoff = "Stahlbeton";
   wohngebaeude1.wohnflaecheQm = 2400;
   wohngebaeude1.nutzflaecheQm = 560;
   System.out.println("Durchschnittliche Wohnfläche: " +
            wohngebaeude1.berechneDurchschnittlicheWohnflaecheQm());
}
```

Die Ausgabe zur Laufzeit ist wie folgt:

Es gilt:

- Klassennamen beginnen in Java mit einem Großbuchstaben (Substantiv im Singular) und sollten aussagekräftig sein, z. B. `Mieter` und `Wohngebaeude`.
- Klassen sind zum einen die Abstraktion gleichartiger Objekte, zum anderen der Bauplan für die Objekterzeugung (Instanziierung).
- Klassen bestehen aus Attributen und Methoden (inkl. den sog. Konstruktoren).

Datenkapselung

So wie die Klasse bisher modelliert wurde, kann in der Main-Methode die folgende Zuweisung erfolgen:

```
wohngebaeude1.anzahlEtagen = -15;
```

Dies stellt allerdings einen irregulären Objektzustand dar. Der Programmierer muss jedes Attribut vor irregulären Wertzuweisungen schützen. Dies realisiert er dadurch, dass er als Erstes alle Attribute als private deklariert, z. B.:

```
private int anzahlEtagen;
```

Jetzt gibt es schon beim Kompilieren der Main-Methode folgende Fehlermeldung:

```
WohngebaeudeTest.java:6:18: error: anzahlEtagen has private access in Wohngebaeude
    wohngebaeude1.anzahlEtagen = -15;
```

Das Anwendungsprogramm kommt also nicht mehr direkt an die Attribute heran, man spricht von „Datenkapselung“. Der Programmierer muss somit in einem zweiten Schritt jedem Attribut zwei sog. Verwaltungsmethoden zuordnen, eine Set-Methode, die irreguläre Wertzuweisungen verhindert, und eine Get-Methode, die den Attributwert zurückgibt. Somit hat die Klasse `Wohngebaeude` nun den folgenden Quelltext:

```
public class Wohngebaeude {
  // Mit Datenkapselung!
  private int anzahlEtagen;
  private int anzahlWohnungen;
  private String baustoff;
  private double wohnflaecheQm;
  private double nutzflaecheQm;
  public void setAnzahlEtagen(int anzahlEtagen) {
    if (anzahlEtagen > 0) {
      this.anzahlEtagen = anzahlEtagen;
    }
  }
  public int getAnzahlEtagen() {
    return anzahlEtagen;
  }
```

```
  // ...
  public void setNutzflaecheQm(double nutzflaecheQm) {
    if (nutzflaecheQm >= 0) {
      this.nutzflaecheQm = nutzflaecheQm;
    }
  }
  public double getNutzflaecheQm() {
    return nutzflaecheQm;
  }
  public double berechneDurchschnittlicheWohnflaecheQm() {
    return wohnflaecheQm / anzahlWohnungen;
  }
}
```


Jetzt wird in der Main-Methode folgendes Testszenario implementiert:

```
public static void main(String[] args) {
  Wohngebaeude wohngebaeude1 = new Wohngebaeude();
  wohngebaeude1.setAnzahlEtagen(8);
  // ...
  System.out.println("Anzahl der Etagen: " +
                                  wohngebaeude1.getAnzahlEtagen());
  wohngebaeude1.setAnzahlEtagen(-15);
  System.out.println("Anzahl der Etagen: " +
                                  wohngebaeude1.getAnzahlEtagen());
}
```

Das führt zu folgender Ausgabe:

```
Auswählen C:\WINDOWS\syste...
Anzahl der Etagen: 8
Anzahl der Etagen: 8
```

Die Datenkapselung hat funktioniert. Das Attribut `anzahlEtagen` wurde vor einem irregulären Wert geschützt.

Es gilt:

- Werden Attribute (gilt auch bei Methoden) als public deklariert, dann kann auf sie direkt von außen zugegriffen werden. Dies ist aber ein Verstoß gegen das Prinzip der Datenkapselung.
- Werden Attribute (gilt auch bei Methoden) als protected deklariert, dann wird nur abgeleiteten Klassen (s. Kapitel 2.7), sprich Unterklassen, ein Zugriff erlaubt.
- Steht kein Schlüsselwort vor einem Attribut (gilt auch bei Methoden), dann spricht man vom sog. „package-Zugriffsspezifizierer“. Alle Elemente (Klassen, Objekte, Methoden etc.) innerhalb des Pakets dürfen auf das Attribut zugreifen.

- Werden Attribute als private deklariert, kann die Konsistenz der Daten bzw. der Attribute am besten sichergestellt werden, da nicht unkontrolliert von außen auf sie zugegriffen werden kann.
- Der Zugriff von außen auf die gekapselten Attribute erfolgt durch Aufruf der Verwaltungsmethoden (Set- und Get-Methode). Die Set-Methode sorgt dafür, dass nur reguläre Attributwerte zugewiesen werden können.
- Objekte können auch private Attribute besitzen, die nur von ihnen selbst geändert werden können, d.h., diese Attribute sind weder von außen sichtbar noch kann auf sie über Verwaltungsmethoden zugegriffen werden.
- Klassen können statische Attribute (auch Klassenattribute genannt) besitzen, die nur der Klasse zugeordnet sind und nicht den Objekten (s. Abschnitt „Statische Methoden" auf Seite 134).

Objekterzeugung über Konstruktoren

Die Erzeugung (Instanziierung) eines Wohngebäude-Objekts erfolgte durch diese Quelltextzeile:

```
Wohngebaeude wohngebaeude1 = new Wohngebaeude();
```

Dabei ist `Wohngebaeude()` ein sog. Konstruktor (eine Art Methode), der vom System zur Verfügung gestellt wird, um das Objekt zu erzeugen und den Attributen die Standardwerte ihres Datentyps zuzuweisen. Man spricht in diesem Fall vom **Standard-Konstruktor** bzw. **Default-Konstruktor**.

Allerdings kann der Programmierer auch selber entscheiden, welche Attributwerte ein Objekt bei der Objekterzeugung bzw. Instanziierung erhält, z.B. durch die Deklaration eines parameterlosen oder eines parametrisierten Konstruktors.

Die Deklaration eines **parameterlosen Konstruktors** geschieht in Java z.B. wie folgt:

```
public Wohngebaeude() {
  anzahlEtagen = 1;
  anzahlWohnungen = 1;
  baustoff = "Unbekannt";
  wohnflaecheQm = 100;
  nutzflaecheQm = 50;
}
```

Besitzt ein Konstruktor für jedes Attribut der Klasse einen Parameter, bezeichnet man ihn als vollparametrisierten Konstruktor. Der folgende Programmausschnitt zeigt die Deklaration des **vollparametrisierten Konstruktors** der Klasse `Wohngebaeude` in Java:

```
public Wohngebaeude(int anzahlEtagen, int anzahlWohnungen,
                    String baustoff, double wohnflaecheQm,
                    double nutzflaecheQm) {
  setAnzahlEtagen(anzahlEtagen);
  setAnzahlWohnungen(anzahlWohnungen);
  setBaustoff(baustoff);
  setWohnflaecheQm(wohnflaecheQm);
  setNutzflaecheQm(nutzflaecheQm);
}
```

In der Main-Methode lassen sich dann beide Konstruktoren anwenden:


```
Wohngebaeude wohngebaeude1 = new Wohngebaeude(
                                    8, 20, "Stahlbeton", 2400, 560);
Wohngebaeude wohngebaeude2 = new Wohngebaeude(
                                       1, 1, "Lehm", 115.70, 40.50);
Wohngebaeude wohngebaeude3 = new Wohngebaeude();
```

Manchmal stellen auch Klassen sog. **teilparametrisierte Konstruktoren** zur Verfügung. Dies könnte bei der Klasse `Wohngebaeude` ein dritter Konstruktor sein, z.B.:

```
public Wohngebaeude(int anzahlWohnungen, double wohnflaecheQm) {
  setAnzahlEtagen(1);
  setAnzahlWohnungen(anzahlWohnungen);
  setBaustoff("Unbekannt");
  setWohnflaecheQm(wohnflaecheQm);
  setNutzflaecheQm(50);
}
```

Ob dies für diese Klasse sinnvoll ist, sei dahingestellt.

Es gilt:

- Konstruktoren dienen dazu, Objekte zu erzeugen bzw. zu instanziieren. Bei diesem Vorgang erhalten die Attribute bestimmte Initialisierungswerte.
- Mit dem vollparametrisierten Konstruktor kann der Anwender ein Objekt mit selbst definierten Attributwerten erzeugen.
- Objekte, die durch den parameterlosen Konstruktor erzeugt werden, haben alle den gleichen Zustand.
- Der Name der Konstruktoren ist gleich dem Klassennamen.
- Konstruktoren besitzen keinen Rückgabewert, noch nicht einmal `void`.
- Konstruktoren können überladen werden (s. Abschnitt „Überladene Methoden“ auf Seite 135).

Methoden

Eine Klasse kann eine Vielzahl von Methoden enthalten, die auch noch verschieden klassifiziert werden können:

- **Verwaltungsmethoden (Set- und Get-Methode)**
  In der Regel hat jedes private Attribut eine Set-Methode und eine Get-Methode. In der Set-Methode kann Logik enthalten sein, um irreguläre Objektzustände zu vermeiden. Sie hat keinen Rückgabewert (also `void`) und einen formalen Parameter vom gleichen Datentyp wie das zu ändernde Attribut. Dabei hat es sich als guter Programmierstil etabliert, dass für den Parameternamen der gleiche Name wie der des zu ändernden Attributs genommen wird.

  Die Get-Methode hat als Rückgabedatentyp den gleichen Datentyp wie das Attribut, aber keinen (formalen) Parameter.

```
public void setNutzflaecheQm(double nutzflaecheQm) {
  if (nutzflaecheQm >= 0) {
    this.nutzflaecheQm = nutzflaecheQm;
  }
}
public double getNutzflaecheQm() {
  return nutzflaecheQm;
}
```

  Über das Schlüsselwort `this` (Referenz auf das Objekt) kann der Compiler zwischen dem Attribut des Objekts (`this.nutzflaecheQm`) und dem Parameter (`nutzflaecheQm`) unterscheiden, obwohl beide den gleichen Namen haben.

- **Reguläre Methoden**
  Dies sind Instanzmethoden, die die Klasse zusätzlich zu den Verwaltungsmethoden den Objekten der Klasse zur Verfügung stellt, z. B.:

```
public double berechneDurchschnittlicheWohnflaecheQm() {
  return wohnflaecheQm / anzahlWohnungen;
}
```

- **Statische Methoden**
  Statische Methoden, auch Klassenmethoden genannt, können nur mit den Eigenschaften der Klasse (sprich den Klassenattributen) arbeiten. Das heißt, die Nutzung der „normalen" Attribute (Instanzattribute) und Methoden (Instanzmethoden) innerhalb einer Klassenmethode ist nicht gestattet und wird vom Compiler verhindert. Diese Methoden können sowohl über Objekte der Klasse (schlechter Programmierstil) als auch direkt über den Namen der Klasse (guter Programmierstil) aufgerufen werden. Der folgende Programmausschnitt demonstriert die Nutzung der Klassenmethoden bzw. Klassenattribute bei der Ermittlung der Anzahl der erstellten Objekte der Klasse `Wohngebaeude`:

```
public class Wohngebaeude {
  private static int anzahlObjekte = 0;
  // ...
  public Wohngebaeude() {
    setAnzahlEtagen(1);
    // ...
    anzahlObjekte++;
  }
  public Wohngebaeude(int anzahlEtagen, int anzahlWohnungen,
                      String baustoff, double wohnflaecheQm,
                      double nutzflaecheQm) {
    setAnzahlEtagen(anzahlEtagen);
    // ...
    anzahlObjekte++;
  }
  public static int getAnzahlObjekte() {
    return anzahlObjekte;
  }
  // ...
}
```

In der Main-Methode wird die statische Methode wie folgt aufgerufen:

```
public static void main(String[] args) {
  Wohngebaeude wohngebaeude1 = new Wohngebaeude();
  Wohngebaeude wohngebaeude2 = new Wohngebaeude(
                                        1, 1, "Lehm", 70, 40);
  Wohngebaeude wohngebaeude3 = new Wohngebaeude();
  System.out.println("Anzahl der Objekte: " +
                               Wohngebaeude.getAnzahlObjekte());
}
```

Es ergibt sich die folgende Ausgabe:

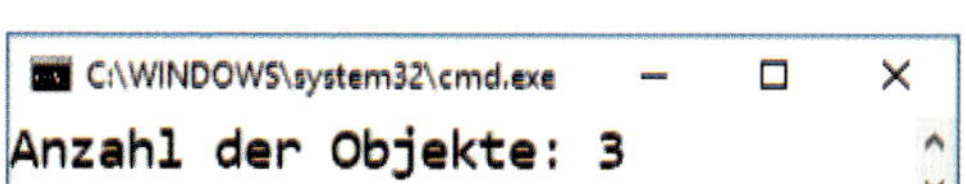

- **Überladene Methoden**
  Überladene Methoden sind Methoden gleichen Namens. Sie müssen aber wenigstens eine der folgenden Voraussetzungen erfüllen:

  1. Der Datentyp mindestens eines Übergabeparameters ist anders als in den übrigen Methoden. Ein gutes Beispiel ist die Methode `println(...)` der Klasse `PrintStream`:

`println(boolean x)`	Druckt einen boolschen Ausdruck und beendet die Zeile
`println(char x)`	Druckt ein Zeichen und beendet die Zeile

`println(double x)`	Druckt eine Fließkommazahl vom Typ double und beendet die Zeile
`println(float x)`	Druckt eine Fließkommazahl vom Typ float und beendet die Zeile
`println(int x)`	Druckt eine ganze Zahl vom Typ int und beendet die Zeile
`println(long x)`	Druckt eine ganze Zahl vom Typ long und beendet die Zeile
`println(String x)`	Druckt einen String und beendet die Zeile

2. Die Anzahl der Übergabeparameter ist unterschiedlich. Hierfür können zwei Beispiele angeführt werden:
   Als erstes Beispiel wird dieselbe Methode wie eben verwendet. Man kann nämlich die Methode `println()` auch ohne Parameter aufrufen. Dann kommt es nur zu einem „Zeilenvorschub".
   Da Konstruktoren spezielle Methoden sind, werden als zweites Beispiel die beiden Konstruktoren der Klasse `Wohngebaeude` genommen:

```
public Wohngebaeude() {
  // ...
}
public Wohngebaeude(int anzahlEtagen, int anzahlWohnungen,
                    String baustoff, double wohnflaecheQm,
                                     double nutzflaecheQm) {
  // ...
}
```

Es gilt:

- Methodennamen in Java beginnen mit einem Kleinbuchstaben und sollten aussagekräftig sein.
- Methoden haben einen Zugriffsspezifizierer (public, protected, private). Wird kein Zugriffsspezifizierer angegeben, wird der Standardwert „package-Zugriffsspezifizierer" verwendet.
- Private Methoden (und private Attribute) können nur innerhalb der Klasse bzw. des Objekts verwendet werden.
- Haben Methoden einen Rückgabewert, dann muss dessen Datentyp angegeben werden, z. B. `datentyp methode()`. Der Datentyp kann auch eine Klasse sein. Gibt eine Methode nichts zurück, wird dies durch das Schlüsselwort `void` gekennzeichnet.
- Die Methoden können (formale) Parameter haben.
  a) Ein Parameter: `methode(datentyp parameter)`
  b) Mehrere Parameter: `methode(datentyp1 parameter1, datentyp2 parameter2, …)`
  c) Kein Parameter: `methode()`
- In der Regel gibt es zu jedem gekapselten Attribut zwei Verwaltungsmethoden: die Set-Methode, die Logik enthalten kann, und die Get-Methode, die nur den Attributwert zurückgibt.

- Methoden können statisch sein. Sie werden dann mithilfe des Klassennamens aufgerufen: `Klasse.methode()`
- Methoden können überladen sein, also den gleichen Namen besitzen, sich aber durch die Parameterliste unterscheiden.

Nun kann das vollständige UML-Klassendiagramm der Klasse `Wohngebaeude` dargestellt werden (s. Abb. 2.23).

Wohngebaeude
- anzahlEtagen: int - anzahlWohnungen: int - baustoff: String - wohnflaecheQm: double - nutzflaecheQm: double - <u>anzahlObjekte: int</u>
+ Wohngebaeude() + Wohngebaeude(int, int, String, double, double) + setAnzahlEtagen(int): void + getAnzahlEtagen(): int + setAnzahlWohnungen(int): void + getAnzahlWohnungen(): int + setBaustoff(String): void + getBaustoff(): String + setWohnflaecheQm(double): void + getWohnflaecheQm(): double + setNutzflaecheQm(double): void + getNutzflaecheQm(): double + berechneDurchschnittlicheWohnflaecheQm(): double + <u>getAnzahlObjekte(): int</u>

Abb. 2.23: UML-Klassendiagramm der Klasse Wohngebaeude

Objekte sind Gegenstände, Sachverhalte, Ereignisse oder Begriffe mit eigener Identität, welche durch einen eindeutigen **Zustand** (Werte der Attribute) und ein definiertes Verhalten (Methoden) beschrieben werden. Jedes Objekt gehört zu genau einer **Klasse**, in welcher die **Attribute** und **Methoden** deklariert sind. Objekte werden mithilfe eines **Konstruktors** erzeugt bzw. instanziiert, der auch die Anfangswerte der Attribute initialisiert. Konstruktoren haben den Namen der Klasse, besitzen keinen Rückgabewert und können **überladen** werden. Ist in der Klasse kein Konstruktor deklariert, dann nimmt das System einen sog. **Standardkonstruktor**. Der Programmierer kann aber auch selbst Konstruktoren deklarieren, z. B. den **parameterlosen** und den **vollparametrisierten Konstruktor**.
Attribute beschreiben die Eigenschaften der Objekte. Die Angaben (in der Klasse) zum Attribut enthalten in der Regel den Attributnamen, den Datentyp und die Sichtbarkeit über den sog. Zugriffsspezifizierer. Ist die Sichtbarkeit `private`, dann wird das Prinzip der **Datenkapselung** realisiert: Die Attribute sind vor irregulären Werten geschützt. Auf sie kann nur über die Verwaltungsmethoden (**Set-** und **Get-Methode**) zugegriffen werden.

Methoden beschreiben die Funktionalität der Objekte. Sie werden (in der Klasse) durch den Methodennamen, ggf. die Übergabeparameter und den Rückgabetyp (Datentyp) beschrieben. **Überladene Methoden** (z. B. `println(...)`) haben den gleichen Methodennamen, aber unterschiedliche Parameter. **Statische Attribute** (Klassenattribute) und **statische Methoden** (Klassenmethoden) sind nicht den Objekten, sondern der Klasse zugeordnet.

2.7 Vererbung

Ein Konzept der objektorientierten Programmierung ist die Vererbung. Unterscheiden sich Objekte nur in einigen Methoden und Attributen, sind sonst aber gleich, so kann dieses Konzept eingesetzt werden. Gleiche Attribute und Methoden werden in einer Oberklasse zusammengefasst (Generalisierung). Unterschiedliche Attribute und Methoden verbleiben in den Unterklassen (Spezialisierung). Die Attribute und Methoden der Oberklasse werden in der Regel in die abgeleiteten bzw. spezialisierten Klassen vererbt.

Einführung

Als Beispiel sollen Objekte dienen, die alle Attribute der Klasse `Wohngebaeude` in sich tragen, aber zusätzlich spezialisiert sind, indem sie durch ein zusätzliches Attribut (z. B. Stellplätze für Autos oder eine Terrasse) erweitert sind. Hierfür werden zwei neue Klassen, `WohngebaeudeMitGarage` und `WohngebaeudeMitTerrasse` modelliert, die von der Oberklasse `Wohngebaeude` erben. Das UML-Klassendiagramm (vertiefende Informationen zu Klassendiagrammen s. Kapitel 3.5) zeigt alle drei Klassen (s. Abb. 2.24).

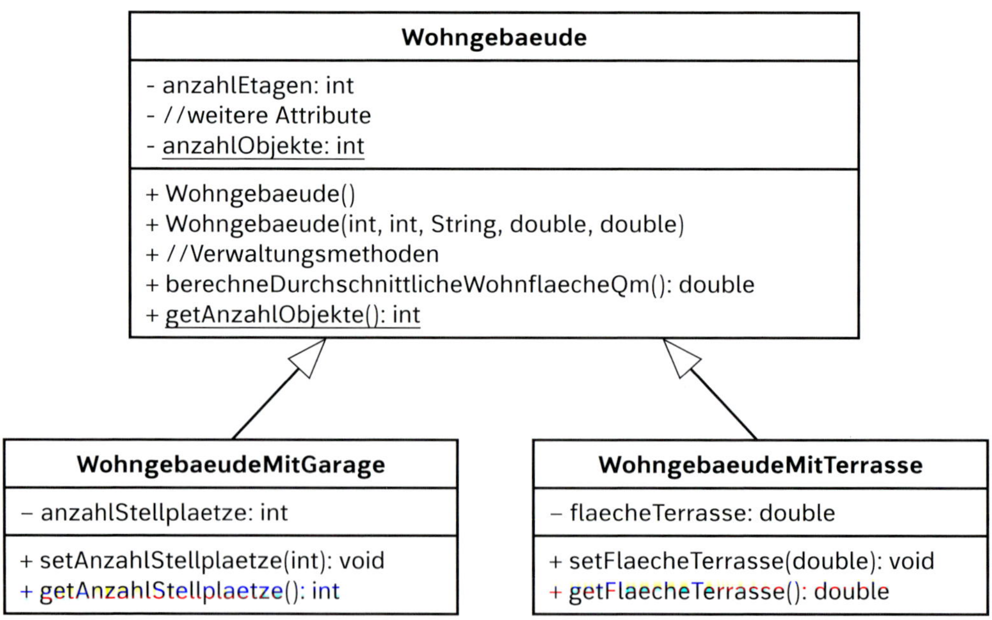

Abb. 2.24: Vererbungsstruktur im Klassendiagramm

Eine erste Klassenimplementierung der Unterklasse `WohngebaeudeMitGarage` könnte in Java wie folgt aussehen:

```
public class WohngebaeudeMitGarage extends Wohngebaeude {
  private int anzahlStellplaetze;
  public void setAnzahlStellplaetze(int anzahlStellplaetze) {
    if (anzahlStellplaetze > 0) {
      this.anzahlStellplaetze = anzahlStellplaetze;
    }
  }
  public int getAnzahlStellplaetze() {
    return anzahlStellplaetze;
  }
}
```


Die Vererbung wird in Java also über das Schlüsselwort `extends` gekennzeichnet.

Eine Testklasse soll kurz die Funktionalität der Unterklasse veranschaulichen:

```
public class WohngebaeudeMitGarageTest {
  public static void main(String[] args) {
    WohngebaeudeMitGarage wmg = new WohngebaeudeMitGarage();
    System.out.println("Etagen-Anzahl: " + wmg.getAnzahlEtagen());
    // mögliche weitere Ausgaben von Attributswerten
    System.out.println("Stellplätze-Anzahl: " +
                                            wmg.getAnzahlStellplaetze());
    System.out.println("Durchschnittliche Wohnfläche: " +
                              wmg. berechneDurchschnittlicheWohnflaecheQm();
    System.out.println(wmg.toString());
    System.out.println(wmg);
  }
}
```

Die Ausgabe ist wie folgt:

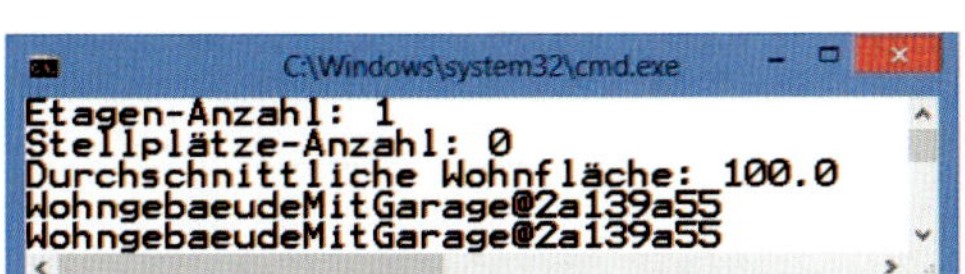

Hiermit ist (durch die ersten drei Ausgaben) der Nachweis erbracht, dass die Unterklasse auf die Attribute (aber nur über die Verwaltungsmethoden) und Methoden der Oberklasse zugreifen kann. Zwei weitere Dinge fallen auf:

- Der Wert des Attributs `anzahlStellplaetze` ist irregulär, weil eine Garage immer mindestens einen Stellplatz hat. Hier müsste man also vom Standardkonstruktor abweichen und einen eigenen Konstruktor implementieren.

- Wenn man nur das Objekt als Parameter der Println-Methode übergibt, dann wird im Hintergrund die toString-Methode der Klasse `Object` aufgerufen. Alle Klassen in Java erben nämlich von der Klasse `Object`. Die API-Doc von Java gibt die folgenden Hinweise für die Methode `toString()`:[1]
  "Returns a string representation of the object. In general, the `toString` method returns a string that ‚textually represents' this object. The result should be a concise but informative representation that is easy for a person to read. It is recommended that all subclasses override this method.
  The `toString` method for class `Object` returns a string consisting of the name of the class of which the object is an instance, the at-sign character '@', and the unsigned hexadecimal representation of the hash code of the object. In other words, this method returns a string equal to the value of:
  getClass().getName() + '@' + Integer.toHexString(hashCode()"

Bevor die beiden Themen „Konstruktoren von Unterklassen" und „Überschreiben von Methoden" behandelt werden, sind hier die bisherigen Informationen zusammengefasst:

- Die Unterklassen erben alle Attribute und Methoden der Oberklasse, wenn diese durch entsprechende Sichtbarkeitsregeln zur Nutzung freigegeben sind.
- Jedes Objekt einer Unterklasse ist gleichzeitig auch ein Objekt der zugehörigen Oberklasse (Konformität).
- Unterklassen können eigene Attribute und Methoden besitzen.
- Bei der Vererbung handelt es sich um eine Ist-Beziehung, z. B. das Objekt `WohngebaeudeMitGarage` ist auch ein `Wohngebäude`.
- Der direkte Zugriff auf private Attribute der Oberklasse ist nur über die öffentlichen Verwaltungsmethoden möglich.
- Soll ein direkter Zugriff auf die Attribute der Oberklasse durch die Unterklasse möglich sein, kann die Sichtbarkeit als `protected` angegeben werden. Aber Achtung: Enthält die Oberklasse Set-Methoden für die Attribute, sollten diese Verwaltungsmethoden auch genutzt werden, da dort Logik gegen irreguläre Attributwerte implementiert sein kann.

Konstruktoren von Unterklassen

In der Unterklasse kann z. B. ein **parameterloser** und ein **vollparametrisierter Konstruktor** vorgesehen werden. Diese werden in Java wie folgt implementiert:

1 *https://docs.oracle.com/javase/8/docs/api/java/lang/Object.html*

```
public WohngebaeudeMitGarage() {
  super();
  setAnzahlStellplaetze(1);
}
public WohngebaeudeMitGarage(int anzahlEtagen,
                             int anzahlWohnungen,
                             String baustoff,
                             double wohnflaecheQm,
                             double nutzflaecheQm,
                             int anzahlStellplaetze) {
  super(anzahlEtagen, anzahlWohnungen, baustoff, wohnflaecheQm,
                                                  nutzflaecheQm);
  setAnzahlStellplaetze(anzahlStellplaetze);
}
```


Über das Schlüsselwort `super` wird als Erstes der entsprechende Konstruktor der Oberklasse aufgerufen.

Hier wieder ein kleines Testprogramm:

```
public class WohngebaeudeMitGarageTest {
  public static void main(String[] args) {
    WohngebaeudeMitGarage wmg1 = new WohngebaeudeMitGarage();
    WohngebaeudeMitGarage wmg2 = new WohngebaeudeMitGarage(
                             8, 20, "Stahlbeton", 2400, 560, 5);
    System.out.println("Stellplätze-Anzahl (erstes Objekt): " +
                                    wmg1.getAnzahlStellplaetze());
    System.out.println("Stellplätze-Anzahl (zweites Objekt): " +
                                    wmg2.getAnzahlStellplaetze());
  }
}
```

Die Ausgabe lautet:

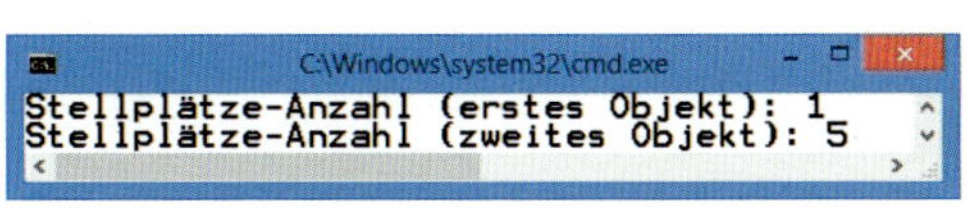

Damit ist ein Problem gelöst. Der parameterlose Konstruktor sorgt dafür, dass die Anzahl der Stellplätze gleich 1 ist, beim vollparametrisierten Konstruktor kann der Anwender auch mehr als einen Stellplatz vorsehen. Im Klassendiagramm von Abb. 2.24 ändert sich z.B. die Klasse `WohngebaeudeMitGarage` wie folgt:

WohngebaeudeMitGarage
– anzahlStellplaetze: int
+ WohngebaeudeMitGarage() + WohngebaeudeMitGarage (int, int, String, double, double, int) + // Verwaltungsmethoden

Überschreiben von Methoden

Eine Unterklasse kann die Funktionalität einer öffentlichen Methode der Oberklasse ändern, indem sie den gleichen Methodenkopf deklariert, aber eine andere Implementierung des Methodenrumpfs vornimmt.
Das Überschreiben von Methoden der Oberklasse soll anhand von zwei Beispielen veranschaulicht werden:

- Unter der (hypothetischen) Annahme, dass die Garage auf Kosten der Wohnfläche gebaut wurde (pro Stellplatz 10 m^2), soll die Methode `berechneDurchschnittliche WohnflaecheQm( )` der Oberklasse in der Unterklasse wie folgt verändert werden:

```
@Override
public double berechneDurchschnittlicheWohnflaecheQm() {
  return ((getWohnflaecheQm() - (10 * anzahlStellplaetze)) /
                                            getAnzahlWohnungen());
}
```

  Man spricht davon, dass die Methode der Oberklasse überschrieben wird. Besser wäre es aber, von „Überschattung“ zu sprechen, da (bei Bedarf) die Methode der Oberklasse über das Schlüsselwort `super` der Unterklasse noch zur Verfügung steht:

```
public double getBerechnungDerOberklasse() {
  return super.berechneDurchschnittlicheWohnflaecheQm();
}
```

  Zum Nachweis wird folgendes Testprogramm gestartet:

```
public static void main(String[] args) {
  WohngebaeudeMitGarage wmg = new WohngebaeudeMitGarage();
  System.out.println("Durchschnittliche Wohnfläche: " +
                           wmg.getBerechnungDerOberklasse());
  System.out.println("Durchschnittliche Wohnfläche: " +
                     wmg.berechneDurchschnittlicheWohnflaecheQm());

}
```

Die ursprüngliche Methode wurde nur überschattet:

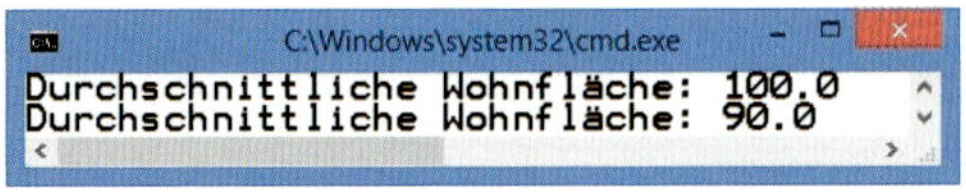

- Die API-Doc zur ToString-Methode der Klasse `Object` sagt aus, dass jede Klasse die ToString-Methode so überschreiben sollte, dass sie eine „Text-Repräsentation" der Klasse zurückliefert. Dies umfasst oft die Angabe aller Attributwerte:

```
@Override
public String toString() {
  return ("Etagenanzahl: "    + getAnzahlEtagen()     + "\n" +
          "Wohnungsanzahl: "  + getAnzahlWohnungen()  + "\n" +
          "Baustoff: "        + getBaustoff()         + "\n" +
          "Wohnfläche: "      + getWohnflaecheQm()    + "\n" +
          "Nutzfläche: "      + getNutzflaecheQm()    + "\n" +
          "Stellplätze: "     + anzahlStellplaetze);
}
```

Das Testprogramm lautet:

```
public static void main(String[] args) {
  WohngebaeudeMitGarage wmg = new WohngebaeudeMitGarage(
                            8, 20, "Stahlbeton", 2400, 560, 5);
  System.out.println(wmg);
}
```

Die Ausgabe ist wie folgt:

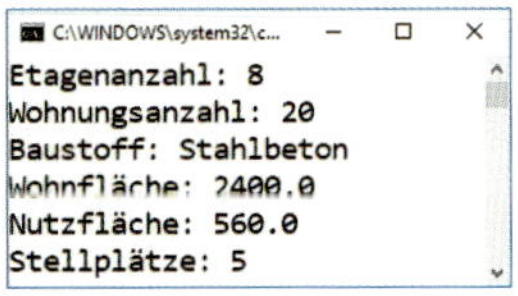

Die Ausgabe mithilfe der überschriebenen Methode ist wesentlich aussagekräftiger als die Ausgabe der ursprünglichen ToString-Methode: `WohngebaeudeMitGarage@2a139a55`.

Abstrakte Klassen und abstrakte Methoden

Manchmal ist es nicht sinnvoll, dass von einer Oberklasse Objekte erzeugt werden. Ein Beispiel aus dem Tierreich wäre die abstrakte Klasse „Säugetier". Es gibt auf der ganzen Welt kein Säugetier-Objekt, sondern nur konkrete Spezialisierungen, wie Hund, Katze und Maus.

Für die Immobilienverwaltungsfirma könnte man sich folgendes Beispiel ausdenken (s. Abb. 2.25): Die Firma hat Mitarbeiter und verwaltet Kunden und Mieter. In einer **abstrakten Oberklasse** `Person` könnte man gemeinsame Merkmale auslagern und in den Unterklassen nur die Spezialisierungsattribute vorhalten.

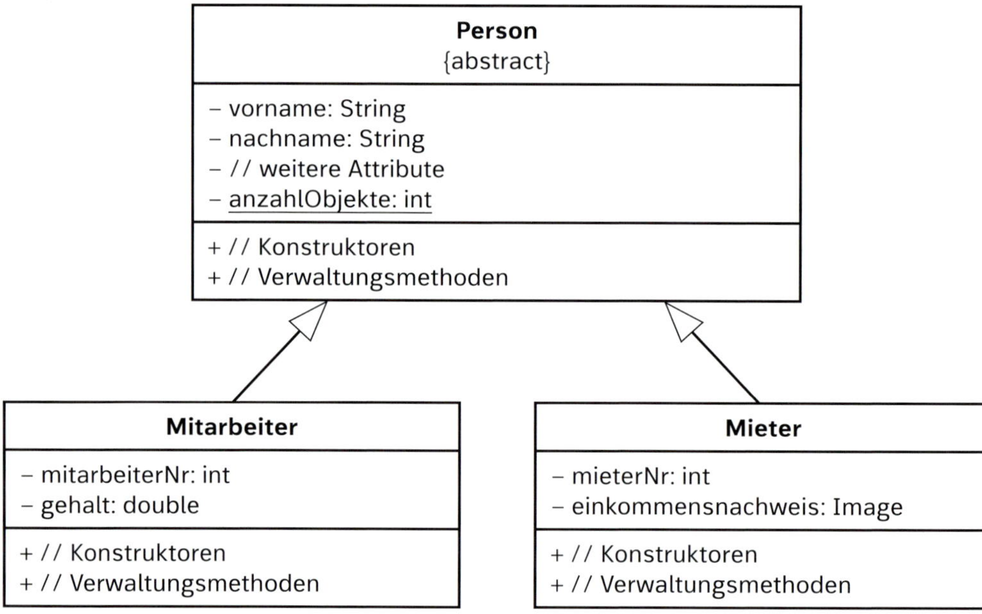

Abb. 2.25: Klassendiagramm mit einer abstrakten Klasse

In Java kann man abstrakte Klassen wie folgt kennzeichnen:

```
public abstract class Person {
  // ...
}
```

Will man fälschlicherweise ein Objekt dieser Klasse erzeugen ...

```
public static void main(String[] args) {
  Person p = new Person();
}
```

... dann erhält man die folgende Compiler-Fehlermeldung:

```
Meldungen
Compiliere F:\Schulbuch\PersonTest.java mit Java-Compiler
PersonTest.java:12:16: error: Person is abstract; cannot be instantiated
    Person p = new Person();
               ^
```

Trotzdem darf die abstrakte Klasse `Person` Konstruktoren besitzen, die auch von den Unterklassen mithilfe des Schlüsselworts `super(…)` benutzt werden können.

Abstrakte Methoden sind Methoden, die zwar einen Methodenkopf haben, aber keine Implementierung des Methodenrumpfs vornehmen (ein Semikolon beschließt den Methodenkopf, geschweifte Klammern fehlen).

```
public abstract class Person {
  // ...
  public abstract void erhalteVertrag();
}
```

Die Unterklassen sind dadurch gezwungen, diese Methode zu implementieren, sonst gibt es einen Compilerfehler:

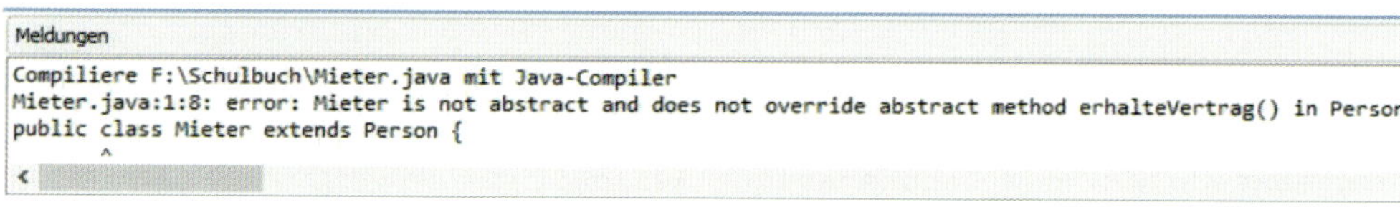
Meldungen
Compiliere F:\Schulbuch\Mieter.java mit Java-Compiler
Mieter.java:1:8: error: Mieter is not abstract and does not override abstract method erhalteVertrag() in Person
public class Mieter extends Person {
^

In der Klasse `Mitarbeiter` könnte man die Implementierung so gestalten, dass ein Mitarbeiter seinen Arbeitsvertrag erhält, und in der Klasse `Mieter`, dass dieser seinen Mietvertrag bekommt:

```
public class Mieter extends Person {
  // ...
  @Override
  public void erhalteVertrag() {
    // der Mieter erhält seinen Mietvertrag
  }
}
```

```
public class Mitarbeiter extends Person {
  // ...
  @Override
  public void erhalteVertrag() {
    // der Mitarbeiter erhält seinen Arbeitsvertrag
  }
}
```

Enthält eine Klasse mindestens eine abstrakte Methode, so muss diese Klasse zwingend ebenfalls abstrakt sein. Im Klassendiagramm zu Anfang dieses Abschnitts (Abb. 2.25) kann jetzt die abstrakte Methode in die Klasse `Person` eingefügt werden (Klassendiagramme s. auch Kapitel 3.5):

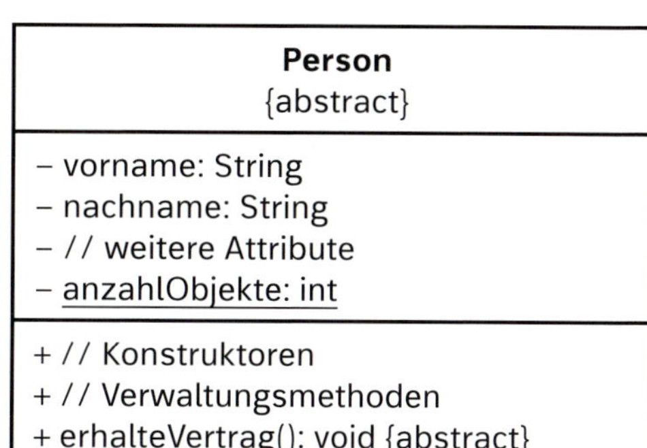

Referenzen auf Unterklasse-Objekte

Obwohl man von Interfaces (s. Kapitel 2.9) und abstrakten Klassen keine Objekte erzeugen kann, sind die folgenden Schreibweisen zulässig (s. auch Kapitel 2.10 und 2.12):

```
// Collection ist ein Interface
Collection c = new ArrayList();    // oder new LinkedList();
c.add("Hallo");
// Person ist eine abstrakte Klasse
Person p = new Mieter();
p.setNachname("Meyer");
((Mieter)p).setMieterNr(351);
// Wohngebaeude ist eine Oberklasse
Wohngebaeude w = new WohngebaeudeMitGarage();
w.setBaustoff("Lehm");
((WohngebaeudeMitGarage)w).setAnzahlStellplaetze(3);
```

Bei Methodenaufrufen, die im Interface, der abstrakten Klasse oder der Oberklasse deklariert sind, muss nicht gecastet werden. Ansonsten muss dem Compiler über einen Cast mitgeteilt werden, welche Klassenzugehörigkeit das Objekt zur Laufzeit hat.

Ein Konzept der **objektorientierten Programmierung** ist die **Vererbung**. Unterscheiden sich Objekte nur in einigen Methoden und/oder Attributen, sind sonst aber gleich, so kann dieses Konzept eingesetzt werden. Gleiche Attribute und Methoden werden in einer **Oberklasse** zusammengefasst (**Generalisierung**). Unterschiedliche Attribute und Methoden verbleiben in den **Unterklassen** (**Spezialisierung**). Die Attribute und Methoden der Oberklasse werden in der Regel in die abgeleiteten bzw. spezialisierten Klassen vererbt. Der direkte Zugriff auf private Attribute der Oberklasse ist nur über die öffentlichen Verwaltungsmethoden möglich. Die **Konstruktoren** der Unterklasse können als erste Anweisung einfach über `super()` die Konstruktoren der Oberklasse aufrufen.
Eine Unterklasse kann die Funktionalität einer öffentlichen Methode der Oberklasse ändern, indem sie eine andere Implementierung des Methodenrumpfs vornimmt: Sie **überschreibt** bzw. überschattet die **Methode der Oberklasse**. Jede Klasse sollte die ToString-Methode (evtl. auch die Equals-Methode) der Klasse `Object` überschreiben.
Von **abstrakten Klassen** lassen sich keine Objekte instanziieren, sie dürfen aber trotzdem Konstruktoren bereithalten. **Abstrakte Methoden** sind Methoden, die zwar einen Methodenkopf haben, aber keine Implementierung des Methodenrumpfs vornehmen. Diese Methoden müssen dann in den Unterklassen implementiert werden.
Oberklasse-Referenzen (auch von Interfaces und abstrakten Klassen) dürfen auf Unterklassen-Objekte zeigen.

2.8 Klassenbeziehungen

In diesem Kapitel soll die Umsetzung der Klassenbeziehung **Assoziation** (und deren spezielle Formen **Aggregation** und **Komposition**) in Java erläutert werden.

Assoziation

Eine Assoziation ist, sehr allgemein gesagt, eine Beziehung zwischen zwei Klassen:

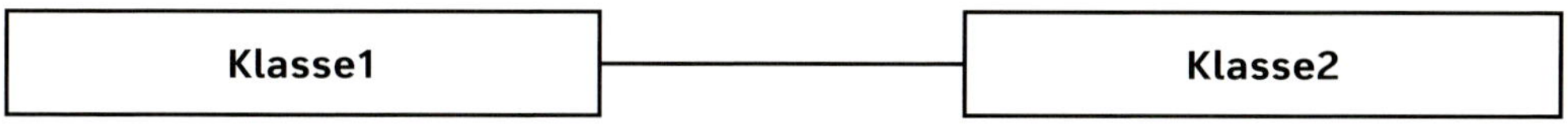

Für die Programmierung einer Beziehung sollten die folgenden Fragen beantwortet werden:

- Kennen die Objekte der Klasse1 die Objekte der Klasse2 (aber nicht umgekehrt) oder kennen die Objeke der Klasse2 die Objekte der Klasse1 (aber nicht umgekehrt) oder kennen sich die Objekte der beiden Klassen gegenseitig? Diese sog. **gerichteten Assoziationen** werden im Abschnitt „Gerichtete Assoziation“ behandelt.
- Wie viele Objekte können auf beiden Seiten beteiligt sein: 0, 1 oder viele? Man unterscheidet bei der sog. **Multiplizität** grob drei Arten: Die **1:1-Beziehung**, die **1:*-Beziehung** und die ***:*-Beziehung**. Genauer sind diese Angaben zu Multiplizitäten:

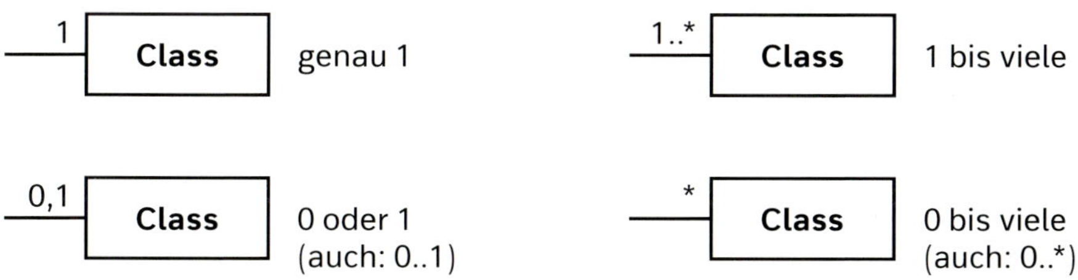

  a) Ist in der Multiplizität eine Null enthalten, dann ist eine Verbindung optional (kann).
  b) Ist in der Multipizität keine Null enthalten, dann ist eine Verbindung obligatorisch (muss).
  c) Mit der Wahl von 1 oder * ist die Entscheidung verbunden, ob (bei 1) eine normale Variable als Verweisattribut reicht, oder ob (bei *) der Programmierer ein Feld (oder eine Container-Klasse, s. Kapitel 2.10) vorsehen muss.

- Ist die Beziehung evtl. eine spezielle „Besteht-aus“-Beziehung? Wenn ja, ist diese schwach ausgeprägt (**Aggregation**, s. Seite 149) oder stark ausgeprägt (**Komposition**, s. Seite 150)?

Gerichtete Assoziation (Navigierbarkeit)

Mit gerichteten Assoziationen wird die Navigierbarkeit zwischen Objekten festgelegt. Es wird eine Aussage darüber getroffen, ob ein Objekt einer Klasse auf ein Objekt einer anderen Klasse zugreifen kann.

Komposition

Auch beim Beziehungstyp Komposition stehen Objekte mit ihren Teilobjekten in einer „Teil-von“-Beziehung bzw. „Besteht-aus“-Beziehung. Der Unterschied zur Aggregation ist wie folgt:

- Ein Teil-Objekt kann immer nur in genau einem zusammengesetzten Objekt (Ganzes) enthalten sein.
- Die aus Teilen zusammengesetzten Objekte werden als „Kompositum“ bezeichnet.
- Die Teil-Objekte können nur innerhalb der „Lebensdauer“ des zusammengesetzten Objekts (Ganzes) existieren. Das Teil ist existentiell vom Ganzen abhängig (starke Bindung).

Ein Beispiel für eine Komposition soll aus der funktionalen Anforderung /F610/ im Pflichtenheft (s. Kap. 1.6.3) für die Immobilienverwaltung abgeleitet werden, hier ein Ausschnitt:

Kostenart	Schlüssel	Gesamtbetrag (in €)	Einheiten gesamt	Kosten pro Einheit (in €)	Mieter Einheiten	Mieterkosten (in €)
Immobilie-Nr. 337 im Abrechnungszeitraum 01.01.2018 bis 31.12.2018					Mietobjekt: D-337-477 Mieter-Nr.: 124	
Grundsteuer	Wohnfläche in m^2	1 200,00	800	**1,50**	80	**120,00**
Kalt- und Abwasser	Verbrauch in m^3	1 400,00	200	**7,00**	30	**210,00**

Wenn man sich als Prototyp nur auf die Spalten „Kostenart“ und „Mieterkosten“ beschränkt, dann kann ein Klassendiagramm gezeichnet werden, das eine Komposition enthält (s. Abb. 2.29):

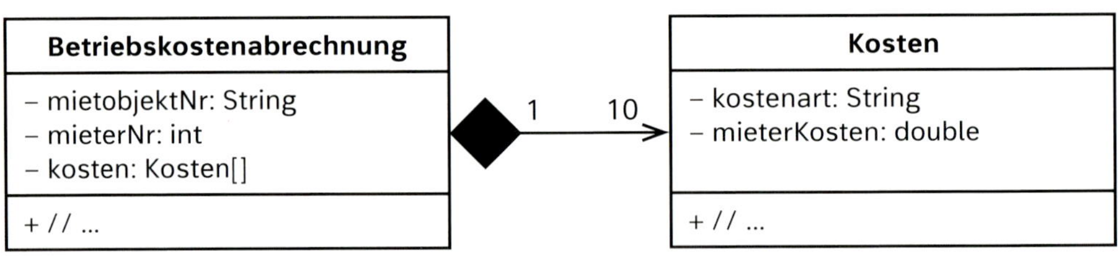

Abb. 2.29: Beispiel für eine Komposition

Die Zuordnung der Betriebskostenabrechnung zu den verschiedenen Kosten (gerichtete Assoziation) erfolgt durch das Verweisattribut `kosten`. Dieses Attribut „zeigt“ auf die zur Betriebskostenabrechnung zugehörigen Kosten. Es muss daher ein Feld mit Verweisen auf Objekte der Klasse `Kosten` sein. Diese Kosten-Objekte haben aber eine starke Bindung zum Betriebskostenabrechnungs-Objekt. Wird Letzteres gelöscht, werden auch die Kosten-Objekte gelöscht. Dem Quelltext der Klasse `Betriebskostenabrechnung` sieht man die Komposition nicht zwingend an:

```
public class Betriebskostenabrechnung {
  private String mietobjektNr;
  private int mieterNr;
  private Kosten[] kosten = new Kosten[10];        // Verweisattribut
  // ...
}
```

Bei der Kostenart wird die ToString-Methode überschrieben:

```
@Override
public String toString() {
  return ("Kostenart: " + kostenart +
                              "\t Mieterkosten: " + mieterKosten);
}
```


Die Erstellung eines Teils der Betriebskostenabrechnung wird zu Testzwecken als Prototyp wie folgt einfach in der Main-Methode implementiert:

```
public static void main(String[] args) {
  Scanner input = new Scanner(System.in);
  Betriebskostenabrechnung bka = new Betriebskostenabrechnung();
  String kostenart;
  double mieterkosten;
  double gesamtkosten = 0;
  System.out.print("Bitte Mietobjekt-Nummer eingeben: ");
  bka.setMietobjektNr(input.nextLine().toString());
  System.out.print("Bitte Mieter-Nummer eingeben: ");
  bka.setMieterNr(input.nextInt());
  input.nextLine();
  for (int i = 0; i < 10; i++) {
    System.out.print("Bitte neue Kostenart eingeben: ");
    kostenart = input.nextLine().toString();
    System.out.print("Bitte Mieterkosten eingeben: ");
    mieterkosten = input.nextDouble();
    // Komposition!
    bka.setKosten(i, new Kosten(kostenart, mieterkosten));
    input.nextLine();
  }
  // Betriebskostenabrechnung
  System.out.println("------------------------");
  System.out.println("Betriebskostenabrechnung");
  System.out.println("Mietobjekt-Nummer: " + bka.getMietobjektNr());
  System.out.println("Mieter-Nummer: " + bka.getMieterNr());
  for (int i = 0; i < 10; i++) {
    System.out.println(bka.getKosten(i));
    gesamtkosten += bka.getKosten(i).getMieterKosten();
  }
  System.out.printf("Gesamtkosten:%29.2f:\n", gesamtkosten);
}
```

Die entscheidende Zeile für die Modellierung als Komposition ist:

```
bka.setKosten(i, new Kosten(kostenart, mieterkosten));
```

Eine einzelne Betriebskostenabrechnung erhält die Referenzen auf die zehn verschiedenen Kosten. Sonst hat aber niemand, auch nicht die Main-Methode, Zugriff auf diese zehn Objekte. Wird also eine konkrete Betriebskostenabrechnung gelöscht (z.B. mit `bka = null`), dann sind auch die zehn Teilobjekte davon betroffen.

Der Prototyp der Betriebskostenabrechnung ergibt sich wie folgt:

```
------------------------
Betriebskostenabrechnung
Mietobjekt-Nummer: A-337-477
Mieter-Nummer: 124
Kostenart: Grundsteuer  Mieterkosten: 120.0
Kostenart: Wasser       Mieterkosten: 210.0
Kostenart: Müllabfuhr1  Mieterkosten: 110.0
Kostenart: Müllabfuhr2  Mieterkosten: 80.0
Kostenart: Hausmeister  Mieterkosten: 160.0
Kostenart: Haftpflicht  Mieterkosten: 170.0
Kostenart: Reinigung    Mieterkosten: 240.0
Kostenart: Fahrstuhl    Mieterkosten: 200.0
Kostenart: Kabel        Mieterkosten: 90.0
Kostenart: Strom        Mieterkosten: 60.0
Gesamtkosten:                      1440,00
```

Bis auf die mangelnde Formatierung geht dies schon in die richtige Richtung.

Zwei Klassen können in einer Beziehung stehen. Diese **Assoziation** kann durch die Angabe der **Multiplizität** (z.B. **1:1**, **1:***, ***:***) oder die Angabe einer **Richtung** (**unidirektional**, **bidirektional**) näher spezifiziert werden. Besondere Ausprägungen der Assoziation sind die Aggregation und die Komposition als eine Teil-Ganzes-Beziehung. Bei der **Aggregation** können Ganzes und Teile unabhängig voneinander existieren und die Teile können in verschiedenen Ganzen verwendet werden (**schwache Bindung**). Bei der **Komposition** dagegen können die Teile nicht ohne das Ganze existieren (**starke Bindung**).

2.9 Interfaces

Schnittstellen sind eine gute Ergänzung zu abstrakten Klassen bzw. abstrakten Methoden. Denn im objektorientierten Design soll das „Was" vom „Wie" getrennt werden. Eine Schnittstelle enthält keine Implementierungen, sondern deklariert nur den Kopf einer Methode – also den Modifizierer, den Rückgabetyp und die Signatur – ohne Rumpf, also ohne geschweifte Klammern:

```
public interface InterfaceName {
  public abstract rückgabetyp methodenName(...);
}
```

Die Schlüsselwörter abstract und public müssen nicht explizit angegeben werden.

```
interface InterfaceName {
  rückgabetyp methodenName(...);
}
```

Die Schnittstellen können in besonderen Fällen aber auch statische Methoden bzw. Default-Methoden bereitstellen. Diese Methoden sind nicht abstrakt und daher wird von der Schnittstelle jeweils eine Implementierung mitgeliefert. Diese können mithilfe der Schlüsselwörter „default“ bzw. „static“ realisiert werden.

Im Gegensatz zu den abstrakten Klassen, die alle möglichen Attributarten haben können, können Schnittstellen nur Konstanten enthalten. Das heißt, die Attribute dürfen nur als `public static final` deklariert werden und müssen beim Deklarieren initialisiert werden. Dabei ist die Angabe des Zugriffsmodifizierers `public static final` optional und somit kann sie weggelassen werden.

Auf diese Konstanten der Schnittstelle kann man später von anderen Klassen aus mithilfe der voll qualifizierten Namen der Konstanten zugreifen (d. h. `Schnittstellenbezeichner.Konstantenbezeichner`).

Gegeben sei das folgende Klassendiagramm:

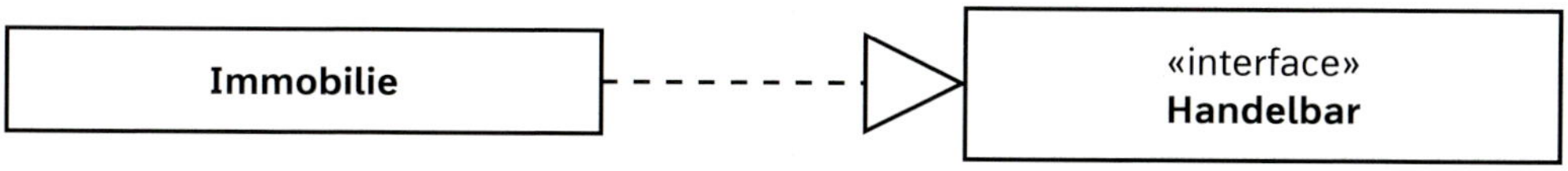

Das Interface könnte in Java wie folgt aussehen:

```
interface Handelbar {
  static final int MAX_PREIS = 10000000;

  static boolean istPreisKorrekt(double preis) {
      return preis >= 0 && preis <= MAX_PREIS;
  }

  boolean wechseleBesitzer(double preis);
}
```

Die Schnittstelle „Handelbar“ demonstriert die typische Art der Verwendung einer Schnittstelle. Die Fähigkeiten eines Immobilienobjekts werden in der Schnittstelle `Handelbar` durch die Methode `wechseleBesitzer()` definiert. Die Konstante `MAX_PREIS` legt den höchsten Preis der handelbaren Objekte fest. Die Preisangaben, die diesen Wert überschreiten, sollen im Programm als ungültig interpretiert werden. Hierzu stellt die Schnittstelle `Handelbar` die Methode `istPreisKorrekt()` bereit.

Eine Klasse kann (in Java) nur von einer Klasse erben, jedoch gleichzeitig mehrere Schnittstellen implementieren. Dies geschieht, indem der Kopf der Klassendefinition um das Schlüsselwort `implements` und die Liste der Schnittstellen erweitert wird. Dabei werden die Schnittstellenbezeichner mit Komma getrennt.

```
public class Klasse extends Oberklasse
                                    implements Interface1, Interface2 {
```

Implementiert eine Klasse eine Schnittstelle, muss sie alle abstrakten Methoden dieser Schnittstelle implementieren, es sei denn, die implementierende Klasse ist selbst eine abstrakte Klasse.

In unserem Beispiel implementiert die Klasse `Immobilie` die Schnittstelle `Handelbar`.

```
public class Immobilie implements Handelbar {

  // Attribute
  // Konstruktoren
  // Verwaltungsmethoden

  @Override
  public boolean wechseleBesitzer(double preis) {
    if (Handelbar.istPreisKorrekt(preis)) {
      // Implementierung ist aus Platzgründen nicht dargestellt
      return true;
    }
    else {
      return false;
    }
  }

}
```

Der Wert des Attributs `MAX_PREIS` der Schnittstelle `Handelbar` kann in der Klasse `Immobilie` nicht verändert werden.

Die Methode `wechseleBesitzer()` muss hingegen in der Klasse `Immobilie` implementiert werden.

Die statische Methode `istPreisKorrekt()` der Schnittstelle `Handelbar` kann wie die Konstante `MAX_PREIS` nur über ihren voll qualifizierten Namen erreicht werden (`Handelbar.istPreisKorrekt(preis)`).

Die Schnittstellen können wie die Klassen in einer Vererbungsbeziehung stehen. Dabei ist hier, genauso wie bei den Klassen, nur einfache Vererbung gestattet.

Durch das Befolgen des Prinzips der Trennung der Schnittstelle von der Implementierung wird es möglich, Module auszutauschen, welche die Schnittstelle implementieren. Das Prinzip ist auch unter der Formulierung „Programmiere gegen Schnittstellen, nicht gegen Implementierungen“ bekannt.

Anwendungsbeispiel: Bei einer Zwei-Schichten-Architektur soll die View nicht wissen, mit welcher konkreten Datenhaltung sie arbeitet. Hierfür wird ein Interface `Datenhaltung` deklariert. Die konkreten Datenhaltungen `DBS` und `XML` implementieren das Interface.

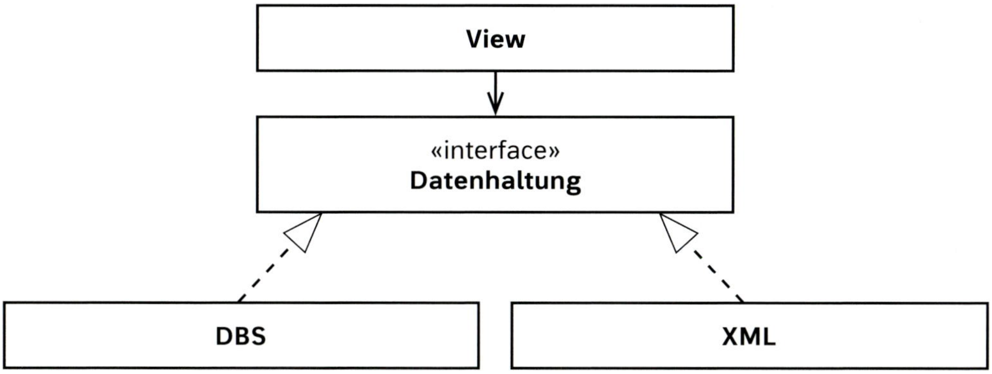


```
public class View {

  private Datenhaltung datenhaltung;
  // Weitere Attribute

  public View(Datenhaltung datenhaltung) {
    this.datenhaltung = datenhaltung;
  }

  // Verwaltungsmethoden

  // Weitere Methoden
}
```

Das Anwendungsprogramm (also nicht die View) entscheidet, mit welcher der beiden Datenhaltungen die View arbeitet:

```
public class InterfaceTest {

  public static void main(String[] args) {
    View view = new View(new XML());
    // ...
  }

}
```

Zuletzt soll noch erwähnt werden, dass es sog. Tag- bzw. Marker-Interfaces gibt, also leere Interfaces, die keine Methoden enthalten. Das bekannteste JDK-Marker-Interface ist das `Serializable`-Interface, welches absolut leer ist:

```
interface Serializable {}
```

Der Sinn dabei ist, dass bei einer (vom Anwender gewünschten) Objektserialisierung die Klasse des Objekts das Interface „implementiert" haben muss, ansonsten ist die Serialisierung nicht möglich.

Die „Designer" einer Klasse können somit entscheiden, ob Objekte der Klasse serialisiert werden dürfen oder nicht, dies ist auch im Sinne des Datensicherheit.

Eine Schnittstelle bzw. ein **Interface** besitzt in der Regel **abstrakte Methoden**. Sie gibt einer Klasse vor, welche Methoden diese mindestens enthalten muss. In der Regel implementiert diese Klasse die abstrakten Methoden.

2.10 Container-Klassen: Listen, Mengen und Assoziativspeicher

In diesem Kapitel soll kurz auf komplexere Datenstrukturen eingegangen werden, sog. Container-Klassen, die dem Anwender von der Java Standardbibliothek zur Verfügung gestellt werden. Für eine detaillierte und vollständige Beschreibung der Container-Klassen und -Interfaces sei an dieser Stelle auf die Java-API verwiesen.[1]

Die Container-Klassen lassen sich wie folgt kategorisieren:

- alle Klassen, die das Interface `List` implementieren (Listen)
- alle Klassen, die das Interface `Set` implementieren (Mengen)
- alle Klassen, die das Interface `Map` implementieren (Assoziativspeicher)

Einige konkrete Klassen dieser Bereiche sind in der nachfolgenden Tabelle[2] gezeigt.

Art (Interface)	Klasse	Beschreibung
Listen (`List`)	ArrayList	Implementiert Listen-Funktionalität durch die Abbildung auf ein Feld; implementiert die Schnittstelle `List`.
	LinkedList	`LinkedList` implementiert wie `ArrayList` die Schnittstelle `List`. Dabei benutzt sie für die Implementierung eine doppelt verkettete Liste, also eine Liste von Einträgen mit einer Referenz auf den jeweiligen Nachfolger und Vorgänger. Das ist nützlich beim Einfügen und Löschen von Elementen an beliebigen Stellen innerhalb der Liste.

1 https://docs.oracle.com/javase/9/docs/api/

2 Vgl. Ullenboom, Christian: Java ist auch eine Insel, 11. Auflage, Bonn: Rheinwerk Verlag GmbH 2014, Tabelle 13.1

Art (Interface)	Klasse	Beschreibung
Mengen (Set)	HashSet	Implementierung der Schnittstelle Set durch ein schnelles Hash-Verfahren.
	TreeSet	Implementierung von Set durch einen Baum, der alle Elemente sortiert hält.
Assoziativ-speicher (Map)	HashMap	Implementiert die Schnittstelle Map durch ein Hash-Verfahren.
	TreeMap	Exemplare dieser Klasse halten ihre Elemente in einem Binärbaum sortiert; implementiert die Schnittstelle NavigableMap, die über die Schnittstelle SortedMap von der Schnittstelle Map erbt.

Um den Unterschied zwischen den drei Arten herauszuarbeiten, soll in den nächsten drei Abschnitten in jedem Bereich jeweils eine Klasse exemplarisch untersucht werden. Dabei wird versucht, die folgenden neun Werte bzw. Referenzen in den Objekten der jeweiligen Container-Klassen abzuspeichern und anschließend auszugeben.

- 1. Wert: Die String-Konstante `Hallo`
- 2. Wert: Die int-Variable `i` mit dem Wert 7
- 3. Wert: Das Object-Objekt `o`
- 4. Wert: Das Mieter-Objekt `m`
- 5. Wert: Dasselbe Mieter-Objekt noch einmal
- 6. Wert: Die Integer-Variable `i1` mit dem gewrappten Wert 6
- 7. Wert: Die Integer-Variable `i2` mit dem gewrappten Wert 6
- 8. Wert: Das Kunden-Objekt `k` mit einer null-Referenz
- 9. Wert: Die Referenzkonstante `null`

Die Werte 2, 3, 4, 6, 7 und 8 werden wie folgt erzeugt:

```
int      i = 7;                              // 2. Wert
Object   o = new Object();                   // 3. Wert
Mieter   m = new Mieter();                   // 4. Wert
Integer i1 = new Integer(6);                 // 6. Wert
Integer i2 = new Integer(6);                 // 7. Wert
Kunde    k = null;                           // 8. Wert
```

Für die Ausgaben der Inhalte der Container-Objekte wurde die Klasse `Container-Helper` mit zwei Klassenmethoden `printCollection(Collection c)` und `printMap(Map m)` bereitgestellt. Die zweite Methode ist erforderlich, weil Assoziativspeicher nicht das Interface `Collection` implementieren.

```
public static void printCollection(Collection c) {
  for (Iterator it = c.iterator(); it.hasNext(); )
    System.out.println(it.next());
  System.out.println();
}
public static void printMap(Map m) {
  Object[] keys = new Object[m.keySet().size()];
```

```
    Iterator it = m.keySet().iterator();
    int i = 0;
    while (it.hasNext())
      keys[i++] = it.next();
    for (i = 0; i < keys.length; i++)
      System.out.println(keys[i] + " " + m.get(keys[i]));
    System.out.println();
  }
```

Liste (List)

Das Interface `List` erbt vom Interface `Collection`. Zwei meist verwendete Implementierungen dieses Interfaces sind die `ArrayList` und die `LinkedList` (s. Abb. 2.30).

Zur Veranschaulichung soll nun versucht werden, die neun Werte aus der oben stehenden Liste (siehe S. 157) in einem `ArrayList`-Objekt zu speichern:

```
Collection c = new ArrayList();
// Deklaration von 6 Variablen bzw. Objekten: s. S. 157
c.add("Hallo");
c.add(i);
c.add(o);
c.add(m);
c.add(m);
c.add(i1);
c.add(i2);
c.add(k);
c.add(null);
ContainerHelper.printCollection(c);
```

Die Ausgabe lautet wie folgt:

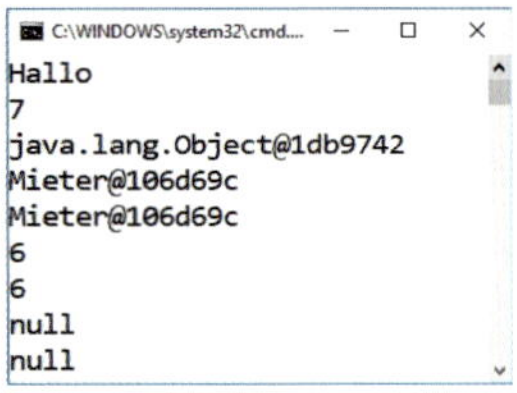

Alle Elemente wurden erfolgreich gespeichert. Die Elemente sind geordnet nach der zeitlichen Reihenfolge des Speicherns, ein Wert kann mehrfach gespeichert werden. Darüber hinaus können die Elemente der Container-Objekte mithilfe der Methode `get(int index)` gezielt erfragt werden. Das heißt, jedes Element hat einen Index, beginnend bei 0. Bei der `LinkedList` gibt es dieselbe Ausgabe.

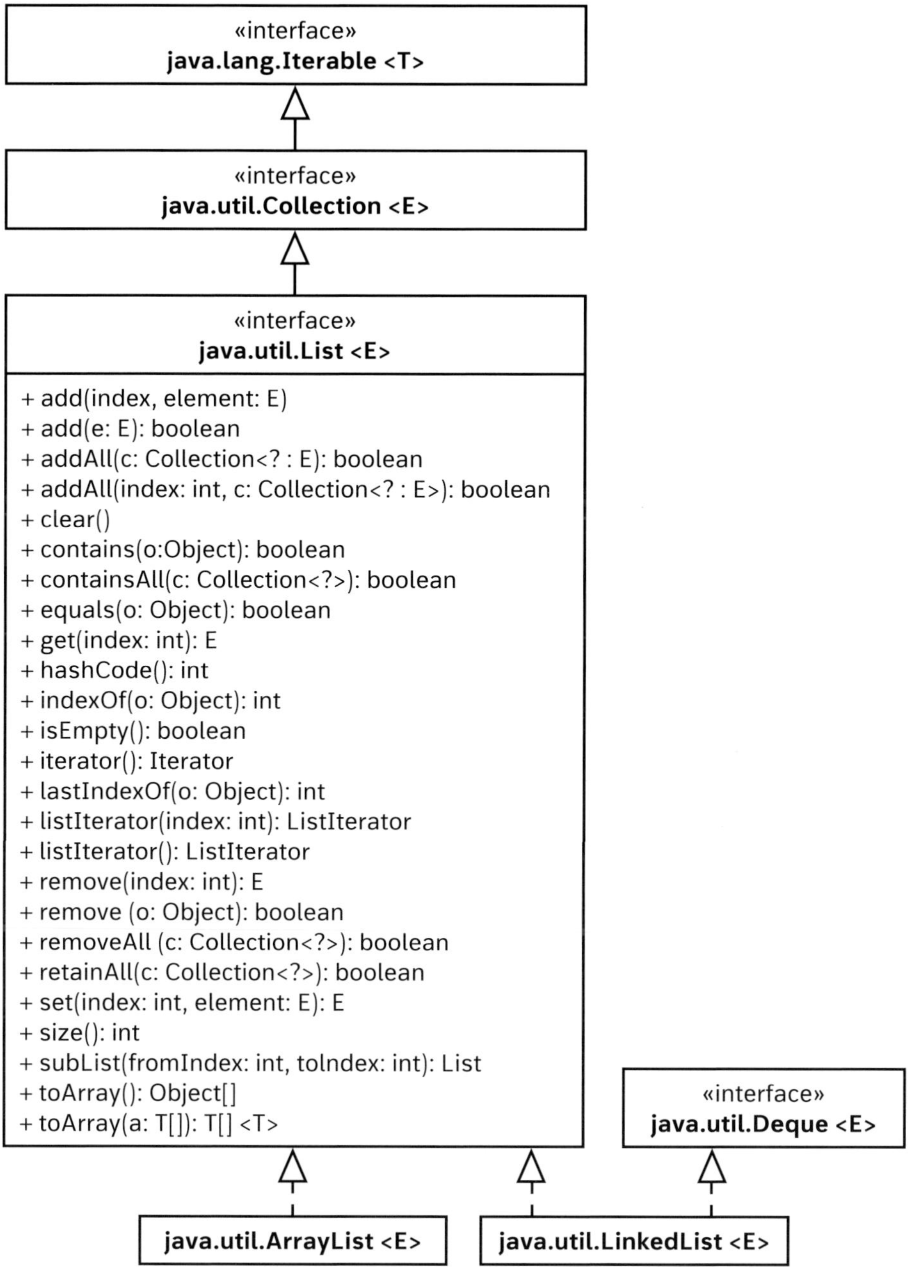

Abb. 2.30: Klassendiagramm für Listen[1]

1 *Vgl. Ullenboom, Christian: Java ist auch eine Insel, 11. Auflage, Bonn: Rheinwerk Verlag GmbH 2014, Kap. 13.3.2 Die Schnittstelle List*

Menge (Set)

Bei den Mengen (s. Abb. 2.31) sollen die Klassen `HashSet` und `TreeSet` untersucht werden. Wie man aus der folgenden Abbildung erkennen kann, erbt das Interface `Set` vom Interface `Collection`.

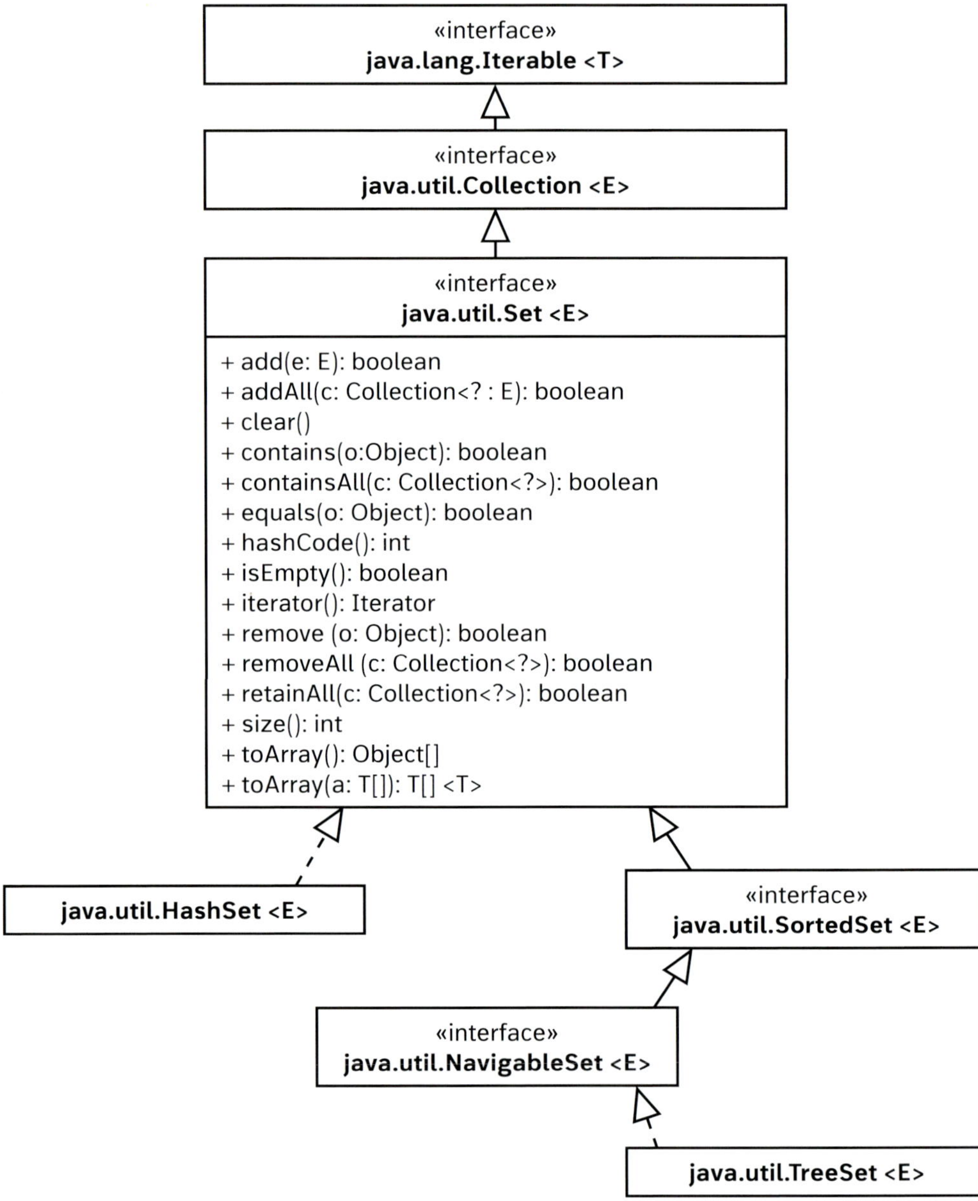

Abb. 2.31: Klassendiagramm für Mengen[1]

1 *Vgl. Ullenboom, Christian: Java ist auch eine Insel, 11. Auflage, Bonn: Rheinwerk Verlag GmbH 2014, Kap. 13.5 Mengen (Sets)*

Zur Veranschaulichung soll nun versucht werden, die neun Werte aus der oben stehenden Liste (siehe Seite 157) in einem `HashSet`-Objekt zu speichern:

```
Collection c = new HashSet();
// Deklaration von 6 Variablen bzw. Objekten: siehe S. 157
c.add("Hallo");
c.add(i);
c.add(o);
c.add(m);
c.add(m);
c.add(i1);
c.add(i2);
c.add(k);
c.add(null);
ContainerHelper.printCollection(c);
```


Die Ausgabe lautet wie folgt:

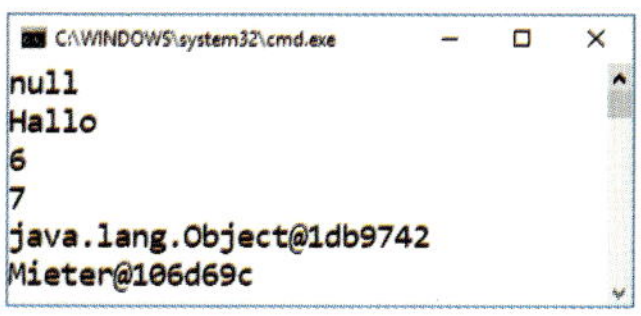

Es werden nur sechs der neun Elemente gespeichert. Jedes Element darf bei Mengen nämlich nur einmal vorkommen. Das heißt, vor dem Speichern wird überprüft, ob das Element bereits vorhanden ist. Falls dies nicht der Fall ist, wird das Element gespeichert, ansonsten nicht.

Es fällt somit einmal null, einmal 6 und einmal das Mieter-Objekt weg.

Die Ordnung ist nicht die Reihenfolge der Eingabe.

Nun wird das gleiche mit `TreeSet` versucht:

```
Collection c = new TreeSet();
// Deklaration von 6 Variablen bzw. Objekten: siehe S. 157
// 9mal c.add(…);
ContainerHelper.printCollection(c);
```

Bei sieben der neun Werte gibt es eine Compilerfehlermeldung, weil ein `TreeSet` für das Vergleichen die Methode `compareTo()` des Interface `Comparable` verwendet. Und nur die Klasse `Mieter` hat das Interface `Comparable` implementiert:

```
public class Mieter implements Comparable {
  private String name;
  // Konstruktoren
  // set- und get-Methode
  @Override
  public int compareTo(Object o) {
    return name.compareTo(((Mieter)o).getName());
  }
}
```

Schlussendlich lässt sich nur dieser Quelltext kompilieren:

```
Collection c = new TreeSet();
// Deklaration des Mieter-Objektes
c.add(m);
c.add(m);
ContainerHelper.printCollection(c);
```

Die Ausgabe ist dann wie folgt:

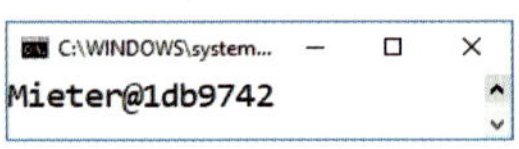

Das `Mieter`-Objekt wurde nur einmal gespeichert. Die Ausgabe wird von der Methode `toString()`, die von der Klasse `Object` geerbt wurde, produziert. Dabei handelt es sich um die hexadezimale Darstellung des Hashcodes des erzeugten Objekts der Klasse `Mieter` (s. Kapitel 2.6).

Assoziativspeicher (Map)

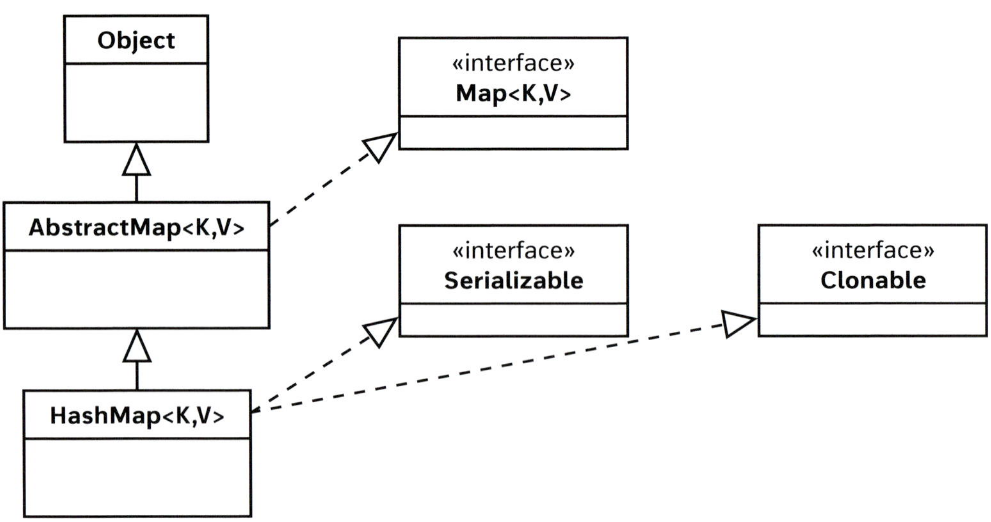

Abb. 2.32: Klassendiagramm für die Klasse HashMap

Bei Assoziativspeichern wird jedes zu speichernde Element (`Value`) mit einem eindeutigen Schlüsselwert (`Key`) gespeichert. Die beiden Klassen `HashMap` (s. Abb. 2.32) und `TreeMap` erben von der abstraktenKlasse `AbstractMap` und implementieren das Interface `Map`.

Zur Veranschaulichung soll nun versucht werden, die neun Werte aus der Liste von Seite 157 in einem `HashMap`-Objekt zu speichern:

```
Map map = new HashMap();
// Deklaration von 6 Variablen bzw. Objekten: siehe S. 157
map.put(1,"Hallo");
map.put(8,i);                // mit Absicht statt 2 den Key 8
map.put(3,o);
map.put(4,m);
map.put(5,m);
map.put(6,i1);
map.put(7,i2);
map.put(2,k);                // mit Absicht statt 8 den Key 2
map.put(9,null);
ContainerHelper.printMap(map);
```


Die Ausgabe ist wie folgt:

```
1 Hallo
2 null
3 java.lang.Object@2a139a55
4 Mieter@15db9742
5 Mieter@15db9742
6 6
7 6
8 7
9 null
```

Alle Elemente wurden erfolgreich gespeichert. Die Elemente sind bei der Ausgabe nicht nach der zeitlichen Reihenfolge des Speicherns geordnet, sondern nach der Reihenfolge der Schlüsselwerte.

Bei der `TreeMap` gibt es dieselbe Ausgabe.

Containerklassen (**Listen**, **Mengen** und **Assoziativspeicher**) dienen dazu, Werte und Referenzen zu speichern.
Die **`ArrayList`** und die **`LinkedList`** implementieren das Interface `List`, welches vom Interface `Collection` erbt. In Listen lassen sich alle Elemente mit der Add-Methode speichern. Die Elemente sind geordnet nach der zeitlichen Reihenfolge des Speicherns, jedes Element hat einen Index, beginnend bei 0.
Die konkreten Mengen-Klassen **`HashSet`** und **`TreeSet`** implementieren das Interface `Set`, welches vom Interface `Collection` erbt. Bei Mengen sind gleiche Werte bzw. Referenzen nicht erlaubt, `TreeSet` speichert zusätzlich nur Elemente, die das `Comparable`-Interface implementiert haben. Die Elemente einer Menge haben keine definierte Reihenfolge.
Assoziativspeicher wie die **`HashMap`** und die **`TreeMap`** implementieren nicht das Interface `Collection`, sondern erben von der Klasse `AbstractMap` und implementieren das Interface `Map`. Elemente können über die Put-Methode und Angabe eines eindeutigen Schlüsselwerts gespeichert werden. Die Reihenfolge der gespeicherten Elemente richtet sich nach der Folge der Schlüsselwerte (Keys).

2.11 Einführung in Exceptions am Beispiel der Dateiverarbeitung

In diesem Kapitel geht es u. a. um das Abfangen von sog. Exceptions (Ausnahmen) zur Laufzeit. Die Exception-Objekte werden geworfen, wenn Fehler zur Laufzeit auftreten, z. B. die Division durch Null oder der fehlende Zugriff auf Dateien oder Datenbanken. Ziel des Exception Handlings ist es, dass es nicht zu einem Programmabsturz zur Laufzeit kommt, sondern dass das Programm trotz eines Laufzeitfehlers kontrolliert weiter ablaufen kann.

Fangen von Exceptions

Java stellt folgende Programmstrukturen für das Fangen von Exceptions zur Verfügung:

```
try {
  // regulärer Programmcode, welcher an einer beliebigen Stelle eine
  // Ausnahme auslösen kann. Wird eine Exception geworfen, wird
  // sofort die Abarbeitung des regulären Programmcodes beendet.
}
catch (ExceptionTypeA e) {
  // wird nur aufgerufen, wenn im try-Block eine Exception vom Typ
  // ExceptionTypeA bzw. eine Unterklasse dieser Klasse geworfen
  // wurde.
}
catch (ExceptionTypeB e) {
  // wird nur aufgerufen, wenn im try-Block eine Exception vom Typ
  // ExceptionTypeB bzw. eine Unterklasse dieser Klasse geworfen
  // wurde.
}
finally {
  // Die Ausnahmebehandlung kann um den finally-Block ergänzt
  // werden. Dieser optionale Block wird immer ausgeführt,
  // unabhängig davon, ob eine Exception geworfen wurde oder
  // nicht.
  // Er dient z.B. zum Schließen von Ressourcen (Dateien) und
  // wird (falls vorhanden) immer als letzter Block der
  // Ausnahmebehandlung im Quelltext aufgeführt.
}
```

Als Beispiel soll das Prüfen der Mieternummer auf Gültigkeit aus Kapitel 2.5.3 wieder aufgegriffen werden. Dort wurde vorausgesetzt, dass der Anwender der Software nur Zahlen eingibt. Hält er sich nicht daran, stürzt das Programm zur Laufzeit (durch die Methode `Integer.parseInt()`) ab und wirft die folgende `NumberFormatException`:

```
C:\WINDOWS\system32\cmd.exe
Mieternummer (nur Ziffern): xyz
Exception in thread "main" java.lang.NumberFormatException: For input string: "xyz"
        at java.lang.NumberFormatException.forInputString(NumberFormatException.java:65)
        at java.lang.Integer.parseInt(Integer.java:580)
        at java.lang.Integer.parseInt(Integer.java:615)
        at PruefTest.main(PruefTest.java:16)
```

Im Folgenden soll einerseits die Ausnahme zur Laufzeit „gefangen" und das Programm sinnvoll weiter ausgeführt werden. Andererseits sollen alle eingegebenen Mieternummern in einer Textdatei gespeichert werden.

Für die Kommunikation mit Dateien stellt Java u. a. die Klassen `FileReader` und `FileWriter` im Package java.io zur Verfügung.

Wenn man ein `FileWriter`-Objekt erzeugen will und dem Konstruktor den Namen der Datei übergibt, kann es vorkommen, dass der Dateiname oder der Verzeichnispfad nicht stimmen bzw. nicht existieren. Dann wird zur Laufzeit eine `IOException` geworfen, was auch in der API-Doc zum Konstruktor der Klasse aufgeführt ist:

> **„FileWriter**
>
> ```
> public FileWriter(String fileName, boolean append)
>                 throws IOException
> ```
>
> Constructs a FileWriter object given a file name with a boolean indicating whether or not to append the data written.
>
> **Parameters:**
>
> `fileName` – String The system-dependant filename.
>
> `append` – boolean if `true`, then data will be written to the end of the file rather than the beginning.
>
> **Throws:**
>
> `IOException` – if the named file exists but is a directory rather than a regular file, does not exist but cannot be created, or cannot be opened for any other reason."[1]

Wenn man dagegen ein `FileReader`-Objekt erzeugen will, kann eine `FileNotFoundException` geworfen werden:

> **„FileReader**
>
> ```
> public FileReader(String fileName)
>                 throws FileNotFoundException
> ```
>
> Creates a new `FileReader`, given the name of the file to read from.
>
> **Parameters:**
>
> `fileName` – the name of the file to read from.
>
> **Throws:**
>
> `FileNotFoundException` – if the named file does not exist, is a directory rather than a regular file, or for some other reason cannot be opened for reading."[2]

All diese möglichen Exceptions müssen vom Programmierer mithilfe von Try-Catch-Blöcken berücksichtigt werden, z. B.:

---

1 *https://docs.oracle.com/javase/8/docs/api/java/io/FileWriter.html*

2 *https://docs.oracle.com/javase/8/docs/api/java/io/FileReader.html*

```
try {
  filewriter = new FileWriter("Dateiname",true);
}
catch (IOException e) {
  System.out.println("Dateifehler: " + e);
}
```

Und:

```
try {
  filereader = new FileReader("Dateiname");
}
catch (FileNotFoundException e) {
  System.out.println("Datei kann nicht gefunden werden: " + e);
}
```

Auf dem `filereader` kann z. B. die Methode `read()` und auf dem `filewriter` die Methode `write()` aufgerufen werden. Guter Programmierstil ist, dass man am Ende der Arbeit mit den beiden Objekten diese schließt:

```
filewriter.close();
filereader.close();
```

Für ein absturzsicheres Prüfprogramm wird nun der folgende Algorithmus entwickelt (s. Abb. 2.33).

Hinweis: Die Algorithmen-Darstellung mit Struktogrammen stammt aus einer Zeit, in der weder das objektorientierte Paradigma noch das Exception Handling Teile der Programmiersprachen waren. Daher sieht die DIN 66261 kein Strukturelement für das Exception Handling vor. Daher wird in Abb. 2.34 die Möglichkeit des Werfens einer Exception (vereinfacht) durch eine zweiseitige Auswahl dargestellt. Folgende Farblegende wurde gewählt:

- Grün: Keine Exception geworfen. Normaler Programmablauf
- Pink: Exception geworfen und gefangen. Ausgabe einer Fehlermeldung
- Rot: „Normaler Fehler“ erkannt (ohne Exception), mit entsprechender Fehlermeldung

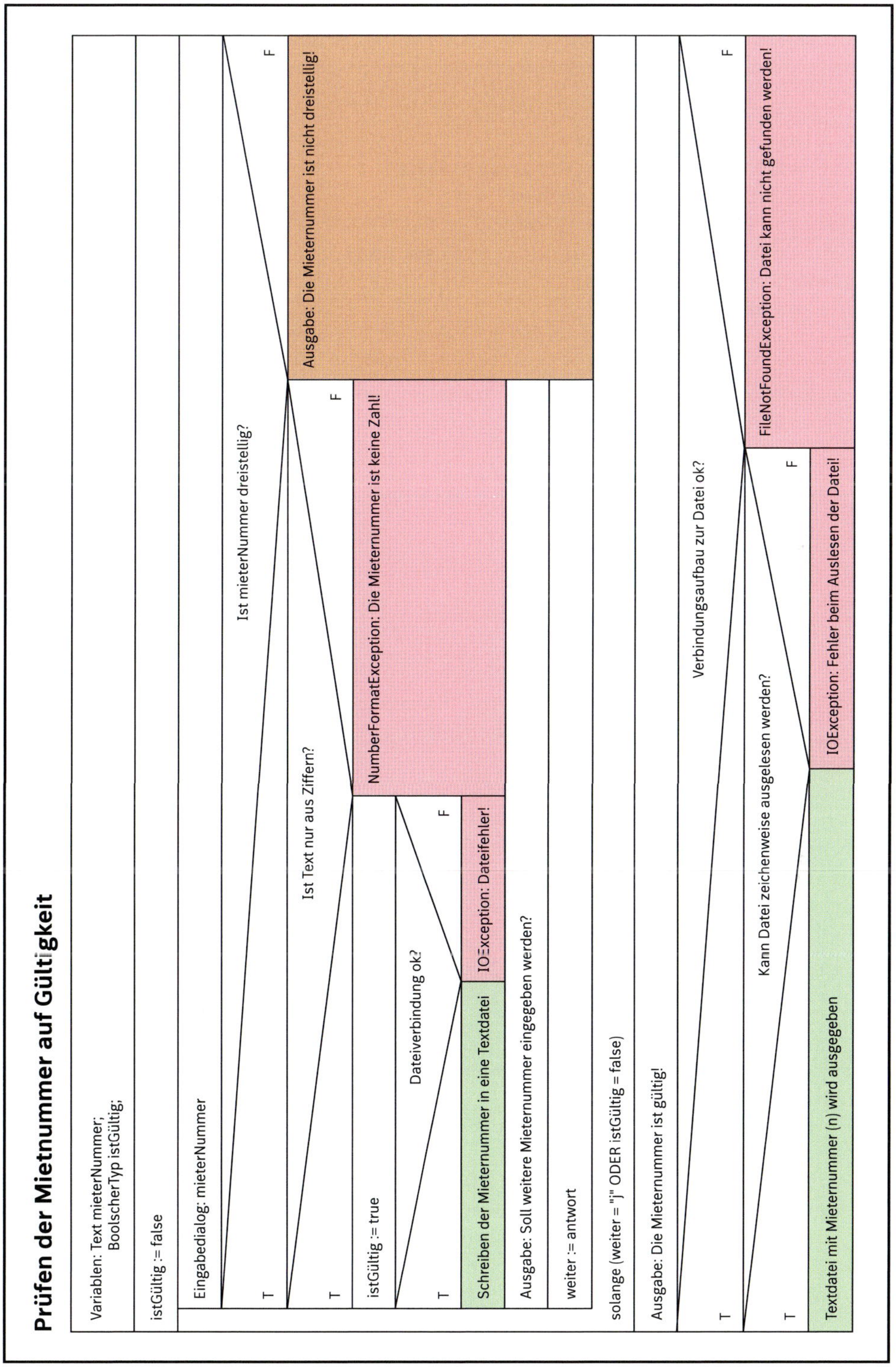

Abb. 2.33: Prüfung der Mieternummer inklusive Exception Handling und Dateiverarbeitung

Das gesamte Java-Programm könnte sich wie folgt ergeben:

```
import java.util.*;
import java.io.*;
public class ExceptionTest {
  public static void main(String[] args) {
    String mieterNummer, weiter = "j";
    boolean istGueltig = false;
    Scanner input = new Scanner(System.in);
    FileWriter filewriter;
    FileReader filereader;
    do {
      try {
        System.out.print("Bitte neue Mieternummer eingeben: ");
        mieterNummer = input.next();
        // Mieternummer auf richtige Länge prüfen
        if (mieterNummer.length() == 3) {
          // Mieternummer auf 'Ganze Zahl' prüfen
          // Exception möglich!
          Integer.parseInt(mieterNummer);
          istGueltig = true;
          // Mieternummer in Textdatei zeilenweise speichern
          // Exception möglich!
          filewriter = new
                       FileWriter("Mieternummern.txt",true);
          filewriter.write(mieterNummer);
          //Zeilenumbruch
          filewriter.write(System.getProperty("line.separator"));
          System.out.print("Weitere Mieternummer eingeben(j/n)?: ");
          weiter = input.next();
          // Dateizugriff schließen
          filewriter.close();
        }
        else {
          System.out.println("Mieternummer ist nicht dreistellig!");
        }
      }
      // Ausführen der Ausnahmebehandlung bei Dateifehler
      catch (IOException e) {
        System.out.println("Dateifehler: " + e);
      }
      // Ausführen der Ausnahmebehandlung bei Datentypfehler
      catch (NumberFormatException e) {
        System.out.println("Die Mieternummer ist keine Zahl!");
      }
    } while (weiter.equals("j") || (istGueltig == false));

    // Mieternummern aus Textdatei als Character-Feld auslesen
    try {
```

```
        // Exception möglich!
        filereader = new FileReader("C:/temp/Mieternummern.txt");
        // Die read-Methode braucht ein Character-Feld
        char[] zeichen = new char[1];
        System.out.println("Mieternummern:");
        try {
          // Exception möglich!
          while (filereader.read(zeichen) != -1) {
            System.out.print(zeichen[0]);
          }
          // Dateizugriff schließen
          filereader.close();
        }
        // Ausführen der Ausnahmebehandlung bei Lesefehler
        catch (IOException e) {
          System.out.println("Fehler beim Auslesen der Datei: " + e);
        }
      }
      // Ausführen der Ausnahmebehandlung bei Dateifehler
      catch (FileNotFoundException e) {
        System.out.println("Datei kann nicht gefunden werden: " + e);
      }
    }
  }
```


Der Ein- und Ausgabedialog funktioniert jetzt so, dass es keinen Programmabsturz zur Laufzeit gibt, also alle auftretenden Exceptions vom Programm selber gefangen und bearbeitet werden:

```
C:\WINDOWS\system32\cmd.exe
Bitte neue Mieternummer eingeben: 1234
Mieternummer ist nicht dreistellig!
Bitte neue Mieternummer eingeben: 12
Mieternummer ist nicht dreistellig!
Bitte neue Mieternummer eingeben: 123
Weitere Mieternummer eingeben (j/n)?: j
Bitte neue Mieternummer eingeben: xyz
Die Mieternummer ist keine Zahl!
Bitte neue Mieternummer eingeben: 1x2
Die Mieternummer ist keine Zahl!
Bitte neue Mieternummer eingeben: 567
Weitere Mieternummer eingeben (j/n)?: n
Mieternummern:
123
567
```

Werfen und Deklarieren von Exceptions

Anwendungsprogrammierer können in ihrem Programmcode auch vorgegebene oder eigene Exceptions mit dem Schlüsselwort **`throw`** werfen.

```
if (mieteinnahmen < ausgaben)
  throw new Exception("Achtung: Ausgaben größer als Einnahmen!");
```

Steht diese Anweisung innerhalb einer Methode, kann diese über das Schlüsselwort **throws** dem System mitteilen, dass es eine Exception werfen kann.

```
public int berechneRendite(double mieteinnahmen, double ausgaben)
                                                  throws Exception {
  ...
}
```

Der Programmierer kann auch eigene Exceptions deklarieren:

```
public class RenditeException extends Exception {

  public RenditeException() {
    super("Achtung: Ausgaben größer als Einnahmen!");
  }

  public RenditeException(String s) {
    super(s);
  }

}
```

Damit könnte die Methode `berechneRendite()` wie folgt deklariert werden:

```
public int berechneRendite(double mieteinnahmen, double ausgaben)
                                           throws RenditeException {
  ...
  if (mieteinnahmen < ausgaben)
    throw new RenditeException();
  ...
}
```

Alle Anwendungen, die mit Methoden arbeiten, die eine Exception werfen können, sollten einen Try-Catch-Block vorsehen, um mögliche Ausnahmen sinnvoll zu bearbeiten. Geschieht dies nicht, kann es zu einem Systemabsturz kommen, z. B.:

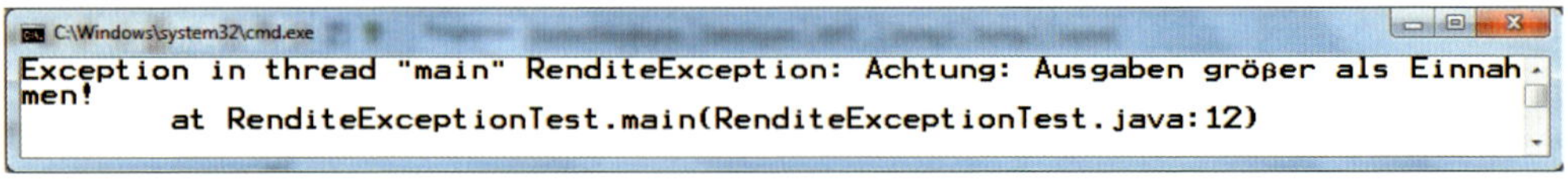

Auftretende Fehler bzw. geworfene **Exceptions** bei der Programmausführung können kontrolliert abgefangen werden. Java bietet hierfür eine Ausnahmebehandlung an, welche in drei Anweisungsblöcken umgesetzt wird. Der **Try-Anweisungsblock** enthält den Quelltext mit möglichen Fehler(n) zur Laufzeit, der **Catch-Anweisungsblock** fängt diese Fehler durch kontrollierte Anweisungen ab (wird nur im Fehlerfall ausgeführt) und der optionale **Finally-Anweisungsblock** enthält Anweisungen, welche unabhängig von einem Fehlerfall immer ausgeführt werden.
Dateiverarbeitung kann mithilfe der Klassen **`FileReader`** und **`FileWriter`** erfolgen. Sie stellen geeignete Konstruktoren und Methoden zur Verfügung, um Daten bzw. Informationen dauerhaft in einer Datei zu speichern bzw. aus einer Datei auszulesen.

2.12 Polymorphie

Spätestens hier steigen Anna und Paul aus und üben das bisher Gelernte. Anders bei Emre: Für ihn kommen jetzt neue interessante Themen.

Im Bereich der objektorientierten Programmierung bezieht sich Polymorphie (Vielgestaltigkeit) darauf, dass sich verschiedene Objekte bei Aufruf derselben Operation unterschiedlich verhalten können oder dass die konkrete Klassenzugehörigkeit eines Objekts erst zur Laufzeit bekannt wird.

Dynamische Polymorphie und spätes Binden

Objektorientierte Systeme sind häufig in der Lage, einer Variablen (genauer: einer Objektreferenz) Objekte unterschiedlichen Typs zuzuordnen. Dabei ist der Typ der Variablen selbst lediglich eine Schnittstelle, eine abstrakte Klasse oder eine Oberklasse. Der Objektreferenz können dann aber alle Objekte zugewiesen werden, deren Klasse diese Schnittstelle implementiert oder von der abstrakten Klasse bzw. Oberklasse erbt. Welche Methode beim Aufruf einer Operation dann aufgerufen wird, hängt davon ab, welche Klassenzugehörigkeit das Objekt hat, das der Variablen zugeordnet ist. In den meisten Fällen ist es allerdings zur Übersetzungszeit eines Programms noch gar nicht klar, mit welchen Objekten eine Variable konkret belegt ist. Deshalb kann oft erst zur Laufzeit eines Programms entschieden werden, welche Methode beim Aufruf einer Operation ausgeführt werden soll. Der Mechanismus der sog. späten Bindung (*late binding*) erlaubt es, die Zuordnung erst zur Laufzeit zu treffen.

Im Folgenden wird ein Quelltext-Beispiel zur dynamischen Polymorphie inkl. späten Bindens gezeigt. In diesem wird erst zur Laufzeit entschieden, ob eine Immobilie ein Wohn- oder ein Geschäftshaus ist. Dann wird auf der konkreten Immobilie die Methode `drucke()` aufgerufen. Diese ist aber in den beiden Klassen völlig unterschiedlich implementiert. Bei einem Wohnhaus wird der Grundriss gedruckt, bei einem Geschäftshaus die Fassadenansicht.

```java
public class PolymorphieTest {
  public static void main(String[] args) {
    Immobilie[] immobilienFeld = new Immobilie[10];
    for (int i = 0; i < 10; i++) {
      if (Math.round(Math.random()) == 0) // Zufallszahl: 0 oder 1
        immobilienFeld[i] = new Geschaeftshaus();
      else
        immobilienFeld[i] = new Wohnhaus();
      immobilienFeld[i].drucke();
    }
  }
}
```

Nachfolgend sieht man eine mögliche Ausgabe dieses Programms. Allerdings ergibt sich beim nächsten Programmstart mit sehr hoher Wahrscheinlichkeit eine andere Ausgabe.

```
C:\WINDOWS\system32\cmd.exe
Wohnhaus: Grundriss wird gedruckt!
Wohnhaus: Grundriss wird gedruckt!
Geschaeftshaus: Fassadenansicht wird gedruckt!
Geschaeftshaus: Fassadenansicht wird gedruckt!
Wohnhaus: Grundriss wird gedruckt!
Geschaeftshaus: Fassadenansicht wird gedruckt!
Geschaeftshaus: Fassadenansicht wird gedruckt!
Wohnhaus: Grundriss wird gedruckt!
Geschaeftshaus: Fassadenansicht wird gedruckt!
Geschaeftshaus: Fassadenansicht wird gedruckt!
```

Überschreibung und Überladung (statische Polymorphie)

Von Überschreibung (vgl. Kapitel 2.7) wird gesprochen, wenn eine Unterklasse die Methode der Oberklasse „überschreibt", sprich anders implementiert. Die Bezeichnung ist etwas irreführend, da Oberklassen-Objekte natürlich die ursprüngliche Methodenimplementierung besitzen, also nicht im realen Speicher etwas überschrieben wird. Daher wird manchmal von „Überschattung" gesprochen, was den Sachverhalt besser wiedergibt.

Von Überladung (vgl. Kapitel 2.6) wird gesprochen, wenn in ein und derselben Klasse gleiche Methodennamen existieren, aber diese Methoden mit unterschiedlichen formalen Parametern ausgestattet sind. Entweder zur Compilierzeit oder zur Laufzeit wird dann vom System in Abhängigkeit von den übergebenen Parametern entschieden, welche Methode genommen wird. Ein gutes Beispiel ist in Java die Methode `System.out.println(...)`. Diese ist mehrfach überladen.

> Im Bereich der objektorientierten Programmierung bezieht sich **Polymorphie** (**Vielgestaltigkeit**) darauf, dass verschiedene Objekte bei Aufruf derselben Operation unterschiedliches Verhalten an den Tag legen können oder dass die konkrete Klassenzugehörigkeit eines Objekts erst zur Laufzeit bekannt wird.
> Man unterscheidet **dynamische Polymorphie** inkl. „späten Bindens" und **statische Polymorphie** (Überschreiben und Überladen von Methoden).

2.13 Graphical User Interface (GUI mit JavaFX)

Jedes Softwaresystem hat eine Schnittstelle bzw. Oberfläche nach „außen“, also zu einem Anwender bzw. Benutzer (User). Ist dies keine textorientierte Schnittstelle, z. B. eine Konsole, sondern mit grafischen Komponenten (Buttons, Labels etc.) ausgestattet, spricht man von einem „Graphical User Interface“ (GUI). Die GUI ist dabei nicht ein Interface wie in Kapitel 2.10 beschrieben, sondern hier ist die Schnittstelle zum User gemeint.

Bei vielen Programmiersprachen bzw. IDEs lassen sich die Oberflächen leicht „zusammenklicken“. Der neueste Trend geht dazu, Layout-Entscheidungen von der Logik zu trennen. Dies bedeutet, dass ein Layout-Spezialist (ohne Programmiererfahrung haben zu müssen) die Oberfläche schön gestalten kann, während der Programmierspezialist (ohne Layoutkenntnisse haben zu müssen) die dahinter stehende Logik programmiert. In Java wird dies durch JavaFX realisiert. Dort gibt es eine deklarative Beschreibung der grafischen Oberflächen mithilfe von FXML (Betonung: FX-ML). Ein Tool namens Scene Builder erleichtert die Erstellung der FXML-Dateien (z. B. „FXMLDocument.fxml“). In den FXML-Code lassen sich viele weitere Technologien wie CSS und JavaScript einfügen. In einer anderen Datei (z. B. „FXMLDocumentController.java“) lässt sich dann die hinter der Oberfläche liegende Logik implementieren.

Anwendungsbeispiel: Es soll eine Oberfläche mit einem Button und einem Label realisiert werden. Wird auf den Button gedrückt, soll auf dem Label „Hello World!“ erscheinen (s. Abb. 2.34).

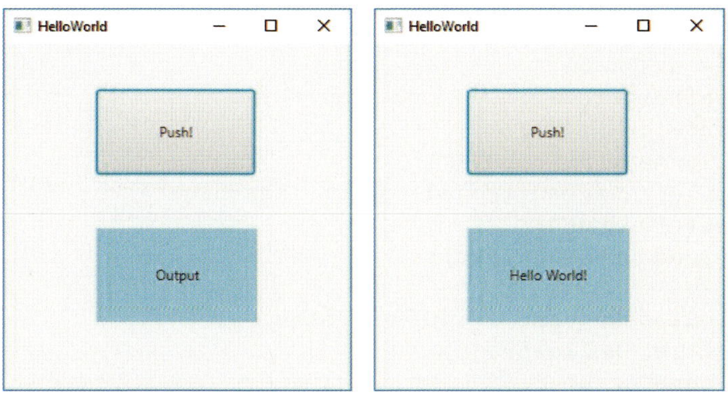

Abb. 2.34: Screenshots der gewünschten Anwendung

Ohne die Trennung von Oberflächendeklaration und Logik (also ohne FXML-Datei) könnte man die Anwendung als reine JavaFX-Application wie folgt programmieren:

```
import javafx.application.Application;
import javafx.scene.Scene;
import javafx.scene.layout.Pane;
import javafx.stage.Stage;
import javafx.scene.control.*;
import javafx.event.*;
import javafx.geometry.Pos;
```

```
/**
 * @version 1.0 / 10.03.2019
 * @author "Anwendungsentwicklung in Theorie und Praxis"
 */

public class HelloWorld extends Application {

  private Button buttonPush = new Button();
  private Label labelOutput = new Label();

  @Override
  public void start(Stage primaryStage) {

    Pane root = new Pane();
    Scene scene = new Scene(root, 300, 300);

    buttonPush.setLayoutX(80);
    buttonPush.setLayoutY(40);
    buttonPush.setPrefHeight(73);
    buttonPush.setPrefWidth(137);
    buttonPush.setText("Push!");
    buttonPush.setOnAction(event -> buttonPush_Action(event));
    root.getChildren().add(buttonPush);

    labelOutput.setLayoutX(80);
    labelOutput.setLayoutY(160);
    labelOutput.setPrefHeight(73);
    labelOutput.setPrefWidth(137);
    labelOutput.setAlignment(Pos.CENTER);
    labelOutput.setStyle("-fx-background-color: lightblue");
    labelOutput.setText("Output");
    root.getChildren().add(labelOutput);

    primaryStage.setOnCloseRequest(event -> System.exit(0));
    primaryStage.setTitle("HelloWorld");
    primaryStage.setScene(scene);
    primaryStage.show();
  }

  public void buttonPush_Action(Event event) {
    labelOutput.setText("Hello World!");
  }

  public static void main(String[] args) {
    launch(args);
  }

}
```

Jede JavaFX-Anwendung erbt von der abstrakten Klasse `Application.` Zur Laufzeit ruft die Main-Methode den JavaFX-Launcher über die Methode `launch(args)` auf, der wiederum die Lebenszyklus-Methoden `init()`, `start()` und `stop()` nacheinander aufruft. Diese sind Teil der Oberklasse `Application` und müssen teilweise überschrieben werden, in der Regel (s. Quelltext oben) die Methode `start(...)`.

Die Bühne (Stage) ist die Basis der Oberfläche (s. Abb. 2.35). Eine Szene (Scene) hat eine Baumstruktur, die aus Knoten (Nodes), z. B. Bereichen (Panes), besteht. Bereiche enthalten Kinderlisten (Children-Panes), wie Labels, Buttons, Textfields, Slider etc.

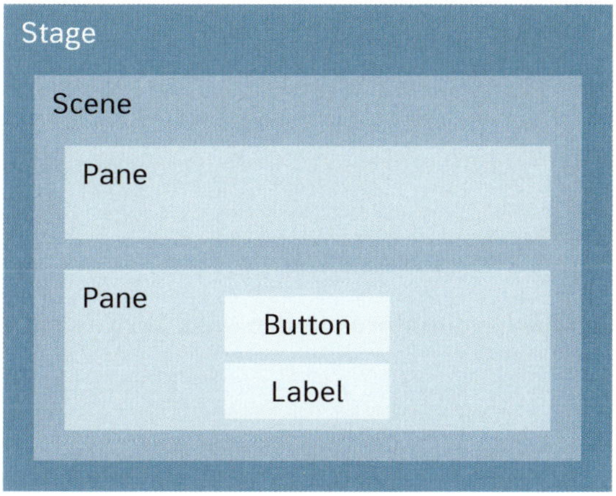

Abb. 2.35: Elemente einer Bühne (Stage)

Wenn aus der reinen JavaFX-Application eine JavaFX-FXML-Application gemacht werden soll, muss eine Trennung des Oberflächenlayouts von der Logik erfolgen. Hierfür werden aus der ursprünglichen Java-Datei „HelloWorld.java" insgesamt vier Dateien gemacht (s. Abb. 2.36).

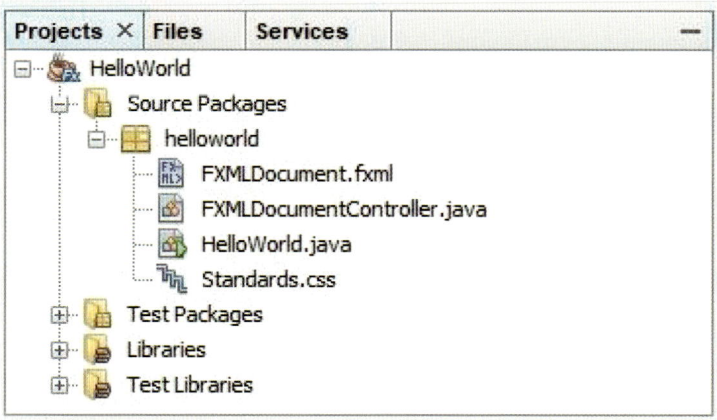

Abb. 2.36: Dateien einer JavaFX-FXML-Application

Die ursprüngliche Datei ist jetzt sehr allgemein gehalten, verweist nur noch auf den FXML-Loader und startet dann die Anwendung.

```
public class HelloWorld extends Application {

  @Override
  public void start(Stage primaryStage) {
    Parent root = FXMLLoader.load(
      getClass().getResource("FXMLDocument.fxml"));
    Scene scene = new Scene(root);
    primaryStage.setScene(scene);
    primaryStage.show();
  }

  public static void main(String[] args) {
    launch(args);
  }

}
```

Die Datei „FXMLDocument.fxml“ beinhaltet die Layoutinformationen (inkl. Verweis auf eine CSS-Datei) ohne jegliche Logik.

```
<?xml version="1.0" encoding="UTF-8"?>

<?import java.lang.*?>
<?import java.util.*?>
<?import javafx.stage.Stage?>
<?import javafx.scene.Scene?>
<?import javafx.scene.*?>
<?import javafx.scene.control.*?>
<?import javafx.scene.layout.*?>

<AnchorPane id="AnchorPane" prefHeight="300" prefWidth="300"
  xmlns:fx="http://javafx.com/fxml/1"
  fx:controller="helloworld.FXMLDocumentController">

  <children>

    <Button layoutX="80" layoutY="40" text="Push!"
      prefHeight="73" prefWidth="137"
      onAction="#handleButtonPushAction"
      fx:id="buttonPush" />

    <Label layoutX="80" layoutY="160" text="Output"
      prefHeight="73" prefWidth="137" alignment="CENTER"
      styleClass="background" stylesheets="@Standards.css"
      fx:id="labelOutput" />

  </children>
</AnchorPane>
```

In der Cascading-Style-Sheets-Datei „Standards.css“ befinden sich die CSS-Informationen.

```
.background
{
 -fx-background-color: lightblue;
}
```

Die Logik ist in die Controller-Datei „FXMLDocumentController.java“ ausgelagert.

```
public class FXMLDocumentController implements Initializable {

  @FXML
  private Label labelOutput;

  @FXML
  private void handleButtonPushAction(ActionEvent event) {
    labelOutput.setText("Hello World!");
  }

  @Override
  public void initialize(URL url, ResourceBundle rb) { }

}
```

Um die GUI einfach zu erstellen, hatte Oracle bei der Einführung von JavaFX den JavaFX Scene Builder als ein grafisches Tool zur Verfügung gestellt, bei dem per Drag-and-drop die Oberfläche visuell gestaltet werden kann und dabei die FXML-Dateien automatisch generiert werden. Oracle hat inzwischen die Entwicklung des Tools eingestellt und den Scene Builder der Firma Gluon übergeben, die jetzt das Tool zur Verfügung stellt.[1]

Bei vielen IDEs lassen sich die **grafischen Benutzungsoberflächen** (**GUIs**) leicht „zusammenklicken“. Professionell ist dabei, das **Layout** von der **Logik** zu trennen. In Java wird dies durch **JavaFX** realisiert. Dort gibt es eine deklarative Beschreibung der grafischen Oberflächen mithilfe von **FXML** (Betonung: FX-ML). Ein Tool namens **Scene Builder** erleichtert die Erstellung der FXML-Dateien (z. B. „FXMLDocument.fxml“). In den FXML-Code lassen sich viele weitere Technologien wie CSS und JavaScript einfügen. In einer anderen Datei (z. B. „FXMLDocumentController.java“) wird dann die hinter der Oberfläche liegende Logik implementiert.

1 *http://gluonhq.com/products/scene-builder/*

2.14 Aufgaben, Übungen und Handlungsschritte

Frau Zeinab will den Kompetenz- und Wissensstand der Auszubildenden überprüfen. Dafür sollen sie Aufgaben zu den Programmierthemen des zweiten Kapitels lösen.

AUFGABEN, ÜBUNGEN UND HANDLUNGSSCHRITTE

1. Stellen Sie in einer EPK den Prozess der Programmerstellung bis zur Programmausführung unter Java dar. Geben Sie dabei die verwendeten Entwicklungswerkzeuge (z. B. JDK) an.
2. Fassen Sie die Merkmale der Programmiersprache Java in einer Übersicht zusammen.
3. Sie sollen ein Referat über die Programmiersprache Java halten. Erfassen Sie in Form einer Mindmap die möglichen Schwerpunkte.
4. Erzeugen Sie folgende formatierte Ausgabe (Konsole): Mietobjekt-Nr.: A-337-414
   Eingabe: Kennbuchstabe Ort: A
   Immobiliennummer: 337
   Mieternummer: 414
5. Mit welchen Zeichen werden mehrzeilige Kommentare gesetzt?
6. Welchen Datentyp wählen Sie
   a) für den festen Wertebereich 0 bis 100,
   b) für eine Postleitzahl,
   c) für eine Beschreibung (0 bis max. 1 000 Zeichen),
   d) für die logische Entscheidung wahr oder falsch?
7. Die Werte „1. Quartal“ bis „4. Quartal“ sollen in einem Datentyp „Quartale“ zusammengefasst werden. Geben Sie die entsprechende Deklaration an.
8. Schreiben Sie eine Funktion, welche eine eingegebene Zahl vom Datentyp double aufrundet, in den Datentyp int konvertiert und ausgibt.
9. Die Plausibilitätskontrolle eines eingegebenen Datums soll durchgeführt werden. Nutzen Sie innerhalb der Funktion den Modulo-Operator.
10. Schreiben Sie Funktion für die Betriebskostenabrechnung, Kostenart „Müllabfuhr_Grundgebühr“ nach /F610/ (s. Seite 50).
11. Erstellen Sie Checklisten zur Prüfung von:
    - Attributen
    - Klassen
    - Methoden
    - Klassenbeziehungen

    Beispiel: Checkliste Attribute; Attribut: AnzahlEtagen

Frage	Erfüllt?
Gültiger Bezeichner nach Java-Konvention?	Nein
Aussagekräftiger Bezeichner?	Ja
...	...

12. Wie kann ein Attribut vor irregulären Wertzuweisungen geschützt werden?

13. Kommentieren Sie den folgenden Programmauszug:

```
Wohngebaeude wohngebaeude2 = new Wohngebaeude(
                                1, 1, "Lehm", 115.70, 40.50);
Wohngebaeude wohngebaeude3 = new Wohngebaeude();
```

14. Schreiben Sie die Verwaltungsmethoden für die Wohnfläche (in qm) in einem Wohngebäude nach dem Klassendiagramm „Wohngebaeude" in Kapitel 2.6 (s. Seite 137).

15. Was versteht man unter einer abstrakten Klasse?

16. Worin unterscheiden sich das „Überschreiben" und das „Überladen" einer Methode?

17. Wie wird in Java der Beziehungstyp „Komposition" umgesetzt?

18. Erstellen Sie anhand eines selbst gewählten Beispiels ein Klassendiagramm mit den Beziehungstypen gerichtete Assoziation, Aggregation und Komposition. Achten Sie auf die richtige Darstellung der Beziehungstypen und begründen Sie Ihre Auswahl.

19. Gegeben ist die folgende Aufgabenstellung:

Eingabe: Schalldruck in dB(A) direkt am Ohr	Ausgabe: Belastung für den Menschen
0–29	Ruhe: Keine Belastung!
30–80	„Umweltlärm": Mittlere Belastung!
81–194	Gefährlicher Lärm: Hohe Belastung!

Implementieren Sie ein entsprechendes Java-Programm.

20. Implementieren Sie ein Java-Programm zur Stromberechnung (Ohmsches Gesetz).
Eingabe: Spannung und Widerstand
Verarbeitung: Berechnung der Stromstärke
Ausgabe: Stromstärke

21. Addieren Sie die Zahlen von 1 bis 100 jeweils mit einer Schleife mit Anfangsabfrage, mit einer Schleife mit Endabfrage und mit einer Zählschleife.

22. Implementieren Sie den Pseudocode zur Fakultätsberechnung aus Kapitel 1.8.6 (s. Seite 79) mithilfe von Java.

e Klasse Vogel hat das Attribut schnabellaenge (Typ: float, Einheit: cm, Defaultwert: 0.5, negative Werte nicht erlaubt) mit der entsprechenden Set- und Get-Verwaltungs-Methode. Der parameterlose und der parametrisierte Konstruktor sind vorzusehen, ebenso die abstrakte Methode gibLaut(), die einen String zurückliefert. Die Klasse implementiert das Interface Flugfaehig mit der Methode fliege() ohne die Methode selber zu implementieren.
Ein Papagei ist ein Vogel mit dem zusätzlichen Attribut sprachbegabung (Typ: int, bei der späteren Implementierung aber nur Werte zwischen 0 (keine Sprachbegabung) und 10 (höchste Sprachbegabung), Defaultwert: 1) und der zusätzlichen Methode lerneWort(String), welche im Erfolgsfall (aktueller Parameter = „Hallo" und Sprachbegabung >= 5) den Wert true zurückgibt. Die Methode gibLaut() soll „Krächzs" zurückgeben. Der parameterlose und der vollparametrisierte Konstruktor sind vorzusehen, ebenso die Verwaltungsmethoden.
Die überschriebene Methode toString() liefert alle Attributwerte als String zurück.
Implementieren Sie alle Klassen in Java vollständig. Erzeugen Sie in der Main-Methode (in der Klasse PapageiTest) einen konkreten Papagei (höchste Sprachbegabung, Länge des Schnabels: 4,7cm) und testen Sie die Konstruktoren und Methoden.

24. Realisieren Sie die Klassen Geschaeftshaus und Wohnhaus als Prototyp (nur mit der Methode drucke()). Testen Sie dann die Polymorphie mit dem Quelltext von Seite 172.

25. Gegeben ist das Mockup einer Benutzungsoberfläche (s. Pflichtenheft, Seite 56). Realisieren Sie diese entweder als JavaFX-Application oder als JavaFX-FXML-Application ungefähr wie folgt:

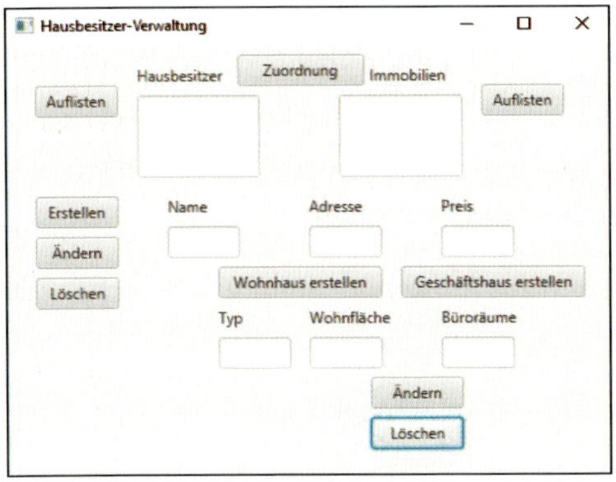

3 UML als Mittel der Modellierung und Programmentwicklung

Anna, Emre und Paul wollen sich über die Diagrammarten der „Unified Modeling Language" (UML) informieren, da diese nicht nur in der Softwareentwicklung, sondern auch bei ihrer Abschlussprüfung eine Rolle spielen. Für Anna und Paul sind nur vier Diagrammarten wichtig: Objektdiagramm, Klassendiagramm, Anwendungsfalldiagramm und Aktivitätsdiagramm. Emre als Fachinformatiker Anwendungsentwickler muss auch Sequenzdiagramme und Zustandsdiagramme zeichnen können.

Im Laufe dieses dritten Kapitels erwirbt Emre alle der folgenden Kompetenzen, Anna und Paul erwerben einige.

Sie …

- … wissen, wofür die Abkürzung UML steht (Unified Modeling Language), wer für die Definition der UML zuständig ist (OMG) und welche Versionsnummer gerade aktuell ist.
- … kategorisieren die Diagrammarten (Struktur- und Verhaltensdiagramme) und nennen die Gesamtanzahl (14).
- … zeichnen ein UML- Objektdiagramm kontextbezogen.
- … modellieren Klassen mithilfe von UML-Klassendiagrammen sowohl in der Objektorientierten Analyse-Ansicht (OOA) als auch in der Objektorientierten Design-Ansicht (OOD).
- … beschreiben das UML-Anwendungsfalldiagramm, zählen die verschiedenen Beschreibungselemente auf und wenden das Diagramm kontextbezogen an.
- … wenden das UML-Aktivitätsdiagramm zielgerichtet an.
- … zeichnen ein UML-Sequenzdiagramm und erläutern die einzelnen Beschreibungselemente.
- … erläutern den Sinn und Zweck eines UML-Zustandsdiagramms, nennen einzelne Beschreibungselemente und wenden das Diagramm zielgerichtet an.

3.1 Einleitung

In den weiteren Kapiteln erfolgt jeweils exemplarisch eine objektorientierte Modellierung mithilfe der Unified Modeling Language (UML).

Diese dient zur Modellierung, Dokumentation, Spezifizierung und Visualisierung (komplexer) Software-Systeme. Sie liefert fest definierte Symbole zur grafischen Darstellung, die sog. Notationselemente, sowohl für statische als auch für dynamische Modelle von Analyse, Design und Architektur und unterstützt insbesondere objektorientierte Vorgehensweisen.[1]

Die Definition der UML unterliegt der Object Management Group (OMG)[2]. Sie wurde 1989 von u. a. IBM, Apple und Sun gegründet, weil offensichtlich wurde, dass es international anerkannter Entwicklungsstandards bedurfte, um die immer aufwendiger werdenden Planungen von SW-Systemen plattform- und unternehmensübergreifend auf standardisierte Weise bewältigen zu können. Zu den mittlerweile über 800 Mitgliedern gehört inzwischen auch Microsoft. Die Diagramme der UML lassen sich in zwei Arten unterteilen: Struktur- und Verhaltensdiagramme. Die Spezifikation ist sehr komplex, die UML-Architektur besteht aus vier Ebenen mit unterschiedlichen Abstraktionsniveaus (Metametamodell, Metamodell, Modell, System).

Die UML 2 (seit Dezember 2017: Version 2.5.1) sieht sieben Strukturdiagramme und sieben Verhaltensdiagramme (darunter vier Interaktionsdiagramme) vor (s. Abb. 3.1).

Sechs der 14 Diagramme sollen in den nächsten Kapiteln vorgestellt werden, indem ausgehend von einer Anforderungsspezifikation (durch Lasten- und Pflichtenheft) exemplarisch gezeigt wird, wie, wo und wann die UML-Diagramme im jeweils konkreten Anwendungsfall nützlich sind.

> Die **Unified Modeling Language** (**UML**) dient zur Modellierung, Dokumentation und Visualisierung komplexer Softwaresysteme und unterstützt objektorientierte Vorgehensweisen. Die **14 Diagramme** der UML lassen sich in zwei **Diagrammarten** unterteilen: **Struktur-** und **Verhaltensdiagramme**. Die Definition der UML unterliegt der **Object Management Group** (OMG).

1 *Vgl. Rupp, Christine/Queins, Stefan/die SOPHISTen: UML 2 glasklar – Praxiswissen für die UML-Modellierung, 4., aktualisierte Aufl., München, Carl Hanser Verlag, 2012*

2 *www.omg.org/spec/UML/*

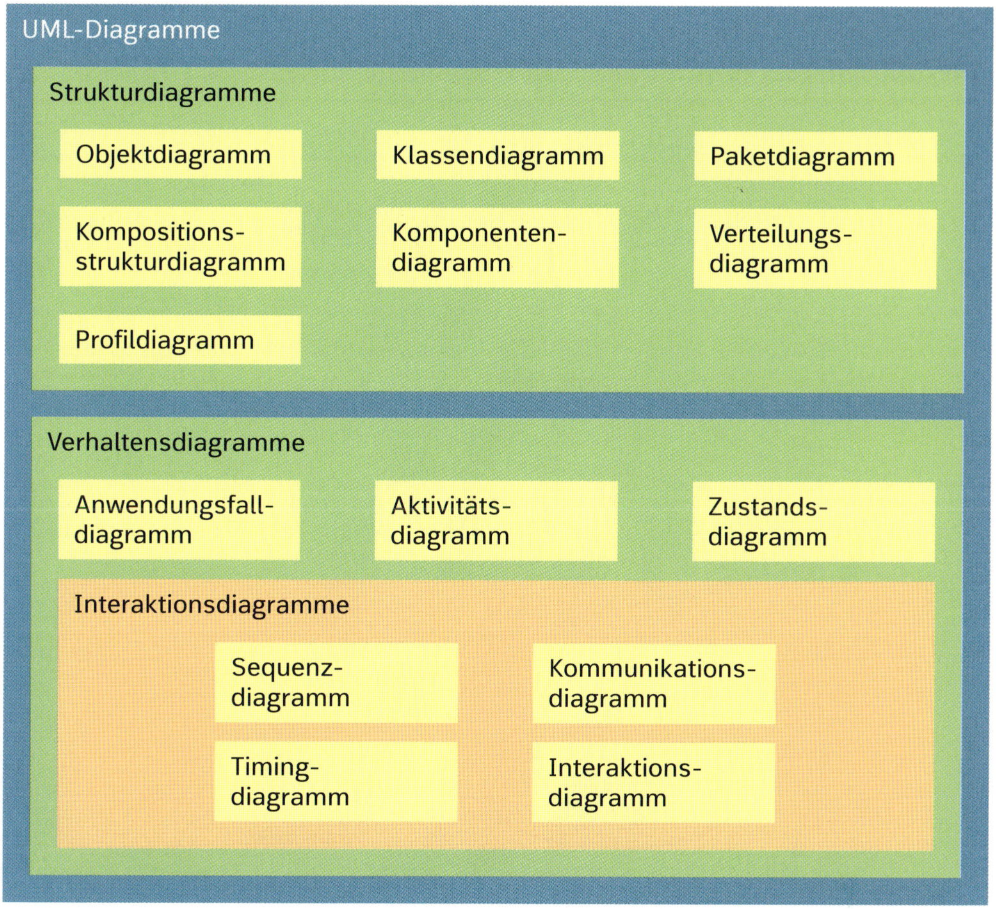

Abb. 3.1: Diagrammtypen der UML

3.2 Anwendungsfalldiagramm

Frau Zeinab sagt zu ihren Auszubildenden: „Das Anwendungsfalldiagramm ist ein häufig benutztes Diagramm am Anfang der Softwareentwicklung und relativ einfach zu erlernen. Auch für die IHK-Prüfung ist es wichtig. Also bitte durchdringt das Thema tief!"

Anwendungsfalldiagramme (*use case diagrams*) zeigen das nach außen sichtbare Verhalten eines Systems. Oft werden sie zur Visualisierung des Projektauftrags bei einer ersten Diskussion zwischen den Beteiligten des Auftraggebers (den sog. Stakeholdern) und der Softwarefirma als Auftragnehmer eingesetzt. Dabei wird versucht, die Frage zu beantworten, was das geplante System eigentlich leisten soll.[1]

1 Vgl. Rupp, Christine/Queins, Stefan/die SOPHISTen: UML 2 glasklar – Praxiswissen für die UML-Modellierung, 4., aktualisierte Aufl., München, Carl Hanser Verlag, 2012

Daher ist es kein Zufall, dass im Pflichtenheft (s. Seite 55) schon ein Anwendungsfall- bzw. Use-Case-Diagramm eingefügt wurde, damit erkennbar ist, welche **Anwendungsfälle** (Use Cases) das zu entwickelnde Softwaresystem realisieren muss (s. Abb. 3.2).

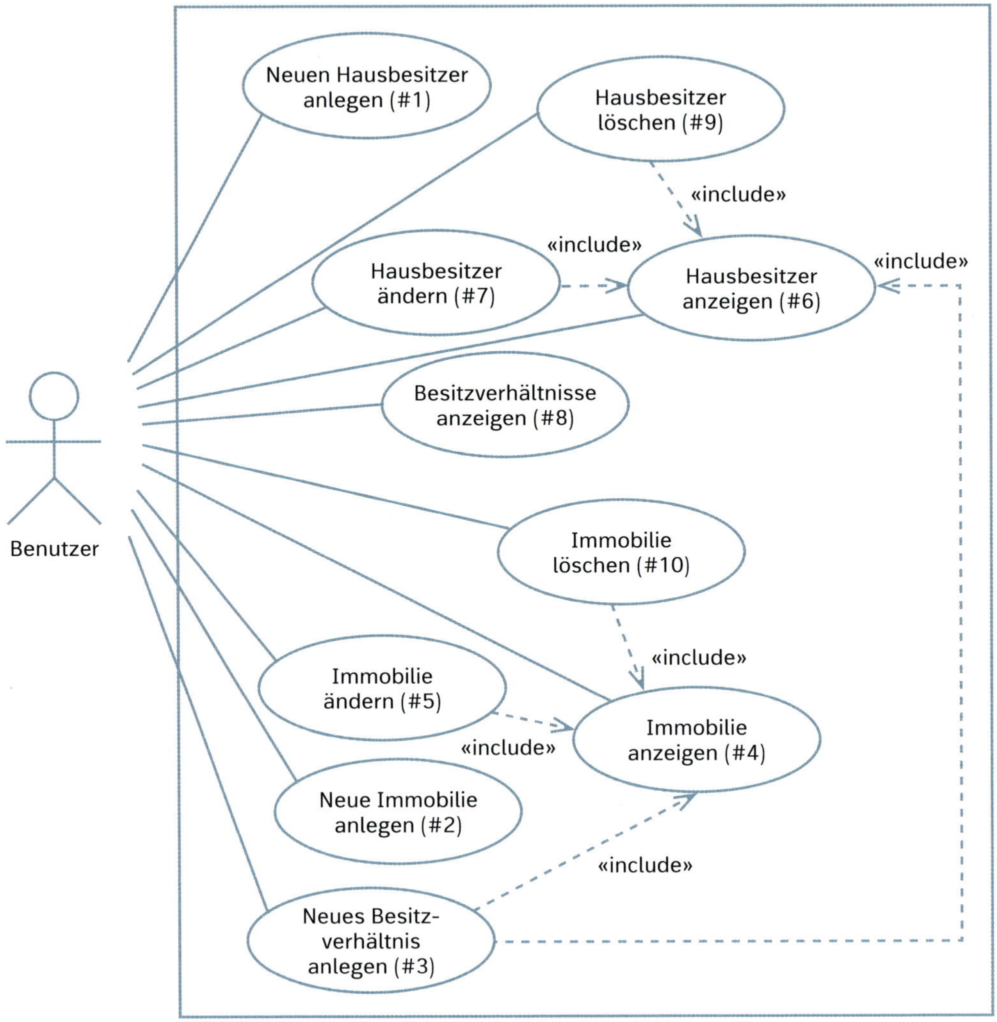

Abb. 3.2: Erstes Anwendungsfalldiagramm für die Hausbesitzer-Verwaltung

Das System besitzt einen **Systemnamen** (hier: Hausbesitzer-Verwaltung) und hat einen **Akteur** (hier: Benutzer) außerhalb der **Systemgrenze**, dem verschiedene **Anwendungsfälle** über **Assoziationen** zugeordnet sind.

Die vielen **Include-Beziehungen** bei den Anwendungsfällen bedeuten, dass zusätzliche Anwendungsfälle in die ursprünglichen eingefügt werden. Man kann aber nicht sagen, ob dies vor, während oder nach dem eigentlichen Anwendungsfall geschieht. Beim Anwendungsfall „Hausbesitzer(daten) ändern" sollen irgendwann (wahrscheinlich am Anfang) die ursprünglichen Daten angezeigt werden.

Die spätere Software-Realisierung dieser Include-Beziehung könnte wie folgt aussehen:

```
public static void hausbesitzerAendern(Hausbesitzer hb) {
  //...
  hausbesitzerAnzeigen(hb);
  //...
}
```

In einem Anwendungsfalldiagramm lassen sich aber auch **Vererbungsstrukturen** und sog. **Extend-Beziehungen** (bedingungsabhängige Include-Beziehungen) darstellen. Das ursprüngliche Anwendungsfalldiagramm des Pflichtenhefts würde wie folgt erweitert (s. Abb. 3.3, Seite 187, neue Elemente sind gelb gekennzeichnet).

Ein Administrator ist an denselben Anwendungsfällen wie ein Benutzer beteiligt, ist als Akteur aber zusätzlich mit dem Anwendungsfall „Rechtevergabe" verbunden. Die Use Cases „Hausbesitzer anzeigen", „Immobilien anzeigen" und „Besitzverhältnisse anzeigen" erweitern den (bzw. erben vom) Use Case „Listen anzeigen". Eine Extend-Beziehung bedeutet, dass in Abhängigkeit von einer oder mehreren Bedingungen (*conditions*) eine oder mehrere Anwendungsfälle (sog. Extension Points) eingefügt werden. Wenn z. B. ein neues Besitzverhältnis erstellt werden soll, kann es passieren, dass der Besitzer und/oder die Immobilie noch gar nicht im System stehen. Dann muss dieser Anwendungsfall um den Anwendungsfall „Neuen Hausbesitzer anlegen" und/oder „Neue Immobilie anlegen" erweitert werden.

Eine spätere Software-Realisierung sähe wie folgt aus:

```
public static void neuesBesitzverhaeltnisAnlegen() {
  //...
  if (!istBesitzerImSystem)                    // condition 1
    hb = neuenHausbesitzerAnlegen();           // extend: use case 1
  if (!istImmobilieImSystem)                   // condition 2
    im = neueImmobilieAnlegen();               // extend: use case 2
  //...
}
```

Hinweis: Obwohl eine Extend-Beziehung eigentlich eine Include-Beziehung in Abhängigkeit einer Bedingung ist, zeigt der Extend-Pfeil genau anders herum als der Include-Pfeil.

Use Cases können auch textuell beschrieben werden, z. B. für den Use Case „Immobilie ändern", und zwar wie folgt:

Use Case #5	Immobilie ändern
Beschreibung/Ziel	Die Daten einer Immobilie werden geändert.
Akteur	Benutzer (und Administrator)
Priorität	Wichtig
Status	In Arbeit
Auslöser	Immobiliendaten ändern sich. Benutzer will Änderungen ins System einpflegen.

Use Case #5	Immobilie ändern
Abhängigkeiten/Include	Vorhandene Immobilien werden angezeigt (Use Case #4) und Benutzer wählt eine aus.
Abhängigkeiten/Extend	Keine
Vorbedingung	Benutzer hat einen Account und die Berechtigung. Immobilie ist vorhanden.
Nachbedingung	Immobiliendaten sind geändert. Andere Benutzer können aktualisierte Daten sehen.
Hinweis	Je nachdem, ob die Immobilie ein Wohnhaus oder ein Geschäftshaus ist, müssen die Eingabefelder entsprechend gestaltet werden.

Anwendungsfalldiagramme *(use case diagrams)* gehören zur UML-Familie der **Verhaltensdiagramme** und zeigen das nach außen sichtbare Verhalten eines Systems. Oft werden sie bei einer ersten Diskussion zwischen Auftraggeber und Auftragnehmer eingesetzt, um die Frage zu beantworten, welche Anwendungsfälle (Use Cases) das zu entwickelnde Softwaresystem realisieren muss. Ein Anwendungsfalldiagramm besteht immer aus **Anwendungsfällen** innerhalb eines **Systems** und **Assoziationen** zu den **Akteuren** außerhalb der Systemgrenze.

Die folgende Tabelle zeigt die Basiselemente von Anwendungsfalldiagrammen.

Element	Bedeutung
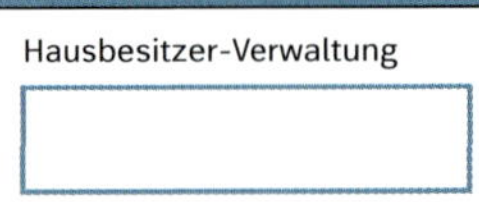	Systemgrenze und Systemname
	Akteur
	Beziehung
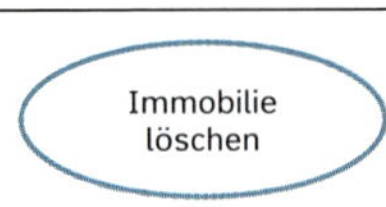	Anwendungsfall (Use Case)
	Anwendungsfall wird (immer) erweitert
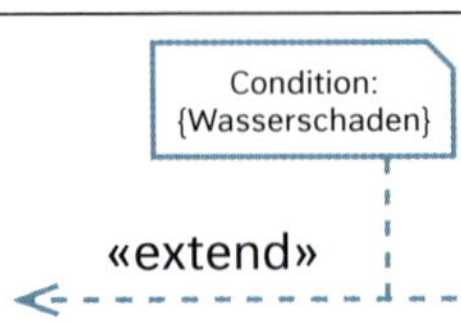	Anwendungsfall wird in Abhängigkeit von einer Bedingung (Condition) erweitert
	Vererbung (zwischen Akteuren oder Anwendungsfällen)

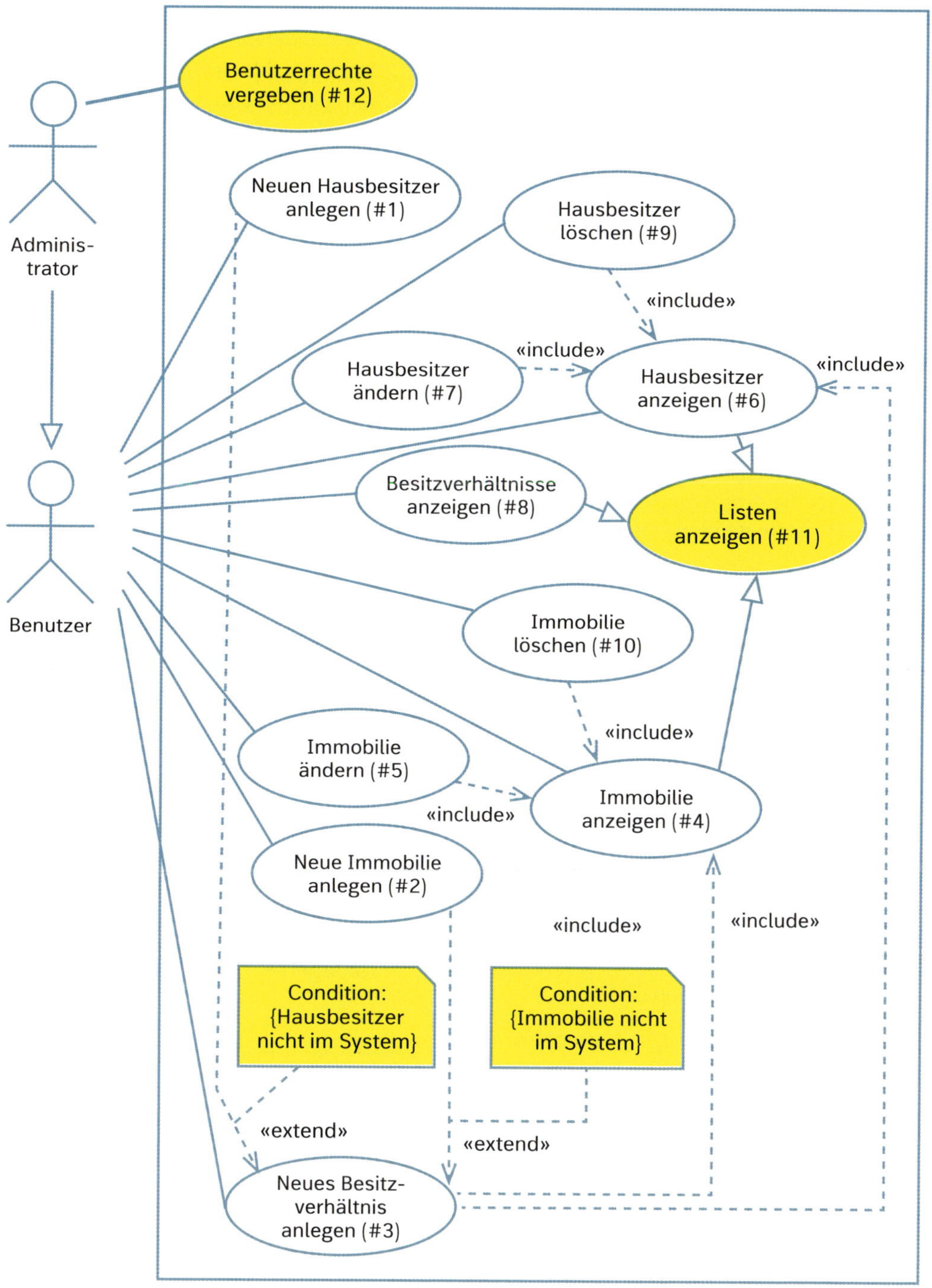

Abb. 3.3: Erweitertes Anwendungsfalldiagramm für die Hausbesitzer-Verwaltung (Erweiterungen sind gelb gekennzeichnet)

3.3 Aktivitätsdiagramm

Aktivitätsdiagramme (*activity diagrams*) modellieren Abläufe (von Aktionen) im System und enthalten oft algorithmische Strukturen (vgl. Kapitel 2.5). Sie können z. B. die Abarbeitung von bestimmten Use Cases visualisieren und helfen dabei, die Frage zu beantworten, wie das System ein bestimmtes Verhalten realisiert.[1] Aktivitätsdiagramme können auch Abfolgen von Aktionen zwischen unterschiedlichen Beteiligten darstellen.

Abb. 3.4 zeigt eine **Aktivität** (rechteckige Systemgrenze) mit einem **Aktivitätsnamen** (hier: „Menüsteuerung"). Ausgehend von der textorientierten Benutzungsoberfläche im Pflichtenheft (s. Seite 55), wird für die Eingabe der Zeichen [a] (Menüpunkt „Hausbesitzer anzeigen") bis [k] (Menüpunkt „Programm beenden") und für die Eingabe eines falschen Zeichens die Abfolge von **Aktionen** des Systems dargestellt. Ist eine Aktion mit einem **Gabelsymbol** (ᗑ) gekennzeichnet, ist dies ein Verweis auf ein weiteres Aktivitätsdiagramm.

Neben den Symbolen für den **Startknoten**, den **Endknoten** (hier: Aktivitäten-Endknoten) und für die einzelnen **Aktionen** gibt es noch einen **Verzweigungsknoten** (mit je einer **Bedingung** pro Verzweigung) und einen **Verbindungsknoten**. Die letzten beiden Elemente werden durch eine Raute dargestellt.

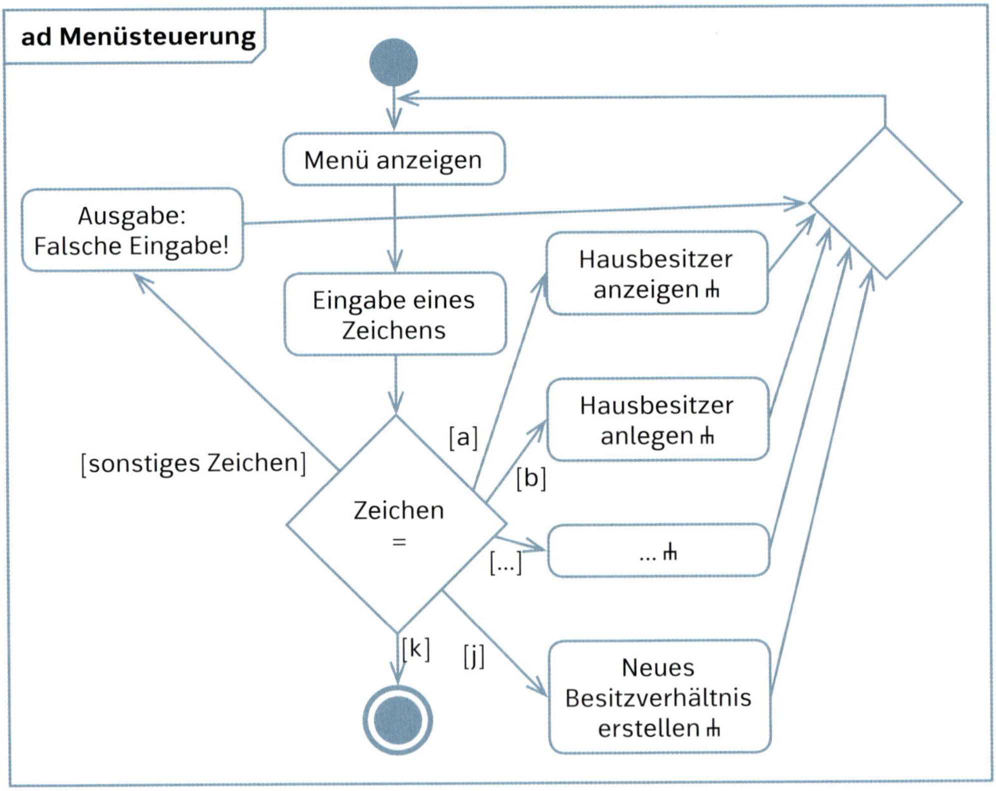

Abb. 3.4: Aktivitätsdiagramm für die Menüsteuerung

1 *Vgl. Rupp, Christine/Queins, Stefan/die SOPHISTen: UML 2 glasklar – Praxiswissen für die UML-Modellierung, 4., aktualisierte Aufl., München, Carl Hanser Verlag, 2012*

Als Beispiel für das Gabelsymbol, das auf ein weiteres Aktivitätsdiagramm verweist, soll die Aktivität „Neuen Hausbesitzer anlegen“ (Menüpunkt [b]) genauer dargestellt werden (s. Abb. 3.5). Auffällig ist, dass es im Immobilien-Hausbesitzer-Szenario unterschiedliche Beteiligte (hier: die drei Schichten) gibt, die durch sog. Schwimmbahnen (*swimlanes*) getrennt sind.

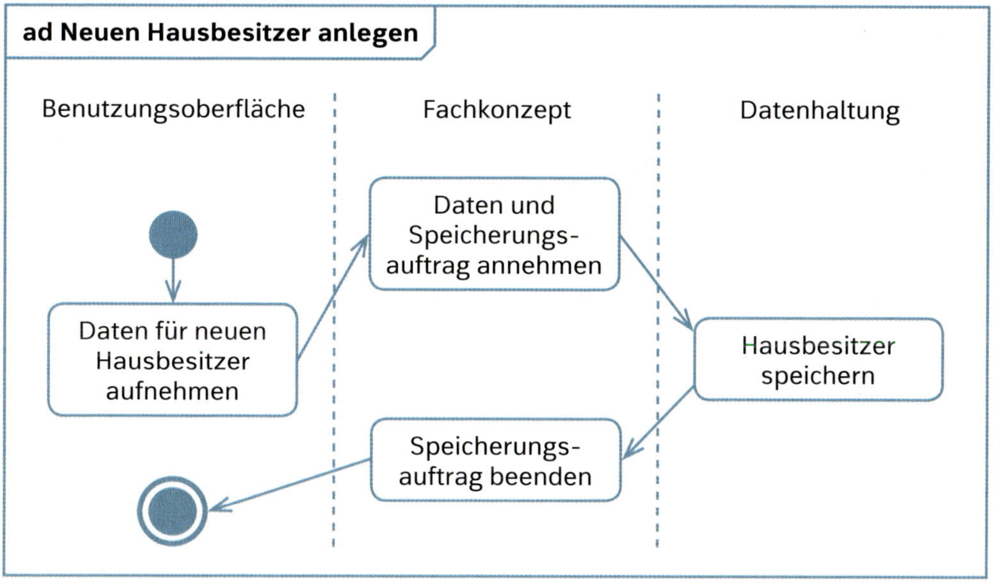

Abb. 3.5: Feingliederung für die Aktivität „Neuen Hausbesitzer anlegen“

In der nächsten Abb. 3.6 sieht man noch weitere Notationselemente: Einen anderen Endknoten (**Kontrollfluss-Endknoten**), ein **Signal**, einen **Parallelisierungsknoten** und einen **Synchronisationsknoten**. Auch können zwischen Aktionen **Objekte** ausgetauscht werden, man spricht dann von Objektflüssen (hier: Müll bzw. Essensreste).

Zwischen dem Parallelisierungsknoten und dem Synchronisationsknoten werden parallele Prozesse dargestellt: Die Aktivität „Essenszubereitung“ und die Aktion „Getränke kalt stellen“ können parallel erfolgen. Erst wenn alle parallelen Prozesse fertig sind, wird die nächstfolgende Aktion ausgeführt.

Die „Fahne“ symbolisiert den Empfang eines Signals bzw. eines Ereignisses, in diesem Fall die „Warnung der Polizei“.

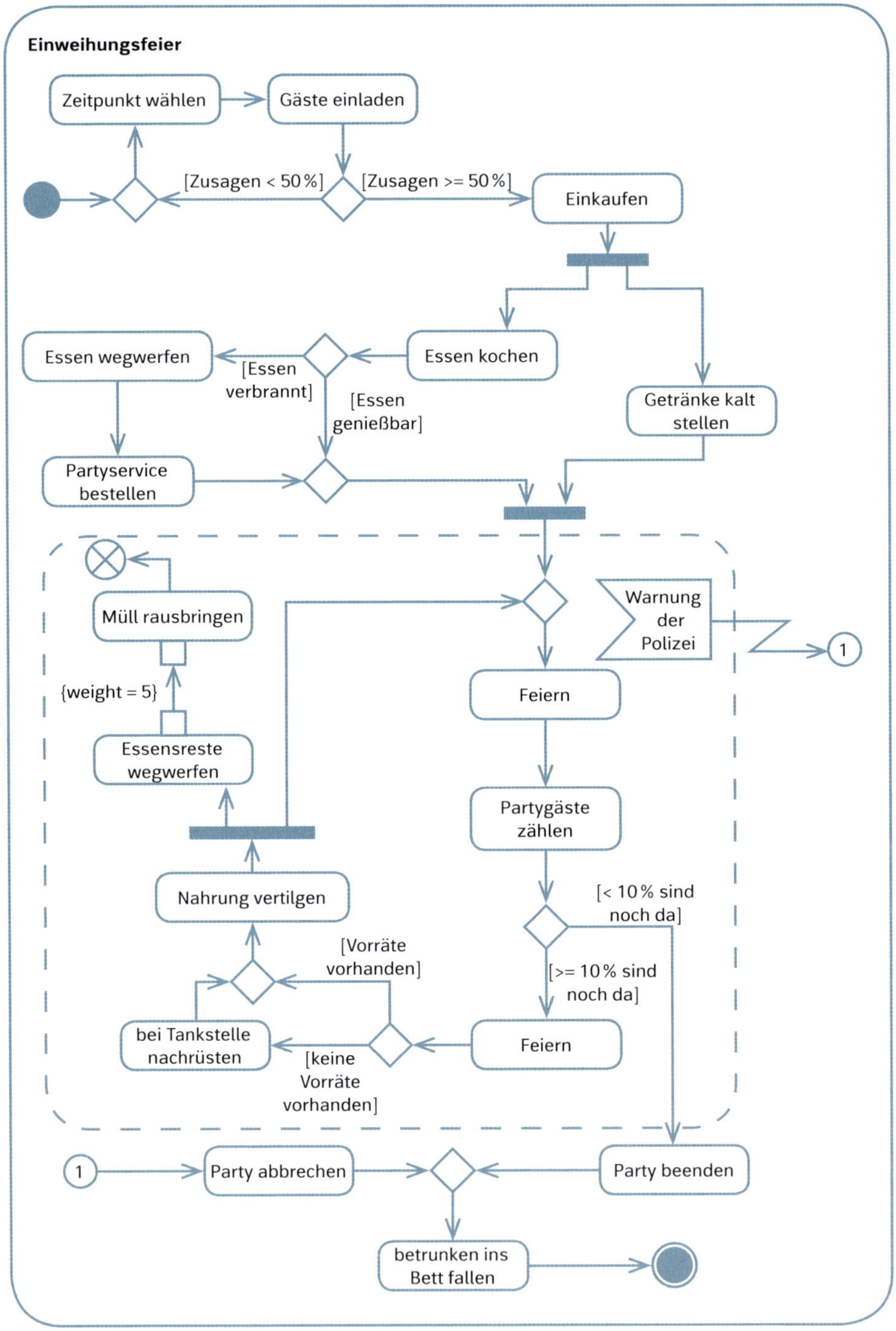

Abb. 3.6: Aktivitätsdiagramm für eine Party[1]

---

1 *Vgl. Rupp, Christine/Queins, Stefan/die SOPHISTen: UML 2 glasklar – Praxiswissen für die UML-Modellierung, 4., aktualisierte Aufl., München, Carl Hanser Verlag, 2012, S. 270*

Aktivitätsdiagramme *(activity diagrams)* gehören zur UML-Familie der **Verhaltensdiagramme** und modellieren **Abläufe von Aktionen** in einem System. Sie enthalten oft **algorithmische Strukturen**. Aktivitätsdiagramme können z. B. die Abarbeitung von bestimmten Use Cases visualisieren und helfen die Frage zu beantworten, wie das System ein bestimmtes Verhalten realisiert.

Die folgende Tabelle zeigt die Basiselemente von Aktivitätsdiagrammen.

Element	Bedeutung
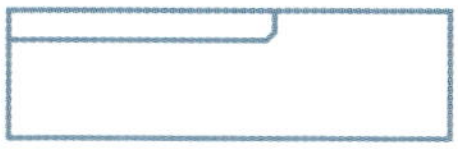	Systemgrenze bzw. Name des Aktivitätsdiagramms (z. B. ad „Neuen Hausbesitzer anlegen“)
	Aktion (z. B. „Daten aufnehmen“)
	Abfolge der Aktionen
	Startknoten
	Endknoten einer Aktivität
	Endknoten eines Kontrollflusses
	Referenz auf ein weiteres Aktivitätsdiagramm
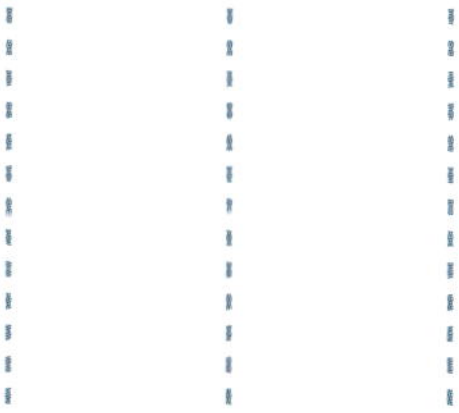	Schwimmbahnen *(swimlanes)*, um Aktionen spezielle Bereiche zuordnen zu können
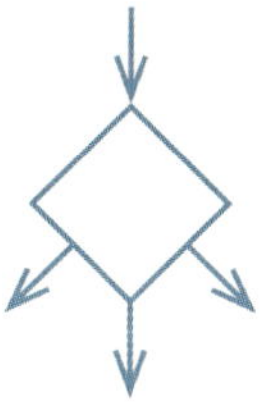	Verzweigungsknoten (Fallunterscheidung)

Element	Bedeutung
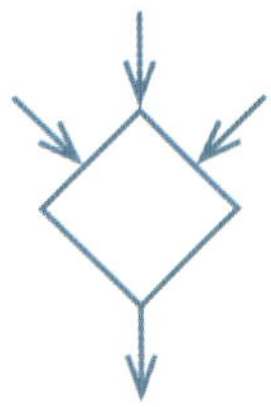	Verbindungsknoten (Zusammenführung)
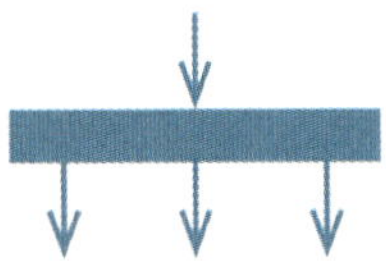	Parallelisierungsknoten (hier starten parallel stattfindende Aktionen)
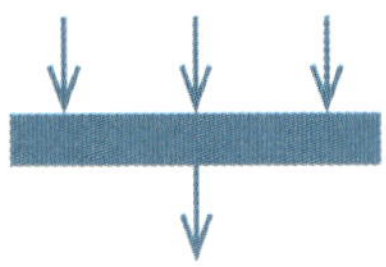	Synchronisationsknoten (hier enden parallel ausgeführte Aktionen)

3.4 Objektdiagramm

Das UML-Objektdiagramm dient dazu, konkrete Objekte mit ihren konkreten Attributwerten und ihren Beziehungen zu anderen Objekten darzustellen (s. auch Kapitel 2.6). Das Diagramm (s. Abb. 3.7) besteht in der Regel aus zwei Bereichen: Im oberen Rechteck wird der **Objektname** (z. B. „myRacer“) im Kontext zur Klasse (z. B. Rennwagen) angegeben und im unteren Rechteck der Objektzustand, sprich die konkreten **Werte** (z. B. Red Thunder) der **Attribute** (z. B. name).

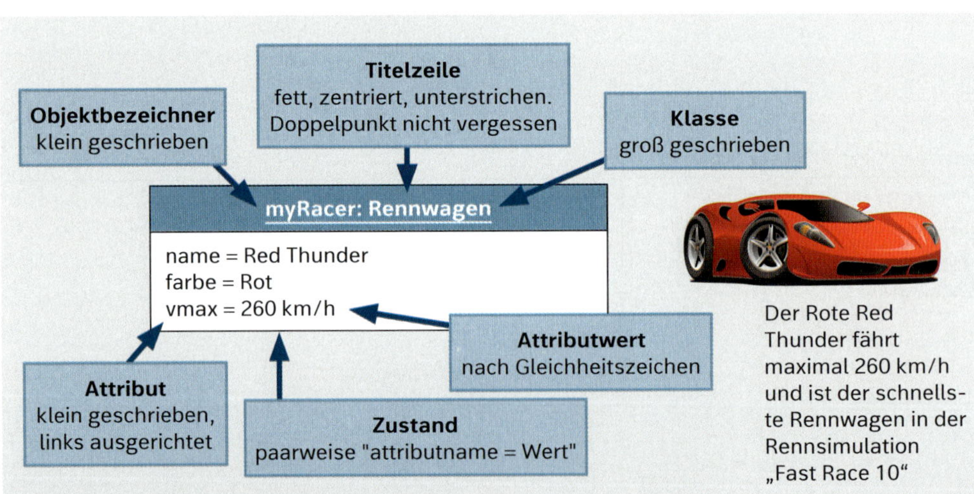

Abb. 3.7: Ein einzelnes Objekt im Objektdiagramm

Für den vorliegenden Anwendungsfall der Immobilien-Verwaltung könnten die Softwareentwickler in einer Brainstorming-Phase einige Prototypobjekte nach der Anforderungsspezifikation skizzieren (s. Abb. 3.8).

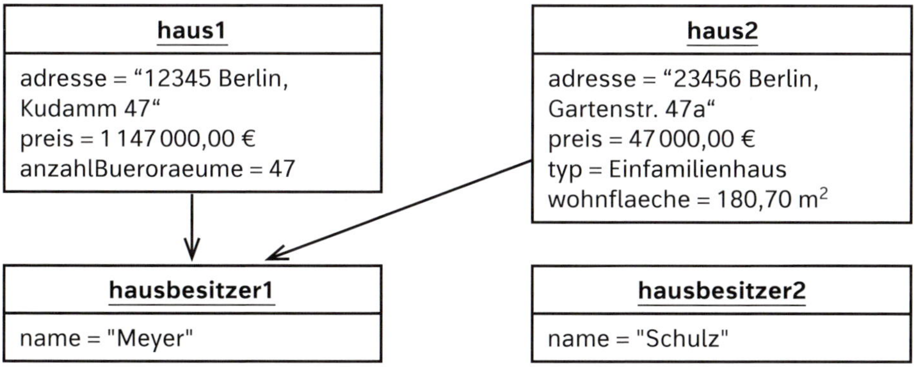

Abb. 3.8: Mehrere Objekte inkl. ihrer Beziehungen im Objektdiagramm

Die Objekte in Abb. 3.8 sind Prototypen, weil einerseits später ein Hausbesitzer bestimmt noch einen Vornamen, ein Geschlecht und eine Adresse erhält (und auch die Haus-Attribute lassen sich noch erweitern), und weil die beiden Hausobjekte andererseits unterschiedliche Attribute haben (was nicht sein darf).
Jetzt können die Entwickler unter der Vorgabe, dass ein Haus bei der Firma ImmoVerPlus GmbH nur genau einen Besitzer hat, aber ein Besitzer (Kunde von ImmoVerPlus) viele Häuser besitzen kann, die Modellierung der Assoziation vornehmen (s. Abb. 3.9).

Abb. 3.9: Modellierung der Objektbeziehung über ein zusätzliches Attribut

3

Objektdiagramme (object diagrams) gehören zur UML-Familie der **Strukturdiagramme** und dienen dazu, konkrete **Objekte** von Klassen mit ihren **konkreten Attributwerten** und ihren **konkreten Beziehungen** zu anderen Objekten darzustellen.

Die folgende Tabelle zeigt die Basiselemente von Objektdiagrammen.

Element	Bedeutung
hausbesitzer1: Hausbesitzer **:Hausbesitzer** **hausbesitzer1**	Objekt (verschiedene Darstellungsmöglichkeiten) Hinweis: Manche UML-Zeichentools lassen den Unterstrich weg.

Element	Bedeutung
name = "Meyer"	Zustand mit Attribut und Attributwert
——	Beziehung (allgemein)
→ ↔	Gerichtete Beziehungen: unidirektionale Beziehung bidirektionale Beziehung

3.5 Klassendiagramm

Ein Klassendiagramm stellt **Klassen** (**mit Attributen** und **Methoden**) und ihre Beziehungen zueinander dar (allgemeine **Assoziation**, **Aggregation**, **Komposition**, **Vererbung**, Implementierung einer **Schnittstelle**).

Im obersten Rechteck (s. Abb. 3.10) steht der Klassenname (z.B. Rennwagen), im mittleren Rechteck stehen die Attribute (z.B. name) und im untersten Rechteck die Konstruktoren (z.B. Rennwagen()), die Verwaltungsmethoden (z.B. getName()) und die restlichen Methoden (z.B. bremseAb()).

Da nur das oberste Rechteck mit dem Klassennamen immer dargestellt werden muss, kann eine Klasse im Klassendiagramm aus ein bis drei Rechtecken bestehen. Zusätzlich unterscheidet man die sog. OOA-Ansicht von der sog. OOD-Ansicht.

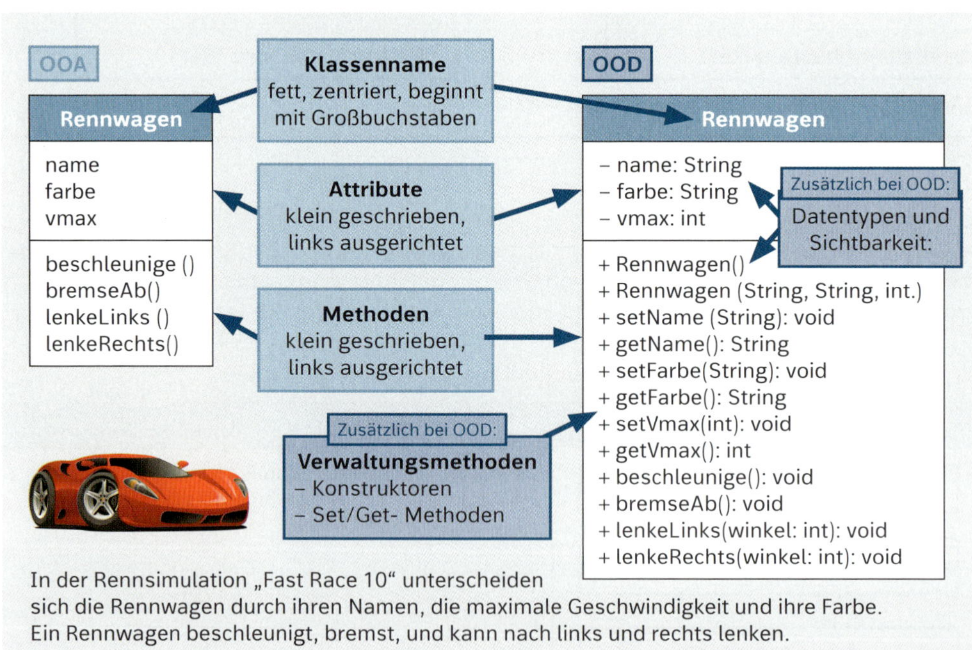

Abb. 3.10: Klassendiagramm in OOA- und OOD-Ansicht (mit Java-Bezug)

Das Klassendiagramm in der Objektorientierten Analyse-Ansicht (OOA) stellt die Klassen mit ihren Attributen und Methoden dar. Dies geschieht relativ früh in der Entwurfsphase und wird oft in einer Brainstorming-Einheit des Entwicklerteams entworfen. Daher spielen Zugriffsspezifizierer (z. B. public, private, protected), Verwaltungsmethoden (Get- und Set-Methoden), Datentypen, Übergabeparameter und Rückgabewerte der Methoden noch keine Rolle.

Nach der Erstellung eines Objektdiagramms versucht das Entwicklerteam, aus den Objekten Klassen zu abstrahieren. Bei den beiden Hausbesitzerobjekten ist sofort klar, dass es eine Klasse „Hausbesitzer" geben muss. Bei den Hausobjekten dagegen fällt auf, dass einzelne Attribute gleich sind, andere hingegen verschieden. Daher wird die Entscheidung gefällt, gleiche Attribute in eine abstrakte Oberklasse „Immobilie" auszulagern und die beiden Unterklassen „Geschäftshaus" und „Wohnhaus" zu bilden. Das Klassendiagramm in der OOA-Ansicht zeigt Abb. 3.11.

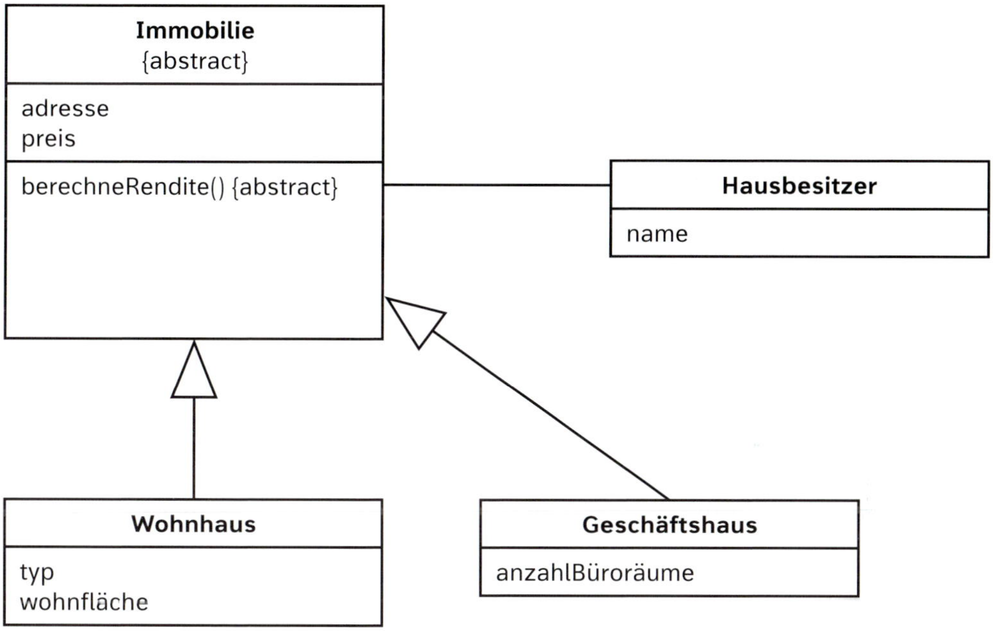

Abb. 3.11: Klassendiagramm in OOA-Ansicht

Die Kennzeichnung einer Klasse mit {abstract} bedeutet, dass von dieser Klasse keine Objekte instanziiert werden können. Die Kennzeichnung einer Methode durch die Bezeichnung {abstract} bedeutet, dass sie nicht implementiert ist und erst in einer Unterklasse implementiert wird. Enthält eine Klasse eine abstrakte Methode, muss sie selber auch abstrakt sein.

Nachdem die grobe Modellierung fertig ist, kann jetzt für die konkrete Programmiersprache die Objektorientierte Design-Ansicht (OOD) erstellt werden, also eine Ansicht inklusive **Zugriffsspezifizierern** (in Java sind dies private (-), default bzw. package (~), protected (#) und public (+)), **Datentypen**, **Parametern** und **Rückgabewerten**. Auch **Rollennamen**, **Assoziationsnamen** und **Multiplizitäten** können angegeben werden (s. Abb. 3.12).

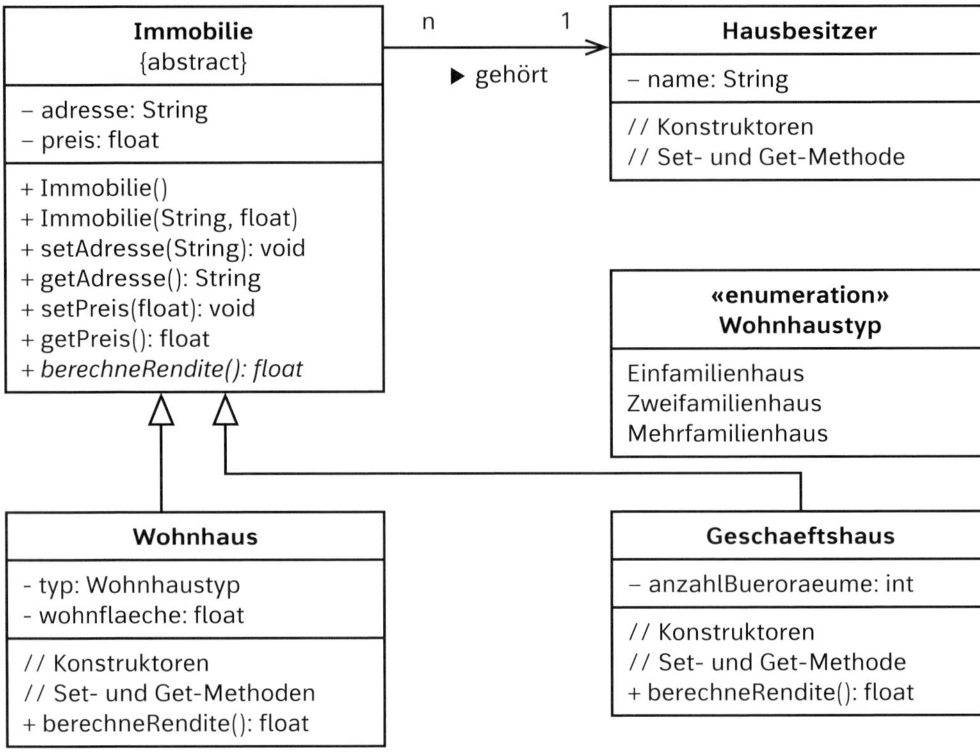

Abb. 3.12: Klassendiagramm in OOD-Ansicht

Man beachte die Modellierungsentscheidungen, dass eine Immobilie nur genau einen Besitzer hat und dass eine Immobilie ihren Besitzer "kennt", aber ein Besitzer nicht seine Immobilien.

In einer zweiten Modellierungsrunde wird jetzt diskutiert, wie man die vielen Objekte speichern kann, z. B. in einem relationalen Datenbanksystem. Es wird entschieden, zwei Array-Listen zur Laufzeit bereitzuhalten, die als Klassenattribut in den beiden Klassen „Immobilie“ und „Hausbesitzer“ vorhanden sind und auf die über eine Get-Klassenmethode zugegriffen werden kann (s. Abb. 3.13).

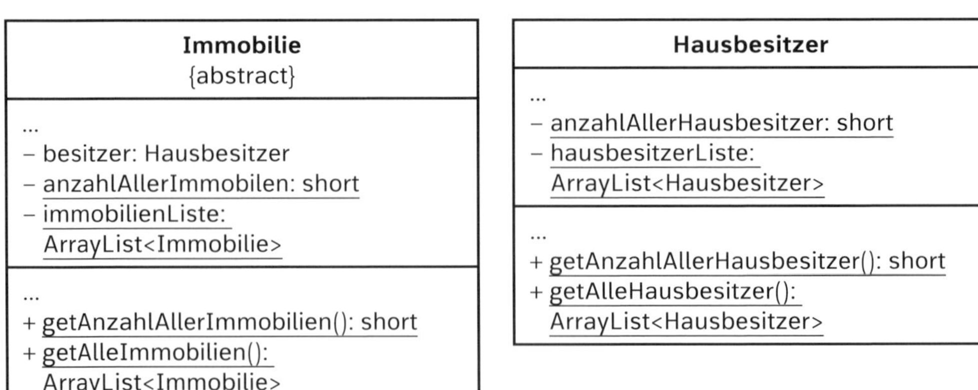

Abb. 3.13 Klassenattribute und Klassenmethoden

Will das Softwaresystem z.B. später mit der Immobilienliste arbeiten, muss einfach ein Attribut `immobilienListe` deklariert werden, welchem über die Methode `getAlleImmobilien()` die Referenz auf die Liste zugewiesen wird:

```
ArrayList<Immobilie> immobilienListe;
immobilienListe = Immobilie.getAlleImmobilien();
```

Spätestens wenn man mit einem relationalen Datenbanksystem arbeitet, bekommen die Immobilien und die Hausbesitzer jeweils einen künstlichen Primärschlüssel, der sich auch in den Klassen als Attribut wiederfindet (s. Abb. 3.14).

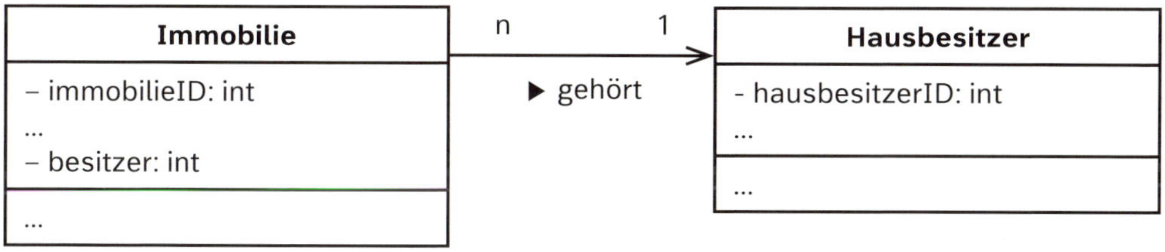

Abb. 3.14: Realisierung einer Assoziation durch Primär- und Fremdschlüssel (vgl. Kapitel 5.5)

Das Attribut `besitzer` der Klasse `Immobilie` mit dem ursprünglichen Datentyp `Hausbesitzer` erhält jetzt den Datentyp `int` und bekommt den Wert von `hausbesitzerID` zugewiesen.

Klassen können auch Schnittstellen (Interfaces) implementieren. Dadurch sichert die Klasse ihren „Anwendern" eine bestimmt Eigenschaft zu, nämlich die konkrete Implementierung der Schnittstellen-Methoden (s. Abb. 3.15).

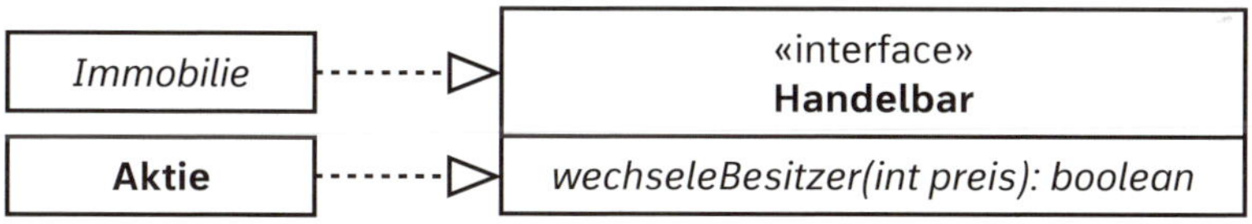

Abb. 3.15: Klassendiagramm mit Interface

Dies bedeutet erstens, dass die abstrakte Klasse `Immobilie` entweder die Methode `wechseleBesitzer()` implementiert oder als abstract deklarieren muss. Im zweiten Fall müssten dann alle Unterklassen der Klasse `Immobilie` die Methode implementieren.

Dies bedeutet zweitens, dass die (nicht abstrakte) Klasse `Aktie` zwingend die Methode `wechseleBesitzer()` implementieren muss.

Abschließende Hinweise

1. Bei den Multiplizitäten bzw. Kardinalitäten lassen sich grob drei Arten unterscheiden:
   - 1:1-Beziehung
   - 1:n-Beziehung
   - m:n-Beziehung
2. Bei den gerichteten Beziehungen bzw. Assoziationen lassen sich drei Arten von Navigierbarkeit unterscheiden:

- Klasse A kennt Klasse B (unidirektionale Beziehung)
- Klasse B kennt Klasse A (unidirektionale Beziehung)
- Beide Klassen kennen sich, d. h., die Objekte referenzieren sich gegenseitig (bidirektionale Beziehung).

Für das bisherige Beispiel gäbe es somit die folgenden drei Modellierungsmöglichkeiten:

- Die Hausbesitzer kennen ihre Immobilien, aber die Immobilien haben keine Referenz auf ihre Besitzer. Trotzdem kann man algorithmisch den Besitzer einer Immobilie herausfinden.

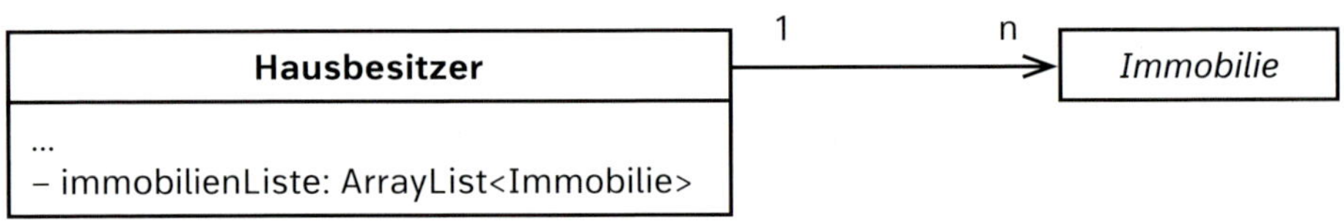

- Die Immobilien kennen ihre Besitzer, die Besitzer kennen aber ihre Immobilien nicht. Trotzdem kann man algorithmisch die Immobilien eines Besitzers herausfinden.

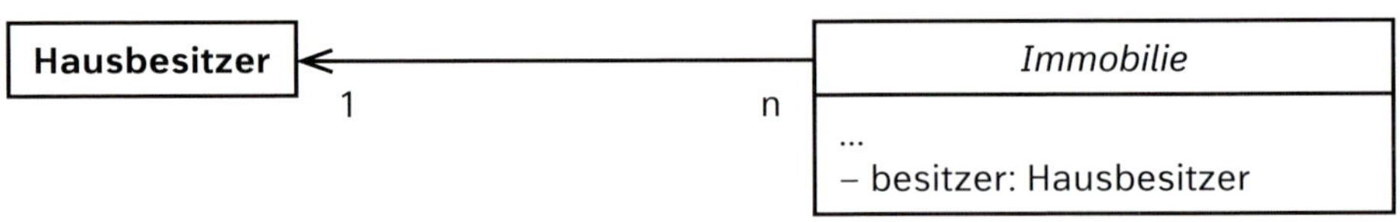

- Beide Seiten kennen sich.

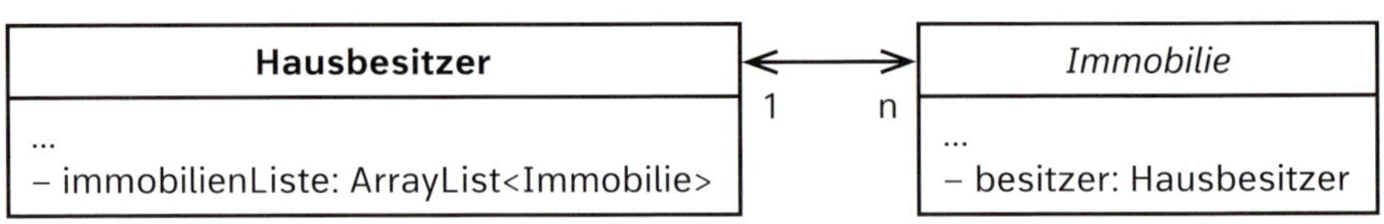

Alle drei Modellierungen sind möglich, jede für sich hat spezielle Vorteile, aber auch spezielle Nachteile. Wenn sich beide Seiten kennen (3. Modellierungsart) braucht man z. B. keine speziellen Ausgabealgorithmen bzw. spezielle Implementierungen, um eine Hausbesitzerliste (inkl. der Immobilien) oder eine Immobilienliste (inkl. der Besitzer) zu erstellen. Nachteilig ist, dass auf beiden Seiten die Einträge gepflegt und in sich stimmig gehalten werden müssen. Dies erfordert an den entsprechenden Stellen mehr Implementierungsaufwand.

3. Es gibt zwei Formen der „Ist-Teil-Von-Beziehung":

   - Bei der Aggregation (schwache „Ist-Teil-Von-Beziehung") können, wenn das Gesamtobjekt gelöscht wird, die Teilobjekte weiter existieren.

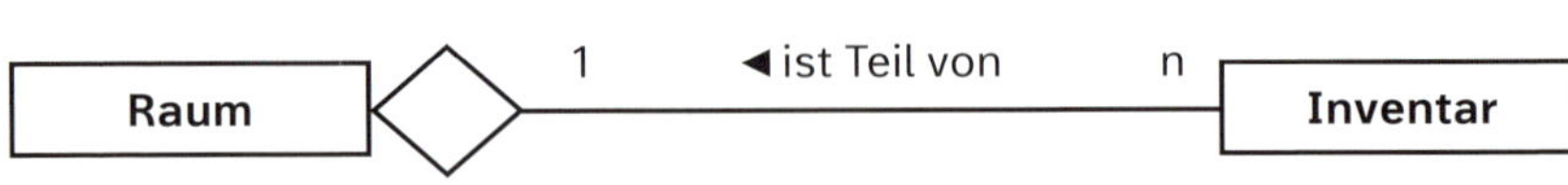

- Bei der Komposition (starke „Ist-Teil-Von-Beziehung“) werden, wenn das Gesamtobjekt gelöscht wird, auch die Teilobjekte gelöscht.

4. Die Darstellung im Methodenteil wird in der Regel dreigeteilt:
   - Konstruktoren, z. B. parameterloser und vollparametrisierter Konstruktor
   - Verwaltungsmethoden (Get- und Set-Methoden)
   - Weitere Methoden
5. Den Datentyp `void` gibt es in der UML-Spezifikation nicht, er wird aber häufig in der Literatur (und auch in diesem Buch) aus didaktischen Gründen verwendet, damit man leichter Konstruktoren von Methoden ohne Rückgabewert unterscheiden kann.
6. Die Zeichen « und » bei den vordefinierten Standard-Stereotypen (z. B. bei «interface») sind nicht die Kleiner- und Größer-Zeichen auf der deutschen Tastatur, sondern französische Anführungszeichen (Guillemets):
   - ALT + 174 auf dem Nummernblock: «
   - ALT + 175 auf dem Nummernblock: »
7. Bei den oben dargestellten Klassendiagrammen dürfen auch die Parameternamen mitangegeben werden: statt „setAdresse(String)“ darf auch „setAdresse(adresse: String)“ geschrieben werden.
8. Statische Attribute (Klassenattribute) und statische Methoden (Klassenmethoden) werden in der UML durch einen Unterstrich gekennzeichnet.
9. Abstrakte Klassen und Methoden werden entweder mit dem Zusatz „{abstract}“ oder durch kursive Schrift gekennzeichnet.

Klassendiagramme (class diagrams) gehören zur UML-Familie der **Strukturdiagramme** und stellen einerseits die Klassen mit ihren **Attributen** und **Methoden**, andererseits die **Beziehungen** (inkl. **Vererbung**) der Klassen untereinander dar.
Aus gleichartigen Objekten lassen sich Klassen (als eine Art Bauplan) abstrahieren oder aus modellierten bzw. vorgegebenen Klassen lassen sich Objekte instanziieren.

Die folgende Tabelle zeigt die Basiselemente von Klassendiagrammen.

Element	Bedeutung
Hausbesitzer	Klasse (Name)
– name: String – immobilen: ArrayList	Klasse (Attribute) OOD-Ansicht: mit Zugriffsspezifizierern und Datentypen

Element	Bedeutung
+ Hausbesitzer + Hausbesitzer(String) + setName(String): void + getName(): String + neueImobilie(int): void + löscheImmobilie(int): void	Klasse (Konstruktoren, Verwaltungsmethoden, Methoden) OOD-Ansicht: mit Zugriffsspezifizierern, Rückgabewerten, Parametern und Datentypen
Immobilie	Abstrakte Klasse (keine Instanziierung von Objekten möglich); kann statt kursiver Schreibweise auch durch {abstract} gekennzeichnet werden
– <u>anzahlImmobilien: int</u>	Klassenattribut (statisches Attribut)
+ <u>getAnzahlImmobilien(): int</u> + *berechneRendite(): float*	Klassenmethode (statische Methode), Aufruf mit `Immobilie.getAnzahlImmobilien()` Abstrakte Methode (muss in der Unterklasse implementiert werden); kann statt kursiver Schreibweise auch durch {abstract} gekennzeichnet werden
	Beziehung (allgemein)
	Gerichtete Beziehung inkl. Multiplizität und Assoziationsnamen
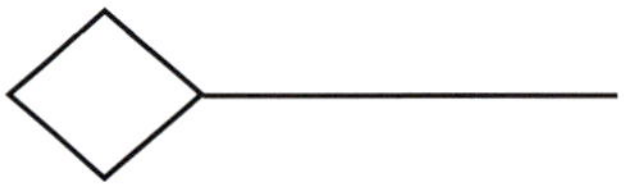	Aggregation: schwache „Ist-Teil-Von-Beziehung" Wird das Gesamtobjekt gelöscht, können die Teilobjekte weiter existieren.
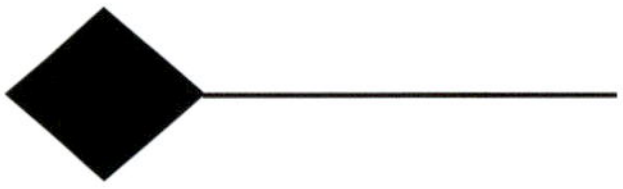	Komposition: starke „Ist-Teil-Von-Beziehung" Wird das Gesamtobjekt gelöscht, werden auch die Teilobjekte gelöscht.
	Vererbung (zwischen Klassen)
	Implementierung einer Schnittstelle

3.6 Sequenzdiagramm

Bei dem Thema ist für Anna und Paul Schluss. Das Sequenzdiagramm und das Zustandsdiagramm ist nämlich nicht Teil ihrer Ausbildung. Daher bekommt nur Emre von Frau Zeinab den Auftrag, diese beiden Diagrammarten zu durchdringen.

Das Sequenzdiagramm (*sequence diagram*) ist das meistverwendete unter den sog. Interaktionsdiagrammen der UML. Es zeigt den Informationsaustausch zwischen den Kommunikationspartnern in einem (Teil-)System, z. B. die Objektkommunikation zur Laufzeit. Mit Sequenzdiagrammen beantworten die Entwickler die Frage, wie die Kommunikation in einzelnen Teilsystemen abläuft. Die gedachte Zeitachse läuft dabei von oben nach unten, hat aber keine Einheit und ist auch nicht linear. Aus einem Sequenzdiagramm lässt sich relativ einfach der konkrete Quelltext ableiten.[1]

Objekte werden als Rechtecke dargestellt (vgl. Objektdiagramme) und befinden sich ganz oben im Diagramm, wenn sie zu Beginn der Darstellung schon vorhanden sind (in Abb. 3.16 der Akteur, das konkrete GUI-Objekt, das konkrete Fachkonzept-Objekt und das konkrete Datenhaltungs-Objekt). Ist ein Objekt inaktiv, geht eine gestrichelte **Lebenslinie** nach unten. Wird es durch einen Methodenaufruf aktiv, geht die Lebenslinie zu einem vertikalen Rechteck auf (**Ausführungssequenz**). Synchrone **Methodenaufrufe** werden durch einen durchgehenden Pfeil (in der Regel nach rechts) dargestellt. Ausnahme ist der Konstruktoraufruf (**Objekterzeugung**), dieser erfolgt durch eine gestrichelte Linie mit einer Pfeilspitze, wie bei den „Rücksprungpfeilen" beim Beenden einer Methode. Die **Antwortnachricht** (**Rücksprung**) kann konkrete Rückgabewerte (z. B. die Zahl 5), Datentypen (z. B. `int`) oder Klassen (z. B. `Integer`) oder Variablen- bzw. Objektnamen (z. B. `zahl`) enthalten. Diese werden einfach an den Rücksprungpfeil angetragen. Jedes Sequenzdiagramm als Visualisierung von Interaktionen erhält einen **Interaktionsrahmen** und oben links den **Interaktionsnamen**.

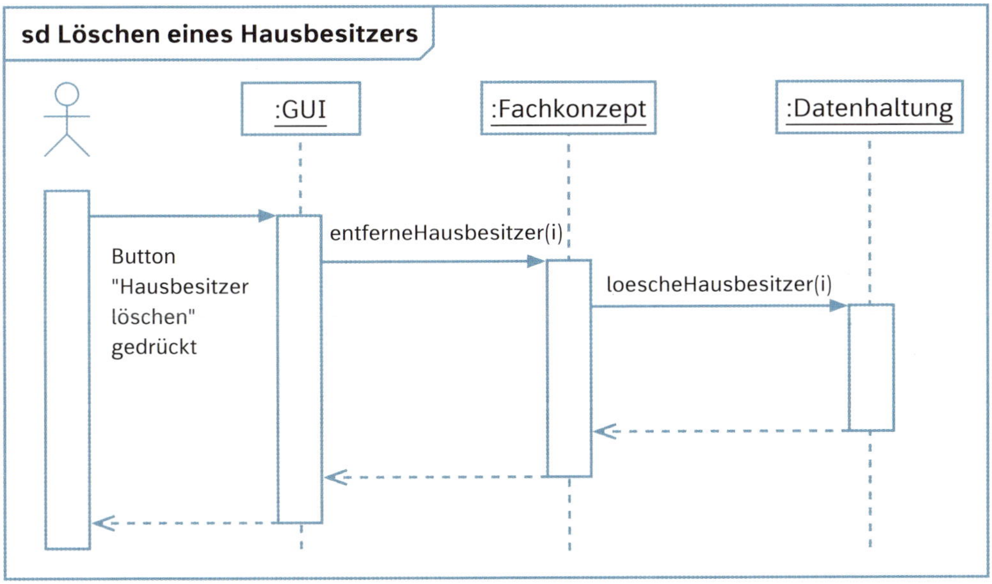

Abb. 3.16: Sequenzdiagramm für die Darstellung von „Löschen eines Hausbesitzers"

Hinweis: Bei einer guten Modellierung gehen die Methodenpfeile eher alle von links nach rechts, was der Realisierung eines Primary-Secondary-Prinzips (früher: Master-Slave-Prinzip) entspricht. Auch sind die Methoden nicht Bestandteil der Klasse des aufrufenden Objekts, sondern des aufgerufenen Objekts. Somit sind viele Darstellungen, die man im Internet zum Thema Sequenzdiagramme findet, leider falsch.

1 *Vgl. Rupp, Christine/Queins, Stefan/die SOPHISTen: UML 2 glasklar – Praxiswissen für die UML-Modellierung, 4., aktualisierte Aufl., München, Carl Hanser Verlag, 2012*

Einen falschen Methodenaufruf bzw. eine falsche Modellierung zeigt Abb. 3.17.

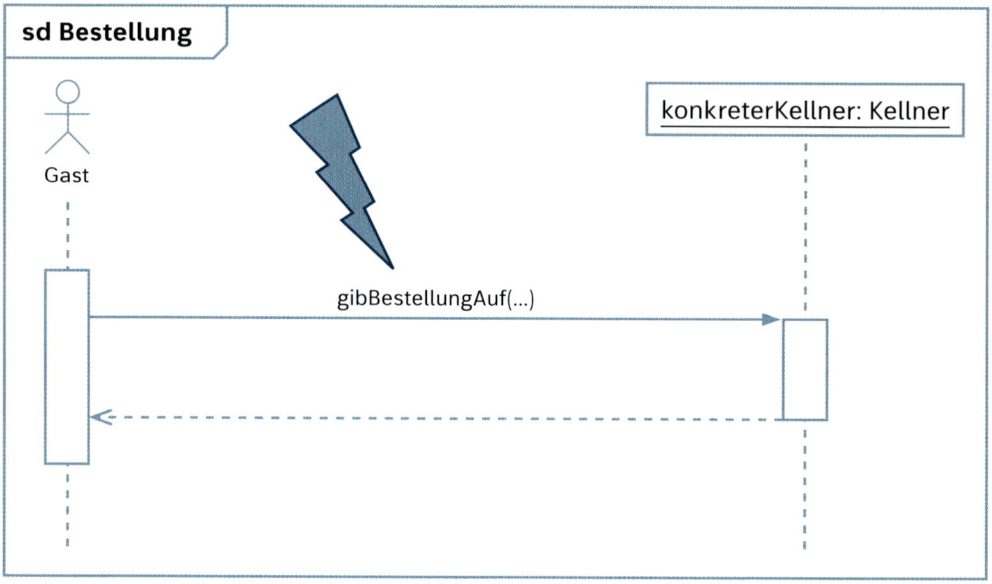

Abb. 3.17: Falsch modelliertes Sequenzdiagramm

Der Methodenaufruf `gibBestellungAuf(…)` mag zwar im ersten Moment als logisch erscheinen, ist aber falsch. Die Methode muss zwingend eine Methode der Klasse `Kellner` sein. Der spätere falsche Quelltext würde nämlich wie folgt aussehen:

```
konkreterKellner.gibBestellungAuf(…);      // falsch!
```

Ein Kellner gibt aber keine Bestellungen auf, sondern **nimmt** Bestellungen **an**, somit muss ein richtig modellierter Methodenaufruf wie folgt lauten:

```
konkreterKellner.nimmBestellungAn(…);      // richtig!
```

Beim Hausbesitzer-Immobilien-Szenario macht sich das Entwicklerteam zuerst darüber Gedanken, was in der Drei-Schichten-Architektur an Objektkommunikation ablaufen muss:

- Das GUI-Objekt braucht eine Referenz auf das Fachkonzept-Objekt. Daher wird im GUI-Konstruktor einfach das Fachkonzept-Objekt erzeugt (s. Abb. 3.18: Position 1).
- Das Fachkonzept-Objekt braucht eine Referenz auf das Datenhaltungs-Objekt. Daher wird im Fachkonzept-Konstruktor einfach das Datenhaltungs-Objekt erzeugt (s. Abb. 3.18: Position 2).

- Zusätzlich liest der Fachkonzept-Konstruktor alle Hausbesitzer und alle Immobilien aus dem Datenhaltungs-Objekt und sortiert dabei die Hausbesitzerliste nach Namen (s. Abb. 3.18: Position 4, 5 und 6).
- Der Datenhaltungs-Konstruktor muss eine Verbindung zur konkreten Datenbank herstellen (s. Abb. 3.18: Position 3).

Visualisiert wird dieser Sachverhalt durch das folgende Sequenzdiagramm (Abb. 3.18).

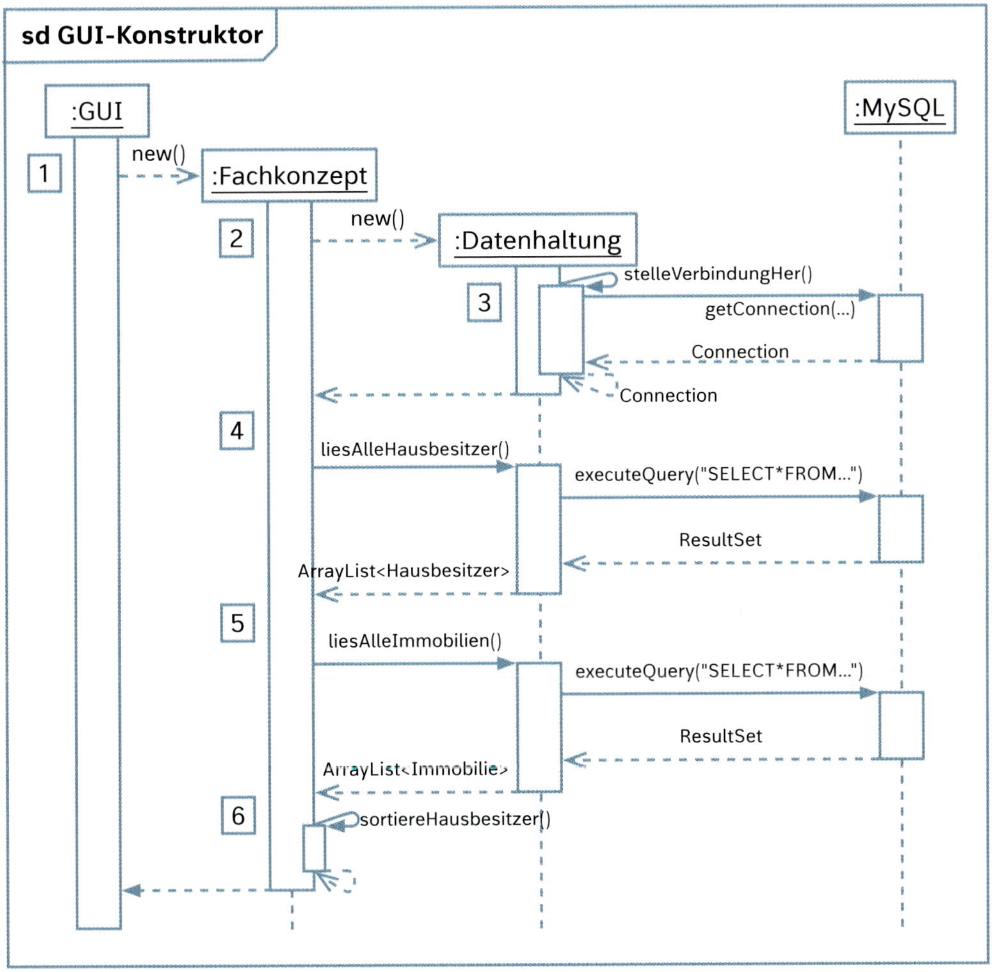

Abb. 3.18: Visualisierung des GUI-Konstruktoraufrufs mithilfe eines Sequenzdiagramms

Aus diesem Sequenzdiagramm lassen sich leicht die konkreten Implementierungen ableiten.

```
    // Konstruktor in der Klasse GUI
    public GUI() {
      // s. Abb. 3.18: Position 1
      einFachkonzept = new Fachkonzept();
    }

    // Konstruktor in der Klasse Fachkonzept
    public Fachkonzept() {
      // s. Abb. 3.18: Position 2)
      eineDatenhaltung = new Datenhaltung();
      // s. Abb. 3.18: Position 4
      hausbesitzerListe = eineDatenhaltung.liesAlleHausbesitzer();
      // s. Abb. 3.18: Position 5
      immobilienListe = eineDatenhaltung.liesAlleImmobilien();
      // s. Abb. 3.18: Position 6
      sortiereHausbesitzer();
    }

  // Klasse Datenhaltung
  // s. Abb. 3.18: Position 3
  public class Datenhaltung() {

    Connection con = null;
    Statement stmt = null;
    ResultSet rs = null;

    // Konstruktor
    public Datenhaltung() {
      con = stelleVerbindungHer();
    }

    // Methode stelleVerbindungHer()
    public Connection stelleVerbindungHer() {
      // ...
      Class.forName("com.mysql.jdbc.Driver");
      return DriverManager.getConnection("DB_URL","USER","PASSWORD");
    }

    // Methode liesAlleHausbesitzer()
    public ArrayList<Hausbesitzer> liesAlleHausbesitzer() {
      ArrayList<Hausbesitzer> hausbesitzerListe = new ArrayList();
      stmt = con.createStatement();
      rs = stmt.executeQuery("SELECT * FROM T_Hausbesitzer");
      // Umwandlung des ResultSet in die ArrayList
      // ...
      return hausbesitzerListe;
    }
```

```
  // Methode liesAlleImmobilien
  // ...

} // Klasse Datenhaltung
```

Abb. 3.19 zeigt, was passiert, wenn der Button „Auflisten“ neben dem Ausgabefeld für die Hausbesitzer (vgl. Darstellung der GUI im Pflichtenheft in Kapitel 1.6.3) gedrückt wird.

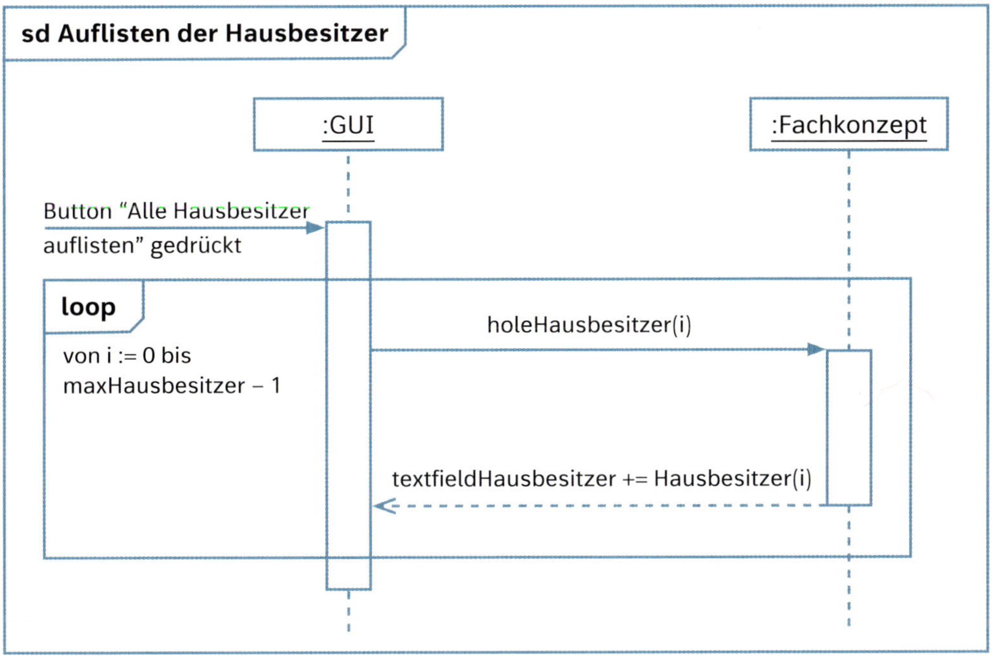

Abb. 3.19: Kommunikationsprozesse für das Auflisten der Hausbesitzer

Auch hier kann man fast direkt den Quelltext ablesen:

```
  // Methode holeHausbesitzer in der Klasse Fachkonzept
  public Hausbesitzer holeHausbesitzer(int stelle) {
    return hausbesitzerListe.get(stelle);
  }

  // Methode listeHausbesitzerAuf in der Klasse GUI
  public void listeHausbesitzerAuf() {
    for (int i = 0; i < einFachkonzept.getMaxAnzahlHausbesitzer();
                                                              i++) {
      textfieldHausbesitzer.add(einFachkonzept.holeHausbesitzer(i));
    }
  }
```

Außer dem Loop-Fragment gibt es noch eine Vielzahl anderer kombinierter Teile (Interaktionsoperatoren), z. B. das Alt-Fragment (Alternative: einseitige Auswahl) oder das Opt-Fragment (Option: Fallunterscheidung). Für den Option-Interaktionsoperator ist in Abb. 3.20 ein Beispiel dargestellt, bei dem in Abhängigkeit vom Wohnhaustyp unterschiedliche Methodenaufrufe erfolgen.

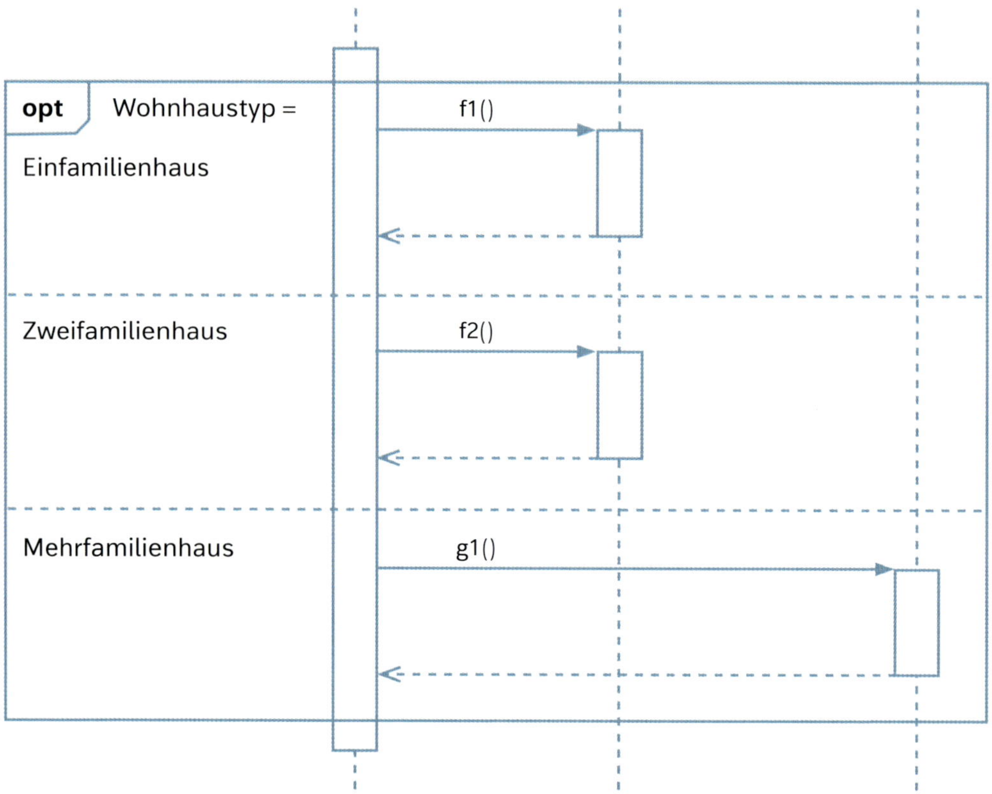

Abb. 3.20: Option-Fragment (Ausschnitt aus einem Sequenzdiagramm)

Sequenzdiagramme (sequence diagrams) sind die meistverwendeten unter den sog. **Interaktionsdiagrammen** der UML. Sie zeigen die **Objektkommunikation** bzw. das Objektverhalten zur Laufzeit. Mit Sequenzdiagrammen beantworten die Entwickler die Frage, wie die Kommunikation (in der Regel **Methodenaufrufe**) in einzelnen Teilsystemen abläuft. Angestoßen wird die Kommunikation immer von einem **Akteur** (Mensch, Methode, aktives Objekt) auf der linken Seite des Diagramms, die Zeit läuft von oben nach unten und die Kommunikation (bei einer guten Modellierung) in der Regel von links nach rechts.

Die folgende Tabelle zeigt die Basiselemente von Sequenzdiagrammen.

Element	Bedeutung
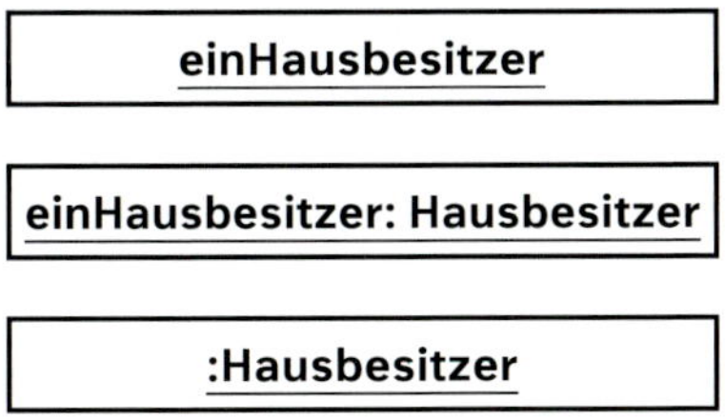	Objekt (verschiedene Darstellungsmöglichkeiten) Hinweis: Manche UML-Zeichentools lassen den Unterstrich weg.
	Synchroner Methodenaufruf (Nachricht)
	Objekterzeugung
	Antwortnachricht (Rücksprung)
 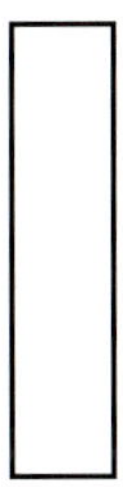	Der (immer aktive) Akteur Aktives Objekt
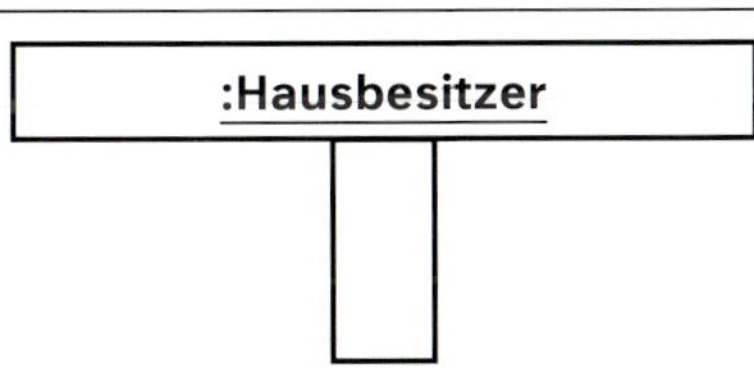	Konstruktor
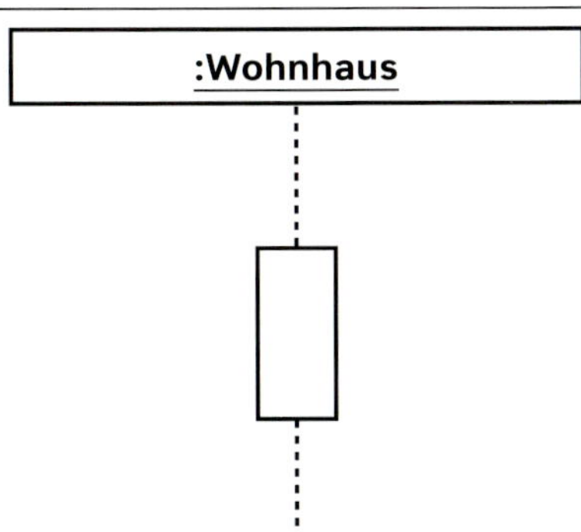	Lebenslinie Aktivierung der Lebenslinie (Methodenabarbeitung bzw. Ausführungssequenz)

3.7 Zustandsdiagramm

Zustandsdiagramme (*state chart diagrams*) gibt es schon sehr lange. Sie haben ihren Ursprung in der Automatentheorie über endliche Automaten. Sie wurden in die UML adaptiert, um z. B. Zustände bzw. Zustandsänderungen von Objekten in einem Zustandsautomaten (*state machine*) darzustellen. Ein Zustandsdiagramm soll die Frage beantworten, wie sich ein System bzw. Objekt, welches in einem bestimmten Zustand ist, in Abhängigkeit von internen oder externen Ereignissen verhält. Die einzelnen **Zustände** sind durch sog. **Transitionen** verbunden. Diese weisen die Wege zu neuen Zuständen in Abhängigkeit von den **Ereignissen** (trigger, guard etc.). Transitionen auf denselben Zustand sind sog. **Selbsttransitionen**: Es gibt zwar ein Ereignis, aber durch das Ereignis wird der Objektzustand nicht berührt. Ein Zustand kann ein **Eintrittsverhalten** (entry), ein **Zustandsverhalten** (do) und ein **Austrittsverhalten** (exit) besitzen.[1]

Beim Hausbesitzer-Immobilien-Szenario beschließt das Entwicklerteam, der Hausbesitzerklasse ein weiteres Attribut `Kundenstatus` zu geben (s. Abb. 3.21), welches speichert, ob der Kunde der Immobilienverwaltungsfirma ImmoVerPlus GmbH zurzeit wirklich eine Immobilie hat (bzw. eine Immobilie verwalten lässt) oder nicht.

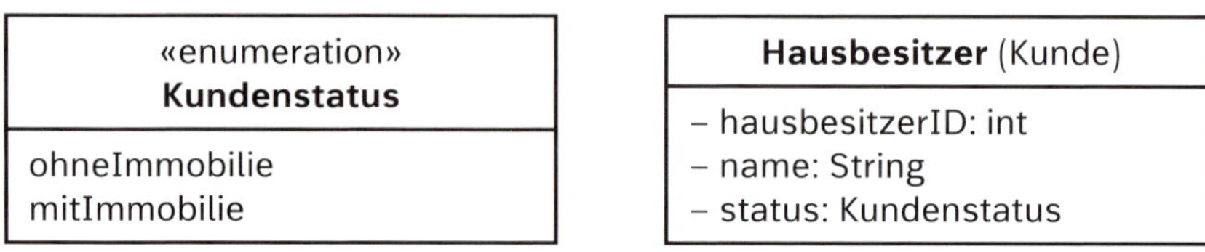

Abb. 3.21: Die Klasse Hausbesitzer mit zusätzlichem Kundenstatus (Zustand)

An dieser Stelle könnte das Team auch Refactoring (Restrukturierung bzw. Überarbeitung von vorhandener Software) betreiben und die ursprüngliche Klasse `Hausbesitzer` in `Kunde` umbenennen, weil sich ein kleiner Modellierungsfehler auftut: Ein Hausbesitzer ohne Haus bzw. Immobilie ist ja kein Hausbesitzer.

Um später beim Programmieren alle Zustände und möglichen Zustandsänderungen richtig zu implementieren, erstellt das Entwicklerteam ein erstes Zustandsdiagramm (s. Abb. 3.22) für einen Kunden (**Name des Zustandsautomaten**) der Immobilienverwaltungsfirma. In diesem findet man auch die schon bekannten **Startknoten** bzw. den **Startzustand** und **Endknoten** bzw. den **Endzustand** wieder, genauso wie die **Systemgrenze**.

1 *Vgl. Rupp, Christine/Queins, Stefan/die SOPHISTen: UML 2 glasklar – Praxiswissen für die UML-Modellierung, 4., aktualisierte Aufl., München, Carl Hanser Verlag, 2012*

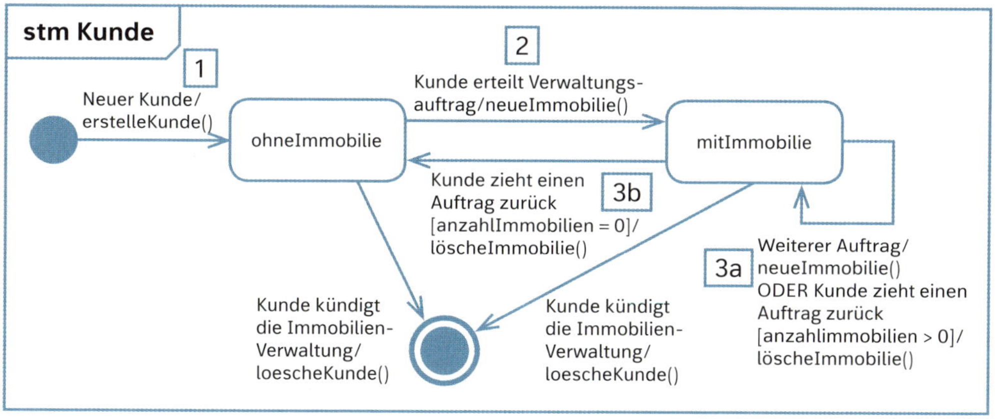

Abb. 3.22: Zustandsdiagramm für einen konkreten Kunden (statemachine Kunde)

Eine Möglichkeit der Implementierung lautet:

```
// Die Methode erstelleKunde() findet sich in der Klasse
// TUI bzw. GUI (s. Abb. 3.22: Position 1).
public void erstelleKunde() {
  tmpHausbesitzer.setName(...);
  tmpHausbesitzer.setZustand(Kundenstatus.ohneImmobilie);
  // Hinweis: hausbesitzerNr wird automatisiert vom Fachkonzept
  // vergeben
  einFachkonzept.speichereNeuenHausbesitzer(tmpHausbesitzer);
}
```

Bei der Methode `neueImmobilie()` muss bei der Implementierung darauf geachtet werden, dass der Hausbesitzer, sprich Kunde, im System schon vorhanden ist und dann natürlich den Status `mitImmobilie` erhält.

Die weitere Logik für den Kundenzustand kommt in die Fachkonzeptschicht:

```
// Methode realisiert indirekt einen Verwaltungsauftrag.
// Dem Kunden, der die neue Immobilie besitzt, wird, unabhängig
// von seinem vorherigen Zustand, der Kundenstatus "mitImmobilie"
// zugewiesen (s. Abb. 3.22: Position 2).
public void neueImmobilie(Immobilie eineImmobilie) {
  int tmpHausbesitzerNr;
  Hausbesitzer tmpHausbesitzer;
  tmpHausbesitzerNr = eineImmobilie.getHausbesitzerNr();
  if (gibtEsHausbesitzer(tmpHausbesitzerNr)) {
    immobilienListe.add(eineImmobilie);
    int i = 0;
    for (Hausbesitzer hb: hausbesitzerListe) {
      if (hb.getHausbesitzerNr() == tmpHausbesitzerNr) {
        tmpHausbesitzer = hb;
        mitgliederListe.remove(i);
```

```
          tmpHausbesitzer.setStatus(Kundenstatus.mitImmobilie);
          mitgliederListe.add(i,tmpHausbesitzer);
          return;
        } // if
      i++;
      } // for
    } // if
  } // neueImmobilie

  // Methode realisiert indirekt die Zurücknahme eines
  // Verwaltungsauftrags. Allerdings ändert sich der Kundenstatus
  // nur, wenn es die letzte Immobilie des Kunden war.
  public void loescheImmobilie(int immobilienNr) {
    // ...
    // Wenn es die Immobilie gibt, dann ...
    // ... lies Hausbesitzer-Nummer aus der Immobilie aus.
    // Gehe alle Immobilien durch, ob der Hausbesitzer noch in
    // einer anderen Immobilie eingetragen ist.
    // Wenn ja, bleibt der Status (s. Abb. 3.22: Position 3a).
    // Wenn nicht:
       tmpHausbesitzer = hb;
       mitgliederListe.remove(i);
       // s. Abb. 3.22: Position 3b
       tmpHausbesitzer.setStatus(Kundenstatus.ohneImmobilie);
       mitgliederListe.add(i,tmpHausbesitzer);
    // Lösche die Immobilie aus der Immobilien-Liste
  } // loescheImmobilie
```

Zustandsdiagramme (state chart diagrams) gehören zur UML-Familie der **Verhaltensdiagramme** und stellen Zustände bzw. Zustandsänderungen von Objekten in einem Zustandsautomaten (*state machine*) dar. Ein Zustandsdiagramm soll die Frage beantworten, wie sich ein System bzw. Objekt, welches in einem bestimmten Zustand ist, in Abhängigkeit von internen oder externen Ereignissen verhält. Die einzelnen **Zustände** sind durch sog. **Transitionen** verbunden. Diese weisen die Wege zu neuen Zuständen in Abhängigkeit von **Ereignissen**.

Die folgende Tabelle zeigt die Basiselemente von Zustandsdiagrammen.

Element	Bedeutung
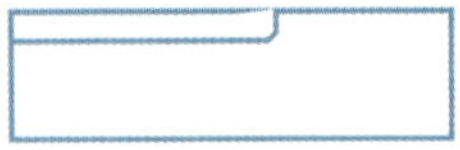	Systemgrenze (z. B. von stm Mieter)
	Zustand (z. B. „Mieter hat keine Mietschulden")

Element	Bedeutung
	Transition (Zustandsübergang von einem Quellzustand zu einem Zielzustand)
	Startknoten
	Endknoten
trigger [guard] / Aktivität	Die Beschriftung am Transitionspfeil gibt das auslösende Ereignis (trigger) an, die Bedingung, die erfüllt sein muss (guard), und die Aktivität, die beim Übergang ausgeführt wird. Beispiel: Kontoüberprüfung [Miete nicht eingegangen] / Schreiben an Mieter Die Beschreibungselemente sind optional.
Zustand entry / Aktivität do / Aktivität exit / Aktivität	Ein Zustand (z. B. „Mieter hat Mietschulden“) kann durch eine waagrechte Linie unterteilt werden. Unterhalb der Linie kann das Verhalten eines Objekts in dem Zustand angegeben werden. Beispiel: entry / Schreiben an Mieter: „Haben Sie evtl. vergessen, die Miete zu bezahlen?“ do / nothing exit / Schreiben an Mieter: „Danke für die Überweisung!“ Die Beschreibungselemente sind optional.

3

3.8 Aufgaben, Übungen und Handlungsschritte

Frau Zeinab will wieder den Kompetenz- und Wissensstand der Auszubildenden überprüfen. Anna, Emre und Paul sollen Aufgaben zum dritten Kapitel lösen. Allerdings dürfen Anna und Paul die Aufgaben 6 (Sequenzdiagramm) und 7 (Zustandsdiagramm) auslassen.

AUFGABEN, ÜBUNGEN UND HANDLUNGSSCHRITTE

1. Beantworten Sie die folgenden Fragen:
   a) Wofür steht die Abkürzung UML?
   b) Wer ist für die Definition der UML zuständig?
   c) Welche Versionsnummer ist gerade aktuell?
   d) Welche zwei Kategorien bzw. Diagrammarten gibt es?
   e) Wie viele UML-Diagramme gibt es?

2. Die Klasse `Tisch` hat die Attribute `hoehe` (Datentyp `float`) und `hersteller` (Datentyp `String`). Zeichnen Sie das vollständige **UML-OOD-Klassendiagramm** inklusive des parameterlosen und des vollparametrisierten Konstruktors und allen Verwaltungsoperationen (Get- und Set-Methoden).

3. Zeichnen Sie ein Objekt der Klasse `Tisch` mithilfe eines **UML-Objektdiagramms** (Werte können Sie selbst bestimmen).

4. Ein Krankenhaus möchte ein Anwendungssystem für seine Geschäftsprozesse entwickeln, welches u. a. die folgenden Anwendungsfälle enthält:
   - Jeder Sachbearbeiter darf die Liste aller Krankenhausangestellten aufrufen.
   - Ein Sachbearbeiter in der Personalstelle darf zusätzlich Mitarbeiter einstellen und entlassen, ein Sachbearbeiter in der Aufnahme darf zusätzlich Patienten aufnehmen und entlassen.
   - Bei der Einstellung von Mitarbeitern und bei der Aufnahme von Patienten werden zwingend der Name, das Geburtsdatum und die Adresse aufgenommen.
   - Kann der Patient bei der Entlassung nicht laufen, wird über das System ein Taxi gerufen.

   Zeichnen Sie das vollständige **UML-Anwendungsfalldiagramm** für das Krankenhaussystem, welches sowohl Include- als auch Extend-Beziehung(en) enthält.

5. Die Logik bzw. der Ablauf eines Anwendungssystems für einen Versandhandel soll mithilfe eines **UML-Aktivitätsdiagramms** (Bereiche: Kunde, Annahme, Lager und Versand) dargestellt werden:

   > Die Annahmeabteilung des Versandhandels prüft, ob eine Bestellung eines Kunden in Ordnung ist. Falls dies nicht der Fall ist, wird der Kunde so lange aufgefordert, die Bestellung zu vervollständigen, bis die Bestellung okay ist. Danach stellt die Lagerabteilung den Artikel bereit, parallel dazu erstellt die Versandabteilung einen Tourenplan und die Annahme-Abteilung die Rechnung. Ist alles drei erfolgt, liefert die Versandabteilung die Ware mitsamt der Rechnung aus.

   Die Aktionen des Kunden sind somit die Bestellung der Waren als Startaktion, evtl. die Vervollständigung der Bestellung und die Annahme der Ware mit der Rechnung als Endaktion.

6. Ein Anwendungsprogramm (Chef als Akteur) erzeugt ein Objekt (`einBauarbeiter`) der Klasse `Bauarbeiter`. Falls der Chef gute Laune hat, wünscht er seinem Bauarbeiter „Guten Morgen!“ über die Methode `erhalteBegruessung(String begruessung)`. Danach erteilt er die Anweisung „Los geht's!“ über die Methode `erhalteAnweisung(String anweisung)`. Bei dieser Botschaft erzeugt der Bauarbeiter einen Hilfsarbeiter (`einHilfsarbeiter`) der Klasse `Bauarbeiter` und gibt ihm die Anweisung „Hilf mir!“ Der Hilfsarbeiter antwortet mit „Okay!“. Dies hat zur Folge, dass der Bauarbeiter dem Chef „Arbeit ist fertig!“ zurückgibt. Erhält der Chef genau diese Antwort, dann gibt er die Anweisung „Pause!“ an den Bauarbeiter. Daraufhin isst der Bauarbeiter dreimal hintereinander eine Stulle (Berliner Ausdruck für ein belegtes Brot) mithilfe der Methode `iss(String lebensmittel)` und antwortet dann „Pause ist beendet!“ Ist die Arbeit allerdings nicht fertig, bekommt `einBauarbeiter` die Anweisung „Hilf mir!“
   Zeichnen Sie das **UML-Sequenzdiagramm**.
   Hinweis: Es wird mit synchronen Botschaften gearbeitet, d. h., dass z. B. `einBauarbeiter` nichts tut, während er auf die Antwort von `einHilfsarbeiter` wartet.

7. Wenn in einer Bibliothek ein Buch beschafft wird, dann werden seine Daten erfasst und ein neues Objekt der Klasse `Buch` erzeugt. Der Einfachheit halber gebe es von jedem Buch nur ein einziges Exemplar. Jedes Buch kann ausgeliehen werden. Wird ein ausgeliehenes Buch von einem anderen Leser gewünscht, dann muss es vorbestellt werden. Nicht vorbestellte Bücher stehen nach der Rückgabe sofort für eine erneute Ausleihe bereit. Vorbestellte Bücher werden nach der Ausleihe für den entsprechenden Leser zur Abholung bereitgelegt und der Leser wird informiert. Wird das Buch nicht fristgemäß abgeholt, dann steht es für eine neue Ausleihe bereit. Defekte Bücher oder Bücher, die nicht zurückgegeben wurden, werden aus dem Bestand entfernt. Wenn ein neues Buch im System gespeichert wird, dann befindet es sich zunächst im Zustand „präsent". Das Löschen von Büchern im System wird durch den Übergang in den Endzustand angezeigt.[1]
   Zeichnen Sie das **UML-Zustandsdiagramm**.

Buch
erfassen() ausleihen() zurückgeben() vorbestellen() freigeben() entfernen()

1 *Vgl. Balzert, Helmut: Lehrbuch der Softwaretechnik - Basiskonzepte und Requirements Engineering, 3. Aufl., Heidelberg, Spektrum Akademischer Verlag, 2009*

4 Qualität von Software, Qualitätskontrolle und Testverfahren

Anna, Emre und Paul haben wenig Erfahrung mit der Qualitätskontrolle von Softwareprodukten. Sie sind sehr überrascht, von Frau Zeinab zu hören, dass es bestimmte Qualitätsmerkmale für Software gibt und dass Software gut getestet werden kann. Sie sind sehr gespannt auf dieses Thema.

Im Laufe dieses vierten Kapitels erwerben Anna, Emre und Paul die folgenden Kompetenzen, wobei Anna und Paul das Thema „Whiteboxtest“ auslassen.

Sie ...

- ... erläutern einige Qualitätsmerkmale von Software (Funktionalität, Zuverlässigkeit, Benutzbarkeit, Effizienz, Änderbarkeit, Übertragbarkeit).
- ... begründen, dass Software immer gegen die Anforderungen getestet wird.
- ... unterscheiden für die nicht-agile Sichtweise verschiedene Testarten (statische und dynamische Tests) und erläutern verschiedene Kategorisierungsarten bei den dynamischen Tests (Blackboxtest, Whiteboxtest, Greyboxtest).
- ... erläutern für die agile Sichtweise den sog. „Agilen Testquadranten“ (X-Achse: teamunterstützende contra produkthinterfragende Tests, Y-Achse: technische contra fachliche Tests).
- ... beschreiben die Anforderungen an einen Test (plan- und steuerbar, wiederholbar, nachvollziehbar).
- ... erläutern das Prinzip von Blackboxtests und testen eine vorgegebene Software mithilfe zweier Blackbox-Testverfahren (Äquivalenzklassenbildung, Grenzwertanalyse).
- ... beschreiben das Prinzip von Whiteboxtests und wenden verschiedene Whitboxtest-Verfahren (Anweisungsüberdeckung, Zweigüberdeckung, Pfadüberdeckung, Bedingungsüberdeckung) an.
- ... erläutern das Prinzip eines Unit Tests und führen einen Unit Test aus.
- ... stellen anwendungsbezogen Testfälle auf und dokumentieren Testergebnisse.
- ... begründen, dass die Fehlerfreiheit eines Softwaresystems nicht bewiesen werden kann.

4.1 Qualität von Software(-systemen)

Schon 1978 hat Barry W. Boehm zusammen mit anderen Autoren 15 wichtige Softwarequalitätsmerkmale genannt:[1]

- Betriebssicherheit
- Verständlichkeit
- Portierbarkeit
- Informationssicherheit
- Testbarkeit
- Benutzerfreundlichkeit
- Zuverlässigkeit
- Anpassbarkeit
- Wiederverwendbarkeit
- Elastizität
- Modularität
- Effizienz
- Stabilität
- Komplexität
- Erlernbarkeit

Diese Merkmale sind aber teilweise voneinander abhängig. Es kann z.B. sein, dass sich durch Verbesserung des einen Qualitätsmerkmals (z.B. der Stabilität) ein anderes Merkmal verschlechtert (z.B. die Effizienz).

Das Deutsche Institut für Normung lehnte sich mit seiner DIN 66272 „Bewerten von Softwareprodukten“ sehr stark an die internationale Norm ISO/IEC 9126 „Software Engineering – Product Quality“ an. Es wurden sechs Qualitätsmerkmale von Software (-produkten) genannt bzw. unterschieden:

- Funktionalität (Functionality): Sind alle Funktionen laut Anforderungsspezifikation implementiert und ausführbar?
- Zuverlässigkeit (Reliability): Läuft das System stabil? Treten Fehler auf? Wenn ja, wie häufig und mit welchen Auswirkungen?
- Benutzbarkeit (Usability): Kommt der Anwender mit der Bedienung der Software gut klar? Ist die Benutzung der Software leicht und intuitiv erlernbar?
- Effizienz (Efficiency): Wie geht das Softwaresystem mit Ressourcen um (z.B. Speicherkapazität)? Wie sind die Reaktionszeiten bei den einzelnen Features?
- Änderbarkeit (Maintainability): Wie gut kann die Software an neue Anforderungen angepasst werden? Wie hoch ist der Aufwand für eine Fehlerbeseitigung?
- Übertragbarkeit (Portability): Wie leicht lässt sich das Softwaresystem auf andere Betriebssysteme und auf andere Hardware übertragen?

Im Anhang der DIN waren informativ diese Qualitätsmerkmale noch in über 20 Teilmerkmale untergliedert (s. auch Pflichtenheft in Kapitel 1.6.3). Die Norm wurde aber im Mai 2006 vom Deutschen Institut für Normung ersatzlos zurückgezogen.

Die ISO/IEC 2500 („Software-Engineering – Software product Quality Requirements and Evaluation“ (SQuaRE)) ersetzt nun die ISO/IEC 9126 und legt die Begriffe zur Softwarequalität wie folgt fest:

1 *Vgl. Boehm, Barry W. et al.: Characteristics of Software Quality, Amsterdam, Elsevier Science Ltd, 1978*

Software-Qualität ist die Gesamtheit der Merkmale und Merkmalswerte eines Software-Produkts, die sich auf dessen Eignung beziehen, festgelegte oder vorausgesetzte Erfordernisse zu erfüllen.[1]

ISO 25010 benennt insgesamt acht Qualitätsmerkmale von Software (Funktionalität, Zuverlässigkeit, Benutzbarkeit, Effizienz, Wartbarkeit, Sicherheit, Kompatibilität und Portabilität) und erweitert somit die DIN um zwei weitere Merkmale: Zum einen wird der immer wichtiger gewordene Aspekt Sicherheit eingeführt und durch neu definierte Teilmerkmale weiter aufgespalten (s. Abb. 4.1). Zum anderen gibt es das aufgewertete Qualitätsmerkmal Kompatibilität, welches in der alten DIN nur ein Teilmerkmal war. Koexistenz (vormals Teilmerkmal von Portabilität) und Interoperabilität (vormals Teilmerkmal von Funktionalität) bilden nun die Teilmerkmale des Qualitätsmerkmals Kompatibilität.

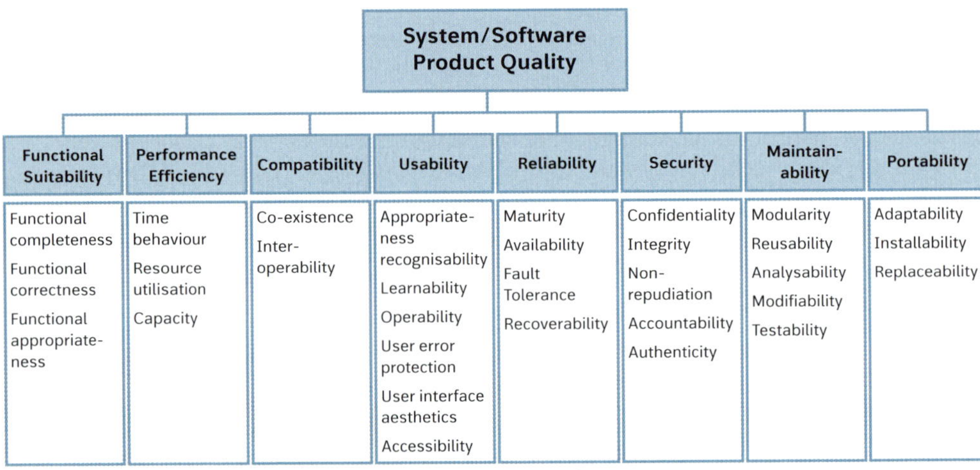

Abb. 4.1: Qualitätsmodell für Softwarequalität nach ISO 25010[2]

Neben der ISO/IEC 25010 definiert auch die DIN EN ISO 9241 („Ergonomie der Mensch-System-Interaktion") Softwarequalitätsmerkmale. Für die Mensch-Maschine-Interaktion (Benutzerschnittstelle) sind die Teile 11 „Gebrauchstauglichkeit: Begriffe und Konzepte", 110 „Grundsätze der Dialoggestaltung", 151 „Leitlinien zur Gestaltung von Benutzungsschnittstellen für das World Wide Web" und 171 „Leitlinien für die Zugänglichkeit von Software" interessant. In den Grundsätzen der Dialoggestaltung wird z.B. auf Aufgabenangemessenheit, Erwartungskonformität, Fehlertoleranz, Individualisierbarkeit, Lernförderlichkeit, Selbstbeschreibungsfähigkeit und Steuerbarkeit eingegangen.

1 *Vgl.http://www.enzyklopaedie-der-wirtschaftsinformatik.de/lexikon/is-management/Systementwicklung/Management-der-Systementwicklung/Software-Qualitatsmanagement/Qualitatsmerkmale-von-Software/index.html [28.02.2019]*

2 *Vgl. Mikusz, Dr. Martin: System/Software Product Quality, Zugriff am 11.09.2018 unter: www.enzyklopaedie-der-wirtschaftsinformatik.de/Members/mikusz/QMSW.png/*

Abb. 4.2: Fehlendes Mitspracherecht des Testers

Die Bewertung von Softwarequalität ist oft ein subjektiver Prozess. Um zu beurteilen, ob eine Software ihren angestrebten Zweck erfüllt, müssen die folgenden Fragen beantwortet werden:[3]

- Hat man sich im Entwicklungsprozess an Programmier-, Test- und Dokumentationsstandards gehalten?
- Ist die Software einsatzfähig und gut getestet (z. B. durch Blackbox- und Whiteboxtests)?
- Ist die Software gut strukturiert und verständlich?
- Wurden objektorientierte Modellierungsprinzipien beachtet und ist der Code clean?
- Ist die Leistung akzeptabel und die Software verlässlich?

Allgemein kann man sagen, dass ein Softwaresystem in der Regel gegen seine Anforderungen getestet wird.

Qualität von Software hat viele Dimensionen. Sie ist sowohl für den Anwender im Hinblick auf **Funktionalität, Zuverlässigkeit, Benutzbarkeit, Sicherheit, Kompatibilität** und **Effizienz** als auch für den Softwarehersteller im Hinblick auf **Änderbarkeit** und **Übertragbarkeit** sehr wichtig.

4.2 Qualitätskontrolle bzw. Softwaretests

In diesem Kapitel sollen einige Fragen beantwortet werden.

Warum braucht man Qualitätskontrolle von Software?

Als Beispiel für mangelnde Qualitätskontrolle sei die Explosion der Rakete „Ariane 5“ (s. Abb. 4.3) am 4. Juni 1996 nur 40 Sekunden nach dem Start genannt. Der Verlust betrug ca. 500 Millionen Dollar für die Rakete und die vier Satelliten. Die Ursache für den Absturz war ein Softwarefehler im Lenksystem. Die Software stammte von der „Ariane 4“, aber die „Ariane 5“ flog schneller und die Umrechnung des Werts der horizontalen Geschwindigkeit

Abb. 4.3: Explosion der Ariane 5

3 *Vgl. Sommerville, Ian: Software Engineering. 9. aktualisierte Auflage, Hallbergmoos: Pearson Studium 2012, Seite 712*

erzeugte einen (integer) Overflow, der das Lenksystem zusammenbrechen ließ. Da die Software bei „Ariane 4“ getestet war und auch in der Praxis funktionierte, wurde sie einfach für „Ariane 5“ übernommen. Ein Test für die Umrechnung der (jetzt höheren) Werte der horizontalen Geschwindigkeit fand nicht statt. Bei der Entdeckung des Fehlers hätte die Software ganz leicht, schnell und mit geringen Kosten geändert werden können.

Was ist ein Software- bzw. Softwaresystem-Test überhaupt?

Eine erste Definition gibt das „Institute of Electrical and Electronics Engineers“ in seinem Glossar über die Terminologie von Software Engineering aus dem Jahr 1990: „An activity in which a system or component is executed under specified conditions, the results are observed or recorded, and an evaluation is made of some aspect of the system or component.“[1] Softwaretests fallen in den Bereich des Qualitätsmanagements. Tests sind nicht die einzige Maßnahme im Qualitätsmanagement der Softwareentwicklung, aber oft die letztmögliche. Je später Fehler entdeckt werden, desto aufwendiger und kostenintensiver ist ihre Behebung. Qualität sollte daher im ganzen Projektverlauf implementiert und nicht „eingetestet“ werden.[2]

Abb. 4.4: Fälschung von Testdaten

Kann man durch das Testen Fehlerfreiheit nachweisen?

Nein, schreibt schon Edsger W. Dijkstra im Jahr 1972: „[...] program testing can be a very effective way to show the presence of bugs, but is hopelessly inadequate for showing their absence.“ [3]

Welche Testarten gibt es?

Es gibt viele Testarten. Je nach Sichtweise werden sehr unterschiedliche Test-Einteilungen vorgenommen.
Bei der „prä-agilen“ Sichtweise unterscheidet man statische und dynamische Tests und teilt die zweite Kategorie noch in struktur- oder funktionsorientierte Testarten ein:

1. *Statische Tests*
   - *Review*
   - *Code Analyse*

---

1 *Quelle: IEEE Standard Glossary of Software Engineering Terminology, in: IEEE Std, Heft 610.12-1990. S. 1–84, 31.12.1990, Zugriff am 11.09.2018 unter: https://ieeexplore.ieee.org/document/159342/?reload=true*

2 *Vgl. Robert, Christian: Professionelle Entwicklungsumgebung: Besser und entspannter entwickeln, veröff. am 02.10.2014 unter: https://jaxenter.de/professionelle-entwicklungsumgebung-besser-und-entspannter-entwickeln-537*

3 *Quelle: Dijkstra, Edsger W.: The Humble Programmer, ACM Turing Lecture 1972, überarb. am 05.02.2013, Zugriff am 11.09.2018 unter: www.cs.utexas.edu/~EWD/transcriptions/EWD03xx/EWD340.html*

2. *Dynamische Tests*
   - *Strukturorientierter Test (z. B. Whiteboxtest)*
     a) Kontrollflussorientierte Testverfahren
     b) Datenflussorientierte Testverfahren
   - *Funktionsorientierter Test von Strukturen bzw. Modulen (Greyboxtest)*
   - *Funktionsorientierter Test ganzer Systeme (z. B. Blackboxtest, Systemtest)*
   - *Funktionsorientierter Test mehrerer Softwareeinheiten (z. B. Integrationstest)*
   - *Funktionsorientierter Test einzelner Softwareeinheiten (z. B. Unittest)*

Bei der agilen Sichtweise wurde von Crispin und Gregory im Jahr 2008 ein „Agiler Testquadrant" eingeführt.[1] Hier werden in einem Graphen (X-Achse: teamunterstützende contra produkthinterfragende Tests, Y-Achse: technische contra fachliche Tests) vier Bereiche identifiziert. Abb. 2.62 folgt dieser Darstellung. Es werden vier Testarten unterschieden:[2]

- *Technische, teamunterstützende Tests: Dies sind vor allem Unit Tests.*
- *Fachliche, teamunterstützende Tests: Dies sind vor allem Funktionstests inkl. der Tests von Prototypen und Simulationen.*
- *Fachliche, produkthinterfragende Tests: Dies sind vor allem Usability- und Benutzerakzeptanztests inkl. Alpha- und Beta-Tests.*
- *Technische, produkthinterfragende Tests: Dies sind vor allem Lasttests, Performancetests, Zugriffs- und Datensicherheitstests sowie Stresstests.*

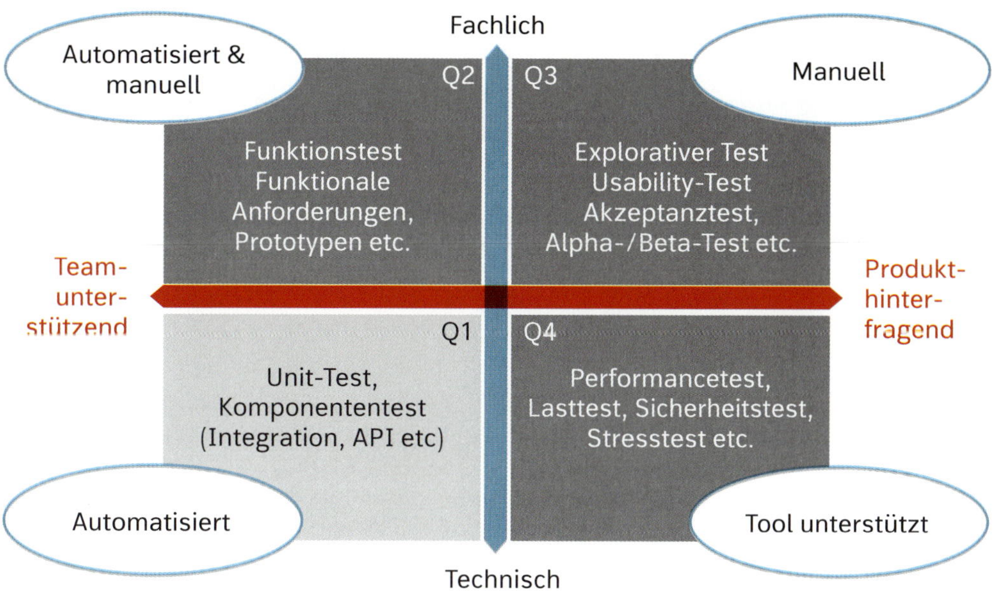

Abb. 4.5: Agiler Testquadrant[3]

1 Vgl. Crispin, Lisa/Gregory, Janet: Agile Testing: A Practical Guide for Testers and Agile Teams, Amsterdam, Addison-Wesley Longman, 2008

2 Vgl. Meseberg, Ursula: Machen wir mal einen Test, veröff. am 10.07.2017 unter: www.microtool.de/testmanagement/machen-wir-mal-einen-test

3 Vgl. Meseberg, Ursula: Machen wir mal einen Test, veröff. am 10.07.2017 unter: www.microtool.de/testmanagement/machen-wir-mal-einen-test

Ein agiles Team muss sich darauf verständigen, welche Anforderungen getestet werden sollen. Hierzu wird oft einer Story bzw. den dazugehörigen Tasks in einem Sprint eine „Definition Of Done" zugeordnet.

Wann sollen die Testfälle entwickelt bzw. definiert werden?

Je früher Testfälle entwickelt bzw. spezifiziert werden (z. B. für den Blackboxtest), desto besser ist es. In einem sequenziellen Vorgehensmodell kann dies schon in der Planungsphase geschehen. Aus der Anforderungsspezifikation werden die Testfälle abgeleitet und im Pflichtenheft festgehalten.

Gibt es Anforderungen an die Tests?

Ja, unabhängig von den Einteilungen bzw. Sichtweisen müssen Tests die folgenden Anforderungen erfüllen:

- *Sie müssen geplant und gesteuert werden können.*
- *Sie müssen wiederholbar sein.*
- *Sie müssen nachvollziehbar sein (und bleiben).*

Abb. 4.6: Umgang mit mangelhafter Benutzerschnittstelle

Die drei folgenden Kapitel sollen exemplarisch den Blackboxtest, den Whiteboxtest und den Unittest (inkl. dem Integrations-, dem System- und dem Akzeptanztest) erläutern.

> **Programm-** bzw. **Softwaretests** sind unabdingbar, um **Fehler zu finden** und **zu beseitigen**. Die Tests müssen professionell vorbereitet, durchgeführt und dokumentiert werden. Aber selbst wenn alle Testfälle bestanden werden, kann die Fehlerfreiheit eines Programms nicht bewiesen werden.

4.3 Blackboxtest

Der Blackboxtest ist ein Standardtest für viele Systeme, auch für Softwaresysteme. Die Software wird dabei als „schwarze Box" betrachtet, in die man nicht hineinsehen kann, sprich: Man kennt den Quelltext nicht. In Abhängigkeit von der Anforderungsspezifikation werden Testfälle entwickelt, die überprüfen, ob das reale Systemverhalten mit dem erwarteten Systemverhalten übereinstimmt. Laut dem „German Testing Board" versteht man unter Blackboxtests „ein [...] Testen ohne Nutzung von Informationen über Interna eines Systems [...]"[1]. Der Nachweis soll erbracht werden, dass die in den Anforderungen spezifizierten Funktionen korrekt implementiert wurden. Getestet wird daher das Ausgabeverhalten der Blackbox auf bestimmte Eingaben.[2]

In vielen Bildern in der Literatur werden beim Blackboxtest eine schwarze Box und Eingabe- bzw. Ausgabedaten dargestellt. Viel wichtiger ist aber eine Darstellung, bei der zusätzlich die Ist-Ausgabedaten mit den Soll-Ausgabedaten verglichen werden (s. Abb. 4.7). Die Letzteren werden aus der Spezifikation generiert. Blackboxtests sind somit spezifikationsgetrieben.

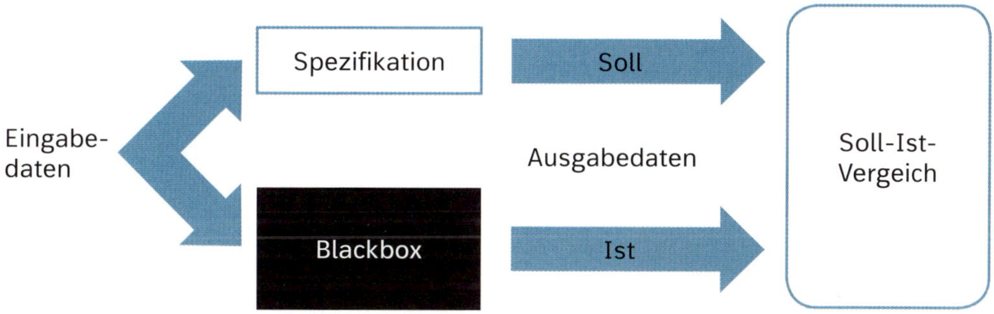

Abb. 4.7: Soll-Ist-Vergleich beim Blackboxtest

In den nächsten Unterkapiteln finden sich einige Blackbox-Testverfahren.

4.3.1 Testen nach Spezifikation

Exemplarisch wird ein **Abnahmekriterium** aus dem Pflichtenheft (s. Kap. 1.6.3) gewählt:

> **/A30/** (/F30/) Der Mitarbeiter *muss* sich alle Kunden anzeigen lassen können.

Daraus kann der folgende **Testfall** generiert werden:

> **/T30/** (/A30/) Beim Drücken des Buttons „Auflisten (der Hausbesitzer)" werden die Namen aller Hausbesitzer angezeigt.

1 *Vgl. German Testing Board e. V. (Hrsg.: Dr. Matthias Hamburg): ISTQB®/GTB Standardglossar der Testbegriffe, Version 2.2, erstellt von der GTB Working Party Glossary auf Basis des Standard glossary of terms used in Software Testing, Version 2.2, vom 19.10.2012 des International Software Testing Qualifications Board, veröff. am 19.04.2013 unter: https://www.german-testing-board.info/wp-content/uploads/2016/06/ISTQB%C2%AEGTB-Standardglossar-der-Testbegriffe-Deutsch-Englisch.pdf*

2 *Vgl. Roitzsch, Peter: Analytische Softwarequalitätssicherung, Münster, Verlagshaus Monsenstein und Vannerdat, 2005*

Beim realen Test startet der **Tester** die zu testende Software:

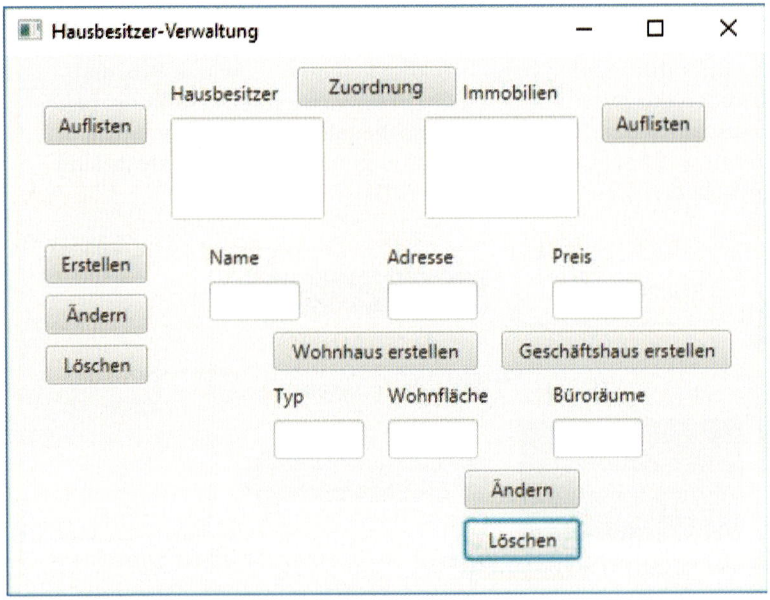

Dann testet er mithilfe der Testfälle die Software und erstellt ein **Testprotokoll**:

Testfall	Datum	Prüfer	Aktion	Ausgabe-Soll	Ausgabe-Ist	Vergleich
/T30/ (/A30/)	11.07.2018 11:35 Uhr	Hr. Gükcen	Drücken des Buttons „Auflisten (der Hausbesitzer)“	Alle Kundennamen werden angezeigt.	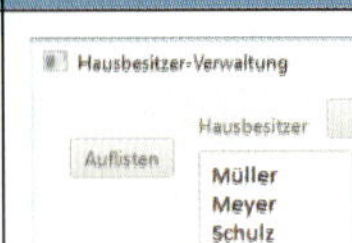	ok

Im Folgenden soll aber nicht das Hausbesitzer-Immobilien-Szenario im Mittelpunkt stehen, sondern die einzelnen Testarten sollen anhand eines kleineren Beispiels herausgearbeitet werden.

Hierfür wird auf folgendes (sehr reduziertes) Pflichtenheft Bezug genommen, mit der Spezifikation der ersten Funktion:

/**F1**/: Das Programm muss nach Eingabe einer „Monatsnummer“ (Zahl zwischen 1 und 12) den entsprechenden deutschen Monatsnamen ausgeben.

Daraus wird ein (erstes) **Abnahmekriterium** entwickelt:

/**A1**/ (/F1/): Der Anwender muss nach der Eingabe einer „Monatsnummer“ (Zahl zwischen 1 und 12) den entsprechenden deutschen Monatsnamen auf dem Bildschirm angezeigt bekommen, z. B. „Juni“ für die Zahl 6.

4.3.5 Weitere Blackbox-Testverfahren

Es gibt eine Vielzahl weiterer Testarten, z. B.:

- Intuitives und erfahrungsbasiertes Testen (*error guessing*): Beide Tests sind vergleichbar und setzen einen erfahrenen Tester, der auch mit Wissen und Intuition ausgestattet ist, voraus. Seine Kompetenzen führen in der Regel dazu, dass dort, wo er Fehler vermutet, sich auch tatsächlich Fehler befinden.
- Repräsentatives bzw. statistisches Testen: Beim statistischen Testen wird analysiert, welche Eingabedaten am häufigsten vorkommen bzw. welche Features vom späteren Benutzer des Softwaresystems am häufigsten benutzt werden. Dann wird der Schwerpunkt beim Testen auf diese Daten bzw. Features gelegt.
- Schwachstellenorientiertes Testen: Beim schwachstellenorientierten Testen wird nach Schwachstellen gesucht; dies kann z. B. ein Übertragungsweg sein. Dann wird diese potenzielle Schwachstelle verstärkt getestet, z. B. ob der Übertragungsweg bei sehr viel Datenverkehr (sprich: Last) „hält“.
- Schadensausmaßorientiertes Testen: Beim schadensausmaßorientierten Testen stehen die wirtschaftlichen Folgekosten eines Fehlers im Fokus der Tests. Eine Software zur Steuerung eines Passagierflugzeugs wird bestimmt intensiver getestet als die Steuerung einer Modelleisenbahn, da nie die Gesundheit von Menschen gefährdet werden darf.

Beim **Blackboxtest** ist die Software eine „schwarze Box“, also der Quelltext unbekannt. In Abhängigkeit von der **Anforderungsspezifikation** werden Testfälle mit speziellen Eingabewerten abgeleitet und dann überprüft, ob die **realen Ausgabewerte** bzw. das reale Systemverhalten mit den **erwarteten Ausgabewerten** bzw. dem erwarteten Systemverhalten übereinstimmen. Es gibt verschiedene Blackbox-Testverfahren, z. B. die **Äquivalenzklassenbildung** und die **Grenzwertanalyse**.

4.4 Whiteboxtest

Beim Whiteboxtest liegt dem Tester die konkrete Software vor. Die Methoden für das strukturorientierte Testen basieren entweder auf der Überdeckung des Kontrollflusses (Erfüllung einfacher Code-Überdeckungskriterien) oder des Datenflusses (Test der Zugriffe auf Variablen und der Zustände der Variablen).[1] Laut dem „German Testing Board“[2] basiert ein Whiteboxtest auf der Analyse der internen Struktur eines Systems. Die einzelnen Whitebox-Testverfahren sind sehr formale Verfahren! Die Tester benötigen nicht die Anforderungsspezifikation und sie müssen auch nicht den Sinn der Software (z. B. wie eine Marsrakete gesteuert wird) verstehen.

---

1 *Vgl. Roitzsch, Peter: Analytische Softwarequalitätssicherung, Münster, Verlagshaus Monsenstein und Vannerdat, 2005*

2 *Vgl. German Testing Board e. V. (Hrsg.: Dr. Matthias Hamburg): ISTQB®/GTB Standardglossar der Testbegriffe, Version 2.2, erstellt von der GTB Working Party Glossary auf Basis des Standard glossary of terms used in Software Testing, Version 2.2, vom 19.10.2012 des International Software Testing Qualifications Board, veröff. am 19.04.2013 unter: www.german-testing-board.info/wp-content/uploads/2016/10/CT_Glossar_DE_EN_V22.pdf, S. 72*

Es gibt beim kontrollflussorientierten Whiteboxtest verschiedene Testarten bzw. verschiedene sog. Überdeckungsmethoden:

- Anweisungsüberdeckung (Blocküberdeckung)
- Zweigüberdeckung
- Pfadüberdeckung
  a) Vollständige Pfadüberdeckung
  b) Boundary-Interior-Pfadüberdeckung
  c) Strukturierte Pfadüberdeckung
- Bedingungsüberdeckung
  a) Einfache Bedingungsüberdeckung
  b) Mehrfach-Bedingungsüberdeckung
  c) Minimale Mehrfach-Bedingungsüberdeckung

Der Whiteboxtest fällt ungeübten Testern schwerer als der Blackboxtest. Im Folgenden sollen alle Testarten in Theorie und Praxis behandelt werden.

Man unterscheidet dabei in einem Kontrollfluss vier Elemente:

1. Anweisung
2. Zweig bzw. Kante
3. Pfad (Abfolge von Zweigen)
4. Bedingung bzw. Entscheidung

4.4.1 Anweisungsüberdeckung C_0 und Blocküberdeckung

Durch die Anweisungsüberdeckung soll jede Anweisung (ohne explizite Berücksichtigung der Pfade und Zweige) mindestens einmal ausgeführt werden.[1]

$$C_0 = \frac{\textit{Anzahl der ausgeführten Anweisungen}}{\textit{Anzahl der Anweisungen}}$$

Durch eine Blocküberdeckung soll jeder Basisblock eines Programms mindestens einmal ausgeführt werden.

$$C_{Block} = \frac{\textit{Anzahl der ausgeführten Basisblöcke}}{\textit{Anzahl der Basisblöcke}}$$

Die Blocküberdeckung enthält dabei die Anweisungsüberdeckung. Ziel ist (wie bei allen Überdeckungsarten), auf 100% zu kommen.

1 *Vgl. Roitzsch, Peter: Analytische Softwarequalitätssicherung, Münster, Verlagshaus Monsenstein und Vannerdat, 2005*

Der folgende Quelltext soll nun mithilfe der Blocküberdeckung (BÜ) getestet werden:

```
public int berechneWertNachAB(int a, int b) {
  int x, y, z;
  if (a < b) {
    x = b;
    z = 1;
  }
  else {
    x = a;
    z = 0;
  }
  if ((a + b) < 10) {
    y = x + b / z;
  }
  else {
    y = x + a;
    if ((a + b) == 7) {
      y++;
    }
  }
  return x + y + z;
}
```


Für den Blocküberdeckungstest müssen erstens Blöcke identifiziert werden (im Folgenden durch eine Ausgabe dokumentiert), zweitens muss die Methode für die Testumgebung als static deklariert werden und drittens muss dann in einer Testumgebung (hier: Main-Methode) versucht werden, alle Blöcke zur Laufzeit zu erreichen:

```
public static int berechneWertNachAB(int a, int b) {
  int x, y, z;
  if (a < b) {
    System.out.println("Block 1");
    // ...
  }
  else {
    System.out.println("Block 2");
    // ...
  }
  if ((a + b) < 10) {
    System.out.println("Block 3");
    // ...
  }
  else {
    System.out.println("Block 4");
    // ...
    if ((a + b) == 7) {
      System.out.println("Block 5");
```

```
        // ...
      }
    }
    System.out.println("Block 6");
    return x + y + z;
  }
```

Über einen ersten Testfall ...

```
public static void main(String[] args) {
  // Test 1
  berechneWertNachAB(2,5);
}
```

... weist man nach, dass sich die Blöcke 1, 3 und 6 erreichen lassen.

Über einen zweiten Testfall ...

```
public static void main(String[] args) {
  // Test 2
  berechneWertNachAB(11,4);
}
```

... weist man dann nach, dass sich die Blöcke 2, 4 und 6 erreichen lassen.

Danach lässt sich kein Testfall kreieren, um Block 5 zu erreichen. Der Tester hat toten Code entdeckt (der oft schon von der IDE angezeigt wird).

Das **Testprotokoll** könnte wie folgt aussehen:

Testfall	Testwerte a , b	Überdeckte Blöcke Soll	Überdeckte Blöcke Ist	Soll-Ist-Vergleich
/TBÜ1/	2, 5	1, 3, 6	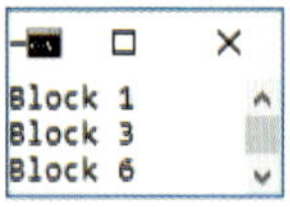	ok
/TBÜ2/	11, 4	2, 4, 6	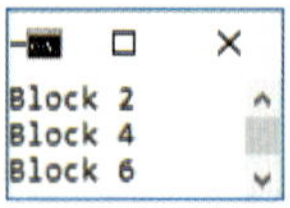	ok
/TBÜ3/	?, ?	... 5 ...	Nicht erreichbar!	FEHLER

Damit ist dieser Test fertig. Die Blocküberdeckung C_{Block} beträgt nur 5/6 (83 %):

$$C_{Block} = \frac{\textit{Anzahl der ausgeführten Basisblöcke}}{\textit{Anzahl der Basisblöcke}} = \frac{5}{6}$$

Der Tester macht jetzt das Entwicklerteam auf den Fehler aufmerksam. Dieses wird den Fehler beheben, sodass sich im darauffolgenden Testdurchgang eine 100 %ige Blocküberdeckung ergibt.

Hinweis: Dieser Test hat ein Exception-Problem nicht gefunden. Bei

```
berechneWertNachAB(5,4);
```

kommt es zu einer Arithmetic Exception:

```
C:\WINDOWS\system32\cmd.exe
Block 2
Block 3
Exception in thread "main" java.lang.ArithmeticException: / by zero
        at WhiteboxtestBlockueberdeckung.berechneWertnachAB(WhiteboxtestBlockueb
erdeckung.java:29)
        at WhiteboxtestBlockueberdeckung.main(WhiteboxtestBlockueberdeckung.java
:64)
```

Dieser Exception-Fehler hätte zwar mit einer 50 %igen Wahrscheinlichkeit schon beim Blocküberdeckungstest durch Zufall gefunden werden können. Dass er nicht gefunden wurde, ist kein Fehler: Der Blocküberdeckungstest wurde vollständig durchgeführt. Der Fehler wird spätestens beim sog. vollständigen Pfadüberdeckungstest (s. Kap. 4.4.3) gefunden.

4.4.2 Zweigüberdeckung C_1

Die Zweigüberdeckung wird oft auch als Entscheidungsüberdeckung bezeichnet. Unter einem Zweig versteht man die gerichtete Kante eines Kontrollflussgraphen.[1]

Alle Entscheidungen im Programm werden sowohl mit dem Wahrheitswert true als auch false ausgeführt, auch wenn dies explizit im Code nicht zu sehen ist.

$$C_{Zweig} = \frac{\textit{Anzahl der ausgeführten Zweige}}{\textit{Anzahl der Zweige}}$$

Die Zweigüberdeckung enthält die Blocküberdeckung.

Schwierig wird es, wenn im Quelltext statt einer zweiseitigen Auswahl (if – else) nur eine einseitige Auswahl (if) vorhanden ist. Der nicht vorhandene Else-Zweig ist eine „unsichtbare" Kante, die aber trotzdem im Test berücksichtigt werden muss, ebenso bei den vorprüfenden Schleifen. Hier kann es sein, dass der Schleifenkörper kein einziges Mal durchlaufen wird. Es gibt also eine „unsichtbare" Kante im Quelltext, die an der gesamten Schleife vorbeiläuft.

---

1 *Vgl. Roitzsch, Peter: Analytische Softwarequalitätssicherung, Münster, Verlagshaus Monsenstein und Vannerdat, 2005*

Um das Thema zu vertiefen, wird der folgende Quelltext, der auch eine Schleife enthält, einem Test unterzogen:

```
public static int berechneAusA(int a) {
  int b = 1;
  while (a <= 6) {
    b += 2;
    if (a == 6) {
      b *= 5;
    }
    a++;
  }
  b++;
  return b;
}
```

Daraus ergibt sich der folgende Kontrollflussplan laut Abb. 4.8.

Damit könnten sich beim ersten Betrachten die drei folgenden unterschiedlichen „Laufwege“ ergeben (rot markiert: „unsichtbare“ Kanten bzw. Zweige im Quelltext):

a) 1-2-9-10
b) 1-2-3-4-5-6-8-9-10
c) 1-2-3-4-7-8-9-10

Dies ist aber die falsche Sichtweise, da sie in Richtung Pfadüberdeckung geht (s. Kapitel 4.4.3).

Beim Zweigüberdeckungstest geht es nämlich nicht darum, alle Laufwege bzw. Pfade abzugehen, sondern darum, ob alle Zweige erreicht werden können. Bei geschickter Wahl des Testwerts (z. B. Parameter a gleich 5) lassen sich mit einem einzigen Test alle Zweige erreichen.

1-2-3-4-7-8-3-4-5-6-8-9-10

Es ist offensichtlich, dass die Zweigüberdeckung die Blocküberdeckung enthält.

Jetzt müssen zu Testzwecken im Quelltext alle sichtbaren und unsichtbaren Kanten bzw. Zweige herausgehoben werden.

```
public static int berechneAusA(int a) {
  System.out.println("a: " + a);
  System.out.println("Zweig 1: Start");
  int b = 1;
  System.out.println("Zweig 2");
  if (a > 6)
    System.out.println("Unsichtbarer Zweig 9");
  else {
    while (a <= 6) {
      System.out.println("Zweig 3");
      b += 2;
```

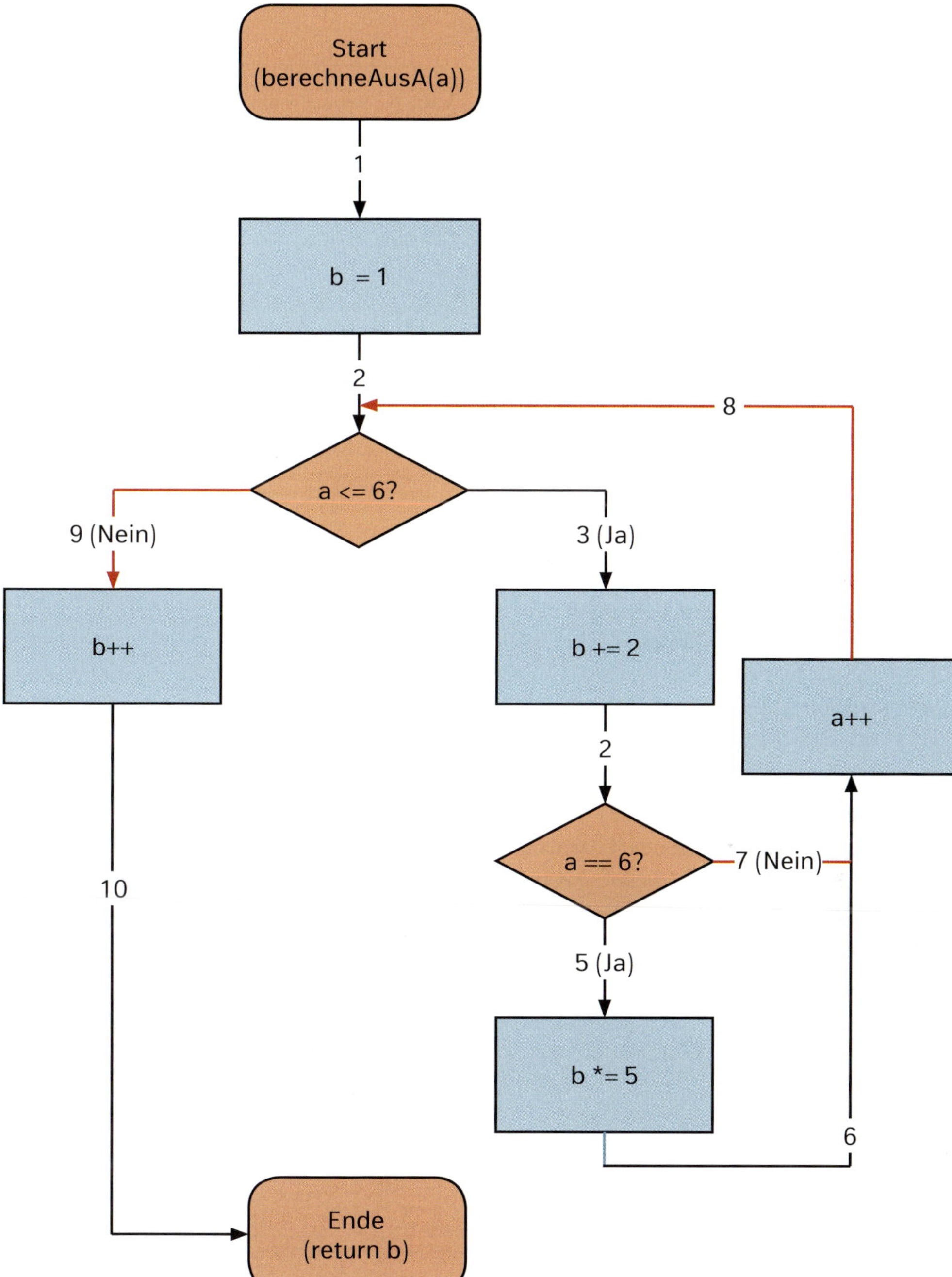

Abb. 4.8: Kontrollflussdiagramm für die Methode berechneAusA()

```
          System.out.println("Zweig 4");
          if (a == 6) {
            System.out.println("Zweig 5");
            b *= 5;
            System.out.println("Zweig 6");
          }
          else
            System.out.println("Unsichtbarer Zweig 7");
          a++;
          System.out.println("Unsichtbarer Rücksprung Zweig 8");
          if (a == 7)
            System.out.println("Unsichtbarer Zweig 9");
        }
      }
      b++;
      System.out.println("Zweig 10: Ende");
      return b;
  }
```

Um zu überprüfen, ob jetzt bei einem Test alle Zweige erreicht werden können, wird in der Test-Main-Methode für a der Wert 5 eingegeben:

```
public static void main(String[] args) {
  System.out.println("b: " + berechneAusA(5));
}
```

Daraus ergibt sich das folgende **Testprotokoll**.

Testfall	Testwert a	Überdeckte Zweige (Soll)	Überdeckte Zweige (Ist)	Soll-Ist-Vergleich
/TZÜ1/	5	1-2-3-4-5-6-7-8-9-10	C:\WINDOWS\sys... a: 5 Zweig 1: Start Zweig 2 Zweig 3 Zweig 4 Unsichtbarer Zweig 7 Unsichtbarer Rücksprung Zweig 8 Zweig 3 Zweig 4 Zweig 5 Zweig 6 Unsichtbarer Rücksprung Zweig 8 Unsichtbarer Zweig 9 Zweig 10: Ende b: 26	ok

Daraus resultiert eine 100 %ige Zweigüberdeckung:

$$C_{Zweig} = \frac{\text{Anzahl der ausgeführten Zweige}}{\text{Anzahl der Zweige}} = \frac{10}{10} = 100\,\%$$

Der Vorteil des Zweigüberdeckungstests im Vergleich zur Anweisungs- bzw. Blocküberdeckung liegt darin, dass sich über die Tests der „unsichtbaren" Kanten bzw. Zweige fehlende Anweisungen oder falsche Logik (bzw. falsche Bedingungen) finden lassen. Als Beispiel für fehlende Anweisungen soll das Spiel „Monopoly" herangezogen werden. Hier kann man den Kontrollflussgraphen, der nur aus Selektionen besteht, z. B. für den Fall zeichnen, dass ein Spieler auf ein Straßen-Feld kommt (s. Abb. 4.9).

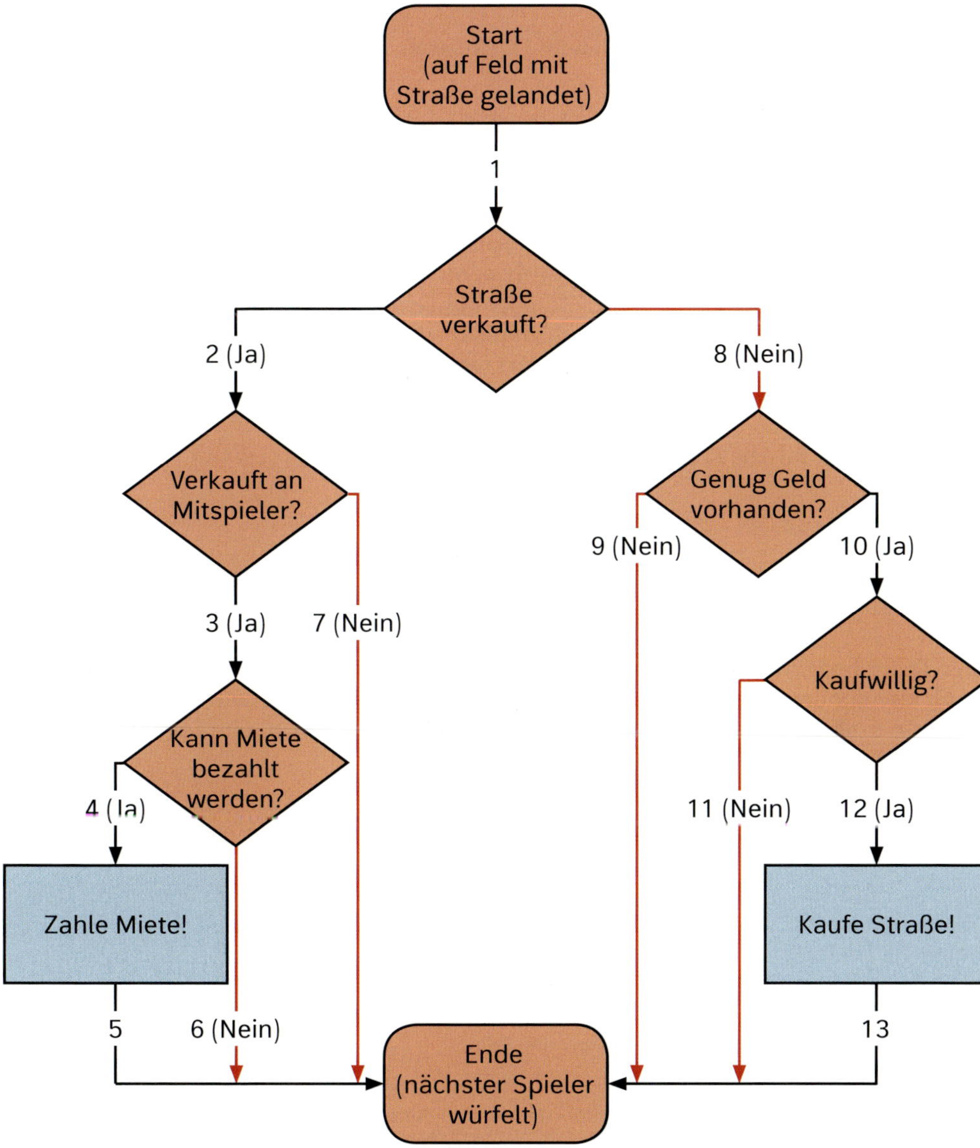

Abb. 4.9: Kontrollflussgraph für eine Kaufentscheidung im Spiel Monopoly

Es ergeben sich die folgenden sechs Testfälle:

1. 1-2-3-4-5
2. 1-2-3-6
3. 1-2-7
4. 1-8-9
5. 1-8-10-11
6. 1-8-10-12-13

Die rot markierten Zweige sieht man im Quelltext nicht explizit (einseitige Auswahl, somit kein Else-Zweig vorhanden).

Die Anweisungsüberdeckung würde die zwei Anweisungen „Zahle Miete!“ und „Kaufe Straße!“ erreichen. Die Zweigüberdeckung könnte dagegen z. B. den Nachweis erbringen, dass zwar die Zweige von 1 bis 13 erreicht werden können, der Zweig 6 (Testfall 2) aber zu einem Systemabsturz bzw. einer Exception führt, weil in diesem Zweig logische Strukturen bzw. Anweisungen fehlen. Der Spieler muss nämlich aus dem Spiel ausscheiden und seine restlichen Besitztümer (auch wenn diese nicht für die gesamte Miete reichen) an den Spieler abgeben, der Besitzer des Feldes bzw. der Straße ist. Die unsichtbare Kante 6 im Quelltext wird dadurch zu einer sichtbaren Kante, weil der Else-Zweig mit Anweisungen bzw. Logik implementiert werden muss. Der Anweisungsüberdeckungstest hätte den Fehler nicht gefunden.

Als Beispiel für falsche Logik soll der folgende Quelltextauszug gewählt werden:

```
if (temperatur >= -273.15) {
  // ...
}
```

Der Tester findet heraus, dass zur Laufzeit immer in die einseitige Auswahl verzweigt wird, also der unsichtbare Else-Zweig nie erreicht werden kann. Dann liegt ein Logikfehler in der Bedingung vor, weil diese immer den Wert true ergibt und somit die einseitige Auswahl keine Daseinsberechtigung hat.

4.4.3 Pfadüberdeckung C_2

Auf die **Pfadüberdeckung C_2** soll hier nur kurz eingegangen werden. Pfade sind keine Zweige, sondern Laufwege (Abfolge von Zweigen). Es gilt herauszufinden, wie viele mögliche Laufwege es im Kontrollflussgraphen gibt, um vom Start- zum Endknoten zu kommen, und ob alle Pfade im Test durchlaufen werden können.

Die **Pfadüberdeckung C_2** ergibt sich wie folgt:

$$C_2 = \frac{\textit{Anzahl der durchlaufenen Pfade}}{\textit{Anzahl der Pfade}}$$

Dabei lassen sich die folgenden Arten unterscheiden:[1]

- **Vollständiger Pfadüberdeckungstest C_{2a}**: Alle Pfadkombinationen sollen einmal ausgeführt werden. Dies ergibt gerade bei Schleifen eine sehr hohe Anzahl von möglichen Pfaden.
- **Boundary-Interior-Pfadtest C_{2b}**: Es werden maximal zwei Schleifendurchläufe ausgeführt (k = 2).
- **Strukturierter Pfadtest C_{2c}**: Es werden k Pfade ausgeführt.

Die Pfadüberdeckung enthält die Zweigüberdeckung.

Als erstes theoretisches Beispiel soll eine kopfgesteuerte Schleife betrachtet werden, die maximal zehnmal durchlaufen werden kann und zwei innere Zweige enthält:

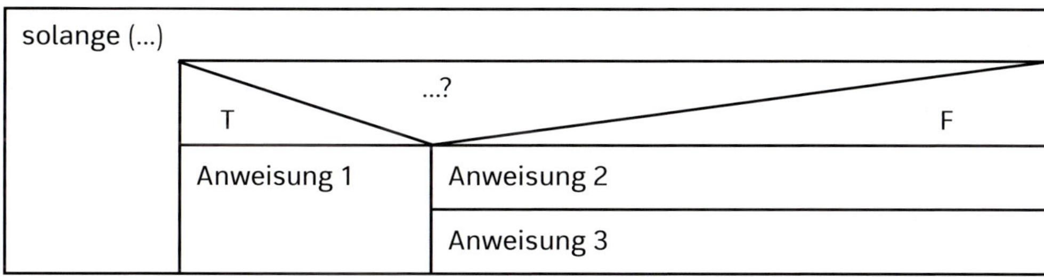

Dann müsste man für eine **vollständige Pfadüberdeckung** $2^{10} + 2^9 + \ldots + 2^1 + 2^0 = 2047$ Kombinationen durchlaufen (2^0 steht für den Fall, dass gar nicht in den Schleifenkörper eingetreten wird).

Beim **Boundary-Interior-Pfadtest** würden $2^2 + 2^1 + 2^0 = 7$ Kombinationen durchlaufen.

Und beim **strukturierten Pfadtest** wären es z. B. für drei Durchläufe 15 Kombinationen und für vier Durchläufe 31 Kombinationen.

Als zweites praktisches Beispiel soll nun der folgende Quelltext mithilfe der vollständigen Pfadüberdeckung (PÜ) getestet werden:

```
public static int berechneWertNachAB(int a, int b) {
  int x, y, z;
  System.out.println("Start-Zweig 1 ");
  if (a < b) {
    System.out.println("Zweig 2 ");
    x = b;
    z = 1;
  }
  else {
    System.out.println("Zweig 3 ");
    x = a;
    z = 0;
  }
```

1 *Vgl. Roitzsch, Peter: Analytische Softwarequalitätssicherung, Münster, Verlagshaus Monsenstein und Vannerdat, 2005*

```
  if ((a + b) < 10) {
    System.out.println("Zweig 4 ");
    y = x + b / z;
  }
  else {
    System.out.println("Zweig 5 ");
    y = x + a;
    if ((a + b) == 7) {
      System.out.println("Zweig 6 ");
      y++;
    }
    else
      System.out.println("Unsichtbarer Zweig 7 ");
  }
  System.out.println("Ende-Zweig 8 ");
  return x + y + z;
}
```

Es lassen sich sechs Pfade identifizieren. Das Testprotokoll könnte wie folgt aussehen:

Testfall	Testwerte a , b	Pfad: Überdeckte Zweige Soll	Pfad: Überdeckte Zweige Ist	Soll-Ist-Vergleich
/TPÜ1/	2, 5	Pfad 1: 1-2-4-8	Start-Zweig 1 Zweig 2 Zweig 4 Ende-Zweig 8	ok
/TPÜ2/	11, 4	Pfad 2: 1-3-4-8	Start-Zweig 1 Zweig 3 Zweig 4 Exception in t hread "main" j	FEHLER
/TPÜ3/	?, ?	Pfad 3: 1-2-5-6-8	Zweig 6 lässt sich nicht erreichen!	FEHLER
/TPÜ4/	?, ?	Pfad 4: 1-3-5-6-8	Zweig 6 lässt sich nicht erreichen!	FEHLER
/TPÜ5/	4, 11	Pfad 5: 1-2-5-7-8	C:\WINDOWS... Start-Zweig 1 Zweig 2 Zweig 5 Unsichtbarer Zweig 7 Ende-Zweig 8	ok
/TPÜ6/	11 , 4	Pfad 6: 1-3-5-7-8	C:\WINDOWS... Start-Zweig 1 Zweig 3 Zweig 5 Unsichtbarer Zweig 7 Ende-Zweig 8	ok

Die Fehler in den Testfällen 3 und 4 wären auch durch einen Anweisungsüberdeckungstest oder einen Zweigüberdeckungstest gefunden worden. Der Exception-Fehler in Testfall 2 wäre aber mit 50 %iger Wahrscheinlichkeit nicht gefunden worden. Hier hilft nur der vollständige Pfadüberdeckungstest.

Die Pfadüberdeckung ergibt sich nur zu

$$C_2 = \frac{\textit{Anzahl der durchlaufenen Pfade}}{\textit{Anzahl der Pfade}} = \frac{3}{6} = 50\,\%$$

Wenn aber die Fehlerursachen gefunden und die Fehler beseitigt wurden, wird im nächsten Test eine 100 %ige Pfadüberdeckung erreicht.

4.4.4 Bedingungsüberdeckung C_3

Bei der **Bedingungsüberdeckung C_3** geht es um zusammengesetzte Bedingungen bei einer Schleife oder bei einer Auswahl.
Dabei lassen sich die folgenden Arten unterscheiden:[1]

- **Einfache Bedingungsüberdeckung C_{3a}**: Jedes atomare Element soll einmal true (1) und einmal false (0) sein.
- **Mehrfach-Bedingungsüberdeckung C_{3b}**: Die gesamte Wahrheitstabelle wird getestet.
- **Minimale Mehrfach-Bedingungsüberdeckung C_{3c}**: Ein Mittelweg zwischen C_{3a} und C_{3b}.

Alle drei Arten sollen jetzt auf die folgende zusammengesetzte Bedingung in einem Quelltext angewendet werden:

```
((a || b) && (c && !a))
```

Bei der **einfachen Bedingungsüberdeckung** (EBÜ) wird geprüft, ob jedes atomare Element in der komplexen Bedingung einmal true bzw. 1 und einmal false bzw. 0 sein kann. Die Kombination der Werte spielt dabei keine Rolle.

Es genügt also zu versuchen, alle Werte einmal auf 0 und einmal auf 1 zu setzen.
Das **Testprotokoll** könnte wie folgt aussehen:

Testfall	Testwerte Soll			Testwerte Ist			Gesamtbedingung	Ergebnis
	c	b	a	c	b	a		
/TEBÜ1/	0	0	0	0	0	0	0	ok
/TEBÜ2/	1	1	1	1	1	1	0	ok

1 *Vgl. Roitzsch, Peter: Analytische Softwarequalitätssicherung, Münster, Verlagshaus Monsenstein und Vannerdat, 2005*

Alle atomaren Variablen lassen sich sowohl auf 0 als auch auf 1 setzen. Aus dem Test lässt sich aber nicht ablesen, ob die Gesamtbedingung jemals 1 werden kann.

Bei der **Mehrfach-Bedingungsüberdeckung** (MBÜ) werden alle Kombinationen der atomaren Bedingungen ausprobiert, also die gesamte Wahrheitstabelle. Es wird somit versucht, alle acht Kombinationen nachzubilden. Zusätzlich wird geprüft, ob die beiden Teilbedingungen `(a || b)`und `(c && !a)`mindestens einmal den Wert 0 bzw. den Wert 1 ergeben. Gleiches gilt für die Gesamtbedingung.

Das **Testprotokoll** könnte Folgendes ergeben:

Testfall	Testwerte Soll			Testwerte Ist			Teilbedingung X	Teilbedingung Y	Gesamtbedingung	Ergebnis
	c	b	a	c	b	a	(a || b)	(c && !a)	X && Y	
/TMBÜ1/	0	0	0	0	0	0	0	0	0	ok
/TMBÜ2/	0	0	1	1 (F)	0	1	1	0	0	Fehler
/TMBÜ3/	0	1	0	0	1	0	1	0	0	ok
/TMBÜ4/	0	1	1	1 (F)	1	1	1	0	0	Fehler
/TMBÜ5/	1	0	0	0 (F)	0	0	0	1	0	Fehler
/TMBÜ6/	1	0	1	1	0	1	1	0	0	ok
/TMBÜ7/	1	1	0	0 (F)	1	0	1	1	1	Fehler
/TMBÜ8/	1	1	1	1	1	1	1	0	0	ok

Von den acht möglichen Kombinationen lassen sich nur vier realisieren. Bei Testfall 2, 4, 5 und 7 lässt sich der Wert von C nicht richtig einstellen. Dies kann im Einzelfall legitim sein und ist nicht unbedingt ein Fehler. Variablen können voneinander abhängig sein oder gewisse Zustände können sich einfach nicht ergeben. Definitive Fehler sind allerdings, dass die Teilbedingung Y und die Gesamtbedingung niemals 1 werden können. Dies ist ein schwerer Logikfehler.

In der Entwicklungsabteilung stellt sich nun heraus, dass beim Eintritt in die Bedingung die Variable `c` immer denselben Wert hat wie die Variable `a`. Jetzt muss überprüft werden, ob dieser Sachverhalt gewollt ist. Wenn ja, dann ist die Bedingung falsch formuliert und muss überprüft werden.

Hinweis: Bei einem statischen Test (Code-Analyse etc.) wäre bereits aufgefallen, dass die Bedingung kürzer formuliert werden könnte und sollte, nämlich als `(!a & b & c)`. Nichtsdestotrotz würde der **Mehrfach-Bedingungsüberdeckungstest** natürlich die gleichen Fehler ergeben.

Die **minimale Mehrfach-Bedingungsüberdeckung** ist ein optimaler Kompromiss. Sie enthält mindestens so viele Testfälle wie die einfache Bedingungsüberdeckung und maximal so viele Testfälle wie die Mehrfach-Bedingungsüberdeckung. Alle atomaren Bedingungen sind einmal 0 und 1, das Ergebnis sowohl der Einzelbedingungen als auch der Gesamtbedingung muss aber auch einmal 0 bzw. 1 sein.

Die minimale Mehrfach-Bedingungsüberdeckung (MMBÜ) enthält die Zweigüberdeckung und die einfache Bedingungsüberdeckung.

Als Beispiel soll wieder die Gesamtbedingung `((a || b) && (c && !a))` verwendet werden. Im Gegensatz zum vorherigen Test soll in dem Softwaresystem die Variable `c` jetzt aber beliebig belegt werden können, sie hängt also nicht von der Variablen `a` ab. Dann reichen drei Tests, welche wieder im **Testprotokoll** dokumentiert werden können:

Testfall	Testwerte Soll			Testwerte Ist			Teilbedingung X	Teilbedingung Y	Gesamtbedingung	Ergebnis
	c	b	a	c	b	a	(a || b)	(c && !a)	X && Y	
/TMMBÜ1/	0	1	1	0	1	1	1	0	0	ok
/TMMBÜ2/	1	0	0	1	0	0	0	1	0	ok
/TMMBÜ3/	1	1	0	1	1	0	1	1	1	ok

Die Werte der Variablen `a`, `b` und `c` werden so geschickt gewählt, dass sowohl sie selber als auch die daraus resultierenden Teilbedingungen X und Y sowie die Gesamtbedingung beide möglichen Zustände 1 und 0 annehmen. Somit ist der Test erfolgreich abgeschlossen.

4

Beim **Whiteboxtest** liegt dem Tester die konkrete Software vor. Es gibt verschiedene Testarten, z. B. die **Anweisungsüberdeckung**, die **Zweigüberdeckung**, die **Pfadüberdeckung** und die **Bedingungsüberdeckung**. Der Whiteboxtest ist nicht trivial und erfordert einen erfahrenen Tester. Selbst wenn alle Tests zur Zufriedenheit verlaufen, kann die Software trotzdem fehlerbehaftet sein.

4.5 Unit-, Integrations-, System- und Akzeptanztest

Der **Unittest** (auch Komponenten- oder Modultest genannt) ist ein Zwitter: Einerseits wird nach Spezifikation (der Unit) getestet, andererseits liegt der Quelltext vor. Einige Quellen bezeichnen ihn daher als Greyboxtest. Der Begriff Greyboxtest wird andererseits oft im Zusammenhang mit „test driven development“ (TDD; s. Kapitel 4.6) verwendet.

Für das „German Testing Board“ ist das Unit Testing einfach das „Testen einer (einzelnen) Komponente. [Nach IEEE 610]“ [1]. Eine einzelne Komponente kann z. B. eine Klasse oder ein Interface sein. Manche Quellen bezeichnen sogar einzelne Methoden bzw. Funktionen als Unit.

1 *Quelle: German Testing Board e. V. (Hrsg.: Dr. Matthias Hamburg): ISTQB®/GTB Standardglossar der Testbegriffe, Version 2.2, erstellt von der GTB Working Party Glossary auf Basis des Standard glossary of terms used in Software Testing, Version 2.2, vom 19.10.2012 des International Software Testing Qualifications Board, veröff. am 19.04.2013 unter: www.german-testing-board.info/wp-content/uploads/2016/10/CT_Glossar_DE_EN_V22.pdf, S. 28*

Die Methode `berechneAusA()` aus Kapitel 4.4.2 könnte man einem Unit- bzw. Funktionstest (UT) unterziehen. Die Spezifikation der Methode soll dabei wie folgt lauten:

Spezifikation der Methode `public int berechneAusA(int a)`	
aktueller Parameter a	Spezifizierter Rückgabewert b
< 7	70 – a * 10
>= 7	1

Aus der Spezifikation werden wie beim Blackboxtest Testfälle generiert und der Ist-Wert mit dem Soll-Wert verglichen. Hier ein mögliches **Testprotokoll**:

Testfall	Test-wert a	Rückgabe-Soll b	Rückgabe-Ist b	Soll-Ist-Vergleich
/TUT1/	–3	100	105	FEHLER
/TUT2/	0	70	75	FEHLER
/TUT3/	6	10	15	FEHLER
/TUT4/	7	1	2	FEHLER
/TUT5/	15	1	2	FEHLER

Macht man die Programmierer auf diesen Widerspruch aufmerksam, so ist der Fehler schnell gefunden. Statt

```
int b = 1;
```

muss es

```
int b = 0;
```

heißen.

Für das „German Testing Board" ist das **Integrationstesten** ein „Testen mit dem Ziel, Fehlerzustände in den Schnittstellen und im Zusammenspiel zwischen integrierten Komponenten aufzudecken"[1] und das **Systemtesten** ein „Testen eines integrierten Systems, um sicherzustellen, dass es spezifizierte Anforderungen erfüllt"[2]. Damit schließt sich der Kreis dieses Kapitels, weil der Systemtest durch einen Blackboxtest ausgeführt werden kann.

1 *Quelle: German Testing Board e. V. (Hrsg.: Dr. Matthias Hamburg): ISTQB®/GTB Standardglossar der Testbegriffe, Version 2.2, erstellt von der GTB Working Party Glossary auf Basis des Standard glossary of terms used in Software Testing, Version 2.2, vom 19.10.2012 des International Software Testing Qualifications Board, veröff. am 19.04.2013 unter: www.german-testing-board.info/wp-content/uploads/2016/10/CT_Glossar_DE_EN_V22.pdf, S. 26*

2 *Quelle: Ebd., S. 53*

Der **Akzeptanz**- oder auch **Abnahmetest** (User Acceptance Tests, UAT) stellt sicher, dass die Software nicht nur die Anforderungsspezifikation erfüllt, sondern auch vom späteren Anwender bedient werden kann und vom User akzeptiert wird. Oft geschieht dies mithilfe sog. **Beta-Tests**, bei denen anonyme Anwender eine erste Version der Software auf ihre Praxistauglichkeit testen.

Beim **Unittest** werden **Softwareteile** (Units) nach **Spezifikation** getestet. Man findet sowohl Elemente des Blackboxtests als auch des Whiteboxtests dort wieder. Auch hier gilt wie bei allen anderen Tests: Je mehr getestet wird, umso mehr Fehler werden in der Regel gefunden. Ein schlussendlicher Nachweis auf Fehlerfreiheit kann aber nie gelingen.

4.6 Test Driven Development

Die bisher erläuterten Testmethoden sind etablierte Methoden der Qualitätssicherung mit dem Ziel, Fehler im bereits fertigen Quelltext zu finden. Dieser traditionelle Ansatz der Softwaretests baut auf dem Software-Lebenszyklus auf und setzt voraus, dass es am Anfang der Softwareentwicklung fertige Spezifikationen gibt, die dann entsprechend vollständig implementiert werden. Obwohl die Testfälle nach der Theorie schon im Pflichtenheft spezifiziert sein sollten, werden sie in der Praxis oft erst parallel zur Entwicklung oder gar erst nach Abschluss der Implementierung definiert. Diese Vorgehensweise hat den Nachteil, dass Testen erst sehr spät im Entwicklungsprozess stattfindet und auch Fehler in den Anforderungen, dem Entwurf bzw. Design und der Implementierung erst sehr spät erkannt werden. Die oft lange Zeit, bis mit dem Testen begonnen werden kann, erschwert die Erstellung von qualitativ hochwertigen Produkten.

Hier setzt nun die „testgetriebene Entwicklung“ (**Test Driven Development**, TDD) an. Testfälle sollen vor (oder spätesten parallel zu) der Implementierung spezifiziert werden. Unmittelbares Feedback der aktuellen Umsetzung im Hinblick auf die zugehörige Spezifikation kann erheblich zur Produkt- und Prozessqualität beitragen.

Die Kernidee beim TDD ist, dass das Softwaresystem quasi über Tests entworfen wird. Der Entwickler analysiert im Rahmen der Testfallerstellung für eine Softwarekomponente, was das zu schreibende Modul leisten soll, wie es verwendet wird und wie die Kommunikation zu anderen Modulen erfolgt. Aufgrund dieser Analyse werden die Tests schon erstellt, bevor eine einzige Quelltextzeile des Moduls implementiert wurde.

Test Driven Development hat sich im Rahmen der agilen Softwareentwicklung als effiziente Praxis etabliert und ist Bestandteil zahlreicher agiler Vorgehensmodelle, wie Extreme Programming und Scrum. Zunehmend wird TDD aber auch bei traditionellen Vorgehensmodellen eingesetzt. Durch das frühe Erstellen der Testfälle erhält der Entwickler frühes Feedback zur implementierten Lösung, Probleme werden somit frühzeitig erkannt.[1]

In einem ersten Praxisbeispiel sei die erste User Story im ersten Sprint eines Scrum-Projekts zur Entwicklung einer Banken-Software gegeben:

1 *Vgl. Schatten, Alexander/Biffl, Stefan/Demolsky, Markus/Gostischa-Franta, Erik/Östreicher, Thomas/ Winkler, Dietmar: Best-Practice Software-Engineering, Berlin, Springer Verlag, 2010*

User Story

Als Bank möchte ich ein Grundgerüst für meine neue Konten- bzw. Kundenverwaltung, um eine Grundfunktionalität (ohne Löschmöglichkeiten) zu gewährleisten. Die folgenden Bedingungen sollen gelten:

- Ich als „Bank of Berlin" mit einer festen Bankleitzahl (100444999) habe viele Kunden und verwalte viele Kundenkonten.
- Die Konten meiner Bank können viele Kunden als Inhaber haben, ein Kunde von mir kann viele Konten besitzen.

Das Entwicklerteam implementiert daraufhin mithilfe des JUnit-Frameworks (ein Test-Framework zum Testen von Java-Programmen, speziell für die Eclipse- und IntelliJ-IDEs) ein erstes Testprogramm. Dies arbeitet mit JUnit 3 statt mit dem aktuellen JUnit 5, da es noch eine Konsolen-Schnittstelle hat.

```
import junit.framework.TestCase;
import org.junit.Test;

/**
  * Der Test dient als Spezifikation und wird vor der
  * Klassen-Implementierung erstellt
  * @version 1.0 vom 07.04.2019
  * @author Anwendungsentwicklung in Theorie und Praxis (Dr. Ehlert)
  */

public class KontoTest extends TestCase {

  Bank bank;
  Kunde kunde1;
  Konto konto1;

  public KontoTest() {
    bank = Bank.getInstance();
    kunde1 = new Kunde("Meier", 4711);
    konto1 = new Konto(kunde1, 65502757);
    bank.addiereKunde(kunde1);
    bank.addiereKonto(konto1);
  }

  // 1. Test: Ist der Kontostand am Anfang Null?
  @Test
  public void testGetKontostandDefault() {
    assertEquals(0.00, konto1.getKontostand());
  }

  // 2. Test: Funktioniert die Set-Methode für den Kontostand?
  @Test
  public void testSetKontostand() {
    konto1.setKontostand(100);
    assertEquals(100.00, konto1.getKontostand());
  }
```

```
    // 3. Test: Funktioniert das Einzahlen?
    @Test
    public void testZahleEin() {
      konto1.zahleEin(200);
      assertEquals(200.00, konto1.getKontostand());
    }

    // 4. Test: Funktioniert das Abheben (kein Dispo)?
    @Test
    public void testHebeAb() {
      konto1.setKontostand(100);
      assertTrue(konto1.hebeAb(70));
      assertEquals(30.00, konto1.getKontostand());
      assertFalse(konto1.hebeAb(31));
    }

    // 5. Test: Funktioniert der Zugriff auf den Kontoinhaber?
    @Test
    public void testGetNameKontoinhaber() {
      assertEquals("Meier", konto1.getErsterKontoinhaber().getName());
    }

    // 6. Test: Sind die Bankdaten richtig?
    @Test
    public void testGetNameAndGetBLZ() {
      assertEquals("Bank of Berlin", bank.getName());
      assertEquals("100444999", bank.getBLZ());
    }

    public static void main(String[] args) {
      junit.textui.TestRunner.run(KontoTest.class);
    }

}
```


Aus diesem vorgegebenen Test lassen sich sehr viele Modellierungsdetails (sprich: Anforderungsspezifikationen) für den Programmierer herauslesen:

- Es muss drei Klassen geben (Konto, Kunde, Bank).
- Die Klassen haben spezielle Attribute, z. B. scheint ein spezieller Kunde einen Namen und eine Kundennummer zu haben.
- Die Klassen haben spezielle Methoden, z. B. die Klasse `Konto` die Methoden `getKontostand()`, `hebeAb()` und `zahleEin()`.
- Es ist Logik ersichtlich, z. B. darf ein Kontostand nicht negativ sein.
- Es ist ein Entwurfsmuster ersichtlich: Das Objekt `bank` wird mithilfe eines Singleton Design Patterns (s. Kapitel 7.2.2) erzeugt.

Jetzt kann das Entwicklerteam die Klassen implementieren und „gegen" die Testsoftware testen.

Beim **Test Driven Development** wird das Softwaresystem sozusagen über Tests entworfen. Der Entwickler analysiert im Rahmen der Testfallerstellung für eine Softwarekomponente, was das zu schreibende Modul leisten soll, wie es verwendet wird und wie die Kommunikation zu anderen Modulen erfolgt. Aufgrund dieser Analyse werden **die Tests erstellt, bevor eine einzige Quelltextzeile des Moduls implementiert wurde**. Dies führt in der Regel zu einer besseren Produktqualität und zu geringeren Softwareentwicklungskosten.

4.7 Aufgaben, Übungen und Handlungsschritte

Frau Zeinab holt die Auszubildenden Anna, Emre und Paul zu sich. „Wie immer machen Übungen den Meister. Also lösen Sie bitte die Aufgaben zu den Themen des vierten Kapitels!"

AUFGABEN, ÜBUNGEN UND HANDLUNGSSCHRITTE

1. Beschreiben Sie die Anforderungen an einen Test.
2. Was hat die Anforderungsspezifikation mit den Tests zu tun?
3. In welcher Phase des Softwareprojekts sollten die Testfälle spezifiziert werden?
4. Wie werden Tests in diesem Buch dokumentiert, was schlagen andere Quellen vor?
5. Warum kann die Fehlerfreiheit eines Softwaresystems nicht bewiesen werden? Googeln Sie mindestens drei Begründungen.
6. Nennen Sie mindestens fünf Qualitätsmerkmale von Software.
7. Finden und erläutern Sie zwei Beispiele, bei denen die Verbesserung eines Qualitätsmerkmals ein anderes verschlechtert.
8. Gegeben ist die folgende Anforderungsspezifikation eines einfachen Schalldruck-Analyse-Systems:

Eingabe: Schalldruck in dB(A) direkt am Ohr	Ausgabe: Belastung für den Menschen
0–29	Ruhe: Keine Belastung!
30–80	„Umweltlärm": Mittlere Belastung!
81–194	Gefährlicher Lärm: Hohe Belastung!

Bereiten Sie einen klassischen **Blackboxtest** vor (Äquivalenzklassenbildung und Grenzwertanalyse).

9. Gegeben ist die folgende Spezifikation:

public int berechneCausAundB(int a, int b)		
Input a	**Input b**	**Output c**
<= 5	negativ	a / b
<= 5	positiv	a * b
> 5	≠ 0	a – b
> 5	0	a

Stellen Sie Testfälle für einen **Unit Test** auf.

10. Gegeben ist die folgende Software:

```
public static void main(String[] args) {
  try {
    if (Integer.parseInt(args[0]) < 9 &&
        Integer.parseInt(args[1]) > 4) {
      System.out.println("Erfolg");
    }
    else {
      System.out.println("Misserfolg");
    }
  }
  catch (Exception e) {
    System.out.println(e);
  }
}
```

Führen Sie die vier **Whitebox-Testverfahren** C_0, C_1, C_{2a} und C_{3b} durch. Erreichen Sie jeweils 100 % Überdeckung?

11. Gegeben ist der **JUnit Test** von S. 244.
   a) Entwerfen bzw. modellieren Sie das gesamte Klassendiagramm in OOD-Darstellung. Kommentieren Sie offene Fragen bzw. offene Implementierungsdetails.
   b) Implementieren Sie Ihr Klassendiagramm und testen Sie Ihre Implementierung mithilfe des JUnit Tests so lange, bis der vorgegebene Test komplett erfolgreich ist.

12 Gegeben sind drei Module bzw. Units, die alle ihren Unit Test bestanden haben.

```
// Modul 1
public static double leseRadiusEin() {
  Scanner s = new Scanner(System.in);
  System.out.print("Bitte Radius eingeben: ");
  double radius = s.nextDouble();
  return radius;
}
// Modul 2
public static double berechneUmfang(float radius) {
  return 2 * Math.PI * radius;
}
// Modul 3
public static void gebeUmfangAus(float umfang) {
  System.out.println(„Umfang: „ + umfang);
}
```

a) Die drei Module sollen jetzt (z. B. in der Main-Methode) so zusammengefügt werden, dass durch die Integration die Umfangsberechnung eines Kreises inkl. Eingabe des Radius und Ausgabe des Umfangs möglich ist. Führen Sie einen **Integrationstest** durch.
b) Wie könnte der darauf folgende **Systemtest** (als Blackboxtest) aussehen? Welche Erkenntnisse bringt er?

5 Datenbanksysteme

Anna, Emre und Paul sind sich einig: für alle drei Ausbildungsberufe ist das Thema „Datenbanken“ bzw. „Datenbank(management)systeme“ von großer Bedeutung. Auch die Berufsschule hat einen Fokus auf dieses Thema. Dementsprechend braucht ihre Ausbilderin, Frau Zeinab, sie gar nicht zu motivieren. Sie erwähnt aber in einem Vorgespräch über das Thema, dass eine gute Datenmodellierung das A und O für den Entwurf eines Datenbanksystems sei.

Im Laufe dieses fünften Kapitels erwerben Anna, Emre und Paul die folgenden Kompetenzen.

Sie ...

- ... erläutern das Prinzip der Zeichencodierung mit dem Schwerpunkt ASCII- und Unicode, beschreiben das XML- und das JSON-Format und wenden die Objektserialisierung an.
- ... erläutern, wie ein Datenbanksystem definiert wird, wie es aufgebaut ist und welche Ebenen (externe, konzeptuelle und interne Ebene) im ANSI-SPARC-Modell unterschieden werden.
- ... nennen aktuelle relationale Open-Source-Datenbanksysteme (z. B. MySQL, SQLite und PostgreSQL) und aktuelle NoSQL-Datenbanksysteme (z. B. Apache Cassandra, CouchDB, MongoDB und Redis) und unterteilen die NoSQL-DBS in vier Kernkategorien.
- ... beschreiben, wie man von einem konkreten Problem zu einem Datenmodell kommt, und modellieren Datenmodelle mithilfe des Entity-Relationship-Models (ERM) bzw. des ER-Diagramms.
- ... unterscheiden zwischen Entitäten, Entitätstypen und zwischen drei Beziehungstypen (1:1, 1:n und m:n) und wählen für die Entitätstypen geeignete identifizierende Attribute aus.
- ... brechen das ER-Diagramm in Tabellen eines relationalen Datenbanksystems um, vergeben Primär- und Fremdschlüssel und realisieren m:n-Beziehungen über künstliche Tabellen.
- ... erläutern die ersten drei Normalformen und wenden diese zielgerichtet auf die Tabellenmodellierung an.
- ... arbeiten mit einem realen Datenbanksystem (z. B. MySQL), wissen, wofür SQL steht (Structured Query Language) und unterteilen diese Datenbanksprache in verschiedene Bereiche (z. B. DQL/DML, DDL und DCL).
- ... erstellen mithilfe von SQL Tabellen, realisieren ihre Beziehungen zueinander und stellen Anfragen an die Datenbank.
- ... begründen die Wichtigkeit von Datenschutz und Datensicherheit im Kontext von Datenbanksystemen.
- .. implementieren ein Java-Programm, welches Zugriff auf eine relationales DBS besitzt.

5.1 Einführung in Datenbanksysteme

Ein Datenbanksystem (**Data Base System**, DBS) dient zur Beschreibung, Speicherung, Auswertung, Verarbeitung und Wiedergewinnung von umfangreichen Datenmengen, die oft von mehreren Anwendungsprogrammen benutzt werden. Es besteht aus einer Datenbank (DB), einem Datenbankverwaltungssystem (**Data Base Management System**, DBMS) und einer Kommunikationsschnittstelle.

In einer Datenbank lassen sich umfangreiche Daten- bzw. Informationsbestände langfristig speichern und verwalten. Das Datenbankverwaltungssystem verwaltet und kontrolliert die gespeicherten Daten und den Zugriff darauf. Über eine Kommunikationsschnittstelle wird das Arbeiten der Benutzer, des Administrators und der Anwendungsprogramme mit der Datenbank gewährleistet. Dies geschieht weitgehend mithilfe von Datenbanksprachen.

Die Geschichte der Datenbanksysteme lässt sich nicht von der Entwicklung der Datenverarbeitung trennen, z.B. von der Entwicklung der Speicherung von Daten auf Lochkarten hin zur Speicherung großer Datenmengen auf Magnetbändern bzw. Magnetplatten. 1965 bot IBM das Datenbanksystem IMS (Information Management System) an. 1976 wurde das System ADABAS (Adaptierbares Datenbanksystem) weltweit auf den Markt gebracht. In den 1980er-Jahren gab es dann z.B. UDS von Siemens und DB2 von IBM für Großrechner. Die bekanntesten Produkte für PCs und Server sind dBASE der Firma Borland Inc., Access von Microsoft, ORACLE von Oracle Corporation und INFORMIX von Relational Data Systems.

Zur Jahrtausendwende erlangten die Open-Source-Datenbankmanagementsysteme (z.B. Firebird, Ingres, MaxDB, MySQL, SQLite und PostgreSQL) eine immer größere Bedeutung. Besonderer Beliebtheit erfreut sich MySQL im Bereich von Webservern in Verbindung mit PHP, da es hier in der Regel unter der freien Lizenz eingesetzt werden kann.

Die ANSI-SPARC-Architektur (s. Abb. 5.1) wurde 1975 vom Standards Planning and Requirements Committee (SPARC) des American National Standards Institute (ANSI) entwickelt und beschreibt die grundlegende Trennung verschiedener Beschreibungsebenen für Datenbankschemata.

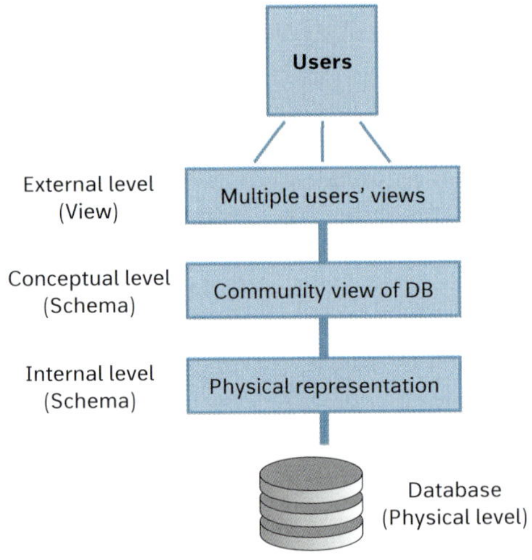

Abb. 5.1: ANSI-SPARC-Architektur für Datenbanken

ANSI-SPARC unterteilt die Funktionen und Aufgaben einer Datenbank in drei Ebenen:

- Die externe Ebene, die den Anwendern individuelle Views bereitstellt, wie z.B. Formulare und Listen.
- Die konzeptionelle Ebene, in der beschrieben wird, welche Daten wie in der Datenbank gespeichert sind, z.B. durch das Entity-Relationship-Model (ERM). Wird dieses in ein Tabellenschema eines relationalen Datenbankschemas umgesetzt, dann kommen spezielle Regeln (Normalisierungen) zum Einsatz.

- Die interne Ebene, die die physische Sicht der Datenbank im Rechner darstellt und beschreibt, wo und wie die Daten in der realen Datenbank gespeichert werden.

Datenbanksysteme gibt es in verschiedenen Formen. Die Art und Weise, wie ein solches System Daten speichert und verwaltet, wird durch das Datenbankmodell festgelegt. Die gebräuchlichste Form eines Datenbanksystems ist das relationale Datenbanksystem.

Die bekannteste Datenbanksprache ist die Structured Query Language, kurz SQL genannt, die zum Zugriff auf relationale Datenbankmodelle entwickelt wurde. SQL ist eine deskriptive Datenmanipulationssprache und wurde ebenfalls in einem ANSI-Standard spezifiziert.

SQL lässt sich in drei Hauptbereiche unterteilen:

- Datenabfrage und -manipulation (DQL/DML)
- Verwaltung der Datenbankstruktur und Definition der Datenstrukturen (DDL)
- Berechtigungssteuerung und Verwaltung des DBMS (DCL)

Die Implementierung von SQL unterscheidet sich dabei leicht von Hersteller zu Hersteller, die grundlegenden SQL-Anweisungen sind jedoch bei allen relationalen Datenbanksystemen identisch verwendbar.

Neben relationalen Datenbanksystemen gibt es auch andere Formen, z. B. die objektorientierten Datenbanksysteme (ODBS). Neuere Datenbanksysteme, die einen nichtrelationalen Ansatz verfolgen, werden auch als **NoSQL** (Not only SQL) bezeichnet (s. Kapitel 5.10). Bekannte Implementierungen sind u. a. Apache Hadoop/HBase, Riak, Apache Cassandra, CouchDB, MongoDB und Redis.

Datenbanksysteme lassen sich universell einsetzen, z. B. in Wirtschaftszweigen (Industrie, Handel, Versicherungen, Reiseunternehmen etc.), in Wirtschaftsfunktionsbereichen (Produktion, Beschaffung, Rechnungswesen etc.), in Verwaltungen (Universität, Volkshochschulen, Behörden etc.) oder privat. Je nach Zugriffsrechten spricht man von internen oder öffentlich zugänglichen (externen) Datenbanken.

An Bedeutung gewinnt die Speicherung von Datenbanken und Daten in der Cloud, also auf externen, weltweit erreichbaren Servern. Spätestens hier sind weitreichende Maßnahmen zur Absicherung der Datenbanken notwendig, um Datensicherheit und Datenschutz sicherstellen zu können.

Ein Datenbanksystem (**Data Base System**, DBS) dient zur Beschreibung, Speicherung, Auswertung, Verarbeitung und Wiedergewinnung von umfangreichen Datenmengen.
Die **ANSI-SPARC-Architektur** beschreibt die grundlegende Trennung verschiedener Beschreibungsebenen für Datenbankschemata.
Die bekannteste Datenbanksprache ist die **Structured Query Language** (**SQL**), die zum Zugriff auf relationale Datenbankmodelle entwickelt wurde. SQL lässt sich in drei Hauptbereiche unterteilen:

- Datenabfrage und -manipulation (**DQL/DML**)
- Verwaltung der Datenbankstruktur und Definition der Datenstrukturen (**DDL**)
- Berechtigungssteuerung und Verwaltung des DBMS (**DCL**)

Datenbanksysteme lassen sich universell einsetzen, z. B. in Wirtschaftszweigen, in Wirtschaftsfunktionsbereichen, in Verwaltungen oder privat.

Neben **relationalen Datenbanksystemen** gibt es auch andere Formen, z. B. die **objektorientierten Datenbanksysteme** (ODBS). Neuere Datenbanksysteme, die einen nicht-relationalen Ansatz verfolgen, werden auch als **NoSQL** (**Not only SQL**) bezeichnet und gewinnen an Bedeutung, genauso wie die Speicherung der Daten in der Cloud.

5.2 Darstellung und Speicherung von Zeichen und Daten

5.2.1 Einführung

Schon seit Jahrtausenden verwenden Menschen auf der ganzen Welt Schrift zum Festhalten und Austauschen von Informationen. Bei einem Schriftsystem werden Informationen in Form von Symbolen, allgemein Zeichen genannt, dargestellt. Verschiedene Schriftsysteme und Sprachen haben sich entwickelt, um dieselbe Information darzustellen.

So bedeutet das chinesische Schriftzeichen 人 auf Deutsch „Mensch“ und wird auf Russisch als челове́к geschrieben. Für die Verarbeitung in einem Datenbanksystem müssen all diese Darstellungen der gleichen Information jeweils in das passende Format gebracht werden, denn Computersysteme verwenden intern das **Binärformat**: Alle Daten werden als Menge von 1 und 0 codiert, die als elektrische Signale von den Schaltkreisen innerhalb des Prozessors verarbeitet und im Arbeitsspeicher und auf Datenträgern abgelegt werden.

5.2.2 Zeichencodierung

Die **Zeichencodierung** (engl. *encoding* oder *charset*) beschreibt, wie die verschiedenen Schriftzeichen (z. B. Buchstaben und Ziffern) in ein Binärformat zur Ablage in einem Computersystem umgewandelt werden.

Damit die Systeme verschiedener Hersteller zueinander kompatible Formate verwenden, wurde von der American Standards Association (ASA) im Jahr 1963 der ASCII-Code (American Standard Code for Information Interchange) definiert. Der ASCII-Code ist eine tabellarische Zuordnung von Zeichen zu einer 7-Bit-Ganzzahl (Dez.: 0-127), mit der Textdaten in ein Binärformat überführt und wieder zurückgewandelt werden können. Die folgende Tabelle zeigt einen Auszug aus der ASCII-Zeichentabelle:

Hexadezimal	Dezimal	Zeichen	Beschreibung
...			
30	48	0	Ziffer Null
31	49	1	Ziffer Eins
...			
61	97	a	Lateinischer Kleinbuchstabe a
62	98	b	Lateinischer Kleinbuchstabe b
63	99	c	Lateinischer Kleinbuchstabe c
...			

Die ASCII-Tabelle kennt nur einfache lateinische Buchstaben ohne Sonderzeichen. Buchstaben mit Akzenten (á, à, â, ...) wie in romanischen Sprachen (Französisch, Spanisch, Italienisch, ...) oder Punkte über Buchstaben (ä, ö, ü, ...), wie sie u. a. in der deutschen Sprache für Umlaute verwendet werden, sog. diakritische Zeichen, wurden bei der Standardisierung von ASCII nicht vorgesehen.

Um auch diese Zeichen abzudecken, wurden weitere Zeichensätze definiert, die den ASCII-Code um ein Bit „erweitern" und somit weitere 128 Zeichen enthalten können. Die ISO (International Standard Organization) hat in der Normenreihe ISO 8859 eine große Anzahl weiterer Zeichensätze mit 8-Bit-Codierung festgelegt, u. a. auch die Norm ISO 8859-1 (oft „Latin-1" genannt), die den westeuropäischen Zeichenvorrat beschreibt (s. folgende Tabelle, Auszug aus der Zeichencodierung der ISO 8859-1).

Hexadezimal	Dezimal	Zeichen	Beschreibung
...			
C4	196	Ä	Lateinischer Großbuchstabe A mit Trema
C5	197	Å	Lateinischer Großbuchstabe A mit Ring
C6	198	Æ	Lateinischer Großbuchstabe AE-Ligatur
...			

Mit der immer stärker werdenden weltweiten Vernetzung wurde die Vielzahl an Zeichensätzen immer hinderlicher bei der Implementierung von Software: Sollte die gleiche Software in vielen Ländern der Welt eingesetzt werden, musste sie die Daten immer im passenden Zeichensatz speichern und wieder aufrufen können. Ansonsten wurden Zeichen evtl. falsch dargestellt. Auch unterschiedliche Betriebssysteme verwendeten teilweise unterschiedliche Zeichensätze, sodass bei einem auf einem Apple-Betriebssystem geschriebenen Text unter Windows oder Linux evtl. Umlaute und weitere sprachspezifische Zeichen nicht richtig angezeigt wurden.

Aus diesem Grund wurde mit dem Unicode-Format ein universeller Zeichensatz entwickelt, der alle Schriftzeichen aller Sprachen (teilweise auch von antiken Sprachen) enthalten soll. Dabei reichen die ursprünglich verwendeten 8 Bit pro Zeichen nicht mehr aus. Bei Unicode können auch mehrere Bytes pro Zeichen verwendet werden, damit stehen deutlich mehr Zeichen zur Verfügung. Insgesamt sieht der Unicode-Standard 1114112 Code Points vor. Ein Code Point ist dabei eine Adresse, an der ein Zeichen (oder ein Teil davon) in der Zeichentabelle zu finden ist. Das chinesische Zeichen 人 („Mensch") befindet sich z. B. an der Adresse 20154 im Unicode-Zeichensatz. Anders als bei älteren Zeichencodierungen werden in Unicode die Zeichen als Kombination von mehreren Teilen verstanden, ein Zeichen kann also aus mehreren Code Points bestehen. Der Umlaut „Ä" (Unicode-Zeichen 00C4 [Ä]) kann z. B. auch als Kombination „A mit ¨ (Tremazeichen)" verstanden werden und mit den Code Points 0041 [A] und 0308 [¨] dargestellt werden.

Das Unicode-Format kennt verschiedene Varianten, wie genau diese Code Points in ein Binärformat umgewandelt werden können. Die gebräuchlichste Variante ist das „8-Bit Universal Character Set Transformation Format", auch bekannt als UTF-8. Die ersten 128 Zeichen der Tabelle sind dabei deckungsgleich mit der ASCII-Tabelle, sodass bei falsch eingestellter Codierung zumindest der Großteil des Textes lesbar bleibt.

Im April 2018 verwendeten über 91 % aller Webseiten weltweit dieses Format.[1] Die UTF-8-Codierung kann theoretisch bis zu acht Bytes lange Binärbeschreibungen verwalten und dadurch über 4,3 Billionen verschiedene Code Points codieren – deutlich mehr als die im Unicode-Standard vorgesehenen 1 114 112 Code Points. In der Unicode-Standard-Version 10 sind von diesen über eine Million möglichen Zeichen tatsächlich aber erst 136 690 Codes vergeben worden (s. Tabelle, Auszug aus dem Unicode Standard, Version 10).

Unicode	UTF-8	Zeichen	Beschreibung
		...	
00C4	C3 84	Ä	Lateinischer Großbuchstabe A mit Trema
00C5	C3 85	Å	Lateinischer Großbuchstabe A mit Ring
00C6	C3 86	Æ	Lateinischer Großbuchstabe AE-Ligatur
		...	
2611	E2 98 91	☑	Angehaktes Kästchen
2612	E2 98 92	☒	Angekreuztes Kästchen
		...	
1F60E	F0 9F 98 8E	😎	Lachendes Gesicht mit Sonnenbrille
1F60F	F0 9F 98 8F	😏	Grinsendes Gesicht
		...	

Neben diversen Schriftzeichen wurde inzwischen auch eine Vielzahl an weiteren Symbolen in den Unicode-Standard aufgenommen. Auch die in der Kommunikation per Smartphone immer beliebter gewordenen Emojis (vgl. Tabelle) sind inzwischen Teil des Unicode-Standards geworden.

5.2.3 Das XML-Format

Das XML-Format ist, genau wie HTML, eine Auszeichnungssprache. XML steht für „Extensible Markup Language" und ist gut geeignet zur Darstellung hierarchisch strukturierter Daten im Text-Format. Genau wie bei einer HTML-Datei gliedert sich der Aufbau einer XML-Datei in Tags und Attribute.

Ein XML-Dokument beginnt immer mit einer einleitenden Zeile, der XML-Deklaration. Sie enthält Informationen zur verwendeten XML-Version und zur Zeichencodierung des Dokuments:

```
<?xml version="1.0" encoding="UTF-8"?>
```

1 Vgl. *https://w3techs.com/technologies/cross/character_encoding/ranking*

XML folgt den gleichen Regeln wie HTML: Das Dokument ist in einer Baumstruktur aufgebaut und hat genau ein **Wurzelelement**, und zwar das oberste Element der Datei:

```
<eigentuemerliste>
```

Jedes Element kann dabei einen oder mehrere **Nachfolger** (children) haben, hat aber genau einen direkten Vorgänger. Das Element `<hausbesitzer>` ist hier direkter Nachfolger des Wurzelelements `<eigentuemerliste>`:

```
    <hausbesitzer>
      <id>144</id>
      <vorname>Christian</vorname>
      <nachname>Buscher</nachname>
```

Alle Elemente mit Inhalt besitzen ein öffnendes und ein schließendes Tag, zwischen dem sich Daten als Inhalt des Elements oder weitere Elemente befinden können. So beinhaltet das Element `<anschrift>` drei weitere Elemente, die jeweils verschiedene Daten enthalten:

```
      <anschrift>
        <strasse>Simmersstr. 47</strasse>
        <plz>18542</plz>
        <ort>Bergensdorf</ort>
      </anschrift>
```

Jedes Element darf beliebig viele Attribute haben, es dürfen beim gleichen Element aber nicht mehrere Attribute den gleichen Namen haben:

```
      <telefon typ="mobil">+49 176 47523655</telefon>
      <telefon typ="Büro">+49 3314 254858</telefon>
```

Hat ein Element keinen Inhalt oder Nachfolger, kann es auch selbstschließend verwendet werden:

```
      <umsatzsteuer id="DE987278579" />
    </hausbesitzer>
```

Jetzt könnten noch weitere Hausbesitzer-Elemente folgen. Als letzter Eintrag der Datei muss das Wurzelelement geschlossen werden:

```
</eigentuemerliste>
```

Informationen werden in Computersystemen intern im **Binärformat** verarbeitet. Die Zeichencodierung beschreibt, wie diese Binärdaten in darstellbare Zahlen und Schriftzeichen umgewandelt werden. Moderne Anwendungen setzen dazu das **UTF-8-Format** ein, das mehrere Millionen verschiedene Zeichen darstellen kann.
Um den Informationsaustausch zwischen verschiedenen Computer- und Datenbanksystemen zu vereinfachen, werden u. a. Formate wie **XML** (eXtensible Markup Language) und **JSON** (JavaScript Object Notation) verwendet.

5.3 Datenmodellierung für ein relationales DBMS

Das Ereignisgesteuerte Prozesskettendiagramm (EPK) zeigt die Schritte des Datenbankentwurfs von der Auftragserteilung bis zum normalisierten Relationenschema (s. Abb. 5.2).

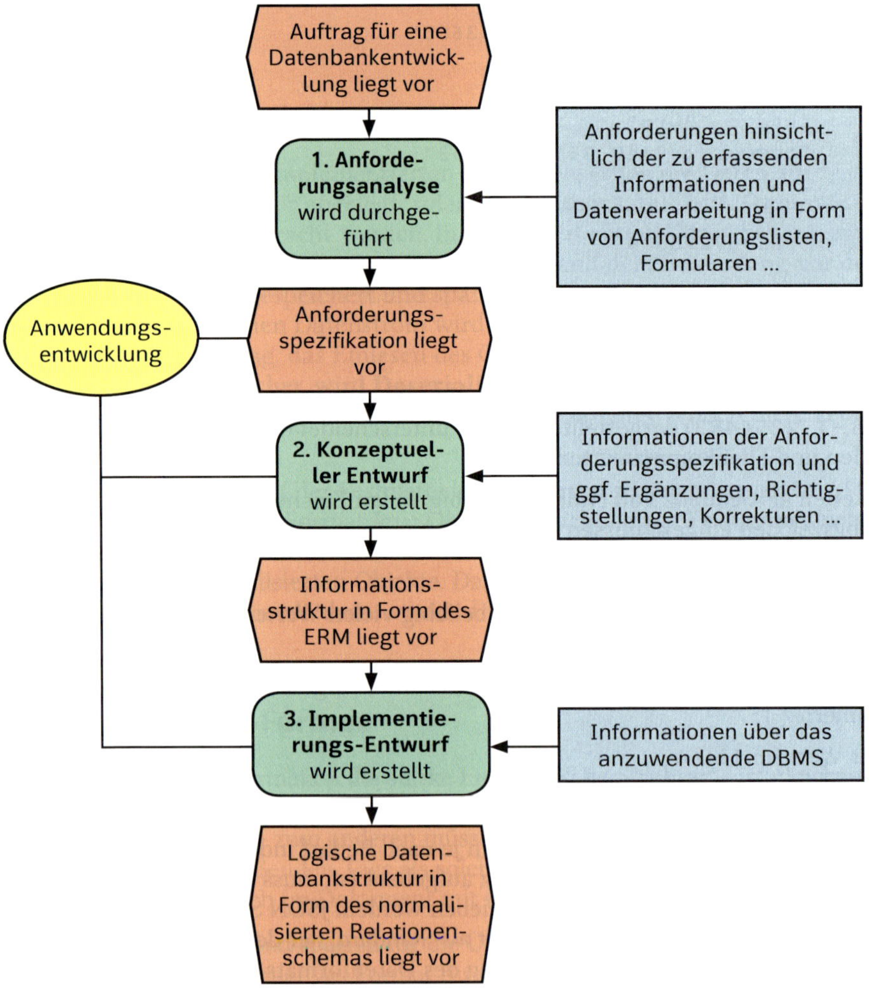

Abb. 5.2: Schritte eines Datenbankentwurfs

Auftrag zur Datenbankentwicklung

Die Daten und ihre Beziehungen zueinander, welche aus dem Formular für die Nebenkostenabrechnung hervorgehen, sollen in einer relationalen Datenbank „Betriebskosten", welche sich in der 3. Normalform befindet, abgebildet werden. Bezug genommen wird auf eine funktionale Anforderung des Pflichtenhefts aus Kapitel 1.6.3:

/F640/ (/LF640/) Das System *muss* dem Mitarbeiter die Möglichkeit bieten, mithilfe eines Formulars bzw. Serienbriefs dem einzelnen Mieter die Nebenkostenabrechnung (inkl. Betriebskostenabrechnung sowie Heizungs- und Warmwasserkosten), den Nachzahlungsbetrag (bzw. die Gutschrift) und den angepassten Vorauszahlungsbetrag zukommen zu lassen.

Formular – Beispiel

Absender:

Name und Anschrift des Vermieters

Herrn/Frau

Name und Anschrift des Mieters

Immobilien-Nr.: 337

Immobilien-Anschrift:

Anschrift der Immobilie
Mietobjekt-Nr.: D-337-477
Mieter-Nr.: 124
Abrechnung vom: 01.01.2019
Abrechnungszeitraum:
01.01.2018 bis 31.12.2018
Abrechnung erstellt durch:
Immobilienverwaltung *ImmoVerPlus GmbH*
Friedrichstraße 211/212
10969 Berlin
im Auftrag/nach Angaben von:
Name Hausverwalter

Sehr geehrter Anrede Name

Ihr Betriebskostenanteil für den Abrechnungszeitraum beträgt:	1 440,00 €
Sonstige anfallende Kosten:	
Sperrmüll (einmalig)	+ 174,00 €
Ihre Nebenkosten betragen für den Abrechnungszeitraum:	1 614,00 €
Ihre Heizungs- und Warmwasserkosten betragen:	+ 1 401,60 €
Ihre Nebenkostenvorauszahlung beträgt:	– 1 900,00 €
Daraus ergibt sich	
Ihr Nachzahlungsbetrag (positives Vorzeichen) / Ihre Gutschrift (negatives Vorzeichen)	**+ 1 115,60 €**

Die Vorauszahlung der Nebenkosten wird auf Basis der aktuellen Nebenkostenabrechnung (nach § 560 Abs. 4 BGB) auf **2 231,24 €** (monatlich: 185,94 €) angepasst.

[Oder, wenn keine Anpassung der Vorauszahlung erfolgen muss]

Der aktuelle Vorauszahlungsbetrag von 1 900,00 € bleibt bestehen.

5

1. Schritt: Anforderungsanalyse

Das Ziel der Anforderungsanalyse ist die Erfassung, Auflistung und Beschreibung aller in die Datenbank aufzunehmenden Informationen und Daten mitsamt ihren Beziehungen zueinander.

Welche Informationen und Daten sind erkennbar?

Quelle: /F640/ Erstellung eines Formulars für die Nebenkostenabrechnung (s. oben)

Nummer	Bezeichnung des Merkmals	Datentyp	Spezielles Format
(I1)	Name des Vermieters	Text	
(I2)	Anschrift des Vermieters	Text	
(I3)	Name des Mieters	Text	
(I4)	Anschrift des Mieters	Text	
(I5)	Immobiliennummer	Text oder Ganzzahl	999
(I6)	Anschrift der Immobilie	Text	
(I7)	Mieternummer	Text oder Ganzzahl	999
(I8)	Abrechnungsdatum	Datum	dd.mm.yyyy
(I9)	Abrechnungszeitraum	Text	dd.mm.yyyy bis dd.mm.yyyy
(I10)	Abrechnungsersteller	Text	
(I11)	Auftraggeber	Text	
(I12)	Betriebskostenanteil	Währung	9 999,99 €
(I13)	Sperrmüll	Währung	9 999,99 €
(I14)	Nebenkosten	Währung	9 999,99 €
(I15)	Heizungs- und Warmwasserkosten	Währung	9 999,99 €
(I16)	Aktueller Vorauszahlungsbetrag	Währung	9 999,99 €
(I17)	Nachzahlungsbetrag/Gutschrift	Währung	9 999,99 €
(I18)	Angepasster Vorauszahlungsbetrag	Währung	9 999,99 €
(I19)	Angepasster monatlicher Vorauszahlungsbetrag	Währung	9 999,99 €
(I20)	Mietobjektnummer	Text	*-999-999

Legende: I = Information, 9 = beliebige Ziffer * = beliebiger Großbuchstabe

Welche Datenverarbeitung liegt vor (Abhängigkeit der Daten untereinander)?

Quelle: /F640/ Erstellung eines Formulars für die Nebenkostenabrechnung (s. oben)
D = Datenbeziehung

D1: Nebenkosten(I14) = Betriebskostenanteil (I12) + Sperrmüll (I13)
D2: Nachzahlungbetrag_Gutschrift (I17) = Nebenkosten (I14) + Heizungs- und Warmwasserkosten (I15) - Aktueller Vorauszahlungsbetrag(I16)

Quelle: /F631/ (/LF631/) Das System *muss* eine angemessene Anpassung der Vorauszahlung der Nebenkosten auf Basis der aktuellen Nebenkostenabrechnung (nach § 560 Abs. 4 BGB) vornehmen können. Die Anpassung erfolgt dadurch, dass 1/12 des Nachzahlungs- oder Guthabenbetrags auf die monatliche Nebenkostenvorauszahlung aufgeschlagen oder abgezogen wird.

Anpassung der Vorauszahlung auf die Nebenkosten – Beispiel

Nachzahlungsbetrag : 1 115,60 €

Monatlicher Vorauszahlungsbetrag: 92,97 €

Angepasster Vorauszahlungsbetrag = (Monatlicher Vorauszahlungsbetrag + (Nachzahlungsbetrag / 12)) * 12

Angepasster Vorauszahlungsbetrag = 2 231,24 €

Angepasster monatlicher Vorauszahlungsbetrag = 185,94 €

D3: Angepasster Vorauszahlungsbetrag (I18) = (Aktueller Vorauszahlungsbetrag (I16) / 12 + (Nachzahlungsbetrag_Gutschrift (I17) / 12) * 12
D4: Angepasster monatlicher Vorauszahlungsbetrag (I19) = Angepasster Vorauszahlungsbetrag (I18) / 12

Welche Informationen und Auswertungen will man aus der Datenbank entnehmen?

Quelle: Interview mit dem Auftraggeber

- (I1), (I3), (I11) – [Name], [Vorname] und ggf. [Titel] separat erfassen.
- (I2), (I4), (I6), (I10) – [PLZ], [Ort], [Straße Hausnummer] separat erfassen.
- (I5) Auf die Textpositionen [1], [3 und 4], [6] muss ein separater Zugriff möglich sein.
- (I9) Ausgabeformat wie angegeben. Auf das Datum für [Beginn] und [Ende] muss separat zugegriffen werden.

Wie viele Daten bzw. Datensätze werden erwartet?

Quelle: Interview mit dem Auftraggeber

Die Anzahl der Immobilien beläuft sich derzeit auf 73 und werden 999 nicht überschreiten.
Die Anzahl der Mieter pro Immobilie ist maximal 20.

5

Welche Häufigkeiten sind gegeben?

Ein Mieter (Mieternummer (I7)) kann mehrere Mietobjekte (Mietobjektnummer (I20)) mieten. Ein Mietobjekt hat genau einen Vermieter (Name des Vermieters (I1)).

Daten, welche aus anderen Daten hervorgehen (z. B. durch Berechnung), werden nicht als eigenständiges Merkmal in die Datenbank übernommen. Soll auf Merkmale zugegriffen werden, welche in Form einer Aufzählung innerhalb der Daten vorliegen, müssen diese Merkmale als eigenständige Merkmale aufgenommen werden.

Es ergibt sich somit folgende Aufgliederung eines Merkmals in sog. Attribute:

Nummer	Bezeichnung des Merkmals	Attribut
(I1)	Name des Vermieters	(A1) name_Vermieter (A2) vorname_Vermieter (A3) titel_Vermieter
(I2)	Anschrift des Vermieters	(A4) plz_Vermieter (A5) ort_Vermieter (A6) str_hnr_Vermieter
(I3)	Name des Mieters	(A7) name_Mieter (A8) vorname_Mieter (A9) titel_Mieter
(I4)	Anschrift des Mieters	(A10) plz_Mieter (A11) ort_Mieter (A12) str_hnr_Mieter
(I5)	Immobiliennummer	(A13) nr_Immobilie
(I6)	Anschrift der Immobilie	(A14) plz_Immobilie (A15) ort_Immobilie (A16) str_hnr_Immobilie
(I7)	Mieternummer	(A17) nr_Mieter
(I8)	Abrechnungsdatum	(A18) dat_abrechnung
(I9)	Abrechnungszeitraum	(A19) dat_abrechnung_beg (A20) dat_abrechnung_end
(I10)	Abrechnungsfirma	(A21) name_Abrechnungsfirma (A22) vorname_Abrechnungsfirma (A23) firmennamen_Abrechnungsfirma
(I11)	Auftraggeber	(A24) name_Auftraggeber (A25) vorname_Auftraggeber (A26) titel_Auftraggeber
(I12)	Betriebskostenanteil	(A27) betriebskosten
(I13)	Sperrmüll	(A28) sperrmüll
(I14)	Nebenkosten	(A29) nebenkosten
(I15)	Heizungs- und Warmwasserkosten	(A30) heiz_ww_kosten
(I16)	Aktueller Vorauszahlungsbetrag	(A31) akt_vorauszahlungsbetrag

Nummer	Bezeichnung des Merkmals	Attribut
(I17)	Nachzahlungsbetrag/Gutschrift	(A32) nachzahlungsbetrag_gutschrift
(I18)	Angepasster Vorauszahlungsbetrag	(A33) ang_vorauszahlungsbetrag
(I19)	Angepasster monatlicher Vorauszahlungsbetrag	(A34) ang_monat_vorauszahlungsbetrag
(I20)	Mietobjektnummer	(A35) mietobjektnummer

Die Bezeichnung für das Attribut kann frei gewählt werden, sollte aber nach einem einheitlichen Muster erfolgen (z. B. gleiches Attribut „name“ wird durch das zugeordnete Merkmal ergänzt: „name_Mieter“, „name_Vermieter“). In der betrieblichen Praxis hat in der Regel jede Firma, die Datenmodellierung vornimmt, eigene Richtlinien.

Innerhalb der **Anforderungsanalyse** sind die **Informationen** bzw. **Daten** zu erfassen, welche in die Datenbank aufgenommen werden sollen. Quellen sind z. B. das **Pflichtenheft**, Formulare, Handbücher, Interviews und Prozessbeschreibungen. Ergebnis ist eine Tabelle mit den erfassten **Merkmalen**, ihrem **Datentyp** und als Erweiterung ggf. spezielle Datenformate oder Vorgabewerte. Nach der Analyse der Anforderungen wird eine Liste der **Attribute** daraus abgeleitet. Zusätzlich wird erfasst, inwiefern es **Abhängigkeiten der Daten** voneinander gibt.

5.4 Entity-Relationship-Model

2. Schritt: Konzeptueller Entwurf

Ziel des konzeptuellen Entwurfs ist die Visualisierung und Beschreibung der Daten und ihrer Beziehungen untereinander. Dies kann mit dem standardisierten Verfahren zur Datenmodellierung, dem sog. **Entity Relationship Model (ERM)** abgebildet werden.

Zunächst sind auf Basis der Informationen bzw. Daten der Anforderungsanalyse sog. Entitätstypen zu bilden: Ein **Entitätstyp** ist die Abstraktion von einzelnen konkreten oder abstrakten Dingen (**Entitäten**), welche gleiche Merkmale besitzen. Somit ist eine konkrete **Entität** immer von einem bestimmten **Entitätstyp**.

Ein Beispiel für die Entwicklung der Datenbank „Betriebskosten“:

Von allen **konkreten Mietern** (**Entitäten**) sollen in der Datenbank die Merkmale [Name], [Vorname], ggf. [Titel], [PLZ], [Ort], [Straße Hausnummer] und die [Nutzernummer] gespeichert werden. Dies führt zum **Entitätstyp „Mieter“**, ein Sammelbegriff bzw. die Abstraktion für konkrete Mieter, die ja alle die gleichen Merkmale besitzen.

Weitere Beispiele für Entitäten sind z. B. reale Immobilienobjekte vom **Entitätstyp „Immobilie“** oder konkrete Nebenkostenabrechnungen vom **Entitätstyp „Nebenkostenabrechnung“**.

Es lassen sich noch weitere Entitätstypen für das Beispiel der Datenbank „Betriebskosten“ finden und, falls nötig, mit einer Nummer versehen:

- (ET1) Vermieter
- (ET2) Immobilie
- (ET3) Mieter
- (ET4) Abrechnungsfirma
- (ET5) Hausverwalter
- (ET6) Nebenkostenabrechnung

Zwischen den **Entitäten** kann es **konkrete Beziehungen** geben: Der Vermieter „Jochen Schulz“ vermietet die Immobilie „Hamburg, Am Strandkai 99“. Die Vermieterin „Ursula Fendrich“ vermietet die Immobilie „Clenze, Am Kaiserkai 88“. Es gibt also ganz viele konkrete „vermietet-Beziehungen“ zwischen Entitäten. Diese lassen sich abstrahieren zum **Beziehungstyp** „vermietet“ zwischen den **Entitätstypen „Vermieter“** und **„Immobilie“**.

Hinweis: In der Literatur wird oft vereinfacht der Beziehungstyp als Beziehung bezeichnet.

Dargestellt werden die Entitätstypen mit ihren Merkmalen bzw. Attributen und ihren Beziehungstypen untereinander im sog. **Entity Relationship Diagram** (**ERD**).

Der Informatiker Peter Chen führte 1976 zur Darstellung von Datenmodellen folgende Notation ein:

Symbol	Erklärung
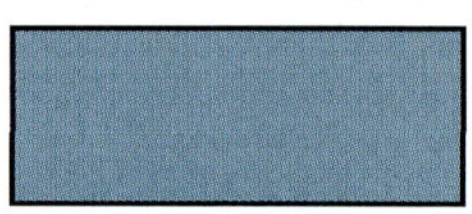	Entitätstyp
	Beziehungstyp zwischen Entitätstypen
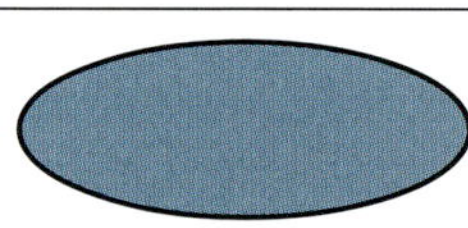	Attribut eines Entitätstyps
	Verbinder

Somit ergibt sich das folgende ER-Diagramm für die beiden Entitätstypen „Vermieter“ und „Immobilie“ (s. Abb. 5.3).

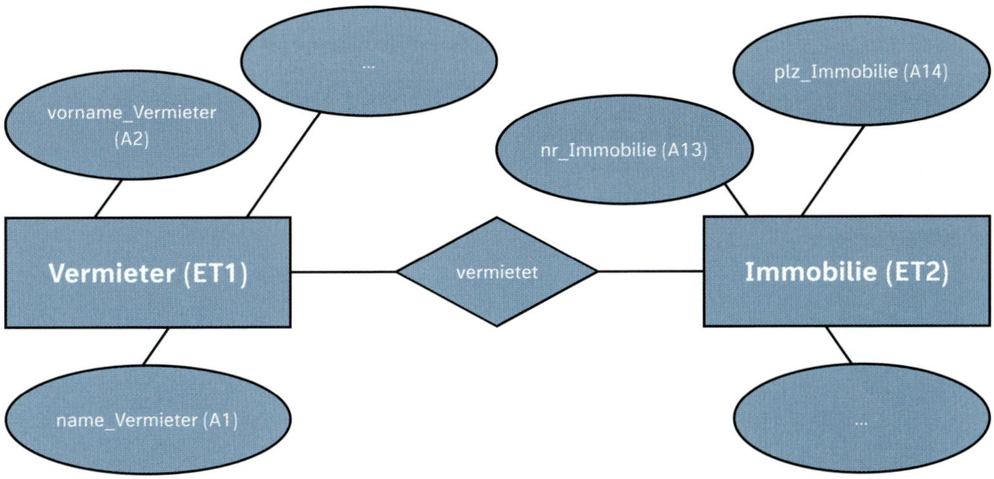

Abb. 5.3: Erstes verbesserungsfähiges Beipiel für ein ER-Diagramm ohne Kardinalität und unüblicherweise mit Entitätstyp- und Attributnummer

Eine **Entitätsmenge** besteht aus Entitäten gleichen Entitätstyps. Je nachdem, wie eine Entität einer Entitätsmenge mit einer oder mehreren Entitäten einer anderen Entitätsmenge in Verbindung stehen kann, unterscheidet man verschiedene **Beziehungen** bzw. **Kardinalitäten**:

- **1:1-Beziehung**
  Zwischen zwei Entitätsmengen A und B besteht eine 1:1-Beziehung, wenn eine Entität der Menge A mit keiner oder genau einer Entität der Menge B in Beziehung steht.

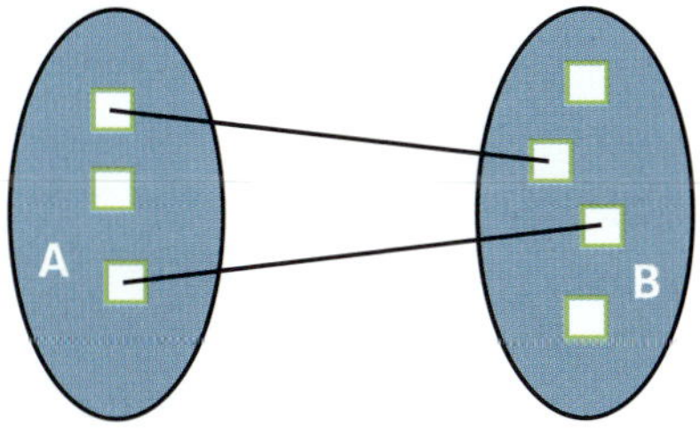

- **1:n-Beziehung**
  Zwischen zwei Entitätsmengen A und B besteht eine 1:n-Beziehung, wenn eine Entität der Menge A mit keiner, einer oder mehreren Entitäten der Menge B in Beziehung steht und umgekehrt eine Entität der Menge B auf keine oder genau eine Entität der Menge A Bezug nimmt.

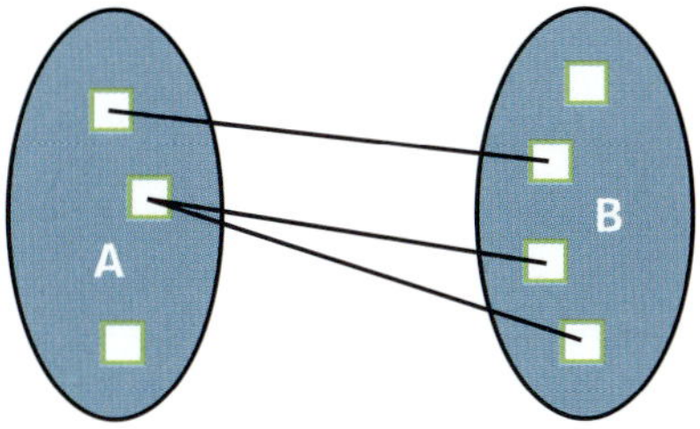

- **m:n-Beziehung**
  Zwischen zwei Entitätsmengen A und B besteht eine m:n-Beziehung, wenn eine Entität der Menge A mit keiner, einer oder mehreren Entitäten der Menge B in Beziehung steht und umgekehrt eine Entität der Menge B auf keine, eine oder mehrere Entitäten der Menge A Bezug nimmt.

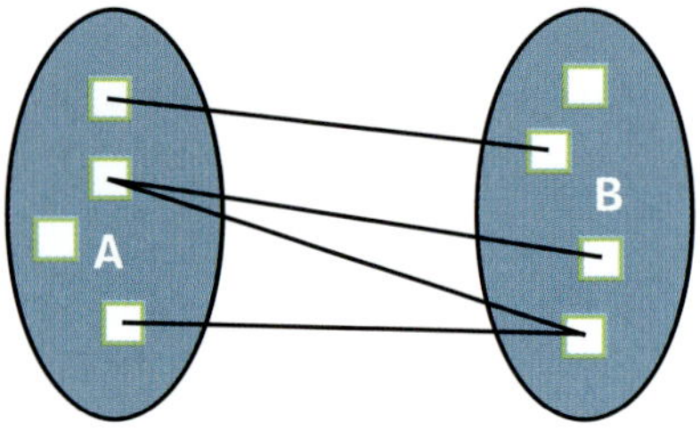

Für die beiden Entitätstypen bzw. Entitätsmengen aus Abb. 5.3 lassen sich die beiden folgenden Sätze formulieren:

- Ein Vermieter kann mehrere Immobilien besitzen.
- Eine Immobilie kann genau von einem Vermieter vermietet werden.

Dies entspricht einer 1:n-Beziehung.

Das ER-Diagramm für die Entitätstypen „Vermieter" und „Immobilie" (s. Abb. 5.3) kann nun um die Art der Beziehung (Kardinalität) erweitert werden (s. Abb. 5.4).

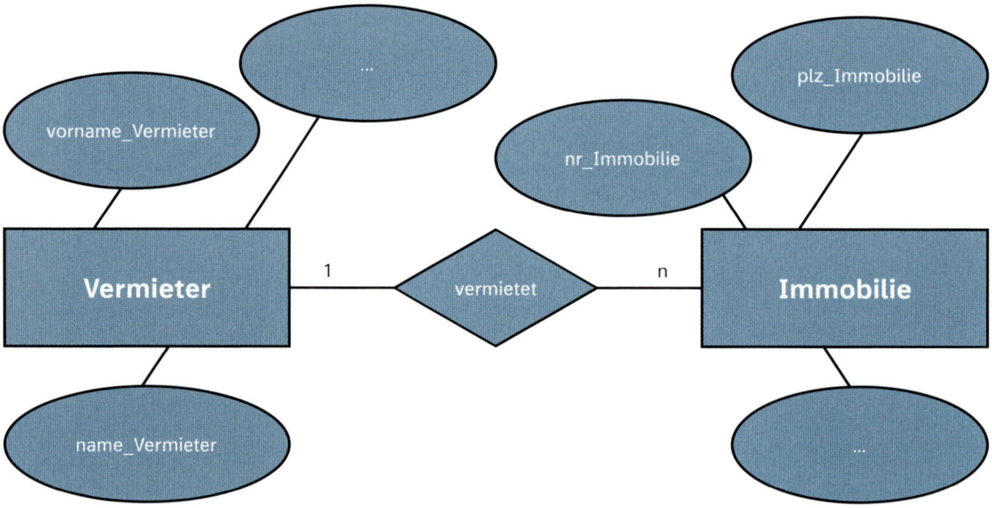

Abb. 5.4: Beipiel für ein ER-Diagramm mit Angabe der Kardinalität

Neben der **Chen-Notation** (1:1, 1:n und m:n) gibt es auch die sog. **Krähenfuß-Notation** (Crow's Foot Notation). Mögliche Häufigkeitsangaben mit allen möglichen Kombinationen für eine Beziehung sind:

Für die 1:n-Beziehung aus Abb. 5.4 würde sich das ER-Diagramm bei dem Beziehungstyp unter der Bedingung, dass "Null-Verweise" nicht zulässig sind, wie folgt ändern:

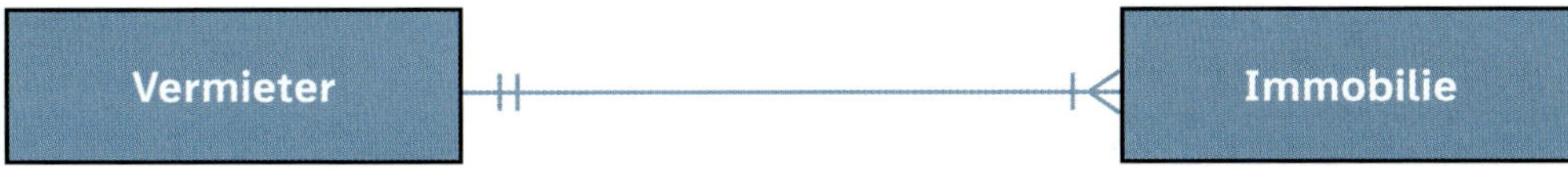

Den Attributen sind auf dieser (Entitätstyp-)Ebene sog. **Domänen** zugeordnet. Dies ist der Wertebereich, den die Attribute annehmen können, vergleichbar einem Datentyp.

Geht man auf eine andere Ebene, nämlich auf die Ebene der konkreten Immobilien (Entitäten), dann können diese z.B. durch eine **Tabelle** dargestellt werden. Im Tabellenkopf finden sich die Attributnamen wieder, in den weiteren Zeilen finden sich konkrete Attributwerte von konkreten Entitäten.

nr_Immobilie	plz_Immobilie	ort_Immobilie	str_hnr_Immobilie	...
337	20457	Hamburg	Am Strandkai 99	...
215	29457	Clenze	Am Kaiserkai 88	...
...	...		...	...

Jede Zeile der Tabelle bildet einen Datensatz in Form eines eindimensionalen Arrays (Tupel). Dieser Datensatz repräsentiert eine konkrete Immobilie (Entität) mit ihren konkreten Attributwerten.

In einer **Tabelle** stehen also viele **Entitäten** gleichen **Entitätstyps**. Dies entspricht einer **Entitätsmenge** von Entitäten gleichen Typs.

Die Reihenfolge der Spalten und Zeilen sind ohne Bedeutung.

Ein ER-Diagramm **kann** sog. **identifizierende Attribute** bzw. Schlüssel ausweisen. In den späteren Tabellen eines relationalen Datenbanksystems werden diese als Primärschlüssel bezeichnet. Ein Schlüssel ist ein eindeutig identifizierendes Merkmal für die Entität: Der Wert des Attributs identifiziert eine Entität innerhalb aller Entitäten des gleichen Entitätstyps eindeutig, d.h., es gibt keine Werte des Attributs, die mehrmals vorkommen.

Ein ER-Diagramm **muss** aber **keine identifizierenden Attribute** ausweisen.

Im oben abgebildeten ER-Diagramm (s. Abb. 5.4) ist z.B. das Attribut „nr_Immobilie" ein identifizierendes Attribut. Es wird keine zwei konkreten Immobilien geben, die die gleiche Immobiliennummer haben.

Schwierig wird es beim Vermieter, selbst wenn man versucht, den Schlüssel aus zwei Attributen zu bilden: „vorname_Vermieter" und „name_Vermieter". Es könnte sein, das es „Jochen Schulz" mehrmals als Vermieter in Deutschland gibt. In diesem Fall kann ein sog. **künstliches identifizierendes Attribut** (Schlüssel) vorgesehen werden, z.B. das Attribut „nr_Vermieter". Im ER-Diagramm werden Schlüsselattribute unterstrichen (s. Abb. 5.5).

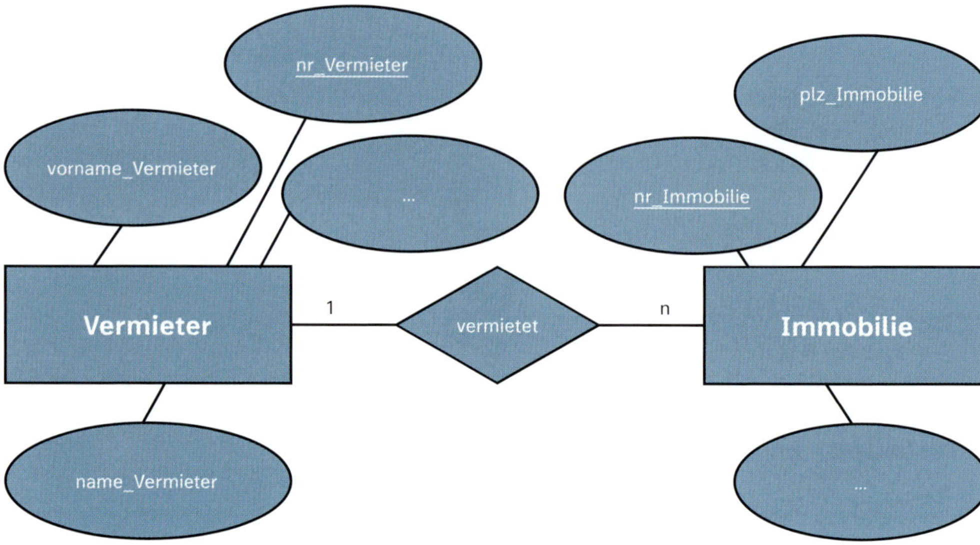

Abb. 5.5: ER-Diagramm mit identifizierenden Attributen (Schlüsseln)

Würde man für jeden Entitätstyp ein identifizierendes Attribut (Schlüssel) vorsehen wollen, dann könnten sich für das Beispiel der Datenbank „Betriebskosten" folgende Schlüssel ergeben:

Entitätstyp	Identifizierendes Attribut (Schlüssel)
Vermieter (ET1)	(A36) nr_Vermieter (neu, da kein vorhandenes Attribut geeignet ist)
Immobilie (ET2)	(A13) nr_Immobilie
Mieter (ET3)	(A17) nr_Mieter
Abrechnungsfirma (ET4)	(A37) nr_Abrechnungsfirma (neu, da kein vorhandenes Attribut geeignet ist)
Hausverwalter (ET5)	(A38) nr_Hausverwalter (neu, da kein vorhandenes Attribut geeignet ist)
Nebenkostenabrechnung (ET6)	(A39) nr_Nebenkostenabrechnung (neu, da kein vorhandenes Attribut geeignet ist)

Mittels des standardisierten Verfahrens **ERM** (**Entity Relationship Model**) werden die Strukturen der Daten modelliert. Das **ERD** (**Entity Relationship Diagram**) als Ergebnis der Modellierung ist eine eindeutige, übersichtliche und leicht korrigierbare grafische Darstellung, über die der Datenbankentwickler und der Auftraggeber kommunizieren können, z. B. für das Erfassen von Fehlern oder das Vornehmen von Korrekturen und Erweiterungen. **Bestandteile des ERD** sind die **Entitätstypen**, ihre zugeordneten **Attribute** und der **Beziehungstyp** zwischen den Entitätstypen, mit Angabe der Häufigkeit bzw. **Kardinalität** (**1:1**, **1:n** und **m:n**).

5.5 Umsetzung in Tabellen eines relationalen Datenbanksystems

3. Schritt: Implementierungs-Entwurf

Anna, Emre und Paul fällt ein Widerspruch auf: In Kapitel 2 war von „Hausbesitzern" die Rede, hier nun von „Vermietern", obwohl dieselben Personen gemeint sind. Frau Zeinab ist für den Hinweis sehr dankbar. Sie begründet den Widerspruch mit gewissen Unschärfen des Pflichtenhefts. Die Software- und Datenbankmodellierer ihrer Firma werden sich aber treffen und einen der beiden Bezeichner für das gesamte Projekt auswählen.

Die Auszubildenden fragen sich, wie der Datenbankentwickler aus dem ER-Diagramm die Tabellen eines relationalen Datenbanksystems (Access, MySQL, SQLite etc.) gewinnt. Das folgende Kapitel gibt darauf Antworten. Es ist nach der Abb. 5.2 der 3. Schritt im Datenbankentwurf.

Die Umsetzung erfolgt in vier Aktionen:

1. Überführung jeden einzelnen Entitätstyps inkl. seiner Attribute in jeweils eine **Tabelle**.
2. Falls ein Entitätstyp ein identifizierendes Attribut (oder eine Attributkombination) hat, wird es jetzt in der Tabelle als **Primärschlüssel** (ggf. zusammengesetzter Primärschlüssel) gekennzeichnet. Falls ein Entitätstyp kein identifizierendes Attribut (oder Attributkombination) hat, wird ein **künstlicher Primärschlüssel** vorgesehen.
3. Umsetzung der Beziehungen inkl. der Kardinalitäten durch sog. **Fremdschlüssel**. Nach Hinzufügen der Beziehungen zwischen den Tabellen entsteht ein **Relationenschema**, welches Aussagen darüber trifft, welche Tabelle mit einer oder mehreren anderen Tabellen in einer Beziehung steht.
4. Falls die ER-Modellierung nicht perfekt war, kann es sein, dass manche Tabellen nicht „normalisiert" sind. Daher erfolgt abschließend immer die Überprüfung der Tabellen. Falls nötig, muss eine sog. **Normalisierung** der Tabellen erfolgen.

Am Beispiel des ER-Diagramms aus Abb. 5.5 wird in diesem Kapitel die Erstellung eines Relationenschemas gezeigt.

Hinweis: Die einzelnen Tabellen bzw. Relationenschemata in diesem und in den nächsten beiden Kapiteln (Normalformen, SQL) sind aus didaktischen Gründen mal in Access-Darstellung, mal in MySQL-Darstellung und mal in allgemeiner Darstellung abgebildet, damit trotz der Unterschiede die Gemeinsamkeiten erkennbar werden.

1. und 2. Aktion: Überführen der Entitätstypen mit ihren Attributen in eine Tabellenform

Die Bezeichnung des Entitätstyps bildet z. B. den Namen der Tabelle (jeder Betrieb hat eigene Richtlinien, es gibt keine Norm) und die Attribute bilden die Spaltenüberschriften. Das identifizierende Attribut ist jetzt das sog. Primärschlüsselattribut und erhält die zusätzliche Angabe „PK" für Primary Key. In die Zeilen werden die Werte geschrieben. Eine komplette Zeile bezeichnet man als Datensatz, sie entspricht den Werten einer Entität.

Hinweis: Die gezeigten Tabellen beinhalten aus Gründen der Übersichtlichkeit nur einen Teil der Attribute und einen Teil der Datensätze.

Bezeichnung Tabelle	Vermieter			
Attribut	nr_Vermieter (PK)	name_Vermieter	vorname_Vermieter	ort_Vermieter
Datensatz 1	1	Sommer	Gerd	Hamburg
Datensatz 2	2	Winter	Lisa	Berlin
Datensatz 3	3	Sonntag	Paul	Köln
Datensatz 4	4	Schulz	Jochen	Hamburg
Datensatz 5	5	Fendrich	Ursula	Clenze

Bezeichnung Tabelle	Immobilie		
Attribut	nr_Immobilie (PK)	plz_Immobilie	str_hnr_Immobilie
Datensatz 1	465	20354	Gorch-Fock-Wall 7
Datensatz 2	246	20354	An der Alster 25
Datensatz 3	281	10829	Tempelhofer Weg 12
Datensatz 4	337	20457	Am Strandkai 99
Datensatz 5	173	29457	Am Kaiserkai 88
Datensatz 6	839	17398	Dorfstr. 15

3. Aktion: Umsetzung der Beziehungstypen

Theorie

Gegeben seien zwei Tabellen A und B mit jeweils einem Primärschlüssel A1 bzw. B1:

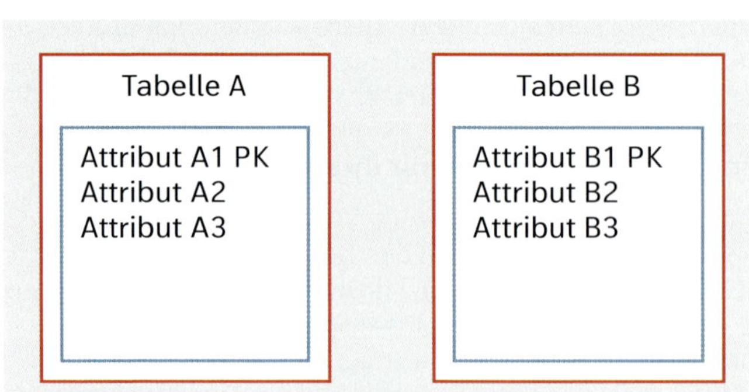

- Umsetzung einer 1:1-Beziehung: Eine der beiden Tabellen (Auswahl ist beliebig) erhält als Fremdschlüssel (FK = Foreign Key) den Primärschlüssel der anderen Tabelle.

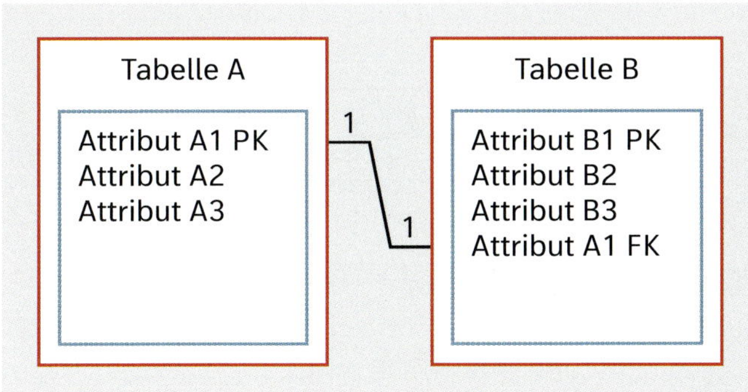

- Umsetzung einer 1:n-Beziehung: Bei dem Entitätstyp (z. B. B), bei dem „n“ stand, wird bei seiner Tabelle (also Tabelle B) das Primärschlüsselattribut der Tabelle A (Attribut A1) als Fremdschlüssel (FK) aufgenommen. Es besteht somit eine 1:n-Beziehung zwischen Tabelle A und Tabelle B.

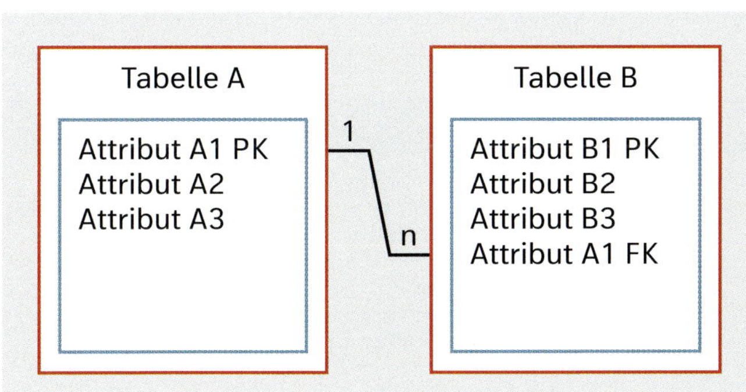

Hinweis: Manche Datenbanksysteme (z. B. Access und MySQL Workbench) benutzen bei der Dartsellung des Relationenschemas statt „n“ das Zeichen „∞“.

- Umsetzung einer m:n-Beziehung: Eine zusätzliche Tabelle muss angelegt werden. Diese Tabelle enthält als Fremdschlüsselattribute die Primärschlüssel der beiden Tabellen, welche über die m:n-Beziehung zu verbinden sind. Primärschlüssel dieser neuen Tabelle ist ein zusammengesetzter Schlüssel der beiden Attribute oder ein neues Attribut.

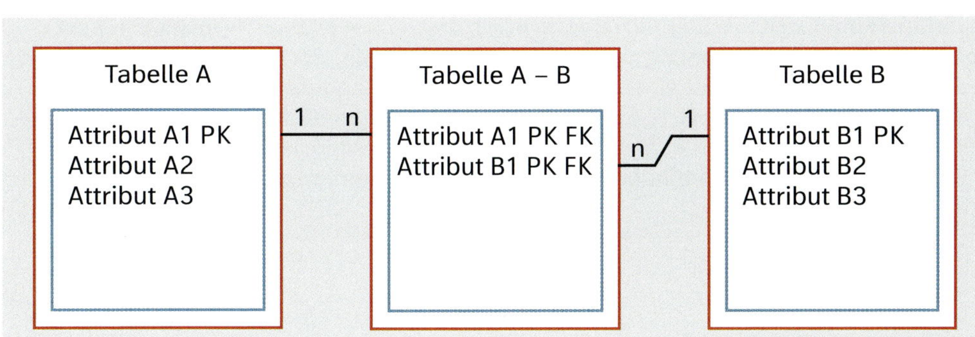

Anwendung

Für die 1:n-Beziehung zwischen den Tabellen „Vermieter“ und „Immobilie“ ergibt sich folgendes Relationenschema:

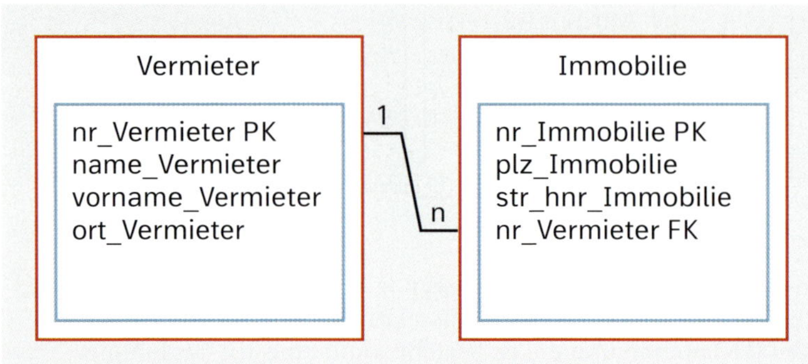

In der Tabelle „Immobilie“ ist jetzt ein Hinweis (über das Attribut „nr_Vermieter“) auf den Vermieter enthalten:

Immobilie			
nr_Immobilie (PK)	plz_Immobilie	str_hnr_Immobilie	nr_Vermieter (FK)
465	20354	Gorch-Fock-Wall 7	3
246	20354	An der Alster 25	2
281	10829	Tempelhofer Weg 12	1
337	20457	Am Strandkai 99	4
173	29457	Am Kaiserkai 88	5
839	17398	Dorfstr. 15	4

4. Aktion: Normalisierung

Diese Aktion wird ausführlich im Kapitel 5.6 erläutert.

Die im **ER-Diagramm** gebildeten **Entitätstypen** mit ihren **Attributen** werden in eine **Tabellenform** überführt. Identifizierende Attribute werden jetzt als **Primärschlüssel** gekennzeichnet. Die Beziehung zwischen den Tabellen wird durch sog. **Fremdschlüssel** realisiert, welche immer auf einen Primärschlüssel einer anderen Tabelle verweisen. Je nach Art der Beziehung (1:1, 1:n und m:n) wird unterschiedlich verfahren. Bei einer m:n-Beziehung muss eine zusätzliche Tabelle erstellt werden, welche die Primärschlüssel der beiden zu verbindenden Tabellen als **zusammengesetzten Schlüssel** enthält.

5.6 Normalformen

Im ER-Modell wurden die in die Datenbank aufzunehmenden Attribute beschrieben, ihre Zugehörigkeit zu Entitätstypen bestimmt und die Entitätstypen mit Angabe der Häufigkeit (Kardinalität) miteinander durch Beziehungstypen verknüpft. Im nächsten Schritt wurden die Entitätstypen mit ihren Attributen in Form eines Relationenschemas (in Beziehung stehende Tabellen) umgesetzt. Diese Tabellen befinden sich unter Umständen in einem sog. „unnormalisierten Zustand“, d.h., es können **Anomalien** und **Datenredundanzen** vorhanden sein, welche größtenteils durch den Prozess der **Normalisierung** (1. Normalform, 2. Normalform, 3. Normalform, 4. Normalform, ...) beseitigt werden können.

Es existieren drei Arten von Datenbank-Anomalien:

- **Einfüge-Anomalie**: Daten können nicht in die Datenbank übernommen werden, da z.B. eine unvollständige Eingabe von Daten zu Inkonsistenzen führt.
- **Änderungs-Anomalie**: Die Änderung eines Werts eines Attributs erfolgt nicht an allen Stellen der Datenbank, an dem der Wert gespeichert ist. Dies führt zur Dateninkonsistenz.
- **Lösch-Anomalie**: Beim Löschen von Daten werden unbeabsichtigt andere mit diesen Daten in Zusammenhang stehende Informationen ebenfalls gelöscht.

In der Datenbankentwicklung reicht oft die **3. Normalform** aus, um eine ausreichende Balance aus geringer **Redundanz** (Werte eines Attributs sollten genau nur einmal in der Datenbank gespeichert sein), hoher **Performance** und hoher **Flexibilität** für die Datenbank zu gewährleisten. Sie eliminiert auch die meisten der oben genannten Anomalien. Dieser Normalisierungsprozess bis zur 3. Normalform wird in diesem Kapitel beschrieben.

Neben den Anomalien gibt es auch das Problem der **abgeleiteten Attribute**, die auch redundante Informationen darstellen.

Redundanz (aus dem Lateinischen) bedeutet so viel wie Überfluss, Überladung bzw. Information mit unnötigen Elementen. Ein Attribut in einer Tabelle ist redundant, wenn man es weglassen kann, ohne einen Informationsverlust zu erleiden, weil es z.B. schon an einer anderen Stelle steht oder weil es aus anderen Werten abgeleitet werden kann.

Für das Beispiel der Datenbank „Betriebskosten“ ergibt sich z.B. die folgende Redundanz:

Das Attribut „nebenkosten“ (A29) ergibt sich aus der Summe der Attribute „betriebskosten“ (A27) und „sperrmüll“ (A28) und kann damit gestrichen werden.

In manchen Fällen können Redundanzen nur mit sehr großem Aufwand vermieden werden. Deshalb soll eine Datenbank redundanzarm und nicht unbedingt redundanzfrei gestaltet werden. Redundanzen sind nicht unbedingt als negativ einzustufen. Sie können bewusst als Sicherungsinstrumente eingesetzt werden.

1. Normalform

Eine Tabelle ist in der 1. Normalform (1NF), wenn die Attribute nur atomare Werte (sprich: immer nur einen Wert), also keine mengenwertigen oder zusammengesetzten Werte (sprich: niemals eine Liste von Werten) enthalten.

Beispiel:
Gegeben sind zwei schlecht modellierte Tabellen. Die Tabelle „Arbeitszeit" soll die Arbeitsstunden der Mitarbeiter der Immobilienfirma ImmoVerPlus GmbH enthalten, die Tabelle „Immobilie" die Adressen der Immobilien:

Arbeitszeit

nr_ Abteilung (PK)	name_ Abteilung	nr_ Leiter	seit	arbeits- stunden	nr_ Mitarbeiter	name_ Mitarbeiter
1	Personal- abteilung	339	22.03.2004	8	339	Meyer
2	Buch- haltung	529	11.04.2015	13 26	529 309	Müller Lofte
3	Immobilien- verwaltung	657	24.11.2011	30 38 38 38	339 657 345 967	Meyer Schulz Krause Dorfner

Hinweis: Herr Meyer ist seit dem 22.03.2004 Leiter der Personalabteilung (mit acht Arbeitsstunden), die nur aus seiner Person besteht, und gleichzeitig Mitarbeiter in der Immobilienverwaltung (mit 30 Arbeitsstunden).

Immobilie

nr_Immobilie	adresse_Immobilie
465	20354, Hamburg, Gorch-Fock-Wall 7
246	20354, Hamburg, An der Alster 25
281	10829, Berlin, Tempelhofer Weg 12
337	20457, Hamburg, Am Strandkai 99
173	29457, Clenze, Am Kaiserkai 88
839	17398, Kagendorf, Dorfstr. 15

Beide Tabellen verstoßen gegen die 1. Normalform:

- In der Arbeitszeit-Tabelle befinden sich in den Spalten „arbeitsstunden", „nr_Mitarbeiter" und „name_Mitarbeiter" in der 2. und 3. Zeile eine Aufzählung von gleichartigen Werten (**mengenwertige Werte**).

- In der Immobilien-Tabelle befinden sich in der Spalte „adresse_Immobilie" in jeder Zeile eine Aufzählung unterschiedlicher Werte, ein Wert für die Postleitzahl, ein Wert für den Ort und ein Wert für die Straße inkl. der Hausnummer (**zusammengesetzte Werte**). Das Attribut „adresse_Immobilie" ist somit ein zusammengesetztes Attribut.

Damit die Tabellen der **1. Normalform** genügen, müssen sie entsprechend wie folgt für die Datenbank normalisiert werden:

Arbeitszeit						
nr_ Abteilung (PK)	name_ Abteilung	nr_ Leiter	seit	arbeits-stunden	nr_ Mitarbeiter (PK)	name_ Mitarbeiter
1	Personal-abteilung	339	22.03.2004	8	339	Meyer
2	Buch-haltung	529	11.04.2015	13	529	Müller
2	Buch-haltung	529	11.04.2015	26	309	Lofte
3	Immobilien-verwaltung	657	24.11.2011	30	339	Meyer
3	Immobilien-verwaltung	657	24.11.2011	38	657	Schulz
3	Immobilien-verwaltung	657	24.11.2011	38	345	Krause
3	Immobilien-verwaltung	657	24.11.2011	38	967	Dorfner

Immobilie			
nr_Immobilie (PK)	plz_Immobilie	ort_Immobilie	str_hnr_Immobilie
465	20354	Hamburg	Gorch-Fock-Wall 7
246	20354	Hamburg	An der Alster 25
281	10829	Berlin	Tempelhofer Weg 12
337	20457	Hamburg	Am Strandkai 99
173	29457	Clenze	Am Kaiserkai 88
839	17398	Kagendorf	Dorfstr. 15

Die Tabelle „Arbeitszeit" hat nun kein Attribut mehr, welches gleichartige Aufzählungswerte (mengenwertige Werte) besitzt, und befindet sich damit in der 1. Normalform. Dafür sind vier Zeilen hinzugekommen, es gibt Datenredundanz (z. B. immer wieder der gleiche Abteilungsname) und „nr_Abteilung" reicht nicht mehr als Primärschlüssel. Nur der zusammengesetzte Schlüssel aus „nr_Abteilung" und „nr_Mitarbeiter" identifiziert eine Zeile eindeutig. Diese Tabellenstruktur genügt zwar formal der 1. Normalform, sie ist aber noch verbesserungsbedürftig.

Die Tabelle „Immobilie“ hat nun kein Attribut mehr, welches Aufzählungen (zusammengesetzte Werte) enthält (Straße und Hausnummer wird nicht als Aufzählung interpretiert, sondern als atomarer Textwert), und befindet sich damit ebenso in der 1. Normalform.

2. Normalform

> Eine Tabelle ist in der 2. Normalform, wenn sie die 1. Normalform erfüllt und jedes Nicht-Schlüsselattribut voll funktional vom gesamten Primärschlüssel abhängig ist.

Erstes Beispiel:
Anna, Emre und Paul unterstützen die Entwickler ihrer Softwarefirma PSBC bei der Datenmodellierung der Immobilienverwaltung. Ihr erster Entwurf für die Mietobjekt-Tabelle sieht wie folgt aus:

Mietobjekt							
nr_ Immobilie (PK)	nr_ Mieter (PK)	plz_ Immo-bilie	ort_ Immo-bilie	str_hnr_Immobilie	nr_ Vermieter (FK)	vor-name_ Mieter	name_ Mieter
465	243	20354	Hamburg	Gorch-Fock-Wall 7	3	Roland	Brise
465	530	20354	Hamburg	Gorch-Fock-Wall 7	3	Nadine	Schiffer
...	...	...	...	...		...	...
337	124	20457	Hamburg	Am Strandkai 99	4	Bobby	Maremano
337	832	20457	Hamburg	Am Strandkai 99	4	Kimo	Trauer
337	243	20457	Hamburg	Am Strandkai 99	4	Roland	Brise
...	...	...	...	...		...	...

Wurde der Primärschlüssel nur aus genau einem Attribut gebildet, ist die 2. Normalform immer erfüllt, wenn die Tabelle in der 1. Normalform ist.

Besitzt eine Tabelle einen zusammengesetzten Primärschlüssel, ist die Forderung der 2. Normalform zu überprüfen. Es ist zu prüfen, ob es Attribute gibt, welche nur von einem Teil des Primärschlüssels eindeutig identifiziert werden können. Ist dies der Fall, ist die Forderung nach voller Abhängigkeit vom Primärschlüssel nicht gegeben und die betreffenden Attribute müssen mit dem zugehörigen Primärschlüssel in eine eigenständige Tabelle verlagert werden.

Im Beispiel besitzt die Tabelle „Mietobjekt“ den zusammengesetzten Primärschlüssel aus „nr_Immobilie“ und „nr_Mieter“. Wegen der Forderung nach Eindeutigkeit ist ein alleiniger Primärschlüssel nicht möglich: Eine Mieternummer kann mehreren Immobilien zugewiesen werden und eine Immobilie (mit mehreren Wohnungen) kann mehrere Mieter haben.

Es muss nun überprüft werden, ob es Attribute gibt, welche nur von einem Teilschlüssel abhängen und damit nicht <u>voll</u> vom zusammengesetzten (gesplitteten) Primärschlüssel abhängig sind.

Dies trifft auf die Attribute „vorname_Mieter“ und „nachname_Mieter“ zu, welche nur vom Teilschlüssel „nr_Mieter“ abhängig sind und von diesem eindeutig identifiziert werden. Diese Attribute werden in eine eigenständige Tabelle „Mieter“ mit dem alleinigen Primärschlüssel, von dem sie eindeutig identifiziert werden können („nr_Mieter“), überführt.

Dies trifft aber auch auf die Attribute „plz_Immobilie“, „ort_Immobilie“, „str_hnr_Immobilie“ und den Fremdschlüssel „nr_Vermieter“ zu, welche nur vom Teilschlüssel „nr_Immobilie“ abhängig sind und von diesem eindeutig identifiziert werden. Diese Attribute werden in eine eigenständige Tabelle „Immobilie“ mit dem alleinigen Primärschlüssel, von dem sie eindeutig identifiziert werden können („nr_Immobilie“), überführt.

Mietobjekt	
nr_Immobilie (PK) (FK)	nr_Mieter (PK) (FK)
465	243
465	530
...	...
337	124
337	832
337	243
...	...

Immobilie				
nr_Immobilie (PK)	plz_ Immobilie	ort_ Immobilie	str_hnr_Immobilie	nr_Vermieter (FK)
465	20354	Hamburg	Gorch-Fock-Wall 7	3
...	...	...	...	
337	20457	Hamburg	Am Strandkai 99	4
...	...	...	...	

Mieter		
nr_Mieter (PK)	vorname_ Mieter	name_ Mieter
243	Roland	Brise
530	Nadine	Schiffer
...	...	...
124	Bobby	Maremano
832	Kimo	Trauer
...	...	...

Die Tabellen „Immobilie“, „Mieter“ und „Mietobjekt“ erfüllen nun die Forderungen der zweiten Normalform.

Hinweis: Die Mietobjekt-Tabelle ist in dieser Form nur die Umsetzung einer m:n-Beziehung zwischen dem Entitätstyp „Immobilie“ und dem Entitätstyp „Mieter“. Oft wird dies durch einen Hinweis im Tabellennamen gekennzeichnet, also z. B. statt „Mietobjekt“ mit dem Tabellenbezeichner „Immobilie_Mieter“.

Etwas anderes ist es, wenn es ein weiteres Attribut in dieser Tabelle gibt, z. B. wie in der funktionalen Anforderung /F640/ für die Nebenkostenabrechnung vorgesehen (s. Seite 52). Dort wird eine Mietobjekt-Nummer ausgewiesen, damit ersichtlich wird, welche der vielen Wohnungen bzw. Mietobjekte in ein und derselben Immobilie gemeint ist. In diesem Beispiel (dies ist aber nicht die Regel) kann man die Mietobjekt-Nummer dann auch gleich zum Primärschlüssel machen:

Mietobjekt		
nr_Mietobjekt (PK)	nr_Immobilie (FK)	nr_Mieter (FK)
D-465-927	465	243
D-465-912	465	530
...	...	...
D-337-447	337	124
D-337-495	337	832
D-337-476	337	243
...	...	...

Hinweis: Später werden in dieser Tabelle noch weitere Attribute auftauchen, z. B. die Kalt- und Warmmiete.

Zweites Beispiel:
Eine Tabelle aus dem Beispiel zur 1. Normalform wird geprüft:

Arbeitszeit						
nr_ Abteilung (PK)	name_ Abteilung	nr_ Leiter	seit	arbeits-stunden	nr_ Mitarbeiter (PK)	name_ Mitarbeiter
1	Personal-abteilung	339	22.03.2004	8	339	Meyer
2	Buch-haltung	529	11.04.2015	13	529	Müller
2	Buch-haltung	529	11.04.2015	26	309	Lofte
3	Immobilien-verwaltung	657	24.11.2011	30	339	Meyer

Arbeitszeit						
nr_ Abteilung (PK)	name_ Abteilung	nr_ Leiter	seit	arbeits- stunden	nr_ Mitarbeiter (PK)	name_ Mitarbeiter
3	Immobilien- verwaltung	657	24.11.2011	38	657	Schulz
3	Immobilien- verwaltung	657	24.11.2011	38	345	Krause
3	Immobilien- verwaltung	657	24.11.2011	38	967	Dorfner

Jetzt wird jede Spalte, genauer gesagt jedes Nicht-Schlüsselattribut, daraufhin untersucht, ob es voll funktional vom gesamten Primärschlüssel abhängig ist. Dies trifft nur auf das Attribut „arbeitszeit" zu. Alle anderen Attribute sind nur von einem Teil des Primärschlüssels abhängig und müssen in weitere Tabellen ausgelagert werden:

Arbeitszeit		
nr_ Abteilung (PK) (FK)	arbeits- stunden	nr_ Mitarbeiter (PK) (FK)
1	8	339
2	13	529
2	26	309
3	30	339
3	38	657
3	38	345
3	38	967

Mitarbeiter	
nr_ Mitarbeiter (PK)	name_ Mitarbeiter
339	Meyer
529	Müller
309	Lofte
657	Schulz
345	Krause
967	Dorfner

5

Abteilung			
nr_ Abteilung (PK)	name_ Abteilung	nr_ Leiter (FK)	seit
1	Personal-abteilung	339	22.03.2004
2	Buch-haltung	529	11.04.2015
3	Immobilien-verwaltung	657	24.11.2011

3. Normalform

Eine Tabelle ist in der 3. Normalform, wenn sie die 2. Normalform erfüllt und zwischen den Nicht-Primärschlüsselattributen keine Abhängigkeiten bestehen.

Es muss überprüft werden, ob der Wert eines Attributs, welches nicht zum Primärschlüssel gehört, vom Wert eines anderen Attributs, welches auch nicht zum Primärschlüssel gehört, abhängig ist. Besteht eine Abhängigkeit, so sind die betreffenden Attribute in eine eigenständige Tabelle auszulagern.

Als erstes Beispiel soll jetzt die Tabelle „Immobilie“ dienen, die um die Attribute für eine sog. Abrechnungsfirma (ARF) erweitert wurde:

Immobilie								
nr_ Immobilie (PK)	plz_ Immobilie	...	...	nr_ Vermieter (FK)	name_ ARF	plz_ ARF	ort_ ARF	str_hnr_ ARF
465	20354	...	...	3	ImmoVer-Plus Nebensitz	22393	Hamburg	Saseler Markt 14B
246	20354	...	...	2	ImmoVer-Plus Nebensitz	22393	Hamburg	Saseler Markt 14B
281	10829	...	...	1	ImmoVer-Plus Hauptsitz	10969	Berlin	Friedrichstr. 211/212
337	20457	...	...	4	ImmoVer-Plus Nebensitz	22393	Hamburg	Saseler Markt 14B
173	29457	...	...	5	ImmoVer-Plus Nebensitz	22393	Hamburg	Saseler Markt 14B
839	17398	...	...	4	ImmoVer-Plus Hauptsitz	10969	Berlin	Friedrichstr. 211/212

Eine (ungewünschte) Abhängigkeit besteht zwischen den Nicht-Primärschlüsselattributen „name_Abrechnungsfirma“ und den davon abhängigen Attributen „plz_Abrechnungsfirma“, „ort_Abrechnungsfirma“ und „str_hnr_Abrechnungsfirma“. Diese direkte Abhängigkeit zwischen Nicht-Primärschlüsselattributen führt zu Datenredundanz.

Somit werden die Nicht-Primärschlüsselattribute „name_Abrechnungsfirma“, „plz_Abrechnungsfirma“, „ort_Abrechnungsfirma“ und „str_hnr_Abrechnungsfirma“ in die Tabelle „Abrechnungsfirma“ ausgelagert. Die Tabelle erhält zusätzlich als Primärschlüssel das neue Attribut „nr_Abrechnungsfirma“. Dieses Attribut wird auch in die Tabelle „Immobilie“ aufgenommen und bildet dort den Fremdschlüssel für die Beziehung zur Tabelle „Abrechnungsfirma“.

Immobilie					
nr_ Immobilie (PK)	plz_ Immobilie	...	...	nr_ Vermieter (FK)	nr_ ARF (FK)
465	20354	...	...	3	2
246	20354	...	...	2	2
281	10829	...	...	1	1
337	20457	...	...	4	2
173	29457	...	...	5	2
839	17398	...	...	4	1

Abrechnungsfirma				
nr_ ARF (PK)	name_ ARF	plz_ ARF	ort_ ARF	str_hnr_ ARF
1	ImmoVer-Plus Hauptsitz	10969	Berlin	Friedrichstr. 211/212
2	ImmoVer-Plus Nebensitz	22393	Hamburg	Saseler Markt 14B

Die Tabellen „Immobilie“ und „Abrechnungsfirma“ enthalten jetzt keine Abhängigkeiten zwischen Nicht-Primärschlüsselattributen. Damit befinden sich diese Tabellen in der 3. Normalform.

5

Als nächstes soll eine Tabelle aus dem Beispiel zur 2. Normalform überprüft werden:

Abteilung			
nr_ Abteilung (PK)	name_ Abteilung	nr_ Leiter (FK)	seit
1	Personal-abteilung	339	22.03.2004
2	Buch-haltung	529	11.04.2015
3	Immobilien-verwaltung	657	24.11.2011

Hier fällt auf, dass das Nicht-Schlüsselattribut „seit" vom Nicht-Schlüsselattribut „nr_Leiter" abhängig ist und somit ausgegliedert werden muss:

Abteilung		
nr_ Abteilung (PK)	name_ Abteilung	nr_ Leiter (FK)
1	Personal-abteilung	339
2	Buch-haltung	529
3	Immobilien-verwaltung	657

Leiter_Seit	
nr_ Leiter (PK) (FK)	seit
339	22.03.2004
529	11.04.2015
657	24.11.2011

Normalerweise werden aus einem ER-Diagramm die Tabellen für ein relationales Datenbanksystem generiert und dann überprüft, ob sich diese in der 3. Normalform befinden. Beim Abteilungsbeispiel war aber kein ER-Diagramm vorgegeben, sondern eine sehr schlecht modellierte Tabelle, die erst in die 1NF, dann in die 2NF und schlussendlich in die 3NF transformiert wurde.

Wie hätte aber bei einer guten Modellierung das ER-Diagramm ausgesehen? Und hätte es viel Normalisierungsarbeit erspart?

Die Anwort auf die erste Frage liefert Abb. 5.6:

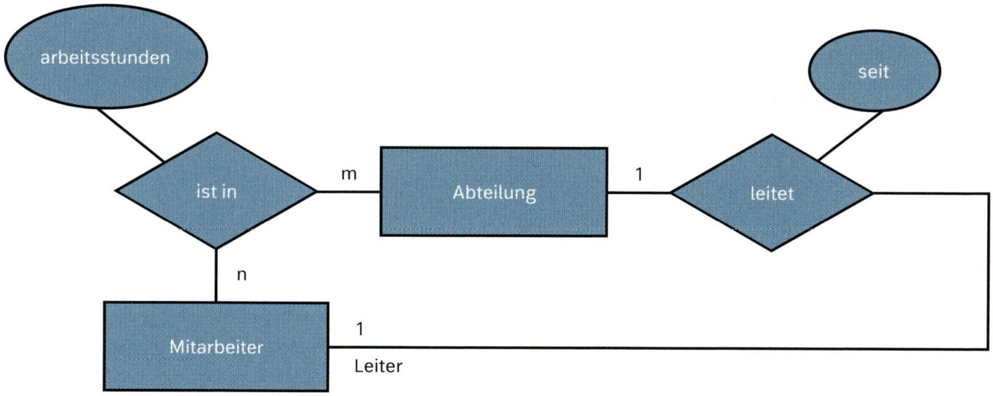

Abb. 5.6: ER-Diagramm „Firmenstruktur"

Hinweis: Die Attribute der Entitätstypen wurden nicht dargestellt.

Die Antwort auf die zweite Frage lautet: Ja, die Tabellen wären gleich in der 3. Normalform gewesen.

> Um **Anomalien** und auch **Datenredundanzen** zu vermeiden, müssen die Tabellen des Relationenschemas die Forderungen der ersten **drei Normalformen** (NF) erfüllen. Dabei ist zwingend die Reihenfolge der Überprüfung einzuhalten (1NF, dann 2NF, dann 3NF). Die **1. Normalform** prüft die Attribute auf enthaltene Aufzählungen, die **2. Normalform** prüft Abhängigkeiten von Nicht-Primärschlüsselattributen auf einen Teil eines zusammengesetzten Primärschlüssels (falls dieser existiert) und die **3. Normalform** prüft Abhängigkeiten von Nicht-Primärschlüsselattributen untereinander.

5.7 Vererbungsstrukturen in Tabellen

Nun soll untersucht werden, wie man Vererbung im ER Diagramm darstellt und wie diese in Tabellen eines relationalen Datenbanksystems umgesetzt wird.

Bei einer Immobilie soll zwischen Wohn- und Geschäftshaus unterschieden werden können. Eine mögliche Darstellung einer Vererbung im ER-Diagramm ist ein „Dreieck":

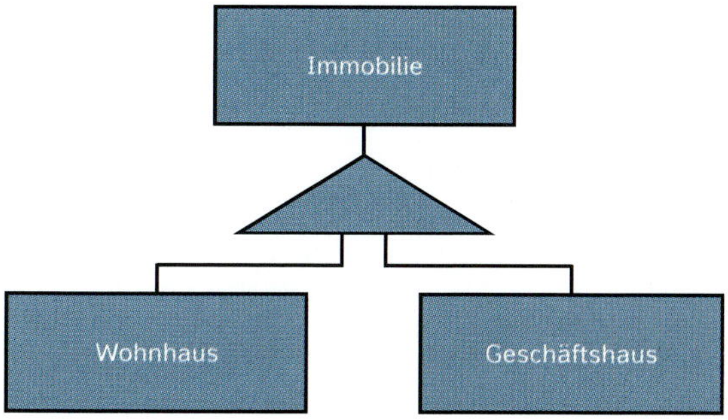

Die Tabellen könnten dann wie folgt aussehen:

Immobilie					
nr_ Immobilie (PK)	plz_ Immobilie	...	...	nr_ Vermieter (FK)	nr_ ARF (FK)
465	20354	...	...	3	2
246	20354	...	...	2	2
281	10829	...	...	1	1
337	20457	...	...	4	2
173	29457	...	...	5	2
839	17398	...	...	4	1

Wohnhaus			
nr_ Wohnhaus (PK) (FK)	wohnflaeche_ Wohnhaus	...	...
465	100	...	...
246	500	...	...
337	70	...	...
173	120	...	...

Geschaeftshaus			
nr_ Geschaeftshaus (PK) (FK)	anzahlBueroraeume_ Geschaeftshaus	...	...
281	1 200	...	...
839	870	...	...

Der „Trick“ besteht darin, die Primärschlüsselwerte der Untertabellen mit den Primärschlüsselwerten der Obertabelle gleichzusetzen. Damit sind die Primärschlüssel der Untertabellen gleichzeitig Fremdschlüssel. Auch wenn die Namensgebung unterschiedlich ist: Die „nr_Wohnhaus“ ist gleich der „nr_Immobilie“ und die „nr_Geschaeftshaus“ ist auch gleich der „nr_Immobilie“.

Vererbungsstrukturen eines Klassendiagramms bzw. **eines ER-Diagramms** lassen sich in Tabellen eines relationalen Datenbanksystems realisieren. Dazu erhalten die „Untertabellen“ **dieselben Primärschlüsselwerte** wie die „Obertabelle“.

5.8 SQL

SQL steht für **Structured Query Language** und ist eine standardisierte Datenbanksprache für relationale Datenbanken. Die Standardisierung erfolgte durch die amerikanische Normungsorganisation ANSI (American National Standards Institute) und die internationale Normungsorganisation ISO (International Standardization Organization). Sie wird unterstützt von allen kommerziellen und frei verfügbaren relationalen Datenbanksystemen.

Bestandteile:

- Datendefinitionssprache **DDL** (Data Definition Language) zur Beschreibung, Erzeugung und Veränderung der logischen Struktur der Datenbank in Form von Tabellen und deren Beziehungen.
- Datenmanipulationssprache **DML** (Data Manipulation Language) zur Datenverarbeitung in Form von Datenauswahl, Datenänderung, Datenaktualisierung sowie Löschen und Hinzufügen von Daten.
- Datenabfragesprache **DQL** (Data Query Language) zur gezielten Auswahl von Daten.
- Datenbankverwaltungssprache **DCL** (Data Control Language) erzeugt, konfiguriert und wartet Datenbanken (z. B. Administration der Benutzer und deren Rechte). Einige Softwarehersteller verwenden den Begriff DCL nicht und zählen die Berechtigungsbefehle zur DDL.
- Datensteuerungssprache **TCL** (Transaction Control Language) steuert und überwacht die Datentransaktion und gewährleistet dabei die Datenintegrität.

5.8.1 SQL-DDL

Die Datendefinitionssprache DDL (Data Definition Language) dient zur Beschreibung, Erzeugung und Veränderung der logische Struktur der Datenbank in Form von Tabellen und deren Beziehungen.

Als Beispiel soll der folgende Teil des Relationenschemas zur Datenbank „Immobilienverwaltung“ (s. Abb. 5.7) mittels DDL in MySQL implementiert werden. Die einzelnen Tabellen bzw. Relationenschemata sind aus didaktischen Gründen mal in Access-Darstellung, mal in MySQL-Darstellung und mal in allgemeiner Darstellung abgebildet, so dass trotz der Unterschiede die Gemeinsamkeiten erkennbar werden.

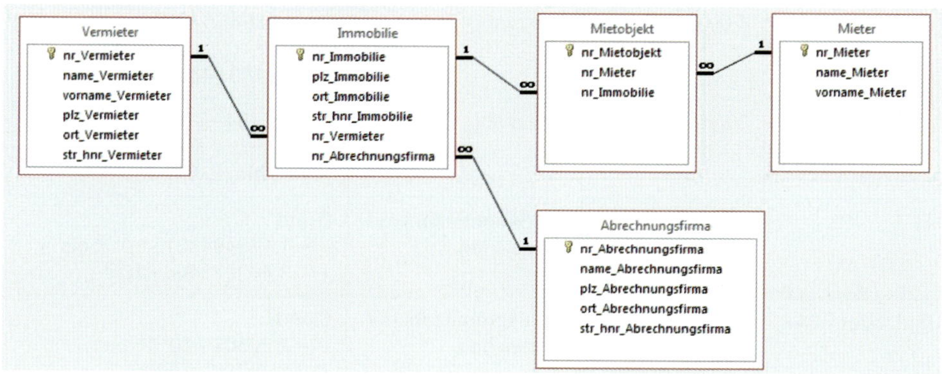

Abb. 5.7: Ausschnitt des Relationenschemas zur Datenbank „Immobilienverwaltung“ (Access-Darstellung)

Hierfür muss man zuerst wissen, welche Datentypen es in SQL gibt. Die SQL-Standarddatentypen sind in der Norm ANSI SQL 99 definiert. Die verschiedenen DBMS-Hersteller haben diese mit eigenen Datentypen erweitert. Wichtige Datentypen sind:

Datentyp	ANSI SQL 99
Ganze Zahl	int oder integer
Festkommazahl	numeric (n,m) n: max. Anzahl der Vorkommastellen; m: max. Anzahl der Nachkommastellen
Gleitkommazahl	float (m) m: max. Anzahl der Nachkommastellen
Zeichenkette mit fester Länge	character(n) oder char(n) n: Anzahl der Zeichen
Zeichenkette mit variabler Länge	varchar (n) n: max. Anzahl der druckbaren Zeichen
Datum	date
Zeitangabe	time
Zeitstempel (umfasst Datum und Zeitangabe)	timestamp
Boolsche Variable (true oder false)	boolean

Die Datentypen in MySQL (Version 5.1) sind:

Datentyp	Speicherplatz	Beschreibung	Wertebereich
TINYINT	1 Byte	Ganzzahl	0 bis 255 oder –128 bis 127
SMALLINT	2 Bytes	Ganzzahl	0 bis 65 535 oder –32 768 bis 32 767
MEDIUMINT	3 Bytes	Ganzzahl	0 bis 16 777 215 oder –8 388 608 bis 8 388 607
INT oder INTEGER	4 Bytes	Ganzzahl	0 bis 4 294 967 295 oder –2 147 483 648 bis 2 147 483 647
BIGINT	8 Bytes	Ganzzahl	0 bis (2∧64)-1 oder –2∧63 bis (2∧63)-1
FLOAT	4 Bytes	Fließkommazahl mit Vorzeichen	0 und +/– 1,175494351 • 10^{-38} bis +/– 3,402823466 • 10^{38}
DOUBLE oder REAL	8 Bytes	Fließkommazahl mit Vorzeichen	0 und +/– 2,22507 • 10^{-308} bis +/– 1,79769 • 10^{308}

Datentyp	Speicherplatz	Beschreibung	Wertebereich
DATE	3 Bytes	Datum im Format YYYY-MM-DD	01.01.1000 bis 31.12.9999
DATETIME	8 Bytes	Datum und Zeit im Format YYYYY-MM-DD hh:mm:ss	01.01.1000 bis 31.12.9999
TIME	3 Bytes	hh:mm:ss	–838:59:59 bis 839:59:59
YEAR [(2|4)]	1 Byte	Jahr	YEAR(2) 1970 bis 2069 und YEAR(4) 1901 bis 2155
CHAR	M Bytes M: max. Anzahl der gezeigten Stellen	Zeichenkette mit fester Länge M	M: 0 bis 255
VARCHAR	L+1 Bytes L: Stringlänge	Zeichenkette mit variabler Länge	Maximum der Stringlänge ist M: 0 bis 255

Für die Umsetzung eines normalisierten Relationenschemas sind folgende SQL-Anweisungen notwendig.

Eine einzelne noch nicht existierende Tabelle erzeugen

Allgemein:

```
CREATE TABLE [IF NOT EXISTS] Tabellenname (
  Attribut_1 Datentyp [[NOT] NULL],
  Attribut_2 Datentyp [[NOT] NULL],
  ...
  Attribut_n Datentyp [[NOT] NULL],
  PRIMARY KEY (Attribut_1,...)
);
```

Allgemeines Beispiel:

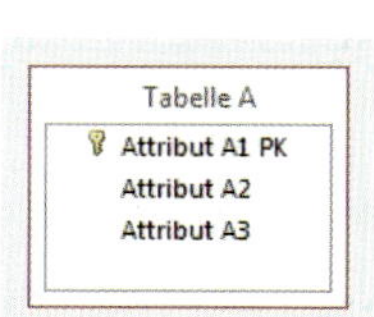


```
CREATE TABLE [IF NOT EXISTS] TabelleA (
  AttributA1 Datentyp [[NOT] NULL],
  AttributA2 Datentyp [[NOT] NULL],
  AttributA3 Datentyp [[NOT] NULL],
  PRIMARY KEY (AttributA1)
);
```

Erklärung der Bestandteile des Codes:

Bestandteil	Erklärung
CREATE TABLE IF NOT EXISTS	In der Datenbank werden ein Relationenschema (Tabelle) und die zugehörige leere Basisrelation angelegt, unter der Bedingung, dass dieses Relationenschema nicht bereits existiert.
NOT NULL	Kein Nullwert für dieses Attribut möglich (erforderlich: ja)
NULL	Nullwert für dieses Attribut möglich (erforderlich: nein)
PRIMARY KEY	Einzelnes Attribut als Primärschlüssel oder mehrere Attribute als zusammengesetzter Primärschlüssel

Beispiel: Tabelle „Immobilie"
Gegeben sind die gewünschte Tabelle und die gewünschten Datentypen:

Attribut	Datentyp	Erforderlich?
nr_Immobilie	Ganzzahl	ja
plz_Immobilie	Text (5)	nein
ort_Immobilie	Text(45)	nein
straße_hnr_Immobilie	Text(45)	nein
nr_Vermieter	Ganzzahl	ja
nr_Abrechnungsfirma	Ganzzahl	ja

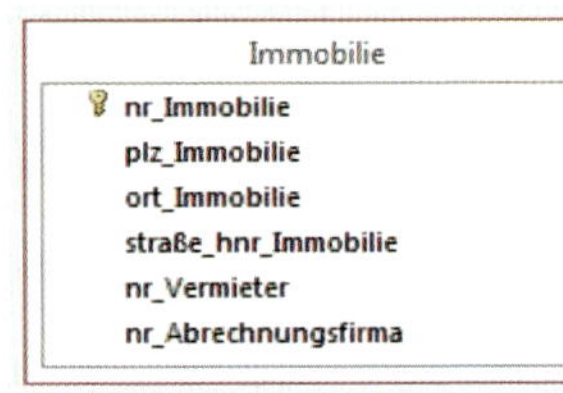

Daraus ergibt sich das folgende SQL-DDL-Statement:

```
CREATE TABLE IF NOT EXISTS Immobilie (
  nr_Immobilie INT NOT NULL,
  plz_Immobilie VARCHAR (5) NULL,
  ort_Immobilie VARCHAR (45) NULL,
  straße_hnr_Immobilie VARCHAR (45) NULL,
  nr_Vermieter VARCHAR (45) NOT NULL,
  nr_Abrechnungsfirma INT NOT NULL,
  PRIMARY KEY (nr_Immobilie)
);
```

In der MySQL-Datenbank „Immobilienverwaltung" ist nun folgende Tabelle zu sehen:

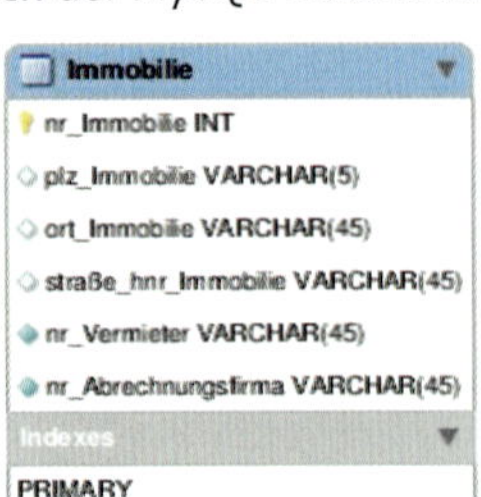

Zwei Tabellen und deren Beziehung erzeugen

Allgemeines Beispiel:

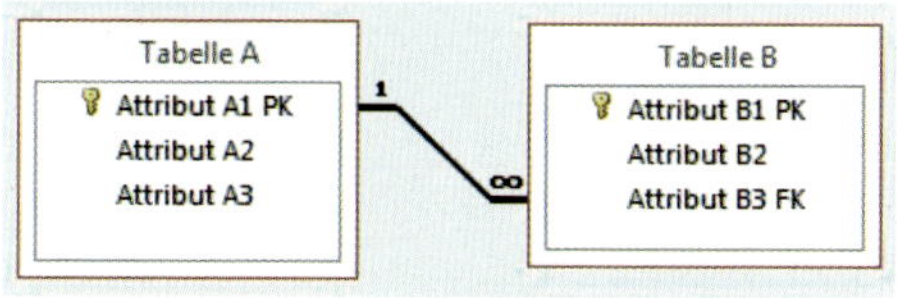

Tabelle A wird wie im vorhergehenden Abschnitt erzeugt. Tabelle B muss zusätzlich einen Fremdschlüssel aufweisen:

```
CREATE TABLE [IF NOT EXISTS] TabelleB (
  AttributB1 Datentyp [[NOT] NULL],
  AttributB2 Datentyp [[NOT] NULL],
  AttributB3 Datentyp [[NOT] NULL],
  PRIMARY KEY (AttributB1),
  FOREIGN KEY (AttributB3)
  REFERENCES TabelleA (AttributA1)
);
```

Erklärung der neuen Bestandteile des Codes:

Bestandteil	Erklärung
FOREIGN KEY	Einzelnes Attribut als Fremdschlüssel
REFERENCES	Tabellenname der in Beziehung stehenden Tabelle mit dem in Beziehung stehenden Attribut (Primärschlüssel dieser Tabelle)

Beispiel: Beziehung der Tabellen „Abrechnungsfirma“ und „Immobilie“
Gegeben sind die gewünschte Tabelle und die gewünschten Datentypen:

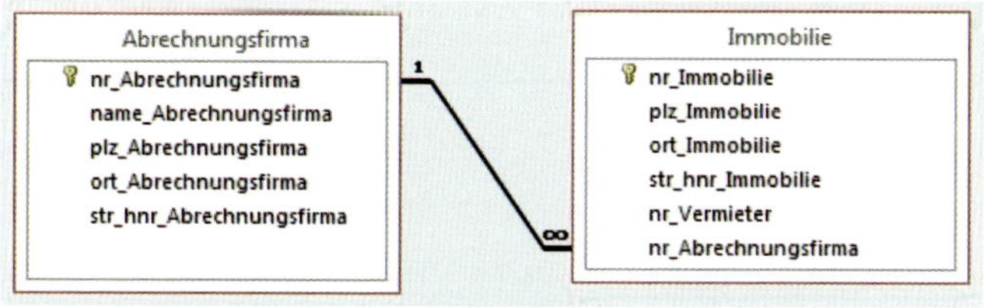

Attribut	Datentyp	Erforderlich?
nr_Abrechnungsfirma	Ganzzahl	ja
name_Abrechnungsfirma	Text(45)	ja
plz_Abrechnungsfirma	Text(5)	nein
ort_Abrechnungsfirma	Text(45)	nein
straße_hnr_Abrechnungsfirma	Text(45)	nein

Daraus ergeben sich die folgenden SQL-DDL-Statements:

```
CREATE TABLE IF NOT EXISTS Abrechnungsfirma (
  nr_Abrechnungsfirma INT NOT NULL,
  name_Abrechnungsfirma VARCHAR (45) NOT NULL,
  plz_Abrechnungsfirma VARCHAR (5) NULL,
  ort_Abrechnungsfirma VARCHAR (45) NULL,
  str_hnr_Abrechnungsfirma VARCHAR (45) NULL,
  PRIMARY KEY (nr_Abrechnungsfirma)
);
```

```
CREATE TABLE IF NOT EXISTS Immobilie (
  nr_Immobilie INT NOT NULL,
  plz_Immobilie VARCHAR (5) NULL,
  ort_Immobilie VARCHAR (45) NULL,
  straße_hnr_Immobilie VARCHAR (45) NULL,
  nr_Vermieter VARCHAR (45) NOT NULL,
  nr_Abrechnungsfirma INT NOT NULL,
  PRIMARY KEY (nr_Immobilie)
  FOREIGN KEY (nr_Abrechnungsfirma)
  REFERENCES Abrechnungsfirma
             (nr_Abrechnungsfirma)
);
```

In der MySQL-Datenbank „Immobilienverwaltung“ ist nun folgende Tabelle zu sehen:

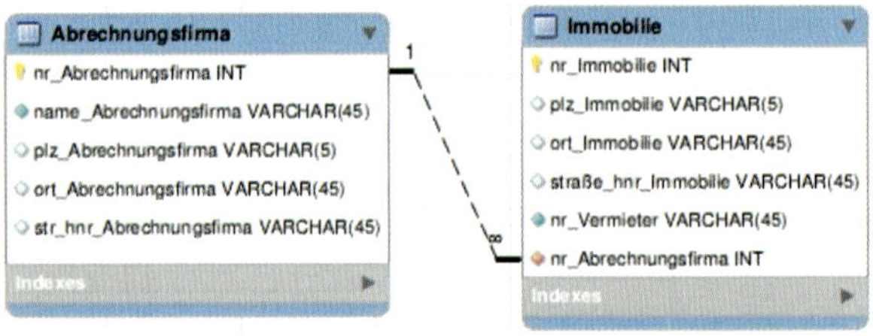

Tabelle löschen

Das DDL-Statement ist denkbar einfach:

```
DROP TABLE Tabellenname;
```

Als Beispiel soll die Tabelle „Hausverwalter“ gelöscht werden.

```
DROP TABLE Hausverwalter;
```

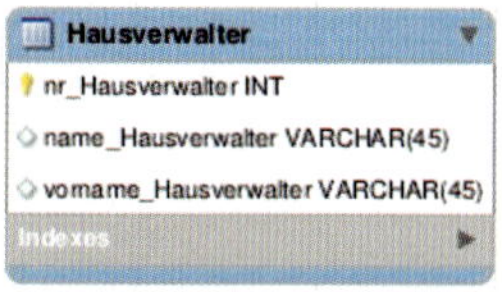

Hinweis: Das Statement sollte mit Bedacht eingesetzt werden. Die gesamten Daten werden wirklich unwiederbringlich gelöscht.

Ein oder mehrere Attribute zu einer bestehenden Tabelle hinzufügen

Allgemeines Beispiel:

```
ALTER TABLE Tabellenname
ADD COLUMN
  Attribut1 Datentyp,
  Attribut2 Datentyp,
  ...
  AttributN Datentyp;
```


Beispiel:
Die Tabelle „Immobilie“ soll mit dem Attribut „kategorie“ vom Datentyp Text mit max. 20 Zeichen ergänzt werden.

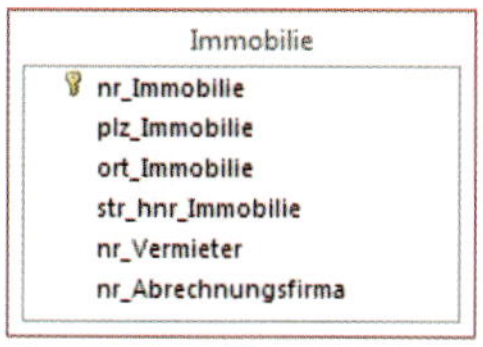


```
ALTER TABLE Immobilie
ADD COLUMN kategorie VARCHAR(20);
```

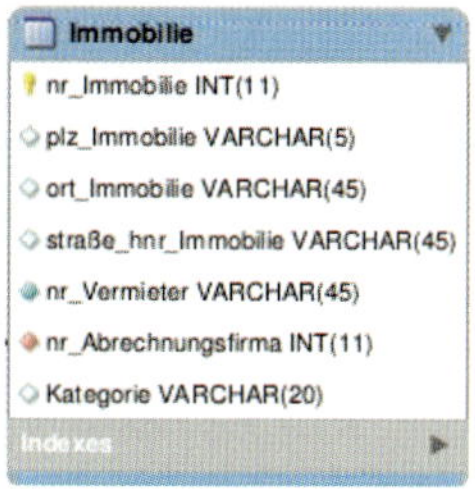

Ein oder mehrere Attribute aus einer bestehenden Tabelle löschen

Allgemeines Beispiel:

```
ALTER TABLE Tabellenname
DROP COLUMN
  Attribut1,
  Attribut2,
  ...
  AttributN;
```

Beispiel:
Aus der Tabelle „Immobilie“ soll das Attribut „kategorie“ gelöscht werden.

```
ALTER TABLE Immobilie
DROP COLUMN kategorie;
```

In Tabellen Schlüsselfelder ändern

Durch Hinzufügen oder Löschen von Tabellen oder Attributen bei einer Datenbankanpassung kann es vorkommen, dass bestehende Schlüsselfelder geändert werden müssen, um die Änderungen in das bestehende Relationenschema einzubinden.

- Primärschlüsselattribut(e) löschen und hinzufügen
  Beispiel: Der bestehende Primärschlüssel aus der Tabelle „Mieter“ soll gelöscht werden und durch „nr_Mieter“ ersetzt werden, da der Name des Mieters als Primärschlüssel ungeeignet ist (mehrfach vorkommende Werte sind möglich).

1. Schritt: Die Eigenschaft „Primärschlüssel“ des Attributs „name_Mieter“ löschen

```
ALTER TABLE Mieter
DROP PRIMARY KEY;
```

2. Schritt: Attribut „nr_Mieter“ mit den Datentyp Ganzzahl hinzufügen

```
ALTER TABLE Mieter
ADD COLUMN nr_Mieter INT;
```

3. Schritt: Index „Primärschlüssel“ beim Attribut „nr_Mieter“ hinzufügen
   Bedingungen: Die Tabelle darf noch keinen Primärschlüssel besitzen. Die Attribute, welche die Eigenschaft des Primärschlüssels erhalten sollen, müssen bereits in der Tabelle existieren.

```
ALTER TABLE Mieter
ADD PRIMARY KEY (nr_Mieter);
```

Die Tabelle hat sich wie folgt verändert:

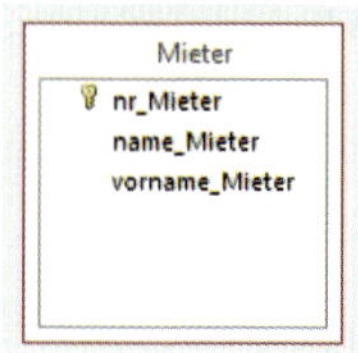

- Fremdschlüsselattribut(e) hinzufügen

  Ausgangsschema:

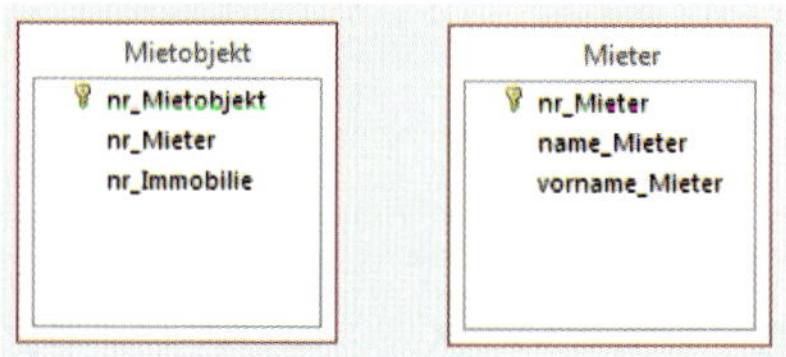

Zielschema:

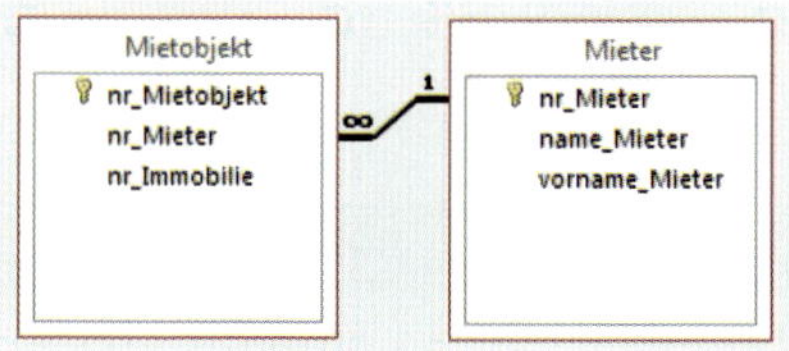

Hinweis: Ein Mietobjekt sieht bei dieser Modellierung nur einen Mieter vor.
Der Index Fremdschlüssel für das Attribut „nr_Mieter“ muss in der Tabelle „Mietobjekt“ hinzugefügt werden, mit der Referenz auf das Attribut „nr_Mieter“ der Tabelle „Mieter“.

```
ALTER TABLE Mietobjekt
ADD FOREIGN KEY (nr_Mieter)
  REFERENCES Mieter (nr_Mieter);
```

Die **Datendefinitionssprache** (**DDL**) ermöglicht das Erstellen neuer Tabellen und deren Attribute (inkl. Angabe der Domäne) über die SQL-Anweisung `CREATE TABLE`. Bestehende Tabellen können gelöscht (`DROP TABLE`) oder an neue Anforderungen angepasst werden (`ALTER TABLE`). Solche Anpassungen sind z. B.: ein neues Attribut hinzufügen (`ADD COLUMN`), ein bestehendes Attribut löschen (`DROP COLUMN`) und Primärschlüssel bzw. Fremdschlüssel anlegen und löschen (`ADD PRIMARY KEY`, `DROP PRIMARY KEY`, `ADD FOREIGN KEY`, `DROP FOREIGN KEY`).

5.8.2 SQL-DML und SQL-DQL

Mit der Datenmanipulationssprache DML (Data Manipulation Language) inkl. der Datenabfragesprache DQL (Data Query Language) können Daten in die Tabellen der Datenbank gezielt eingefügt, verändert, gelöscht oder nach vorgegebenen Filterbedingungen angezeigt werden.

Abb. 5.8 zeigt einen Ausschnitt aus dem Relationenschema der Datenbank „Immobilienverwaltung“.

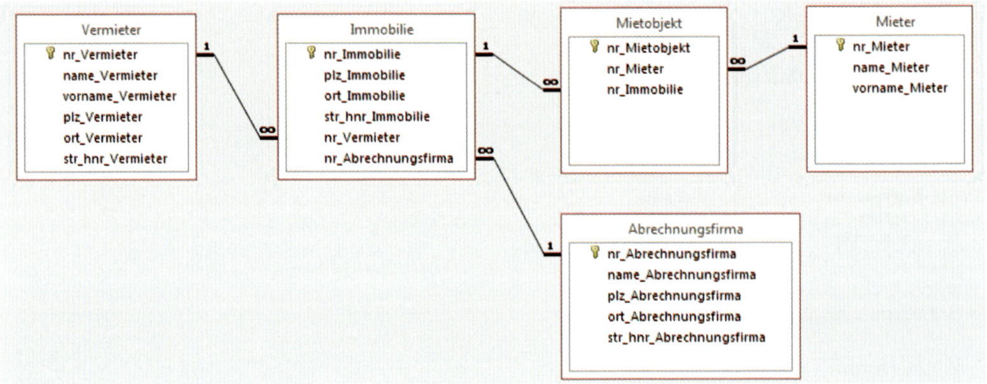

Abb. 5.8: Ausschnitt des Relationenschemas der Datenbank „Immobilienverwaltung“ (Access-Darstellung)

Folgende Datensätze wurden bereits gespeichert:

Vermieter					
nr_ Vermieter (PK)	name_ Vermieter	vorname_ Vermieter	ort_ Vermieter	plz_ Vermieter	str_hnr_ Vermieter
1	Sommer	Gerd	Hamburg	22419	Neubergerweg 18
2	Winter	Lisa	Berlin	22203	Südring 144
3	Sonntag	Paul	Köln	50739	Etzelstr. 37
4	Schulz	Jochen	Hamburg	20457	Roßdamm 12
5	Fendrich	Ursula	Clenze	29459	Lüchower Str. 46

Immobilie					
nr_Immobilie (PK)	plz_Immobilie	ort_Immobilie	str_hnr_Immobilie	nr_ Vermieter (FK)	nr_ ARF (FK)
465	20354	Hamburg	Gorch-Fock-Wall 7	3	2
246	20354	Hamburg	An der Alster 25	2	2
281	10829	Berlin	Tempelhofer Weg 12	1	1

Immobilie					
nr_Immobilie (PK)	plz_Immobilie	ort_Immobilie	str_hnr_Immobilie	nr_ Vermieter (FK)	nr_ ARF (FK)
337	20457	Hamburg	Am Strandkai 99	4	2
173	29457	Clenze	Am Kaiserkai 88	5	2
839	17398	Kagendorf	Dorfstr. 15	4	1

Mietobjekt		
nr_Mietobjekt (PK)	nr_Immobilie (FK)	nr_Mieter (FK)
D-465-927	465	243
D-465-912	465	530
...	...	...
D-337-447	337	124
D-337-495	337	832
D-337-476	337	243
...	...	...

Mieter		
nr_Mieter (PK)	name_ Mieter	vorname_ Mieter
243	Brise	Roland
530	Schiffer	Nadine
...	...	...
124	Maremano	Bobby
832	Trauer	Kimo
...	...	...

Abrechnungsfirma				
nr_ARF (PK)	name_ARF	plz_ARF	ort_ARF	str_hnr_ARF
1	ImmoVerPlus Hauptsitz	10969	Berlin	Friedrichstr. 211/212
2	ImmoVerPlus Nebensitz	22393	Hamburg	Saseler Markt 14B

5

Im Folgenden sollen in der Datenbank „Immobilienverwaltung“ mittels SQL-DML Datensätze hinzugefügt, gelöscht und verändert werden.

Vollständigen Datensatz hinzufügen

Es müssen alle Werte des Datensatzes in der Reihenfolge der Attribute in der Zieltabelle durch Komma getrennt angegeben werden.

```
INSERT INTO Tabellenname
VALUES (Attributwert1, Attributwert2, ..., AttributwertN);
```

Beispiel:
In die Tabelle „Mieter“ soll folgender vollständiger Datensatz eingefügt werden:

nr_Mieter	name_Mieter	vorname_Mieter
918	Stürmer	Jens

```
INSERT INTO Mieter
VALUES (918, "Stürmer", "Jens");
```

Unvollständigen Datensatz hinzufügen

Die Attributnamen und deren Werte müssen angegeben werden. Die Reihenfolge der Werte gibt die Reihenfolge der Attributnamen vor.

```
INSERT INTO Tabellenname
  (Attributname1, Attributname2, ..., AttributnameN)
VALUES (Attributwert1, Attributwert2, ..., AttributwertN);
```

Beispiel:
In die Tabelle „Vermieter“ (bestehend aus 6 Spalten) soll der folgende unvollständige Datensatz eingefügt werden:

nr_Vermieter	name_Vermieter	ort_Vermieter
6	Mai	Hamburg

```
INSERT INTO Vermieter (nr_Vermieter, name_Vermieter,
                                                      ort_Vermieter)
VALUES (6, "Mai", "Hamburg");
```

Referenzielle Integrität

Besteht zwischen zwei Tabellen die Beziehungseigenschaft der **referenziellen Integrität**, können nur Werte im Fremdschlüssel aufgenommen werden, welche auch als Primärschlüsselwerte in der Beziehungstabelle vorhanden sind.

Bei bestehender referenzieller Integrität zwischen „Immobilie.nr_Immobilie" und „Mietobjekt.nr_Immobilie" können in der Tabelle „Mietobjekt" nur Datensätze gespeichert werden, deren Wert beim Attribut „nr_Immobilie" auch als Wert beim Attribut „nr_Immobilie" in der Tabelle „Immobilie" existiert. Damit wird **Datenkonsistenz** erreicht.

Somit müssen bei referenzieller Integrität Fremdschlüssel immer auf existierende Primärschlüssel verweisen.

Folgendes SQL-DML-Statement verwendet eine nicht existierende Immobiliennummer:

```
INSERT INTO Mietobjekt
VALUES ("A-747-856", 747, 243);
```

Deswegen kommt es zu einer Fehlermeldung:

```
cannot add or update a child row: a foreign key constraint
failed
```


Datensatz löschen

Beim Löschen muss eine Auswahlbedingung angegeben werden.

```
DELETE FROM Tabellenname
WHERE Auswahlbedingung;
```

Beispiel:
Der Datensatz mit dem Primärschlüsselwert 6 soll aus der Tabelle „Vermieter" gelöscht werden.

```
DELETE FROM Vermieter
WHERE nr_Vermieter = 6;
```

Datensatz aktualisieren

Es muss ein neuer Wert für ein Attribut einer vorhandenen Tabelle gesetzt werden. In der Regel wird zusätzlich eine Auswahlbedingung angegeben.

```
UPDATE Tabellenname SET Attribut = Wert
WHERE Bedingung;
```

Beispiel:
Die Mieterin Nadine Schiffer hat geheiratet und heißt jetzt Ortlepp.

Mieter		
nr_Mieter (PK)	name_ Mieter	vorname_ Mieter
...	...	...
530	Schiffer	Nadine
...	...	...

Erste Möglichkeit, wenn man den Primärschlüsselwert kennt:

```
UPDATE Mieter SET name_Mieter = "Ortlepp"
WHERE nr_Mieter = 530;
```

Zweite Möglichkeit (unter der Annahme, dass es nur eine Nadine Schiffer gibt):

```
UPDATE Mieter SET name_Mieter = "Ortlepp"
WHERE (name_Mieter = "Schiffer" AND vorname_Mieter = "Janine");
```

Ein weiterer Bestandteil der Datenmanipulationssprache ist die Datenabfragesprache DQL (**Data Query Language**).

Aufbau einer Abfrage

Abfrage	Bedeutung
`SELECT`	Auswahl der Attribute, ggf. mit Umbenennung des Attributnamens in der View durch das Schlüsselwort `AS`. Es können auch neue Attribute mit entsprechenden Aggregatfunktionen auf Basis der vorhandenen Attribute erzeugt werden.
`FROM`	Angabe der Tabellen und deren Beziehungen, aus denen die Attribute der SELECT-Anweisung stammen
`WHERE`	Angabe der Auswahlbedingung(en)
`GROUP BY`	Aufteilung der Datensätze in Gruppen, auf welche die Aggregatfunktionen der SELECT-Anweisung angewendet werden können
`ORDER BY`	Angabe der Attribute, nach deren Werte sortiert werden soll

Aggregatfunktionen

Aggregatfunktionen ermöglichen das Zusammenfassen aller Datensätze einer Ergebnismenge zu einem einzigen Datensatz.

Aggregatfunktion	Beschreibung	Beispiel
MIN(Parameter)	Minimalwert des Parameters	Kleinste Mieternummer: SELECT MIN(nr_Mieter) FROM Mieter;
MAX(Parameter)	Maximalwert des Parameters	Größte Immobiliennummer: SELECT MAX(nr_Immobilie) FROM Immobilie;
COUNT(*)	Anzahl der Datensätze der Ergebnismenge	Anzahl der Vermieter: SELECT COUNT(*) AS Anzahl FROM Vermieter;
COUNT(Parameter)	Anzahl der Datensätze, deren Parameter nicht den Wert NULL hat	Anzahl der Immobilien mit Ortsangabe: SELECT COUNT(ort_Immobilie) AS Anzahl FROM Immobilie;
COUNT(DISTINCT Parameter)	Anzahl aller Datensätze mit unterschiedlichen Parameterwerten	Anzahl der unterschiedlichen Orte der Immobilien: SELECT COUNT(DISTINCT ort_Immobilie) AS Anzahl FROM Immobilie;
SUM(Parameter)	Summe der Parameterwerte	Summe der Preise aller Immobilien: SELECT SUM(preis_Immobilie) AS Preissumme FROM Immobilie;
AVG(Parameter)	Durchschnittswert des Parameters	Durchschnittspreis aller Immobilien: SELECT AVG(preis_Immobilie) AS Durchschnittspreis FROM Immobilie;

Operatoren

Operatoren ermöglichen das Formulieren einer bzw. mehrerer Bedingung(en).

Operator	Beschreibung
=	gleich
<	kleiner
>	größer
<>	ungleich
<=	kleiner gleich
>=	größer gleich
NOT	Negation (1. Rang)
AND	Und-Verknüpfung (2. Rang)
OR	Oder-Verknüpfung (3. Rang)

Rechenoperationen

Rechenoperation	Beschreibung
+	plus
-	minus
*	mal
/	geteilt

Kommazahlen werden mit dem Dezimalpunkt statt mit Komma geschrieben (Beispiel: 37.95 statt 37,95).

Datumsfunktionen

Der Datumswert <11.04.2015 13:45:23> vom Typ `date` als Attribut „seit" in der Tabelle „Leiter_Seit" auf Seite 282 kann mittels folgender Datumsfunktionen extrahiert werden:

Datumsfunktion	Beschreibung	SQL Anweisung	Ergebnis

`DAY(date)`	Tag von `date`	`SELECT DAY (seit)`
		`AS Tag`
		`FROM Leiter_Seit`
		`WHERE nr_Leiter = 529;`
			Tag
			11

`MONTH(date)`	Monat von `date`	...	4
`YEAR(date)`	Jahr von `date`	...	2015
`HOUR(date)`	Stunde von `date`	...	13
`MINUTE(date)`	Minute von `date`	...	45
`SECOND(date)`	Sekunde von `date`	...	23
`NOW()`	aktuelles Datum		

Vergleichs- und Bereichsfunktionen

Funktion	Beschreibung	Beispiel

`LIKE`	String Vergleichs-
	funktion
	"..." Text
	% beliebige Anzahl
	von Zeichen
	_ genau ein Zeichen
		Ausgabe aller Datensätze des PLZ-Gebiets 22...:
		`SELECT plz_Vermieter`
		`FROM Vermieter`
		`WHERE plz_Vermieter`
		`LIKE "22%";`

`BETWEEN Startwert AND Endwert`	Bestimmt den Bereich zwischen einschließlich Startwert und einschließlich Endwert	Alle Mieternummern von einschließlich 100 bis einschließlich 500:
		`SELECT nr_Mieter`
		`FROM Mieter`
		`WHERE nr_Mieter`
		`BETWEEN 100 AND 500;`

Funktion	Beschreibung	Beispiel

`IN`	Stellt beliebige Vergleichsmengen zusammen	Die Namen der Vermieter mit der Vermieternummer 1, 2 oder 5:
		`SELECT name_Vermieter`
		`FROM Vermieter`
		`WHERE nr_Vermieter`
		`IN (1,2,5);`

Aliasnamen zur Vereinfachung der Schreibweise bei den Tabellenbezeichnern

Will oder muss man vor Attribute den Tabellennamen schreiben, kann man auch einen Aliasnamen für die Tabelle deklarieren:

```
SELECT V.name_Vermieter FROM
Vermieter AS V;
```

Hinweis: Bei manchen Datenbanksystemen muss **AS** weggelassen werden.

Tabellenbeziehungen

Gegeben sind ein Relationenschema in Access-Darstellung und die drei Tabellen „Vermieter", „Immobilie" und „Mietobjekt" sowie die bisherigen Datensätze, die bei den Tabellen „Vermieter" und „Immobilie" jeweils um eine Zeile erweitert sind:

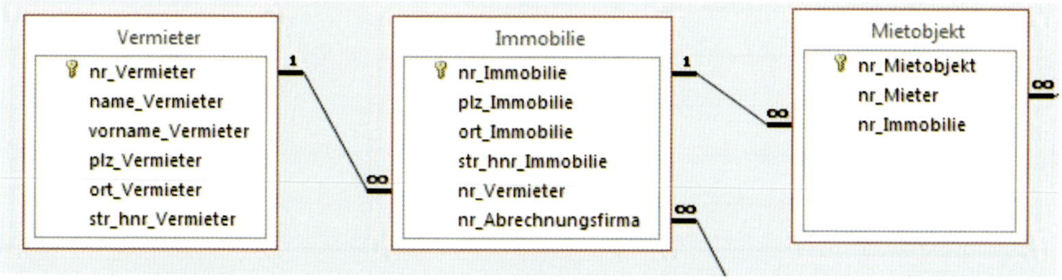

Vermieter					
nr_ Vermieter (PK)	name_ Vermieter	vorname_ Vermieter	ort_ Vermieter	plz_ Vermieter	str_hnr_ Vermieter
1	Sommer	Gerd	Hamburg	22419	Neubergerweg 18
2	Winter	Lisa	Berlin	22203	Südring 144
3	Sonntag	Paul	Köln	50739	Etzelstr. 37
4	Schulz	Jochen	Hamburg	20457	Roßdamm 12
5	Fendrich	Ursula	Clenze	29459	Lüchower Str. 46
6	Müller	Wolfgang	Bestensee	15741	Spreewaldstr. 21

Immobilie					
nr_Immobilie (PK)	plz_Immobilie	ort_Immobilie	str_hnr_Immobilie	nr_ Vermieter (FK)	nr_ ARF (FK)
465	20354	Hamburg	Gorch-Fock-Wall 7	3	2
246	20354	Hamburg	An der Alster 25	2	2
281	10829	Berlin	Tempelhofer Weg 12	1	1
337	20457	Hamburg	Am Strandkai 99	4	2
173	29457	Clenze	Am Kaiserkai 88	5	2
839	17398	Kagendorf	Dorfstr. 15	4	1
695	10629	Berlin	Niebuhrstr. 9		1

Mietobjekt		
nr_Mietobjekt (PK)	nr_Immobilie (FK)	nr_Mieter (FK)
D-465-927	465	243
D-465-912	465	530
...	...	...
D-337-447	337	124
D-337-495	337	832
D-337-476	337	243
...	...	...

Beispiel: Abfrage bei zwei beteiligten Tabellen
Zeige alle Vermieter mit Namen und die zugehörige Immobilie mit Nummer.

Abfrage ohne `INNER JOIN`:

```
SELECT V.name_Vermieter AS Name, I.nr_Immobilie AS
                                              Immobiliennummer
FROM Vermieter AS V, Immobilie AS I
WHERE V.nr_Vermieter = I.nr_Vermieter;
```

Abfrage mit `INNER JOIN`:

`INNER JOIN` bildet das sog. Kartesische Produkt der Tabellen, mit Gleichsetzung des Primärschlüssels der einen Tabelle mit dem zugehörigen Fremdschlüssel der anderen Tabelle.

```
SELECT V.name_Vermieter AS Name, I.nr_Immobilie AS
                                            Immobiliennummer
FROM Vermieter AS V
INNER JOIN Immobilie AS I
ON V.nr_Vermieter = I.nr_Vermieter;
```

Ergebnis beider Abfragen:

Name	Immobiliennummer
Sommer	281
Winter	246
Sonntag	465
Schulz	337
Schulz	839
Fendrich	173

Abfrage mit `LEFT JOIN`:

Bei `LEFT JOIN` werden von der links stehenden Tabelle in der Beziehungsanweisung alle Datensätze angezeigt, auch wenn in der in Beziehung stehenden rechten Tabelle keine korrespondierenden Datensätze vorhanden sind.

```
SELECT V.name_Vermieter AS Name, I.nr_Immobilie AS
                                            Immobiliennummer
FROM Vermieter AS V
LEFT JOIN Immobilie AS I
ON V.nr_Vermieter = I.nr_Vermieter;
```

Name	Immobiliennummer
Sommer	281
Winter	246
Sonntag	465
Schulz	337
Schulz	839
Fendrich	173
Müller	Null

Abfrage mit `RIGHT JOIN`:

Bei `RIGHT JOIN` werden von der rechts stehenden Tabelle in der Beziehungsanweisung alle Datensätze angezeigt, auch wenn in der in Beziehung stehenden linken Tabelle keine korrespondierenden Datensätze vorhanden sind.

```
SELECT V.name_Vermieter AS Name, I.nr_Immobilie AS
                                             Immobiliennummer
FROM Vermieter AS V
RIGHT JOIN Immobilie AS I
ON V.nr_Vermieter = I.nr_Vermieter;
```

Name	Immobiliennummer
Sommer	281
Winter	246
Sonntag	465
Schulz	337
Schulz	839
Fendrich	173
Null	659

Beispiel: Abfrage bei drei beteiligten Tabellen
Zeige alle Vermieter mit Namen und die zugehörigen Mieter mit Mieternummer an.

Abfrage ohne `INNER JOIN`:

```
SELECT V.name_Vermieter AS Name, M.nr_Mieter AS Mieternummer
FROM Vermieter AS V, Immobilie AS I, Mietobjekt AS M
WHERE (V.nr_Vermieter = I.nr_Vermieter AND
       I.nr_Immobilie = M.nr_Immobilie);
```

Abfrage mit `INNER JOIN`:

```
SELECT V.name_Vermieter AS Name, M.nr_Mieter AS Mieternummer
FROM Vermieter AS V
  INNER JOIN Immobilie AS I
  ON V.nr_Vermieter = I.nr_Vermieter
    INNER JOIN Mietobjekt AS M
    ON I.nr_Immobilie = M.nr_Immobilie;
```

Ergebnis beider Abfragen:

Name	Mieternummer
...	...
Sonntag	243
Sonntag	530
...	...
Schulz	124
Schulz	832
Schulz	243
...	...

Sortierung

Ausgabewerte können sortiert ausgegeben werden. Die Angabe erfolgt mit der Klausel `ORDER BY`. Die Werte können mit `DESC` abwärts oder mit `ASC` aufwärts sortiert ausgegeben werden.

Beispiel:
Zeige alle Vermieter mit Namen, PLZ, Ort und Straße an, mit aufwärts sortiertem Ort.

```
SELECT V.name_Vermieter AS Name, V.plz_Vermieter AS PLZ,
       V.ort_Vermieter AS Ort, V.str_hnr_Vermieter AS Straße
FROM Vermieter AS V
ORDER BY V.ort_Vermieter ASC;
```

Name	PLZ	Ort	Straße
Winter	22203	Berlin	Südring 144
Müller	15741	Bestensee	Spreewaldstr. 21
Fendrich	29459	Clenze	Lüchower Str. 46
Sommer	22419	Hamburg	Neubergerweg 18
Schulz	20457	Hamburg	Roßdamm 12
Sonntag	50739	Köln	Etzelstr. 37

Abfrage mit Bedingungsteil

Bedingungen werden mit der `WHERE`-Klausel formuliert. Mehrere Bedingungen müssen durch logische Operatoren verknüpft werden.

Beispiel:
Zeige alle Vermieter aus Hamburg und Berlin. Gib Name, PLZ, Ort und Straße an.

```
SELECT V.name_Vermieter AS Name, V.plz_Vermieter AS PLZ,
       V.ort_Vermieter AS Ort, V.str_hnr_Vermieter AS Straße
FROM Vermieter AS V
WHERE V.ort_Vermieter = "Berlin" OR V.ort_Vermieter = "Hamburg";
```

Name	PLZ	Ort	Straße
Winter	22203	Berlin	Südring 144
Sommer	22419	Hamburg	Neubergerweg 18
Schulz	20457	Hamburg	Roßdamm 12

Abfrage mit Nutzung von Funktionen

Funktionen (z. B. `COUNT`) werden mit der `SELECT`-Klausel verwendet. Die durch die Funktion erzeugten Werte erhalten ein eigenständiges Attribut.

Die `GROUP BY`-Klausel fasst für die Ausgabe gleiche Werte zu einem Wert zusammen. Mit einer nachfolgenden HAVING-Klausel kann man die Ausgabe bedingungsabhängig einschränken.

Beispiele:
Ermittle die Anzahl der Orte der Vermieter und zeige diese mit „Ort" und „Anzahl der Orte" an.

```
SELECT V.ort_Vermieter AS Ort, COUNT(V.ort_Vermieter)
                                    AS 'Anzahl der Orte'
FROM Vermieter AS V
GROUP BY V.ort_Vermieter;
```

Ort	Anzahl der Orte
Berlin	1
Bestensee	1
Clenze	1
Hamburg	2
Köln	1

Zeige den Brutto- und Nettopreis jeder Immobilie an.

```
SELECT I.nr_Immobilie, I.preis_Immobilie AS Nettopreis,
                      (I.preis_Immobile * 1.19) AS Bruttopreis
FROM Immobilie AS I;
```

Bei der **SQL-Datenmanipulationssprache DML** können mit `INSERT INTO` Werte hinzugefügt, mit `DELETE` Werte gelöscht und mit `UPDATE ... SET` Werte geändert werden.
Weiterhin können bei der **SQL-Datenabfragesprache DQL** mit `SELECT`, `FROM`, `WHERE` und `ORDER BY` Attribute, welche eine oder mehrere Bedingung(en) erfüllen, zur Anzeige ausgewählt und sortiert ausgegeben werden.
Mittels zur Verfügung gestellter Funktionen können aus bestehenden Werten neue Werte ermittelt werden.

5.9 Java – Verbindung zu einer relationalen Datenbank

In diesem Kapitel wird beispielhaft die Nutzung einer relationalen Datenbank (hier: MySQL) aus einem Java-Programm heraus beschrieben. Die gleichen Prinzipien gelten aber auch für SQLite, Access etc. Die Einbindung eines JDBC-Treibers wird nicht thematisiert. Eine entsprechende Beschreibung findet man online,[1] z. B. für die Entwicklungsumgebungen NetBeans und Eclipse.

Das folgende Beispiel hat Bezug zum Immobilien-Hausbesitzer-Szenario, insbesondere zum Pflichtenheft aus Kap. 1.6.3. Dort sollte eine Drei-Schichten-Architektur implementiert werden. Daher wird im Folgenden die Datenhaltungsschicht thematisiert.

5

Benötigte Klassen importieren

Wie immer in Java müssen zunächst die benötigten Klassen importiert werden:

```
import java.util.ArrayList;

import java.sql.Connection;
import java.sql.DriverManager;
import java.sql.SQLException;
import java.sql.ResultSet;
import java.sql.PreparedStatement;
```

Der Zugriff auf die unterste Schicht soll über die Klasse `Datenhaltung` erfolgen. Das zugrunde liegende Interface `IDatenhaltung` schreibt die Methoden vor, die die Klasse `Datenhaltung` implementieren muss.

1 *https://jaxenter.de/mysql-und-java-jdbc-einrichten-8180*

```
/**
  * Datenhaltung mit einem MySQL-Datenbanksystem
  * @version 1.0 vom 15.10.2018
  * @author Anwendungsentwicklung in Theorie und Praxis
  */

public class Datenhaltung implements IDatenhaltung {

  private PreparedStatement preparedStatement = null;
                                                   // aktuelles Statement
  private Connection connection = null;            // Verbindungsobjekt
  private ResultSet resultSet = null;              // Ergebnis-Menge
```

Es wird statt mit einem `Statement`-Objekt mit einem `PreparedStatement`-Objekt gearbeitet, um kein Einfallstor für eine SQL-Injection (s. Kapitel 8.9.2) zu bieten.

Verbindung zur MySQL-Datenbank aufbauen

Die Verbindung zur Datenbank wird eingeleitet, indem zunächst die Klasse des benötigten JDBC-Treibers mittels `Class.forName()` eingebunden wird.

Schließlich wird unter Nutzung des Präfix `jdbc` und der Bezeichnung des Datenbanksystems `mysql` und unter Angabe der Datenbank-IP bzw. des Hostname und des Kommunikationsports (TCP-Port, Standard für MySQL: 3306) die Verbindung zur Datenbank über deren Namen und die Zugangsdaten (Datenbank-Nutzername, hier: „immo_user“, und Passwort, hier: „geheim“) hergestellt:

```
private void verbindeZurDatenhaltung() {
  try {
    Class.forName("com.mysql.jdbc.Driver");
    connection = DriverManager.getConnection
           ("jdbc:mysql://localhost:3306/immobilienmitglieder",
            "immo_user", "geheim");
  }
  catch (ClassNotFoundException e) {
    System.out.println(e.getMessage());
  }
  catch (SQLException e) {
    System.out.println(e.getMessage());
  }
} // verbindeZurDatenhaltung
```

Verbindung zur MySQL-Datenbank schließen

Am Ende der Kommunikation muss die Verbindung zur Datenbank geschlossen werden.

```
private void schliesseVerbindungZurDatenhaltung() {
  try {
    connection.close();
  }
  catch (Exception e) {
    System.out.println(e);
  }
}
```

Was passiert dazwischen?

Um sinnvoll beschreiben zu können, wie die eigentliche Kommunikation mit der Datenbank abläuft – sprich wie Daten gelesen, verändert oder gelöscht werden –, muss zunächst die Datenbank modelliert bzw. beschrieben werden. Im folgenden Beispiel wird eine Datenbank zur Verwaltung von Hausbesitzern (Vermietern) und ihren Immobilien genutzt (s. Abb. 5.9).

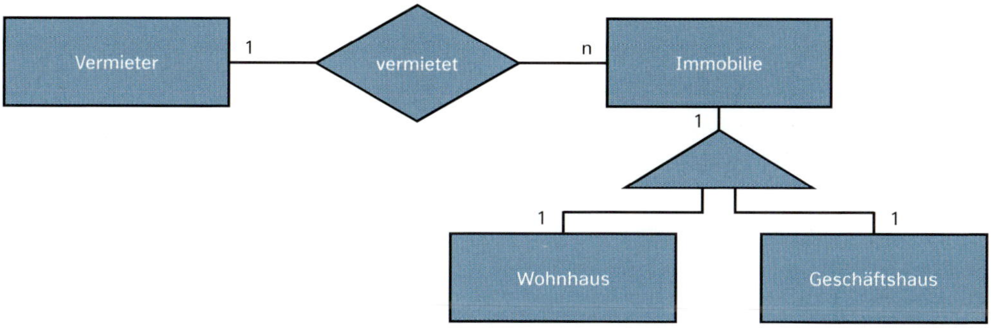

Abb. 5.9: Ausschnitt eines ER-Diagramms zum Immobilien-Szenario (ohne Attribute)

Hinweis: Das Programmierteam hat sich entschlossen, etwas andere Bezeichnungen als die Datenmodellierer zu wählen:

DBS-Modellierer	Programmierer
Tabellenname: Vermieter	Tabellenname: vermieter
nr_Vermieter	p_nr_vermieter
name_Vermieter	name
...	...

Die beiden Teams werden sich aber noch einmal zusammensetzen und eine gleichartige Benennung beschließen.

Daten einfügen

Hier wird z. B. für die Tabelle „Vermieter" ein entsprechendes SQL-PreparedStatement (Befehlstext) gebildet und mittels der Methode `executeUpdate()` ausgeführt.

```
preparedStatement = connection.prepareStatement("INSERT INTO
            vermieter (p_nr_vermieter, name) VALUES(?, ?)");
preparedStatement.setInt(1, vermieter.getVermieterNr());
preparedStatement.setString(2, vermieter.getName());
preparedStatement.executeUpdate();
```

Daten löschen

Hier wird z. B. der Inhalt einer Tabelle mittels eines entsprechenden SQL-Statements gelöscht. Man sollte sehr vorsichtig mit diesem Befehl umgehen: Die Daten sind unwiederbringlich verloren.

```
preparedStatement = connection.prepareStatement
                                      ("DELETE FROM vermieter");
preparedStatement.executeUpdate();
```

Daten lesen

Um Daten aus der Datenbank lesen zu können, muss ein geeigneter SQL-Query-String erstellt werden. Dieser wird mit der Methode `preparedStatement.executeQuery(String)` an die Datenbank übergeben und zur Ausführung gebracht.

Als Rückgabe erhält man eine Ergebnisliste (vom Typ `ResultSet`), durch die man mittels der Methode `resultSet.next()` iterieren kann. Auf die einzelnen Spaltenwerte wird dann über den Namen der Spalte typbasiert zugegriffen. So erhält man den Namen des Hausbesitzers bzw. Vermieters mittels des Methodenaufrufs `resultSet.getString("name")`.

```
public ArrayList<Vermieter> liesVermieter() {

  ArrayList<Vermieter> vermieterListe = new ArrayList<Vermieter>();

  try {
    verbindeZurDatenhaltung();
    preparedStatement = connection.prepareStatement
                                   ("SELECT * FROM vermieter");
    resultSet = preparedStatement.executeQuery();
    while (resultSet.next()) {
      Vermieter vermieter = new Vermieter();
      vermieter.setName(resultSet.getString("name")) ;
      vermieter.setVermieterNr(resultSet.getInt("p_nr_vermieter"));
      vermieterListe.add(vermieter) ;
    }
    schliesseVerbindungZurDatenhaltung();
```

```
    return vermieterListe;
  }
  catch (Exception e) {
    System.out.println("Vermieter-Lesefehler: " + e);
  }

} // liesVermieter
```

Mit Java lässt sich relativ bequem eine Verbindung zu einem relationalen Datenbanksystem herstellen. Nachdem die Verbindung aufgebaut ist, kann man mithilfe der Methoden `execute()`, `executeUpdate()` und `executeQuery()` (s. auch die Kapitel 5.8.1 und 5.8.2) SQL-Kommandos absetzen. Rückgaben von `executeQuery()` landen in einem Objekt vom Typ `ResultSet` und können relativ einfach ausgewertet werden. Am Ende muss nur noch die Verbindung zur Datenbank geschlossen werden.

5.10 Weitere Datenbanksysteme (NoSQL)

Bis hinein in die 2000er-Jahre hat sich die Aufteilung von nicht-relationalen Großdatenbanken für Terabyte-Datenmengen auf Mainframe-Systemen auf der einen Seite und relationalen Datenbanksystemen auf Standard-Serverhardware für kleinere Datenmengen im Gigabyte-Bereich auf der anderen Seite etabliert und bewährt.

Unternehmen wie Google und Facebook müssen dagegen Terabytes bis Petabytes an Daten bereithalten. Bereits im Jahr 2008 verarbeitete Google täglich über 20 Petabyte an Daten[1]. Dazu setzten diese Unternehmen jedoch keine Mainframe-Systeme mehr ein, sondern Rechencluster, in denen tausende Rechner mit Standard-Serverhardware zur parallelen Verarbeitung der Daten eingesetzt werden.

Passend hierzu wurden auch verschiedene spezialisierte Datenbanksysteme entwickelt, die kein relationales Datenmodell mehr verwenden. Damit geht meist auch die Verwendung eines anderen Datenbank-APIs einher, da der SQL Standard sehr stark auf das relationale Datenmodell ausgelegt ist. Aus diesem Grund hat sich auch der Begriff **NoSQL-Systeme** etabliert.

NoSQL-Datenbanken lassen sich im Wesentlichen in vier Kernkategorien einteilen:

1. Die Architektur der **Key/Value-Systeme** (Schlüssel/Wert-Datenbanken) ist auf ein möglichst einfaches Schema bei extrem hoher Verfügbarkeit ausgelegt. Das Grundkonzept der **Key/Value-Systeme** ist sehr kompakt: Der Schlüssel (Key) verweist auf einen Wert (Value), beide sind dabei beliebige Zeichenketten. Die Datenstruktur des Werts muss also direkt in der Anwendung bestimmt werden. Key/Value-Systeme werden z. B. als Cache-Systeme eingesetzt. Im Bereich von Webanwendungen wird

1 *Vgl. Dean, Jeffrey und Ghemawat, Sanjay: MapReduce: simplified data processing on large clusters,, erschienen in "Communications of the ACM", Volume 51, Issue 1, S. 107-113, DOI: https://doi.org/10.1145/1327452.1327492*

oft Redis als Key/Value-Datenbank eingesetzt, um Daten zwischenzuspeichern. Auch Amazon Dynamo und Riak arbeiten nach diesem Prinzip.

2. Eine **Wide Column Store Database** (spaltenorientierte Datenbank) ist in mehrdimensionalen Tabellen organisiert. Jede Zeile der Tabelle wird über einen Schlüssel identifiziert, ähnlich wie in den Key/Value-Systemen. In den Wide Column Stores besteht jedoch ein definiertes Datenschema aus *column families*. Diese müssen zuerst angelegt werden und gruppieren die eigentlichen Spalten. Eine *column family* wird physisch zusammenhängend abgelegt und nutzt dieselben Kompressionsalgorithmen. Alle Spalten einer Familie sollten also ähnliche Zugriffsmuster und Datentypen aufweisen. Zu den bekanntesten Vertretern dieser Kategorie gehören Apache HBase und das von Facebook entwickelte DBMS Cassandra.

3. Die Grundidee hinter den **Document Stores** (dokumentorientierte Datenbanken) ist die Auslagerung des Schemas in die Anwendung. Die Datenbank unterstützt dazu die Ablage von strukturierten Dokumenten, meist in Form von assoziativen Arrays. Jedes Dokument wird über einen Dokumentenschlüssel identifiziert, von den Dokumenten können auch mehrere Versionen abgelegt werden. Ein wesentlicher Unterschied im Vergleich zu den Wide Column Stores ist, dass für die Datenbank die Dokumente bereits die kleinste Einheit darstellen. Ein individueller Zugriff auf Elemente in der Datenstruktur des Dokuments wird von der Anwendung implementiert. Der große Vorteil dieser Variante ist, dass Objekte durch eine Serialisierung direkt in der Programmiersprache der Anwendung als Objekt abgelegt werden. Damit sind keine zusätzlichen Zwischenschritte zur Konvertierung mehr notwendig. Typische Vertreter dieser Kategorie sind u. a. MongoDB und Elastic.

4. **Graph Databases** (Graphdatenbanken) bieten die Möglichkeit, Daten direkt in Form des Graphenmodells zu verwalten. In der einfachsten Form sind Graphen eine Sammlung von Knoten, die mit Kanten untereinander – und auch rekursiv – verbunden sind. Ein Knoten kann verschiedene Attribute haben, üblich ist z. B. ein eindeutiger Schlüssel zur Identifizierung. Je nach Graphenmodell sind die Knoten mit gerichteten oder ungerichteten Kanten verbunden. Eine Erweiterung dieses einfachen Graphenmodells ist das Property-Graph-Modell. Es ordnet den Kanten und Knoten frei definierbare Typen zu, um Beziehungen genauer charakterisieren zu können. Letztendlich lässt sich das Graphenmodell so erweitern, dass sowohl Kanten als auch Knoten beliebige Attribute zugeordnet werden können. Die bekannteste Implementierung aus dieser Kategorie ist Neo4j.

In vielen Programmiersprachen können NoSQL-Datenbanken eingebunden werden, um Objekte direkt und effizient in der Datenbank abzulegen, z. B. in einer MongoDB-Instanz. Eine MongoDB-Instanz (s. Abb. 5.10) besteht aus einem Server, der mehrere logische Datenbanken verwaltet. Jede logische Datenbank besteht wiederum aus mehreren Collections. In einer Collection werden die einzelnen Datensätze, die Documents, verwaltet. Eine Abfrage bezieht sich immer auf genau eine Collection.

Ein Document entspricht dabei nicht einer Datei wie im Dateisystem. Ein Document ist eine Menge von Schlüssel-Wert-Paaren (*key-value pairs*). Der Wert kann ein einfacher Datentyp, ein Array von Werten oder auch ein weiteres Document sein. Ein Document in MongoDB hat also einen vergleichbaren Aufbau zu einer Key-Value-Liste in Java oder PHP. Ein einzelnes Schlüssel-Wert-Paar wird auch kurz als *Feld* bezeichnet.

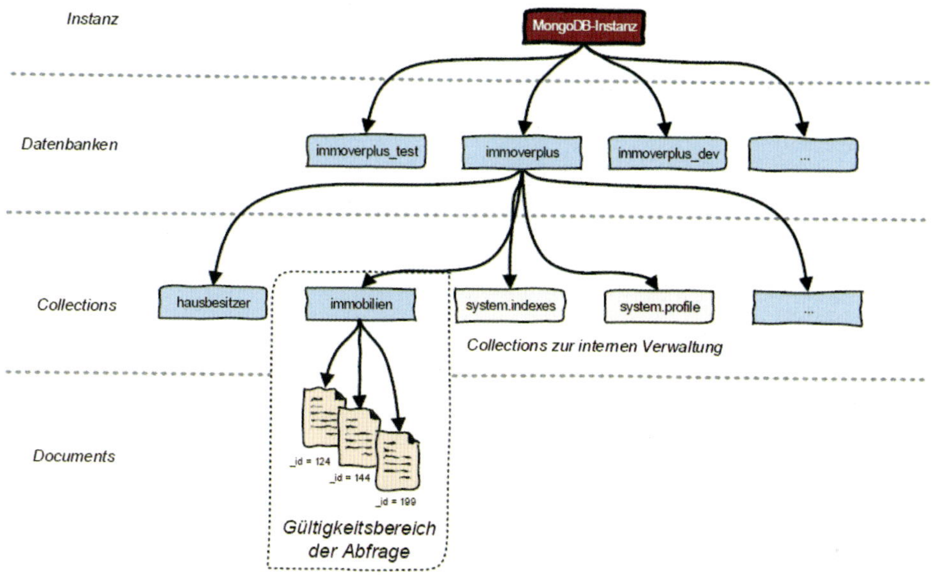

Abb. 5.10: Aufbau einer MongoDB-Datenbank

Das Document bekommt bei der Erstellung auch automatsch eine ID zugewiesen, die sog. Object ID. Sie ist für jeden Datensatz innerhalb einer Collection eindeutig und intern mit „_id" benannt. Intern verwendet MongoDB das BSON-Format, eine binär codierte Variante des JSON-Formats. Ein Document zur Ablage einer Immobilie für die Firma ImmoVerPlus GmbH könnte z. B. folgenden Aufbau haben:

```
{
  "_id": 124,
  "adresse": {
      "strasse": "Biesterweger Damm 17",
      "plz": "19815",
      "ort": "Heeren"
  },
  "preis": 1760000,
  "typ": 2,
  "wohnflaeche": 1257.5
}
```

Hier ist die Adresse als eingebettetes Document dargestellt, der Wert des Schlüssels `adresse` ist ein weiteres Document.

Neben relationalen Datenbanksystemen wie MySQL, Oracle oder Microsoft SQL Server haben sich in den letzten Jahren auch sog. **NoSQL**-Datenbanken (Not Only SQL) etabliert. Besonders für große, unstrukturierte Datenbestände eignen sich diese Systeme gut. Oft eingesetzt werden **Key-Value-Systeme** und **Wide-Column-Store-Database-Systeme**. Solche Datenbanken können in vielen Programmiersprachen eingebunden werden, um Objekte effizient in Datenbanksystemen abzuspeichern.

5.11 Aufgaben, Übungen und Handlungsschritte

Das letzte Kapitel ist sehr relevant für die IHK-Prüfung. Daher bittet Frau Zeinab ihre Auszubildenden Anna, Emre und Paul die nachstehenden Aufgaben zu den Themen des fünften Kapitels zu lösen.

AUFGABEN, ÜBUNGEN UND HANDLUNGSSCHRITTE

1. Die strukturierte Abfragesprache SQL gliedert sich in die Sprachen DDL, DML, DQL und DCL. Was bedeuten diese Abkürzungen und was ist mit den einzelnen Sprachen möglich?
2. Welche Aufgaben sind während der Anforderungsanalyse einer Datenbankentwicklung zu erfüllen?
3. Worin unterscheiden sich Entitätstyp und Entität?
4. Erläutern Sie die Forderungen nach Eindeutigkeit und Minimalität beim Primary Key.
5. Entwickeln Sie ein Entity Relationship Model (ERM) für die Erfassung der Betriebskostenabrechnung nach /F610/ im Pflichtenheft (s. Kapitel 1.6.3). Kennzeichnen Sie die Primärschlüssel und geben Sie die Beziehungstypen an.
6. Stellen Sie mit einem Ereignisgesteuerten Prozesskettendiagramm (EPK) den Prozess der Überführung des ERM in ein Relationenschema und die anschließende Normalisierung bis zur 3. Normalform dar.
7. Wodurch ist ein Fremdschlüsselattribut (Foreign Key) gekennzeichnet?
8. Überführen Sie das ERM zur Betriebskostenabrechnung aus Aufgabe 5 in ein Relationenschema, welches sich in der 3. Normalform befindet. Kennzeichnen Sie die Primärschlüssel und Fremdschlüssel und geben Sie die Kardinalitäten an.
9. Zwischen zwei Tabellen besteht die Beziehungseigenschaft der referenziellen Integrität. Welche Auswirkungen hat dies?
10. Gegeben ist folgende (bekannte) Tabelle „Mietobjekt“ mit der Mietobjektnummer als Primärschlüssel.

Mietobjekt		
nr_Mietobjekt (PK)	nr_Immobilie (FK)	nr_Mieter (FK)
D-465-927	465	243
D-465-912	465	530
...	...	...
D-337-447	337	124
D-337-495	337	832
D-337-476	337	243
...	...	...

a) Fügen Sie den folgenden vollständigen Datensatz ein:

nr_Mietobjekt (PK)	nr_Immobilie (FK)	nr_Mieter (FK)
D-111-927	111	426

b) Fügen Sie den folgenden unvollständigen Datensatz ein:

nr_Mietobjekt (PK)	nr_Immobilie (FK)	nr_Mieter (FK)
D-113-927	113	

c) Löschen Sie alle Datensätze mit der Immobiliennummer 465.
d) Benennen Sie die Attributsnamen in „P_Mietobjekt_Nr", „F_Immobilie_Nr" und „F_Mieter_Nr" um.
e) Ändern Sie die Mieternummer des Mietobjekts „D-111-927" von 426 auf 841.

11. Gegeben ist das bekannte Relationenschema in Access-Darstellung:

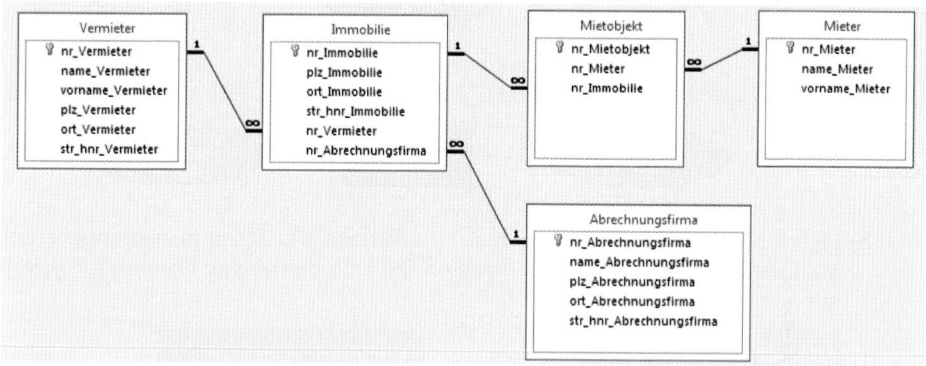

Führen Sie folgende Abfragen durch:
a) Zeige alle Immobilien mit dem Ort „Hamburg" [Immobiliennummer, PLZ, Straße].
b) Ermittle die Anzahl der Mieter, bezogen auf die Abrechnungsfirmen [Name Abrechnungsfirma, AnzahlMieter].
c) Erstelle eine Übersicht über die Mietobjekte [Mietobjektnummer, Immobiliennummer, NameAbrechnungsfirma].
d) Zeige alle Mieter mit der Bedingung ort_Vermieter = ort_Immobilie [Mietername, Mietobjektnummer].
e) Ermittle den Postleitzahlbereich pro Immobilienort [Ort, PLZ_MIN, PLZ_MAX].
f) Zeige alle Abrechnungsfirmen, denen noch keine Immobilie zugewiesen wurde [NameAbrechnungsfirma].

12. Gegeben ist das folgende Entity-Relationship-Diagramm:

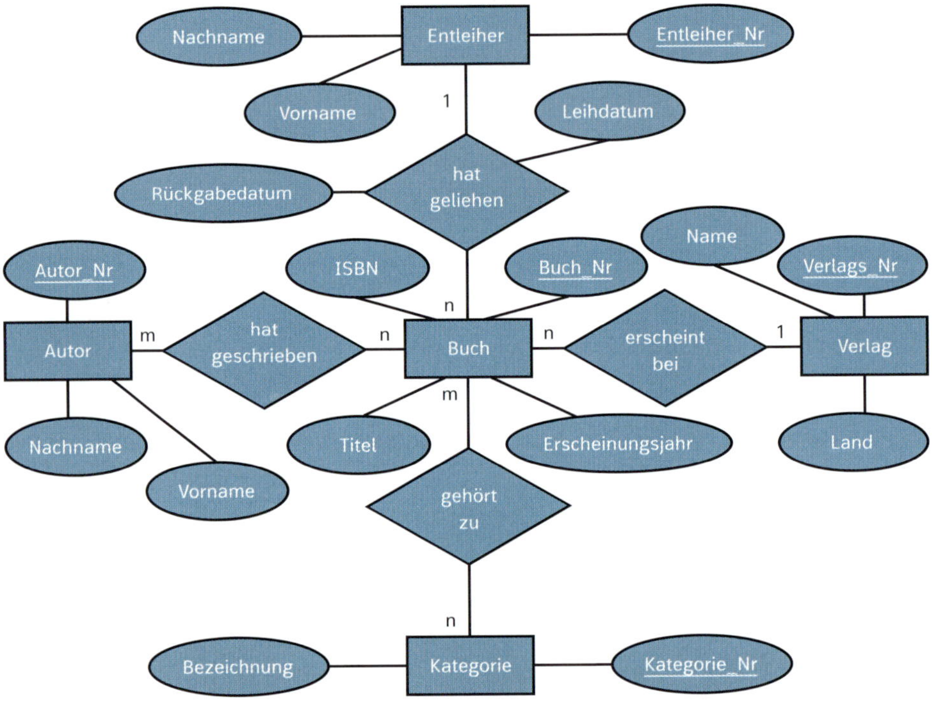

a) Leiten Sie alle nötigen Tabellen ab. Die Tabelle „Buch" ist in zwei möglichen Darstellungsformen vorgegeben. Wählen Sie eine der beiden Formen für Ihre Tabellen aus.

Buch
P_Buch_Nr
Titel
Erscheinungsjahr
ISBN
F_Verlags_Nr

oder

Buch
Buch_Nr (PK)
Titel
Erscheinungsjahr
ISBN
Verlags_Nr (FK)

b) Realisieren Sie alle Beziehungen mithilfe von Fremdschlüsseln.
c) Kennzeichnen Sie die Primär- und Fremdschlüssel.
d) Problematisieren Sie die Ausleihvorgänge.

13. Der Auszubildende Paul möchte mithilfe eines Datenbanksystems seine CD-Sammlung archivieren. Er hat bei der Datenmodellierung die Tabellen „CD" und „Lied" vorbereitet:

CD							
CD_Name	Jahr	CD_Anzahl	Lied_Anzahl	CD_Länge	Interpret	Verlag	Anschrift
I AM SHELBY LYNNE	1999	1	10	63'	Shelby Lynne	Mercury Records	Camp House, Fowl River, Alabama, USA
AB-SCHIED VON RIO	1996	2	21	96'	Verschie-dene	David Volks-mund Prod. KG	25917 Stadum, Fresenhagen 11, Deutsch-land

Lied						
Liedtitel	Texter	Interpret	F_CD_Name	CD	Track	Länge
Thought it would be easier	Shelby Lynne, Bill Bottrell	Shelby Lynne	I AM SHELBY LYNNE	1	4	3:53
Black Light Blue	Shelby Lynne, Bill Bottrell	Shelby Lynne	I AM SHELBY LYNNE	1	10	6:23
Junimond	Rio Reiser, Martin Hartmann	Ulla Meinecke	ABSCHIED VON RIO	2	1	5:43
Der Traum ist aus	Rio Reiser, Günter Steitz	Marianne Rosenberg	ABSCHIED VON RIO	2	3	4:06

a) Wo sehen Sie Schwächen bei dem Entwurf?
b) Finden Sie Schwächen bei den gewählten Schlüsseln.
c) Welche Daten verstoßen gegen die 1. Normalform?
d) Welche Daten verstoßen gegen die 2. Normalform?
e) Welche Daten verstoßen gegen die 3. Normalform?
f) Modellieren Sie die Tabellen so um, dass sich alle Tabellen in der 3. Normalform befinden.

14. Erstellen Sie in einem relationalen Datenbanksystem (MySQL, SQLite, Access etc.) mithilfe von SQL die Tabelle „Vermieter" (siehe Relationenschema von Aufgabe 11). Tragen Sie dann mithilfe von SQL mindestens drei Namen ein. Geben Sie danach die vollständige Namensliste über eine Datenbankabfrage mithilfe von SQL auf dem Bildschirm aus.

15. Erstellen Sie in einem Java-Programm die Tabelle „Vermieter" (siehe Relationenschema von Aufgabe 11) in einem relationalen Datenbanksystem (MySQL, SQLite, Access etc.). Tragen Sie dann mithilfe des Java-Programms mindestens drei Namen ein. Geben Sie danach die vollständige Namensliste mithilfe des Java-Programms auf der Konsole aus.

6 Anwendungsentwicklung für das Web

Die ImmoVerPlus GmbH möchte sich selbstverständlich auch im Internet präsentieren, um potenziellen Kunden einen Überblick über ihre Leistungen zu geben. Langfristig sollen bestehende Kunden die Möglichkeit erhalten, sich ihre verwalteten Immobilien in einer Übersicht anzusehen, nachdem sie sich eingeloggt haben.

Da Anna in ihrer Freizeit schon einige Webseiten für ihre Freunde entworfen und erstellt hat, möchte sie ihr Wissen gerne zusammen mit Emre wieder auffrischen und an Paul weitergeben. Neben den Grundlagen beschäftigen sie sich auch mit Formularen in HTML und mit JavaScript und PHP, was sie besonders spannend finden.

Im Laufe dieses sechsten Kapitels erwerben sie dabei folgende Kompetenzen:

Sie ...

- ... ordnen den Abkürzungen HTML, CSS, PHP, HTTP, HTTPS, FTP und W3C die richtigen Begriffe zu, erläutern diese und beschreiben den Unterschied zwischen Website, Webseite, Homepage und Sitemap.
- ... erstellen mit einem selbst gewählten Editor die Grundstruktur einer HTML-Datei und benutzen in HTML Überschriften, Absätze, semantische Strukturelemente, Zeilenumbrüche, Textauszeichnungen, horizontale Linien, Listen und Links zielgerichtet.
- ... erläutern die Bildelemente einer Vektorgrafik im Gegensatz zu einer Raster- oder Pixelgrafik und beschreiben die Eigenschaften der plattformunabhängigen Grafikformate bmp, tiff, gif, jpg und png.
- ... binden multimediale Dokumente (wie Bilder, Videos und Audiodateien) in HTML ein, erläutern das Konzept der Imagemaps und wenden es an.
- ... wenden Grundsätze des Layouts (Schrifttypen, Kontrast, Farbwahl usw.) sicher an.
- ... binden CSS-Eigenschaften in eine HTML-Datei ein und nutzen die Eigenschaften des CSS-Box-Modells.
- ... erstellen JavaScript-Programme und erläutern einige Elemente (z. B. Formulare, Events).
- ... verändern, erzeugen und löschen HTML- und CSS-Objekte über das Document-Object-Model (DOM).
- ... implementieren einfache logische Grundstrukturen in PHP und verwenden PHP zum Verarbeiten von HTML-Formularangaben (Backend-Implementierung).
- ... entwickeln in PHP eine einfache MVC-Anwendung.

6.1 Darstellung von Informationen im World Wide Web

Die Hausbesitzerverwaltung ImmoVerPlus GmbH möchte sich auch im Internet präsentieren, um potenziellen Kunden einen Überblick über ihre Leistungen zu geben. Bestehende Kunden sollen die Möglichkeit erhalten, sich ihre verwalteten Immobilien in einer Übersicht anzusehen, nachdem sie sich eingeloggt haben.

Das **World Wide Web** (**WWW**) ist der Teil des Internets, der am schnellsten wächst und mittlerweile am weitesten verbreitet ist. Das liegt vor allem daran, dass die Bedienung des WWW sehr einfach ist und der persönliche Nutzen sehr groß. Multimediale Inhalte, also Texte, Grafiken, Bilder, Videos und Applikationen werden nicht nur auf dem Computer, sondern auf jedem beliebigen Endgerät, wie Smartphone oder Tablet, in der optimalen Größe und mit dem optimalen Aufbau dargestellt. Dies nennt man **Responsive Design**. Es werden durch das WWW also ansprechende multimediale Dokumente angeboten, die auf optimale Weise Informationen darstellen können.

Zur Beschreibung der multimedialen Dokumente, die im WWW vernetzt sind, reicht einfacher Text nicht aus. Es muss auch beschrieben sein, wie der Text genau dargestellt werden soll, ob fett oder kursiv, welche Bilder an welcher Stelle zu dem Dokument gehören und ob zudem Musik zu hören oder ein Video zu sehen sein soll. Außerdem enthalten die Dokumente im WWW Sprünge oder Verweise auf andere Dokumente. Die Sprache, mit der eine Internetseite beschrieben wird, heißt Hypertext Markup Language (**HTML**), wörtlich übersetzt: „Über-Text Beschreibungssprache". HTML bildet das Grundgerüst jeder Internetseite im WWW. Sie ist keine Programmiersprache, sondern „nur" eine plattformübergreifende **Seitenbeschreibungssprache**. In HTML können jedoch Programmskripte in JavaScript eingebettet sein, oder der Quelltext wird direkt auf dem Server mit Skriptsprachen wie Perl oder PHP erweitert.

hyper: über
language: Sprache
to mark up sth: Formatierungsanweisungen für etwas geben

Die neueste HTML-Version heißt **HTML5**. Zwar ist HTML4 noch gültig und funktioniert überall, aber es war dringend nötig, die immer wichtiger werdenden Endgeräte wie Tablets oder Smartphones durch neue Tags und Attribute zu berücksichtigen. Auch die inhaltliche (semantische) Strukturierung erschien immer sinnvoller und gewann an Bedeutung, denn Screenreader, die man z. B. für das Vorlesen der Internetseiten für sehbehinderte Menschen benutzt, und Suchmaschinen sollten beim Auffinden der wirklich relevanten Seiteninhalte unterstützt werden. So musste es für die semantische Strukturierung eigene Sprachelemente geben. Außerdem ist ein entscheidender Nachteil von HTML4, dass für die Wiedergabe von Audio- und Videodateien externe Plugins notwendig sind, die, neben dem zusätzlichen Aufwand an Ressourcen, auch immer eine potenzielle Sicherheitslücke bedeuten. Zur Lösung all dieser Probleme wurde **HTML5** entwickelt, das die inhaltliche Strukturierung, das Abspielen von Audio und Video usw. durch eigene semantische Elemente unterstützt. Im Folgenden wird der Einfachheit halber immer von HTML gesprochen werden, womit HTML5 gemeint ist.
Während mit HTML die Struktur und die Funktionsweise einer Website beschrieben werden, sind die Formatierung und das Design der Seite mithilfe von **Cascading Style Sheets** (**CSS**) festgelegt. Hier heißt die neueste Version **CSS3**, in der man z. B. auch sich

wiederholende Hintergrundbilder ohne Anschnitte darstellen kann. Der Einfachheit halber soll im Folgenden von CSS gesprochen werden, egal aus welcher CSS-Generation ein Element stammt.

Das WWW arbeitet nach dem **Client-Server-Prinzip** (engl.: Kunde-Diener-Prinzip): Der Kunde (*client*, lokaler Computer) stellt eine Anfrage an den Diener (*server*, Computer im Internet), der ihm eine bestimmte Internetseite zeigen soll. Der Server sucht die gewünschte Seite mit den dazugehörigen Inhalten heraus und übermittelt eine Kopie derselben an den Client, wo sie dann auf dem Bildschirm dargestellt werden.

Wie in jedem Netzwerk, so gibt es auch im Internet bestimmte Bestimmungen, wie und in welcher Reihenfolge die angeschlossenen Geräte miteinander kommunizieren. Diese Bestimmungen nennt man Protokolle. Das Protokoll, das sicherstellt, wie die Inhalte der Webseiten vom Server auf den Client übertragen werden, heißt **Hypertext Transfer Protocol** (**HTTP**). Für sichere Übertragung, wie man sie beispielsweise beim Onlinebanking oder beim Bezahlen in einem Onlineshop benötigt, steht das **Hypertext Transfer Protocol Secure** (**HTTPS**) zur Verfügung. Für diese sichere Übertragung werden Zertifikate und Verschlüsselungsalgorithmen benutzt. Um ganze Dateien vom lokalen Client zum Webserver zu kopieren, verwendet man das **File Transfer Protocol** (**FTP**).

> Auch wenn sich z. B. zwei Staatsoberhäupter treffen, nennt man die Festlegung, wie und in welcher Reihenfolge bestimmte Handlungen zwischen ihnen erfolgen, **Protokoll**.

Zum Betrachten der Dokumente des WWW auf dem lokalen Computer braucht man ein Programm, das die in der Textbeschreibungssprache HTML geschriebenen und in CSS formatierten Seiten interpretieren und formatiert darstellen kann. Solche Programme heißen **Browser**. Die verbreitetsten Browser sind Google Chrome, Mozilla Firefox und Apple Safari.

> **to browse**: sich umsehen, stöbern
> **to browse through**: durchblättern

Damit alle Browser die HTML-Dokumente gleich darstellen, gibt es das **World Wide Web Consortium** (**W3C**). Dieses Konsortium, dem über 370 zum Teil sehr namhafte Vertreter der Softwareindustrie angehören, legt die Standards für HTML und weitere Formatierungsmöglichkeiten bei Internetseiten fest und sorgt für deren Weiterentwicklung und Kompatibilität. So können sich die Entwickler der Browsersoftware an diesen Richtlinien orientieren und dafür sorgen, dass in Zukunft der HTML-Code möglichst von allen Browsern gleich dargestellt wird. Auf der Internetseite des W3C findet man viele Informationen über Webstandards und angesteuerte Ziele bei der Standardisierung.[1] Trotzdem ist es sinnvoll, seine erstellten HTML-Seiten mit verschiedenen Browsern zu testen, um sicher zu sein, dass sie das gewünschte Aussehen haben.

1 *Siehe www.w3c.de oder www.w3.org*

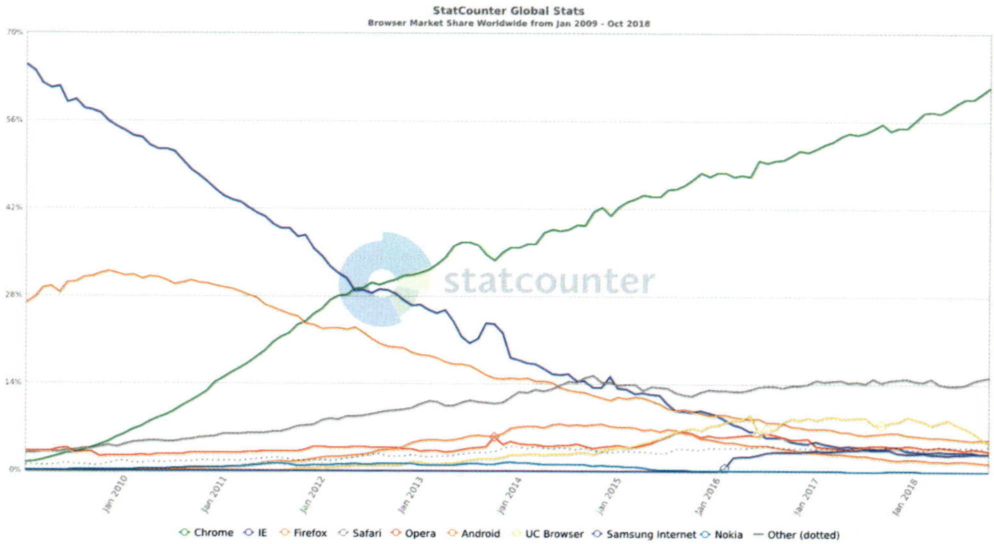

Abb. 6.1: Meistverbreitete Browser von 2009 bis 2018

Homepage, Website, Webpage oder -seite, Sitemap

Die Bezeichnungen für einen Internetauftritt oder Teile davon werden sehr unterschiedlich und häufig auch falsch verwendet.

Eine **Website** besteht aus einzelnen miteinander verknüpften **Webseiten** mit multimedialen Inhalten. Diese multimedialen Inhalte können Texte, Grafiken, Sounds, Applikationen und Videos sein. Bei den Webseiten ist es wichtig, dass sie besonders schnell vom Browser geladen werden können. Muss der Betrachter mehr als drei Sekunden auf den Aufbau einer Webseite warten, ist die Wahrscheinlichkeit sehr hoch, dass er weiterklickt und sich die Seite doch nicht ansieht.

Die erste Seite einer **Website** ist die **Homepage**. Sie wird als „index.html" oder „index.htm" abgespeichert und vom Webserver ausgeliefert, wenn der Benutzer die Adresse der Webseite eingibt. Sie ist das „Aushängeschild" der Internetpräsenz und sollte deshalb besonders ansprechend gestaltet sein.

Um sich, vor allem bei größeren Internetauftritten, besser orientieren zu können, gibt es meistens eine **Sitemap**, die die Struktur der Webpräsenz wiedergibt.

Vergleicht man eine Internetpräsenz mit einem Buch, wird die Bedeutung der verschiedenen Begriffe schnell deutlich:

Das Cover bzw. der Umschlag entsprechen der **Homepage**.

Das Inhaltsverzeichnis entspricht der **Sitemap**.

Eine einzelne Seite entspricht der **Webpage** oder **Webseite**.

Das gesamte Buch entspricht der **Website**.

page: Seite, Buchseite
site: Platz, Ort, aber: **side**: Seite im Sinne von Flanke, Körperseite
home: Zuhause

6.1.1 Strukturen

Das Besondere an den Seiten, die im WWW veröffentlicht werden, ist, dass die einzelnen Seiten nicht nur multimedial sind, sondern, ausgehend von einer Startseite, auch mannigfach miteinander verknüpft sind. Diese Verknüpfungspunkte nennt man **Hyperlinks**. Sie weisen also über die eigentliche Seite hinaus (griech. hyper: über). Die Verknüpfungen der einzelnen Seiten können zu unterschiedlichen Dokumentenstrukturen führen:

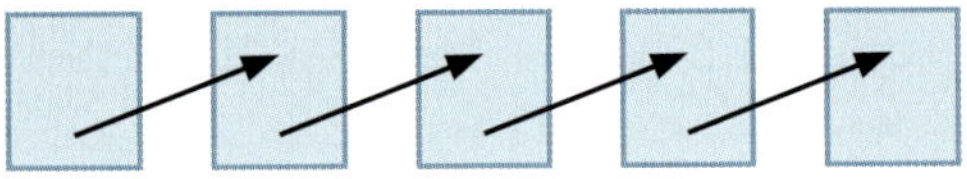

- Die **lineare Struktur** ist selbsterklärend. Der Benutzer kann sich in ihr nicht „verlaufen" und hat somit eine relativ passive Rolle. Sie ist geeignet um etwa eine Geschichte über mehrere Seiten zu erzählen oder eine „Guided Tour" (Führung) zu machen.

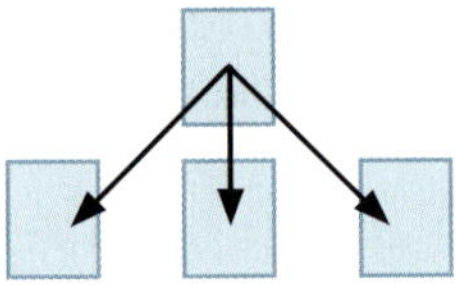

- In der **Baumstruktur** (oder **Sternstruktur**) hat der Benutzer eine aktive Rolle. Diese stark hierarchisierende Struktur, die einem Thema Tiefe verleiht, wird häufig für umfangreichere Internetauftritte oder Inhalte, die natürlicherweise hierarchisch strukturiert sind, verwendet.

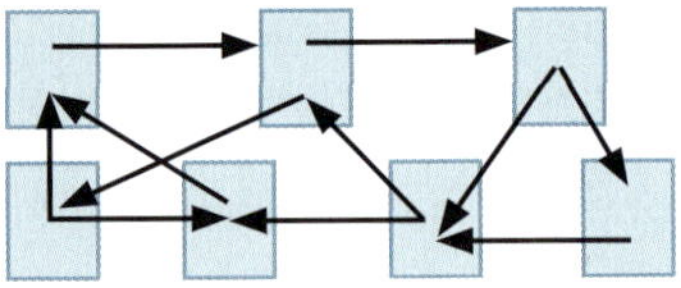

- Bei der **Netz-Struktur** besteht ein hohes Maß an Interaktivität. Der Benutzer kann spontan von einem Thema zum anderen springen, kann allerdings die Struktur einer solchen Präsenz auch nur schwer durchschauen.

Meistens wird es bei der Navigation durch die Seiten einer Internetpräsenz eine Mischform der einzelnen Strukturen geben, jeweils passend zu den Inhalten, die in dem jeweiligen Bereich dargestellt werden sollen.

6.1.2 Gute Seiten – Schlechte Seiten

Beim Surfen durch das Internet wird man sich bei einigen Seiten sehr viel länger aufhalten als bei anderen, einfach deshalb, weil einen genau diese Seite besonders anspricht. Aber worin unterscheiden sich gute von schlechten Internetseiten? Zum einen ist es sicherlich eine Frage des Geschmacks, ob einem eine Seite gut gefällt oder nicht. Aber abgesehen davon, gibt es auch einige objektive Kriterien, die man auf allen guten Internetseiten realisiert findet. Dazu gehören:

- Die Seite ist klar und übersichtlich gestaltet. Der Benutzer findet sich leicht zurecht.
- Die Website hat ein durchgängiges Layout. Der Benutzer weiß die ganze Zeit, auf wessen Seiten er sich befindet.
- Es gibt keine „toten" oder veralteten Hyperlinks.
- Die Schrift ist gut lesbar.

- Die Seite wird im Browser schnell geladen.
- Die Seite ist mit klaren, ansprechenden Farben gestaltet.
- Die Seite erfüllt die rechtlichen Bestimmungen.
- Auf der Seite finden sich die erwarteten Informationen.

Im Internet finden sich einige Checklisten, mit denen man die Qualität seiner eigenen Internetseite überprüfen kann. Einzelne Kriterien werden im folgenden Kapitel noch genauer beleuchtet.

6.1.3 Planen von Websites

Das Wichtigste beim Erstellen einer Website ist, dass es konkrete Vorstellungen zu zwei Punkten gibt:

- Wer soll mit der Internetpräsenz angesprochen werden (Zielgruppe)?
- Welche Informationen sollen auf den Webseiten dargestellt werden (Inhalt)?

Die Zielgruppe ist dabei meistens schnell bestimmt. Wie man in passender Weise auf seine Zielgruppe eingeht, sollte man sich genau überlegen. Nicht nur die Texte, die man auf der Website veröffentlicht, müssen zielgruppengerecht sein, auch die verwendeten Farben, Grafiken, Schrifttypen, Sounds, Navigationselemente etc. müssen für die Zielgruppe passen.

Langwieriger ist es, die gewünschten Informationen zu sammeln, aufzubereiten und in einer passenden Struktur und einem passenden Layout auf den Internetseiten darzustellen. Für die Planung dieses Punkts bedient man sich meistens entsprechender Hilfsmittel, z. B. eines **Zustandsdiagramms** (s. Kapitel 3.7) oder eines **Storyboards** (s. Kapitel 6.1.4).

Hat man die Grundlagen für die Website hinreichend gut geplant, macht man sich an die Umsetzung des Plans. Außer einem HTML-Editor wird man auch Programme für die Bild-, Sound- und evtl. auch für die Videobearbeitung brauchen.

Wenn man die erstellte Website dann im Internet veröffentlichen möchte, muss man sie noch ausführlich auf verschiedene Kriterien hin testen:

- Funktionieren alle Hyperlinks?
- Werden die Seiten in verschiedenen Browsern zufriedenstellend dargestellt?
- Werden die Seiten mit unterschiedlichen Bildschirmauflösungen zufriedenstellend dargestellt?
- Besitzen alle Seiten gültige Dateinamen ohne Leerzeichen, Sonderzeichen und Umlaute? Statt eines Leerzeichens verwendet man üblicherweise einen Unterstrich (eins der wenigen erlaubten Sonderzeichen). Außerdem wird empfohlen, für Dateinamen nur Kleinbuchstaben zu verwenden, weil bei UNIX-Rechnern Groß- und Kleinschreibung unterschieden wird.
- Sind die Dateigrößen der einzelnen Bilder und Seiten so klein, dass die Seiten schnell im Internet übertragen und geladen werden können? Nicht jeder Benutzer verfügt über einen schnellen Internetanschluss.

- Um die Webseiten auf HTML5-Fehler überprüfen zu lassen, kann man einen Validations-Service nutzen.[1] Nachdem man die Internetadresse der Seite eingegeben und auf „Check“ geklickt hat, werden alle Fehler und Warnungen ausgegeben, die es zum HTML-Code dieser Seite zu melden gibt.

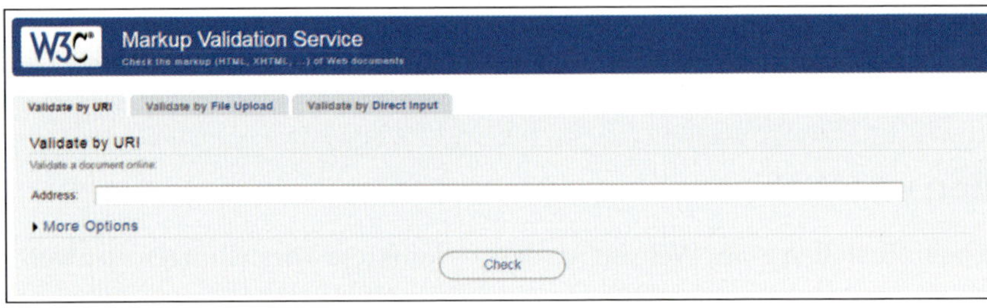

Abb. 6.2: Validations-Service einer Website

to provide: bereitstellen, zur Verfügung stellen
to upload: hochladen

Zum Schluss braucht man noch einen Webserver, der mit dem Internet verbunden ist. Dazu kann man entweder im eigenen Rechenzentrum oder extern einen eigenen Server betreiben, oder bei einem spezialisierten Anbieter Speicherplatz auf dessen Servern anmieten, den sog. **Webspace**. Je nachdem, welchen quantitativen und qualitativen Umfang die Website haben soll, ist der Betrieb des eigenen Servers oder das Anmieten von Webspace bei einem **Webhoster** sinnvoller. Große Systeme, wie Onlineshops und Portale mit umfangreichen dynamischen Inhalten, lassen sich oft besser auf dem eigenen Server betreiben. Für kleine Webauftritte ist der Aufwand für Einrichtung, Wartung und sicheren Betrieb des eigenen Servers aber oft unverhältnismäßig. Für Webspace gibt es unterschiedlich teure Angebote bei den Webhostern. Primär unterscheiden sie sich erst einmal im Bezug auf den verfügbaren Speicherplatz. Skriptsprachen wie PHP werden z. B. nicht bei jedem Angebot unterstützt. Auch bezüglich der Größe des Transfervolumens kann es Beschränkungen geben. Möchte man nur eine „elektronische Visitenkarte“ ohne serverseitige Programmierung im Internet veröffentlichen, kann man das billigste Paket wählen.

Zum Upload, also zum Veröffentlichen der erstellten Internetseiten und der zugehörigen Bilder und anderen Dateien, braucht man ein Programm für das sog. File Transfer Protocol (FTP), z. B. FileZilla.

6.1.4 Storyboard

Storyboards kommen ursprünglich aus der Filmindustrie. Dort müssen komplexe Handlungsabläufe, der Text und die Bewegungen der Schauspieler, die Kameraeinstellungen, die Filmschnitte, das Heranzoomen und Entfernen der Kamera für jede Szene detailliert geplant werden.
Sie finden außerdem für die Erstellung elektronischer Publikationen und Websides Verwendung. Während elektronische Publikationen von der Komplexität ihrer Abläufe

1 *Z. B. hier: validator.w3.org*

manchmal mit Filmen vergleichbar sind, sind Websites meistens sehr viel einfacher angelegt.

Ein Storyboard für eine Website enthält:

- Alle geplanten Seiten mit Dateinamen, kurzer Inhaltsangabe und den Dateinamen der verwendeten Grafiken
- Verweise zwischen den Seiteninhalten
- Geplantes Seitenlayout mit verwendeten Schriften und Farben sowie Angaben zu Besonderheiten
- Platzierung der Inhalte

Beispiel:

Die Immobilienverwaltung ImmoVerPlus GmbH möchte auch für ihre Internetpräsenz ein Storyboard erstellen, damit es bei der Umsetzung keine Missverständnisse gibt. Zuerst listet sie alle Seiten mit den geplanten Dateinamen, den vorgesehenen Verlinkungen und den zu verwendenden Grafiken und sonstigen Dateien auf.

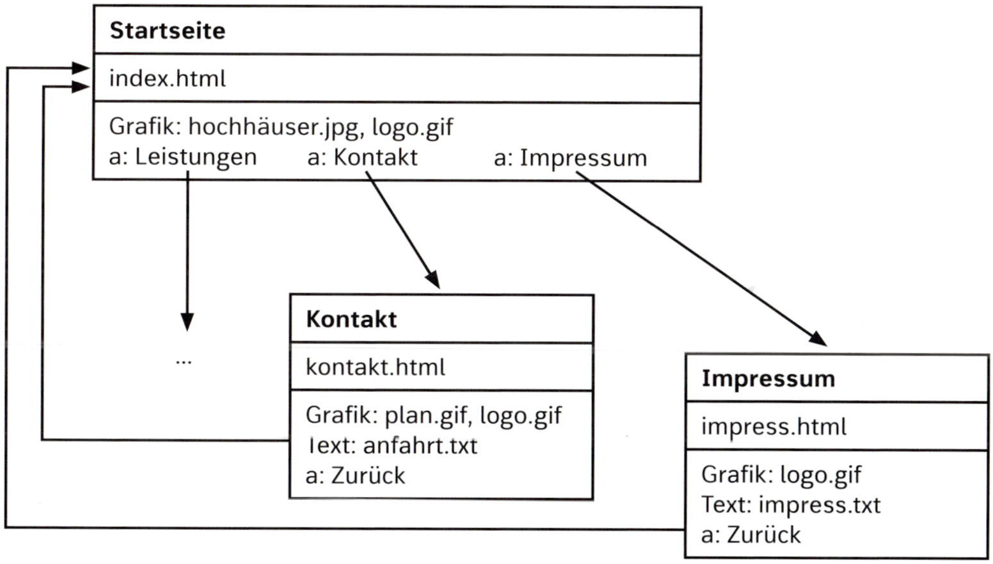

Anschließend werden eine Skizze für die Platzierung der Seiteninhalte und eine Liste für die jeweiligen Hintergrundfarben erstellt.

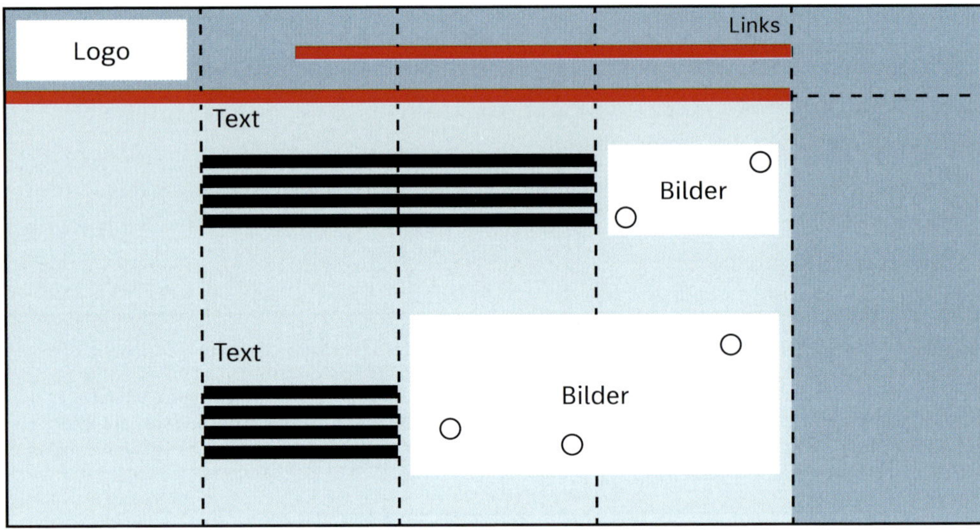

Schrift: Verdana, Arial, Helvetica
Farben: Hintergrund: Hellgelb (#FFFFCC)
Bereich links unten: Hellgrün (#CCFF99)
Schrift: Dunkelgrau (#333333)
Links: Rot (#CC3333)

Die Sprache, mit der eine Internetseite beschrieben wird, heißt **Hypertext Markup Language** (**HTML**). HTML bildet das Grundgerüst jeder Internetseite im WWW. Sie ist keine Programmiersprache, sondern „nur" eine Textbeschreibungssprache. Die Formatierung der Internetseiten erfolgt mit **Cascading Stylesheets** (**CSS**). HTML ist also für die Struktur einer Internetseite verantwortlich, CSS für das Aussehen.
Das Protokoll, das sicherstellt, wie die Inhalte der Webseiten vom Server auf den Client übertragen werden, heißt **Hypertext Transfer Protocol** (**HTTP**). Für sichere Verbindungen heißt es **HTTPS**, dabei steht das S für „secure" (sicher). Für die Übertragung ganzer Dateien heißt das Protokoll **File Transfer Protocol** (**FTP**).
Die erste Seite einer **Website** ist die **Homepage**. Sie heißt üblicherweise „index.html" oder „index.htm". Eine Website besteht, neben der Homepage, aus vielen Webseiten, über die die **Sitemap** eine Übersicht gibt.
Bei der Planung von Websites wird zwischen **linearer Struktur**, **Baum**- oder **Netzstruktur** unterschieden.
Das **World Wide Web Consortium** (**W3C**) hat Kriterien zur Bewertung der Güte von Websites erarbeitet und sorgt für die Standardisierung von HTML-Tags und CSS-Attributen.
Ein mögliches Planungsinstrument zur Erstellung einer Website ist das **Storyboard**.

6.2 HTML5: Eine Einführung

6.2.1 Notwendige Software

Für das Schreiben von HTML5-Seiten bieten sich drei verschiedene, unterschiedlich komfortable Möglichkeiten an:

1. Der Text kann mithilfe eines einfachen Texteditors erfasst, die Datei mit der Endung „.htm“ oder „.html“ abgespeichert und danach mit einem Browser angesehen werden. Dies ist die einfachste, aber auch mühseligste Art, HTML-Seiten zu erstellen.
2. Der Text kann mithilfe eines textbasierten Online-Editors, z. B. JS-Bin oder Mozilla Thimble, oder eines installierten Editors, z. B. Atom oder Brackets, erstellt werden.
3. Die HTML-Seiten können mithilfe eines Wysiwyg-Editors (sprich: „wisiwig“, Abk. für „what you see is what you get“), z. B. Microsoft Expression Web oder BuddyW, erstellt werden. Das Arbeiten mit einem Wysiwyg-Editor ist zwar sehr komfortabel, aber der HTML-Code, den das Programm generiert, führt oft zu sehr viel längeren Ladezeiten für die Webseiten.

6.2.2 Einfacher HTML-Code

Viele professionelle Internetauftritte gefallen durch ihre gute Struktur und ein übersichtliches, gut gestaltetes Layout. Interessiert man sich als Nutzer dafür, wie eine Internetseite genau gemacht wurde, so wählt man über den Menüpunkt „Entwicklerwerkzeuge“ des Browsers den Eintrag „Seitenquelltext anzeigen“ (kann je nach Browser anders heißen). Es erscheint ein Fenster, in dem der HTML-Code der aktuellen Internetseite angezeigt wird.

In diesem Code-Auszug sind deutlich die einzelnen Elemente zu erkennen, aus denen eine HTML-Seite besteht:

- Der eigentliche Text, der auf der Webseite dargestellt wird, ist hier schwarz gedruckt. Der Text wird, je nachdem, wo er steht, entweder in der Fensterleiste (1a) oder im Fenster selber (1b) dargestellt.
- Die HTML-Schlüsselwörter stehen in spitzen Klammern und heißen Tags (2). Sie kennzeichnen jeweils Beginn und Ende eines Textbereichs. Beispielsweise steht `<p>` für den Beginn und `</p>` für das Ende eines Textabsatzes (engl. *paragraph*). `<div>` und `</div>` schließen einen formatierten Textabschnitt (engl. *division*) ein. Die Tags sind im obigen Beispiel blau gefärbt.
- Bei genauem Hinsehen ist zu erkennen, dass einige Tags nicht nur aus einem Wort in spitzen Klammern bestehen, sondern aus mehreren (3). Hier werden bestimmte Eigenschaften (Attribute) für ein Tag festgelegt. Beispielsweise wird mit `<div class="wrapper">` festgelegt, dass der folgende Textabschnitt so formatiert sein soll, wie es in einer Klasse namens „wrapper“ festgelegt wurde.

Wenn zu einem Tag ein oder mehrere zusätzliche Attribute angegeben wurden, wird trotzdem nur der Tag, ohne Angabe der Attribute, geschlossen. In diesem Beispiel würde also `</div>` das Ende von `<div class="wrapper">` anzeigen.

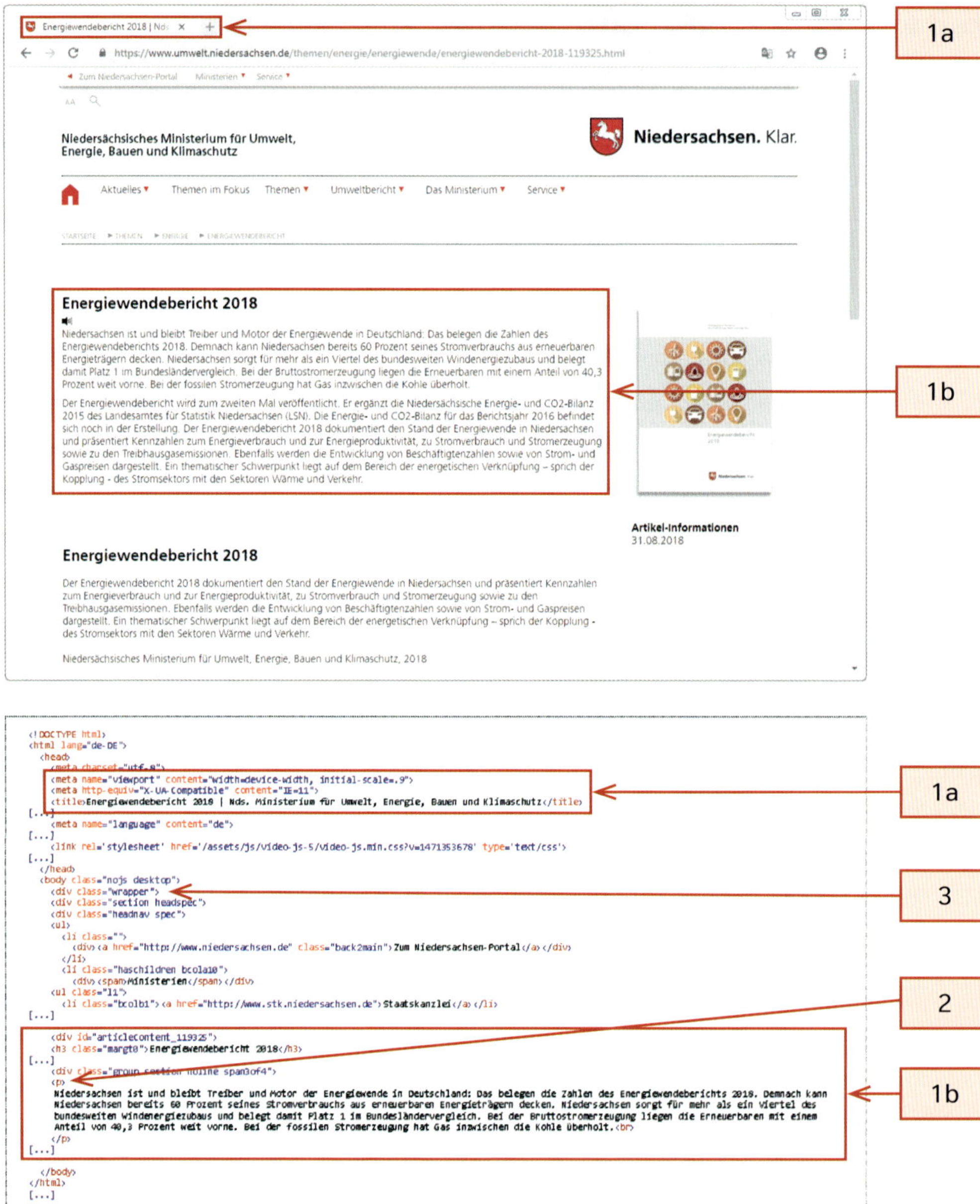

Abb. 6.3.: Webseite in der Browser- und in der Quelltextansicht

Tags sind in spitze Klammern gesetzte HTML-Schlüsselwörter, die vom Webbrowser übersetzt werden und eine bestimmte Art der Darstellung von Texten und Multimediaelementen bewirken. Zu bestimmten HTML-Tags können zusätzliche **Attribute** angegeben werden, die die Art der Darstellung noch genauer bestimmen.

Das Tag `<ol>` leitet z.B. eine nummerierte Liste ein. Die einzelnen Listeneinträge werden durch das Tag `<li></li>` eingeklammert.

Tags	Erklärung	HTML-Text	Aussehen im Browser
Tag <ol> = Abk. für *ordered list* Tag <ul> = Abk. für *unordered list* Tag <li> = Abk. für *list item*	Setzt man dieses Tag ohne zusätzliche Attribute ein, ist das Ergebnis im Browser eine sortierte Liste, deren Listeneinträge mit 1., 2. und 3. nummeriert sind.	<ol> <li>erstens</li> <li>zweitens</li> <li>drittens</li> </ol>	1. erstens 2. zweitens 3. drittens
	Wird dieses Tag um das Start-Attribut mit `start="3"` ergänzt, erhält man als Ergebnis im Browser eine Liste, deren Listeneinträge bei 3. beginnen.	<ol start="3"> <li>erstens</li> <li>zweitens</li> <li>drittens</li> </ol>	3. erstens 4. zweitens 5. drittens

Die Syntax einer HTML-Anweisung sieht also so aus:

```
<tag [attribut1="Attributwert1" [attribut2="Attributwert2" […]]]>
text</tag>
```

Für Tags, die kein Ende-Tag benötigen, z.B. `<br>` für Zeilenumbruch oder `<img>` für das Einfügen eines Bildes, sieht sie so aus:

```
<tag [attribut1="Attributwert1" [attribut2="Attributwert2" […]]]>
```

Dabei sind die Elemente in eckigen Klammern optional und tauchen in HTML nicht auf. Spätestens ab HTML5 soll mit HTML-Tags nur noch die Struktur des Dokuments festgelegt werden. Alle Formatierungsanweisungen für Farben, Schrifttyp etc. sollen mit sog. Style-Attributen erfolgen. Die Syntax einer solchen Anweisung sieht dann so aus:

```
<tag style="attribut1:attributwert1[;attribut2:attributwert2[…]]]">
text</tag>
```

Kommentare werden in HTML mit den Zeichen `<!--` und `-->` eingeschlossen.

```
<!--Hier steht der Kommentar-->
```

Obwohl sich alle Internetseiten deutlich darin voneinander unterscheiden, wie sie erstellt wurden, welche Zusatztechniken sie benutzen usw., so haben sie doch eine Grundstruktur gemeinsam:

1. Die Dokumenttypangabe in HTML5-Dokumenten besteht aus der Zeichenkette `<!DOCTYPE html>`, wobei Groß- und Kleinschreibung keine Rolle spielen.

2. Danach folgt in allen HTML-Dokumenten das Tag <html> und das Dokument endet mit </html>. Im obigen Beispiel (Abb. 6.3) wurde mit <html lang="de"> angegeben, dass die erstellte Seite in deutscher Sprache ist. So kann z.B. eine Suchmaschine die Suchergebnisse passend nach der Sprache filtern oder die richtige Übersetzungshilfe anbieten.
3. Innerhalb dieser beiden Schlüsseltags gibt es einen Bereich für übergeordnete Meta- oder Kopfinformationen, z.B. den Namen des Autors oder Schlagwörter, die den Suchmaschinen beim Kategorisieren einer Seite helfen, eingeklammert durch Anfang und Ende des Tags <head>. Im Head-Bereich befinden sich auch zusätzliche Informationen zur Formatierung, falls Cascading Style Sheets benutzt werden, oder auf der Seite verwendete JavaScripts, sofern die Formatierungen und Skripte nicht in eine eigene Datei ausgelagert sind.
4. Zum Schluss folgt der Bereich für die eigentlichen Informationen, die vom Browser auf der Internetseite dargestellt werden sollen. Dieser Bereich ist eingeklammert durch den Anfang und das Ende des Tags <body>.

Die folgende Übersicht schlüsselt dies noch einmal optisch auf.

1

```
<!DOCTYPE html>
<html lang=“de“>
```

2

```
<!-- Dokumentenkopf -->
<head>
<!-- Folge von HEAD-relevanten Anweisungen, z.B. -->
    <meta charset=“utf-8“>
    <meta name=“viewport“ content=“width=device-width,
                                        initial-scale=1.0“>
    <!-- Achtung! Der Titel muss immer angegeben werden. -->
    <title>Titel des Browserfensters</title>

</head>
```

3

```
<!-- Dokumentenkörper -->
<body>
<!-- Folge von <body>-relevanten Anweisungen -->
</body>
```

1

```
</html >
```

6.2.3 Überschriften

Überschriften werden in HTML mit dem Tag <hx> erzeugt. Dabei ist „h“ die Abkürzung für „header“ und „x“ steht für eine Zahl zwischen 1 und 6, je nachdem, wie groß die Überschrift dargestellt werden soll. Je nach Browereinstellung beinhaltet die Formatierung für die Überschrift, dass der durch <hx> eingeschlossene Text fett ist und sowohl vor als auch hinter der Überschrift ein Zeilenumbruch mit einigem Abstand zum vorangegangenen sowie zum nachfolgenden Text existiert.

Für Überschriften kann man ein zusätzliches Style-Element für die Ausrichtung angeben, auch wenn Formatierungen wie diese normalerweise in CSS vorgenommen werden.

Das Element heißt `text-align` und als Attributwerte sind `left` für linksbündig, `center` für zentriert, `right` für rechtsbündig und `justify` für Blocksatz erlaubt.

HTML-Text	Darstellung des Textes
`<h1> Überschrift 1 </h1>`	**Überschrift 1**
`<h2 style="text-align:left"> Überschrift 2 </h2>`	**Überschrift 2**
`<h3 style="text-align:center"> Überschrift 3 </h3>`	**Überschrift 3**
`<h4 style="text-align:right"> Überschrift 4 </h4>`	**Überschrift 4**
`<h5> Überschrift 5 </h5>`	**Überschrift 5**

6.2.4 Absätze

In HTML können verschiedene Typen von Absätzen bestimmt werden, für die man, außer bei `<pre>`, die Textausrichtung (linksbündig, zentriert, rechtsbündig und Blocksatz) angeben kann. Am Anfang und am Ende dieser Absätze erfolgt jeweils ein Zeilenumbruch.

- Mit **`<p>`** wird ein Absatz definiert, der etwas Abstand zum vorhergehenden und nachfolgenden Text hat.
- Mit **`<div>`** wird ein Abschnitt bestimmt, der sich ohne Abstand in den Text einfügt.
- Mit **`<pre>`** wird ein vorformatierter Abschnitt bestimmt, bei dem Steuerzeichen für einen Zeilenumbruch, einen Tabulator und ein Leerzeichen wiedergegeben werden. Der Schrifttyp für vorformatierten Text ist eine Schreibmaschinenschrift (z. B. Courier).
- Außerdem gibt es noch die Möglichkeit, einen Textabschnitt mit dem Tag **`<span>`** einzuschließen. Das führt zwar zu keinem Zeilenumbruch, man hat aber die Möglichkeit, innerhalb des Tags mit einem Style-Element verschiedene Formatierungen festzulegen.

Tags	HTML-Text	Darstellung des Textes

<p>
= Abk. für *paragraph*
 	
<div>
= Abk. für *division*
 	
<pre>
= Abk. für *prepared*
	`Dieser` **`<span>`** `Abschnitt wurde mit` **`</span>`** `span gemacht.`	Dieser Abschnitt wurde mit span gemacht.

	`Dieser` **`<p>`** `Abschnitt wurde mit` **`</p>`** `p gemacht.`	Dieser Abschnitt wurde mit p gemacht.
	`Dieser` **`<div>`** `Abschnitt wurde mit` **`</div>`** `div gemacht.`	Dieser Abschnitt wurde mit div gemacht.

	`Dieser` **`<pre>`** `Abschnitt wurde mit` **`</pre>`** `pre gemacht.`	Dieser
		`Abschnitt wurde`
		`mit`
		pre gemacht.

6.2.5 Zusätzliche Absatz-Strukturelemente seit HTML5

Die Anforderungen an Webseiten, wie z.B. die barrierefreie Darstellung, bessere automatische Durchforstung von Text und sinnvolle Darstellung von Inhalten auf unterschiedlich großen Displays sind immer wichtiger geworden.

Aus diesem Grund wurden die bereits erwähnten HTML5-Tags zur **semantischen**, also inhaltlichen Strukturierung eingefügt. Mit ihnen hat man die Möglichkeit, eine Internetseite in logische Bereiche einzuteilen, wie

- den Kopfbereich (`<header>`),
- den Navigationsbereich (`<nav>`),
- den Hauptinformationsbereich (`<article>`)
- mit Unterbereichen (`<section>`),
- einen Nebenbereich (`<aside>`) und
- einen Fußbereich (`<footer>`).

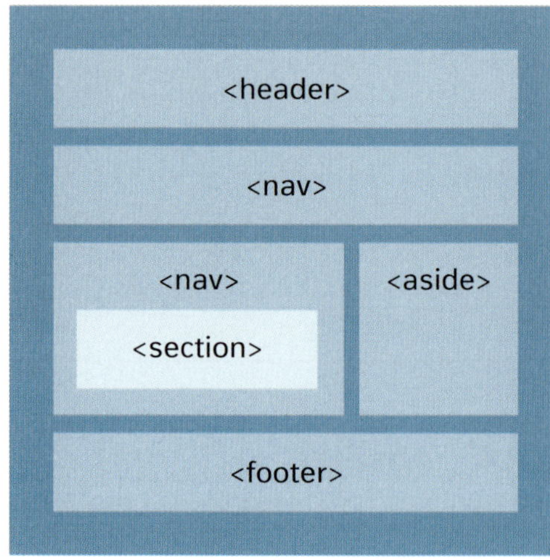

Abb. 6.4: Logische Bereiche einer Webseite

6.2.6 Zeilenumbrüche

Zeilenumbrüche werden, außer bei mit `<pre>` vorformatiertem Text, nicht aus dem HTML-Code übernommen. Möchte man an einer bestimmten Stelle einen Zeilenumbruch haben, muss man ihn mit `<br>` erzwingen.

HTML-Text	Abkürzung für	Darstellung des Textes
`Vor dem Zeilenumbruch, ** ** nach dem Zeilenumbruch.`	break	Vor dem Zeilenumbruch, nach dem Zeilenumbruch.

6.2.7 Sonderzeichen

Internetseiten werden nicht nur in Deutschland, sondern u.a. auch in Frankreich, der Türkei, Tschechien, Norwegen und Italien betrachtet. Alle diese Länder haben etwas gemeinsam: Sie kennen die deutschen Umlaute „Ä", „Ö", „Ü" und das „ß" nicht. Was passiert jedoch mit den deutschen Umlauten in einem französischen Browser? Es gibt zwei Möglichkeiten:

1. Die HTML-Dateien verwenden eine Zeichencodierung, die auch Umlaute und Sonderzeichen korrekt abspeichern kann, z.B. UTF-8. Dann wird im Head-Bereich die Anweisung `<meta charset="utf-8">` ergänzt, damit der Browser die korrekte Zeichencodierung bei der Verarbeitung verwendet. So können auch andere Sonderzeichen wie Emoticons oder ganz andere Schriftsysteme verwendet werden, z.B. chinesische oder arabische Schriftsätze.

2. Man verwendet die in HTML definierten Sonderzeichen. Sie beginnen jeweils mit „&" und enden mit „;". Hier eine Auswahl der Sonderzeichen:

ä	ä	®	®	é	é
ö	ö	©	©	è	è
ü	ü	±	±	½	½
Ä	Ä	<	<	¼	¼
Ö	Ö	>	>	¾	¾
Ü	Ü	&	&	Geschützte Leerstelle	
ß	ß	"	"		

6.2.8 Textauszeichnungen

Normalerweise wird der Text, der im Browser dargestellt wird, mithilfe von CSS-Befehlen formatiert. Einige einfache Tags zur Formatierung bietet jedoch auch HTML an. Wie diese Tags dann genau dargestellt werden, entscheidet der Browser.

Mithilfe des Tags `<span>` können, genau wie bei `<h1>` etc., sog. Inline-Styles zur Formatierung angegeben werden. Die folgende Tabelle zeigt eine Übersicht einiger Tags und ihrer Darstellung im Browser.

HTML-Text	Darstellung im Browser
Der **<strong>** Text **</strong>** ist stark betont.	Der **Text** ist stark betont.
Der **<em>** Text **</em>** ist hervorgehoben.	Der *Text* ist hervorgehoben.
Der **_{** Text **}** ist tiefgestellt.	Der $_{\text{Text}}$ ist tiefgestellt.
Der **^{** Text **}** ist hochgestellt.	Der ^{Text} ist hochgestellt.
Der **<span style="font-size:large">** Text **</span>** ist groß.	Der Text ist groß.
Der **<span style="font-size:small">** Text **</span>** ist klein.	Der Text ist klein.
Der **<del>** Text **</del>** ist durchgestrichen.	Der ~~Text~~ ist durchgestrichen.
Der **<ins>** Text **</ins>** ist unterstrichen.	Der Text ist unterstrichen.

Der **grundsätzliche Aufbau** jeder HTML-Datei ist folgender:

```
<!DOCTYPE html>
<html lang="de">
<head>
...
</head>
<body>
...
</body>
</html >
```

Überschriften werden mit <h1></h1> bis <h5></h5> angelegt.
Für **Abschnitte** benötigt man <span></span>, <p></p>, <div></div> oder <pre></pre>.
Einen **Zeilenumbruch** erreicht man mit <br>.
Die **semantischen Abschnitte** einer Internetseite sind <header>, <nav>, <article>, <section>, <aside> und <footer>.

6.3 Strukturieren und Verknüpfen

Damit sich der Betrachter auf dem Bildschirm orientieren kann, muss jede elektronische Publikation sehr gut strukturiert sein. Zur Untergliederung des Textes sind schon Abschnitte (<p> und <div>) und Zeilenumbrüche (<br>) behandelt worden. Doch das allein reicht nicht aus, um eine Internetpräsenz mit Informationen zu verschiedenen Schwerpunkten hinreichend übersichtlich zu strukturieren. Auch das Einfügen von horizontalen Linien und Listen bietet die Möglichkeit, Übersichtlichkeit zu schaffen.

Um den Informationsdruck für den Betrachter zu verringern, stellt zudem das Verteilen der Informationen auf mehrere, durch Verweise miteinander verknüpfte Seiten ein wichtiges Element dar.

6.3.1 Horizontale Linien

Eine einfache Möglichkeit, den auf einer Internetseite dargestellten Text optisch zu untergliedern, ist das Einfügen einer horizontalen Linie (<hr> = horizontal ruler). Ihr können mittels CSS-Inline-Styles verschiedene Eigenschaften zugewiesen werden (s. Tabelle).

HTML-Text	Darstellung des Textes
Über der horizontalen Linie **<hr>** unter der horizontalen Linie	Über der horizontalen Linie unter der horizontalen Linie
Über der horizontalen Linie **<hr style="height:5px">** unter der horizontalen Linie	Über der horizontalen Linie unter der horizontalen Linie

HTML-Text	Darstellung des Textes
Über der horizontalen Linie **<hr style=""height:5px; border-width:0; color:gray; background-color:gray">** unter der horizontalen Linie	Über der horizontalen Linie ▬▬▬▬▬▬▬▬▬▬ unter der horizontalen Linie
Über der horizontalen Linie **<hr style="height:1px; width:50%; text-align:left">** unter der horizontalen Linie	Über der horizontalen Linie ———— unter der horizontalen Linie
Über der horizontalen Linie **<hr style="height:1px;width:50%;text-align:center">** unter der horizontalen Linie	Über der horizontalen Linie ———— unter der horizontalen Linie

6.3.2 Listen

Einen Text kann man mithilfe von Listen in einzelne Punkte untergliedern. Dabei werden

- ungeordnete Listen `<ul>` (Abk. für *unordered list*),
- geordnete, nummerierte Listen `<ol>` (Abk. für *ordered list*) und
- Definitionslisten `<dl>` (Abk. für *definition list*) unterschieden.

Der Beginn einer Liste bewirkt eine Einrückung des Textes, der zu der Liste gehört. Die einzelnen Listeneinträge werden bei den sortierten und unsortierten Listen mit dem Tag `<li> </li>` eingeklammert. Für diese Listen kann man die Attribute `type` und für die sortierten Listen auch noch den Startwert mit `start` angeben.

Bei den Definitionslisten wird der zu definierende Ausdruck mit dem Tag `<dt>` (Abk. für *definition list term*) und die Definition des Ausdrucks mit dem Tag `<dd>` (Abk. für *definition list definition*) geklammert.

HTML-Text	Darstellung des Textes	Möglichkeiten
Hier steht <ul> **<li>**erstens**</li>** **<li>**zweitens**</li>** **<li>**drittens**</li>** </ul>	Hier steht • erstens • zweitens • drittens	type="circle" ○ type="square" ■ type="disc" •
Hier steht <ol> **<li>**erstens**</li>** **<li>**zweitens**</li>** **<li>**drittens**</li>** </ol>	Hier steht 1. erstens 2. zweitens 3. drittens	type="I" I, II, III type="i" i, ii, iii type="A" A, B, C type="a" a, b, c
Hier steht <ol start="7"> **<li>**erstens**</li>** **<li>**zweitens**</li>** **<li>**drittens**</li>** </ol>	Hier steht 7. erstens 8. zweitens 9. drittens	start="n"

HTML-Text	Darstellung des Textes	Möglichkeiten
Hier steht <dl> **<dt>**LI**</dt>** **<dd>**list item**</dd>** **<dt>**OL**</dt>** **<dd>**ordered list**</dd>** **<dt>**UL**</dt>** **<dd>**unordered list**</dd>** </dl>	Hier steht LI list item OL ordered list UL unordered list	

6.3.3 Links

Das Besondere an elektronischen Publikationen oder dem WWW sind die Hyperlinks, mit denen alle Seiten vernetzt sind. Dabei kann man

- eine Seite mit sich selbst verlinken, wenn sie z. B. sehr lang ist und man zurück an den Anfang möchte,
- eine Seite mit einer anderen Seite derselben Internetpräsenz verknüpfen und
- eine Seite mit einer ganz anderen Internetpräsenz verknüpfen.

Die Stelle, die den Hyperlink trägt, wird mit dem Tag <a> eingeklammert. Zusätzlich ist noch ein Attribut notwendig, das angibt, wohin mit dem Verweis gesprungen werden soll: `href`.

Die Grundsyntax für einen Verweis sieht so aus:

```
<a href="pfad/dateiname.html">Hier geht es zur Datei
dateiname.html</a>
```

HTML-Text	Darstellung des Textes	Nach dem Klick auf „zweitens"...
Hier steht erstens <a href="zweite. html"> zweitens </a>	Hier steht erstens zweitens	... gelangt man zu der zweiten Seite mit dem Namen „zweite. html", mit dem Quellcode Hier steht <a href="erste.html"> erstens </a> zweitens und mit dem Aussehen: Hier steht erstens zweitens

Wird dieser Grundsyntax das Attribut `title` hinzugefügt, so erscheint, wenn man mit der Maus über den Link fährt, ein Hinweis mit dem Inhalt von `title`.

HTML-Text	Darstellung des Textes
Hier steht erstens <a href="zweite.html" title="zur zweiten Seite"> zweitens </a>	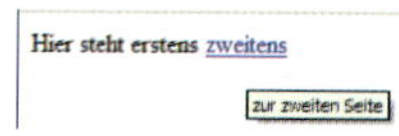

Der Verweis auf eine andere Seite kann auch aus der eigenen Website hinausführen. Dann muss die gesamte URL der Zielseite als Referenz angegeben werden.

HTML-Text	Nach dem Klick auf „zweitens"...
Hier steht erstens <a href="https://www.westermann.de/berufliche-bildung/"> zweitens </a>	... gelangt man zu der Internetseite https://www.westermann.de /berufliche-bildung/ 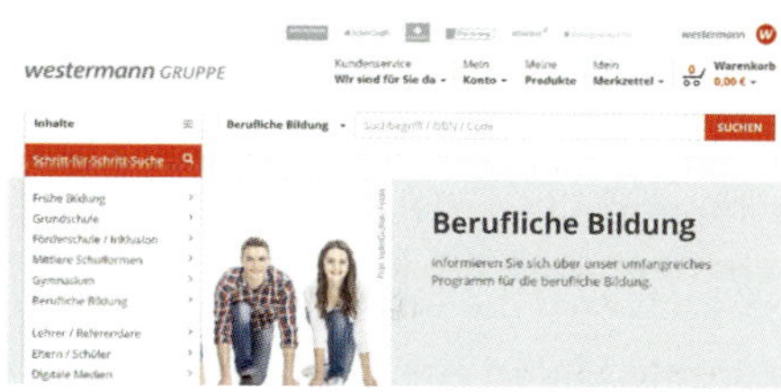

Manchmal erfolgt auch auf ein und derselben Seite ein „Sprung". Dazu wird zuerst eine Sprungmarke mit dem Attribut `name` festgelegt, diese Sprungmarke dient als **Anker**. Der Sprung zu diesem Anker wird mit `<a href="#...">` definiert.

HTML-Text	Darstellung	Nach dem Klick auf „zurück zum Anfang"...
<a name="anfang"></a> Hier steht 1 Hier steht 2 Hier steht 3 ... Hier steht 500 <a href="#anfang"> zurück zum Anfang </a>	... Hier steht 496 Hier steht 497 Hier steht 498 Hier steht 499 Hier steht 500 zurück zum Anfang	...gelangt man zu der Sprungmarke am Anfang: Hier steht 1 Hier steht 2 Hier steht 3 Hier steht 4 ...

Wenn das Ziel eines Links nicht im selben Fenster erscheinen, sondern ein neues Fenster dafür geöffnet werden soll, wird dies mit dem Attribut `target="_blank"` festgelegt.

HTML-Text	Nach dem Klick auf „zweitens“...
`Hier steht erstens <a href=" https://www.westermann.de /berufliche-bildung/" target="_ blank"> zweitens </a>`	...wird die Seite https://www.westermann.de/ berufliche-bildung/ in einem neuen Fenster oder Tab geöffnet.

HTML und CSS bieten eine Reihe unterschiedlicher **Einheiten**, um **Längen** und **Dicken** darzustellen:

- Point (pt) und pica (pc) haben ihre Wurzeln in der Typographie.
- Zentimeter (cm) und inch (in) sind aus dem Alltag bekannt.
- Pixel (px) ist auf heutigen Bildschirmen größer als ein Pixel.
- Em und ex sind ebenfalls Einheiten für die Schriftgröße und beziehen sich auf die Breite des Buchstabens m (em) bzw. x (ex).

Empfohlen werden die Einheiten **em**, **px** und **%**.
Nicht empfohlen werden die absoluten Einheiten pt, cm, mm, in, pc, denn auf dem Bildschirm werden die Inhalte meist relativ angezeigt. 1 in = 2,54 cm = 25,4 mm = 72 pt = 6 pc.
Horizontale Linien zeichnet man mit dem Tag `<hr>` aus. **Listen** setzen sich aus der Art der Liste (z. B. <ul>) und den einzelnen Listeneinträgen (z. B. `<li>`) zusammen. Bei **Links** unterscheidet man zwischen Links auf die Website (`<a href="xy.html">`), auf dieselbe Webseite (`<a href="#xy">`) oder auf eine ganz andere Webseite (`<a href="http://www.xy.de">`).

6.4 Multimediaelemente

6.4.1 Grafikformate

Vektorgrafik – Rastergrafik

Es gibt zwei verschiedene Möglichkeiten, einen Kreis in einer Ebene zu beschreiben:

1. Man gibt die Koordinaten des Mittelpunkts und die Länge des Radius an. Dieses Vorgehen verwendet man bei Vektorgrafiken. So muss man nur drei Werte speichern, die dann aber einen ganzen Kreis erzeugen können. Zusätzlich wird zu diesen drei Angaben noch die Liniendicke, die Linienfarbe, die Füllfarbe des Kreises usw. gespeichert. Ein weiterer Vorteil liegt beim Skalieren (Vergrößern) der Grafik: Soll der Kreis größer sein, muss man nur den Wert des Radius verändern und schon kann der Kreis wieder genauso perfekt, aber eben größer dargestellt werden.

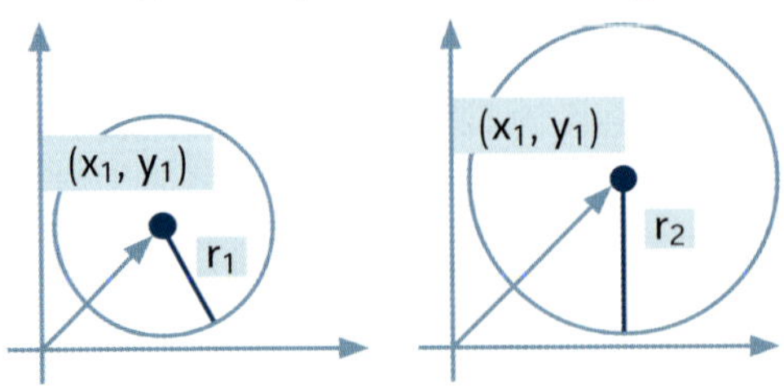

Vektorgrafiken werden für Bilder eingesetzt, die aus geometrischen Objekten bestehen und ohne Qualitätsverlust skaliert werden sollen. Beispiele hierfür findet man beim Entwurf von Autos, Maschinen oder Stadtplänen.

2. Man gibt für jeden Punkt in der Ebene an, ob er auf der Kreislinie liegt oder nicht. Dieses Vorgehen benutzt man für Pixel- oder Rastergrafiken. Für ein Raster von Bildpunkten (Pixeln) legt man für jeden einzelnen Punkt fest, ob er zur Kreislinie gehört oder nicht.
   Für diesen Kreis, der in ein $9 \cdot 9$ Pixel großes Raster passt, muss man 81-mal „Schwarz" oder „Weiß" speichern, braucht also 81 Bit bzw. 11 Byte Speicherplatz.

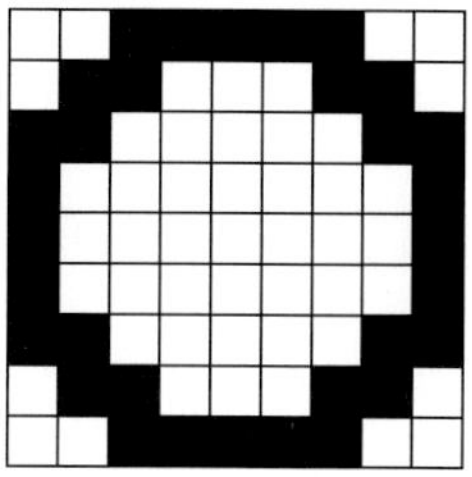

Wenn man eine Pixelgrafik nun vergrößern möchte, erkennt man, dass dies nicht ohne Qualitätsverlust möglich ist. Was vorher noch aussah wie ein perfekter Kreis, ist hinterher ein pixeliges Objekt mit vielen „Treppenstufen".

Vorher:  Nach dem Vergrößern: 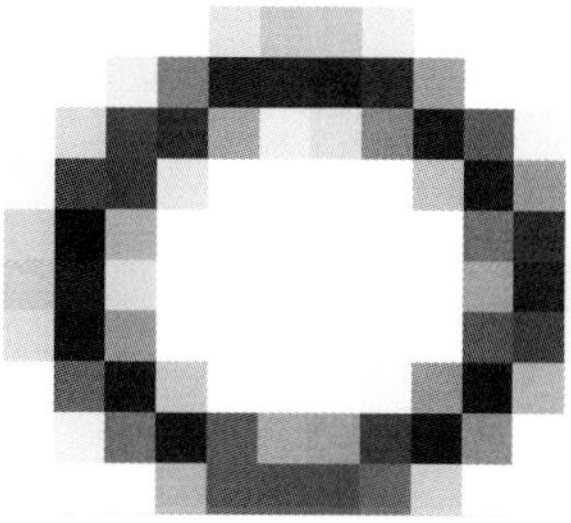

Man sollte also immer darauf achten, dass man eine Grafik in genügend hoher Auflösung hat. Die Auflösung einer Grafik wird in **Bildpunkten pro 2,54 cm (dots per inch = dpi)** gemessen. Am Bildschirm reicht eine Auflösung von 72 bis 96 dpi, bei Bildern, die für den Druck bestimmt sind, sollte die Auflösung jedoch mindestens 200 dpi, besser 300 dpi betragen.

Trotz des hohen Speicherbedarfs und des Qualitätsverlusts beim Vergrößern werden häufig Pixelgrafiken verwendet. Dies hat zwei Gründe:

1. Unsere Umwelt besteht selten nur aus geometrischen Objekten. Deshalb sind Vektorgrafiken für die Wiedergabe von Fotos ungeeignet.
2. Die bildverarbeitenden Geräte wie Scanner, Bildschirm oder Drucker arbeiten mit Pixeln. Für die Umwandlung von Vektoren in Pixel und umgekehrt ist also immer noch ein zusätzlicher Verarbeitungsschritt notwendig.

Im Folgenden sollen Pixelgrafiken genauer betrachtet werden.

Speicherbedarf von Pixelgrafiken

Der Speicherbedarf hängt von der Größe eines Bildes und von der Farbtiefe ab. Ein Bild mit $10 \cdot 10$ Pixeln in den Farben Schwarz oder Weiß benötigt theoretisch für jeden Bildpunkt nur ein Bit, um entweder die Farbe Schwarz oder die Farbe Weiß zu speichern, also insgesamt 100 Bit =12,5 Byte. Bei 8 Bit Farbtiefe, also $2^8 = 256$ möglichen verschiedenen Farben, braucht man theoretisch schon 800 Bit = 100 Byte um alle Bildinformationen zu speichern. Und bei 16,7 Millionen Farben, so wie es für viele Bildformate üblich ist, sind schon 2400 Bit = 300 Byte zur Speicherung nötig.

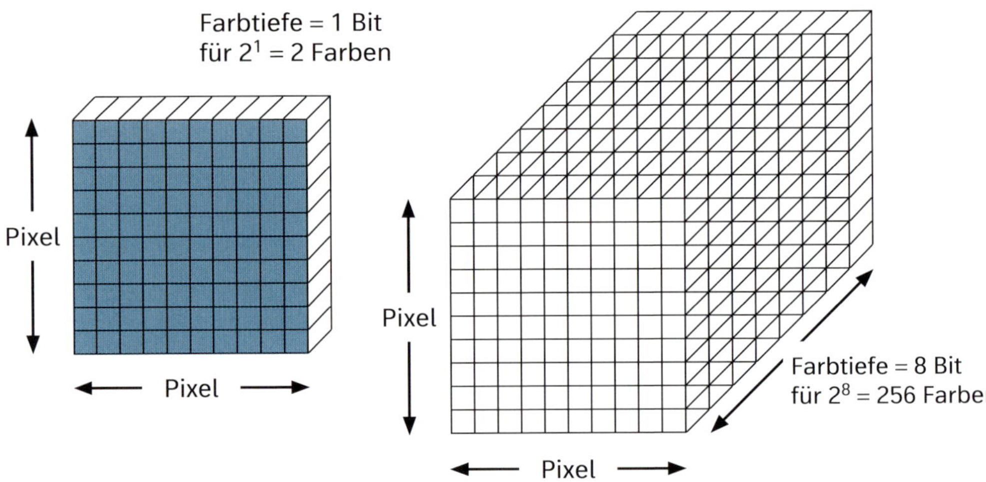

Abb. 6.5: Speicherbedarf einer Pixelgrafik

Grafikformate

Es gibt relativ wenige Grafikformate, die unabhängig sind vom Hersteller und von dem Programm, mit dem sie bearbeitet werden, und die gleichzeitig von allen gängigen Bildverarbeitungsprogrammen unterstützt werden. Im Printbereich wird häufig das TIF-Format verwendet, im Webbereich die Formate GIF, JPG und PNG. Auf Computern, die ein Windows-Betriebssystem haben, wird das BMP-Format unterstützt.

Datei-endung	Erläuterung
.bmp	Das Windows-**Bit****map**-Format wurde von Microsoft entwickelt. Ohne zu komprimieren, speichert es für jeden Bildpunkt die Farbe mit einer Farbtiefe von 24 Bit ab. Wegen der erheblichen Dateigröße für ein Bild wird es im Internet nicht verwendet und wird von Browsern nicht angezeigt.

Datei-endung	Erläuterung
.tiff oder .tif	Das Tagged Image File Format (TIFF, dt. „etikettiertes Bilddateiformat") wurde von der Aktus Corporation entwickelt, die mittlerweile zu Adobe Systems gehört. Es ist betriebssystemunabhängig und der Marktstandard für den Austausch von Pixelgrafiken. Bei diesem Format kann man zwischen Farbtiefen von 1 Bit bis 64 Bit wählen und verschiedene Kompressionsverfahren auf die Bilddaten anwenden. Diese unterschiedlichen Kompressionsverfahren können zu Kompatibilitätsproblemen bei der Bearbeitung eines Bildes mit verschiedenen Grafikbearbeitungsprogrammen führen.
.gif	Das Graphics Interchange Format (GIF, dt. „Grafikaustauschformat") wurde von CompuServe entwickelt. Es hat eine Farbtiefe von 8 Bit, kann also nur 28 = 256 Farben darstellen. Es verwendet ein Kompressionsverfahren, das vor allem für Grafiken und Strichzeichnungen (wie z. B. Logos) geringe Dateigrößen liefert. GIF-Bilder können im Interlaced-Modus angezeigt werden. Man kann bei ihnen eine transparente Farbe bestimmen, sodass z. B. der Hintergrund transparent ist und das Bild nicht rechteckig wirkt. Außerdem kann man beim GIF-Format mehrere Bilder in einer Datei abspeichern, wodurch Animationen entstehen, die gerne auf Internetseiten als Banner oder kleine Gimmicks verwendet werden.
.jpg oder .jpeg	Das Joint-Photographic-Experts-Group-Format (JPEG oder auch JPG) wurde von eben dieser Standardisierungsorganisation entwickelt. Es hat eine Farbtiefe von 24 Bit und verwendet ein Kompressionsverfahren, das besonders geeignet ist für Fotos mit weichen Farbverläufen. Je nach Grad der Kompression kann es die Dateigröße eines Bildes um den Faktor 25 reduzieren. Allerdings ist diese Kompression nicht verlustfrei und kann, vor allem bei scharfen Konturen, zu unerwünschten Artefakten führen. Auch JPG-Bilder können im Interlaced-Modus angezeigt werden.
.png	Das Portable-Network-Graphics-Format (PNG, sprich „ping", dt. „tragbares Netzwerkgrafik-Format") wurde vom W3C entwickelt. Es hat eine Farbtiefe von bis zu 24 Bit und verwendet ein verlustfreies Kompressionsverfahren. PNG-Bilder können im Interlaced-Modus angezeigt werden und man kann ihnen eine transparente Farbe zuweisen. Außerdem verfügen sie über einen Alpha-Kanal, d. h., es können auch halbtransparente Farben gespeichert werden, sodass der Hintergrund durchschimmert.

Bei allen Grafikformaten, die im Internet oder anderen Netzwerken verwendet werden, ist es wichtig, dass die Bilder möglichst wenig Speicherplatz brauchen, damit sie schnell im Netz übertragen werden können. Da der Speicherplatz einer Pixelgrafik in erster Linie von der Farbtiefe abhängt, ist es sinnvoll, möglichst wenige Farben zu verwenden.

- Bilder, die nur aus den Farben Schwarz und Weiß bestehen, brauchen am wenigsten Speicherplatz: pro Pixel ein Bit.
- Wünscht man auf dem Bild auch einige Schattierungen zu sehen, so kann man eine Graustufenpalette verwenden. Bei ihr stehen pro Bildpunkt 8 Bit, also 256 verschiedene Graustufen zur Verfügung.
- Statt der Graustufen ist es auch möglich, eine andere Palette mit bis zu 256 Farben zu verwenden. Je weniger Farben man auf seiner Palette angibt, desto weniger Speicherplatz braucht das Bild.

Es ist jedoch nicht immer möglich, die Anzahl der Farben in einem Bild zu reduzieren. Für diesen Fall hat man andere, mehr oder weniger gute Kompressionsverfahren entwickelt. Ein sehr einfaches besteht darin, dass alle Bildpunkte einer Farbe in einer Bildzeile zusammengefasst werden. Es müssen also nicht mehr für jeden Bildpunkt die Farbinformationen gespeichert werden, sondern nur noch für einen Bruchteil der Pixel. Im folgenden Beispiel (s. Abb. 6.6) braucht man in der ersten Zeile bei einer angenommenen Farbtiefe von 24 Bit also nicht mehr 60-mal die Farbinformation (60 · 224 Bit), sondern nur noch 9-mal plus die Anzahl der Pixel (9 · 224 Bit + 9 · Speicherplatz für Anzahl). Man hat also für die erste Zeile, vereinfacht gerechnet, fast 51 · 224 Bit Speicherplatz gespart.

1. Zeile: Grün 17, Dunkelgrün 2, Grün 20, Dunkelgrün 1, Grün 1
Anstatt
Grün, Grün, Grün, Grün, Grün, Grün, Grün, Grün, Grün, Grün, Grün, Grün, Grün, Grün, Grün, Grün, Grün, Dunkelgrün, Dunkelgrün, Grün, Grün, Grün, Grün, Grün, Grün, Grün, Grün, Grün, Grün, Grün, Grün, ...

Abb. 6.6: Prinzip der Zusammenfassung von Farbinformationen bei der Bildkompression

Ladezeiten

Um die Ladezeiten eines Bildes im Internet zu verkürzen, gibt es zwei Strategien. Entweder man verkürzt die Ladezeit eines Bildes wirklich oder nur scheinbar. Wenn man die Ladezeit nur scheinbar verkürzt, wird dem Betrachter während des Ladevorgangs schon ein „Vorgeschmack" auf das fertige Bild gegeben. Dies kann man erreichen, indem man

- das Bild im **Interlaced-Modus** lädt oder
- zuerst ein **Schwarz-Weiß-Bild** lädt, bevor dieses an derselben Stelle durch das farbige Bild ersetzt wird.

Möchte man die Ladezeit eines Bildes wirklich verkürzen, kann man nur an den beiden Größen etwas verändern, die für die Speichergröße verantwortlich sind: der Größe des Bildes und der Farbtiefe. Die Farbtiefe kann man nur bei Bildern im GIF- oder PNG-Format verändern. Sehr sinnvoll ist es, dabei mit einer **optimierten Farbpalette** zu arbeiten. Das funktioniert aber nur, wenn das Bild höchstens 256 verschieden Farben hat. Bei einer größeren Farbtiefe, wie bei Fotos fast immer der Fall, kann man schlecht mit einer reduzierten Farbpalette arbeiten. Auf Internetseiten sieht man häufig, dass Fotos als sog. **Thumbnails** (dt. Daumennagel), also etwa in Daumennagelgröße, dargestellt wird. Erst nach einem Klick auf den „Daumennagel" wird es in voller Größe geöffnet. Häufig findet man diese Art der Darstellung in Fotoalben oder in Listen mit Ferienhaus- und Urlaubsangeboten.

6.4.2 Einbinden von Multimedia und Grafiken

HTML5 ermöglicht es, leicht Multimediaelemente in eine Internetseite einzubinden, ohne dass zusätzliche Plug-Ins benötigt werden.

Tag	Notwendig für ...
<img>	... das Einfügen einer Grafik. Es benötigt kein Ende-Tag. Es muss immer das Attribut `src="..."` mit dem Namen und ggf. dem Pfad des Bilds angegeben werden. Das Attribut `alt="..."` mit einem alternativen Text, der vorgelesen wird, falls der Benutzer das Bild nicht sehen kann, dient der Barrierefreiheit und sollte angegeben werden. Die Größe kann über die Attribute `width="..."` und `height="..."` optimiert werden. Alle anderen Angaben sollten über CSS formatiert werden. Beispiel: `<img src="superbild.png" alt="Bild mit attraktiven Menschen">`

<picture>
 	
</picture>
	... das Einfügen einer Grafik in HTML5.
	Dieses neue Picture-Tag ermöglicht es, für verschiedene Endgeräte Grafiken in verschiedenen Auflösungen vorzuhalten, die in der angegebenen Reihenfolge abgearbeitet werden.
	Es enthält das Tag `<source>`, das kein Ende-Tag benötigt.
	Das Attribut `media="..."` kann Informationen des empfangenden Geräts abfragen.
	Das Attribut `srcset="..."` gibt den Namen und ggf. den Pfad des Bilds an.
	Beispiel:
	`<picture>`
	`  <source media="(min-width: 800px)" srcset="Esel-1200.jpg">`
	`  <source media="(min-width: 600px)" srcset="Esel-600.jpg">`
	`  <!---Fallback--->`
	`  <img src="Blume-400.jpg" alt="Esel vor einem Zaun">`
	`</picture>`

<audio>
 	
</audio>
	... das Einfügen eines Tondokuments in HTML5.
	Dieses Audio-Tag fügt mit dem boolschen Attribut `controls` einen Audioplayer auf der Internetseite ein, mit dem das bei `src="..."` angegebene Lied abgespielt wird.
	Beispiel:
	`<audio id="audio_with_controls"`
	`  controls`
	`  src="mein_lied.mp3"`
	`  type="audio/mp3" >`
	`  Ihr Browser kann dieses Tondokument nicht wiedergeben.`
	`</audio>`

Tag	Notwendig für ...

`<video>`
 	
`</video>`
	... das Einfügen eines Videos in HTML5.
	Dieses neue Video-Tag fügt mit dem boolschen Attribut `controls` einen Videoplayer ein, mit dem das bei `src="..."` angegebene Video abgespielt wird.
	Beispiel 1:
	`<video src="toller_film.mp4" controls>`
	`    Ihr Browser kann dieses Video nicht wiedergeben.`
	`</video>`
	
	Außerdem ermöglicht es, mehrere Videos vorzuhalten, falls der benutzte Browser das erste angegebene Dateiformat nicht abspielen kann.
	In diesem Fall beinhaltet das Video-Tag auch das Tag `<source>`, das kein Ende-Tag benötigt.
	
	`<video controls>`
	`  <source src="toller_film.mp4" type="video/mp4">`
	`  <source src="toller_film.ogg" type="video/ogg">`
	`  Ihr Browser kann dieses Video nicht wiedergeben`
	`</video>`

6.4.3 Imagemaps (Hyperlinks aus Bildbereichen)

Es gibt in HTML die Möglichkeit, ein Bild in mehrere Bereiche aufzuteilen und jeden dieser Bereiche mit einem Hyperlink zu versehen. Im folgenden Beispiel (s. Abb. 6.7) sind auf dem Foto bei allen wichtigen Bauwerken Kreise eingefügt. Wird einer der eingekreisten Bereiche angeklickt, so gelangt man zu einer verlinkten Seite, auf der das Bauwerk genauer erklärt wird.

Abb. 6.7: Foto mit eingekreisten Bereichen, die man zwecks Vergrößerung anklicken kann

```
1
<h2>Die Bioenergieanlage</h2>
<map name="anlage">
 <area shape="circle" coords="413,218,25" href="nachgaer.
html" alt="Nachgaerer" title="Nachgaerer">
 <area shape="circle" coords="272,165,20" href="silo.html"
2
alt="Siloplatte" title="Siloplatte">
 <area shape="circle" coords="374,70,30" href="ferment.
html" alt="Fermenter"
 title="Fermenter">
…
</map>
3
<img src="bilder/foto_anla.jpg" width="480" height="283"
border="0" usemap="#anlage" >3
…
```

- Mit dem Tag `<map name="xy">` leitet man bei 1 die Definition von verweissensitiven Flächen auf einer Grafik ein. Der Name, der in diesem Tag als Attributwert vergeben wird, ist ähnlich dem Ankernamen bei seiteninternen Verweisen und hat nichts mit dem Dateinamen des verwendeten Bilds zu tun. Mit `</map>` wird der Definitionsbereich für die Verweisflächen beendet. In Abb. 6.6 sind der Deutlichkeit halber die drei Bereiche rot eingekreist, die im Quelltext des Beispiels als verweissensitive Bereiche definiert werden.
- Innerhalb des Map-Tags gibt es mehrere Area-Tags, die die einzelnen verlinkten Flächen definieren. Bei 2 wird mit dem Attribut `shape` als Form ein Kreis bestimmt. Mit dem Attribut `coords` wird der Mittelpunkt dieses Kreises bei (374;70) Pixeln und der Radius mit 30 Pixeln festgelegt. Die Pixelwerte sind absolute Angaben und haben ihren Ursprung in der linken oberen Ecke des Bilds. Anstatt des Radius kann man bei einem Kreis auch einen Punkt auf dem rechten Kreisbogen angeben. Dann gäbe es bei „coords" vier Koordinaten.
- Im Img-Tag wird bei 3 für das eingefügte Bild mit dem Attribut `usemap="#xy"` auf die Definition der linksensitiven Bereiche verwiesen. Das heißt, fährt die Maus über die Grafik, gibt es bestimmte Bereiche, die man anklicken kann, um mit einem Hyperlink weitergeleitet zu werden. Fehlt das Attribut `usemap` im Img-Tag, wird beim Überfahren mit der Maus kein Link erkannt.

Allgemein können folgende Bereiche für ein Imagemap definiert werden

Form	Koordinaten
Viereck shape="rect " 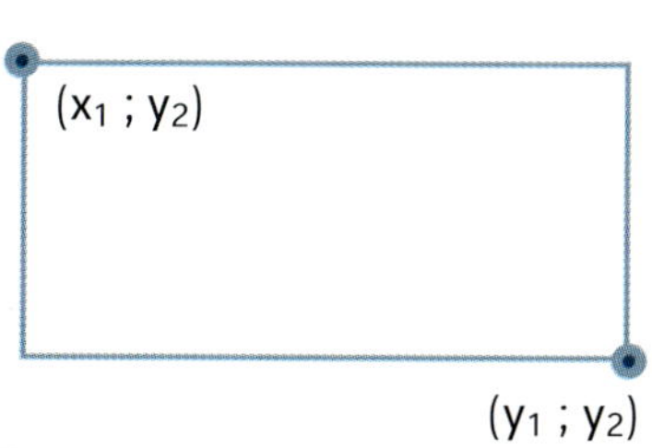 	Notwendig sind die Koordinaten x_1, y_1, x_2, y_2 mit x_1 = linke obere Ecke in Pixel (von links) y_1 = linke obere Ecke in Pixel (von oben) x_2 = rechte untere Ecke in Pixel (von links) y_2 = rechte untere Ecke in Pixel (von oben)

Form	Koordinaten
Kreis shape="circle" 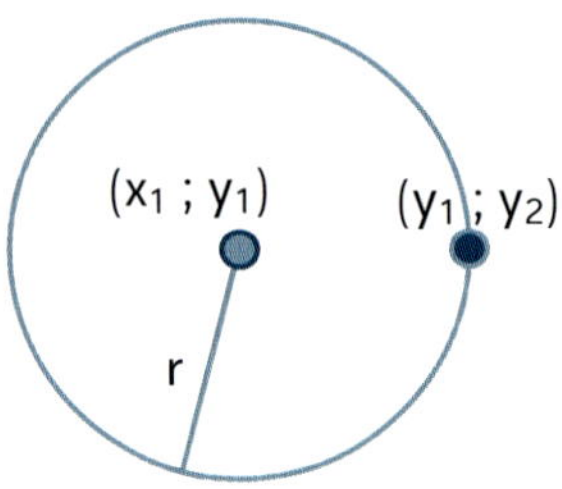	Notwendig sind die Koordinaten x_1, y_1, x_2, y_2 mit x_1 = X-Koordinate des Mittelpunkts in Pixel y_1 = Y-Koordinate des Mittelpunkts in Pixel (von oben) x_2 = X-Koordinate des Punkts auf dem rechten Kreisbogen in Pixel y_2 = Y-Koordinate des Punkts auf dem rechten Kreisbogen in Pixel (von oben) Statt x_2 und y_2 kann auch die Länge des Radius r in Pixel angegeben werden. Dann existieren nur drei Werte.
Vieleck shape="poly " 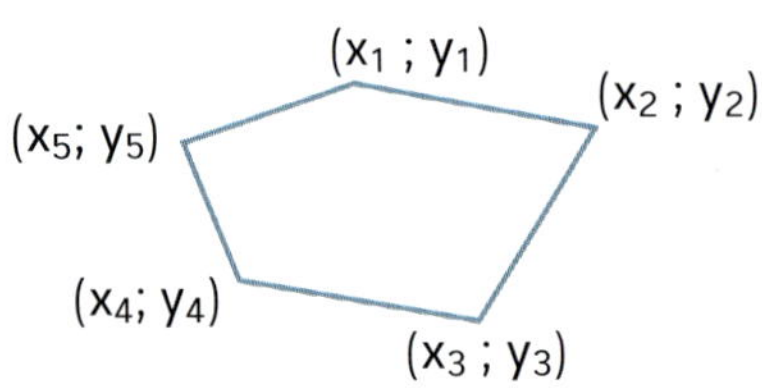	Notwendig sind die Koordinaten x_1, y_1, x_2, y_2, ... x_n, y_n mit x_1 = erste Ecke in Pixel (von links) y_1 = erste Ecke in Pixel (von oben) x_2 = zweite Ecke in Pixel (von links) y_2 = zweite Ecke in Pixel (von oben) ... x_n = letzte Ecke in Pixel (von links) y_n = letzte Ecke in Pixel (von oben)

Bei **Vektorgrafiken** sind die Bilder aus geometrischen Objekten, bei **Raster-** oder **Pixelgrafiken** aus einzelnen Bildpunkten zusammengesetzt. Bei Pixelgrafiken wird die Auflösung in **dots per inch** (**dpi**) angegeben.
Jedem **geometrischen Objekt** einer Vektorgrafik sind z. B.

- die Koordinaten der notwendigen Punkte,
- die Farbe, Dicke und Art der Außenlinie,
- die Farbe, Deckfähigkeit und Art der Füllung

zugeordnet. Mit diesen Attributen lässt sich jedes Objekt ohne Qualitätsverlust skalieren (d. h. vergrößern oder verkleinern).
Jedem Bildpunkt einer Pixelgrafik ist eine Farbe und evtl. die Deckfähigkeit zugeordnet. Beim Vergrößern wird eine Pixelgrafik qualitativ schlechter. Deshalb muss man darauf achten, dass die Pixelgrafik vor dem Vergrößern in ausreichend guter Qualität vorliegt, sonst können hässliche Pixeleffekte entstehen.
Bilder, die am Bildschirm dargestellt werden sollen, haben meist eine Auflösung von 72 dpi. Bilder, die für den Druck bestimmt sind, sollten 300 dpi haben.
Es gibt fünf plattformunabhängige Grafikformate, die häufig benutzt werden: BMP, TIFF, GIF, JPG und PNG. Dabei werden nur die letzten drei wegen ihres kompakten Speicherbedarfs und anderer möglicher Optionen zur Speicherung im Internet verwendet.
Bilder werden auf einer Webseite mit `<img>` oder `<picture>` eingebunden, Audiodokumente mit `<audio>` und Filme mit dem Tag `<video>`.
Bei **Imagemaps** kann man einzelne **Bildbereiche** mit einem Hyperlink versehen. Dabei können die Bildbereiche die Form eines Rechtecks, eines Kreises oder eines Vielecks haben.

6.5 CSS – Trennung von Inhalt und Design

6.5.1 Schrift und Layout

Seit der sumerischen Keilschrift (ca. 3000 v. Chr.) und der phönizischen Konsonantenschrift (ca. 2000 v. Chr.) haben sich viele verschiedene Schrifttypen entwickelt. Seit 1964 werden Schrifttypen in der DIN 16518 klassifiziert. Dort werden in elf verschiedenen Gruppen verschiedene Schrifttypen nach ihren Eigenschaften eingeteilt. Im Wesentlichen lässt sich für Schriften folgende Grobeinteilung vornehmen:

- Serifenschriften (z. B. Times New Roman, Century, Georgia)
- Serifenlose Schriften (z. B. Arial, Tahoma, Verdana)
- Frakturschriften (z. B. Old English Text MT)
- Handschriftähnliche Schriften und Zierschriften (z. B. Bradley Hand ITC, Brush Script MT, Curlz MT)

Doch welchen Schrifttyp verwendet man für welchen Zweck? Wie kann man aus dieser Vielzahl von Schriften die passende auswählen? Und wie sollte der Gesamttext auf einer Seite aussehen?

Um dies zu beantworten, stellt man sich im Normalfall folgende Fragen:

1. **Welche Zielgruppe möchte ich ansprechen?**
   Bei Erst- und Zweitklässlern sowie bei Menschen, die Deutsch lernen und aus einem anderen Schriftraum kommen (etwa Menschen aus Eritrea), muss die Schrift sehr nah an der von ihnen erlernten Schrift sein. Sie haben evtl. Probleme, die Gleichheit von „a" und „ɑ" zu erkennen.
   Bei älteren Kindern und Jugendlichen kann die Schrift für sehr kurze Texte ruhig verspielter sein (wie in diesem Beispiel).
   Bei älteren Menschen, die weitsichtig sind oder evtl. unter einem grauen Star leiden, sollte eine große, klar strukturierte Schrift, die kaum Verwechslungen zwischen den Buchstaben zulässt, verwendet werden.

2. **Welches Produkt bzw. welcher Inhalt wird mit der Schrift präsentiert?**
   Für die Präsentation von Spielzeug wird man unter Umständen einen anderen Schrifttyp wählen als für die Veröffentlichung wissenschaftlicher Texte. Auf jeden Fall sollte die Aussage des Textes zu seiner Erscheinung passen, z. B.:

   Schwer leicht sachlich verspielt romantisch WIE IM WESTERN

3. **Welche Wirkung möchte ich mit meinem Text erzielen?**
   Bei einem informativen Text steht die gute Lesbarkeit im Vordergrund. Eine Überschrift oder ein Stichwort sollen dagegen vielleicht eher Hingucker (engl. *eyecatcher*) sein.

Die bisher genannten Fragen gelten sowohl für die Wahl von Schriften bei Printmedien als auch für die Präsentation im Internet. Aber speziell für die Erstellung einer Internetpräsenz muss man noch weitere Dinge beachten:

4. **Ist der erstellte Text besonders klar strukturiert und gegliedert?**
   Im Internet studieren viele Leser einen Text nicht eingehend, sondern überfliegen ihn nur. Deshalb müssen Texte und Schriften besonders klar gegliedert und gut lesbar sein.

5. **Steht der von mir gewählte Schrifttyp auf dem Computer des Betrachters der Internetseite zur Verfügung?**
   Was mache ich, wenn dies nicht der Fall ist?

   a) Zunächst hat man in HTML die Möglichkeit, eine Liste von Schrifttypen anzugeben, die der Reihe nach überprüft und, wenn sie vorhanden sind, verwendet werden. Die passende Stylesheet-Eigenschaft lautet: `font-family: Tahoma, Arial, Helvetica`. Diese Angaben bewirken, dass durch den Browser des Betrachters zunächst überprüft wird, ob die Schriftart „Tahoma" zur Verfügung steht. Wenn ja, wird sie verwendet, wenn nein, wird überprüft, ob die Schriftart „Arial" zur Verfügung steht. Wenn auch „Helvetica" nicht verfügbar ist, wird die Standardschriftart des Browsers verwendet.

   b) Gerade bei Logos steht die verwendete Schriftart dem Browser des Betrachters häufig nicht zur Verfügung. In diesem Fall kann man Logos und kurze Texte in einem Bildbearbeitungsprogramm erstellen und als GIF-Datei speichern. Dieses Bild kann dann in die Seite eingefügt werden. Allerdings erhöht jedes Bild die Ladezeit einer Internetseite. Man sollte hier das Ziel, kleine und schnell ladbare Internetseiten zu erstellen, nicht aus dem Auge verlieren.

   c) Bei elektronischen Publikationen, also weniger im Internet, wird die benötigte Schriftart auf der CD mitgeliefert und steht so dem Browser zur Verfügung.

Bei elektronischen Publikationen und im Internet unterliegt man also bezüglich der verwendbaren Schrifttypen einigen Einschränkungen. Die Standardschriften, die es normalerweise auf jedem PC gibt, sind: Arial, `Courier New` und Times New Roman. Beim Mac entsprechen diese Schriften: Helvetica, `Courier` und Times. Außerdem stehen einige Schriften auf fast allen Systemen zur Verfügung: **Arial Black**, Comic Sans MS, **Impact**, Tahoma und Verdana.

Hat man sich für einen passenden Schrifttyp entschieden, muss man sich noch Gedanken machen, wie die Überschriften und andere zusätzliche Informationen, z. B. Bildunterschriften, gestaltet sein sollen. Am besten beraten ist man, wenn man sog. **Schriftfamilien** benutzt, bei denen alle Schrifttypen gut zueinander passen. Grundsätzlich sollte man jedoch nicht mehr als zwei oder drei verschiedene Schriftarten auf einer Seite verwenden.

Auf einem Bildschirm werden die Informationen mit einer geringeren Auflösung dargestellt als bei einer gedruckten Seite. Während mit einem Laserdrucker Seiten mit einer Auflösung von etwa 600 dpi (also 600 Punkte pro Zoll) gedruckt werden, werden sie am Bildschirm mit ca. 72 dpi dargestellt. Mit dieser geringeren Auflösung lassen sich feine Striche und Abstände zwischen zwei Buchstaben weniger genau darstellen. Deshalb sollte man für Texte, die am Bildschirm betrachtet werden, Schriftarten wählen, die eine **größere Laufweite** haben.

> Zwei Buchstaben oder einer?
> r n ... rn ... m ... m

Außerdem sollte der Zeilenabstand etwas größer sein als bei einer gedruckten Seite und man sollte Unterstreichungen vermeiden.

Bei einem Text gibt es verschiedene **Absatzausrichtungen**, zwischen denen man wählen kann.

Linksbündig	Rechtsbündig	Blocksatz	Mittelachsensatz
Linksbündiger Text ist gut für alle kleineren Texte. Es ist günstig für das Auge, dass es den Zeilenanfang immer schnell finden kann. Die Abstände zwischen den Worten sind immer gleichmäßig groß. Auch für kleinere Endgeräte, wie Smartphone und Tablet, ist linksbündiger Text sehr gut geeignet.	Mit rechtsbündigem Text kann man gestalten. Man verwendet ihn z. B. für Bildunterschriften, die sich deutlich vom übrigen Text abheben sollen. Für längere Texte ist er nicht geeignet, weil die Augen den Zeilenanfang erst suchen müssen. Das ermüdet auf Dauer.	Mengentexte wie in Büchern oder Zeitschriften werden im Blocksatz geschrieben. Bei großen Textmengen ist es eine gute Orientierung für die Augen, wenn es klar strukturierte Text- und Bildflächen gibt. Allerdings muss man durch geschickte Trennung darauf achten, dass zwischen den Worten nicht zu große Lücken entstehen.	Zentrierte Texte werden für Werbeanzeigen, Urkunden, Titelblätter und Gedichte verwendet. Für längere Texte ist der Mittelachsensatz nicht geeignet. Er erzeugt viel Spannung und ermüdet das Auge beim Suchen des Zeilenanfangs.

An einem großen Monitor liest man, im Gegensatz zu den meisten Büchern, den Text im Querformat. Hier bietet es sich oft an, einen Text **mehrspaltig** zu gestalten. Diese Aufteilung erleichtert die Lesbarkeit eines Textes enorm, denn die Augen müssen einer Zeile nicht vom linken bis zum rechten Bildschirmrand folgen um dann mühsam den neuen Zeilenanfang am linken Seitenrand zu suchen, sondern sie können sich in einem schmalen Bereich schnell und sicher bewegen. Ein weiterer Vorteil eines mehrspaltigen Aufbaus ist, dass man Bilder in die Spalten einfügen kann und sich so ein harmonisches Gesamtbild ergibt.

Was man bei der Gestaltung mit Text oft unterschätzt, ist, dass ein Text nur wirken kann, wenn er genügend Raum hat. Mit **Raum** ist sowohl der Abstand zwischen den Zeilen als auch zwischen den Absätzen, zwischen den Spalten und zum Seitenrand gemeint. Diesen Raum sollte man großzügig genug planen. Allerdings sollte er zwischen den Zeilen, Absätzen und Spalten doch eng genug sein, dass man erkennen kann, dass diese Inhalte zusammengehören.

Dieser Text hat zu wenig Abstand zum Rahmen. Deshalb „erschlägt" er den Leser.

Beim **Hintergrund** eines Textes muss man darauf achten, dass zwischen Text und Hintergrund ein ausgewogener Kontrast besteht. Das heißt, bei einer dunklen Schrift sollte man sich für einen hellen Hintergrund entscheiden, bei einer hellen Schrift für einen dunklen Hintergrund.

HELL	DUNKEL

Wählt man ein **Bild als Hintergrund**, darf es nicht zu kontrastreich sein, weil man die Schrift sonst nicht erkennen kann. Wenn man jedoch unbedingt ein kontrastreiches Bild als Hintergrund nehmen möchte, gibt es einige Möglichkeiten, wie man den Kontrast zwischen Text und Hintergrund verstärken kann.

Abb. 6.8: Bild als Hintergrund mit verschiedenen Bannern im Vordergrund

Bei der Gestaltung spielen die **Sehgewohnheiten** von Menschen eine große Rolle. Wird z. B. eine Internetseite aufgerufen, fällt der Blick des Betrachters zuerst in die linke obere Ecke der Seite. Hier sollten die wichtigsten Informationen stehen. Danach scannt das Auge die Seite von links oben nach rechts unten. In dieser Reihenfolge sollten auch die Inhalte in ihrer Wichtigkeit sortiert sein.

6.5.2 Farben

Farben können bei multimedialen Anwendungen in ihrem ganzen Umfang ohne Rücksicht auf teure Druckerpatronen oder Ähnliches verwendet werden. Zunächst sollte man jedoch einige Dinge über Farben wissen.

Wahrnehmung von Farben

Wie nimmt ein Mensch überhaupt Licht und Farben wahr? Auf der Netzhaut des menschlichen Auges befinden sich zwei Sorten langgestreckter Lichtrezeptoren. Die längeren, schlanken Zellen nennt man Stäbchen. Sie sind zuständig für das Hell-Dunkel-Sehen. Von ihnen gibt es ungefähr 18-mal so viele wie von den kürzeren, dicken Zellen, die Zapfen heißen. Die Zapfen, von denen es drei verschiedene Typen gibt, sind zuständig für das Farbensehen. Jeder der drei Zapfentypen reagiert besonders empfindlich auf eine ganz bestimmte Wellenlänge: Die Blau-Zapfen auf Lichtwellen mit etwa 450 nm, die Grün-Zapfen auf etwa 530 nm und die Rot-Zapfen auf etwa 620 nm.

Etwa 8% aller Menschen können bestimmte Farbtöne, meistens Rot- und Grüntöne, nicht voneinander unterscheiden. Sie sind „farbenblind“. Diesen Umstand sollte man bei der Gestaltung von elektronischen Medien berücksichtigen, denn man möchte ja möglichst viele Menschen ansprechen.

Von allen Menschen werden Farben unterschiedlich empfunden und jeder hat einen anderen Farbgeschmack, der auch von den aktuellen Modetrends beeinflusst wird. Trotzdem gibt es einige Grundregeln bezüglich der Gestaltung mit Farbe, die für die meisten Menschen gelten. Hier sind z.B. die Einteilung in warme und kalte Farben und ihre Verwendung für unterschiedliche Einsatzgebiete zu nennen. Auch die symbolische Bedeutung verschiedener Farben ist bei den Menschen im europäischen Kulturkreis fest verwurzelt.

Je nachdem, welches „Produkt“ am Bildschirm dargeboten wird, ob wissenschaftliche Informationen oder z.B. Sportartikel, möchte man unterschiedliche Grundstimmungen beim Betrachter erzeugen.

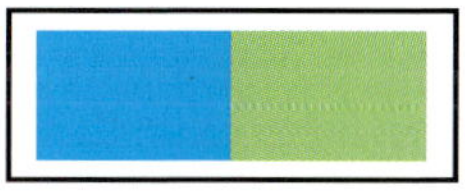

Soll sich der Betrachter konzentrieren können und soll eine Präsentation seriös wirken, verwendet man für die Darstellung eher **kalte Farben**. Zu den kalten Farben gehören Blau und Blaugrün.

Soll beim Betrachten einer Seite Energie ausgestrahlt und ein Gefühl der Zusammengehörigkeit vermittelt werden, verwendet man **warme Farben**. Zu den warmen Farben gehören Gelb, Orange und Rot.

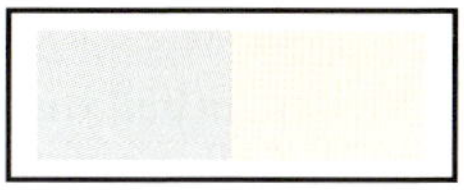

Weiß, Grau und Schwarz gelten als **neutrale Farben**, die universell einsetzbar sind. Man sollte jedoch bedenken, dass am Bildschirm die Farbe Weiß „pures Licht“ bedeutet. Es kann also für die Augen sehr ermüdend sein, längere Zeit Schrift vor einem weißen Hintergrund zu lesen. Deshalb wird Weiß meistens mit einem Gelb- oder Blauton abgetönt.

Farben werden auch bestimmte **symbolische Bedeutungen** zugesprochen. Allerdings können diese Bedeutungen in verschiedenen Kulturkreisen ganz unterschiedlich aussehen. Diese Bedeutungen sollte man bei der Gestaltung von Webseiten nicht völlig außer Acht lassen.

Rot ist eine aktive Farbe. Sie steht für Liebe, Aktivität, Macht, Leidenschaft und Stärke, aber auch für Agressivität, Krieg, Blut, Feuer und Gefahr.	Gelb erinnert an die Sonne. Sie steht für Wärme, Glück und Lebensfreude. Ein nicht so leuchtendes Gelb kann aber auch an Krankheit, Neid und Falschheit erinnern.	Grün kann entspannend wirken und Ruhe, Geborgenheit und Hoffnung ausstrahlen. Ein giftiges Neongrün oder ein schmutziges Armeegrün wird diese Assoziationen jedoch wahrscheinlich nicht hervorrufen.
Blau ist eine passive Farbe und wird zuerst mit Himmel und Wasser verbunden. Sie steht für Ferne und Kälte und somit auch für Sachlichkeit, Eleganz und Seriosität.	Weiß gilt als die Farbe der Reinheit und Unschuld. Für Asiaten ist sie die Farbe der Trauer.	Schwarz steht für Tod und Trauer, aber auch für Eleganz und Geheimnis. Für Ägypter ist sie die Farbe der Auferstehung, für Hebräer die Farbe des Verständnisses.

Abb. 6.9: Symbolische Bedeutung von Farben

Neben diesen eher subjektiven Kriterien für die Verwendung von Farben gibt es auch günstige und ungünstige Farbkombinationen, die ihre Ursache in der menschlichen Physiologie haben. Beispielsweise sollte man es vermeiden, zwei Komplementärfarben nebeneinander zu setzen: Sie fangen an den Rändern an zu flimmern. Auch aus diesem Grund sollte man es vermeiden, mit grüner Schrift auf rotem Hintergrund zu schreiben. Abb. 6.10 zeigt einige Beispiele von ungünstigen Komplementärfarben-Kombinationen.

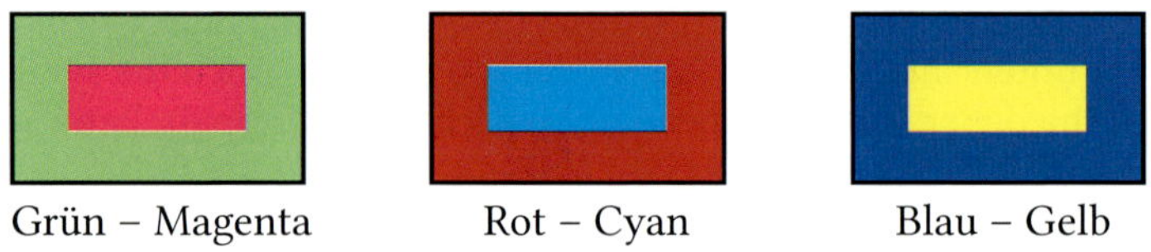

Abb. 6.10: Ungünstige Kombinationen von Komplementärfarben

Darstellung von Farben

Die Wahrnehmung einer Farbe wird im menschlichen Gehirn durch die Kombination der unterschiedlichen Reizintensitäten der drei Farbrezeptoren erzeugt. So sind die acht Farben, die vom Menschen am intensivsten wahrgenommen werden, die drei Grundfarben Rot, Grün, Blau und die direkten Mischungen aus diesen Farben, also Cyan, Magenta, Gelb, sowie Schwarz und Weiß.

Diese Form der Farbmischung heißt **additive Farbmischung**. Bei ihr wird Licht in den Farben Rot, Grün und Blau miteinander gemischt, um alle anderen Farben zu erzeugen. Mischt man alle drei Grundfarben zu gleichen Anteilen, erhält man Weiß. Die additive Farbmischung wird bei allen elektronischen Geräten verwendet, bei denen mit Licht gearbeitet wird, wie z. B. beim Monitor oder beim Scanner. Man spricht hier auch vom **RGB-Farbmodell.**

Abb. 6.11: Modell der additiven Farbmischung

> In dem additiven Farbmodell wird Licht mit den Farben Rot, Grün und Blau gemischt. Man spricht auch vom RGB-Modell (Red-Green-Blue).

Betreibt man einen Drucker oder ein anderes Gerät, das mit Pigmenten arbeitet, heißen die Grundfarben zum Mischen aller anderen Farben Cyan, Magenta und Gelb. Die Mischung aus diesen drei Farben ergibt theoretisch Schwarz. In der Realität führt diese Mischung jedoch meistens zu einem schmutzigen Braun, weshalb bei einem Drucker noch eine eigene Tintenpatrone für Schwarz vorgehalten wird. Diese Form heißt subtraktive Farbmischung, denn je mehr verschiedenfarbige Pigmente übereinandergelegt werden, umso weniger Licht wird zum menschlichen Auge reflektiert. Man spricht hier auch vom **CMYK-Farbmodell**.

Abb. 6.12: Modell der subtraktiven Farbmischung

> In dem subtraktiven Farbmodell werden Pigmente mit den Farben Cyan, Magenta, Gelb und Schwarz gemischt. Man spricht auch vom CMYK-Modell (Cyan-Magenta-Yellow-Key).

Die Farbräume der der beiden Farbmodelle sind nicht deckungsgleich. Deshalb kann es passieren, dass Farben am Bildschirm anders aussehen, als wenn sie ausgedruckt werden. Dies muss man unbedingt beachten, wenn man Printmedien am Bildschirm herstellt.

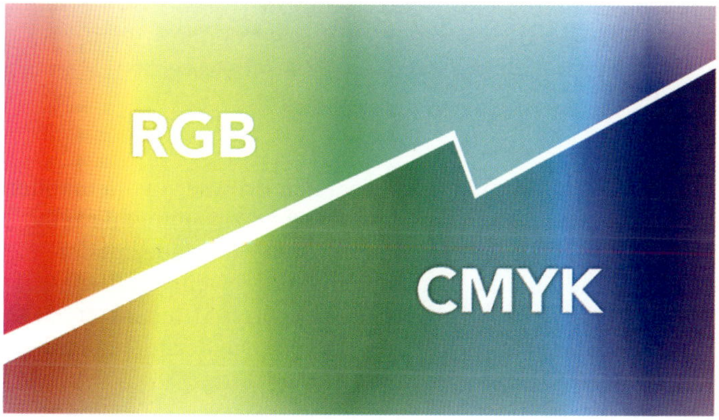

Abb. 6.13: Unterschied zwischen dem RGB- und dem CYMK-Farbraum

In **HTML** werden Farben mit dem RGB-Farbmodell dargestellt. Bei jedem HTML-Attribut, für das man als Wert eine Farbe eintragen kann, hat man dafür verschiedene Möglichkeiten:

1. Die einfachste Möglichkeit ist, den Farbnamen in englischer Sprache anzugeben. Um z. B. die Schriftfarbe einer Seite rot zu färben, setzt man in CSS das Attribut `color="red"`. Disese Möglichkeit funktioniert aber nur für 16 Grundfarben und 120 weitere Farben.

black	#000000	gray	#808080
maroon	#800000	red	#FF0000
green	#008000	lime	#00FF00
olive	#808000	yellow	#FFFF00
navy	#000080	blue	#0000FF
purple	#800080	fuchsia	#FF00FF
teal	#008080	aqua	#00FFFF
silver	#C0C0C0	white	#FFFFFF

2. Die zweite Möglichkeit ist, die Rot-, Grün- und Blauanteile der gewünschten Farbe in hexadezimaler Schreibweise anzugeben. Dafür gibt man die Farbdefinition nach dem Schema #RRGGBB an. RR steht dabei für 256 verschiedene Rotanteile, GG für die Grünanteile und BB für die Blauanteile der gewünschten Farbe. Statt der Buchstaben R, G oder B gibt man also hexadezimale Ziffern zwischen 0 und F an.

Beispiele:

color=#FF0000	erzeugt eine rote Schrift
<hr color="#003300">	erzeugt eine dunkelgrüne horizontale Linie

> Normalerweise verwendet man das **Dezimalsystem**, ein Stellenwertsystem zur **Basis 10**. Die Zahl 345 würde im Dezimalsystem also aufgeschlüsselt in $3 \cdot 10^2 + 4 \cdot 10^1 + 5 \cdot 10^0$.
> Das **Hexadezimalsystem** ist ein Stellenwertsystem zur Basis 16. Die Zahl 345 würde im Hexadezimalsystem also aufgeschlüsselt in $3 \cdot 16^2 + 4 \cdot 16^1 + 5 \cdot 16^0 = (768 + 64 + 5)_{10} = (837)_{10}$. Weil aus dem Dezimalsystem nur 10 Ziffern (0 bis 9) zur Verfügung stehen, mussten für die Werte von 10 bis 15 noch Zahlzeichen dazu genommen werden. Man entschied sich für A (10) bis F (15).

Wie anfangs erwähnt, kann die Farbdarstellung in verschiedenen Browsern voneinander abweichen. Aus diesem Grund wurde eine Liste websicherer Farben zusammengestellt. Diese Farben haben alle die Eigenschaft, dass die einzelnen Ziffern in hexadezimaler Darstellung durch die Zahl 3 teilbar sind und die beiden Stellen der jeweiligen Farbe gleich sind. Anders ausgedrückt: Alle dezimalen Farbwerte sind durch 51 teilbar. 6633CC, FF9900, CC6666 oder 333399 sind Beispiele für websichere Farben. Die dezimalen Farbanteile der Farbe 6633CC sind: Rot – 102, Grün – 51, Blau – 204.

6.5.3 Cascading Style Sheets (CSS)

Cascading Style Sheets (CSS) sind eine Art Formatvorlage für HTML. Es gibt drei Möglichkeiten, diese Formatierungsanweisungen in HTML einzubinden.

Möglichkeit	Erläuterung und Beispiel
1. Sie werden als Style-Attribut in ein HTML-Tag eingefügt.	Wenn nur eine Kleinigkeit formatiert werden soll, die sonst in den Seiten nicht mehr vorkommt, kann man das Style-Attribut gleich im Tag ergänzen. <h2 style="text-align:left"> Überschrift 2 </h2>
2. Sie werden an zentraler Stelle im Head-Bereich eingefügt.	Mithilfe der CSS kann man an zentraler Stelle festlegen, wie bestimmte Tags formatiert sein sollen. Mit ihnen hält man alle Style-Anweisungen der Internetseite an zentraler Stelle fest. Wenn man Cascading Style Sheets verwenden möchte, ist ein Eintrag in den Head-Informationen des HTML-Quelltexts nötig. …<head> … <style type="text/css"> <!- Hier stehen die CSS-Anweisungen --> </style> </head>…

Möglichkeit	Erläuterung und Beispiel

3. Sie werden in einer Extra-Datei gespeichert, auf die im Head-Bereich mit `<link>` verwiesen wird.	Wenn die Style-Definition am Anfang der HTML-Datei zu umfangreich wird oder die CSS von mehreren HTML-Dateien genutzt werden sollen, kann man die Style Sheets in eine externe Datei mit der Endung „.css“ auslagern. Heißt diese Datei z. B. „styles. css“, so muss sie in der HTML-Datei nur mithilfe der Zeile
	`<link rel="stylesheet" type="text/css" href="styles.css">`
	eingebunden werden.
	
	Der ganze Bereich von
	`<style type="text/css"><!- bis --></style>`
	fällt dann weg. Was zwischen den Kommentarzeichen stand, steht nun in der neuen Datei „styles.css“.

Bei der **zweiten Möglichkeit** ermöglicht das Style-Tag die Eingabe von CSS-Anweisungen zwischen den HTML-Kommentarzeichen. Diese Kommentarzeichen sind notwendig, damit der dazwischen stehende Text nicht als HTML-Code interpretiert wird. Nur wenn der darstellende Browser das Style-Tag mit dem Attribut `type="text/css"` kennt, kann er die CSS-Formatierungen umsetzen. Wenn er es nicht kennt, interpretiert er die CSS-Anweisungen als Kommentar und behandelt das Style-Tag wie einen Rechtschreibfehler: Er ignoriert ihn.

Der prinzipielle Aufbau der Formatvorlagen in CSS sieht folgendermaßen aus:

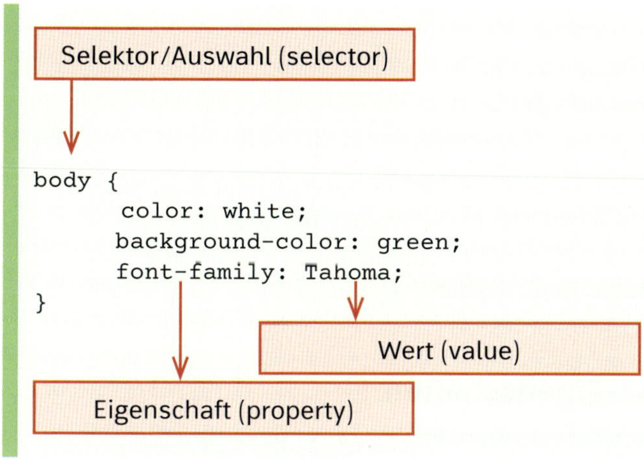

Im obigen Beispiel wäre also die Hintergrundfarbe der Seite Grün, die Schriftfarbe Weiß und der Schrifttyp Tahoma. Die Eigenschaften zu einem Selektor werden immer mit geschweiften Mengenklammern zusammengefasst und jeweils mit einem Semikolon von der nächsten Eigenschaft getrennt.

Dieser klar gegliederte Aufbau nach Formatierung und Seitenstruktur mithilfe von CSS hat folgende Vorteile:

- Die Trennung von Formatierung und Seitenstruktur führt zu einer besseren Übersichtlichkeit und Lesbarkeit des Quellcodes der Seite.
- Das Erzeugen der Seite ist weniger aufwendig, denn die Attribute zu den Tags müssen nicht mehrfach (redundant) angegeben werden, sondern werden an einer zentralen Stelle festgelegt.
- Änderungen in der Formatierung können relativ leicht und unkompliziert vorgenommen werden. Sollen z. B. Überschriften (`<h2>`) in einem dunkleren Rot dargestellt werden, reicht es, in HTML/CSS die Angabe `color:red;` durch `color:#660000;` zu ersetzen. In reinem HTML müsste man bei jeder roten Überschrift die Farbangabe ändern.
- Außerdem stehen in CSS sehr viel mehr Formatierungsoptionen (Eigenschaften) zur Verfügung als in reinem HTML. Daher hat man mit CSS sehr viel mehr Freiheit, um unkompliziert eine ansprechende Internetpräsenz zu gestalten.

Der einfachste Fall für die Formatierung mit CSS liegt vor, wenn für jedes Vorkommen eines bestimmten HTML-Tags das Format festgelegt werden soll. Bei diesem Vorgehen können alle strukturgebenden Tags von HTML Verwendung finden, z. B. `<body>`, `<div>`, `<p>`, `<ol>` oder `<li>`.

Bei dieser Art der Formatierung schreibt man als Selektor den Namen des HTML-Tags ohne spitze Klammern. Dahinter folgen in geschweiften Klammern die betroffenen Eigenschaften dieses Elementtyps (Tags) mit den gewünschten Werten:

```
h1 { font-family:Helvetica,sans-serif; }
h2 { font-family:Helvetica,sans-serif; }
```

Wenn ein Format für mehrere HTML-Elementtypen definiert werden soll, kann man auch alle gewünschten Elementtypen durch Kommata voneinander getrennt angeben:

```
h1, h2 { font-family:Helvetica,sans-serif; }
```

6.5.4 Die wichtigsten CSS-Eigenschaften

Eigenschaft	Mögliche Werte	Bedeutung

`font-family`	
	`Arial`
	
	`sans-serif`
		Gibt den Schrifttyp an.
		Es kann ein konkreter Schrifttyp sein, z. B. Arial,
		
		oder allgemein eine Schrift ohne Serifen.

`font-size`	`14pt`	Legt als Schriftgröße 14 pt fest.

`font-weight`	`bold`
	
	`600`
		Die Schrift ist **fett**
		
		Die Schrift verwendet den Schriftschnitt 600 (etwas weniger fett als „bold“)

Eigenschaft	Mögliche Werte	Bedeutung
font-style	italic	Die Schrift ist *kursiv*.
text-transform	upper-case lower-case capitalize	Wandelt Text um in: Großbuchstaben Kleinbuchstaben Kapitälchen
text-indent	30px	Die erste Zeile eines Textabschnitts ist um 30 Pixel eingerückt.
text-align	center left right justify	Zentriert den Text. Es sind auch linksbündig, rechtsbündig und Blocksatz möglich.
vertical-align	 top middlc bottom	Richtet den Text vertikal aus. Und zwar oben, in der Mitte oder unten.
border-color	 #FF0000 rgb(255,0,0) red	Gibt die Rahmenfarbe an. Entweder als hexadezimalen Farbwert, als Farbwert der RGB()-Funktion oder als Farbname
border-style	solid dotted double none	Der Rahmen hat eine durchgezogene, eine gestrichelte, eine doppelte oder gar keine Linie.
border-width	5px	Der Rand des Rahmens ist 5 Pixel dick.
margin margin-top margin-right marqin-bottom margin-left	50px	Der Rand des Elements hat einen Abstand von 50 Pixeln zum Seitenrand. Man kann auch den rechten (margin-right), oberen (margin-top), unteren (margin-bottom) oder linken (margin-left) Rand einzeln einstellen.
padding padding-top padding-right padding-bottom padding-left	70px	Das Element hat einen Abstand von 70 Pixeln um sich herum. Man kann auch den rechten (padding-right), oberen (padding-top), unteren (padding-bottom) oder linken (padding-left) Rand einzeln einstellen.
color	green #00FF00 rgb(0,255,0)	Formatiert die Schriftfarbe Grün.
background-color	blue #0000FF rgb(0,0,255)	Formatiert den Hintergrund eines Elements blau.
background-image	url("logo.gif")	Fügt das Bild „logo.gif" als Hintergrundbild ein.

6.5.5 Besondere Selektoren in CSS

Klassen

Bei CSS kann man nicht nur die normalen Elemente wie <h1> oder <p> als Selektor wählen, sondern es ist auch möglich, benutzerdefinierte Formatklassen festzulegen. Diese Formatklassen können in HTML unterschiedlichen Elementen zugeordnet werden. Man bestimmt eine Formatdefinition für eine Klasse, indem man im Selektor einen Punkt setzt und direkt dahinter den Namen für die Klasse angibt. Nach dem Klassennamen folgen in geschweiften Klammern alle Eigenschaften mit den Werten, die für diese Klasse gelten sollen.

In HTML wird diese Klasse dann im gewünschten Tag mit dem Schlüsselwort class= gefolgt von dem Namen der Klasse in Anführungsstrichen aufgerufen.

<table>
<tr><th>CSS-Klasse</th><th>Aufruf in HTML</th></tr>
<tr><td>.rot {
      color: red;
      text-align: center;
}</td><td><h2 class="rot"></td></tr>
</table>

Für benutzerdefinierte Klassen und Individualformate werden in HTML gerne die Tags <div> und <span> benutzt. Diese Tags haben den Vorteil, dass sie keine vom Browser voreingestellten Formatierungen besitzen, wie z. B. einen Abstand zur vorhergehenden Zeile (wie bei <p>) oder zusätzlich zum großen Abstand zu vorhergehenden oder nachfolgenden Abschnitten eine besonders große, fette Schrift (bei <h1>). Das Tag <span> bewirkt von sich aus gar nichts. Das Tag <div> bewirkt nur einen Zeilenumbruch. Im Gegensatz zum Tag <br> kann man aber mit <div> </div> einen Abschnitt einfassen.

Individualformate (IDs)

Besonders für Bereiche, die an einer bestimmten Stelle mit absoluten Koordinaten positioniert werden sollen, werden bei CSS Individualformate verwendet. Man bestimmt ein Individualformat, indem im Selektor eine Raute gesetzt und direkt dahinter der Name für das Individualformat angegeben wird. Danach folgen in geschweiften Klammern alle Eigenschaften mit den Werten, die für dieses Individualformat gelten sollen. In HTML wird dieses Format meist mit dem Schlüsselwort id= aufgerufen, gefolgt vom Namen des Individualformats in Anführungsstrichen.

Der Unterschied eines ID-Elements zu einem Klassenelement ist der, dass ein ID-Attribut nur einmal verwendet werden kann. Es gilt nur für das HTML-Element, dem es zugewiesen ist. HTML-Elemente können gleichzeitig Klassen (auch mehrere) und IDs zugewiesen bekommen.

CSS-Individualformat	Aufruf in HTML	Aussehen im Browser

#roterKasten {
  position:absolute;
  top:100px;
  left:200px;
  width:320px;
  padding:10px;
  margin:0px;
  background-color: #CC0000;
  color: #FFFFFF;
  font-family: Tahoma;
  border:4px solid #999999;
}
	Hier steht normaler Text auf der Seite
	<div id="roterKasten">
	
	Hier steht der Text im roten Kasten
	</div>
		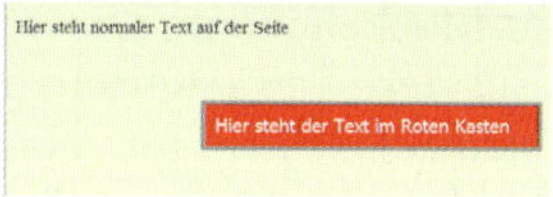

Pseudoformate

Für Elemente, die sich in HTML nicht eindeutig über Tags definieren lassen, werden bei CSS sog. Pseudoformate angelegt. Ein Pseudoformat wird bestimmt, indem man im Selektor den Namen des HTML-Tags schreibt, gefolgt von einem Doppelpunkt, und danach das Attribut angibt. Danach folgen in geschweiften Klammern alle Eigenschaften mit den Werten, die für dieses Pseudoformat gelten sollen. In HTML ist ein besonderer Aufruf dieses Pseudoformats nicht nötig, es wird einfach verwendet.

CSS-Pseudoformat	Aufruf in HTML	Aussehen im Browser

a:link {
 color:#CC0000;
 text-decoration:none;
 font-weight:bold;
}
a:visited {
 color:#666666;
 text-decoration:none;
 font-weight:bold;
}
a:hover {
 color:#FFFFFF;
 text-decoration:none;
 background-color:#CC0000;
 font-weight:bold;
}
a:active {
 color:#FFFFFF;
 background-color:#660000;
 font-weight:bold;
}
	<a href="erstens.html" title="erstens">
	Erstens</a>
	
	<a href="zweitens.html" title="zweitens">
	Zweitens</a>
	
	<a href="drittens.html" title="drittens">
	Drittens</a>
		Der „Drittens"-Link zeigt die Formatierungen aus dem Pseudoformat `a:link`. Der „Erstens"-Link wurde schon einmal besucht, deshalb hat er die Einstellungen des Pseudoformats `a:visited`. Wenn man mit der Maus über den Link „Zweitens" fährt, kommt das Pseudoformat `a:hover` zum Tragen:

		Und wenn man auf diesen Link klickt, sieht man die Formatierung des Pseudoformats `a:active`.

Die Eigenschaft `text-decoration:none` bedeutet, dass die Links nicht mit einer Unterstreichung versehen sind.

6.5.6 Das CSS-Box-Modell

Für Blockelemente wie <p>, <h1> oder <article> wird in CSS eine rechteckige Fläche reserviert. Der englische Begriff „Box" steht für „Schachtel", bzw. auf dem zweidimensionalen Bildschirm für „Fläche". Das Design einer Seite wird über das Box-Modell erstellt. Man kann in CSS verschiedene Angaben machen, um das Aussehen des Elements festzulegen. So kann jedes Element mit einem Rahmen sowie einem Außen- und einem Innenabstand versehen werden, und die Hintergrundfarbe kann individuell angepasst werden. In der folgenden Abb. 6.14 kann man dies gut erkennen:

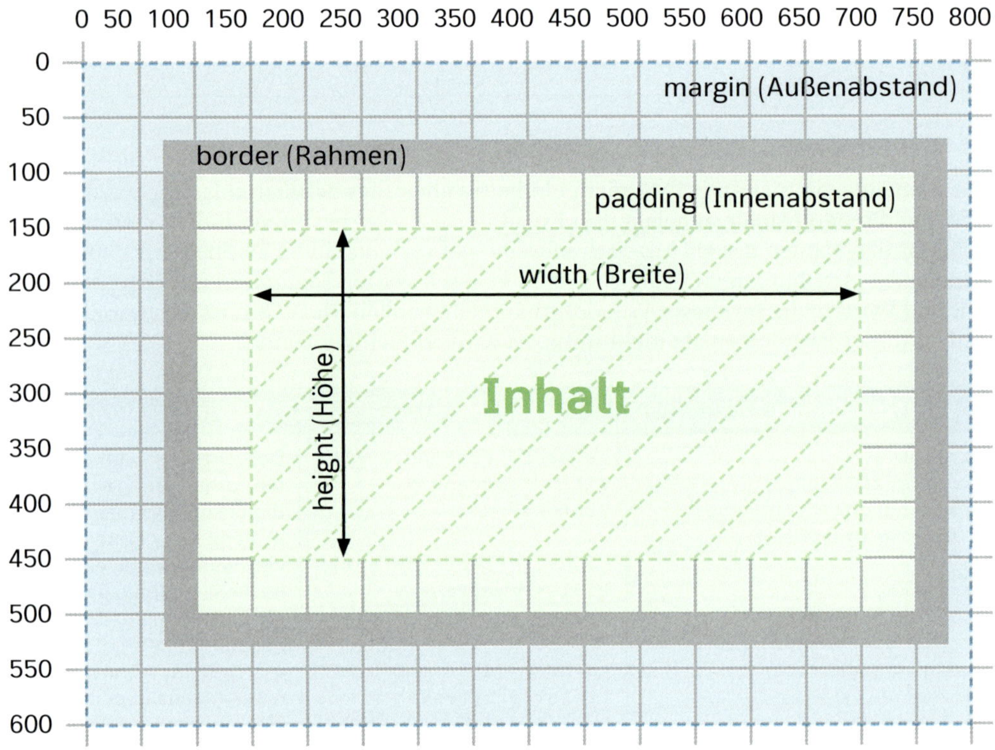

Abb. 6.14: Formatierungsmöglichkeiten eines Elements

Die Gesamtgröße des Elements berechnet sich aus vier verschiedenen Eigenschaften:

- **Breite** <width> und **Höhe** <height> des Elements können entweder in einer absoluten Maßeinheit angegeben werden, z. B. in Pixeln (px), oder relativ zum äußeren Element in Prozent (%).
- Der **Rahmen** <border> kann ebenfalls eine bestimmte Breite erhalten, die <border-width>. Bei den meisten Elementen wird normalerweise kein Rahmen dargestellt.
- Der **Außenabstand** <margin> beschreibt den Abstand zum übergeordneten Blockelement.
- Der **Innenabstand** <padding> beschreibt den Abstand zwischen Inhalt und Rahmen.

Aus diesen Größen lässt sich dann die Gesamtbreite des Elements bestimmen:

Berechnung der Breite				Berechnung der Höhe			
width			550 px	height			300 px
padding	2 x 50 px	=	100 px	padding	2 x 50 px	=	100 px
border-width	2 x 25 px	=	50 px	border-width	2 x 25 px	=	50 px
margin	75 px + 25px	=	100 px	margin	2 x 75 px	=	150 px
			800 px				**600 px**

Das gesamte Element nimmt also im Browser die Größe 800 · 600 Pixel ein, obwohl als Breite 550px und als Höhe 300px angegeben wurde. Für das oben dargestellte Element könnte das passende Stylesheet folgendermaßen aussehen:

```
#meinElement {
   width: 550px;
   height: 300px;
   /* Wird nur ein Wert angegeben, gilt er für alle Seiten */
   padding:50px;
   border-width:25px;
   /* Es können auch vier Werte für verschiedene Seiten angegeben
      werden:
      Reihenfolge:
            oben rechts unten links */
   margin: 75px 75px 75px 25px;
   /* …weitere Angaben */
}
```

Wichtig: Wird eine Hintergrundfarbe angegeben, gilt sie nur für den Bereich innerhalb des Rahmens – also Inhalt und `padding`. Dieser Bereich ist in Abb. 6.14 grün dargestellt. Der Bereich des `margin` übernimmt die Hintergrundfarbe des übergeordneten Elements.

6.5.7 Inline-Elemente versus Blockelemente

In CSS werden Blockelemente wie `<p>` und `<h1>` und Inline-Elemente wie `<a>` oder `<img>` unterschieden.

Schreibt man mehrere Inline-Elemente hintereinander, z. B. `<a></a>`, werden sie auf der Webseite nebeneinander dargestellt.

Schreibt man mehrere Blockelemente hintereinander, z. B. `<p></p>`, werden sie auf der Webseite untereinander dargestellt.

Aufruf in HTML	Aussehen im Browser
<a href="seite1.html"> Link1 </a> <a href="seite2.html"> Link2 </a> <a href="seite3.html"> Link3 </a>	Link1 Link2 Link3
<p> Text1 </p> <p> Text2 </p> <p> Text3 </p>	Text1 Text2 Text3

Außerdem haben bestimmte CSS-Anweisungen, z.B. `height` oder `text-align`, nur auf Blockelemente eine Wirkung.

Möchte man nun, dass einzelne Abschnitte, die mit <p> geklammert sind, nebeneinander aufgereiht werden, oder möchte man, dass mit <a> geklammerte Links übereinander „gestapelt" werden, so kann man den Typ des Elements mit der CSS-Anweisung `display` ändern.

CSS-Anweisung	Aufruf in HTML	Aussehen im Browser

a {
…
display:block;
}
	<a href="seite1.html">
	Link1
	</a>
	<a href="seite2.html">
	Link2
	</a>
	<a href="seite3.html">
	Link3
	</a>
		Link1
		Link2
		Link3

p {
…
display:inline;
}
	<p> Text1 </p>
	<p> Text2 </p>
	<p> Text3 </p>
		Text1 Text2 Text3

Bei Printmedien sind Serifenschriften besser lesbar, am Bildschirm **serifenlose Schriften**. Außerdem sollten am Bildschirm Schriften mit einer **größeren Laufweite** verwendet werden. Dies unterstützt die Lesbarkeit, weil man die Buchstaben besser voneinander unterscheiden kann.

Möchte man verschiedene Schriftarten verwenden, sollten es auf einer Seite nicht mehr als zwei oder drei sein, sonst wirkt die Seite zu unruhig. Bezüglich des Hintergrunds sollte man auf einen **ausreichenden Kontrast** zwischen Text und Hintergrund achten.

Auf Bildschirmen wird die **additive Farbmischung** verwendet. Dabei setzt sich jede Farbe aus den Grundfarben Rot, Grün und Blau zusammen. Man kann eine Farbe mit dem entsprechenden Namen (z. B. „red“ für Rot) bezeichnen oder mit dem Hexadezimalen Farbcode (z. B. „#FF0000“ für Rot). Beim hexadezimalen Farbcode gibt es jeweils zwei Stellen für die Farben Rot, Grün und Blau (#RRGGBB).

Formatierungen mit **CSS** werden entweder in einer Extra-Datei mit dem Namen „styles.css“ gespeichert und im Head-Bereich der HTML-Datei mit der Zeile

```
<link rel="stylesheet" type="text/css" href="styles.css">
```

eingebunden, oder sie werden direkt im Head-Bereich zwischen den klammernden Tags

```
<style type="text/css">
```

und

```
</style>
```

eingefügt.

Eine CSS-Anweisung hat die Form

```
selector {eigenschaft1:wert1;
         eigenschaft2:wert2;
         …
         }
```

Man kann in CSS für einmal oder häufiger vorkommende Formate eigene **IDs** oder **Klassen** definieren. Klassen beginnen mit einem Punkt (z. B. „.myClass“), IDs beginnen mit einer Raute (z. B. „#myId“).

Für Blockelemente kann man dank des **CSS-Box-Modells** eine Box mit margin, border, padding, height, width und background bestimmen.

Blockelemente können mithilfe der CSS-Anweisung `display:inline` in ein Inline-Element umgewandelt werden. Inline-Elemente können mithilfe der CSS-Anweisung `display:block` in ein Blockelement umgewandelt werden.

6

6.6 JavaScript

6.6.1 Einführung

Um Internetseiten interessanter zu gestalten und den Betrachter einer Seite mehr in das Geschehen einzubinden, kann man einer Website dynamische Elemente hinzufügen. Hierfür reicht die Textbeschreibungssprache HTML nicht mehr aus. Man braucht eine echte Programmiersprache, wie PHP oder JavaScript. PHP wird üblicherweise für die serverseitige Programmierung verwendet, JavaScript für die clientseitige Programmierung im Browser. JavaScript ist eine an Java angelehnte plattformunabhängige Programmiersprache, die nicht kompiliert, sondern interpretiert wird.

Außerdem ist JavaScript eine objektbasierte Programmiersprache. Genau wie in Java wird eine Eigenschaft oder eine Methode eines Objekts durch den Punktoperator angesprochen. Auch die restliche Programmierung funktioniert im Prinzip wie mit Java.

1. Zunächst werden mit HTML und CSS die Struktur und das Aussehen der Webseite festgelegt. Mit JavaScript kann dann der Objektbaum, das *Document Object Model*, gezielt verändert werden: Der Inhalt von vorhandenen Elementen, z. B. Formularfeldern, kann ausgelesen oder angepasst werden. Es können auch neue Elemente dynamisch eingefügt oder gelöscht werden.

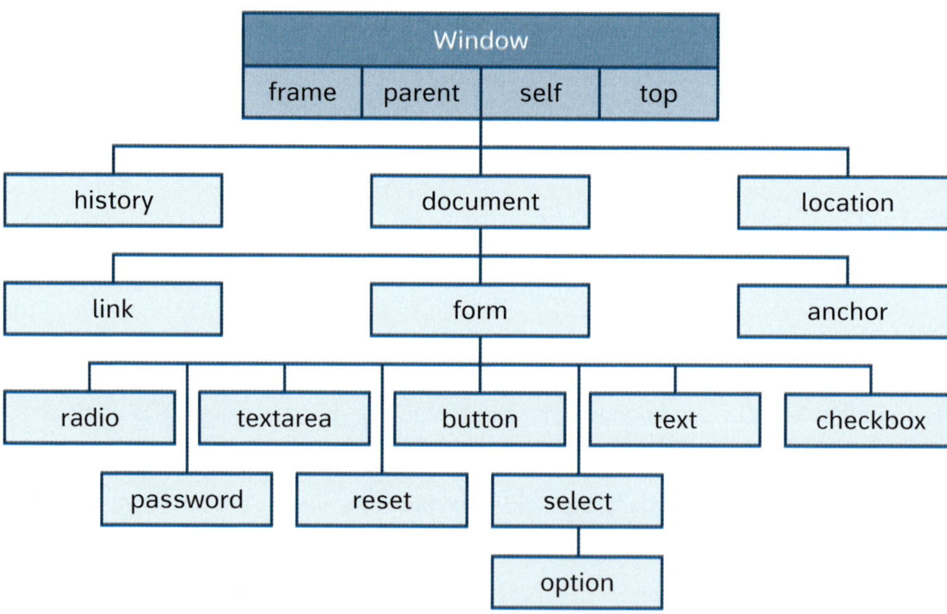

2. Während der Laufzeit überprüft der JavaScript-Interpreter, ob ein Event, also ein bestimmtes Ereignis, eintritt, z. B. ob eine Befehlsschaltfläche gedrückt wurde oder sich die Maus über ein bestimmtes Bildschirmelement bewegt hat. Dann löst er eine Aktion aus, den sog. Eventhandler.

3. Ist dieses Ereignis eingetroffen, wird der im Eventhandler vorher geschriebene Programmtext ausgeführt, wenn er nicht schon beim Laden der Seite ausgeführt wurde.

Daraus ergeben sich folgende Fragen:

- Wie können welche Formularobjekte erzeugt werden?
- Welche Events gibt es?
- Welche Syntax besteht für JavaScipt und wie wird das fertige Programm in HTML eingebunden?

6.6.2 Formulare in HTML

Eingaben von Benutzern kann man in HTML mit beschreibbaren Feldern in Formularen erfassen. Diese Felder können sehr unterschiedlich aussehen:

Formularstruktur

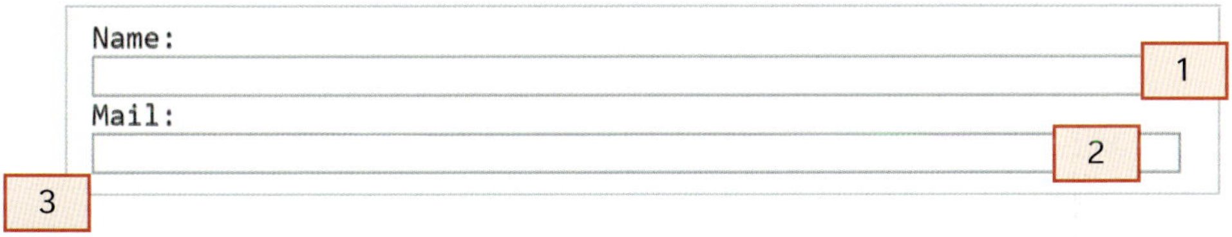

	Tag	Bedeutung/Anwendung
1	`<fieldset>`	Gruppiert mehrere Formularfelder zu einer logischen Gruppe
2	`<input type="...">`	Eingabeelement, hier z.B. `<input type="...">`
3	`<label for="...">`	Beschriftung, **for** bezieht sich auf die **id** des Eingabeelements

Quelltext

```
<form method="post" action="http://«HOSTNAME»/...">
    <fieldset>
        <label for="name">Name:</label>
        <input type="text" id="name" />
        <br />
        <label for="email">Mail:</label>
        <input type="email" id="email" />
    </fieldset>
</form>
```

Darstellung	Beispiel-Quellcode
Hallo, Du!	`<input type="text" value="Hallo, Du!">`
hallo@welt.de	`<input type="email" value="hallo@welt.de">`
22	`<input type="number" value="22">`
Hier steht eine Nachricht	`<textarea rows="2" cols="15">Hier steht eine Nachricht für Dich!</textarea>`

Darstellung	Beispiel-Quellcode
	`<input type="range" value="75">`
	`<meter value="0.6"></meter>`
	`<input type="color" value="#ffcc00">`
☑ Check mich	`<input type="checkbox" checked> Check mich`
◉ Wähl mich!	`<input type="radio" checked> Wähl mich!`
Klick Mich!	`<button type="button">Klick mich!</button>`

Die wichtigsten Einstellungen werden mit folgenden Tags erreicht:

Tag	Attribute	Wirkung
	name= oder id=	Kann man bei jedem der folgenden Tags vergeben. Legt einen Namen für das Element fest, über das es aus einem Programm heraus angesprochen werden kann.
	disabled	Verhindert, dass der Wert eines Objekts vom Benutzer geändert werden kann. Objekt ist ausgegraut.
<form> </form>		Bestimmt Anfang und Ende eines Formulars.
	action=	Enthält als Wert die Datei, die beim Klick auf den Submit-Button ausgeführt wird.
	method=	Legt die HTTP-Methode get oder post fest, nach der die Daten gesendet werden (braucht man für Auswertungen mit PHP).
<label> </label>		Legt eine Beschreibung für ein Formularelement an.
	for=	Enthält die id des Elements, auf das sich das Label bezieht.
<input type ="text">		Legt ein einzeiliges Textfeld zur Eingabe an.
	value=	Enthält den Wert, der in dem Feld angezeigt wird.
	size=	Legt die Breite des Felds fest.
<input type ="radio">		Legt einen Optionsknopf an.
	value=	Legt einen Wert fest, der vom Optionsknopf zurückgegeben wird.

Tag	Attribute	Wirkung
	`checked`	Markiert, ob der Optionsknopf gewählt ist.
`<input type ="checkbox">`		Legt ein Kontrollkästchen an.
	`value=`	Legt einen Wert fest, der vom Kontrollkästchen zurückgegeben wird.
	`checked`	Markiert, ob das Kontrollkästchen gewählt ist.
`<fieldset> </fieldset>`		Gruppiert Elemente in einem Formular. Werden Optionsknöpfe gruppiert, darf nur einer davon markiert sein, bei Kontrollkästchen mehrere.
`<textarea> </textarea>`		Legt ein mehrzeiliges Textfeld zur Eingabe an.
`<button> </button>`		Legt eine Befehlsschaltfläche an.
	`type="button"`	Löst durch das Klicken dieser Schaltfläche eine clientseitige Aktion aus.
	`type="submit"`	Ruft die im Form-Tag angegebene Action-Methode aus.
	`type="reset"`	Setzt das Formular zurück.

Hinweis: Für weitere Informationen enthält die Seite http://wiki.selfhtml.org alle möglichen Tags und Attribute.

6.6.3 Events

Die Events, also die Ereignisse, die bei einem Element ausgelöst werden können, werden bei den Formulartags auch als Attribut angegeben. Mithilfe dieser Ereignisse können Aktionen, in diesem Fall JavaScript-Programme, ausgelöst werden. Aus der Masse an Ereignissen, die möglich sind, seien hier nur wenige ausgewählt. Für vertiefende Informationen ist die Seite http://wiki.selfhtml.org sehr hilfreich.

Ereignis	Tritt ein, bei/nach ...
`onclick`	einem Klick mit der Maus.
`ondblclick`	einem Doppelklick mit der Maus.
`oncontextmenu`	einem Klick mit der rechten Maustaste.
`onmouseover`	einer Bewegung mit dem Mauszeiger über das Element.
`onload`	dem Laden des Elements.
`onchange`	dem Verändern eines Elements, z. B. Editieren in einem Textfeld.
`onfocus`	dem Auswählen eines Elements, z. B. wenn der Cursor per Maus oder Tastatur in ein Textfeld bewegt wird.

Die Ausführung einer JavaScript-Methode mit dem Namen „p1" kann z. B. beim Anklicken eines Buttons mit folgender Zeile ausgelöst werden:

```
<button type="button" id="berechne" onclick="javascript:p1();">
berechne</button>
```

6.6.4 Syntax und Einbinden von JavaScript

Das Programmieren mit JavaScript funktioniert im Grunde genauso wie mit Java. Wie bei Java wird jede Anweisung mit einem Semikolon abgeschlossen, Programmstrukturen werden mit geschweiften Klammern geklammert. Außerdem gibt es für das Erhöhen einer Zahl x um 1 die abkürzende Schreibweise „x++". In der folgenden Tabelle sind einige Programmstrukturen von JavaScript aufgelistet:

Bedeutung	JavaScript
Deklaration	`var jahre = 0;`
Addition von 1	`jahre++;`

Fallunterscheidung	`if (wert > 4) {`
	  `Anweisungen;`
	`} else {`
	  `Anweisungen;`
	`}`

Zählschleife	`for (i = 0; i < anzahl; i++) {`
	  `Anweisungen;`
	`}`

Kopfgesteuerte Schleife	`while (i < anzahl) {`
	  `Anweisungen;`
	`}`

Zeichenkette in Zahl umwandeln	`zahl = parseInt(zeichenkette);`
Erstellen eines Objekts	`var objektname = new Klassenname();`
Zugriff auf ein Element über die ID	`getElementById("elementid")`
Ausgabe von Text direkt innerhalb der Seite	`document.write(text);`

Es gibt zwei Möglichkeiten, JavaScript-Programme in eine HTML-Seite einzubinden:

1. Man fügt den Programmcode direkt in die HTML-Seite ein: Die JavaScript-Anweisungen werden dann sofort ausgeführt, wenn der Browser beim Laden diese Anweisungen erreicht.

```
<script type="text/javascript">
<!--
Hier stehen die Anweisungen…
// -->
</script>
```

Soll der Quelltext erst später ausgeführt werden, kann auch eine Methode deklariert werden. Die JavaScript-Anweisungen werden dann ausgeführt, wenn die JavaScript-Methode mit `progName(parameter)` aufgerufen wird.

```
<script type="text/javascript">
<!--
function progName(parameter) {
 Hier stehen die Anweisungen der Methode…
} // -->
</script>
```

2. Man fügt den Hinweis auf eine JavaScript-Datei in den Head- oder Body-Bereich der HTML-Seite ein. Auch hier werden die Anweisungen direkt ausgeführt, wenn sie nicht Teil einer Methode sind – der Inhalt der Datei wird direkt interpretiert.

```
<script src="pfad/und/dateiname.js" type="text/javascript">
</script>
```

Beispiel:
In der Immobilienverwaltung soll monatlich ein gewisser Teil der Mieteinnahmen gespart werden, damit nach einiger Zeit größere Reparaturmaßnahmen durchgeführt werden können und dafür genug Geld vorhanden ist.

Zuerst ergänzt man auf einer HTML-Seite folgenden Link:

```
<a href="javascript:sparrechner()">Sparrechner</a>
```

`href="javascript:sparrechner()"` bedeutet, dass bei Klick auf diesen Link die JavaScript-Funktion `sparrechner()` ausgeführt werden soll. Diese Funktion ergänzt man auf der Startseite im Head-Bereich mit den Zeilen:

```
<script type="text/javascript">
<!--
function sparrechner() {
  F = window.open("sparen.html","Popup","width=400,height=400");
} // -->
</script>
```

Diese Zeilen bedeuten, dass es eine JavaScript-Funktion mit dem Namen `sparrechner()` gibt. Diese bewirkt, dass ein neues Popup-Fenster in der Größe 400 · 400 Pixel geöffnet wird. Der HTML-Code, der dieses neue Fenster beschreibt, befindet sich in der Datei „sparen.html“.

Als Nächstes erstellt man die neue Datei „sparen.html“ und legt für sie eine CSS-Formatierung wie für die restliche Website fest:

```
<html>
<head>
<meta charset="utf-8">
<title>Sparplan</title>
```

```
<link rel="stylesheet" type="text/css" href="styles.css">
</head>
<body>
</body>
</html>
```

Auf dieser Seite soll zuerst das aktuelle Datum angezeigt werden. Dazu fügt man in den Body-Bereich folgendes Skript ein:

```
<script>
var jetzt = new Date();
var tag = jetzt.getDate();
var monat = jetzt.getMonth() + 1;
var jahr = jetzt.getFullYear();
var datum = 'Heute ist der ' + tag + '.' + monat + '.' + jahr;
document.getElementById("meinElement").innerHtml = datum;
</script>
```

In diesem Skript wird zunächst eine neue Instanz der Klasse `Date()` mit dem aktuellen Datum angelegt. Danach wird nacheinander der Tag, der Monat und das Jahr des Datums ausgerechnet, anschließend als Zeichenkette in der gewünschten Form zusammengesetzt und mit `document.write(datum)` ausgegeben.

Dann legt man ein Formular an, bei dem im dritten Textfeld Benutzereingaben verhindert werden, indem es mit dem Attribut `disabled` ausgegraut wird:

```
<form id="sparen">
<label for="laufzeit"> Laufzeit:
<input id="laufzeit" type="text" size="2" value=12 > Monate
</label>
<br>
<br>
<label for="monbetrag"> monatl. Sparbetrag:
<input id="monbetrag" type="text" size="5" value=10.00> €

</label>



<br>
<br>
<label for="guthaben"> Gespartes Guthaben:
<input id="guthaben" type="text" size="5" disabled> €
</label>
<br>
<br>
<button type="button" id="berechne" onclick="javascript:berechn
en();">
berechne</button>
</form>
```

Beim Klick auf die Befehlsschaltfläche soll die Funktion `berechnen()` ausgeführt werden. Diese Funktion fügt man gleich im Anschluss an das Formular an:

```
<script type="text/javascript">
function berechnen() {
  var zinssatz = 1.5;
  var zins = 0.0;
  var guth = 0;
  var laufz = parseInt(document.getElementById("laufzeit").
              value);
  for (var i = 0; i < laufz; i++) {
    zins = guth * ((zinssatz/12) / 100);
    guth = guth + zins;
    guth = guth + parseInt(document.getElementById("monbetrag").
           value);
  }
  document.getElementById("guthaben").value = Math.round(guth);
}
</script>
```

Die fertige Seite sieht dann so aus wie in Abb. 6.15 gezeigt.

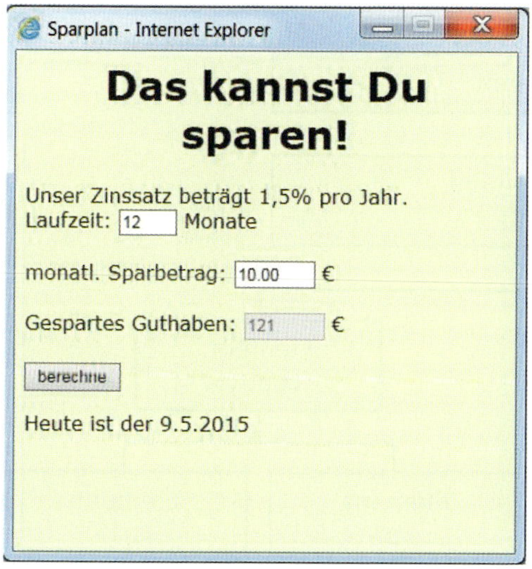

Abb. 6.15: Ausgabe JavaScript „Sparrechner“

6.6.5 Document-Object-Model (DOM)

Ein Browser analysiert ein HTML-Dokument und erstellt daraus das **Document Object Model (DOM)**, also eine Repräsentation dieses Dokuments, auf die man beispielsweise mit JavaScript zugreifen kann.

Die Tabelle zeigt ein kleines Beispiel, welches DOM aus einem HTML-Dokument erzeugt wird:

<table>
<tr><th>HTML</th><th>DOM</th></tr>
<tr><td><!DOCTYPE html>
<html>
<head>
<title>Beispiel</title>
</head>
<body>
<h1>Headline</h1>
<p>Text1</p>
<!-- Dies ist ein Kommentar -->
</body>
</html></td><td>├DOCTYPE: html
└html
├ head
├ #text: ↵
├ title
└ #text: Beispiel
└ #text: ↵
├ #text: ↵
└ body
├ #text: ↵
├ h1
└ #text: Headline
├ #text: ↵
├ p
└ #text: Text1
├ #text: ↵
├ #comment: Dies ist ein Kommentar
└ #text: ↵</td></tr>
</table>

Man kann es auch als Baum mit HTML-Objekten darstellen:

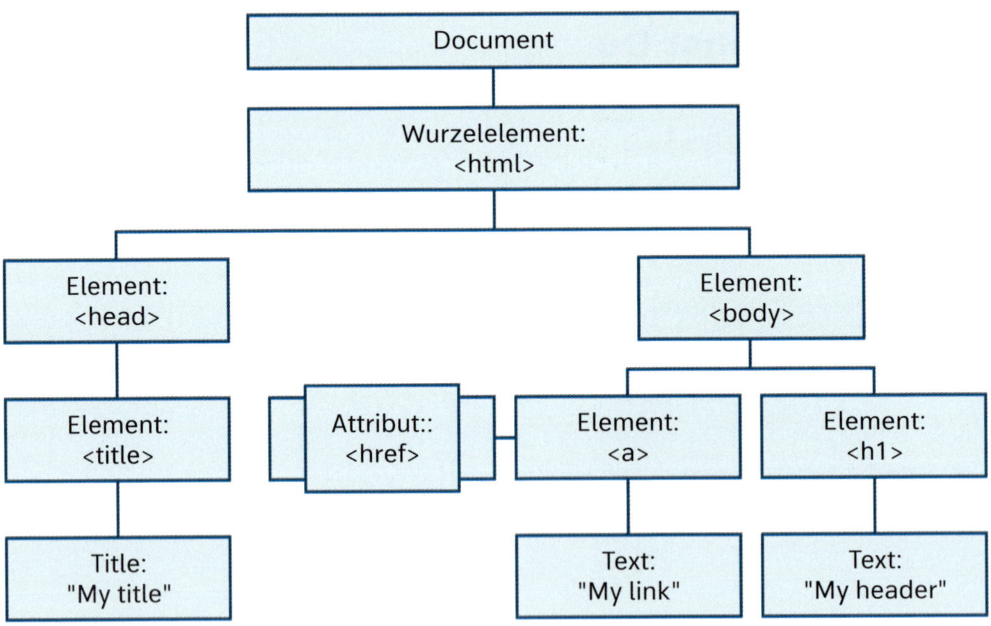

Diesen Objektbaum der HTML-Objekte kann man nun mit JavaScript verändern. Das heißt, man kann nicht nur das Aussehen bereits bestehender HTML-Objekte verändern, so wie bereits in Kapitel 6.6.4 der Inhalt des Felds für die Laufzeit ausgelesen und der Inhalt des Felds für das gesparte Guthaben verändert wurde, sondern man kann auch ganz neue HTML-Objekte hinzufügen.

Folgende Dinge sind im Detail möglich:

- JavaScript kann alle HTML-Elemente auf der Seite ändern.
- JavaScript kann alle HTML-Attribute auf der Seite ändern.
- JavaScript kann alle CSS-Eigenschaften auf der Seite ändern.
- JavaScript kann bestehende HTML-Elemente und -Attribute entfernen.
- JavaScript kann neue HTML-Elemente und -Attribute hinzufügen.
- JavaScript kann auf alle existierenden HTML-Events auf der Seite reagieren.
- JavaScript kann neue HTML-Events auf der Seite erzeugen.

Dabei sind folgende Methoden nützlich:

Methode	Bedeutung
`getElementById()`	Greift auf ein Element mit einer eindeutigen ID zu.
`getElementsByName()`	Greift auf Elemente mit einem bestimmten Namen zu.
`querySelector()`	Greift auf das erste Element zu, das dem angegebenen CSS-Selektor entspricht.
`querySelectorAll()`	Greift auf alle Elemente zu, die dem angegebenen CSS-Selektor entsprechen.
`createElement()`	Erzeugt ein neues HTML-Element.
`createTextNode()`	Erzeugt einen neuen Text.
`appendChild()`	Hängt ein neu erzeugtes Element an den Objektbaum an.
`insertBefore()`	Fügt ein neues Objekt in den Objektbaum ein.

JavaScript ist eine **objektbasierte Programmiersprache**, die nicht kompiliert, sondern **interpretiert** wird.
Mit Events, wie z. B. einem Doppelclick mit der Maus, können Aktionen, also auch JavaScript-Programme gestartet werden.
JavaScript wird, ähnlich wie CSS, entweder als externe Datei im Head-Bereich der HTML-Datei mit der Zeile

```
<script src="pfad/und/dateiname.js" type="text/javascript"> </
script>
```

eingebunden oder direkt im Head-Bereich zwischen den klammernden Tags

```
<script type="text/javascript">
```

und

```
</script>
```

eingefügt.

> Über das **Document-Object-Model** (**DOM**) können mithilfe von JavaScript HTML- und CSS-Objekte nicht nur verändert, sondern auch neu erzeugt oder gelöscht werden.

6.7 Backend-Implementierung am Beispiel von PHP

Für die Entwicklung der Online-Immobilienverwaltung von der Firma ImmoVerPlus GmbH fehlt nun noch der serverseitige Teil, das Backend. Die Entwicklung der notwendigen Datenbank hat Frau Zeinab bereits vorbereitet und die Datenbank auf dem Entwicklungsserver angelegt.

Emre hat die Aufgabe übernommen, die notwendige Logik in einer serverseitigen Programmiersprache zu implementieren, Anna und Paul sollen ihm dabei über die Schulter schauen.

Die Server von ImmoVerPlus setzen auf den sog. LAMP-Stack – Linux mit Apache als Webserver, einer MySQL-kompatiblen MariaDB-Datenbank und PHP7 als Skriptsprache. Diese Randbedinungen sind also bereits gesetzt – Emre wird sich daher ein wenig intensiver mit PHP als Grundlage für serverseitiges Programmieren auseinandersetzen.

Für den Aufbau des Programms will Emre sich am MVC-Entwurfsmuster orientieren. Diesen Programmaufbau hat er bereits für einige Entwicklungsprojekte verwendet und kennt die Vorteile: eine relativ lose Kopplung der Geschäftslogik und eine gute Erweiterbarkeit – denn bisher ist dem Auftraggeber immer schon nach recht kurzer Zeit eine Erweiterung in den Sinn gekommen.

6.7.1 Was ist ein Backend?

Frontend und **Backend** sind zwei Begriffe, die besonders bei der Webentwicklung und bei webbasierten Anwendungen verwendet werden. Das **Frontend** einer webbasierten Anwendung ist der im Webbrowser sichtbare Teil und besteht aus HTML-Quelltext und CSS-Anweisungen. Die Steuerung der Anwendung wird mit JavaScript implementiert und im Browser des Anwenders ausgeführt. Ein Teil der Programmlogik wird bei typischen Webanwendungen bereits im Frontend implementiert. Insbesondere der Programmteil, der für Benutzerinteraktionen notwendig ist, wird meist im Browser ausgeführt, um einen möglichst flüssigen Programmablauf zu erreichen.

Im Gegensatz dazu läuft das **Backend** auf einem Server, der über das Internet erreichbar ist. Es übernimmt typischerweise die Datenhaltung und einen wesentlichen Teil der Geschäftslogik. Für den Benutzer ist das Backend nicht sichtbar, daher sollten sensible Bereiche der Geschäftslogik auf jeden Fall im Backend implementiert werden.

In modernen Webanwendungen sind zwei verschiedene Ansätze üblich:

Das klassische Modell der Implementierung ist das **serverseitige Rendering** (s. Abb. 6.16): Der Client fragt den Webserver ab und dieser antwortet mit einem kompletten HTML-Dokument. Der Webserver erzeugt das Dokument dabei dynamisch mithilfe einer entsprechenden Programmiersprache wie ASP.NET, PHP oder Java Server Pages (JSP). Der Client zeigt die Inhalte nur an oder hängt sie in den Dokumentenbaum (DOM,

s. Kapitel 6.6.5) ein. Jede Aktion des Benutzers löst eine neue Anfrage an den Webserver aus, auf dessen Antwort die Anwendung warten muss.

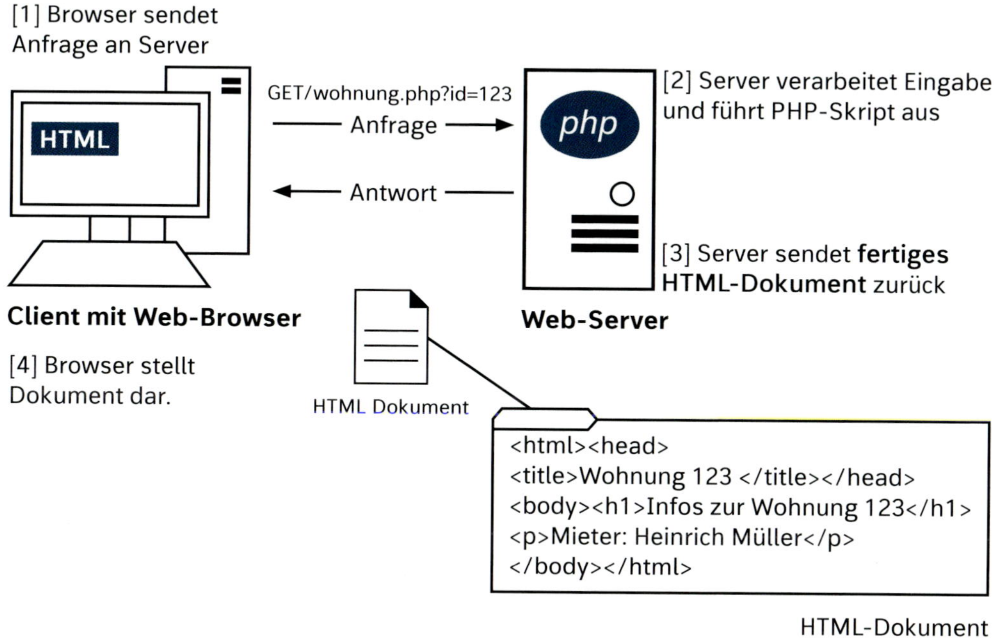

Abb. 6.16: Serverseitiges Rendering einer Anfrage mit vollständigem HTML-Dokument als Antwort

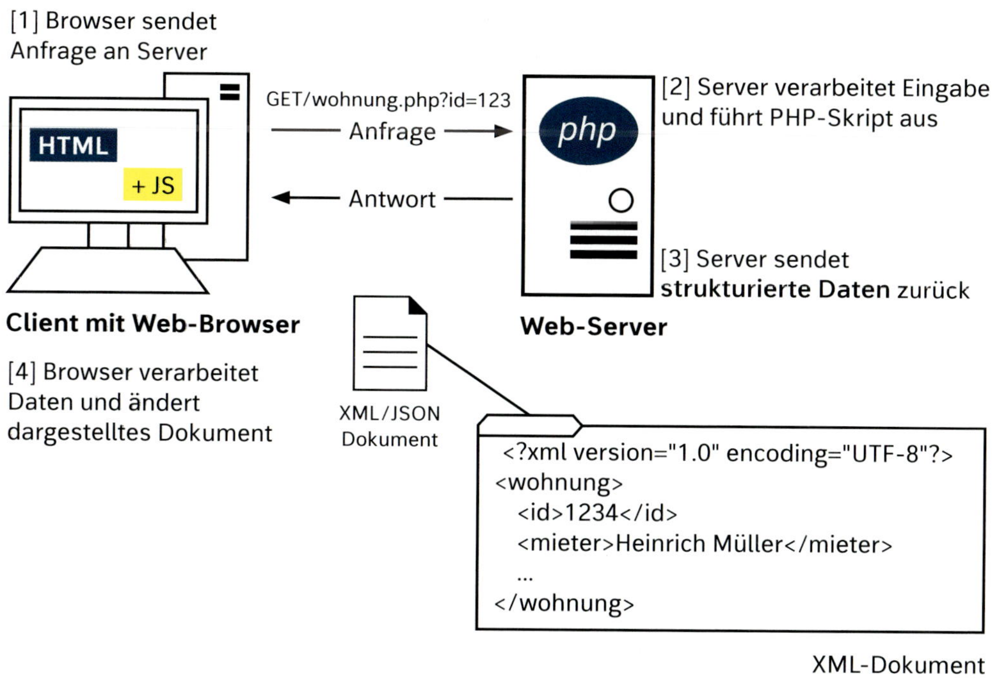

Abb. 6.17: Clientseitiges Rendering einer Anfrage mit XML-Antwort

Beim **clientseitigen Rendering** (s. Abb. 6.17) lädt der Client vom Webserver kein komplettes HTML-Dokument, sondern nur ein Template als Grundgerüst der Webseite. Dieses besteht nur aus statischen Inhalten und enthält noch keine Daten. Erst im nächsten Schritt lädt das Frontend die anzuzeigenden Daten nach und fügt sie ins DOM ein. Ein Zugriff auf den Webserver muss nur dann erfolgen, wenn neue Daten geladen oder Prozesse im Backend angestoßen werden sollen. Bei Single-Page-Webanwendungen (engl. *single-page application*, SPA), besteht die ganze Anwendung sogar nur aus einer einzigen HTML-Seite und alle Inhalte werden nachgeladen.

Für die Darstellung von statischen Inhalten und für Anwendungen mit sensibler Geschäftslogik, die insgesamt weniger Interaktivität benötigt, ist serverseitiges Rendering gut geeignet. Clientseitiges Rendering wird sehr häufig als Technologie für mobile Web-Apps eingesetzt. Weniger Zugriffe auf den Server und die dadurch insgesamt reduzierte Datenmenge (das HTML-Dokument wird nur einmal geladen, anschließend nur noch die eigentlichen Nutzdaten) erhöhen subjektiv die Geschwindigkeit der Web-App.

6.7.2 Programmiersprachen und Ansätze für die Backend-Implementierung

Zu den typischen Programmiersprachen im Backend-Bereich gehören z. B. C# (ASP-NET), Java (JSP) und vor allem PHP. Während C# und Java ursprünglich für Desktop-Anwendungen konzipiert wurden und mit entsprechenden Komponenten für den Einsatz auf Webservern erweitert wurden, ist PHP (Abk. für Hypertext Preprocessor) speziell als Skriptsprache für die Entwicklung dynamischer Webseiten entwickelt worden. PHP ist die serverseitig am häufigsten verwendete Programmiersprache. Es verwendet eine C-ähnliche Syntax und ist schwach typisiert. Nach und nach wurden in PHP viele Paradigmen der bekannten Desktop-Programmiersprachen übernommen, seit der Version 5 unterstützt PHP u. a. auch Datenkapselung und Ausnahmebehandlung durch Exceptions. PHP, Java und C# werden insbesondere bei serverseitigem Rendering eingesetzt.

Aufgrund der Komplexität moderner Webanwendungen werden größere Applikationen meist mit Frameworks umgesetzt, die sich am klassischen MVC-Ansatz (Abk. für Model View Controller) orientieren. Zu den bekanntesten Frameworks gehören Symfony und Laravel in der PHP-Welt, Spring MVC und Struts für Java sowie das ASP.NET MVC Framework für C#. Daneben haben sich einige weitere neue Frameworks mit weiteren Programmiersprachen etabliert, besonders Ruby on Rails (Ruby) und Django (Python) werden häufig eingesetzt.

Bei der Implementierung von Backends für Client Side Rendering ist außerdem Node.js als serverseitige JavaScript-Plattform gut geeignet. Es bietet eine ressourcensparende Architektur, die besonders eine große Anzahl gleichzeitiger Netzwerkverbindungen bedienen kann. Node.js verwendet einen ereignisgesteuerten Ansatz und benötigt pro Verbindung weniger Ressourcen als eine vergleichbare Anwendung in einer klassischen Programmiersprache.

> **Ereignisgesteuerte Architektur** ist ein Ansatz, bei der der Ablauf der Anwendung durch Ereignisse gesteuert wird. Diese Ereignisse können sowohl von außen (Anfrage eines Clients) als auch in der Anwendung selbst ausgelöst werden. Dabei werden Ereignisse von den einzelnen Komponenten erzeugt und an den Event Bus gesendet. Eine Komponente registriert sich auf dem Event Bus und kann dann dort Ereignisse entgegennehmen, verarbeiten und anschließend wieder über den Event Bus an das nächste Ereignis weiterreichen.

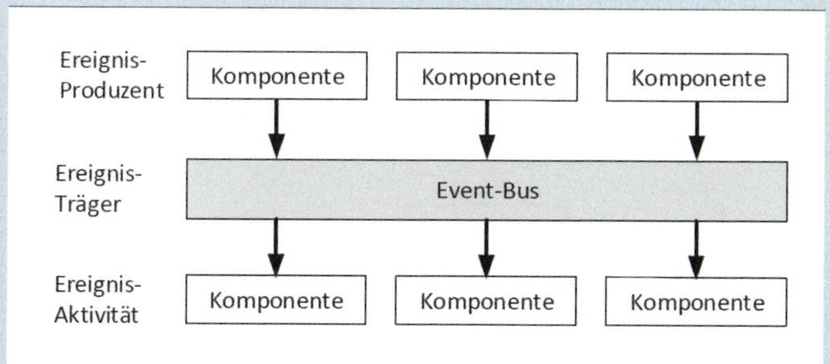

Abb. 6.18: Prinzip der ereignisgesteuerten Architektur

Der größte Unterschied von Node.js als eventgesteuerte Sprache ist die Möglichkeit, Prozesse auch asynchron auszuführen. Während in Java, C# oder PHP die weitere Ausführung so lange blockiert wird, bis eine Anweisung vollständig ausgeführt wurde, ist Node.js auf paralleles Bearbeiten der einzelnen Methoden ausgelegt. Wartet beispielsweise der Prozess auf eine Antwort der Datenbank, kann ein davon unabhängiger Programmteil bereits ausgeführt werden.

Ein Backend kann auch als Microservice-Architektur implementiert werden. In einer Microservice-Architektur wird der Geschäftsprozess nicht in einer großen, komplexen Anwendung umgesetzt, sondern auf eine Vielzahl einzelner Dienste verteilt, die nicht einmal unbedingt auf dem gleichen Server ausgeführt werden müssen. Microservices folgen einer Philosphie des „Do one thing and do it well". Jeder Dienst erledigt dabei nur eine Aufgabe, diese jedoch vollständig und effizient. Dabei können die einzelnen Services auch in verschiedenen Sprachen implementiert werden, je nach Einsatzweck.

Bei klassischen Architekturen greifen Clients auf einen (evtl. redundant ausgelegten) einzelnen Webserver zu, der die komplette Geschäftslogik implementiert und auf die Datenhaltung zugreift. Diese Architektur wird auch als **monolithisch** bezeichnet (s. Abb. 6.19).

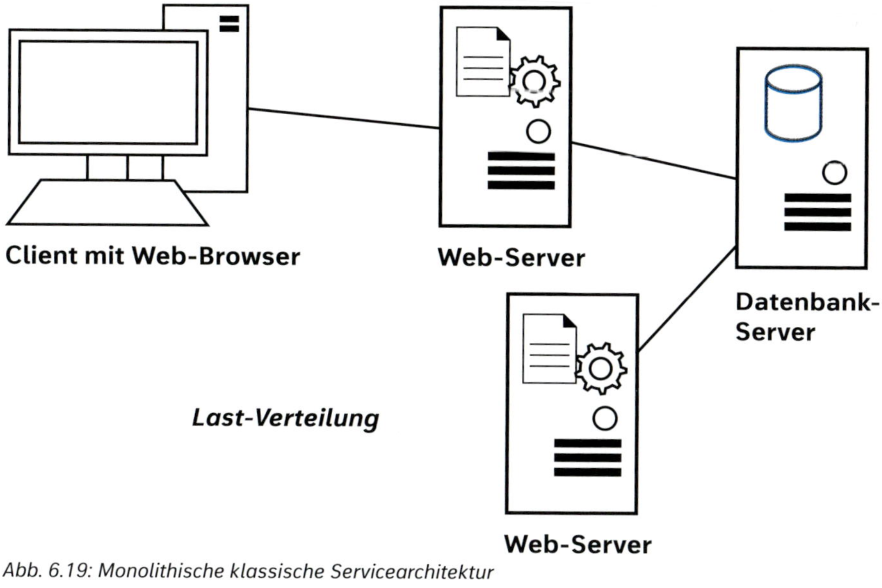

Abb. 6.19: Monolithische klassische Servicearchitektur

Ist eine Anwendung als Microservice ausgelegt (s. Abb. 6.20), greifen die Clients auf ein zentrales Gateway zu, das die Anfragen an die passenden Dienste weiterverteilt. Das Gateway kann dabei, ebenso wie die Dienste selbst, redundant ausgelegt sein. So können Lastspitzen und Ausfälle abgefangen werden. Dienste können auch direkt untereinander kommunizieren und den Geschäftsprozess an den zuständigen Dienst weiterleiten.

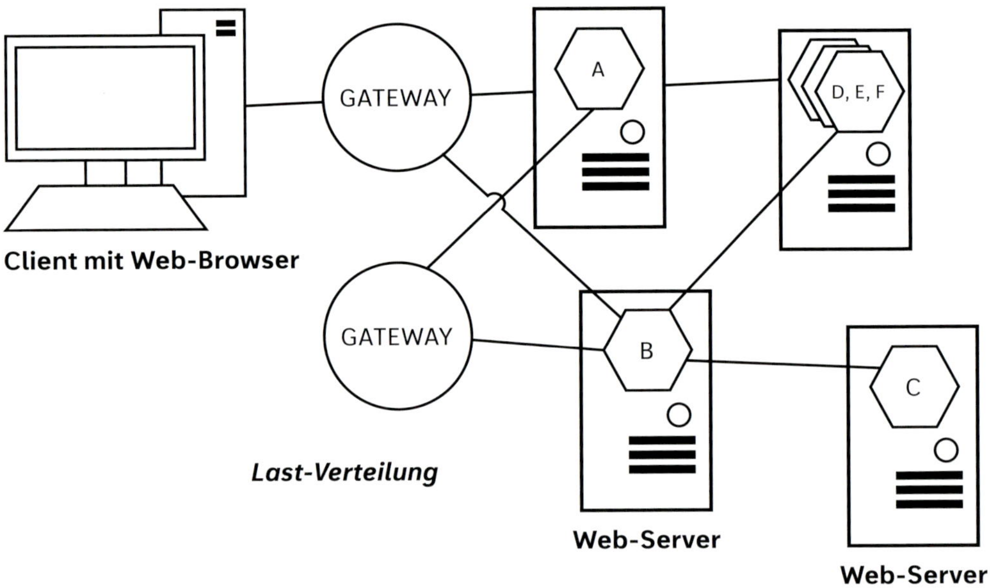

Abb. 6.20: Microservice-Architektur mit verteilten Diensten A bis F

Weil die einzelnen Services unabhängig voneinander verteilt und entwickelt werden können, wird es möglich, dass Teams unabhängig voneinander arbeiten und implementieren. Ein weiterer großer Vorteil ist die Skalierbarkeit der Architektur: Wenn bestimmte Teile des Microservice-Systems oft verwendet werden oder größere Ressourcen benötigen, können sie einfacher ausgelagert oder auf verschiedenen Systemen parallel gestartet werden. Bei Überlastung können ggf. auch einzelne unkritische Dienste abgeschaltet werden, um die Ressourcen für kritische Dienste freizuhalten.

Microservices benötigen jedoch durch die Vielzahl eigenständiger Dienste eine sehr komplexe Infrastruktur und sehr gut ausgearbeitete Kommunikationsschnittstellen. Die Vielzahl an Diensten bringt einen erhöhten Testaufwand mit sich. Durch den verteilten Ansatz müssen auch besondere Vorkehrungen für den Fall von eingeschränkter Datenkonsistenz getroffen werden.

6.7.3 PHP als Sprache für Webentwicklung – ein Kurzüberblick

PHP ist für Webanwendungen immer noch die am häufigsten eingesetzte Programmiersprache. Auch viele große und bekannte Webprojekte setzen PHP ein. Die folgenden Seiten geben einen kurzen Überblick über die Funktionen von PHP als Einstieg in die Backend-Programmierung für Entwickler mit Programmiererfahrung in einer anderen Sprache, z.B. Java (s. Kapitel 2).

PHP benötigt als Skriptsprache keinen Compiler, sondern wird zur Laufzeit von einem Interpreter für die Ausführung übersetzt. PHP kann direkt von Webservern ausgeführt werden: Der Webserver reicht den Quelltext der aufgerufenen Seite direkt an den PHP-Interpreter weiter. Dies ist auch der häufigste Anwendungsfall. Für Hintergrundprozesse von Webanwendungen steht jedoch auch ein Kommandozeilen-Interpreter (PHP-CLI) zur Verfügung.

Jedes PHP-Script beginnt mit dem öffnenden Tag `<?php` und wird mit dem Tag `?>` abgeschlossen. Der PHP-Interpreter verarbeitet nur den zwischen diesen beiden Tags stehenden Quelltext. Damit wird es möglich, PHP-Code z. B. direkt in HTML-Quelltext einzubetten. Die PHP-Syntax orientiert sich sehr stark an der Syntax von C. So wird auch in PHP jede Zeile mit einem Semikolon abgeschlossen und Kommentare werden mit `//` eingeleitet oder mit `/* */` umschlossen:

```
<html>
    <head><title>Willkommen bei PHP</title></head>
    <body>
    <h1>
        <?php // ... öffnendes Tag
            echo "Hallo Welt";
        ?>
    </h1></body>
</html>
```

Enthält ein PHP-Script nur PHP-Quelltext, kann das schließende Tag auch weggelassen werden:

```
<?php
echo "Ein reines PHP-Script...";
// Das Script endet hier ohne schließendes PHP-Tag.
```

6

> In PHP wird jedes Skript mit `<?php` eingeleitet und mit `?>` wieder geschlossen. Wird in einer Datei nur PHP-Quelltext verwendet, sollte das schließende Tag `?>` weggelassen werden.

Da PHP eine schwach typisierte Sprache ist, werden Variablen nicht mit einem Datentyp deklariert, der Compiler führt notwendige Typumwandlungen direkt während der Laufzeit durch. Variablen beginnen – anders als in C oder Java – immer mit einem `$`-Zeichen.

```
$antwort = 42; // Die Variable $antwort wird als Ganzzahl verwendet.
echo "Die Antwort ist: " . $antwort;
```

Mit einem Punkt werden Zeichenketten (Strings) zur Ausgabe verbunden. Auch die Variable `$antwort` wird zur Ausgabe als Zeichenkette interpretiert. Variablen können auch zur Laufzeit in einen anderen Typ umgewandelt werden, der Interpreter versucht automatisch, einen passenden Datentyp zu wählen:

```
$zahl = 22;          // Die Variable $zahl wird zuerst als Ganzzahl
                        verwendet...
$zahl = $zahl / 4; // ...und zur Laufzeit in eine Fließkommazahl
                        umgewandelt.
echo $zahl;          // Es wird also 5.5 ausgegeben.
```

Eine Besonderheit in PHP ist die Unterscheidung zwischen Anführungszeichen und Hochkommas: Wird eine Zeichenkette in Anführungszeichen gesetzt, werden darin enthaltene Variablen interpretiert und ihr Wert ausgegeben. Werden Hochkommas verwendet, wird die Zeichenkette nicht weiter interpretiert:

```
$text = "Welt";
echo "Hallo $text"; // Anführungszeichen -> gibt Hallo Welt aus
echo 'Hallo $text'; // Hochkommas -> gibt Hallo $text aus
```

Natürlich unterstützt PHP auch Arrays und diverse Kontrollstrukturen, wie sie auch in C oder Java verwendet werden. In PHP sind Arrays aber nicht nur einfache Felder, sondern immer assoziativ angelegt, sie bestehen also immer aus Schlüssel-Wert-Paaren:

```
$neuesArray = array(
 "hallo" => "Welt", // Zeichenkette als Schlüssel und Wert
 42 => "Antwort",    // Ganzzahl als Schlüssel, Zeichenkette als Wert
 "glueckszahl" => 7 // Zeichenkette als Schlüssel, Ganzzahl als Wert
);
```

Während der Entwicklungsphase erleichtert die Funktion `print_r()` das Ausgeben von Arrays. Diese Methode sollte im eigentlichen Endprodukt jedoch nicht mehr verwendet werden.

```
print_r($neuesArray);
```

Die Ausgabe lautet:

```
Array
(
  [hallo] => Welt
  [42] => Antwort
  [glueckszahl] => 7
)
```

Kontrollstrukturen

In PHP finden sich die meisten der bekannten Kontrollstrukturen aus Java (s. Kapitel 2) wieder und haben größtenteils eine identische Syntax:

```
if ($antwort == 42) {
    echo "Ja, das ist die Antwort!";
} else {
    echo "Das ist leider nicht die Antwort.";
}
```

In PHP kann für Vergleiche auch der ===-Operator verwendet werden. Er gibt true zurück, wenn beide Werte gleich und vom gleichen Typ sind – dabei werden Datentypen für den Vergleich also nicht ineinander umgewandelt:

```
if ($antwort === false) {
    echo "Irgendwas ist schief gelaufen! Die Antwort sollte eine
          Zahl sein.";
}
```

Die Umkehrung des ===-Operators ist !== und arbeitet analog: Er gibt also true zurück, wenn die Werte nicht gleich oder nicht vom gleichen Typ sind.
Eine Besonderheit von PHP ist die Foreach-Iteration, die besonders bei der Iteration durch Arrays einfaches Iterieren durch alle Werte ermöglicht:

```
foreach ($neuesArray as $key => $value) {
  echo "Index:" . $key . " - Wert: " . $value;
}
```

Die Ausgabe lautet:

```
Index: hallo - Wert: Welt
Index: 42 - Wert: Antwort
Index: glueckszahl - Wert: 7
```

Funktionen zur Strukturierung von Programmen

Wie in den meisten anderen Programmiersprachen werden in PHP ebenfalls Funktionen zur Strukturierung von Programmen eingesetzt. Wie bei Variablen ist auch bei einer Funktion keine Typdeklaration notwendig:

```
function hallo($name)
{
  return "Hallo, " . $name . "!";
}
```

Seit PHP7 werden jedoch auch Typdeklarationen in Funktionen unterstützt. Damit können Entwickler sicherstellen, dass nur von ihnen gewünschte Datentypen an die Funktion übergeben werden und auch den Rückgabedatentyp festlegen. Wird ein „falscher" Typ an die Funktion übergeben, den PHP nicht sinnvoll umwandeln kann, wird eine TypeError-Exception ausgelöst:

```
function antwort(int $zahl) : string
{
 return "Die Antwort auf alle Fragen ist " . $zahl . "!";
}
// Gibt "Die Antwort auf alle Fragen ist 42!" aus
echo antwort(42);
```

Die Ausgabe lautet:

```
Die Antwort auf alle Fragen ist 42!
```

```
// ACHTUNG! Ein String ist nicht "erlaubt"
// -> eine TypeError-Exception wird ausgelöst
echo antwort("Zweiundvierzig");
```

Die Ausgabe lautet:

```
PHP Fatal error: Uncaught TypeError: Argument 1 passed to antwort()
must be of the type integer, string given
```

Die folgende Tabelle zeigt Datentypen in PHP (Auszug aus der PHP-Dokumentation).

Typ	Beschreibung	Unterstützt seit Version
array	Der Parameter muss ein Array sein.	5.1.0
bool	Der Parameter muss ein boolscher Wert (boolean) sein.	7.0.0
float	Der Parameter muss eine Gleitkommazahl (float) sein.	7.0.0
int	Der Parameter muss eine Ganzzahl (integer) sein.	7.0.0
string	Der Parameter muss ein String sein.	7.0.0

Mit der Einstellung `strict_types` kann PHP auch auf strenge Typisierung umgeschaltet werden. Es verhält sich dann ähnlich wie stark typisierte Sprachen – eine Ausnahme wird auch dann ausgelöst, wenn PHP den Datentyp umwandeln könnte (z. B. `int` in `float`). Dazu muss die strenge Typisierung als erste Anweisung in einem PHP-Skript aktiviert werden:

```
<?php
declare(strict_types=1);
```

Die strenge Typisierung kann nur für einzelne Skripte aktiviert werden und gilt innerhalb dieser Datei. Da PHP als Skriptsprache allerdings erst zur Laufzeit übersetzt wird, werden Typfehler als *Exception* ausgelöst.

Zugreifen auf Benutzereingaben mit GET-/POST-Variablen

Da PHP fast ausschließlich bei Webanwendungen eingesetzt wird, wird die Eingabe von Benutzerdaten etwas anders gelöst als bei klassischen Programmiersprachen. Ruft ein Benutzer in seinem Webbrowser eine Webseite mit PHP-Inhalt auf, werden die Benutzereingaben, je nach verwendeter HTTP-Methode, in den beiden globalen Variablen `$_GET` und `$_POST` abgelegt. Über die globale Variable `$_SERVER['REQUEST_METHOD']` kann vorher ausgelesen werden, mit welcher Methode das Skript vom Browser abgerufen wurde. Sowohl `$_GET` als auch `$_POST` sind assoziative Arrays. Ruft der Benutzer z. B. die Adresse „hallo.php?name=Welt" auf, wird das Skript „hallo.php" geladen und die „Eingabe" „name = Welt" kann über die globale GET-Variable abgerufen werden:

```
<?php
echo "Hallo, " . $_GET['name'] . "!";
```

Im Browser erscheint dann die Ausgabe dieses Skripts:

```
Hallo, Welt!
```

Der große Vorteil der Übergabe von Benutzerdaten per GET in der URL ist, dass sie in Links verwendet werden können. Eine Datensatz-ID kann etwa direkt angehängt werden: `immobilie.php?id=1257`. Bei Formularen ist jedoch die Übergabe über die POST-Methode besser geeignet, Datei-Uploads sind z. B. gar nicht anders möglich. Auf POST-Variablen kann genauso zugegriffen werden:

```
<?php
echo "Hallo, " . $_POST['name'] . "!";
```

Die am häufigsten genutzte Möglichkeit zur Interaktion mit dem Anwender in Webanwendungen sind HTML-Formulare, z. B. für den Upload eines Bilds mit Bildunterschrift:

```
<form enctype="multipart/form-data" action="bildupload.php"
method="POST">
 Titel des Bildes:
 <!-- Der Name des Input-Felds legt den Namen im $_POST-Array fest
 -->
 <input type="text" name="bildtitel" placeholder="Bildunterschrift"
 required>
 <br/>
 <!-- Auch für das $_FILE-Array wird der Name über das entsprechende
 Attribut gesetzt -->
 Diese Datei hochladen:
 <input name="bildupload" type="file" />
 <br />
 <input type="submit" value="Hochladen" />
</form>
```

Auf den Bildtitel kann in PHP dann mit `$_POST['bildtitel']` zugegriffen werden. Für den Datei-Upload wird eine weitere globalen Variable verwendet: In `$_FILES` stehen alle Informationen zu den hochgeladenen Dateien zur Verfügung:

`$_FILES['bildupload']['name']`	Der ursprüngliche Dateiname auf dem Gerät des Benutzers
`$_FILES['bildupload']['type']`	Der Mime-Type der Datei, falls der Browser diese Information zur Verfügung gestellt hat. Ein Beispiel wäre „image/gif". Dieser Mime-Type wird jedoch nicht von PHP geprüft und kann somit falsch sein.
`$_FILES['bildupload']['size']`	Die Größe der hochgeladenen Datei in Bytes
`$_FILES['bildupload']['tmp_name']`	Der temporäre Dateiname, unter dem die hochgeladene Datei auf dem Webserver gespeichert wurde
`$_FILES['bildupload']['error']`	Der Fehlercode des Uploads

Anschließend kann in PHP auf die Datei zugegriffen werden. Die Eingaben müssen dazu nicht vorher in PHP deklariert werden, sondern stehen direkt in den globalen Variablen zur Verfügung:

```
<?php
$ziel_verzeichnis = '/var/www/immoverplus/bilder';
// Der vom Browser mitgesendete Dateiname soll behalten werden.
$ziel_dateiname = basename($_FILES['bildupload']['name']);
$ziel_pfad = $ziel_verzeichnis . "/" . $ziel_dateiname;

// Die hochgeladene Datei wird mit move_uploaded_file
// an die passende Stelle verschoben.
if (move_uploaded_file($_FILES['bildupload']['tmp_name'],
    $ziel_pfad)) {
    echo "Die Datei wurde erfolgreich hochgeladen.\n";
} else {
    echo "Die Datei konnte nicht verarbeitet werden!\n";
}
```

Die Funktion `basename()` liefert vom übergebenen Dateipfad (in diesem Fall der vom Benutzer mitgesendete Pfad) dabei nur den Dateinamen ohne Pfadinformationen zurück. Die hochgeladene Datei wird während der Laufzeit des Skripts von PHP in einem temporären Verzeichnis bereitgestellt. Mit der Funktion `move_file_upload` wird die Datei dann ins Zielverzeichnis verschoben.

Warnungen und Fehlermeldungen in PHP aktivieren oder abschalten

Bei Benutzereingaben kann es natürlich vorkommen, dass der Anwender gar keine Eingabe vornimmt oder die URL ohne Parameter aufruft. Ist die Fehlerausgabe in PHP entsprechend konfiguriert, wird dann eine *Notice* angezeigt:

```
Notice: Undefined index: name in hallo.php on line 2
Hallo, !
```

Der Entwicklermodus wird über das Statement `error_reporting()` umgeschaltet. Während der Entwicklung eines Skripts ist folgende Einstellung sinnvoll:

```
// Melde alle PHP-Fehler
error_reporting(E_ALL);
```

Im Produktivbetrieb sollten Warnungen und Fehlermeldungen jedoch möglichst nicht ausgegeben werden. Im einfachsten Fall wird das Error Reporting komplett abgeschaltet, um Angreifern keine Informationen über interne Abläufe des Skripts zu liefern:

```
// Fehlerausgabe komplett abschalten
error_reporting(0);
```

Alternativ können auch alle auftretenden Meldungen in ein Log geschrieben werden. Dazu bietet PHP eine entsprechende Einstellung an.[1]

Weitere Dateien und Skripte einbinden

Da bei PHP vorher kein Compiler oder Linker ausgeführt wird, der Dateien einer Anwendung bündelt, müssen in PHP weitere Skripte und Programmteile aus anderen Dateien explizit eingebunden werden. PHP kennt dazu die Statements `require` und `include`.

Sowohl `require` als auch `include` können an beliebiger Stelle in einem Skript eingebunden werden – auch innerhalb von Kontrollstrukturen:

```
<footer>
<?php include("footer.php"); ?>
</footer>
```

Soll eine Datei nur ein einziges Mal eingebunden werden (z. B. eine Datei mit einer weiteren Klasse oder Methode), können auch `require_once` und `include_once` verwendet werden. Dann prüft der Interpreter, ob die Datei bereits geladen wurde, und bindet sie nicht ein zweites Mal ein:

```
<?php
require_once("funktionen.php");
```

Die Varianten `include_once` und `require_once` werden u. a. benötigt, wenn die eingebundene Datei Deklarationen für Funktionen oder Klassen enthält. Damit wird automatisch sichergestellt, dass die Deklaration nicht ein zweites Mal eingebunden wird.

1 *Zum Nachlesen: http://php.net/manual/de/errorfunc.configuration.php#ini.error-reporting*

6

Die beiden Anweisungen `include` und `require` unterscheiden sich in der Handhabung nicht, der wesentliche Unterschied liegt jedoch im Verhalten, falls eine Datei nicht an der angegebenen Stelle (oder im Include-Pfad) gefunden wurde. Beim Aufruf von `include` wird nur eine Warnung erzeugt und ggf. angezeigt. Wird eine Datei mit `require` oder `require_once` eingebunden und nicht gefunden, bricht die weitere Ausführung mit einem *Fatal Error* ab. Das ist sinnvoll, denn eine eingebundene Datei könnte wichtige Funktionen oder Klassen enthalten, die für die Ausführung des Skripts auf jeden Fall erforderlich sind.

6.7.4 Objektorientierte Programmierung in PHP

Ursprünglich wurden in PHP vor allem Konzepte aus der strukturierten Programmierung (vgl. Kap. 1.8) eingesetzt und global genutzte Funktionen innerhalb der Anwendung über `require` und `include` eingebunden. Aber auch in der PHP-Welt hat das objektorientierte Paradigma inzwischen immer mehr Zuspruch gefunden. So setzen moderne Webanwendungen fast ausschließlich auf objektorientierte Konzepte. Am häufigsten wird dabei ein MVC-Ansatz (Model View Controller, s. Kapitel 6.7.2 und 7.2.5) als Entwurfsmuster verfolgt. Das Datenmodell wird in einer Reihe von PHP-Klassen abgebildet, die dann z.B. in einer relationalen Datenbank abgelegt werden (s. Kapitel 5.8).

Die nun vorgestellte Beispielanwendung implementiert die wichtigsten Bestandteile einer MVC-basierten Anwendung. Bei größeren Projekten wird meist auf ein fertiges PHP-Framework zurückgegriffen, das wesentliche Bestandteile wie den Front Controller (Router) und eine Template-Engine enthält. Auch die Anbindung an eine relationale oder nicht-relationale Datenbank, die Umsetzung des Datenmodells und das Laden der Assoziationen wird vom Framework übernommen.

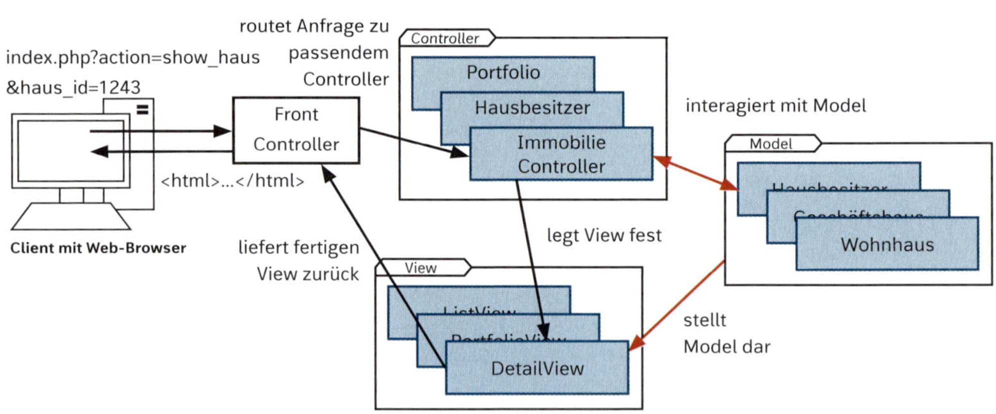

Abb. 6.21: Beispiel für einen Life Cycle in einer Anfrage an die MVC-Webanwendung ImmoVerPlus

Bei einer MVC-Implementierung nehmen die Controller Benutzereingaben entgegen und aktualisieren das Modell entsprechend. Sie implementieren also die eigentliche Logik der Anwendung. In Webanwendungen sind das Aufrufe durch den Webbrowser, entweder direkt vom Benutzer über Links und Formulare ausgelöst, oder über JavaScript im Hintergrund angefragt.

Um die Controller einer URL zuzuordnen, wird üblicherweise ein *Front Controller* vorgeschaltet, in dem *Routes* definiert werden. Eine *Route* gibt an, welcher Controller für eine

Anfrage zuständig sein soll und welche Methode des Controllers aufgerufen wird. So wird z. B. durch eine Route die Anfrage `index.php?action=show_haus&haus_id=1243` der Methode `showHausDetails()` des *ImmobilieControllers* zugeordnet. In typischen MVC-Frameworks in PHP hat der Controller Zugriff auf alle Parameter der Anfrage, kann das passende Objekt aus dem Datenmodell laden und den notwendigen View an den Webbrowser zurücksenden. Neben dem Front Controller (aufgrund seiner Aufgabe auch Router genannt) können bei Bedarf noch weitere Controller zwischengeschaltet werden. Diese Controller werden als *Middleware* bezeichnet. Eine typische Aufgabe der Middleware ist das Überprüfen von Login-Informationen, bevor die Anfrage an den zuständigen Controller weitergereicht wird (s. Abb. 6.22).

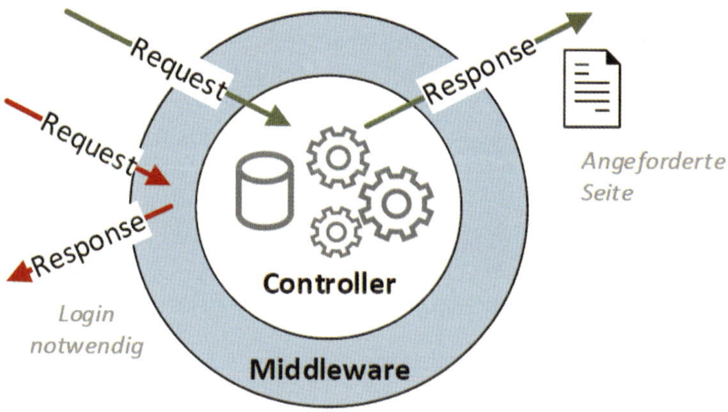

Abb. 6.22: Erfolgreiche und abgewiesene Anfrage an einen Router mit konfigurierter Middleware

Dieses Vorgehen hat sich bei einem Großteil der PHP-Frameworks etabliert, sowohl Symfony als auch Laravel haben das hier vorgestellte Grundprinzip gemeinsam.

Die auf den nächsten Seiten vorgestellte Implementierung der Webanwendung ImmoVerPlus orientiert sich an diesen Grundprinzipien, kann und soll aber kein vollständiges Projekt darstellen. Die notwendigen Techniken werden in einem kurzen Überblick vorgestellt und müssen für den Produktiveinsatz in einem Projekt noch weiter vertieft werden.

Modell: Umsetzen von Klassen in PHP

Analog zu Packages in Java verwendet PHP Namespaces, mit denen Klassen innerhalb eines Projekts strukturiert werden können. Der Aufbau von Klassen entspricht nahezu der Syntax in Java (s. Kapitel 2.6), auch die meisten Schlüsselwörter sind identisch.

Auf Eigenschaften und Methoden eines Objekts wird in PHP mit dem Pfeil-Operator zugegriffen. Innerhalb einer Klasse kann mit `$this->` auf das Objekt selbst zugegriffen werden. Der Aufruf auf eine Oberklasse erfolgt mit `parent::`.

Etwas unterschiedlich ist das Arbeiten mit Konstruktoren: Der Konstruktor selbst erhält in PHP nicht den Namen der Klasse, sondern wird als Methode `__construct` implementiert. Somit wird aus dem aus Java bekannten Super-Aufruf `parent::` der Aufruf `__construct()`.

Im nachfolgenden Quelltext wird die Klasse `Wohnhaus` aus der Immobilienverwaltung beschrieben.

```
<?php
namespace ImmoVerPlus\Model;

class Wohnhaus extends Immobilie
{
  // Attribute
  private $id;
  private $wohnflaeche;
  private $typ;

  // Konstruktor der Klasse - ID wird von
  // Klasse Immobilie verwaltet
  public function __construct(int $_id = null)
  {
    parent::__construct($_id);
  }

  // Setter und Getter für Fläche
  public function setWohnflaeche(float $_wohnflaeche)
  {
    // Überprüfen der Fläche
    if ($_wohnflaeche >= 0) {
        $this->wohnflaeche = $_wohnflaeche;
    } else {
       // Exception werfen: ungültige Eingabe (negative Fläche)
       throw new Exception("Fehler: Fläche darf nicht negativ
                                                      sein.");
    }
  }

  // Wie bei Variablen: Es muss vorher kein Rückgabedatentyp
  festgelegt werden.
  public function getWohnflaeche()
  {
    return $this->wohnflaeche;
  }

  // ...weitere Methoden ...
}
```

Auch das Arbeiten mit statischen Methoden und Attributen unterscheidet sich leicht: Anders als in Java muss `self::` vorangestellt werden, um auf statische Attribute und Methoden einer Klasse selbst zuzugreifen.

Auf die statischen Bestandteile einer anderen Klasse wird mit dem Namen der Klasse zugegriffen. So wird z. B. mit `Wohnhaustyp::Einfamilienhaus` auf eine statische Konstante `Einfamilienhaus` der Klasse `Wohnhaustyp` zugegriffen. Da PHP keinen Datentyp für Enumerations anbietet, wird hier auf eine abstrakte Klasse mit statischen Konstanten zurückgegriffen:

```
<?php
namespace ImmoVerPlus\Model;

abstract class Wohnhaustyp
{
    // Konstanten für die ENUMERATION
    const Einfamilienhaus  = 0;
    const Zweifamilienhaus = 1;
    const Mehrfamilienhaus = 2;
}
```

Die weiteren Elemente und das Handling von Klassen und Objekten unterscheiden sich nicht oder nur kaum von der Implementierung in Java – ein Umstieg oder Wechsel von Java auf PHP und umgekehrt ist für geübte Programmierer also kein großes Problem:

```
$immo1 = new Wohnhaus(124);
$immo1->setWohnflaeche(59.5);
$immo1->setPreis(143500);
$immo1->setTyp(Wohnhaustyp::Mehrfamilienhaus);
$immo1->setAdresse("Biesterweger Damm 17");
echo "Rendite:" . $immo1->berechneRendite();
```


Controller: Manipulation des Modells

Wie schon erwähnt, nehmen die Controller Benutzereingaben entgegen. In Webanwendungen sind dies Aufrufe durch den Webbrowser, entweder direkt vom Benutzer über Links und Formulare ausgelöst, oder über JavaScript im Hintergrund angefragt:

```
<?php

namespace ImmoVerPlus\Controller;
use ImmoVerPlus\Controller\Database;
use ImmoVerPlus\Model\Immobilie;

class ImmobilieController
{
  public function showImmobilieDetails(int $id)
  {
    // Hole die Immobilie aus der Datenbank.

    /* @var $immo Immobilie Immobilie, die angezeigt werden soll */
    $immo = Database::getImmobilieById($id);

    // Konnte eine Immobilie gefunden werden?
    // === prüft auch den Datentypen
    if ($immo === false)
    {
```

```
            // Objekt nicht gefunden -> Zeige Fehlerseite an.
            return ErrorView::render("Objekt nicht gefunden");
        }
        return DetailView::render($immo);
    }

    // Weitere Methoden...
}
```

In diesem Projekt wird eine Datenbankklasse `Database` verwendet, die Datenbankabfragen generiert und Objekte für das Modell zurückliefert (persistentes Speichern, s. Kapitel 6.7.5). Eine andere typische Variante ist die Verwendung einer Basisklasse für alle Entitätstypen im Modell, die Datenbankabfragen durchführt und Daten automatisch lädt. Dieses Vorgehen wird auch von den meisten Frameworks und Object-Relational-Mappern durchgeführt.

View: Einbindung von PHP in HTML

Die View-Klassen enthalten die Umsetzung von Daten aus dem Modell in HTML-Seiten. Sie erzeugen das DOM und setzen die Informationen aus dem Modell an den passenden Stellen ein. Ein sehr einfacher View ist z. B. die Darstellung einer Fehlermeldung:

```
<?php

namespace ImmoVerPlus\View;

class ErrorView
{
  public static function render(String $message)
  {
    // Wenn keine Meldung vorhanden...
    if ($message === null) {
        // ..dann gibt es eine Standardmeldung.
        $message = "Da ist etwas schiefgegangen. Das tut uns leid.";
    }

    // Der Header wird eingebunden:
    $title = "Ein Fehler trat auf.";
    include "header.template.php";
    // Ab hier folgt HTML, das direkt ausgegeben wird!
    ?>
        <h1>
          Entschuldigung, ein Fehler trat auf.</h1>
        <p><?php echo $message ?>

    <?php
    // Der Footer wird eingebunden:
    include "header.footer.php";
  }
}
```

Für die Grundelemente der Webseite wird hier ein Template eingebunden, sodass die Bausteine für das HTML-Grundgerüst nur einmal implementiert werden müssen:

```
<!DOCTYPE html>
<html>
<head>
  <title>
     <?= $title ?>
  </title>
  <!-- Weitere Anweisungen, Stylesheets etc -->
</head>
<body>
<?php
  // Nun folgen weitere Elemente wie Menü etc.
```

Die meisten PHP-Frameworks wie Laravel oder Symfony bringen ihre eigene Template-Engine mit. Diese kann für die Generierung von HTML-Quelltext verwendet werden. Auch bei kleinen Projekten ohne Framework können Template-Engines das Entwickeln erleichtern und beschleunigen.

6.7.5 Persistentes Speichern von Daten

Da bei einer Webanwendung immer mit gleichzeitigen Lese- und Schreibzugriffen auf den Datenbestand gerechnet werden muss, ist eine direkte Ablage der Daten im Dateisystem, z. B. als XML-Dateien, bei Webanwendungen meist nicht sinnvoll. Aus diesem Grund werden vorzugsweise Datenbanksysteme verwendet.

Bei Webanwendungen mit PHP kommen dabei in der Regel relationale Datenbanken zum Einsatz, z. B. MySQL/MariaDB oder PostgreSQL. Für kleine Projekte kann auch eine SQLite-basierende Datenbank verwendet werden (s. Kapitel 5.5 und 5.9).

PHP stellt für das Speichern von Daten die Erweiterung PHP Data Objects (PDO) zur Verfügung. PDO unterstützt, ähnlich wie JDBC für Java, eine Reihe unterschiedlicher Datenbanken mit einer einheitlichen Schnittstelle. Ein Wechsel des Datenbanksystems ist dann sehr schnell und einfach möglich.

Die Verbindung zur Datenbank wird direkt beim Erzeugen eines Objekts der PDO-Klasse hergestellt. Dazu werden die Informationen zur Datenbank in einem Connect-String zusammengefasst und an den Konstruktor der PDO-Klasse übergeben. Der Connect-String besteht aus dem Präfix (`mysql`) und verschiedenen Parametern. Für MySQL/MariaDB sind als Parameter mindestens der Hostname und der Name der Datenbank notwendig, z. B.:

```
mysql:host=localhost;dbname=immoverplus
```

Die Tabelle zeigt Parameter für einen PDO-Connect-String zur Verbindung mit einem MySQL-Server.

Parameter	Bedeutung
`dbname`	Name der Datenbank
`host`	Hostname des Datenbankservers, auf der MySQL/MariaDB-Server gestartet wurde, z. B. „localhost“
`port`	Port der Datenbank (Standardwert: 3306)
`unix_socket`	Wird die Verbindung über einen Unix-Socket hergestellt (bei Unix-basierten Webservern teilweise üblich), kann statt Host und Port auch der Socket angegeben werden.
`charset`	Der für die Verbindung verwendete Zeichensatz, z. B. „utf8“ für einen UTF-8-Zeichensatz.

Als zweiter und dritter Parameter folgen Benutzername und Passwort, wenn sie für die Herstellung der Verbindung benötigt werden:

```
// Herstellen der Verbindung:
//          PDO-Connectstring           Benutzername Kennwort
$db = new PDO("mysql:host=localhost;dbname=immoverplus", "immo_
user", "immo_pw");
```

Wenn die Verbindung erfolgreich hergestellt wurde, können Anfragen an das DBMS gestellt werden, z. B. alle Datensätze in einer Tabelle:

```
// Durchführen der Abfrage
$result = $db->query('SELECT * FROM t_immobilien');
// Iteration durch alle Ergebniszeilen
foreach ($result as $row) {
  echo "Id: " . $row['p_id'] . " - Adresse: " . $row['adresse'] .
    "\n";
}
```

In der Standardeinstellung werden Datensätze als indiziertes und assoziatives Array zurückgegeben. Mit dem zusätzlichen Parameter `PDO::FETCH_OBJ` können die Ergebnisse auch als Objekte ausgelesen und verarbeitet werden:

```
// Objektorientierte Variante
$result = $db->query('SELECT * FROM t_immobilien', PDO::FETCH_OBJ);
foreach ($result as $row) {
  echo "Id: " . $row->p_id . " - Adresse: " . $row->adresse . "\n";
}
```

Soll die Abfrage einen oder mehrere Parameter enthalten, können bei PDO auch Prepared Statements verwendet werden. Dazu wird die SQL-Abfrage mit Platzhaltern „vorbereitet“:

```
$statement = $db->prepare('SELECT * FROM t_immobilien WHERE p_id =
:id');
```

Platzhalter werden in Prepared Statements mit einem Doppelpunkt eingeleitet und benannt, hier z.B. der Platzhalter `:id`. Die Platzhalter werden anschließend mit den eigentlichen Werten ersetzt. Dieses Vorgehen bietet zwei Vorteile:

- Wird eine Abfrage mehrfach benötigt, muss sie nur einmal vorbereitet werden. Vor der Ausführung wird dann der jeweilige Parameter eingesetzt. Anpassungen an der Datenbank müssen so an deutlich weniger Stellen im PHP-Quelltext umgesetzt werden.
- Bei Prepared Statements findet eine Überprüfung der Eingabewerte statt, sodass kein Einschleusen von weiteren Datenbankabfragen über Parameter mehr nötig ist. SQL-Injections (s. Kapitel 8.9.2) werden so vermieden.

Die Tabelle zeigt die Entsprechungen der PDO-Konstanten zu den SQL-Datentypen.

PDO-Konstante	SQL-Datentyp
`PDO::PARAM_BOOL`	Boolean
`PDO::PARAM_NULL`	Null
`PDO::PARAM_INT`	Integer
`PDO::PARAM_STR`	Char-, Varchar- und Text-Datentypen
`PDO::PARAM_LOB`	Large Object (LOB), Binary Large Object (BLOB)

Zum Ersetzen der Parameter wird die Funktion `bindValue()` verwendet, sie erwartet als Parameter den Namen des Platzhalters und den Wert. Als dritter Parameter kann eine PDO-Konstante übergeben werden, die den erwarteten SQL-Datentypen festlegt:

```
$statement->bindValue(':id', $id, PDO::PARAM_INT);
```

Wurden alle Parameter eingesetzt, kann das Prepared Statement ausgeführt und an die Datenbank gesendet werden:

```
$statement->execute();
```

Sind alle Parameter vom Typ `PDO::PARAM_STR`, können die Platzhalter und ihre Werte auch als Array an die Methode `execute` übergeben werden:

```
$statement = $db->prepare('SELECT * FROM t_immobilien WHERE adresse
  LIKE :adresse');
$parameter = array("adresse" => "%Biesterweg%");
$statement->execute($parameter);
```

Als letzter Schritt müssen nun nur noch die Ergebnisdatensätze ausgelesen werden. Die Methode `fetch()` liefert dabei einen einzelnen Datensatz:

```
// Datensatz als Array auslesen
$result = $statement->fetch();
```

Liefert eine Abfrage mehrere Ergebnisdatensätze, kann mit `fetch()` auch iteriert werden:

```
while($row = $statement->fetch()) {
  // .. Verarbeite Ergebnisse
}
```

Auch zum Einfügen von Daten können (und sollten) Prepared Statements verwendet werden. Wird bei einem Datensatz eine ID automatisch erzeugt, kann der neue Primärschlüssel auch direkt ausgelesen werden.

```
// Einfügen eines Datensatzes
$statement = $db->prepare("INSERT INTO t_immobilien (adresse, preis)
VALUES (:adresse, :preis)");
$statement->bindValue(':adresse', $immo1->getAdresse());
$statement->bindValue(':preis', $immo1->getPreis());
// Ausführen
$statement->execute();
// Neue ID auslesen
$id = $db->lastInsertId();
```

6.7.6 Bereitstellen von Webschnittstellen

Neben der direkten Ausgabe als HTML-Quelltext bieten viele Webdienste auch Schnittstellen zur Anbindung der Dienste in andere Anwendungen an. Diese Programmierschnittstellen (engl. API = *Application Programming Interface*) nehmen Anfragen in speziellen Formaten entgegen und liefern die Ergebnisse in strukturierten Dateiformaten wieder zurück. Auf diese Weise können Dienste programmiersprachenunabhängig miteinander kommunizieren und externe Daten einbinden.

Ein Großteil der Schnittstellen arbeitet nach dem SOAP- oder dem RESTful-Prinzip. Der SOAP-Standard (ursprünglich abgeleitet von *Simple Object Access Protocol*) wurde von Microsoft etabliert und ist seit dem Jahr 2001 als offener Standard vom W3C spezifiziert (s. Kapitel 6.1). Zur Repräsentation der Nutzdaten wird bei SOAP üblicherweise das XML-Format verwendet (s. Kapitel 5.2.3). Informationen, die nicht als XML-Information übertragen werden können, werden im MIME-Format codiert und angehängt.

Das MIME-Format (Multipurpose Internet Mail Extensions) beschreibt eine Codierung von binären Daten zur Übertragung in Zeichen des ASCII-Zeichensatzes. Ursprünglich entwickelt wurde das Format zum Übertragen von Binärdaten in E-Mail-Anhängen, wird aber u. a. auch für HTTP verwendet. Zu den eigentlichen Daten werden bei einer MIMEcodierten Übertragung auch der Typ (z. B. „image/jpeg" für ein Bild im JPEG-Format) und die verwendete Codierung mitgeliefert. Während bei E-Mail-Anhängen nur eine Umwandlung in BASE64 oder ähnliche Formate vorgesehen ist, kann bei HTTP auch die Codierung „binary" verwendet werden. Dann übernimmt MIME vor allem die Aufgabe, mehrere Dateien mit einem Request übertragen zu können.

Schnittstellen nach dem SOAP-Standard

Der SOAP-Standard spezifiziert ein eigenes Protokoll zur Kommunikation zwischen den beteiligten Diensten. SOAP-Nachrichten können über verschiedene Transportprotokolle übertragen werden. Die meisten Implementierungen von SOAP verwenden HTTP bzw. HTTPS als Grundlage für die Kommunikation.

Eine SOAP-Nachricht (s. Abb. 6.23) besteht aus einem XML-Dokument mit definierten Bestandteilen, die dem Grundaufbau eines HTML-Dokuments (s. Kapitel 6.2) ähneln und an einen End Point (Zugangspunkt) gesendet werden. Bei der Verwendung von HTTP bzw. HTTPS zur Übertragung entspricht der End Point einer URL, z. B. „https://api.immoverplus.info/soap/".

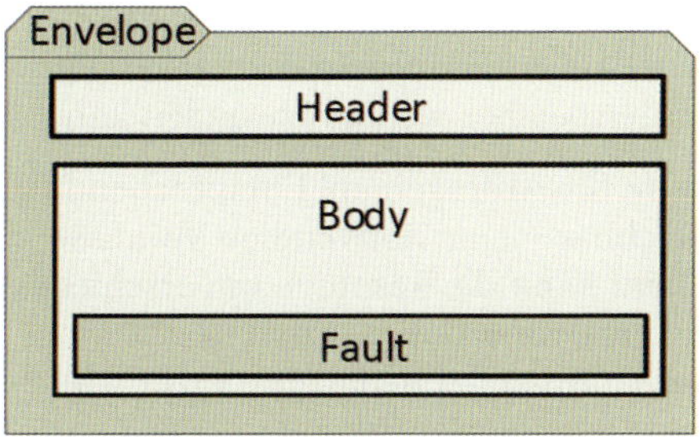

Abb. 6.23: Aufbau einer SOAP-Nachricht

Der Envelope (dt. Umschlag) ist das Wurzelelement einer SOAP-Nachricht und muss daher immer vorhanden sein. Er beinhaltet Informationen zur SOAP-Version und zur verwendeten Codierung für den Inhalt der Nachricht (*encoding style*).

Der Header (dt. Kopf) ist ein optionaler Bestandteil der SOAP-Nachricht. Er kann anwendungsspezifische Informationen enthalten, z. B. einen Datensatz zur Authentifizierung der Nachricht. Wird der Header verwendet, muss er immer das erste Element innerhalb des Envelope sein.

Der Body (dt. Körper) muss in jeder SOAP-Nachricht vorhanden sein. Er enthält die eigentlichen Nutzdaten, die von System zu System übertragen werden sollen. Die XML-Elemente innerhalb des Bodys werden von der Anwendung selbst festgelegt. In der SOAP-Anfrage werden dafür im Body die gewünschten Ressourcen und die Parameter festgelegt. Die Ressource entspricht dabei einem Methodenaufruf und die Parameter sind entsprechend mit Übergabeparametern vergleichbar.

Schnittstellen nach dem RESTful-Prinzip

Die bekannteste Alternative zum XML-basierten SOAP-Verfahren sind sog. **RESTful-Schnittstellen**. Während SOAP ein eigenes Protokoll beinhaltet, setzt das **RESTful-Prinzip** zwingend auf das HTTP- bzw. HTTPS-Protokoll als Grundlage und beschreibt vor allem ein Verfahren, wie HTTP(S) als Grundlage für eine Programmierschnittstelle verwendet werden kann.

Der Begriff *REST* steht für Representational State Transfer und wurde im Jahr 2000 erstmals durch Roy Thomas Fielding eingeführt. Eine Schnittstelle bzw. Anwendung nach dem RESTful-Prinzip orientiert sich an sechs Grundlagen:

- Die Anwendung ist nach einem **Client-Server-Prinzip** aufgebaut. Der Server stellt den Dienst (Anwendung, Schnittstelle) über ein Netzwerk für Clients zur Verfügung und kann üblicherweise gleichzeitig die Anfragen von einer größeren Anzahl Clients bearbeiten. Der Client fragt dabei je nach Bedarf „Resources" (Informationen) beim Server an, die vom Server beantwortet werden. Ein Kommunikationsaufbau in die umgekehrte Richtung ist nicht vorgesehen.
- Die Kommunikation mit Diensten nach dem RESTful-Prinzip ist **zustandslos**. Jede Anfrage kann unabhängig von einer vorherigen Anfrage bearbeitet werden. Der Server hält keine Informationen vor, in welchem Zustand sich die Anwendung befindet, dafür ist allein der Client zuständig.
- Eine RESTful-Anwendung soll in der Lage sein, Anfragen über den **HTTP-Caching-Mechanismus** zu beantworten. Wurde eine identische Resource bereits vorher angefragt und der Client fordert sie erneut an, muss der Server nur eine „Not Modified"-Antwort senden. Diese Antwort sagt dem Client, dass er die Inhalte der vorherigen Version der Resource aus seinem lokalen Zwischenspeicher weiterverwenden kann.
- Der Server bietet eine **einheitliche Schnittstelle** für Anfragen an. Entsprechend ist eine Resource nur über genau eine Adresse erreichbar – eine notwendige Voraussetzung für effizientes Zwischenspeichern. Der Client kann die Resource in verschiedenen Formaten anfragen, die nicht unbedingt dem internen Datenformat des Servers entsprechen müssen. Ein Server kann z. B. Informationen bei Bedarf im XML- oder JSON-Format liefern, intern aber eine relationale Datenbank verwenden.
- Der Dienst muss in der Lage sein, auch mit **mehrschichtigen Systemen** umzugehen. Konkret bedeutet das, dass der Client seine Anfrage zwar an einen bestimmten Endpunkt (z. B. eine URL) sendet, die Antwort aber nicht zwingend immer vom gleichen Server kommen muss. Bei viel genutzten Diensten kann z. B. eine Lastverteilung erfolgen, ein anderes Beispiel sind Micro Services mit einem gemeinsamen Gateway.
- Im Idealfall verwendet der Dienst **Code on Demand**, diese Anforderung ist jedoch optional. Der Server sendet dann den Code zur Ausführung nur im Bedarfsfall, sodass nicht die gesamte Anwendung übertragen werden muss. Ein Beispiel ist das Nachladen von JavaScript-Modulen erst bei Bedarf.

Für browserbasierte Webanwendungen wird das RESTful-Prinzip sehr oft in Kombination mit dem JSON-Format verwendet, das deutlich kompakter und einfacher als XML zu handhaben ist.

Zugriffsschutz bei Webschnittstellen

Grundsätzlich ist es sinnvoll, Schnittstellen auch mit einer Möglichkeit der Authentifizierung auszustatten.

> **Authentifizierung** beschreibt den Vorgang, dass ein Nutzer gegenüber einer Software oder einem Server seine Identität bestätigt. Eine der bekanntesten Möglichkeiten ist z. B. die Eingabe von Benutzername und Kennwort: Der Benutzer verfügt über eine bestimmte Information, die nur er kennen sollte. Außerdem werden in Softwaresystemen noch zwei weitere Wege verwendet: Der Nutzer weist sich über ein bestimmtes Objekt aus, welches nur er besitzt – z. B. einen Schlüssel für ein kryptografisches Verfahren oder eine RFID-Karte. Mit biometrischen Verfahren kann auch die Anwesenheit des Nutzers überprüft werden, z. B. über Gesichtserkennung oder das Einlesen und Abgleichen eines Fingerabrucks.

In den meisten Fällen sollen die von der API zur Verfügung gestellten Daten nur bestimmten Benutzerkreisen zur Verfügung stehen. Außerdem muss evtl. auch innerhalb des geschlossenen Benutzerkreises zwischen verschiedenen Anwendergruppen unterschieden werden, z. B. um Schreibzugriff nur auf eigene oder bestimmte Daten zu erlauben.

Bei SOAP-APIs können Authentifizierungsinformationen im optionalen SOAP-Header eingefügt werden. Bei RESTful-APIs werden Authentifizierungsinformationen im HTTP-Header eingefügt, z. B. über das Feld „Authorization".

Um die Authentifizierung möglichst einfach zu halten, werden von vielen Schnittstellen API-Keys verwendet. Dazu wird in einer internen Datenbank eine Liste der erlaubten API-Keys gespeichert. Soll ein Benutzer einen Zugang zur Schnittstelle erhalten, wird ihm ein API-Key zugeordnet und in der Datenbank hinterlegt. Da allein die Kenntnis des API-Keys zur Nutzung der Schnittstelle ausreicht, müssen hier möglichst lange und nicht zu erratende Zeichenketten verwendet werden. Oft kommt dazu ein kryptografisches Hash-Verfahren zum Einsatz. Außerdem sollte die Übermittlung eines API-Keys nur verschlüsselt erfolgen.

Eine weitere Variante ist das temporäre Erstellen von API-Keys über eine Login-Schnittstelle, sog. Token. Das Überprüfen der Zugangsdaten und Erstellen des Tokens wird in der Regel direkt von der API implementiert. Alternativ kann auch ein externer Dienst die Authentifizierung übernehmen. Streng genommen ist dann der Server aber nicht mehr zustandslos: Die Information, ob ein Token gerade gültig ist, muss gespeichert sein. Auch für verteilte Systeme ist dieses Verfahren schwierig – alle Token müssen überall bekannt und verfügbar sein.

Eine dritte Variante ist der Einsatz von kryptografischen Hash-Verfahren: Der Anwender meldet sich an einem Anmeldeserver an und erhält statt eines Tokens in Form eines zufälligen Schlüssels ein signiertes Dokument, mit dem er sich später ausweisen kann. Das kann z. B. ein JSON-Dokument sein, diese Variante wird vom JWT-Verfahren (JSON Web Token) umgesetzt. Das JSON-Dokument enthält alle Informationen, die von der Schnittstelle zur Zuordnung benötigt werden: die Identität, Zugriffsrechte sowie eine Gültigkeit als Zeitstempel in Unixzeit (s. Kapitel 5.8.1).

Der zur Signierung verwendete Schlüssel ist allen Servern bekannt, die die entsprechende Schnittstelle anbieten, aber eben nur diesen. Das gesamte Token wird dann, mit einer zusätzlichen Signatur versehen, an den Anwender gesendet und mit jeder Anfrage vom Anwender an die Schnittstelle übertragen. Die Server der Schnittstelle können anhand der Signatur überprüfen, ob die vorgezeigten Daten von einem vertrauenswürdigen System stammen, müssen aber keine zusätzlichen Datenbanken oder Server anfragen. Besonders bei Microservices eignet sich dieses Verfahren sehr gut, da keine zentrale Instanz mehr zur Verifizierung der Daten notwendig ist.

> Bei einer Webanwendung werden **Frontend** und **Backend** unterschieden. Die Darstellung der Seite kann über **serverseitiges** oder **clientseitiges Rendering** erfolgen.
> Bei serverseitigem Rendering wird der HTML-Quelltext über eine **serverseitige Programmiersprache**, wie PHP oder ASP.NET, **dynamisch erzeugt** und an den Browser des Anwenders gesendet. Auch in diesen Backend-Sprachen kann (und sollte) objektorientiert implementiert werden, fast alle im Bereich der serverseitigen Programmierung verwendeten Programmiersprachen stellen entsprechende Sprachkonstrukte zur Verfügung.
> Alternativ kann die Logik auch clientseitig über JavaScript im Browser des Anwenders implementiert sein. Die Webanwendung kommuniziert dann über eine Schnittstelle mit dem Backend. Dann kommen Techniken wie SOAP- oder RESTful-APIs zum Einsatz.

6.8 Aufgaben, Übungen und Handlungsschritte

Paul ist an seiner Leistungsgrenze angekommen. Dies waren fast zu viele Informationen für ihn. Das haben auch Anna und Emre mitbekommen und raten ihm daher dringend, die folgenden Aufgaben zu bearbeiten.

AUFGABEN, ÜBUNGEN UND HANDLUNGSSCHRITTE

1. Suchen Sie im Internet eine Seite aus, die Ihnen besonders gut gefällt. Stellen Sie die Seite vor und erläutern Sie, was Sie an dieser Seite so gut finden.
2. Suchen Sie im Gegenzug eine Seite, die Ihnen überhaupt nicht gefällt. Stellen Sie die Seite ebenfalls vor und erläutern Sie, was Ihnen daran nicht gefällt.
3. Untersuchen Sie Ihre Schulwebsite. Erstellen Sie ein Storyboard oder ein Zustandsdiagramm zu dieser Website.
4. Erstellen Sie eine Internetseite mit dem Gedicht „Wenn die Möpse Schnäpse trinken" von James Krüss[1]. Verwenden Sie folgenden Screenshot als Vorlage:

Wenn die Möpse Schnäpse trinken

Wenn die **Möpse Schnäpse** trinken,
Wenn vorm Spiegel Igel stehen,
Wenn *Föhren Bären* winken,
Wenn die Ochsen Boxen gehen,

Wenn **Schlafe Schafe** blöken,
Wenn im Tal ein Wal erscheint,
Wenn in Wecken Schnecken stecken,
Wenn die Meise leise weint,

Wenn Giraffen Affen fangen,
Wenn Mäuslein Läuslein wiegt,
Wenn an Stangen Schlangen hängen,
Wenn der Bieber Fieber kriegt.

Dann entsteht zwar ein ~~Gedicht~~,
Aber sinnvoll ist es nicht!

< James Krüss >

1 Quelle: Krüss, James: Wenn die Möpse Schnäpse trinken. 1. Auflage. Berlin: Aufbau Verlag 2007

5. Erstellen Sie eine Internetseite mit Ihren fünf Lieblingsrezepten.
   - Oben auf der Seite sind die Namen der Gerichte aufgelistet.
   - Über einen Anker-Link gelangt man zu den jeweiligen Rezepten.
   - Die Zutaten sind als Listen aufgeführt, danach folgt die Beschreibung, wie sie verarbeitet werden.
   - Nach jedem Rezept gibt es einen Anker-Link, mit dem man wieder zum Seitenanfang gelangt.

   Nussecken
   Pizza
   Pfannkuchen
   Gemüsereis
   Mokkatorte

   Nussecken
   - 100g Zucker
   - 200g Mehl

   Alles vermischen usw ...

   nach oben

6. Listen Sie Vor- und Nachteile des GIF-, JPEG- und PNG-Formats auf.
7. Wie viele verschiedene Farben lassen sich mit 4 Bit Farbtiefe darstellen?
8. Berechnen Sie, wie viel Speicherplatz Sie theoretisch für ein 9 · 9 Pixel großes Bild, das mit 256 verschiedenen Farben gespeichert wird, brauchen.
9. Geben Sie an, welche Farbe mit #FFFF00 dargestellt wird, und was die einzelnen Zeichen #, F und 0 bedeuten.
10. Machen Sie ein digitales Klassenfoto. Definieren Sie für das Klassenfoto eine Imagemap, bei der mindestens drei Köpfe bzw. Oberkörper Ihrer Mitschüler verlinkt sind. Erstellen Sie anschließend je einen Steckbrief zu den verlinkten Mitschülern. Führen Sie alle einzelnen Steckbriefe zu einem „Gesamtwerk“ zusammen.
11. Erstellen Sie ein JavaScript-Programm, das drei Zahlen einliest und die kleinste davon wieder ausgibt.
12. Entwickeln Sie ein JavaScript-Programm, das die Fakultät einer Zahl berechnet. Hinweis: $5! = 5 \cdot 4 \cdot 3 \cdot 2 \cdot 1$.
13. Schreiben Sie ein JavaScript-Programm, das die Primzahlen bis zu einer vorher eingegebenen Grenze ausgibt.
14. Mit ImmoVerPlus sollen in Zukunft auch „digitale Aushänge“ für Mieter möglich werden. Diese sollen mit einem Kennwort gesichert werden.
    a) Implementieren Sie ein PHP-Skript, das als Formular-Eingabe über die POST-Methode ein festgelegtes, in einer Variablen abgelegtes Kennwort erhält. Wenn das Kennwort korrekt ist, wird der Aushang angezeigt, ansonsten erfolgt eine Fehlermeldung.
    b) Verbessern Sie Ihr PHP-Skript so, dass das Kennwort nicht mehr im Klartext, sondern als SHA1-Hash abgelegt werden kann (PHP-Funktion: `sha1()`). Informieren Sie sich dazu auch über Hash-Verfahren.

15. Für die Immobilienverwaltung ImmoVerPlus soll ein einfacher Rechner zur Abschätzung der Nebenkosten vorbereitet werden. Erstellen Sie ein HTML-Formular formular.html und eine Ausgabeseite nebenkosten.php, die Formulareingaben folgendermaßen verarbeiten:

    - **Eingaben:**
      Kaltmiete in Euro
      Quadratmeterzahl
      Bewohnerzahl
      Auswahlfeld der Heizungsart (Erdgas, Erdöl, Fernwärme, Holzpellets)
    - **Ausgabe/Berechnung:**
      Kaltmiete
      + Heizkosten (qm • Heizkostenfaktor)
      + Wasserkosten (Personenzahl • 7,00 €)
    - **Heizkostenfaktor (Kosten/qm):**
      Erdgas: 11,60 Euro
      Heizöl: 9,30 Euro
      Fernwärme: 13,30 Euro
      Holzpellets: 9,80 Euro

16. Der digitale Aushang wird gut angenommen, ist aber noch zu schwierig zu bedienen. Die Inhalte sollen zukünftig aus einer SQL-Datenbank ausgegeben werden.
    a) Bereiten Sie eine Tabelle in einer SQL-Datenbank vor. Jeder Aushang beinhaltet folgende Informationen: ID-Nummer, Datum, Überschrift, Inhalt, Autor.
    b) Implementieren Sie ein PHP-Skript „uebersicht.php“, welches eine Übersicht aller Aushänge aus der Datenbank holt und als Tabelle ausgibt (Datum, Überschrift, Autor, Link). Der Link soll das folgende Format haben: `aushang.php?id=<id-des-aushangs>`.
    c) Implementieren Sie auch das PHP-Skript „aushang.php“, das jeweils den Aushang mit der passenden ID ausgibt. Achten Sie dabei darauf, die Eingabe „id“ zu überprüfen.
    d) Ergänzen Sie ein Formular „Neuer Aushang“, mit dem sich ein neuer Aushang in die Datenbank eintragen lässt.

17. Die Anwendung zum digitalen Aushang hat großen Anklang gefunden und soll um eine einfache Benutzerverwaltung erweitert werden.
    Erweitern Sie Ihre Arbeitsergebnisse aus Aufgabe 16 entsprechend dieser Anforderungen: Ein Benutzer ist immer genau einer Immobilie zugeordnet, dazu wird eine nummerische ID gespeichert. Genauso wird jeder Aushang der Immobilie über die ID zugeordnet. Nach der Eingabe von Benutzername und Kennwort kann jeder Benutzer dann die Aushänge „seiner“ Immobilie einsehen. Die Kennwörter sollen dabei als Hash-Wert gespeichert werden.

18. Für ein externes Portal soll die Liste die Aushänge auch als XML-Datei ausgegeben werden können. Implementieren Sie ein Skript „uebersichtXML.php“, das die Aushänge im XML-Format ausgibt. Legen Sie die Struktur des XML-Dokuments dazu sinnvoll fest.

7 Fortgeschrittene Softwareentwicklung

Paul lernt nun eine Weile getrennt von Anna und Emre. Er kommt in eine Abteilung, die für die strukturierte Verkabelung von IT-Systemen zuständig ist. Anna hat ein bisschen Angst vor einer Überforderung durch die anstehenden Ausbildungsinhalte. Frau Zeinab beruhigt sie. Verteilte Versionsverwaltung sei inzwischen (fast) überall bei der Softwareentwicklung die Normalität. Frau Zeinab ruft das Projekt „Taschenrechner“ ins Leben, an dem Anna verstärkt arbeiten soll, während sich Emre zusätzlich schon Spezialthemen anschauen darf, wie Entwurfsmuster, Cleancode und objektorientierte Programmierprinzipien.

Im Laufe dieses siebten Kapitels erwirbt Emre die folgenden Kompetenzen, Anna hingegen nur die Kompetenzen, die sich auf die verteilte Versionsverwaltung beziehen.

Sie ...

- ... erläutern die Vorteile von Softwareentwicklung mit einer verteilten Versionsverwaltung, nennen die Grundbegriffe einer verteilten Versionsverwaltung und erläutern einige Git-Kommandos.
- ... realisieren einfache kleine Softwareprojekte mit Git.
- ... unterscheiden Entwurfsmuster in drei Kategorien (Erzeugungsmuster, Strukturmuster und Verhaltensmuster).
- ... ordnen jeder der drei Kategorien mindestens ein Design-Pattern-Beispiel zu und beschreiben dieses.
- ... beschreiben den Sinn und Zweck von „Cleancode“ und überarbeiten einen gegebenen „dirty“ Quelltext so, dass er „clean“ wird.
- ... erläutern den Sinn und Zweck von objektorientierten Entwurfs- und Programmierprinzipien und beschreiben mindestens fünf Prinzipien.
- ... analysieren einen gegebenen Quelltext oder ein gegebenes Klassendiagramm darauf hin, ob gegen Entwurfs- und Programmierprinzipien verstoßen wird.

7.1 Softwareprojekte realisieren mit verteilter Versionsverwaltung

Anna und Emre sollen lernen, ihre Java-Programme gemeinsam zu bearbeiten. Hierfür benötigen sie eine Versionsverwaltung. Ihre Chefin Frau Zeinab bittet sie, sich erst einmal in die Theorie von Git einzuarbeiten. Sie will den beiden später ein kleines Übungsprojekt („Taschenrechner“) geben.

Git ist eines der bekanntesten Software-Tools zur verteilten Versionsverwaltung. Mit einer Versionsverwaltung kann man gemeinsam im Team an einem Softwareprojekt arbeiten. Die Quelltexte werden dazu in einem Repository abgelegt. Ein Repository ist ein Verzeichnis in einem speziellen Format. Es enthält den Quelltext und einige zusätzliche Informationen, mit denen der Versionsverlauf – also die Geschichte des Quelltextes – gespeichert ist.

So kann man genau nachverfolgen, wer wann welche Änderungen an den Dateien des Projekts durchgeführt hat, auf einzelne Zwischenstände der Software zugreifen und (versehentliche) Änderungen wieder rückgängig machen. Mit verschiedenen Tools erleichtern Versionskontrollsysteme auch das Zusammenführen von Änderungen – teilweise sogar automatisiert – und bieten Unterstützung für das parallele Arbeiten in unterschiedlichen Entwicklungszweigen.

Abb. 7.1: Git ist ganz einfach?!

Im Laufe der Zeit haben sich drei verschiedene Typen von Versionsverwaltungssystemen (engl. Version Control Systems, VCS) etabliert:

- Ein **lokales Versionsverwaltungssystem** speichert verschiedene Versionen der Quelltexte zwischen, allerdings nur auf dem lokalen Datenträger. Alle Benutzer verwenden eigene Versionsstände (s. Abb. 7.2). So können (versehentliche) Änderungen rückgängig gemacht werden – allerdings eignen sich diese Systeme nicht für die gemeinsame Arbeit mehrerer Personen und werden für die Teamarbeit nicht mehr eingesetzt.

Abb. 7.2: Lokales Versionskontrollsystem

- Bei einem **zentralen Versionsverwaltungssystem** liegen alle Quelltexte und Versionsstände auf einem zentralen Server, auf den die Entwickler Zugriff benötigen. Ein Entwickler checkt eine Arbeitskopie auf den lokalen Arbeitsplatz aus (lädt also einen bestimmten Versionsstand herunter) und checkt die geänderte Datei nach dem Bearbeiten wieder ein. In der Arbeitskopie ist jedoch nur ein Versionsstand gespeichert. Zum Sichern des Versionsstands ist also immer eine Verbindung zum zentralen Repository erforderlich, und auch die Historie ist nur über das zentrale Repository einsehbar. Bei einem zentralen Versionsverwaltungssystem werden somit die Versionsstände vom Server verwaltet, auf dem lokalen Arbeitsplatz befindet sich jeweils eine bestimmte Version als Arbeitskopie (s. Abb. 7.3).

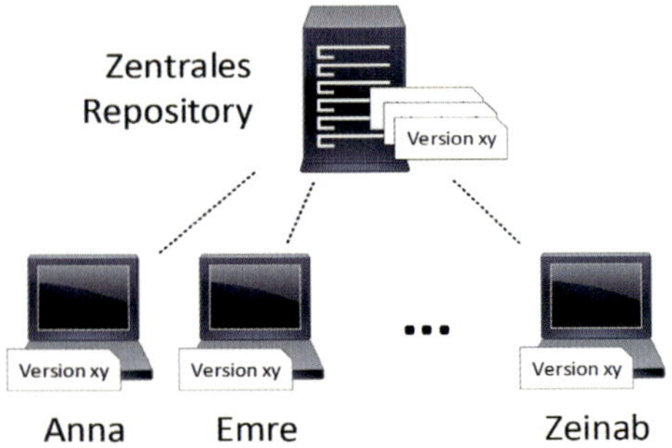

Abb. 7.3: Zentrales Versionskontrollsystem

- Ein **verteiltes Versionskontrollsystem**, engl. Distributed Version Control System (**DVCS**), verzichtet auf ein zentrales Repository. Jeder Entwickler hat ein eigenes Repository auf dem lokalen Arbeitsplatz, mit der vollständigen Historie des gesamten Projekts. So können auch offline verschiedene Versionsstände eingesehen und Änderungen gepflegt werden. Um dennoch einen organisierten Austausch zwischen den Entwicklern zu ermöglichen, wird oft ein gemeinsames Online-Repository im Firmennetzwerk oder bei einem spezialisierten Anbieter gepflegt. Der größte Vorteil eines verteilten Versionskontrollsystems ist, dass beim täglichen Arbeiten die verschiedenen Programmfunktionen unabhängig von anderen Entwicklern implementiert werden können. Alle Entwickler aus dem Projektteam können eigene Zwischenversionen verwalten und die Änderung dann wieder in die Hauptversion einfließen lassen. Erst wenn eine neue Funktion vollständig getestet und implementiert ist, wird sie zurück in das gemeinsame Online-Repository gespielt und in die aktuelle Programmversion integriert. So können evtl. auftauchende Fehler in anderen Funktionen den eigenen Entwicklungsprozess nicht stören.
  Bei einem verteilten Versionskontrollsystem befindet sich somit auf jedem Arbeitsplatz eine vollständige Kopie aller Versionsstände. Zum vereinfachten Austausch wird üblicherweise ein gemeinsames Online-Repository verwendet (s. Abb. 7.4).

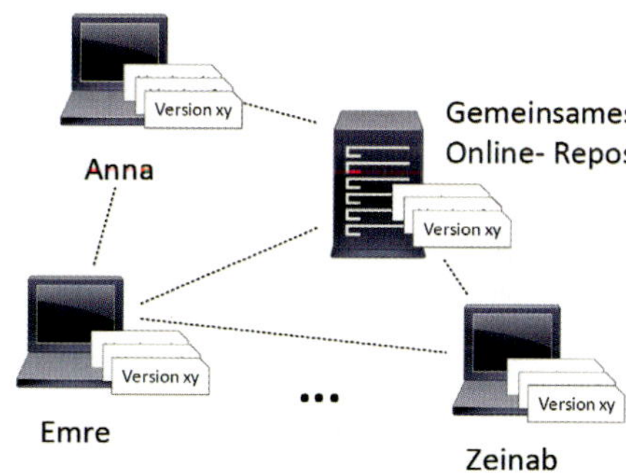

Abb. 7.4: Verteiltes Versionskontrollsystem (DVCS)

Besonders im Zusammenhang mit agilen Entwurfsmethoden kann ein verteiltes Versionskontrollsystem seine Stärken ausspielen. Die bekanntesten Vertreter der verteilten Versionskontrollsysteme sind u. a. Git, mercurial und bazaar. Viele bekannte Open-Source-Projekte verwenden eines dieser drei Systeme. Nicht zuletzt durch die populäre Plattform Github[1] hat sich aber Git als am weitesten verbreitetes System etabliert. Auch weitere Anbieter wie Gitlab[2] oder Atlassian BitBucket[3] setzen Git als zugrunde liegende Technologie für ihre Plattformen ein.

7.1.1 Git-Überblick und Grundbegriffe

Die Daten liegen bei einem typischen Workflow mit Git auf einem gemeinsamen Repository, auf das alle beteiligten Entwickler Zugriff haben. Dazu ist es für alle Beteiligten entweder über das Internet oder das lokale Firmennetz erreichbar. Außerdem hat jeder Entwickler eine lokale Kopie, das lokale Repository, auf dem eigenen Rechner abgelegt. Dass die Versionsstände bei den Entwicklern nicht immer identisch sein müssen, macht die Stärke eines verteilten Versionskontrollsystems wie Git aus: Alle Änderungen werden erst lokal gespeichert und verwaltet und dann bei Bedarf auf das gemeinsame Online-Repository zurück übertragen. Damit sind die Entwickler bei der täglichen Arbeit nicht auf das gemeinsame Online-Repository angewiesen. Sie müssen nur in regelmäßigen

---

1 https://github.com/
2 https://about.gitlab.com/
3 https://bitbucket.org/

Abständen die eigenen Fortschritte darauf übertragen und Zwischenstände der anderen Entwickler zurück in das eigene Repository spiegeln (s. Abb. 7.5).

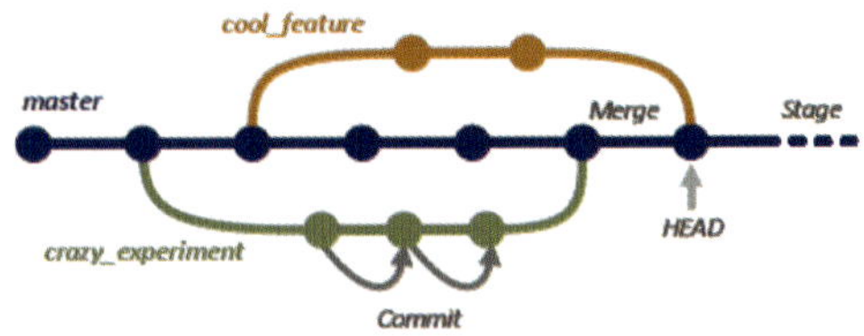

Abb. 7.5: Beispiel-Repository mit zwei Branches

Dazu wird für ein Feature, also eine neue Funktion, ein neuer Branch (dt. Zweig) erstellt.

- Ein Branch ist die Kopie des ganzen Programms. Mit der Kopie kann man unabhängig von anderen Entwicklern arbeiten, die neue Funktion implementieren und testen.
- Sobald ein Teil eines Features funktioniert, kann man mit einem Commit den Zwischenstand im eigenen Branch abspeichern. Jeder Entwickler hat also immer eine funktionierende Zwischenlösung, z. B. zur Vorführung für den Kunden.
- Der Zustand zwischen zwei Commits, also eine nicht gesicherte Zwischenversion, heißt in der Git-Welt Stage.
- Zu einem Commit gehört immer ein Comment: Was hat man geändert, und warum?
- Mit einem Push landet der eigene Zwischenstand dann auf dem Git-Server. Ansonsten bleiben alle Änderungen nur auf dem eigenen Rechner.
- Wenn man ein Feature fertiggestellt hat, kann man es mit einem Merge zurück in den Hauptzweig – den Master-Branch – schieben. Damit ist das Feature fertig.

Will man auch die Änderungen anderer Anwender aus dem gemeinsamen Repository laden, kann man mit einem Pull die Änderungen auf den eigenen Rechner holen.

Für viele Entwicklungsoberflächen wie Visual Studio, Eclipse oder IntelliJ stehen auch Git-Anbindungen mit grafischer Oberfläche zur Verfügung. Im folgenden Übungsprojekt wird jedoch die Git-Kommandozeile verwendet, die man für diverse Betriebssysteme auf der Webseite von Git[1] herunterladen und auf dem eigenen Rechner installieren kann.

Im weiteren Verlauf dieses Kapitels kann man anhand eines kleinen Übungsprojekts die Bedienung von Git als Beispiel für ein verteiltes Versionskontrollsystem kennenlernen und Schritt für Schritt die wichtigsten Befehle für die tägliche Entwicklungsarbeit nutzen und ausprobieren. Innerhalb des Übungsprojekts werden die wichtigsten Git-Kommandos kurz vorgestellt und beispielhaft erläutert. Am Ende des Kapitels findet man eine kurze Übersicht zum Nachschlagen und ein Glossar der wichtigsten Begriffe aus der Git-Welt.

7.1.2 Git in der Praxis: Übungsprojekt „Taschenrechner"

Jetzt ist es endlich soweit: Anna und Emre dürfen ihr erstes eigenes Git-Projekt realisieren.

In den nächsten Unterabschnitten werden einige für die Softwareentwicklung wichtige Git-Abläufe beispielhaft vorgestellt. Für eine ausführliche Beschreibung der Funktionalität von Git sei an dieser Stelle auf die Git-Dokumentation verwiesen.[2]

---

1 *https://git-scm.com/*
2 *https://git-scm.com/book/*

Der Quelltext des Beispielprogramms kann dabei jeweils mit einer beliebigen Entwicklungsumgebung bearbeitet werden. Zum Verwalten des Quelltextes werden die Git-Kommandozeilenbefehle eingesetzt.

Die folgende Abb. 7.6 stellt die Ausgabe des zu implementierenden Programms „Taschenrechner“ dar.

```
============================
|      Taschenrechner       |
============================
| Options:                  |
|         1. Addieren       |
|         2. Subtrahieren   |
|         3. Multiplizieren |
|         4. Dividieren     |
|         5. Exit           |
============================
Select option: 1
1. Zahl: 123
2. Zahl: 17

Ergebnis: 123.0 + 17.0 = 140.0
```

Abb. 7.6: TUI des Programms „Taschenrechner“

Die folgende Abb. 7.7 stellt die beiden Klassen des zu implementierenden Taschenrechners als UML-Klassendiagramm dar.

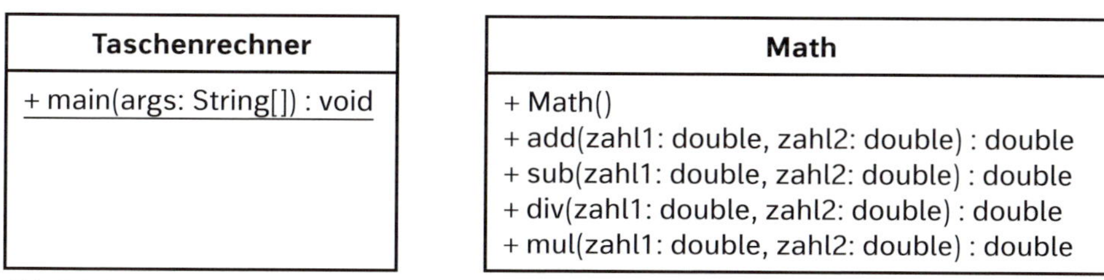

Abb. 7.7: UML-Klassendiagramm für das Programm „Taschenrechner“

Bevor überhaupt mit der Entwicklung begonnen wird, wird in der Regel ein gemeinsames Online-Repository für die Verwaltung der Software erstellt („taschenrechner_rep.git“). Dazu nutzt man einen Online-Git-Anbieter – das könnten z. B. BitBucket, Github oder Gitlab sein[1] – oder man verwendet einen selbst bereitgestellten Server.

Nach der Erstellung des Online-Repositorys sollen alle beteiligten Entwickler ihren eigenen Account mit den entsprechenden Rechten erhalten (Lese- und Schreibrechte).

Erstellung einer Kopie des Online-Repositorys (Klonen)

Jeder Entwickler erstellt eine Kopie des aktuellen Online-Repositorys auf seinem lokalen Arbeitsrechner und benutzt dabei seine eigenen Zugangsdaten.

Hierzu kann der Entwickler z. B. in sein Home-Verzeichnis wechseln und dort das Verzeichnis „reps“ für alle lokalen Repositorys anlegen. Anschließend wechselt er in das Verzeichnis „reps“ und klont das gemeinsame Online-Repository.

1 *https://bitbucket.org/, https://github.com, https://gitlab.com*

```
$ cd ~
$ mkdir reps
$ cd reps/
$ git clone https://emre@supergit.org/anna/taschenrechner_rep.git
 Cloning into 'taschenrechner_rep'...
 warning: You appear to have cloned an empty repository.
$ ls
 taschenrechner_rep/
$ cd taschenrechner_rep/
```

Eine neue Datei unter Git-Verwaltung stellen und versionieren

Ein Entwickler erstellt die Klasse `Math` („Math.java") und implementiert die erste Methode dieser Klasse.

```
public class Math {
  public double add(double zahl1, double zahl2) {
    return zahl1 + zahl2;
  }
}
```

Damit eine Datei von Git verwaltet werden kann, muss sie zuerst unter die Git-Verwaltung gestellt werden. Dies geschieht mithilfe des Kommandos `add`. Erst danach kann der aktuelle Stand der Datei versioniert werden. Hierzu verwendet man das Kommando `commit` und übergibt dabei in der Regel eine kurze Log Message.

```
$ git add Math.java
$ git commit -m "initial version with add function"
 [master (root-commit) 2edc3f3] initial version with add function
  1 file changed, 5 insertions(+)
  create mode 100644 Math.java
```

Übertragung des aktuellen Stands des lokalen Repositorys in das Online-Repository

Vor der Übertragung der Änderungen in das gemeinsame Online-Repository muss der aktuelle Stand des gemeinsamen Repositorys geholt und dieser mit dem aktuellen Stand der Software auf dem lokalen Repository zusammengeführt werden (`merge`). Anschließend soll der neue Stand erneut getestet und ggf. korrigiert und versioniert werden.

Erst nach einem erfolgreichen Test darf die neue Version in das gemeinsame Online-Repository übertragen werden.

Diese Vorgehensweise dient dazu, dass die auf dem gemeinsamen Repository gespeicherte Software möglichst konflikt- bzw. fehlerfrei bleibt. Somit werden die Entwickler nicht unnötig mit Fehlern der anderen belastet.

```
$ git pull origin
$ git push origin master
 Counting objects: 3, done.
 Delta compression using up to 8 threads.
 Compressing objects: 100% (2/2), done.
 Writing objects: 100% (3/3), 304 bytes | 304.00 KiB/s, done.
 Total 3 (delta 0), reused 0 (delta 0)
 To https://supergit.org/anna/taschenrechner_rep.git
  * [new branch]      master -> master
```

Entwickeln mit dem Git-Branch

Git unterstützt wie fast alle anderen Versionsverwaltungstools das Branching-Konzept. Im Gegensatz zu anderen Versionsverwaltungstools ist Branching bei Git sehr effizient umgesetzt. Das heißt, das Erstellen bzw. Löschen von Branches geschieht sehr schnell und kostet dabei wenig Ressourcen. Branching bedeutet, dass man sich von der Hauptentwicklungslinie trennt. Dies kann aus verschiedenen Gründen geschehen, z. B. wenn die Software unabhängig voneinander in verschiedene Richtungen entwickelt werden soll oder wenn man erst nach vollständiger Implementierung bestimmter Features diese in die Hauptentwicklungslinie integrieren und somit den anderen Entwicklern zur Verfügung stellen möchte.

Beispiel:
Ein Entwickler will an der Oberfläche des Taschenrechners arbeiten und erst nach Abschluss seiner Arbeit den Teammitgliedern sein Ergebnis zur Verfügung stellen. Hierzu erstellt er den neuen Branch „impl_taschenrechner“ und wechselt dort hin.

```
$ git branch impl_taschenrechner
$ git checkout impl_taschenrechner
     Switched to branch 'impl_taschenrechner'
```

Im neuen Branch wird eine erste Version (Addition der "hardcodierten" Zahlen 4 und 5) der Klasse `Taschenrechner` implementiert, getestet und versioniert. Dies geschieht so lange, bis die Klasse vollständig implementiert ist.

```
import java.util.Scanner;
public class Taschenrechner {

  public static void main(String[] args) {

    Scanner myScanner = new Scanner(System.in);
    Math aMath = new Math();
    char option;
```

```
        // Display menu
        System.out.println("==============================");
        System.out.println("| MENU SELECTION DEMO        |");
        System.out.println("==============================");
        System.out.println("| Options:                   |");
        System.out.println("|        1. Addieren         |");
        System.out.println("|        2. Subtrahieren     |");
        System.out.println("|        2. Multiplizieren   |");
        System.out.println("|        3. Dividieren       |");
        System.out.println("|        4. Exit             |");
        System.out.println("==============================");
        System.out.print(" Select option: ");
        option = myScanner.next().charAt(0);

        // Switch construct
        switch (option) {
        case '1':
          System.out.println("4 + 5 = " + aMath.add(4, 5));
          break;
        // ...
        default:
          System.out.println("Invalid selection");
        }
    }
}
```

```
$ git add Taschenrechner.java
$ git commit -m "file Taschenrechner.java added"
 [impl_taschenrechner 7718bfc] file Taschenrechner.java added
  1 file changed, 34 insertions(+)
  create mode 100644 Taschenrechner.java
```

Um die neuen Entwicklungen in die Hauptentwicklungslinie zu übernehmen, wechselt der Entwickler zum Master-Branch und führt das Kommando `merge` aus.

```
$ git checkout master
 Switched to branch 'master'
 Your branch is up-to-date with 'origin/master'.
$ git merge impl_taschenrechner
 Updating 2edc3f3..7718bfc
 Fast-forward
  Taschenrechner.java | 34 ++++++++++++++++++++++++++++++++++
  1 file changed, 34 insertions(+)
  create mode 100644 Taschenrechner.java
```

Um sicherzustellen, dass sich keine Fehler eingeschlichen haben, wird im Master-Branch alles nach der Zusammenführung noch mal getestet. Sind alle neuen Teile erfolgreich integriert und getestet, kann der erstellte Branch wieder entfernt werden.

Jetzt muss nur noch der aktuelle Stand auf das gemeinsame Online-Repository übertragen werden. Wie diese Übertragung mithilfe von Git umgesetzt werden kann, wurde bereits im vorherigen Abschnitt beschrieben.

```
$ git branch -d impl_taschenrechner
 Deleted branch impl_taschenrechner (was 7718bfc).
$ git pull origin
 Already up-to-date.
$ git push origin master
 Counting objects: 3, done.
 Delta compression using up to 8 threads.
 Compressing objects: 100% (3/3), done.
 Writing objects: 100% (3/3), 697 bytes | 697.00 KiB/s, done.
 Total 3 (delta 0), reused 0 (delta 0)
 To https://supergit.org/anna/taschenrechner_rep.git
    2edc3f3..7718bfc  master -> master
```

Es ist empfehlenswert, dass die neuen Features immer in einem neuen Branch entwickelt werden. Erst wenn die Entwicklung vollständig abgeschlossen und erfolgreich getestet wurde, soll sie in den Master-Branch übernommen und dort noch mal getestet werden. Zum Schluss sollten diese Entwicklungs-Branches der Übersichtlichkeit halber wieder entfernt werden.

Durch diese Vorgehensweise stellt man sicher, dass während der Entwicklungsphase immer eine lauffähige Version der Software im Master-Branch vorhanden ist.

Überblick über die Versionen

Mithilfe des Log-Befehls erhält man einen Überblick über die erstellten Versionen (Commits) im aktuellen Branch.

```
$ git log
commit b7b605fdbc2353d868bc490876624452663404fc
Author: Emre <emre@tortoisetools.io>
Date:   Thu Aug 10 12:44:46 2017 +0200

    function sub implemented

commit 7718bfc7d0ee5b0bce4f48fa1bc9ebba39625d4b
Author: Anna <anna@tortoisetools.io>
Date:   Thu Aug 10 12:37:08 2017 +0200

    file Taschenrechner.java added

commit 2edc3f3543d9fa5643074e24a08620f201be88b9
Author: Emre <emre@tortoisetools.io>
Date:   Thu Aug 10 12:28:47 2017 +0200

    initial version with add function
```

Was ist ein Konflikt in der Git-Welt?

Ein Konflikt entsteht immer dann, wenn eine Datei an zwei Stellen – in verschiedenen Branches oder in verschiedenen lokalen Repositorys – in einer neueren, geänderten Version vorliegt und deswegen nicht klar ist, welche Version übernommen werden soll. Bei der Entwicklung des Taschenrechners stellt z. B. ein Entwickler während des Testens einen Fehler in einem von ihm nicht implementierten Bereich fest und beseitigt diesen Fehler. Durch das oben beschriebene Szenario kann eine Stelle in der gleichen Datei von mehreren Leuten unabhängig voneinander in ihrem lokalen Repository geändert werden. Wenn man diese verschiedenen Versionen zusammenführen möchte, werden diese von Git als Konflikte erkannt.

```
$ git add Taschenrechner.java
$ git commit -m "sub() method added and tested"
 [master 2198ad8] sub() method added and tested
  1 file changed, 3 insertions(+)
$ git pull
 remote: Counting objects: 9, done
 remote: Finding sources: 100% (6/6)
 remote: Getting sizes: 100% (6/6)
 remote: Total 6 (delta 1), reused 6 (delta 1)
 Unpacking objects: 100% (6/6), done.
 From https://supergit.org/anna/taschenrechner_rep.git
    7718bfc..dfc3a2a master -> origin/master
 Auto-merging Taschenrechner.java
 CONFLICT (content): Merge conflict in Taschenrechner.java
 Automatic merge failed; fix conflicts and then commit the result.
```

In manchen Fällen kann Git die Konflikte automatisch lösen, z. B. wenn verschiedene Zeilen geändert wurden oder eine Datei zwischenzeitlich umbenannt wurde. Manchmal hilft aber nur „Handarbeit“. Im letzteren Fall erzeugt Git einen sog. „Diff“ in der ursprünglichen Datei. Dabei werden alle Änderungen gekennzeichnet und man kann selbst von Änderung zu Änderung entscheiden, was übernommen werden soll.

Ein Beheben der Konflikte ist mit grafischen Tools allerdings meist einfacher als mit einem Texteditor. Hier ein Auszug aus „Taschenrechner.java“, der Konflikt ist orange markiert. Die lokale Version ist der obere Abschnitt – er beginnt mit „HEAD“.

```
...
 case '2':
<<<<<<< HEAD
          System.out.println("4 - 5 = " + aMath.sub(4, 5));
          break;
=======
          System.out.println("5 - 4 = " + aMath.sub(5, 4));
          break;
>>>>>>> dfc3a2a42d75ee3aee95e820bdd1b82a4dcac4e1
 default:
...
```

Sobald man den Konflikt behoben hat, kann man mit einem add und dem anschließenden commit eine neue, konfliktfreie Version erstellen.

```
$ git add Taschenrechner.java
$ git commit -m „Conflict resolved :-)“
 [master 684d872] Conflict resolved :-)
$ git pull origin
 Already up-to-date.
$ git push origin
 Counting objects: 4, done.
 Delta compression using up to 4 threads.
 Compressing objects: 100% (4/4), done.
 Writing objects: 100% (4/4), 564 bytes | 0 bytes/s, done.
 Total 4 (delta 1), reused 0 (delta 0)
 remote: Resolving deltas: 100% (1/1)
 remote: Updating references: 100% (1/1)
 To https://supergit.org/anna/taschenrechner_rep.git
    dfc3a2a..684d872  master -> master
```

Wo speichert Git seine Daten?

Im Repository-Verzeichnis findet man ein verstecktes Verzeichnis mit dem Namen „.git“. Hier befindet sich die lokale Kopie (s. Abb. 7.8) des vollständigen Repositorys mit allen Commits, Branches und Verwaltungsdaten. Außerdem speichert Git dort alle Änderungen zwischen, die man mit git add für einen Commit vorgemerkt hat.

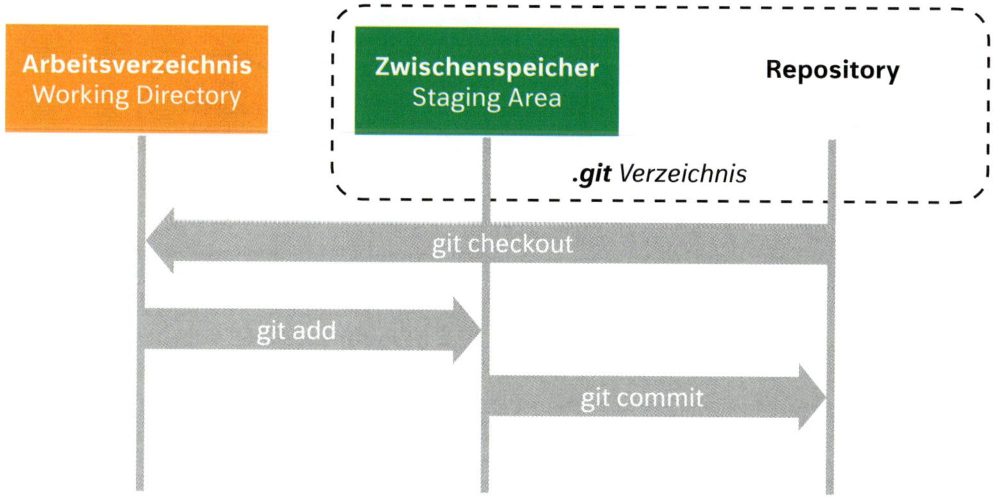

Abb. 7.8: Aufbau eines lokalen Repositorys

Der Zwischenspeicher lässt sich auch mit dem Befehl git stash sichern. So kann man halb fertige Arbeiten behalten und trotzdem z. B. den Branch wechseln. Mit git stash list kann man sich den sog. Stack anzeigen lassen und ihn mit git stash apply wieder zurück ins Arbeitsverzeichnis holen.

7.1.3 Zusammenfassung, Git-Kommandos im Überblick und Glossar

Neben kleinen Projekten, wie beim Übungsprojekt „Taschenrechner“, wird Git in der Regel bei viel größeren Projekten (sowohl kommerziell als auch bei Community-Projekten) eingesetzt. Unter https://github.com/torvalds/linux findet man z. B. das Git-Repository des Linux-Kernels.

Die vollständige Dokumentation zu Git und einige Videos findet man online unter https://git-scm.com/doc. Wenn man tiefer in die Materie einsteigen und weitere Funktionen von Git kennenlernen möchte – z. B. den Stash – findet man unter https://git-scm.com/book/ eine Online-Version des englischsprachigen Buchs „Pro Git“ von Scott Chacon und Ben Straub sowie eine deutsche Übersetzung davon. Die Firma Atlassian, Anbieter der Plattform Bitbucket, stellt außerdem verschiedene englischsprachige Tutorials unter https://www.atlassian.com/git/tutorials bereit.

Abb. 7.9: Git Kommentare – Dein Freund und Helfer?!

Im Folgenden werden die wichtigsten Git-Kommandos und ihre Bedeutung aufgelistet. Von den meisten Kommandos gibt es noch viele weitere Varianten und Optionen. Mit dem Parameter `-h` kann man sich in der Git-Kommandozeile zu jedem Kommando eine Kurzhilfe anzeigen lassen, z. B. `git add -h`. Mit dem Aufruf von `git help add` kann man eine ausführliche Hilfe aufrufen.

1. Repositories erstellen oder clonen
   - `git init [Projektname]` erzeugt ein neues lokales Repository mit dem Namen `Projektname`.
   - `git clone [URL]` lädt ein entferntes Repository von der Adresse `URL` mit der gesamten Versions-Historie herunter und stellt es als lokales Repository zur Verfügung.
2. Änderungen an Quelltexten verwalten
   - `git status` zeigt alle neuen oder geänderten Dateien an, die noch commited oder geaddet werden müssen.
   - `git add [Datei]` fügt dem Index eine **Änderung** hinzu und merkt sie damit für den nächsten Commit vor.

- `git commit` bestätigt alle Änderungen und erstellt einen neuen Versionsstand im lokalen Repository (aber noch nicht im entfernten).
- `git diff` zeigt die Änderungen zwischen zwei Versionsständen, z. B. zwischen der aktuellen Arbeitsversion und dem letzten Commit, aber auch zwischen zwei Branches.
- `git revert <commit>` erstellt einen neuen Commit, der alle Änderungen seit einem bestimmten Commit rückgängig macht – eine sichere Variante, um ungewünschte, aber bereits von einem Commit erfasste Änderungen rückgängig zu machen.
- `git rm` löscht eine Datei aus der Arbeitskopie und merkt die Löschung für den nächsten Commit vor.

3. Arbeiten mit Branches
   - `git branch` zeigt alle Branches im Repository an.
   - `git branch <Branch>` erzeugt einen neuen Branch mit dem Namen `<Branch>`.
   - `git branch -d <Branch>` löscht einen nicht mehr benötigten Branch mit dem Namen `<Branch>`.
   - `git checkout <Branch>` wechselt in den Branch `<Branch>` und aktualisiert die Arbeitskopie.
   - `git merge <Branch>` pflegt die Änderungen **aus** dem Branch `<Branch>` **in** den aktuellen Branch ein und warnt bei evtl. auftretenden Konflikten, die dann von Hand gelöst werden müssen.
4. Synchronisieren mit entfernten Repositorys
   - `git fetch <Remote>` aktualisiert das lokale Repository: Es lädt die neusten Änderungen vom entfernten Repository `<Remote>` herunter, jedoch ohne Aktualisieren des Arbeitsverzeichnisses. Üblicherweise wird das ursprüngliche Repository mit `git fetch origin` verwendet.
   - `git pull <Remote>` aktualisiert das lokale Repository: Es lädt die neusten Änderungen vom entfernten Repository `<Remote>` herunter (`git fetch <Remote>`) und führt sie mit dem aktuellen Stand der Arbeitskopie zusammen (`git merge`).
   - `git push <Remote> <Branch>` lädt die Änderungen aus einem lokalen Branch `<Branch>` zu einem entfernten Repository `<Remote>` hoch – typischerweise wird dabei der Master-Branch zum ursprünglichen Repository gepusht:
     `git push origin master`.

7

Die folgende Tabelle fasst noch einmal einige wichtige Begriffe als Glossar zusammen.

Arbeitsverzeichnis	Bereich des (lokalen) Repositorys, in dem Änderungen vorgenommen werden
Branch	Nebenzweig im → Repository, technisch eine Sammlung von → Commits. Wird oft verwendet, um neue → Features in das Programm einzubauen.
Clean	Gegenteil von dirty – bezeichnet ein Arbeitsverzeichnis, in dem keine Änderungen im Vergleich zum letzten (lokalen) Commit vorgenommen wurden.
Clone	Erstellen einer Kopie eines → Repository als neues, lokales Repository. Dabei wird die gesamte Historie (alle → Commits) des Projekts mitkopiert.
Conflict	Er entsteht, wenn zwei unterschiedliche Versionen einer Datei (z. B. aus zwei verschiedenen Branches oder zwei verschiedenen → Repositories) zusammengeführt werden sollen und an der gleichen Stelle Änderungen vorgenommen wurden. Schlägt ein automatischer → Merge fehl und die Änderungen müssen von Hand zusammengeführt werden, ist ein → Conflict entstanden.
Comment	Wird auch Log Message genannt. Kurzzusammenfassung der Inhalte eines → Commits, steht als Änderungsprotokoll zur Verfügung. Viele Versionskontrollsysteme erfordern einen Comment.
Commit	Ablegen von Änderungen im Verzeichnis. Zu diesen Änderungen kann immer wieder zurückgesprungen werden.
Dirty	Bezeichnet ein Arbeitsverzeichnis, in dem lokale Änderungen vorgenommen wurden, die noch nicht von einem Commit erfasst wurden – z. B., weil eine Datei geändert oder neu hinzugefügt wurde.
Feature	Kleiner Teil der entwickelten Software, z. B. neue Funktion im Dialogfenster.
Fork	Aus einem vorhandenen → Repository durch Kopie erstelltes Repository – nicht zu verwechseln mit einem → Clone.
Head	Zeigt auf den neuesten Commit (also den aktuellen Stand) im verwendeten → Branch.
Index	Andere Bezeichnung für → Staging Area.
Log Message	s. → Comment.
Master	Der Haupt-→ Branch. Er sollte immer einen lauffähigen Zwischenstand der entwickelten Software enthalten.
Merge	Zusammenführen von zwei Branches, insbesondere auch beim Einpflegen eines neuen → Features in den → Master.
Pull	Abrufen von aktuellen Änderungen aus einem entfernten → Repository, also z. B. einem Git-Server im Internet.
Push	Senden von Änderungen vom lokalen Repository auf den Git-Server.
Repository	Datenbank, die Informationen über die Historie aller Dateien eines Softwareprojekts enthält.
Resolve	Auflösen eines → Conflicts durch manuellen Eingriff. Er muss anschließend, wie normale Änderungen auch, mit einem Commit „bestätigt“ werden.
Stage / Staging Area	Aktueller „Stand“ des Projekts zwischen zwei → Commits. In der Staging Area werden alle Änderungen gesammelt, die für den nächsten Commit vorgemerkt wurden. Wird manchmal auch als Index bezeichnet.

Git ist eines der bekanntesten Software-Tools zur **verteilten Versionsverwaltung**. Mit einer Versionsverwaltung können Teams nicht nur gemeinsam an einem Softwareprojekt, sondern auch einzelne Softwareentwickler an verschiedenen Orten zur selben Zeit an demselben Quelltext arbeiten. Die vollständige Dokumentation zu Git und einige Videos findet man online unter https://git-scm.com/doc. Wenn man tiefer in die Materie einsteigen und weitere Funktionen von Git kennenlernen möchte, findet man unter https://git-scm.com/book/ eine Online-Version des englischsprachigen Buchs „Pro Git" (Autoren: Scott Chacon und Ben Straub) sowie eine deutsche Übersetzung davon.
Die Firma Atlassian (Anbieter der Plattform Bitbucket) stellt außerdem verschiedene englischsprachige Tutorials bereit (unter https://www.atlassian.com/git/tutorials).

7.2 Design Patterns (exemplarisch)

7.2.1 Einführung

Verschiedene Softwareprobleme (und die damit verbundenen Lösungen) kommen immer wieder vor. Damit das „Rad nicht immer wieder neu erfunden" werden muss, gibt es in der Softwaretechnik sog. Entwurfsmuster (Design Patterns), die bewährte Lösungen darstellen.

Entwurfsmuster werden schon lange diskutiert. Die ersten, die diese geordnet und strukturiert 1994 veröffentlichten, waren Erich Gamma, Richard Helm, Ralph Johnson und John Vlissides (bekannt auch als „Gang of Four", GoF).[1]

Sie unterteilen Design Patterns in drei Bereiche: Creational Patterns (Erzeugungsmuster), Structural Patterns (Strukturmuster) und Behavioral Patterns (Verhaltensmuster).

Bei den Erzeugungsmustern (erzeugende Muster) gehen sie auf die Folgenden ein:

- Abstract Factory (abstrakte Fabrik)
- Builder (Erbauer)
- Factory Method (Fabrikmethode)
- Prototype (Prototyp)
- Singleton (Einzelstück)

Bei den Strukturmustern (strukturelle Muster) werden Folgende erläutert:

- Adapter (Adapter)
- Bridge (Brücke)
- Composite (Komposition)
- Decorator (Dekorierer)
- Facade (Fassade)
- Flyweight (Fliegengewicht)
- Proxy (Stellvertreter)

---

1 *Vgl. Gamma, Erich/Helm, Richard/Johnson, Ralph/Vlissides, John: Design Patterns – Elements of Reusable Object-Oriented Software, Upper Saddle River (New Jersey), Prentice Hall, 1994*

Zu den Verhaltensmustern werden die Folgenden angegeben:

- Chain of Responsibility (Zuständigkeitskette)
- Command (Kommando)
- Interpreter (Interpreter)
- Iterator (Iterator)
- Mediator (Vermittler)
- Memento (Memento)
- Observer (Beobachter)
- State (Zustand)
- Strategy (Strategie)
- Template Method (Schablonenmethode)
- Visitor (Besucher)

Das MVC-Pattern (Model View Controller) ist für sie kein eigenständiges Pattern, sondern ein zusammengesetztes aus z. B. Observer, Composite und Strategy Pattern. Im Folgenden wird exemplarisch ein Entwurfsmuster aus jedem dieser Bereiche vorgestellt.

7.2.2 Erzeugende Muster (Beispiel Singleton)

Das Singleton-Pattern bzw. Einzelstück-Muster wird dort verwendet, wo man für eine Klasse nur genau ein Objekt zulassen will.

Die „Gang of Four“ schreibt zur Intention des Musters: „Ensure a class only has one instance, and provide a global point of access to it.“[1]

Dieses Ziel erreicht man dadurch, dass man den Konstruktor der Klasse `private` deklariert und eine getInstance-Klassenmethode für den Anwender bereithält, die immer die gleiche Referenz auf ein und dasselbe Objekt zurückliefert (s. Abb. 7.10).

Abb. 7.10: Beispiel „Vereinte Nationen“ als Singleton-Muster

Die Objekterzeugung, z. B. in der Main-Methode des Anwendungsprogramms, ist dann wie folgt:

```
VereinteNationen organisation = VereinteNationen.getInstance();
```

Die Methode `getInstance()` ist in der Klasse `VereinteNationen` wie folgt deklariert:

1 *Quelle: Gamma, Erich/ Helm, Richard/Johnson, Ralph/Vlissides, John: Design Patterns – Elements of Reusable Object-Oriented Software, Boston, Addison-Wesley, 1995, S. 127*

```
public static VereinteNationen getInstance() {
  if (instance == null)
    instance = new VereinteNationen();
  return instance;
}
```

Wenn an dem Klassenattribut `instance` schon über eine Referenz ein Objekt „hängt", dann wird diese zurückgegeben; wenn nicht, dann wird die entsprechende Instanz vor der Rückgabe einmalig erzeugt und die Referenz auf diese Instanz gesetzt.

In Java wird auch immer mehr die folgende Implementierung mithilfe eines Aufzählungsdatentyps (`enum`) verwendet. Sie hat u. a. Vorteile bei der Serialisierung und bei Threads. Der Aufzählungsdatentyp besteht dabei nur aus einem Wert (hier: `INSTANCE`) und evtl. weiteren Methoden:

```
public enum VereinteNationen {
  INSTANCE;
  // evtl. Methoden
}
```

Er wird dann wie folgt verwendet:

```
VereinteNationen organisation = VereinteNationen.INSTANCE;
```

7.2.3 Strukturelle Muster (Beispiel Facade)

Für die strukturellen Muster soll hier als Beispiel das Facade-Pattern bzw. das Fassade-Muster erläutert werden. Es dient dazu, dem Anwender die Arbeit mit Subsystemen zu erleichtern, indem man diese hinter einer Fassade versteckt und die Kommunikation nur über das Fassade-Objekt stattfindet.

Die „Gang of Four" schreibt zur Intention des Musters: „Provide a unified interface to a set of interfaces in a subsystem. Facade defines a higher-level interface that makes the subsystem easier to use."[1]

Als Anwendungsfall soll ein Onlineshop angenommen werden. Die beiden Subsysteme dieses Shops lauten wie folgt:

1 *Quelle: Gamma, Erich/ Helm, Richard/Johnson, Ralph/Vlissides, John: Design Patterns – Elements of Reusable Object-Oriented Software, Boston, Addison-Wesley, 1995, S. 185*

```
public class Zahlung {

  public boolean istAbbuchungErfolgreich(int kundenNr,
                                         double betrag) {
    if (...)
      return true;
    else
      return false;
  }

}

public class Artikelbestand {

  public boolean istArtikelVorhanden(int artikelNr) {
    if (...)
      return true;
    else
      return false;
  }

}
```

Der Shop müsste jetzt wie folgt mit seinen Subsystemen kommunizieren:

```
public static void main(String[] args) {

  Zahlung z = new Zahlung();
  Artikelbestand a = new Artikelbestand();

  // Es fehlt an dieser Stelle:
  // Einlesen der Kundennummer und des Artikelwunsches

  if (!a.istArtikelVorhanden(artikelNr))
    System.out.println("Artikel ist nicht vorhanden!");
  else
    if (!z.istAbbuchungErfolgreich(kundenNr, betrag))
      System.out.println("Zahlung ist nicht erfolgt!");
    else
      System.out.println("Alles ok!");

}
```

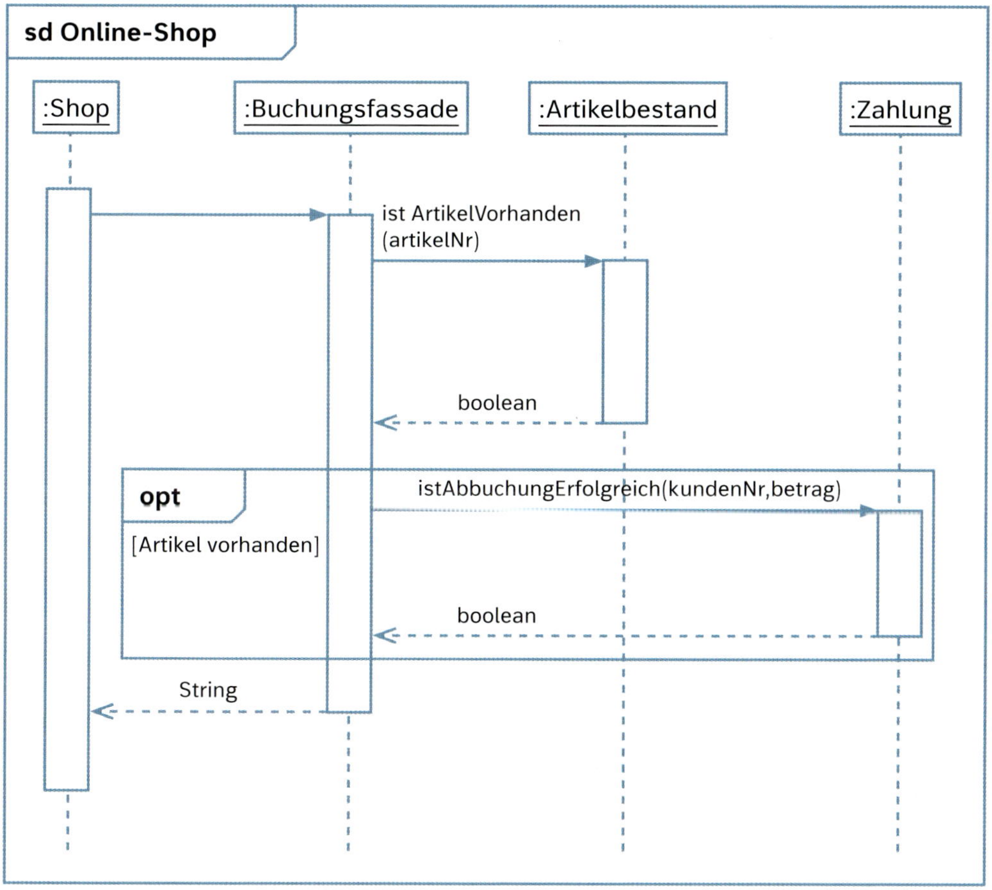

Abb. 7.11: Onlineshop mit Fassade-Muster

Leichter wäre es für den Shop, mit einer „Buchungs-Fassade“ zu kommunizieren (s. Abb. 7.11):

```
public static void main(String[] args) {

  BuchungsFassade bf = new BuchungsFassade();

  // Es fehlt an dieser Stelle:
  // Einlesen der Kundennummer und des Artikelwunsches

  System.out.println(bf.buche(kundenNr, artikelNr));

}
```

Die Programmierer stellen dazu zusätzlich die Fassade bereit, die den Buchungsvorgang abbildet:

```
public class BuchungsFassade {

  private Zahlung z = new Zahlung();
  private Artikelbestand a = new Artikelbestand();

  public String buche(int kundenNr, int artikelNr) {
    if (!a.istArtikelVorhanden(artikelNr))
      return "Artikel ist nicht vorhanden!";
    else
      if (!z.istAbbuchungErfolgreich(kundenNr, betrag))
        return "Zahlung ist nicht erfolgt!";
      else
        return "Alles ok!";
  }

}
```

7.2.4 Verhaltensmuster (Beispiel Observer)

Das Observer-Pattern bzw. Beobachter-Muster ist ein sehr häufig angewendetes Pattern. Dieser Musterentwurf wird dann eingesetzt, wenn ein Objekt seine Zustandsänderung den von ihm abhängigen Objekten mitteilen will.
Oft geht es dabei um Attributwerte, die auf der Benutzungsoberfläche angezeigt werden sollen. Ein mögliches Vorgehen ist, dass die Anzeige in regelmäßigen Zeitabständen den anzuzeigenden Wert abfragt (Polling-Verfahren). Ein Nachteil dieses Vorgehens ist, dass unnötige Kommunikation entsteht, wenn sich der Wert in der Zwischenzeit nicht geändert hat. Hier setzt das Beobachter-Muster an: Die Anzeigen beobachten nicht den Messwert, sondern das Objekt bzw. der Messwert meldet seine Zustandsänderung (s. Abb. 7.12).

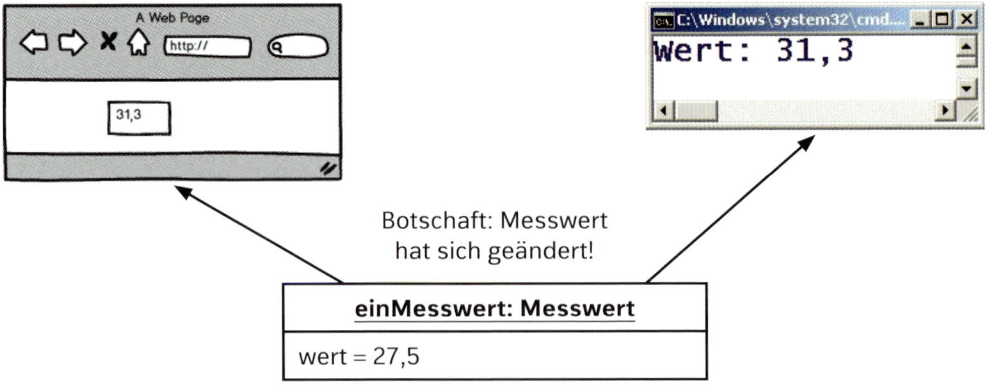

Abb. 7.12: Messwert meldet seine Zustandsänderung

Die „Gang of Four" schreibt zur Intention des Musters: „Define a one-to-many dependency between objects so that when one object changes state, all its dependents are notified and updated automatically."[1]

Das Klassendiagramm des Patterns enthält die Klasse `Messwert`, die abstrakte Klasse `Beobachter` und die Klassen `WebBeobachter` und `KonsolenBeobachter` (s. Abb. 7.13).

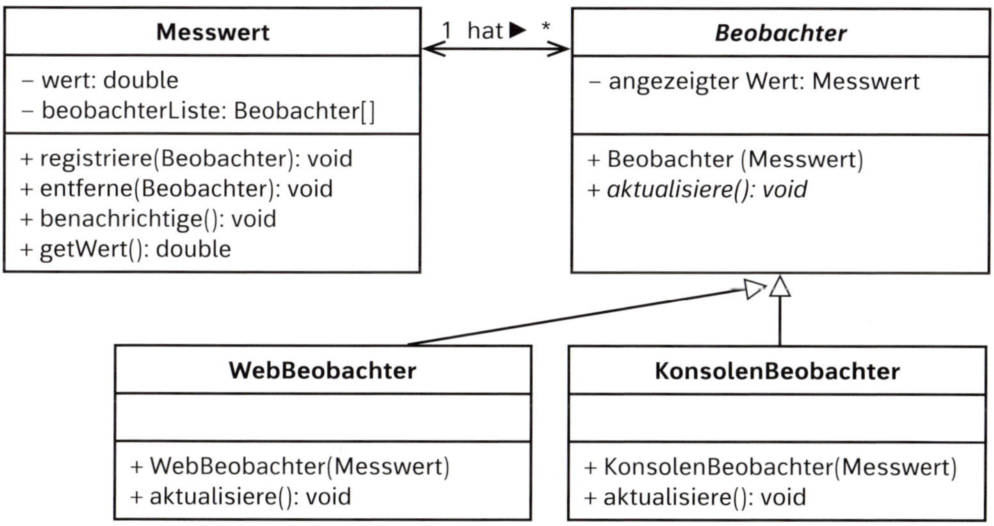

Abb. 7.13: Beobachter-Muster

Ein Anwendungsprogramm fügt das Pattern wie folgt zusammen:

```
public class BeobachterTest {

  public static void main(String[] args) {

    // Erzeugung eines zu beobachtenden Messwerts
    Messwert einMesswert = new Messwert();

    // Erzeugung zweier Beobachter mit Referenz auf den Messwert
    Beobachter b1 = new WebBeobachter(einMesswert);
    Beobachter b2 = new KonsolenBeobachter(einMesswert);

    // Registrierung der Beobachter beim Messwert
    einMesswert.registriere(b1);
    einMesswert.registriere(b2);

  }

}
```

1 *Quelle: Gamma, Erich/ Helm, Richard/Johnson, Ralph/Vlissides, John: Design Patterns – Elements of Reusable Object-Oriented Software, Boston, Addison-Wesley, 1995, S. 293*

Die Klasse `Messwert` realisiert die entsprechende Methode `benachrichtige()`:

```
public void benachrichtige() {
  for (Beobachter b: beobachterListe) {
    b.aktualisiere();
  }
}
```

Ein konkreter Beobachter kann die Methode `aktualisiere()` z. B. wie folgt realisieren:

```
@Override
public void aktualisiere() {
  angezeigterWert = einMesswert.getWert();
}
```

Eines der Hauptanwendungsgebiete für das Observer-Pattern ist das zusammengesetzte MVC-Pattern.

7.2.5 Zusammengesetzte Muster (Beispiele MVC und MVVM)

Es gibt Pattern, die aus verschiedenen Basismustern zusammengesetzt sind, z. B. das MVC-Pattern.

„MVC ist wohl einer der schillerndsten Begriffe im Bereich der objektorientierten Programmierung. Viele Varianten haben sich herausgebildet, oft aufgrund eines falschen Verständnisses des ursprünglichen MVC-Musters, teilweise als Weiterentwicklung und Anpassung an neue Anwendungsfälle."[1] Leider wird es oft fälschlicherweise mit der Drei-Schichten-Architektur gleichgesetzt.

Das MVC-Pattern enthält oft das Observer-Pattern, manchmal auch das Strategy-Pattern sowie das Composite-Pattern. MVC wurde zusammen mit der objektorientierten Programmiersprache Smalltalk eingeführt. Bei MVC handelte es sich ursprünglich um ein Konzept, das die Interaktionen eines Benutzers (vor allem über Mausaktionen) sauber von den dadurch veränderten Daten und deren Darstellung trennen sollte.[2] Dabei ist der Controller für die Verarbeitung der Eingaben (z. B. Mausklicks) zuständig und für deren Auswirkungen auf das Model. Das Model ist passiv, es wird vom Controller befragt und modifiziert. Die View befragt das Model, um auf dieser Grundlage seine Darstellung anzupassen.

1 *Quelle: Lahres, Bernhard/Rayman, Gregor: Praxisbuch Objektorientierung, Bonn, Rheinwerk Computing, 2006, Kapitel 8.2*

2 *Vgl. Gamma, Erich/ Helm, Richard/Johnson, Ralph/Vlissides, John: Design Patterns – Elements of Reusable Object-Oriented Software, Boston, Addison-Wesley, 1995; vgl. Krasner, Glenn E./Pope, Stephen T.: A cookbook for using the model-view controller user interface paradigm in Smalltalk-80, in: Journal of Object-Oriented Programming, Heft 1(3), August/September 1988, S. 26–49,; vgl. Lahres, Bernhard/ Raýman, Gregor: Praxisbuch Objektorientierung, Bonn, Rheinwerk Computing, 2006*

Die Beziehung zwischen View und Controller ist klar definiert (s. Abb. 7.14). Sie treten immer als Paar auf und jeder hat Zugriff auf den anderen. Ein Model kann aber von beliebig vielen View-Controller-Paaren betreut werden, sodass verschiedene Sichtweisen auf dasselbe Model möglich sind.[1]

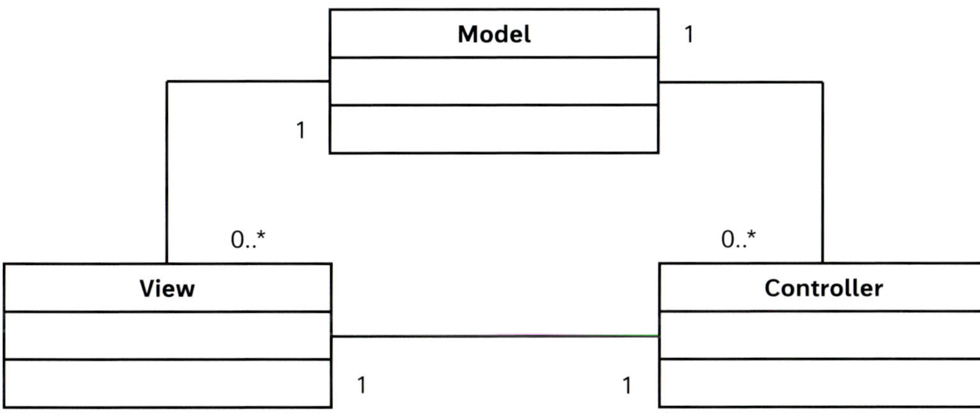

Abb. 7.14: Beziehung zwischen Model, View und Controller in Smalltalk

Wie schon erwähnt, gibt es inzwischen eine Vielzahl von MVC-Interpretationen, manche berechtigt, viele fragwürdig bis unsachgemäß.

Für die Java-Praxis kann MVC (s. Abb. 7.15) über das Observer-Pattern realisiert werden, da die Java-API das Interface „Observer“ und die Klasse `Observable` zur Verfügung stellt. Die Klasse `Model` erbt von der Klasse `Observable` z. B. die Methode `addObserver(Observer o)`. Die Klasse `View` implementiert das Interface „Observer“, z. B. die Methode `update()`.

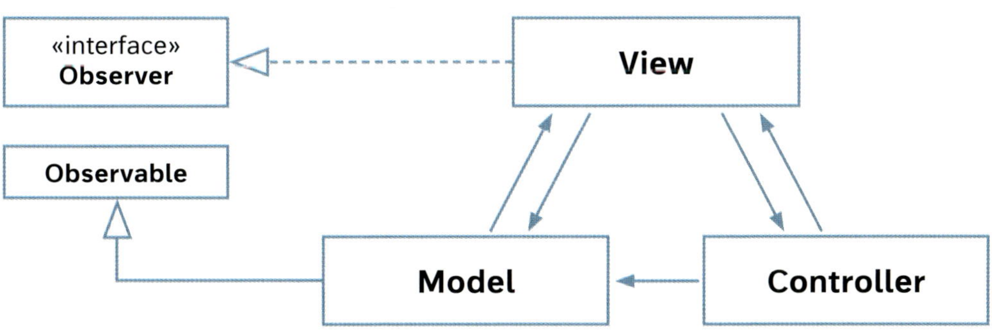

Abb. 7.15: Mögliche MVC-Realisierung mit Java

7

1 Vgl. Lahres, Bernhard/Rayman, Gregor: Praxisbuch Objektorientierung, Bonn, Rheinwerk Computing, 2006, Kapitel 8.2.2

Zum Kontext des MVC-Patterns gehört auch das 2005 von John Gossmann veröffentlichte Model-View-ViewModel-Pattern (MVVM, s. Abb. 7.16).

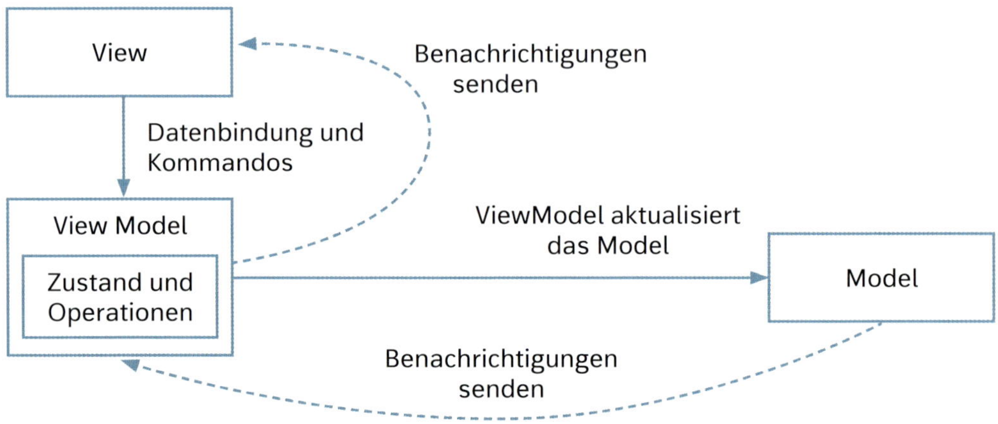

Abb. 7.16: Model-View-ViewModel-Pattern von Microsoft[1]

Das MVVM-Muster hat genauso wie das MVC-Muster eine funktionale Trennung von Model und View. Als dritte Komponente kommt jedoch kein Controller, sondern ein Datenbindungsmechanismus zum Einsatz (s. Abb. 7.16). MVVM enthält somit die folgenden drei Komponenten:

- Model: Es enthält alle Inhalte, die dem Benutzer angezeigt werden und von diesem verändert werden dürfen. Es informiert über Datenänderungen („Benachrichtigungen senden") und enthält auch die gesamte Business Logic inkl. der Überprüfung der vom Benutzer eingegebenen Daten. Das Model hat keinerlei Kenntnis des ViewModels und der View.
- View: Die Elemente der grafischen Benutzungsoberfläche binden sich alle an die Eigenschaften des ViewModels, um Inhalte bzw. Daten darzustellen bzw. durch Benutzereingaben zu verändern.
- ViewModel: Es enthält die GUI-Logik und dient als Bindeglied zwischen View und Model. Mit dem Model tauscht es Informationen aus. Es stellt der View Eigenschaften bzw. Attribute und Methoden zur Verfügung. Diese werden von der View an ihre GUI-Elemente gebunden, um Inhalte auszugeben bzw. UI-Ereignisse aufgrund von Benutzereingaben weiterzuleiten. Das ViewModel hat keinerlei Kenntnis der View.

Das MVVM-Muster wird oft von Frameworks (z. B. .NET, JavaFX oder Angular) unterstützt, welche die Verknüpfung von View und ViewModel mithilfe eines Datenbindungsmechanismus ermöglichen.

In JavaFX (s. Kapitel 2.13) kann z. B. die View mittels FXML und dem SceneBuilder entwickelt und dann im ViewModel per Datenbindung mit dem Model verbunden werden.

Worin liegt aber nun der Hauptunterschied von MVVM zu MVC? In MVC holt sich die View die Daten über das Observable-Pattern direkt vom Model ab. Dadurch gibt es beim

1 *Vgl. https://msdn.microsoft.com/en-us/library/hh848246.aspx*

MVC-Pattern eine zusätzliche Abhängigkeit zwischen der View und dem Model. MVVM verschiebt dagegen die Datenbereitstellung für die View in das ViewModel, wodurch diese Abhängigkeit entfällt. Der zweite Unterschied liegt darin, dass das ViewModel nicht abhängig ist von der View. In MVC hat der Controller eine Referenz auf die View, damit er den Zustand von Kontrollelementen unmittelbar setzen kann. Dies erschwert aber das Erstellen von Tests deutlich. MVVM hingegen ermöglicht durch die bidirektionale Synchronisation zwischen der View und dem ViewModel, dass der Zustand der View im ViewModel verwaltet werden kann, ohne dass eine Referenz auf die View benötigt wird. Durch diese lose Kopplung ist die Testbarkeit wesentlich verbessert.[1]

> Verschiedene Softwareprobleme (und die damit verbundenen Lösungen) kommen immer wieder vor. Damit das „Rad nicht immer wieder neu erfunden" werden muss, gibt es in der Softwaretechnik sog. **Entwurfsmuster** (**Design Patterns**). Diese werden in drei Kategorien eingeteilt: **Creational Patterns** (**Erzeugungsmuster**), **Structural Patterns** (**Strukturmuster**) und **Behavioral Patterns** (**Verhaltensmuster**). Weiterhin gibt es auch zusammengesetzte bzw. weiterentwickelte Pattern, wie das MVC- und das MVVM-Pattern.

7.3 Einführung in Cleancode

Es stellte sich in der Softwareentwicklung schon immer die Frage, wie man Quelltext so erstellen kann, dass er leicht lesbar, leicht änderbar, leicht erweiterbar, leicht wartbar, leicht portierbar, leicht adaptierbar etc. ist.

Eine erste frühe Antwort war die Reduzierung der Anzahl von direkten Sprungbefehlen (Jump- bzw. Goto-Anweisungen) in einem Programm. Erreicht wurde das u.a. durch die Entwicklung und den Einsatz von Struktogrammen. Algorithmen, die mithilfe von Struktogrammen realisiert werden, sind in der Regel „goto-frei".

Aktuell wird die Diskussion unter dem Thema „Cleancode" geführt. Initiator war Robert C. Martin mit seinem Buch „Clean Code: A Handbook of Agile Software Craftsmanship"[2]. Er führt in seiner Einführung einen Comic von Thom Holwerda auf. Darin wird die Qualität von Software in

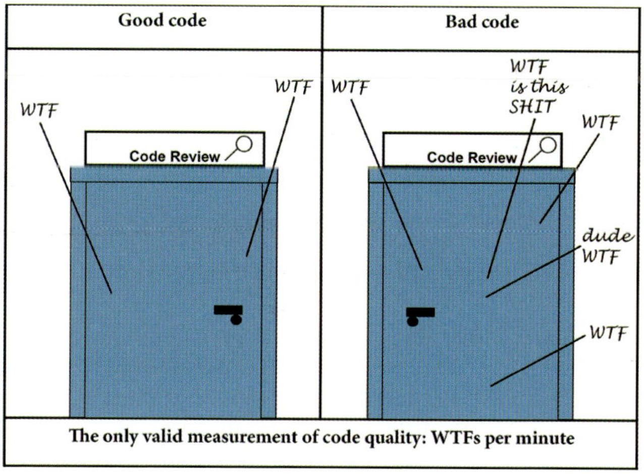

Abb. 7.17: „Messung" der Qualität von Software

1 *Vgl. Jaeckle, Lukas/Goll, Joachim/Dausmann, Manfred: Das Architekturmuster Model-View-ViewModel, veröff. im Wintersemester 2015/2016, Zugriff am 28.09.2018 unter: www.it-designers-gruppe.de/fileadmin/Inhalte/Studentenportal/Das_Architekturmuster_MVVM__Text___1_.pdf*

2 *Vgl. Martin, Robert C.: Clean Code: A Handbook of Agile Software Craftsmanship, Upper Saddle River (New Jersey), Prentice Hall, 2008*

7

der Anzahl der Flüche pro Minute während des Code Review (z. B. im Scrum-Prozess) gemessen. Die Abbildung 7.17 ist dem Comic nachempfunden.

Robert C. Martin schreibt, dass der Erwerb von Können zwei Aspekte habe: Wissen und Arbeit. Ein Programmierer müsse sich Prinzipien, Patterns, Techniken und Heuristiken aneignen, die jeder Fachmann kenne. Dieses Wissen müsse er in seine Finger, seine Augen und seinen Bauch einprägen, indem er hart arbeite und übe.[1]

Das Buch enthält in 17 Kapiteln u. a. die Themen sauberer Code, aussagekräftige Namen, Funktionen, Kommentare, Formatierung, Objekte und Datenstrukturen, Fehler-Handling, Grenzen, Unit Tests, Klassen, Systeme, Nebenläufigkeit und schrittweise Verfeinerung.

Einige grundlegende Aspekte aus dem Buch kann man, stark verkürzt, wie folgt wiedergeben:

- Die Formatierung sollte gleichmäßig erfolgen und in sich konsistent sein. Die meisten IDEs (vgl. Kap. 1.9.2.) haben heutzutage eine automatische Formatierungshilfe.
- Die Bezeichner von Variablen, Attributen, Klassen, Objekten und Methoden sollten aussagekräftig sein. Dies ist für einen guten Programmierer heutzutage selbstverständlich.
- Bei den Kommentaren kann der folgende Merksatz formuliert werden: So viele Kommentare wie nötig, so wenig Kommentare wie möglich!
- Der Quelltext einer Methode sollte in eine Bildschirmansicht passen, ohne dass der Entwickler scrollen muss. Dies sind je nach IDE, Bildschirmeinstellung und Schriftgröße ca. 25 Quelltextzeilen.

> „Guter Programmierstil“ war schon immer ein Thema der Softwareentwicklung. Das Thema wird seit 2008 unter dem Stichwort **„Cleancode“** unter der Führung von **Robert C. Martin** definiert, kategorisiert und professionalisiert. Ziel ist, wie so oft, dass sich durch einen **leicht lesbaren** und **sauberen Code** der **Änderungs- und Wartungsaufwand** reduziert. Jedes Softwareteam sollte sich darauf verständigen, welches der (vielen) Cleancode-Regeln es übernimmt.

7.4 Einführung in objektorientierte Entwurfsprinzipien

Das Thema Cleancode bezieht sich überwiegend auf den konkreten Quelltext. Die sog. „objektorientierten Entwurfs- und Programmierprinzipien“ werden oft schon viel früher in der Softwareentwicklung angewendet, nämlich in der Modellierungsphase (ähnlich wie die Entwurfsmuster). Die Prinzipien dienen dem Zweck, dass durch eine gute Modellierung (und eine gute Umsetzung) der Code sinnvoll strukturiert, gut lesbar und leicht änderbar ist. Im Endeffekt ist dann der Programmiercode oft auch „clean“. Inzwischen gibt es weit über 50 solcher Prinzipien. Im Folgenden sollen exemplarisch elf kurz erläutert werden:

1 *Vgl. Martin, Robert C.: Clean Code – Refactoring, Patterns, Testen und Techniken für sauberen Code, Frechen, mitp, 2009*

1. **Don't Repeat Yourself (DRY):** Code, der sich wiederholt, sollte ausgelagert werden, sodass er nur an einer Stelle steht. Dieses Prinzip wird schon seit Jahrzehnten bei der Auslagerung von Funktionalität in Prozeduren (bzw. Funktionen oder Methoden) angewendet.
2. **Keep It Simple, Stupid (KISS):** Die Algorithmen sowie die Programm- und Datenstrukturen sollten möglichst einfach gehalten werden. Einfach bedeutet aber nicht unbedingt kurz.
3. **Boy Scout Rule:** „Hinterlasse den Ort besser aufgeräumt, als Du ihn vorgefunden hast!" Die Pfadfinder wenden diese Regel z. B. sowohl auf ihren Lagerplatz als auch auf die Toilette an. Für die Softwareentwicklung bedeutet sie: Wenn eine vorhandene Quelltextstelle erneut „angefasst" werden muss (z. B. um Funktionalität hinzuzufügen), sollte die Gelegenheit gleich genutzt werden, um den vorhandenen Quelltext etwas sauberer zu gestalten.
4. **Single Responsibility Principle (SRP):** Eine Klasse, eine Methode oder eine Variable sollte nur einem Zweck dienen. Ein negatives Beispiel hierfür ist z. B. eine Klasse, die sowohl geometrische Figuren (Quadrat, Dreieck etc.) zeichnen als auch mathematische Berechnungen (Umfang, Fläche etc.) vornehmen kann. Dies sind dann gleich zwei Verantwortungen, die für eine hohe Kopplung sorgen.
5. **Open Closed Principle (OCP):** Ein Modul, eine Klasse oder auch eine Methode sollte geschlossen gegenüber Änderungen der vorhandenen Funktionalität sein, aber offen gegenüber Erweiterungen. Beispiel: Bei der Vererbung ändern die Unterklassen nicht die Funktionalität der Oberklasse, sondern erweitern diese nur. Selbst „überschriebene" Methoden ändern nur das Verhalten der Unterklassen-Objekte. Die ursprünglichen Methoden in der Oberklasse existieren weiter.
6. **Separation Of Concerns (SOC):** Die Trennung der Verantwortlichkeiten gehört zu einer der ältesten und wichtigsten Entwurfstechniken. Beispiel: Der Startvorgang eines Softwaresystems (z. B. die Erzeugung der Objekte in einer Drei-Schichten-Architektur) sollte von der Laufzeit-Logik getrennt werden, die nach dem Startvorgang die Kontrolle übernimmt.
7. **You Ain't Gonna Need It (YAGNI):** Der Entwickler sollte nur das machen, was gerade (z. B. im aktuellen Sprint) gefordert ist. Beispiel: Wenn Exception Handling nicht in der User Story erwähnt wird, dann sollte sie auch nicht implementiert werden.
8. **Minimize Dependencies (MD):** Abhängigkeiten jeder Art zwischen Klassen oder zwischen Methoden sollten reduziert bzw. minimiert werden. Bei Klassen spricht man auch von „loser Kopplung". Am besten ist natürlich gar keine Kopplung.
9. **Don't use „Magic Numbers":** Im Quelltext sollten keine hardcodierten Werte auftauchen, die später evtl. angepasst werden müssen. Diese sollten am Anfang der Klasse bzw. Methode als Konstante mit einem guten Bezeichnernamen stehen, z. B.

```
private static final int MIN_PASSWORD_SIZE = 7;
```

10. **Data Encapsulation:** Attribute werden gekapselt (privater Zugriffsspezifizierer). Auf sie darf nur mit Verwaltungsmethoden (Set- und Get-Methoden) zugegriffen werden. Damit wird ein Objekt vor ungültigen Zuständen, sprich unzulässigen Attributwerten, geschützt, indem in der Set-Verwaltungsmethode Logik implementiert wird, z. B.

```
public void setAnzahlFenster(int anzahlFenster) {
  if (anzahlFenster >= 0)
    this.anzahlFenster = anzahlFenster;
}
```

11. **Trennung von Datenmodell und Logik von der Benutzungsoberfläche (User Interface):** Ausgaben sollten nicht in einer Fachklasse oder einer Fachmethode (z. B. `berechneRendite(int immobilienNr)`) erfolgen. Vielmehr sollten die Ausgaben explizit nur in der View erfolgen, z. B. mit

```
System.out.println("Rendite: " + berechneRendite(7564) + " €");
```

Dieses Prinzip wird auch durch das Model-View-Controller-Pattern (MVC) realisiert.

> **Objektorientierte Entwurfs- und Programmierprinzipien** sorgen dafür, dass nicht nur der Programmiercode „sauber" ist, sondern auch die Modellierung. Ziel ist, dass sich durch eine **gute Modellierung** der **Änderungs- und Wartungsaufwand reduziert**.

7.5 Aufgaben, Übungen und Handlungsschritte

Anna soll alle Aufgaben zu Git selbstständig lösen. Bei allen weiteren Übungen soll ihr Emre helfen.

AUFGABEN, ÜBUNGEN UND HANDLUNGSSCHRITTE

1. Erläutern Sie die Vorteile einer verteilten Versionsverwaltung in der Softwareentwicklung.
2. Nennen Sie die Grundbegriffe einer verteilten Versionsverwaltung und erläutern Sie mindestens fünf Git-Kommandos.
3. Gründen Sie ein Projektteam mit zwei Mitgliedern – stellvertretend für Anna und Emre.
Führen Sie die von Anna und Emre beschriebenen Schritte selbst durch, um den Taschenrechner bis zu dem Stand zu implementieren, auf dem Anna und Emre sind. Verwenden Sie dazu einen beliebigen Online-Git-Anbieter, auf den Sie beide Zugriff haben (bzw. für den Sie beide einen Account erstellt haben).

	Anna...	Emre...
1	– ... erstellt ein neues Repository und nennt es „GIT-Fortbildung". – ... trägt Emre als Benutzer in das neue Repository ein und gibt ihm Schreibrechte.	– ... arbeitet mit Anna zusammen.

	Anna...	Emre...
2	– ... arbeitet mit Emre zusammen.	– ... startet die IDE und klont das Repository „GIT-Fortbildung“. – ... erstellt ein Java-Projekt und nennt es „taschenrechner“. – ... implementiert die erste Version der Klasse `Math`. In dieser Version soll nur die Methode `add()` bereitgestellen werden. – ... stellt das Projekt unter Git-Verwaltung. – ... sichert den aktuellen Stand des Projekts im lokalen Repository (commit) . – ... holt den aktuellen Stand aus dem zentralen Repository (fetch). Es sollten keine Änderungen vorliegen. – ... sichert das ganze Projekt im zentralen Repository (push).

3	– ... startet die IDE und klont das Repository „GIT-Fortbildung“.
	– ... importiert das Projekt „taschenrechner“ aus dem Repository „GIT-Fortbildung“.
	– ... erstellt einen neuen Branch (z. B. „Impl-Taschenrechner“) und wechselt dorthin.
	– Schreibt die erste Version der Klasse `Taschenrechner`. Die Klasse implementiert nur die Methode.
	
	`public static void main`
	`        (String args[]) {`
	`    Math math = new Math();`
	`    System.out.println`
	`     ("4 + 5 = " + math.add`
	`                  (4, 5));`
	`}`
	
	– ... testet das Programm.
	– ... sichert die Ergebnisse (commit).
	– wechselt zum Master-Branch und übernimmt die Änderungen aus dem Branch „Impl-Taschenrechner“ (merge).
	– ... testet das Programm.
	– ... löscht den Branch „Impl-Taschenrechner“.
	... holt den aktuellen Stand aus dem zentralen Repository (fetch).
	– ... überträgt, falls keine Änderungen im zentralen Repository vorliegen, den aktuellen Stand in das zentrale Repository (push).
		– ... arbeitet mit Anna zusammen.

	Anna...	Emre...
4	– ... erzeugt einen neuen Branch („feature-sub“) und wechselt dorthin. – ... implementiert die Methode `sub()` der Klasse `Math`. – ... erweitert die Klasse `Taschenrechner` um die entsprechenden Test-Routinen. – ... testet das Programm. – ... Wechselt zum Master-Branch und übernimmt die Ändertungen aus dem Branch „feature-sub“ (merge). – ... löscht den Branch „feature-sub“.	– ... holt den aktuellen Stand aus dem zentralen Repository (fetch). – ... übernimmt die Änderungen aus dem origin/master nach„master“. – ... erzeugt einen neuen Branch („feature-multiplikation“) und wechselt dorthin. – ... implementiert die Methode `mul()` der Klasse `Math` und erweitert die Klasse `Taschenrechner` um die entsprechenden Test-Routinen. – ... testet das Programm. – ... wechselt zum Master-Branch und übernimmt die Änderungen (merge). – ... löscht den Branch „feature-multiplikation“.
5	– ... holt den aktuellen Stand aus dem zentralen Repository (fetch). – ... sichert, falls keine Änderungen vorliegen, den aktuellen Stand im zentralen Repository (push).	– ... arbeitet mit Anna zusammen.
6	– ... arbeitet mit Emre zusammen.	– ... holt den aktuellen Stand aus dem zentralen Repository (fetch). – ... stellt fest, dass sich die Dateien im zentralen Repository seit der letzten Aktualisierung (fetch) geändert haben. – ... aktualisiert den Branch „origin/master“durch Aufruf von „fetch from upstream“. – ... übernimmt die Änderungen aus dem Branch „origin/master“ in den Master-Branch (merge). – ... sichert die Änderungen im lokalen Repository (commit). – ... sichert den aktuellen Stand im zentralen Repository (push).

4. Erläutern Sie den Unterschied der drei Kategorien von Entwurfsmustern.
5. Beschreiben Sie für jede Kategorie ein weiteres (nicht im Buch erläutertes) Design-Pattern-Beispiel exemplarisch.
6. Beschreiben Sie den Sinn und Zweck von Cleancode.

7. Gegeben ist der folgende „Dirtycode“:

```
// Die Zahlen von 1 bis 100 werden addiert und ausgegeben.
public class dirtyCode {


  public static void main (String[] ijk)
    {
    float ergeb= 0;
      for(int var=100;var <=200 ; var = var +1 )
                ergeb = ergeb+var-100;

System.out.println( ergeb) ;
}
}
```

Schreiben Sie den Quelltext so um, dass er „clean“ wird.

8. Erläutern Sie den Sinn und Zweck von objektorientierten Entwurfs- und Programmierprinzipien und beschreiben Sie fünf weitere Prinzipien.

9. Gegeben ist der folgende Quelltext:

```
public class Baum {

  public int anzahlAeste;
  public Sonne sonne;

  public Baum() {
    this(75);
  }

  public Baum(int anzahlAeste) {
    if (anzahlAeste >= 0) {
      this.anzahlAeste = anzahlAeste;
    }
    sonne = new Sonne();
  }

  public int getAnzahlAeste() {
    return anzahlAeste;
  }

  public void setAnzahlAeste(int anzahlAeste) {
    if (anzahlAeste >= 0) {
      this.anzahlAeste = anzahlAeste;
    }
  }
```

```
  public void lasseSonneAufgehen() {
    sonne.geheAuf();
  }

  public void gebeAus() {
    System.out.println("Anzahl der Äste: " + anzahlAeste);
  }

}
```

a) Gegen welche Entwurfs- und Programmierprinzipien verstößt der Quelltext?
b) Wie müsste der Quelltext geändert werden, so dass keine Prinzipien verletzt werden?

8 IT-Sicherheit und Datenschutz

Anna, Emre und Paul waren in der Berufsschule. Dort wurde fächerübergreifend das Thema „IT-Sicherheit und Datenschutz" unterrichtet. Im Fach „Wirtschafts- und Sozialkunde" kamen Themen wie Datenschutz und Big Data auf den Stundenplan, das Fach „IT-Systeme" hat sich schwerpunktmäßig auf nötige Hardwaremaßnahmen fokussiert und das Fach „Anwendungssysteme" hat die Themen Verschlüsselungsverfahren, Hashfunktionen, Signaturen, Zertifikate und Angriffsverfahren auf Software behandelt. Frau Zeinab bittet die Auszubildenden nun, die Infos zusammenzuschreiben und die Übungsaufgaben zu bearbeiten.

Im Laufe dieses achten Kapitels erwerben Anna, Emre und Paul die folgenden Kompetenzen.

Sie ...

- ... erläutern den Begriff des „informationellen Selbstbestimmungsrechts", auch im Kontext der EU-Datenschutzgrundverordnung, und beschreiben Maßnahmen, die eine (Software-)Firma ergreifen muss, um den Schutz von personenbezogenen Daten zu gewährleisten.
- ... erläutern einige Skills, die ein Mitarbeiter besitzen sollte, der mit Big Data umgehen bzw. Data Mining betreiben will.
- ... beschreiben die drei wichtigsten Schutzziele (Vertraulichkeit, Integrität und Authentizität) im Umgang mit Daten.
- ... erläutern das Prinzip von symmetrischen Verschlüsselungsverfahren, nennen Vor- und Nachteile und veranschaulichen den Austausch des Schlüssels mithilfe des sog. Diffie-Hellmann-Verfahrens.
- ... erläutern das Prinzip asymmetrischer Verschlüsselungsverfahren, speziell den RSA-Algorithmus, unterscheiden zwischen öffentlichem und privatem Schlüssel und wenden die RSA-Verschlüsselung sowie die RSA-Entschlüsselung für kleine Primzahlen und kleine Schlüssel an.
- ... erläutern das Prinzip hybrider Verschlüsselungsverfahren und geben PGP als Vertreter an.
- ... bringen die Begriffe „Hashfunktion", „Einwegfunktion" und „Prüfsumme" in einen fachlich sinnvollen Zusammenhang.
- ... diskutieren das Konzept von Signaturen und Zertifikaten im Hinblick auf die IT-Sicherheit.
- ... beschreiben ausführlich die möglichen Schwachstellen von Software (im Hinblick auf Design, Implementierung, Betrieb und Management) und wie diese reduziert werden können.

8.1 Datenschutz

Der Begriff des Datenschutzes, also des Schutzes von personenbezogenen Daten, ist eng mit dem Begriff der sog. „informationellen Selbstbestimmung“ verknüpft. Als Recht auf informationelle Selbstbestimmung wird das Recht des Einzelnen verstanden, grundsätzlich selbst über die Preisgabe und Verwendung der eigenen personenbezogenen Daten zu bestimmen. Das Recht auf informationelle Selbstbestimmung ist im Grundgesetz nicht explizit geregelt. Das Bundesverfassungsgericht hat es aber schon 1983 als eine besondere Ausprägung des allgemeinen Persönlichkeitsrechts definiert.

Was hat dies aber mit Anwendungsentwicklung zu tun?

Gesundheitsvorsorge per Handy: Überlegene Technik setzt sich durch

Abb. 8.1: Was hat Karies mit Datenschutz zu tun?

Wenn personenbezogene Daten in einer zu entwickelnden Software eingegeben, verarbeitet oder gespeichert werden sollen, dann muss die Softwarefirma folgende Maßnahmen ergreifen:

1. **Daten definieren und Fragen beantworten:** Im Vorfeld der Softwareentwicklung müssen der Auftraggeber, die Softwarefirma und möglichst auch ein Datenschutzbeauftragter folgende Fragen beantworten:
   - Welche personenbezogenen Daten werden erhoben?
   - Zu welchem Zweck werden sie erhoben, sind sie für die Anwendung zwingend erforderlich?
   - Ist die Erhebung gesetzlich zulässig?
   - Werden die Daten auch weiterführend verwendet, z. B. ist der Verkauf an Werbefirmen geplant?
   - Wie werden die Daten gespeichert, wie wird der Zugriff geregelt?
   - Wie wird dafür gesorgt, dass nur berechtigte Personen Zugriff bekommen?
   - Wie wird das Kopieren oder unberechtigte Ändern der Daten verhindert?

2. **Gesetze kennen:** Seit dem 25.05.2018 ersetzen die EU-Datenschutzgrundverordnung (EU-DSGVO) und ein neues Bundesdatenschutzgesetz (BDSG) die bisherigen Datenschutzregelungen. Schon vorher galt, dass personenbezogene Daten nur dann verar-

beitet werden dürfen, wenn es dafür entweder eine gesetzliche Grundlage gibt, eine vertragliche Vereinbarung besteht oder der Betroffene der Verarbeitung seiner personenbezogenen Daten ausdrücklich zugestimmt hat. Neu ist nun, dass Unternehmen die Einhaltung dieser Regelungen dokumentieren und nachweisen müssen. Die Verordnung enthält eine Vielzahl von Informationsmöglichkeiten, Auskunfts-, Berichtigungs- und Löschrechten.
In der Softwarefirma bzw. der Firma des Auftraggebers sollte, wenn möglich oder wenn gesetzlich vorgeschrieben, ein Datenschutzbeauftragter ernannt sein.

3. **Für Datensicherheit sorgen:** Dies ist in der heutigen Zeit eigentlich der Standard. Es gibt z. B. eine Vielzahl von Datenbanksystemen, bei denen der Schutz der Daten und der Zugriff auf die Daten professionell und sicher geregelt sind. Zusätzlich muss natürlich die Hardware so sicher aufgestellt sein, dass kein Unbefugter an sie herankommt.

4. **Sicherheitsrichtlinien beachten:** Um in Unternehmen Sicherheitsprobleme zu minimieren, sollten Sicherheitsrichtlinien (Security Policies) eingeführt werden, die spezifisch an das Unternehmen angepasst sind. Sicherheitsrichtlinien beschreiben, was in einem IT-System wie geschützt werden muss. Sie legen Maßnahmen und Notfallpläne fest, die das Verhalten der Mitarbeiter bei Sicherheitsproblemen beschreiben. Zur Erstellung einer Richtlinie können fertige Kriterienwerke wie ISOs, aber auch eigene Erfahrungen im Unternehmen herangezogen werden. Softwarehersteller sollten sich der Kriterienwerke FIPS 140, ISO 9001, ITSEC/CC sowie der Taskforce „Sicheres Internet" bedienen. Projektmanager, Anwendungsentwickler und Azubis sollten sich zusätzlich mit den ISO 27000er-Normen und mit dem IT-Grundschutzhandbuch des Bundesamts für Sicherheit in der Informationstechnik (BSI) vertraut machen. Sicherheitsrichtlinien sind sich ständig weiterzuentwickelnde Prozesse, d. h., sie können niemals einen finalen Endzustand erlangen.

5. **Keine Einfallstore über Schnittstellen bieten:** Ein Anwender der Software (sei es als Client bzw. mobile App oder als Website) darf keine Möglichkeit bekommen, unrechtmäßig Daten zu erhalten, zu verändern oder zu löschen. Hierfür gibt es eine Vielzahl von Maßnahmen, das Interface zum User sicher zu machen (s. Kapitel 8.9).

6. **Bei Onlinediensten eine Datenschutzerklärung vorsehen:** Jeder Betreiber von Onlinediensten ist gemäß deutschem Recht zu einer Datenschutzerklärung verpflichtet. Egal ob der Dienst als Webseite oder über eine App angeboten wird: Die Datenschutzerklärung soll die Nutzer darüber aufklären, welche Daten der Betreiber erhebt und speichert, zu welchem Zweck die Daten erhoben werden und wie mit ihnen umgegangen wird. Es ist daher nicht erlaubt, die Datenschutzerklärung lediglich unter dem Punkt „Impressum" zu verlinken. Sollen beide Punkte zusammengefasst werden, muss der Punkt zumindest „Impressum und Datenschutz" heißen und die einzelnen Abschnitte klar voneinander getrennt werden. Es gibt Datenschutzerklärungen als Baukastensystem zum Download.[1]
Je nachdem, was Teil des Onlinedienstes ist (z. B. Like-Button für Facebook), muss dabei auf die folgenden Punkte eingegangen werden:
   - Server-Logfiles
   - Nutzung von Cookies
   - Eingabe von personenbezogenen Daten

1 *Z. B. von hier: https://www.datenschutz.org/datenschutzerklaerung/#umfassende-datenschutzerklaerung-vorlage-zum-download*

- Kontaktformular
- Kommentarfunktion
- Abonnement der Website
- Nutzung von Analyse-Tools, z.B. Google Analytics
- Social-Media-Plugins
- Newsletter

> Wenn **personenbezogene Daten** in einer zu entwickelnden Software eingegeben, verarbeitet oder gespeichert werden sollen, dann muss die Softwarefirma eine Reihe von Maßnahmen treffen, damit der **Schutz** und die **Sicherheit** der Daten gewährleistet sind. Ein Anwender der Software hat im Rahmen seines „**informationellen Selbstbestimmungsrechts**" und der **EU-Datenschutzgrundverordnung** (EU-DSGVO) eine Vielzahl von Informationsmöglichkeiten, Auskunfts-, Berichtigungs- und Löschrechten.

8.2 Big Data

Die Datenflut wächst bei vielen Unternehmen Tag für Tag, doch was tun mit den Unmengen an Daten? Big-Data-Management und Big-Data-Analysen sind hierbei oft die entscheidenden Stichworte.

Aber was sind die entscheidenden Fähigkeiten für Anwendungsentwickler, um mit Big Data umgehen bzw. Data Mining betreiben zu können? Im Folgenden werden sieben Skills aus diesem Bereich genannt und erläutert.[1]

1. **Komplexe Daten einfach darstellen können:** Ein wichtiger Teil beim Arbeiten mit großen Datenbeständen ist es, die riesigen Datenmengen auf die relevanten Daten zu reduzieren, diese zu analysieren und so aufzubereiten, dass die Zielgruppe die Informationen auf den ersten Blick verstehen und verwerten kann.

Abb. 8.2: Big Data oder Fake Data?

2. **Programmieren können (z.B. in Java):** Die meisten Big-Data-Werkzeuge benötigen fortgeschrittene Programmierkenntnisse. Der Anwendungsentwickler muss also in der Lage sein, vorgegebene Analyseprobleme durch selbstgeschriebene Programme lösen zu können. Viele bekannte Big-Data-Anwendungen (z.B. Apache Hadoop oder Couchbase) erfordern dazu fortgeschrittene Kenntnisse in Java.

---

1 *Vgl. Budde, Verena: Große Daten, große Karriere – Die wichtigsten Skills für Big-Data-Jobs, veröff. am 28.08.2015 unter: http://de.dice.com/nachrichten/die-wichtigsten-skills-fuer-big-data-jobs/[04.08.2018]*

3. **Hadoop beherrschen:** Hadoop ist ein Framework zur Speicherung und Verarbeitung großer Datenmengen in einem Cluster aus Standardservern, das in vielen Unternehmen eingesetzt wird. Unter anderen auch Facebook, AOL, IBM und Yahoo analysieren und organisieren ihre riesigen Datenmengen mit Apache Hadoop. Das auf dem „MapReduce"-Algorithmus von Google Inc. basierende freie Framework hat sich seit seiner Veröffentlichung (im Jahr 2008) zu einem der bekanntesten Big-Data-Werkzeuge entwickelt. Somit ist es für einen Big-Data-Analysten unumgänglich, Kenntnisse im Umgang mit Hadoop zu haben. Für Hadoop gibt es außerdem eine Vielzahl an Erweiterungen, die für die Datenanalyse genutzt werden können. Mit Kenntnissen und Fähigkeiten in HBase, Hive, Pig, Chukwa oder ZooKeeper lassen sich viele Big-Data-Problemstellungen lösen.
   Für Hadoop gibt es neben Hive inzwischen viele SQL-Engines. Somit lässt sich Datenanalyse auch mit den bekannten SQL-Anweisungen betreiben.
   Die meisten Hadoop-Benutzer in Unternehmen sind Anwendungsentwickler.
4. **NoSQL-Kenntnisse besitzen:** Gerade im Big-Data-Bereich stoßen relationale Datenbanksysteme an ihre Grenzen. Um die riesigen Datenmengen verarbeiten zu können, sind NoSQL-Systeme mit nicht relationalen, strukturierten Datenspeichern, z. B. Couchbase und MongoDB, gefragt. Besonders in den Bereichen Kommunikation und soziale Medien werden NoSQL-Datenbanken eingesetzt. Oft gehen Java-, Hadoop- und NoSQL-Kenntnisse Hand in Hand.
   Bei der NoSQL-Anwendungsentwicklung spielen oft sog. Objekt-NoSQL-Mapper-Systeme eine Rolle. Für Java setzen diese Systeme auf die Java Persistence Query Language (JPQL) aus der Java Persistence API (JPA) als einheitliche Anfragesprache.
5. **Data Mining beherrschen:** Einhergehend mit dem Siegeszug des Internets hat das Sammeln von Daten ein bisher unvorstellbares Ausmaß erreicht. Spätestens seit der Handel von privaten Daten boomt und er das Geschäftsmodell einiger „Global Player" ist, ist das Thema Data Mining von größter Bedeutung, auch für einen Anwendungsentwickler. Er sollte wissen, wie Daten „geschürft", gesammelt, miteinander verbunden, verarbeitet und aufbereitet werden.
   Trotz des „Goldrausch-Fiebers" müssen aber die gesetzlichen Bestimmungen (z. B. die Datenschutzgesetze, s. Kapitel 8.2) eingehalten werden.
6. **Statistische Kenntnisse besitzen:** Im Zuge des Data Mining müssen gesammelte Daten analysiert und statistisch verarbeitet werden. Dazu wird spezielle Analysesoftware wie SPSS, Weka, R oder SAS verwendet. Es lohnt sich, diese zu kennen und zu beherrschen. Grundlegende Kenntnisse in Statistik und Analyse sind ebenfalls zielführend. Oft werden Analysen sogar in (nahezu) Echtzeit benötigt.
7. **ETL-Prozesse steuern können:** Ein weiteres wichtiges Verfahren bei der Arbeit mit großen Datenmengen ist der Extract-Transform-Load-Prozess (ETL), bei dem Daten aus mehreren, ggf. unterschiedlich strukturierten Datenquellen in einer Zieldatenbank vereinigt werden. Wer mit einem Data-Warehouse arbeitet, was im Big-Data-Bereich oft der Fall ist, kommt an ETL nicht vorbei. Man kann den ETL-Prozess durch ein selbstgeschriebenes Programm selber steuern oder ein bestehendes ETL-Programmsystem nutzen, z. B. den Information Server von IBM oder PowerCenter von Informatica. Auch Oracle hat mit dem Oracle Warehouse Builder und dem Oracle Data Integrator eigene ETL-Programmsysteme entwickelt.

Big Data und **Data Mining** sind große Themen in der aktuellen IT-Landschaft. Daten stellen eine **„neue Währung“** dar, mit der gehandelt und reales Geld verdient wird. Die wichtigsten Fähigkeiten, um als Anwendungsentwickler in diesem Bereich tätig werden zu können, sind **Programmier-**, **Hadoop-** und **NoSQL-Kenntnisse**.

8.3 Schutzziele

Daten sollen von Unbefugten nicht nur unlesbar sein, sie sollen auch unverfälscht beim Empfänger ankommen. Außerdem muss garantiert werden, dass Absender und Empfänger auch diejenigen sind, als die sie sich ausgeben. Die Kommunikation muss somit einer ganzen Reihe von Zielen gerecht werden. Diese Ziele werden in der Informationssicherheit als Schutzziele bezeichnet, die im Folgenden aufgelistet sind:

Schutzziel	Erläuterung
Vertraulichkeit (Confidentiality)	Sicherstellung, dass nur berechtigte Personen die Daten lesen können. Daten sind vor unberechtigten Personen geheim zu halten (Verschlüsselung, entspricht einem digitalen Briefumschlag).
Integrität (Integrity)	Sicherstellung, dass Daten nicht verändert worden sind. Falls dies doch geschehen ist, muss die Veränderung der Daten erkannt werden (Hash-Funktion, entspricht einem digitalen Fingerabdruck; Signatur, entspricht einer digitalen Unterschrift).
Authentizität (Authenticity)	Sicherstellung, dass die Kommunikationspartner die sind, als die sie sich ausgeben (Echtheitsnachweis durch Signatur, entspricht einer digitalen Unterschrift; ggf. zusätzlich durch ein Zertifikat, entspricht einem digitalen Notar).
Verfügbarkeit (Availability)	Sicherstellung, dass Informationen zugänglich sind, wo und wann sie von Berechtigten gebraucht werden.
Verlässlichkeit (Reliability)	Sicherstellung der Funktionalität. Sender, Empfänger und Datenübertragung müssen betriebssicher funktionieren.
Verbindlichkeit (Non-repudiation)	Sicherstellung, dass der Empfang von Daten nicht abgestritten werden kann.

Es haben sich unterschiedliche Verfahren etabliert, die ein oder mehrere Schutzziele sicherstellen. Die folgenden Unterkapitel zeigen Verfahren auf, die die drei Schutzziele Vertraulichkeit (siehe Kap. 8.5), Integrität (siehe Kap. 8.6) und Authentizität (siehe Kap. 8.7) realisieren.

In der **IT-Sicherheit** werden sog. **Schutzziele** bzw. Sicherstellungen im Hinblick auf die Daten und die Anwender bzw. Kommunikationspartner definiert. Die drei wichtigsten Schutzziele sind **Vertraulichkeit**, **Integrität** und **Authentizität**.

8.4 Mathematische Grundlagen

Die drei Schutzziele Vertraulichkeit, Integrität und Authentizität lassen sich unterschiedlich erreichen. Doch ganz ohne ein mathematisches Grundgerüst geht es nicht. Im Folgenden werden Primzahlen und die Modulo-Operation mit einigen Rechenregeln erklärt. Später im Kapitel kommen an den passenden Stellen noch einige Funktionen hinzu.

Primzahlen sind natürliche Zahlen, die **nur durch eins und sich selbst teilbar sind**. Die kleinste Primzahl ist die Zwei.

Die Modulo-Operation beschreibt den Rest der ganzzahligen Division. Als Operator wird *mod* geschrieben.[1]

Beispiel:
10 soll durch 3 ganzzahlig dividiert werden. Es bleibt ein Rest von 1.
10 : 3 = 3 Rest 1
Der Rest wird durch die Modulo-Operation beschrieben.
10 mod 3 = 1

Weitere Beispiele:

9 mod 3 = 0	Bei der ganzzahligen Division gibt es keinen Rest (9 : 3 = 3 Rest 0).
11 mod 3 = 2	Bei der ganzzahligen Divison gibt es einen Rest von 2 (11 : 3 = 3 Rest 2).
2 mod 3 = 2	Bei der ganzzahligen Divison gibt es einen Rest von 2 (2 : 3 = 0 Rest 2).

Beispiele mit negativen Werten:
−9 mod 5 = 1
9 mod −5 = 4
−9 mod −5 = 1

Algorithmisch lässt sich die Modulo-Operation wie folgt beschreiben:

Suche den nächstkleineren Dividenden, der ohne Rest mit dem Divisor teilbar ist. Die Differenz zwischen dem ursprünglichen Dividenden und dem nächstkleineren Dividenden ist das Ergebnis der Modulo-Operation.

Beispiel:
24 mod 7 = 3 (die nächstkleinere Zahl, durch die geteilt werden kann, ist 21. Die Differenz zwischen 24 und 21 ist 3, da 21 + 3 = 24.)
−7 mod 3 = 2 (die nächstkleinere Zahl, durch die geteilt werden kann, ist −9. Die Differenz zwischen −7 und −9 ist 2, da −9 + 2 = −7.)

Die **Modulo-Operation** beschreibt den **Rest einer ganzzahligen Division**. Als Operator wird mod geschrieben, in Java wird **%** verwendet.

1 *In Programmiersprachen wird der Modulo-Operator oft als Prozentzeichen (%) geschrieben.*

8.5 Verschlüsselungsverfahren

Das **Schutzziel der Vertraulichkeit** wird durch die Ver- und Entschlüsselung von Daten gewährleistet. Ein Schutz gegen das Mitlesen von Daten ist die Verschlüsselung. Sie spielt nicht nur in großen Firmen (z. B. bei der Abwehr von Wirtschaftsspionage), sondern auch im privaten Bereich eine wichtige Rolle. Personenbezogene Daten wie Krankheitsbefunde, Kontobewegungen, Steuererklärungen usw. sollen geschützt sein.

Dabei spielt es keine Rolle, ob die Daten auf lokalen Festplatten, auf dem Server oder bei der Netzwerkkommunikation verschlüsselt werden. Auch Daten, die in einer Cloud liegen, sollen privat bleiben und nicht vom Cloud-Anbieter oder einem Dritten mitgelesen oder verändert werden.

Nur berechtigte Personen sollen sensible Daten lesen können. Daher wird das Schutzziel der Vertraulichkeit auch als „digitaler Briefumschlag" bezeichnet.

Zum Erstellen solcher digitalen Briefumschläge werden Verschlüsselungsalgorithmen benötigt, die mit unterschiedlichen Verfahren arbeiten. Diese unterschiedlichen Verfahren werden auch kryptografische Verfahren genannt und anhand ihrer Eigenschaften in drei Gruppen eingeteilt:

1. Symmetrische Verschlüsselungsverfahren
2. Asymmetrische Verschlüsselungsverfahren
3. Hybride Verschlüsselungsverfahren

Egal welches Verfahren Anwendung findet, die Funktionsweise zum Erreichen der Vertraulichkeit ist immer gleich (s. Abb. 8.3). Eine Nachricht im Klartext wird in eine „sinnlose" Zeichenfolge umgewandelt, um sie für Dritte unlesbar zu machen. Der Empfänger dieser Nachricht wandelt den verschlüsselten Text wieder in den Originaltext um.

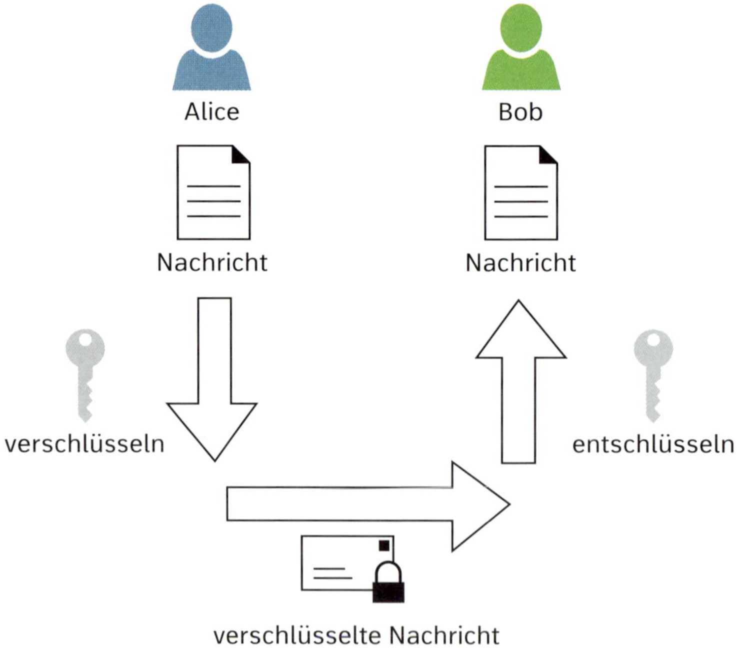

Abb. 8.3: Prinzip der Ver- und Entschlüsselung

8.5.1 Symmetrische Verschlüsselungsverfahren

Symmetrische Verschlüsselungsverfahren benötigen zum Ver- und Entschlüsseln einen gemeinsamen geheimen Schlüssel. Weitere Schlüssel werden bei Verfahren dieser Art nicht benötigt. Sender und Empfänger müssen sich vor der Durchführung einer verschlüsselten Kommunikation auf diesen gemeinsamen geheimen Schlüssel einigen.

Vorteil: schnelle Berechnung
Nachteil: Alle Beteiligten haben den gleichen Schlüssel; Verteilung der Schlüssel

Um sich für die Einigung auf einen Schlüssel nicht in der „realen" Welt treffen zu müssen, gibt es das sog. Diffie-Hellman-Verfahren. Es generiert und verteilt auf sicherem Weg einen solchen Schlüssel. Das Verfahren wird weiter unten beschrieben. Symmetrische Verschlüsselungsverfahren sind in ihrer algorithmischen Berechnung schnell. Dies ist ein entscheidender Vorteil gegenüber dem anschließend vorgestellten asymmetrischen Verschlüsselungsverfahren und hebt den Nachteil des umständlichen Schlüsselgenerierungs- und -verteilungsprozesses auf. Abb. 8.4 zeigt einen symmetrischen Verschlüsselungszyklus.

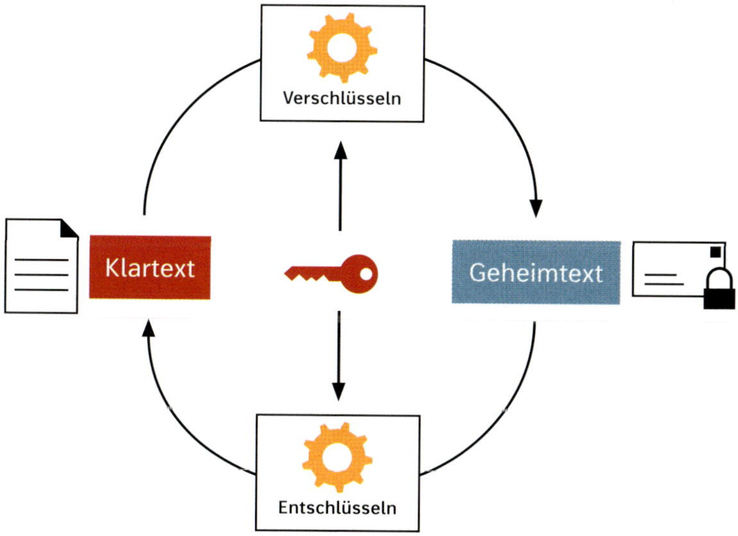

Abb. 8.4: Symmetrischer Verschlüsselungszyklus (Rot = geheim, Blau = öffentlich)

Im Folgenden werden verschiedene symmetrische Verschlüsselungsverfahren vorgestellt.

Die Cäsar-Chiffre

Die Cäsar-Chiffre ist ein unsicheres symmetrisches Verschlüsselungsverfahren. Jeder einzelne Buchstabe im Klartext wird durch eine zyklische Verschiebung nach rechts auf einen Geheimtextbuchstaben abgebildet. Ist eine Verschiebung nach rechts nicht mehr möglich (z. B. beim Buchstaben Z), wird mit der Verschiebung wieder vorne angefangen. Abb. 8.5 zeigt eine Cäsar-Chiffre mit einer zyklischen Verschiebung um drei Buchstaben. Durch eine Häufigkeitsanalyse der Buchstaben im Geheimtext ist dieses Verfahren sehr leicht „knackbar".

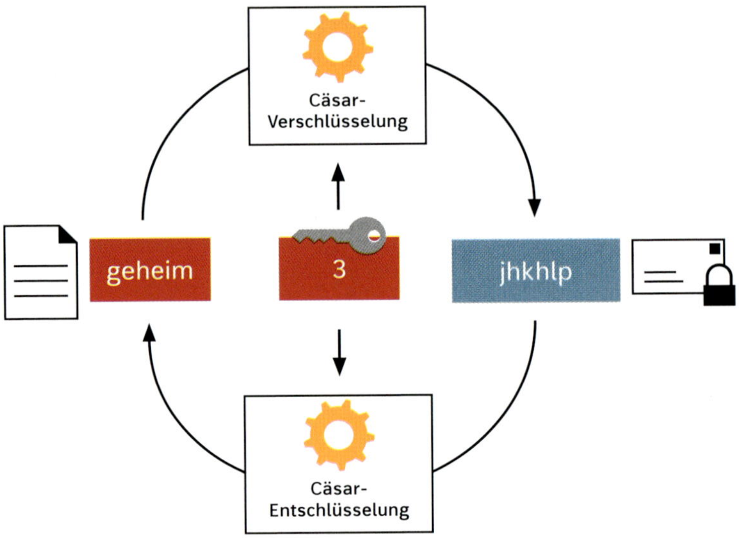

Abb. 8.5: Beispiel einer Cäsar-Verschlüsselung (Rot = geheim, Blau = öffentlich)

Das One-Time-Pad

Das One-Time-Pad[1] ist ein symmetrisches Verschlüsselungsverfahren, das bei richtiger Anwendung informationstheoretisch absolut sicher ist. Das Verfahren bietet Angreifern keine Anhaltspunkte für statistische Analysen.

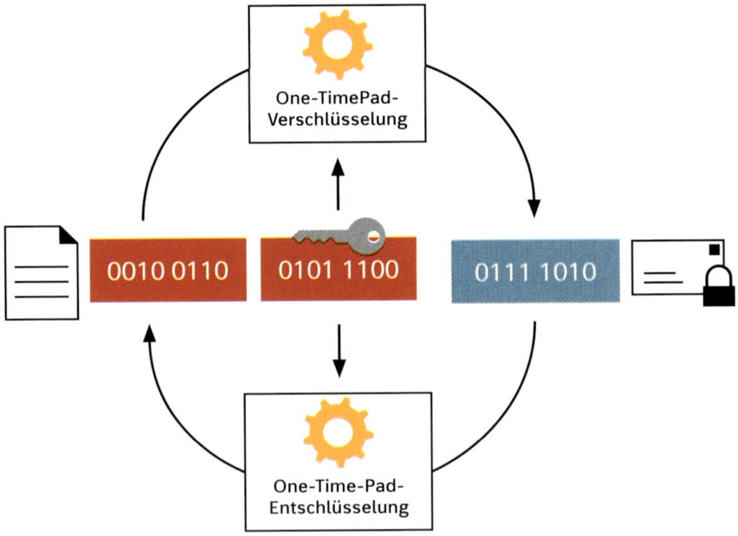

Abb. 8.6: Beispiel einer One-Time-Pad-Verschlüsselung (Rot = geheim, Blau = öffentlich)

Voraussetzung für das Verfahren ist die Generierung eines zufälligen Schlüssels, der mindestens so lang ist wie die zu verschlüsselnde Nachricht. Der Schlüssel muss für

1 *Auch unter dem Namen „Vernam-Chiffre" bekannt.*

jeden Verschlüsselungsvorgang neu generiert werden. One-Time-Pad heißt aus dem Englischen übersetzt „Einmal-Abreißblock". Dies ist so zu verstehen: Der Schlüssel kann auf einer Seite eines Abreißblocks notiert werden, welcher nach Gebrauch abgerissen und dann weggeschmissen wird.

Die Verfahrensweise des Algorithmus ist einfach. Der Klartext wird mit einem zufälligen Schlüssel bitweise XOR-verknüpft[1]. Durch die bitweise Verknüpfung entsteht der Geheimtext. Soll dieser wieder in Klartext umgewandelt werden, wird der Geheimtext mit demselben Schlüssel nochmals bitweise XOR-verknüpft.

Die Schwäche des One-Time-Pads, nämlich der extrem lange Schlüssel, der für jeden Verschlüsselungsprozess neu generiert bzw. ausgetauscht werden muss, macht das Verfahren für den täglichen Einsatz unbrauchbar.

Für alle, die das One-Time-Pad trotz Schwächen einmal ausprobieren möchten, sei das Programm „OneTime" unter Linux zu empfehlen. Es wird mit „onetime" in der Shell aufgerufen:

```
~$ onetime -e -p <passwort> <plaintext>
```

Die Parameter <passwort> und <plaintext> sind Textdateien, in denen das Passwort sowie der Klartext stehen. Nach Ausführung der Kommandozeile wird eine Textdatei mit der Endung „<plaintext>.onetime" anlegt. In dieser Datei befindet sich der verschlüsselte Text. Zum Entschlüsseln der Datei wird One Time erneut in der Shell aufgerufen:

```
~$ onetime -d -o <plaintext-dec> -p
<passwort> <plaintext.onetime>
```

Der Parameter <plaintext-dec> ist eine Textdatei, in der der entschlüsselte Klartext gespeichert wird. Klartext und entschlüsselter Klartext müssen gleich sein.

Moderne Verschlüsselungsverfahren

Moderne symmetrische Verschlüsselungsverfahren sind komplexer als die Cäsar-Chiffre und haben einen kürzeren Schlüssel als das One-Time-Pad. Sie sind also eine „Mischung" aus beiden Verfahren. Bis Ende der 1990er-Jahre war ein bedeutendes symmetrisches Verschlüsselungsverfahren der Data Encryption Standard (DES), der auch als Standard von der US-Regierung verwendet wurde. Wegen der unzureichenden Schlüssellänge von 56 Bit gilt dieses Verfahren seit Ende der 1990er-Jahre aber als nicht mehr sicher. Neue Verfahren wie MARS, RC6, AES (Rijndael), Serpent und Twofish[2] wurden entwickelt. Das heute gängigste Verfahren ist der Advanced Encryption Standard (AES). Es findet Anwendung im WPA2-, SSH- und Ipsec-Protokoll. Auch in der RFID-Technologie werden Informationen nach dem AES-Standard mit 128 Bit verschlüsselt übertragen. Kryptografieprogramme wie PGP und GnuPG verwenden ebenfalls AES. Es gibt drei Varianten dieses Verfahrens: AES-128, AES-192 und AES-256, wobei die Zahl für die Schlüssellänge in Bits steht. Der AES ist seit 2002 Standard der US-Regierung. Seit Mitte

1 Eine weitere Möglichkeit ist die bitweise Addition ohne Übertrag.
2 Twofish ist nicht patentiert und unter Public-Domain veröffentlicht.

2003 dürfen mit dem AES-Verfahren TOP-SECRET-Informationen der US-Regierung verschlüsselt werden, vorausgesetzt, es werden Schlüssellängen von 192 oder 256 Bit benutzt. AES ist Teil des ISO/IEC-18033-3-Standards.

Das folgende Beispiel zeigt eine 256-Bit-AES-Ver- und Entschlüsselung mithilfe des Programms „OpenSSL“[1]. Dazu müssen die Befehlszeilen in das Terminal eingegeben werden.

Beispiel:
Zum Verschlüsseln:

```
~$ openssl enc -aes-256-cbc -in plaintext.txt -out ciphertext.txt
```

Zum Entschlüsseln:

```
~$ openssl enc -aes-256-cbc -d -in ciphertext.txt -out plaintext-dec.txt
```

Der Parameter `plaintex.txt` ist die Bezeichnung für eine Textdatei, in der der Klartext steht. Der Parameter `ciphertext.txt` ist die Bezeichnung für eine Textdatei, in die der verschlüsselte Text bei der Verschlüsselung geschrieben bzw. aus der bei der Entschlüsselung gelesen wird. Der Parameter `plaintex-dec.txt` ist die Bezeichnung für eine Textdatei, in der der entschlüsselte Text hineingeschrieben wird.

Auf die anderen Parameter, die z. B. Block- und Stromchiffre festlegen, soll hier nicht weiter eingegangen werden.

Der Schlüsselaustausch – das Diffie-Hellman-Protokoll

Ein Nachteil der symmetrischen Verschlüsselung ist die Eigenschaft, dass Sender und Empfänger einer verschlüsselten Nachricht den gleichen Schlüssel besitzen müssen. Mithilfe des Diffie-Hellman-Verfahrens kann ein solcher Schlüssel an alle Kommunikationspartner sicher verteilt werden. Die zugrunde liegende Mathematik ist einfach und basiert auf Primzahlen und der Modulo-Operation.

Um das Diffie-Hellman-Protokoll anwenden zu können, werden eine Primzahl n und eine Zahl g benötigt, die primitiv bezüglich mod n sein muss. Solch eine Zahl g wird auch als Primitivwurzel oder Generator bezeichnet.

Sei p eine Primzahl. Existiert nun eine Zahl x, mit der jede Zahl von 1 bis p – 1 durch g^x mod p ausgedrückt werden kann, dann ist g bezüglich p eine Primitivwurzel (oder ein Generator). Oft wird auch die Formulierung „g ist bezüglich p primitiv“ verwendet.

Beispiel 1:
Die Zahl 3 ist primitiv bezüglich mod 5, da alle Zahlen von 1 bis 4 durch 3^x mod 5 ausgedrückt werden können:
$3^1 \bmod 5 = 3$
$3^2 \bmod 5 = 4$
$3^3 \bmod 5 = 2$
$3^4 \bmod 5 = 1$

1 *www.openssl.org*

Beispiel 2:
Die Zahl 4 ist nicht primitiv bezüglich mod 5, da nur die Zahlen 1 und 4 durch 3^x mod 5 ausgedrückt werden können:
4^1 mod 5 = 4
4^2 mod 5 = 1
4^3 mod 5 = 4
4^4 mod 5 = 1

Das Diffie-Hellman-Verfahren funktioniert wie folgt (s. auch Abb. 8.7):

Die Kommunikationspartner (hier: Alice und Bob) einigen sich auf eine große Primzahl n und eine Zahl g. Die Zahl g muss primitiv (also ein Generator) bezüglich mod n sein. Alice und Bob können die Zahlen g und n über einen unsicheren Kanal austauschen, d. h., die Zahlen müssen nicht geheim sein.

1. Alice wählt eine große, zufällige, geheime Zahl x und berechnet $A = g^x \bmod n$.
2. Bob wählt eine große, zufällige, geheime Zahl y und berechnet $B = g^y \bmod n$.
3. Alice und Bob tauschen A und B über einen (unsicheren) Kanal aus.
4. Alice berechnet den Schlüssel k mit $k = B^x \bmod n$.
5. Bob berechnet den Schlüssel k' mit $k' = A^y \bmod n$.

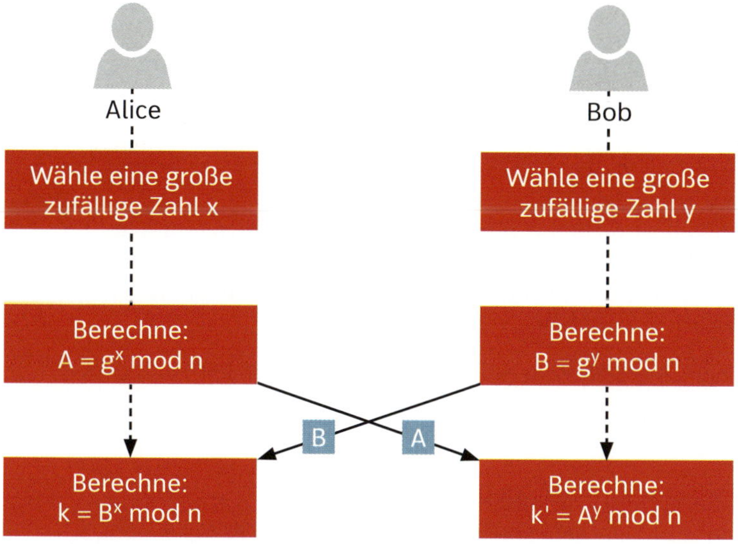

Abb. 8.7: Prinzip des Diffie-Hellman-Verfahrens (zwei Teilnehmer)

Die geheimen Schlüssel k und k' sind nun gleich, da $k = k' = g^{xy} \bmod n$.

Mithilfe des Programms OpenSSL kann auf einfache Weise ein DH-Schlüsselaustausch vollzogen werden. Der Übersichtlichkeit halber zeigt der folgende Ablauf diesen mit nur zwei Teilnehmern.

Generierung der öffentlichen Parameter (public key und Generator)

```
$ openssl genpkey -genparam -algorithm DH -out dhp.pem
$ cat dhp.pem
$ openssl pkeyparam -in dhp.pem -text

$ openssl genpkey -paramfile dhp.pem -out dhkey1.pem
$ openssl pkey -in dhkey1.pem -text -noout
$ openssl genpkey -paramfile dhp.pem -out dhkey2.pem
$ openssl pkey -in dhkey2.pem -text -noout
```

Schlüsselaustausch A und B

```
$ openssl pkey -in dhkey1.pem -pubout -out dhpub1.pem
$ openssl pkey -pubin -in dhpub1.pem -text
$ openssl pkey -in dhkey2.pem -pubout -out dhpub2.pem
$ openssl pkey -pubin -in dhpub2.pem -text
```

Ergebnis: Beide Dateien „secret1.bin" und „secret2.bin" sind gleich.

```
$ openssl pkeyutl -derive -inkey dhkey1.pem -peerkey dhpub2.pem -out
secret1.bin
$ openssl pkeyutl -derive -inkey dhkey2.pem -peerkey dhpub1.pem -out
secret2.bin

$ cmp secret1.bin secret2.bin
$ xxd secret1.bin
$ xxd secret2.bin
```

Das Diffie-Hellman-Protokoll ist nicht auf zwei Kommunikationspartner beschränkt. Durch Hinzufügen von Kommunikationspartnern und Berechnungsrunden kann das Verfahren leicht erweitert werden. Es ist theoretisch möglich, mit unbegrenzt vielen Teilnehmern einen Schlüssel zu tauschen.

Im Folgenden wird ein Schlüsselaustausch mit drei Kommunikationspartnern gezeigt (s. auch Abb. 8.8).

Runde 1:

1. Alice wählt eine große, zufällige, geheime Zahl x und berechnet $A = g^x \bmod n$.
2. Bob wählt eine große, zufällige, geheime Zahl y und berechnet $B = g^y \bmod n$.
3. Carol wählt eine große, zufällige, geheime Zahl z und berechnet $C = g^z \bmod n$.
4. Alice sendet A an Bob über einen (unsicheren) Kanal.
5. Bob sendet B an Carol über einen (unsicheren) Kanal.
6. Carol sendet C an Alice über einen (unsicheren) Kanal.

Runde 2:

7. Alice berechnet $A' = g^x \bmod n$.
8. Bob berechnet $B' = g^y \bmod n$.

9. Carol berechnet C' = g^z mod n.
10. Alice sendet A' an Bob über einen (unsicheren) Kanal.
11. Bob sendet B' an Carol über einen (unsicheren) Kanal.
12. Carol sendet C' an Alice über einen (unsicheren) Kanal.

Berechnung der Schlüssel:

13. Alice berechnet den Schlüssel k_1 mit $k_1 = C'^x$ mod n.
14. Bob berechnet den Schlüssel k_2 mit $k_2 = A'^y$ mod n.
15. Carol berechnet den Schlüssel k_3 mit $k_3 = B'^x$ mod n.

Die geheimen Schlüssel k_1, k_2 und k_3 sind nun gleich, da $k_1 = k_2 = k_3 = g^{xyz}$ mod n.

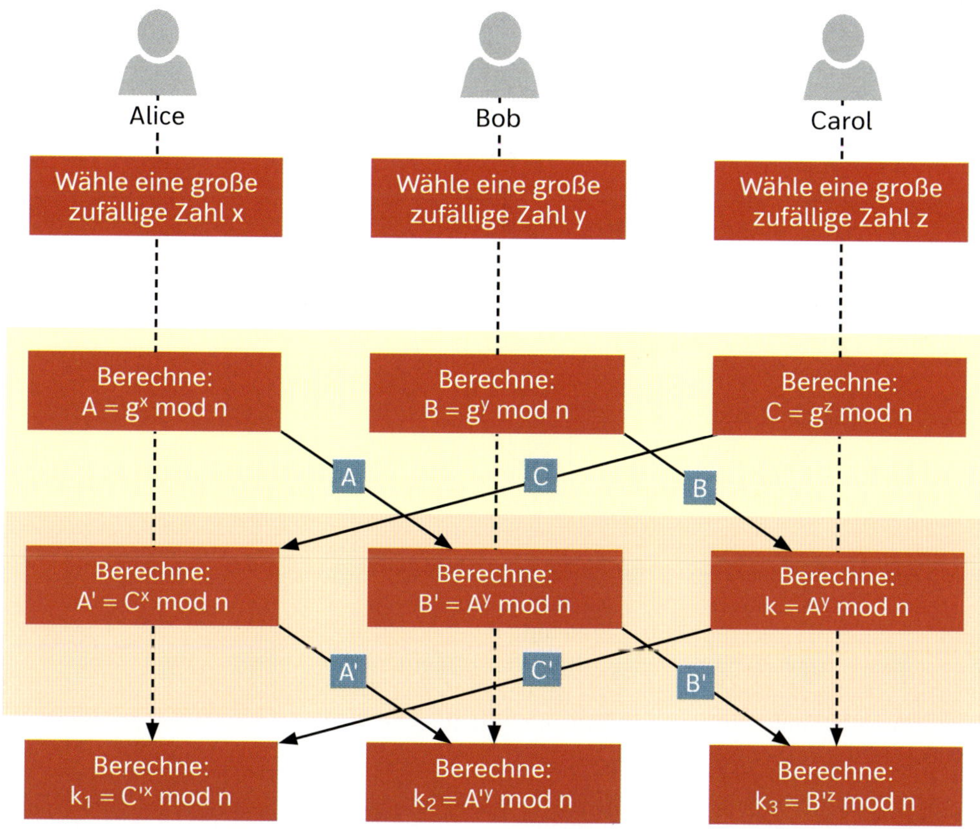

Abb. 8.8: Prinzip des Diffie-Hellman-Verfahrens (drei Teilnehmer)

Die Sicherheit des Verfahrens basiert auf dem Problem der Berechnung diskreter Logarithmen.[1]

Das Verteilen der Schlüssel an die Kommunikationsmitglieder birgt auch Gefahren, da das Protokoll die Schutzziele der Integrität und der Authentizität nicht gewährleistet. Ein Man-In-The-Middle-Angriff (s. Seite 461) könnte den Schlüssel beim Verteilen abfangen und diese Schutzziele verletzen.

1 *Dies ist eine Einwegfunktion, s. Kapitel 8.5.2.*

8.5.2 Asymmetrische Verschlüsselungsverfahren

Asymmetrische Verschlüsselungsverfahren verwenden ein Schlüsselpaar, das aus einem öffentlichen und einem privaten Schlüssel besteht. Der öffentliche Schlüssel ist jedermann zugänglich. Der private Schlüssel ist nur dem Benutzer zugänglich, der das Schlüsselpaar erzeugt hat. Beide Schlüssel sind voneinander abhängig, d. h., zu jedem öffentlichen Schlüssel gibt es nur einen privaten Schlüssel und umgekehrt. Kopien des öffentlichen Schlüssels zählen als ein Schlüssel.

Asymmetrische Kryptosysteme können zum Verschlüsseln[1] oder Signieren[2] von Nachrichten verwendet werden. Im Folgenden wird das Verschlüsseln von Nachrichten behandelt.

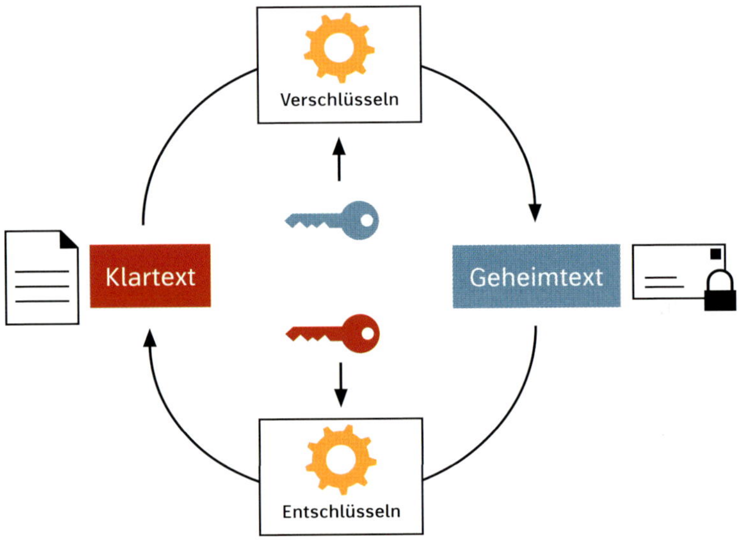

Abb. 8.9: Prinzip der asymmetrischen Verschlüsselungsverfahren (Rot = geheim, Blau = öffentlich)

Abb. 8.9 zeigt die Ver- und Entschlüsselung einer Nachricht mit einem asymmetrischen Verschlüsselungsverfahren. Der Klartext wird mit einem öffentlichen Schlüssel (hier blau), der frei im Internet zugänglich ist, verschlüsselt. Der Empfänger kann diese verschlüsselte Nachricht nur mit dem zum öffentlichen Schlüssel passenden privaten Schlüssel (hier rot) entschlüsseln.

> Vorteile: Privater (geheimer) Schlüssel muss nicht versendet werden; findet auch bei der Signierung Anwendung.
> Nachteil: langsame Berechnung

Asymmetrische Verschlüsselungsverfahren, egal ob sie zum Ver- und Entschlüsseln oder zum Signieren von Nachrichten verwendet werden, eint das Prinzip der Einwegfunktion. Eine Einwegfunktion ist eine Funktion, die leicht zu berechnen ist. Die Um-

1 *Schutzziel: Vertraulichkeit*
2 *Schutzziel: Authentizität*

kehrfunktion (inverse Funktion) kann ein Ergebnis aber nur auf Korrektheit prüfen. Die ursprüngliche Eingabe zu errechnen, ist für die Umkehrfunktion praktisch unmöglich. Spezielle Einwegfunktionen sind Hashfunktionen (s. Kapitel 8.6). Einwegfunktionen, die für asymmetrische Verschlüsselungssysteme verwendet werden, basieren meist auf dem Faktorisierungsproblem (z. B. beim RSA-Algorithmus das Problem der Primfaktorzerlegung) oder dem Problem der Berechnung des diskreten Logarithmus (z. B. ElGamal-Algorithmus).

Bildlich kann eine Einwegfunktion mit einem Telefonbuch verglichen werden. Wird die Telefonnummer zu einem Namen gesucht, ist diese schnell zu finden. Wird jedoch der Name zu einer Telefonnummer gesucht, muss im schlimmsten Fall jede Seite des Telefonbuchs durchgeblättert werden. Der „Worst Case“ wäre dann, dass die Telefonnummer in diesem Buch nicht existiert.

Asymmetrische Kryptosysteme finden Verwendung im E-Mail-Verkehr sowie in kryptografischen Protokollen wie SSH, SSL/TLS, HTTPS. Zu den verbreitetsten Algorithmen zählen der RSA-Algorithmus und der ElGamal-Algorithmus.

Der RSA-Algorithmus

Das wohl verbreitetste asymmetrische Verschlüsselungsverfahren ist der RSA-Algorithmus. RSA steht für die Anfangsbuchstaben der Nachnamen seiner Erfinder Ronald Linn Rivest, Adi Shamir und Leonard Adleman. Der Algorithmus wird in X.509-Zertifikaten, in Übertragungsprotokollen (wie IPsec, TLS, SSH, WASTE) sowie in der E-Mail-Verschlüsselung (OpenPGP, S/MIME) verwendet.

Der RSA-Algorithmus nutzt das Faktorisierungsproblem zum Ver- und Entschlüsseln von Nachrichten. Stark vereinfacht gesprochen, handelt es sich dabei um eine Einwegfunktion, die das Produkt aus zwei Primzahlen errechnet, aus dem man aber nur mit enorm großem Rechenaufwand wieder zwei Faktoren bilden kann.

Das RSA-Verfahren läuft wie folgt.

Schlüsselgenerierung:

1. Wähle zwei geheime (sehr große) Primzahlen p und q.
2. Berechne das Produkt m der zwei Primzahlen ($m = p \cdot q$).
3. Berechne die Anzahl aller zu m teilerfremden Zahlen, die kleiner als m sind. Dies entspricht dem Spezialfall der Eulerschen Funktion: $\text{Phi}(m) = (p - 1) \cdot (q - 1)$.
4. Wähle einen öffentlichen Schlüssel e mit der Eigenschaft $1 < e < \text{Phi}(m)$. Weiterhin müssen e und Phi (m) teilerfremd sein, d. h., der größte gemeinsame Teiler beider Zahlen muss 1 sein ($\text{ggT}(e, \text{Phi}(m)) = 1$).
5. Berechne den privaten Schlüssel d[1] mit der Eigenschaft $1 < d < \text{Phi}(m)$.
   Da e und Phi (m) teilerfremd sind, d. h. $\text{ggT}(e, \text{Phi}(m)) = 1$, muss es ein inverses Element zu e bezüglich der Multiplikation geben, d. h., es gilt $e \cdot d \equiv 1 \bmod \text{Phi}(m)$, was bedeutet: $e \cdot d + x \cdot \text{Phi}(m) = 1$ mit $x \in \mathbb{Z}$. Auf mathematische Hintergründe wird an dieser Stelle verzichtet.
   Der private Schlüssel d kann nun mithilfe des Euklidischen Algorithmus und des erweiterten Euklidischen Algorithmus berechnet werden (s. nachfolgende Beispiele).

1 *d ist das multiplikative Inverse von e bezüglich Modulo Phi (m).*

6. Die Primzahlen p und q sowie der private Schlüssel d müssen geheim bleiben. M und der öffentliche Schlüssel sind für jeden zugänglich.

Verschlüsseln:
Sei x eine Nachricht im Klartext. Dann ergibt sich die verschlüsselte Nachricht y wie folgt:

$y \equiv x^e \bmod m$ mit $0 \leq y < m$.

Entschlüsseln:
Sei y eine verschlüsselte Nachricht. Dann ergibt sich die entschlüsselte Nachricht x wie folgt:

$x \equiv y^d \bmod m$ mit $0 \leq x < m$.

Beispiel 1:
(nur Schlüsselgenerierung)

Schlüsselgenerierung:

1. $p = 97, q = 131$
2. $m = 97 \cdot 131 = 12\,707$
3. $Phi(m) = 96 \cdot 130 = 12\,480$
4. Wähle $e = 277$; Bedingung: $ggT(12\,480, 277) = 1$
5. $e \cdot d + x \cdot Phi(m) = 1$; $277 \cdot d + x \cdot 12\,480 = 1$
   Euklidischer Algorithmus (EA), um den privaten Schlüssel d auszurechnen:
   $12\,480 = 45 \cdot 277 + 15$ (Wie oft passt der öffentliche Schlüssel $e = 277$ in $Phi(m) = 12\,480$?)
   $277 = 18 \cdot 15 + 7$
   $15 = 2 \cdot 7 + 1$
   Erweiterter Euklidischer Algorithmus:
   $1 = 15 - 2 \cdot 7$ (Die Zahl 1 wird mit der letzten Zeile des EA ausgedrückt.)
   $1 = 15 - 2 \cdot (277 - 18 \cdot 15) \rightarrow 1 = -2 \cdot 277 + 37 \cdot 15$
   $1 = -2 \cdot 277 + 37 \cdot (12\,480 - 45 \cdot 277) \rightarrow 1 = 37 \cdot 12\,480 - 1\,667 \cdot 277$

Ergebnis: Der vorläufige private Schlüssel ist $d = -1\,667$. Da d die Eigenschaft $1 < d < Phi(m)$ haben soll, muss nun noch $d = -1\,667 + 12\,480 = 10\,813$ gerechnet werden. Der tatsächliche private Schlüssel ist somit $d = 10\,813$.

Beispiel 2:
(Schlüsselgenerierung sowie Ver- und Entschlüsselung)

Schlüsselgenerierung:

1. $p = 11, q = 17$
2. $m = 11 \cdot 17 = 187$
3. $Phi(m) = 10 \cdot 16 = 160$
4. Wähle $e = 7$; Bedingung: $ggT(160, 7) = 1$ und $1 < e < Phi(m)$

5. $e \cdot d + x \cdot Phi(m) = 1$; $7 \cdot d + x \cdot 160 = 1$
   Euklidischer Algorithmus (EA), um den privaten Schlüssel d auszurechnen:
   $160 = 22 \cdot 7 + 6$ (Wie oft passt der öffentliche Schlüssel $e = 7$ in $Phi (m) = 160$?)
   $7 = 1 \cdot 6 + 1$
   Erweiterter Euklidischer Algorithmus (erw. EA):
   $1 = 7 - 1 \cdot 6$ (Die Zahl 1 wird mit der letzten Zeile des EA ausgedrückt.)
   $1 = 7 - 1 \cdot (160 - 22 \cdot 7)$
   $1 = 23 \cdot 7 + (-1) \cdot 160$

Ergebnis: Der private Schlüssel ist $d = 23$.

Verschlüsselung des ASCII-Zeichens *:

Das Zeichen * entspricht dem ASCII-Code 42. Somit soll $x = 42$ verschlüsselt werden:

$y = x^e \bmod m$
$y = 42^7 \bmod 187$
$y = 15$

Entschlüsselung der Nachricht $y = 15$:

$x = y^d \bmod m$
$x = 15^{23} \bmod 187$
$x = 15^3 \cdot 15^3 \cdot 15^3 \cdot 15^3 \cdot 15^3 \cdot 15^3 \cdot 15^3 \cdot 15^2 \bmod 187$
$x = 9 \cdot 9 \cdot 9 \cdot 9 \cdot 9 \cdot 9 \cdot 9 \cdot 38 \bmod 187$

Das folgende Beispiel zeigt die Erzeugung des privaten und öffentlichen Schlüssels sowie das Ver- und Entschlüsseln einer Nachricht mit dem RSA-Verfahren.

Mithilfe des Programms OpenSSL ist die Generierung eines privaten und öffentlichen Schlüssels sehr einfach.

Beispiel:

```
~$ openssl genrsa -out private.pem 2048
~$ less private.pem
```


```
-----BEGIN RSA PRIVATE KEY-----
MIIEpQIBAAKCAQEAsqQ5DnmCcpdBEU0HhLSO33Y7oqrqaDrGZijuc621yJM4Z+DB
H709iNE1DFQPK/M76c5HOuoxF0ABE+ODawUpJv4BqYw0olYMPuQQpvFKpZfzjqhs
Pk2PO5MQWjS90lxO1sgdIqYfGJck/nJpORKTOP6Y4KVwtFj6XxvjQ4m0fk7VnB5A
3BNb9gntz8XVPR9y2xeX0juYJ37EOfh2tfqkzynwZJulGwRps1sHuOguo8OmdK7C
yTZbKs3L7cjW+Dgb2n8RRkSu3cKGDGj4OPDYCHTTpSexGkM43zxEltcX43oDpwtm
W2FN6/M8dFPHmCYISEumdfr8Qaxo/dSPIs0HjQIDAQABAoIBAQCBkOSlH/JCBHw3
/SN/16lsYAee0tIS6NYvEG7qTcp0AHs/tF6+E3ZG/l24ZFtgqBkDWg6Fp4gVceGW
OER/4Y1Yb5BrFXqzZy+YibeeLZHTiuMmy/c+NOi279JDas9mfHbeBuRC1jPllPJK
7lZtA5DuHJJrFPMqiwKE6ugpev4DQRosH/ONuG+6+A6NtwiXLjR+2acykGSl98/M
BuP3jZhev8kBMMNF+6JRyJsQcbnv8WS5kjd6AV3ncgizNQNbfparAxPVGu59Jfpj
apyzdwmY6JRV3u7ZCYW3MH2Kkr0o/zSTNVDPJcjLhFpzt4HGmXwQRS0E607v6XEk
mOyBpcPtAoGBANb2XbkHw8h+9GkJAcADDs4RoAasNGcfeVLy2DLULf0RXcXFEvSI
a4fOK6fj01xZKOnIMUszoVWyM9T5m8riOsJa/ol+t2OiSuD9f0Po07heLga0VCGV
USGsLHkVaH3xlx8MDmo1B7pum8PRC/0ZP2GvMhDqQmxH2efocz72dEd/AoGBANS+
yMcij2ki8wUtzBcAwaypHpru6aewFf/fEInysQK8o4WOVquBi+VRfhZvcWOs97k0
oCVF4SeRtcU53m8cUXPLGPrRWC6VzLsl/aLlI2y2thWpboPZPbwMKNGJipvMiieT
```

```
JEz7VLPNaRqzElW/pZfLQuhGh1fNLuxQL8ON19bzAoGBALGduY00bEITHFJZfdew
7x+4EnjQ+y+mIvI19Avzo9gx7ECIeQQSYH9DDHFZ3v+0MAkTQB+6FnmfmBJG+MJn
sVN8Kktjp5YsuCA1dV2gWKhDMVaa09U38mSXRdv6o29FGrAtnw+Ep9EUqaHf7j8A
CI3nW7/8QEwGBngHaopAy41zAoGBAM0d4RD2RlT06GBe5n5rMVBagnKY1NjjkmJv
3E9UmcvsurBjKzcSoSIJL0tMSYPz2ahMj/c/57Sx7RJqGAcCw5mkAMKbIq1PquPp
3iC3Ui9X/jjmcfJXewkapCRauzQ5wh4j5QT/8YumCac/bfcU3wB6bljq30UNRCd9
rH+b+7V3AoGATHO8yp8oLRaiNHXdh4xt82orcM7wB6WI2hYgW6qQltKOhRBYZOGI
q5fCiLoYIANfHdEBuZUEGJvZKAr2652QMWLzI5t/LPOxanxuugEHegIxzBgc0BTl
UUs5kYIcoTC/Wn1CvH4OS7zqTD0txuOURaySIezKw2XSdx4bT/wQMH4=
-----END RSA PRIVATE KEY-----
```


```
~$ openssl rsa -in private.pem -pubout > public.pem
~$ less public.pem
```


```
-----BEGIN PUBLIC KEY-----
MIIBIjANBgkqhkiG9w0BAQEFAAOCAQ8AMIIBCgKCAQEAsqQ5DnmCcpdBEU0HhLSO
33Y7oqrqaDrGZijuc621yJM4Z+DBH709iNE1DFQPK/M76c5HOuoxF0ABE+ODawUp
Jv4BqYw0olYMPuQQpvFKpZfzjqhsPk2PO5MQWjS90lxO1sgdIqYfGJck/nJpORKT
OP6Y4KVwtFj6XxvjQ4m0fk7VnB5A3BNb9gntz8XVPR9y2xeX0juYJ37EOfh2tfqk
zynwZJulGwRps1sHuOguo8OmdK7CyTZbKs3L7cjW+Dgb2n8RRkSu3cKGDGj4OPDY
CHTTpSexGkM43zxEltcX43oDpwtmW2FN6/M8dFPHmCYISEumdfr8Qaxo/dSPIs0H
jQIDAQAB
-----END PUBLIC KEY-----
```


Nun soll eine Nachricht mit dem RSA-Algorithmus verschlüsselt werden. Die Nachricht heißt „Hallo Anna!“ und wird über die Konsole eingegeben. Die verschlüsselten Daten werden in der Datei „RSA-encrypted.txt“ abgespeichert.

```
~$ echo 'Hallo Anna!' | openssl rsautl -encrypt -pubin -inkey
public.pem > RSA-encrypted.txt
```

Die Nachricht soll nun entschlüsselt auf dem Bildschirm ausgegeben werden.

```
~$ openssl rsautl -decrypt -in RSA-encrypted.txt -inkey private.pem
```

8.5.3 Hybride Verschlüsselungsverfahren

Hybride Verschlüsselungsverfahren sind eine Mischung aus symmetrischen und asymmetrischen Verschlüsselungsverfahren, wobei die Vorteile beider Verfahren kombiniert werden. So sind hybride Verfahren sehr effizient und haben trotzdem einen öffentlichen und privaten Schlüssel. Diese zwei Eigenschaften machen sie in der Praxis sehr beliebt. Hybride Verfahren werden u. a. in Netzwerkprotokollen wie IPsec und TLS/SSL, aber auch zum Verschlüsseln von E-Mails mit PGP verwendet.

Der Ablauf eines hybriden Verschlüsselungsverfahrens ist einfach (s. auch Abb. 8.10):

1. Die Nachricht (der Klartext) wird symmetrisch verschlüsselt.
2. Der symmetrische Schlüssel (Sitzungsschlüssel) wird asymmetrisch mit einem öffentlichen Schlüssel verschlüsselt.
3. Das Datenpaket (verschlüsselte Nachricht und verschlüsselter Sitzungsschlüssel) kann nun versendet werden.
4. Der Empfänger des Datenpakets benötigt den privaten Schlüssel.

5. Mit dem privaten Schlüssel wird der Sitzungsschlüssel entschlüsselt.
6. Mit dem Sitzungsschlüssel wird die Nachricht entschlüsselt.

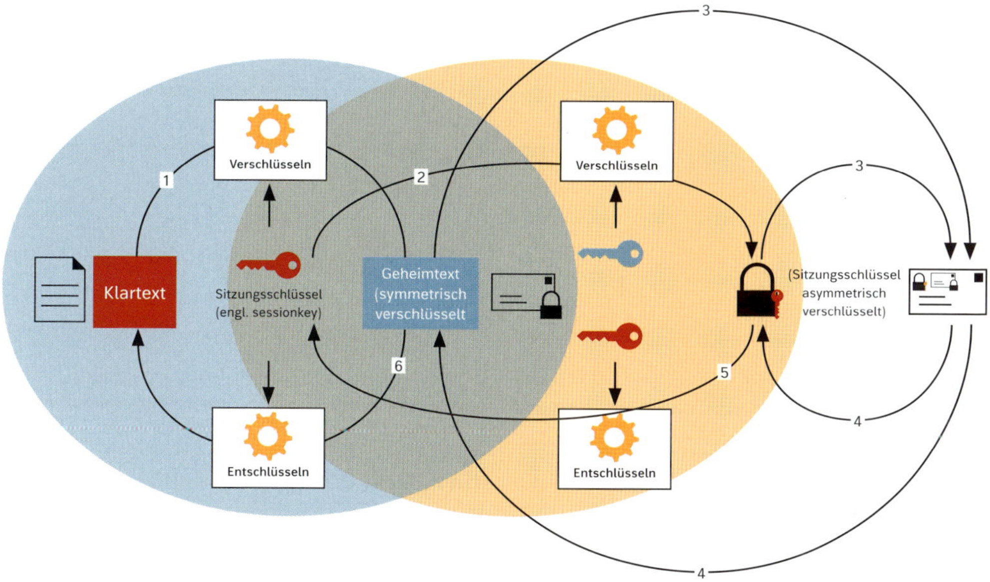

Abb. 8.10: Ablauf eines hybriden Verschlüsselungsverfahrens (Rot = geheim, Blau = öffentlich)

Symmetrische Verschlüsselungsverfahren besitzen zum Ver- und Entschlüsseln nur **einen geheimen Schlüssel**, den alle Kommunikationspartner haben müssen. Dieser Schlüssel muss auf sicherem Weg generiert und ausgetauscht werden. Hierfür ist das Diffie-Hellmann-Verfahren hilfreich. Die Berechnung der Ver- und Entschlüsselung ist vergleichsweise schnell.
Asymmetrische Verschlüsselungsverfahren besitzen zum Verschlüsseln einen **öffentlichen** und zum Entschlüsseln einen **geheimen Schlüssel**. Kommunikationspartner, die eine Nachricht verschlüsseln wollen, benötigen nur den öffentlichen Schlüssel. Zum Entschlüsseln der Nachricht wird der private Schlüssel benötigt. Privater und öffentlicher Schlüssel sind voneinander abhängig. Die Berechnung der Ver- und Entschlüsselung ist sehr rechenaufwändig und damit vergleichsweise langsam.
Hybride Verschlüsselungsverfahren vereinen die Vorteile des symmetrischen und des asymmetrischen Verschlüsselungsverfahrens. Die Nachricht wird symmetrisch und damit schnell ver- und entschlüsselt. Der dafür benötigte Schlüssel wird asymmetrisch ver- und entschlüsselt und an die verschlüsselte Nachricht angehängt.

8

8.6 Hashfunktionen

Eine Hashfunktion im kryptologischen Sinne stellt das **Schutzziel der Integrität** sicher. Bildlich gesprochen repräsentiert eine solche Funktion einen nicht manipulierbaren digitalen Fingerabdruck.

Allgemein sind Hashfunktionen Einwegfunktionen (s. Kapitel 8.5.2), die Bitfolgen unterschiedlicher Länge auf Bitfolgen fester Länge abbilden. Dabei kann es passieren, das zwei verschiedene Werte x und y auf den gleichen Wert der Zielmenge f(x) = f(y) abbilden (s. Abb. 8.11). Eine solche Abbildung wird als Kollision bezeichnet.

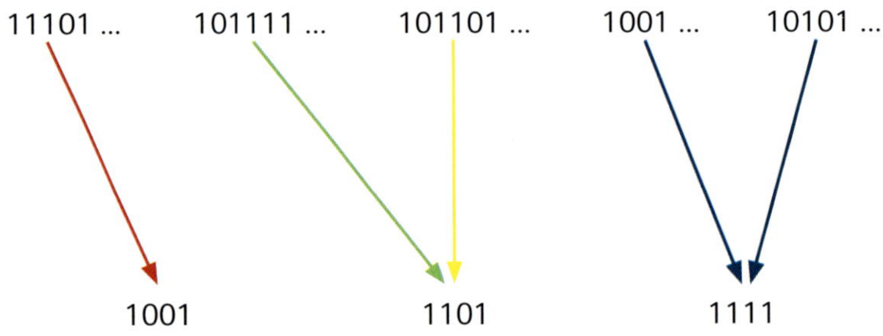

Abb. 8.11: Kollision bei einer Hashfunktion

Kryptografische Hashfunktionen sollen bei typischen Eingabewerten möglichst kollisionsfrei sein. Diese Bedingung lässt zwei Eigenschaften zu, die für das Schutzziel der Integrität unerlässlich sind:

1. Eine kryptografische Hashfunktion bildet von einer Bitfolge beliebiger Länge auf eine Bitfolge fester Länge ab.
2. Eine kryptografische Hashfunktion (s. Abb. 8.12) kann die ursprüngliche Bitfolge identifizieren, aber nicht rekonstruieren.

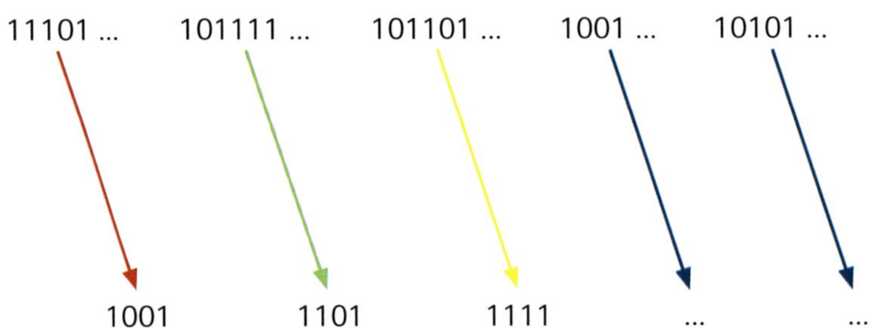

Abb. 8.12: Kollisionsfreie Abbildung einer Hashfunktion

Es ist sehr schwierig Algorithmen zu finden, die kollisionsresistent sind. Bekannte und in der Praxis gebräuchliche Hash-Algorithmen sind der Secure Hash Algorithm (SHA-2) und der MD5-Algorithmus. Letzterer gilt heute als unsicher, da hier Kollisionen entdeckt worden sind.

Ziel eines Hash-Algorithmus ist, durch Berechnung einer Prüfsumme die Integrität einer digitalen Nachricht zu sichern. Dabei muss sichergestellt sein, dass bei zwei unterschiedlichen Nachrichten (in der Regel) nicht der gleiche Prüfwert errechnet wird (Ausnahmen, sprich Kollisionen, bestätigen die Regel).

Anwendungsgebiete für Hashwerte gibt es viele. Sie spielen eine wichtige Rolle beim Download von Dateien. So können Bitübertragungsfehler ausfindig gemacht und Manipulationen entdeckt werden. Passwörter werden nicht im Klartext, sondern als Hashwert abgespeichert. In digital unterschriebenen E-Mails wird der Hashwert signiert (s. Kapitel 8.7). Auch TLS-Zertifikate (früher SSL) basieren auf Hashwerten (SHA1). Dazu mehr in Kapitel 8.8.

Das folgende Beispiel zeigt eine Integritätsprüfung der Datei „beispiel.txt" mithilfe des Programms OpenSSL. Ist die errechnete Prüfsumme der Datei gleich der Prüfsumme, die auf der Downloadseite angegeben ist, können Übertragungsfehler oder sonstige Manipulation an der Datei ausgeschlossen werden.

```
$ openssl sha256 beispiel.txt

SHA256(beispiel.txt)=
1cf0c75265e678c4b9bcc32a798e8d484b8655029df225e7d8a616577c1c878e
```

Hashfunktionen sind **Einwegfunktionen**, die kollisionsfrei sein sollten. Sie werden benötigt, um die Integrität einer Nachricht durch eine **Prüfsumme** sicherzustellen.

8.7 Signaturen

Die Verwendung von digitalen Signaturen stellt das **Schutzziel der Authentizität** sicher, d. h., es wird garantiert, dass eine Nachricht von einer bestimmten Person stammt (Echtheitsnachweis). Oft wird das Synonym *digitale Unterschrift* verwendet.

Bekannte Signaturverfahren sind der Digital Signature Algorithm (DSA) und die RSA-Signatur. Letztere wird unten beschrieben.

Das National Institute of Standards and Technology (NIST) hat im Juli 2013 den Standard FIPS 186-4 herausgegeben. Dieser legt fest, dass US-Behörden für den offiziellen Gebrauch digitale Signaturen mithilfe des RSA-, DSA- oder ECDSA[1]-Verfahrens generieren dürfen.

Der RSA-Algorithmus wurde bereits in Kapitel 8.5.2 vorgestellt und das Verfahren zum Ver- und Entschlüsseln von Nachrichten wurde gezeigt. Der RSA-Algorithmus eignet sich aber auch zum Signieren von Nachrichten.

Zum Signieren einer Nachricht muss, wie auch beim Ver- und Entschlüsseln einer Nachricht, ein Schlüsselpaar erzeugt werden. Die Punkte 1 bis 6 aus Kapitel 8.5.2 werden deshalb auch hier genauso verwendet.

Um eine Nachricht zu signieren, wird mit dem geheimen privaten Schlüssel verschlüsselt. Der verschlüsselte Text wird nun an die Originalnachricht angehängt. Der Empfänger entschlüsselt die angehängte Nachricht mit dem öffentlichen Schlüssel und vergleicht den entschlüsselten Text mit dem Originaltext. Somit wird gleichzeitig das Schutzziel der Integrität sichergestellt. Es ist klar, dass nur die Person, die den geheimen privaten Schlüssel kennt, die verschlüsselte Nachricht erzeugt haben kann. Um Speicherplatz zu sparen, wird häufig erst ein Hashwert der zu signierenden Nachricht gebildet, der dann mit dem privaten Schlüssel verschlüsselt wird. So bleibt die Signatur in einem signierten Dokument klein. Abb. 8.13 zeigt das Prinzip des Signierens.

1 ECDSA ist ein Signatur-Algorithmus, der auf elliptischen Kurven basiert.

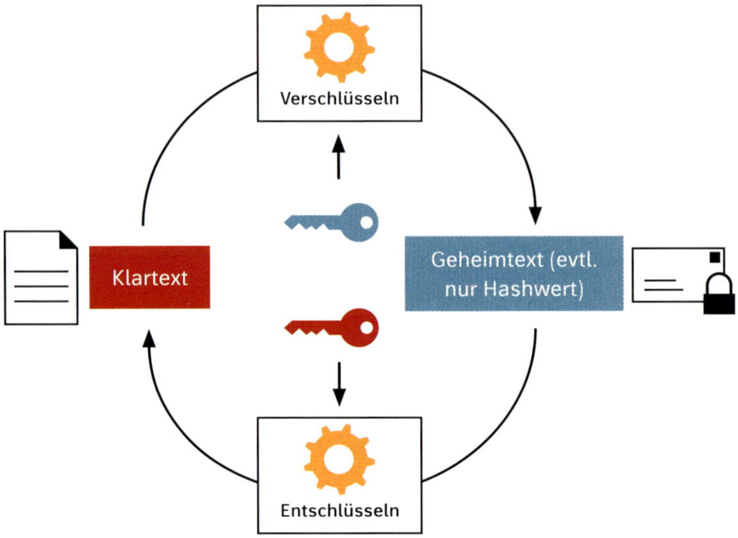

Abb. 8.13: Prinzip des Signierens

Der Private Key sowie der Public Key wurden im RSA-Beispiel (s. Kapitel 8.5.2) schon erzeugt. Diese sollen nun genutzt werden, um eine Signatur der Datei „beispiel.txt" mit einem SHA256-Hash zu generieren.

```
$ openssl dgst -sha256 -sign private.pem -out signature.sign
beispiel.txt
```

Anschließend wird die Signatur mit „beispiel.txt" verglichen.

```
$ openssl dgst -sha256 -verify public.pem -signature signature.sign
beispiel.txt

Verified OK
```

Digitale Signaturen garantieren die Echtheit einer Nachricht, d. h., es wird garantiert, dass eine Nachricht von einer bestimmten Person stammt. Eine andere Bezeichnung für digitale Signaturen ist der Begriff **digitale Unterschrift**.

8.8 Zertifikate

Die Echtheit einer Nachricht kann mit einer digitalen Unterschrift nachgewiesen werden (s. Kapitel 8.7). Dazu wird mit dem privaten Schlüssel verschlüsselt und mit dem öffentlichen Schlüssel wieder entschlüsselt. Es ist sichergestellt, dass die Nachricht nur von der Person stammen kann, die den privaten Schlüssel besitzt.

Beispiel:
Angenommen, Alice signiert mit ihrem privaten Schlüssel eine Nachricht und stellt den öffentlichen Schlüssel für Bob zur Verfügung. Wer garantiert, dass der öffentliche Schlüssel wirklich von Alice stammt? Der öffentliche Schlüssel könnte auch von einer anderen Person stammen, ohne dass Bob etwas davon merkt. Um zu garantieren, dass der öffentliche Schlüssel wirklich von Alice stammt, müsste dieser mit der Identität von Alice verknüpft werden.

Es wird also eine Art „digitaler Notar" benötigt, der die Echtheit des Schlüssels bestätigt (Authentizitätsnachweis des öffentlichen Schlüssels). Die Lösung des Problems liegt in der Verwendung von Zertifikaten, die von einer Zertifizierungsstelle, der CA (Certification Authority), ausgegeben werden.

Beispiel:
Angenommen, Alice möchte eine verschlüsselte Nachricht an Bob senden. Sie nutzt dafür ein asymmetrisches Verschlüsselungsverfahren. Alice verschlüsselt das Dokument mit Bobs öffentlichem Schlüssel. Doch zuvor möchte sie einen Nachweis, ob es sich wirklich um Bobs öffentlichen Schlüssel handelt. Um diesen Nachweis zu erlangen, lässt Bob seinen öffentlichen Schlüssel bei einer Zertifizierungsstelle (CA) beglaubigen, indem er dort persönlich seine Identität (z. B. mit seinem Personalausweis) nachweist. Die Zertifizierungsstelle bestätigt die Echtheit von Bobs öffentlichem Schlüssel, indem sie diesen signiert. Bobs öffentlicher Schlüssel, die Signatur des öffentlichen Schlüssels und weitere Informationen werden in einem digitalen Dokument, dem Zertifikat von der CA, zusammengestellt. Die Zertifizierungsstelle stellt nun das Zertifikat zum Download zur Verfügung, z. B. in einer Datenbank. Alice holt sich Bobs signierten Schlüssel und überprüft die Signatur und das Datum des Zertifikats. Sind beide Informationen gültig, kann sie mit Bobs öffentlichem Schlüssel (der ist im Zertifikat enthalten) eine verschlüsselte Nachricht an Bob senden.

Bob, Alice und die CA (s. Abb. 8.14) bilden eine gemeinsame Public Key Infrastructure (PKI). Sowohl Alice als auch Bob müssen der Arbeit der CA vertrauen.

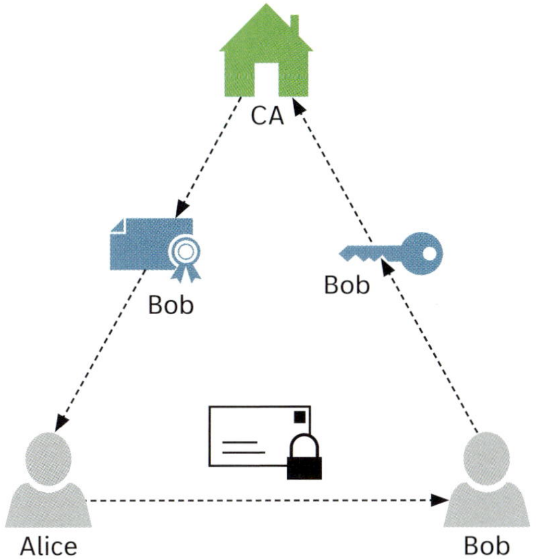

Abb. 8.14: Zertifikat von der Zertifizierungsstelle (CA, Blau = öffentlich)

Ein Zertifikat ist, wie oben bereits erwähnt, ein digitales Dokument, das Informationen wie Zertifikatsaussteller, Geltungsdauer, öffentlichen Schlüssel, den Hash-Wert (Fingerabdruck) der Signatur des Zertifikats und vieles mehr abspeichert. Viele gängige Zertifikate werden mit einer Software (z. B. Webbrowser) mitgeliefert. Abb. 8.15 zeigt ein mitgeliefertes Zertifikat der Deutschen Telekom im Webbrowser Firefox.

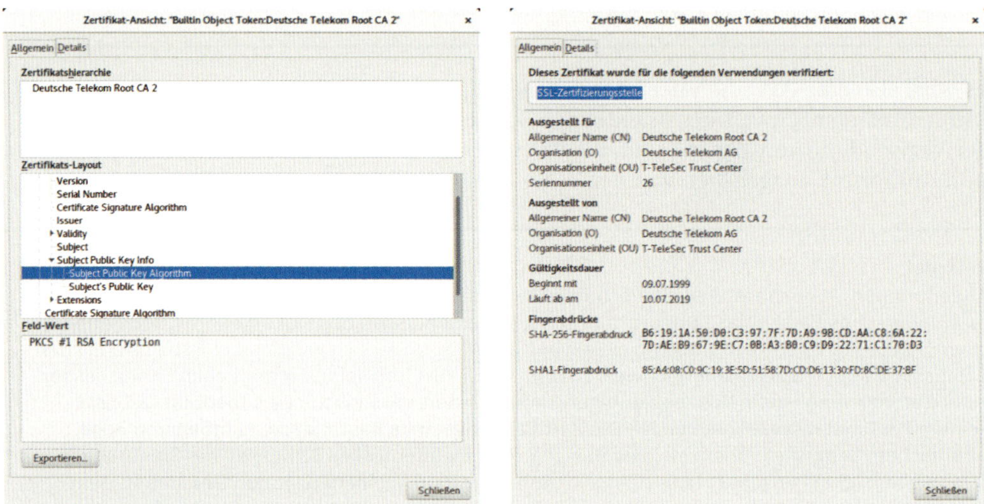

Abb. 8.15: Reales Zertifikat der Deutschen Telekom im Webbrowser Firefox

Zertifikate finden Anwendung in Netzwerkprotokollen (z. B. SSL/TLS, darunter HTTPS für Webbrowser, IPsec oder SSH), beim Unterschreiben von E-Mails oder der Authentifizierung und Zugriffskontrolle von Chipkarten. Eine kostenlose CA ist „Let's Encrypt"[1]. Dort kann jeder ein SSL-Zertifikat beantragen.

Bei der Benutzung des Programms OpenSSL kann mit Zertifikaten experimentiert werden. Die folgende Zeile zeigt, wie ein selbst signiertes Zertifikat ausgestellt wird:

```
$ openssl req -new -days 999 -newkey rsa:2048bits -sha512 -x509
-nodes -out server.crt -keyout server.key
```

Eine PKI ist einfach aufzubauen, wenn alle Benutzer der gleichen CA unterliegen. Da in der Praxis eine CA nicht sämtliche öffentliche Schlüssel unterschreiben kann (z. B. alle öffentlichen Schlüssel der Bundesrepublik Deutschland), werden Vertrauensmodelle benötigt, die Zwischen-CAs anbieten. In der Praxis haben sich die Standards X.509 und OpenPGP etabliert, die zwei unterschiedliche Ansätze verwenden: das hierarchische Vertrauensmodell und das Web of Trust. Hier soll kurz das hierarchische Vertrauensmodell (z. B. der Zertifizierungsstandard X.509) erläutert werden (s. Abb. 8.16).

1 *https://letsencrypt.org/*

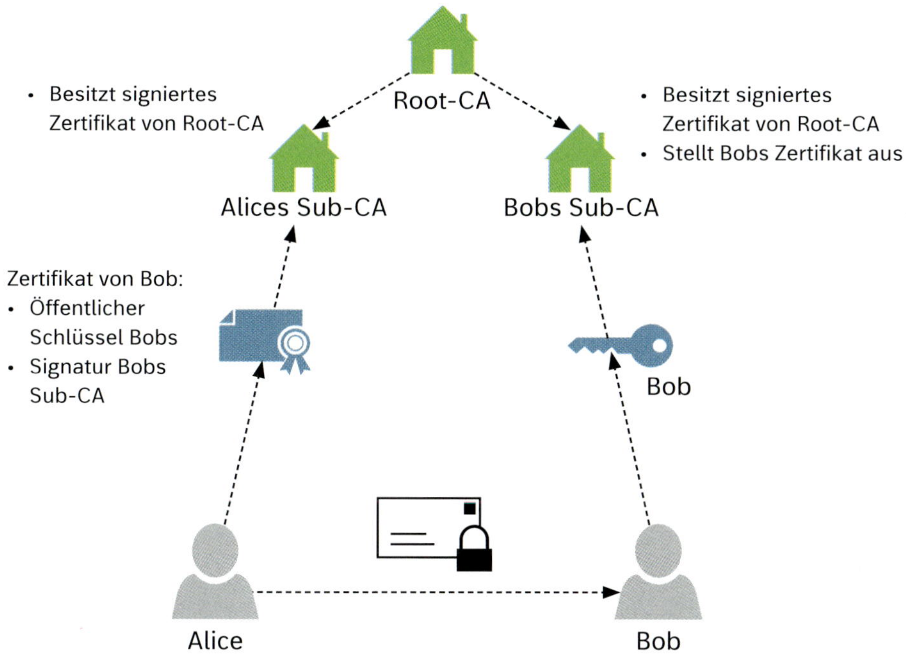

Abb. 8.16: Hierarchisches Vertrauensmodell (Blau = öffentlich)

In diesem Modell vertrauen alle Teilnehmer der Zertifizierungsstelle an der Spitze (Root-CA) des Modells. Ist das Vertrauensnetz sehr groß, können Sub-CAs gegründet werden. Die Sub-CAs können selbst Zertifikate ausstellen, aber nur, wenn sie das Vertrauen der Root-CA haben. So wird sukzessive ein hierarchisches Vertrauensmodell aufgebaut.

> **Digitale Zertifikate** bestätigen durch die Beglaubigung einer dritten Instanz (**Zertifizierungsstelle**) die Echtheit eines Schlüssels. Es gibt zwei verschiedene Ansätze, um Vertrauensmodelle aufzubauen: das **hierarchische Vertrauensmodell** (Zertifizierungsstandard X.509) und das **Web of Trust**.

8.9 Angriffsverfahren auf Software

Trotz aller Bemühungen der Entwicklerteams und Qualitätssicherungsverfahren: Software ist ein Produkt, das selten völlig fehlerfrei ist. Je komplexer ein Projekt ist und je mehr Personen am Projekt beteiligt sind, desto größer ist die Gefahr für nicht erkannte Fehler im Endprodukt.

Während manche Entwicklungsfehler nur zu ungewünschtem Verhalten – und im schlimmsten Fall auch zu Datenverlust – führen, können manche auch als Schwachstellen zum Angriff auf ein Softwaresystem ausgenutzt werden. Neben Fehlern in der Implementierung können auch schlechtes Design und ungenügende Sicherheitsmaßnahmen zu Sicherheitslücken führen, die von Angreifern genutzt werden können.

Um solche Fehler zu vermeiden und auch mögliche Angriffsszenarien zu kennen, hilft es, sich nicht nur mit gutem Design auseinanderzusetzen, sondern auch mit den typischen

Schwachstellen und problematischen Elementen von Software: Angriffsverfahren zu kennen bedeutet gleichzeitig auch Angriffe verhindern und Sicherheitslücken schließen zu können.

Was ist überhaupt eine Sicherheitslücke? Eine mögliche Antwort liefert die Norm ISO/IEC 27005. Demnach liegt dann eine Sicherheitslücke vor, wenn aufgrund einer Schwachstelle eine Gefahr für ein für das Unternehmen wertvolles Gut besteht – das können sowohl reale, greifbare Güter wie Produkte oder Prototypen einer Software sein als auch ein immaterielles Gut wie interne Unternehmensinformationen.

Eine Sicherheitslücke kann auch „menschlicher" Natur sein, z. B. Mitarbeiter, die versehentlich Unternehmensdaten öffentlich zugänglich machen. Ob die Schwachstelle auch ausgenutzt wird, spielt dabei keine Rolle – allein das Vorhandensein der Schwachstelle als solche ist bereits eine Sicherheitslücke. In vielen Fällen entfalten die Schwachstellen erst in Kombination miteinander ihr gefährliches Potenzial und können aktiv als Sicherheitslücke für Angriffe missbraucht werden.

Etwas konkreter ist die Definition der Internet Engineering Taskforce (IETF) in ihrer Empfehlung RFC 4949, „Internet Security Glossary, Version 2".[1]

> Die **IETF (Internet Engineering Tastforce)** ist eine Organisation, die sich mit technischen und organisatorischen Standards für den Betrieb des Internets befasst. Sie ist eine Vereinigung von freiwilligen Mitgliedern aus Industrie, Forschung und Anwenderkreisen. Sie veröffentlicht ihre Dokumente in Form von RFCs. Ein **RFC (Request for Comment)** ist dabei der IETF-Begriff für einen Standard, der von der Allgemeinheit akzeptiert und übernommen wurde.

Nach RFC 4949 ist eine Sicherheitslücke ein Fehler oder eine Schwachstelle in einem

- Systemdesign,
- einer Implementierung oder
- im Betrieb und Management eines (Software-)Systems,

der/die ausgenutzt werden könnte/n, um die Sicherheitsrichtlinie des Systems zu verletzen.

Orientiert an diesen drei Bereichen in Entwicklung und Betrieb von Softwaresystemen können auch Schwachstellen und die daraus entstehenden Sicherheitslücken kategorisiert werden.

8.9.1 Schwachstellen im Design

Prinzipiell sind Angriffe auf Software immer dann möglich, wenn Eingaben von Benutzern nicht so abgearbeitet werden wie ursprünglich vorgesehen. Das können Eingaben direkt im Programm sein, oder es werden manipulierte Dateien geöffnet. Auch Schwachstellen in Drittanbieter-Bibliotheken können als Einfallstor für Attacken verwendet werden.

Bereits im Design und der Architektur der Anwendung gibt es einige Möglichkeiten, entsprechenden Schwachstellen vorzubeugen – denn auch eine eigentlich „korrekte"

1 *Vgl. Shirey, R/IETF: Internet Security Glossary, Version 2, veröff. im August 2007 unter: https://tools.ietf.org/pdf/rfc4949.pdf*

Implementierung lässt Angriffspunkte offen, wenn im Softwareentwurf fehlerhaft oder unsauber gearbeitet wurde.

Man-in-the-Middle-Angriff

Wenn Informationen über einen ungesicherten Kanal wie das Internet übertragen werden, besteht immer die Gefahr, dass Dritte die Kommunikation abhören oder manipulieren. Besonders Webanwendungen sind anfällig für die Manipulation des Kommunikationskanals, sog. **Man-in-the-Middle-Attacken**. Dabei leitet ein Angreifer die Kommunikation zwischen zwei Endpunkten der Software um. Das kann die Kommunikation zwischen dem Anwender einer Webanwendung und dem Webserver sein, aber auch die Kommunikation zwischen einer klassischen Anwendung und einem Datenbankserver könnte so angegriffen werden. Kann sich z.B. ein Angreifer in eine Kommunikation zwischen dem Arbeitsplatz des Anwenders und dem entfernten Datenbankserver schalten, kann er in der Datenbank sämtliche Operationen mit den Rechten des Anwenders unbemerkt in den Kommunikationsstrom einfließen lassen. Abhilfe schaffen hier Verfahren aus dem Bereich der Kryptografie. Die wichtigste Gegenmaßnahme ist die Verschlüsselung der Kommunikation (s. Kapitel 8.5) zwischen zwei Endpunkten über SSL/TLS in Verbindung mit Zertifikaten (s. Kapitel 8.8). Bei Certificate Pinning wird in der Software hinterlegt, welches Zertifikat von der Gegenstelle verwendet wird. Dazu kann bereits eine Prüfsumme (Finger Print) fest in der Software hinterlegt werden, oder die Prüfsumme wird beim ersten Verbindungsaufbau durch den Benutzer überprüft und dann intern gesichert. Alternativ können auch von einer vertrauenswürdigen Zertifizierungsstelle signierte Zertifikate zur Überprüfung der Gegenstelle verwendet werden.

Cross-Site-Scripting-Angriff

Durch fehlerhaftes Design von Webanwendungen können auch Schwachstellen entstehen, die Cross-Site-Scripting (XSS) ermöglichen. Bei **XSS-Attacken** wird bösartiger Code von Dritten in eine Webanwendung eingeschleust, der dann im Kontext der Webanwendung Daten austauschen oder verändern kann. Besonders wenn Benutzereingaben nicht ausreichend oder sogar gar nicht überprüft werden, können XSS-Attacken ausgeführt werden.

Beispiel:
Ein Onlineportal bietet die Möglichkeit für Benutzer, eigene Kommentare in das Portal einzustellen. Diese Funktion können Angreifer als Grundlage für eine Attacke nutzen. Werden die Eingaben nicht überprüft, kann ein Angreifer JavaScript-Code (s. Kapitel 6.6) einbetten und nachladen. Der Browser des Anwenders kann diese Inhalte nicht von den gewünschten Inhalten des Onlineportals unterscheiden und führt das Skript aus. Dieses Skript kann dann möglicherweise auf Session-Informationen und andere vertrauliche Informationen innerhalb des Browsers zugreifen. Ein solches Skript könnte auch die HTML-Inhalte des Portals abändern und auf diesem Weg z.B. ein Formular zur Eingabe von Passwörtern manipulieren, die Eingaben umleiten und damit dem Angreifer den Zugriff auf das Portal mit den Rechten des Nutzers ermöglichen.

Bei XSS-Attacken lassen sich verschiedene Typen unterscheiden:

- Stored-XSS-Attacke: Bei fehlerhafter Überprüfung der Eingaben ermöglicht eine XSS-Schwachstelle, die manipulierten Eingaben dauerhaft in der Software zu speichern und in die interne Datenhaltung abzulegen. Die manipulierten Daten werden dann direkt an die Opfer der Attacke ausgeliefert und sind nicht von anderen Daten der Anwendung zu unterscheiden.

- Reflected-XSS-Attacke: Machmal wird in in einer Webanwendung unter bestimmten Umständen eine Benutzereingabe direkt von der Anwendung wieder zurückgeliefert. Wird diese Eingabe dabei nicht auf ungültige Werte überprüft, kann der Angreifer unerwünschte HTML-Inhalte auf die Seite einschleusen. Dies tritt z. B. auf, wenn in einer Fehlermeldung einfach die Eingabe des Benutzers ungefiltert noch einmal angezeigt wird. Kann dieses Verhalten auch über einen Link auf die Anwendung ausgelöst werden, muss ein Angreifer seinem Opfer nur diesen Link „unterschieben" und kann damit eine sicher geglaubte Webseite manipulieren.
- DOM-basierte XSS-Attacke: Bei DOM-basierten Attacken (s. Kapitel 6.6.5) handelt es sich um eine spezielle Form der Reflected-XSS-Attacke. Während bei einer Reflected-XSS-Attacke Benutzerdaten an den Server geschickt und von diesem nicht überprüft wurden, verlassen bei der DOM-basierten Attacke die Eingaben nicht den Browser des Anwenders. Wenn ein Skript relativ leicht manipulierbare Informationen auswertet, z. B. die im Browser angezeigte Adresse (in JavaScript über `document.location.href` lesbar), und diese Information an irgendeiner Stelle dazu verwendet wird, eine Ausgabe zu steuern, ist die Webseite potenziell für eine Attacke anfällig. Die in Abb. 8.17 dargestellte Webseite verwendet z. B. die im HTML-Anker angegebenen Zeichenkette „id=124", um daraus eine ID zu bestimmen und diese dynamisch wieder in der Seite anzuzeigen. Hier kann der Angreifer unter Umständen wieder einen manipulierten Link erzeugen, der vom anfälligen JavaScript-Code verarbeitet wird und mit dem dann Informationen in die Seite eingeschleust werden können – evtl. auch bösartiger JavaScript-Code.

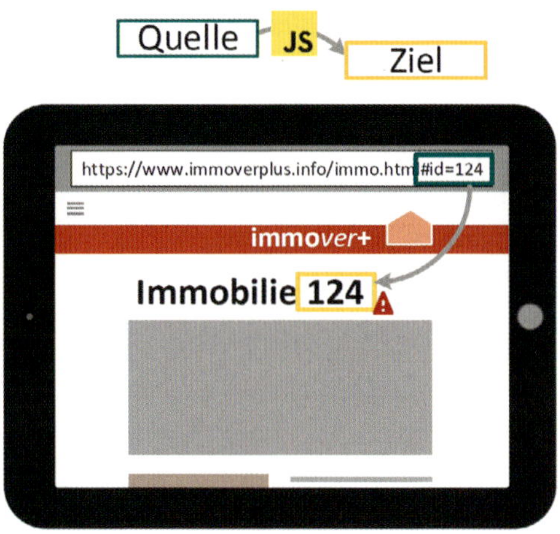

Abb. 8.17: Schwachstelle bei DOM-basierter XSS-Attacke

Für alle drei Varianten gilt: Eine Anwendung sollte niemals Benutzereingaben direkt an Stellen übernehmen, an denen sie potenziell Inhalte nachladen oder verändern können. Im Idealfall werden alle HTML-Spezialzeichen (s. Kapitel 6.2.7) direkt beim Verarbeiten der Eingabe gefiltert und ersetzt.

Cross-Site-Request-Forgery-Angriff

Bei einer **Cross-Site-Request-Forgery-Attacke** (CSRF-Attacke) werden ungewünschte Aktionen in einer (Web-)Anwendung ausgelöst, in der der Benutzer gerade angemeldet ist. Mit CSRF-Attacken können nicht direkt Daten ausgelesen werden, oft werden aber weitere Attacken vorbereitet. Ermöglicht eine Webseite es z. B., direkt über einen Link die im Profil hinterlegte E-Mail-Adresse zu ändern, kann der Angreifer dem Opfer genau einen solchen Link zukommen lassen. Mit einer „Passwort zurücksetzen"-Funktion des Portals könnte der Angreifer dann das Konto des Opfers übernehmen. Als Gegenmaßnahme sollte vor allem vermieden werden, dass kritische Aktionen direkt über Links ausgelöst werden. Zur Absicherung senden Webanwendungen teilweise auch mit jeder Serverantwort einen sog. *Nonce* mit, der von der Anwendung mit der nächsten Anfrage mitgesendet werden muss. Der Nonce kann dabei als „Einmalpasswort" verstanden werden. Da der Angreifer dieses Einmalpasswort nicht kennt, kann er dann keine Aktion mehr auslesen.

Unsichere Objektreferenzen

Viele Anwendungen verwenden zur Abfrage von Informationen direkt den Primärschlüssel aus der Datenbank. Wenn z. B. ein Kunde von ImmoVerPlus über die URL „http://www.immoverplus.info/abrechnung/details.php?id=1244" Detailinformationen zur Nebenkostenabrechnung seiner Wohnung abrufen kann, liegt es nahe, dass auch „http://www.immoverplus.info/abrechnung/details.php?id=1245" zu einer gültigen Antwort führt. Eine andere Gefahr besteht in der direkten Übernahme von Dateipfaden von URLs. Lädt z. B. die URL „http://www.immoverplus.info/portfolio/download_expose.php?expose=EXP_0944.pdf" ein bestimmtes Portfolio im PDF-Format herunter, könnte auch der Zugriff auf die URL „http://www.immoverplus.info/portfolio/download_expose.php?expose=/etc/passwd" eine Datei zurückliefern – in diesem Fall jedoch die Benutzerdatenbank des Webservers. Als Gegenmaßnahme sollte auf jeden Fall auf dem Server eine Überprüfung stattfinden, ob der Benutzer überhaupt Zugriff auf die gewünschte Ressource hat. Dateinamen sollten ebenfalls nie über URLs direkt angegeben werden. Stattdessen sollte besser eine zufällig generierte Zeichenkette als Index verwendet werden, die dann intern auf die korrekte Datei verweist. Die Chance, zufällig eine korrekte Zeichenkette zu erraten, geht dann gegen null.

Replay-Angriff

Eine **Replay-Attacke** nutzt einen recht einfach zu behebenden Designfehler aus: Lässt sich eine Software dadurch manipulieren, dass eine in irgendeiner Form aufgezeichnete Anfrage erneut die gleiche Aktion auslöst, kann ein Angreifer damit diese Aktion beliebig oft wiederholen. Auch schlecht gesicherte verschlüsselte Verbindungen sind davon betroffen. Eine Replay-Attacke ähnelt damit einer Man-in-the-Middle-Attacke. Wenn bei einer Aktion z. B. neue Daten in die Datenbank gespeichert werden, kann der Angreifer durch eine große Menge von Anfragen sämtlichen freien Speicher auf dem Datenbanksystem befüllen und damit die Anwendung lahmlegen.

8.9.2 Schwachstellen in der Implementierung

Neben Schwachstellen im Entwurf sind unzureichende Absicherungen und fehlerhafte Implementierungen eines der größten Einfallstore für Angreifer. In der Softwareindustrie treten typischerweise 1 bis 25 Fehler pro 1 000 Quelltextzeilen der ausgelieferten Software auf. Einige Fehler können durch entsprechende Testverfahren (s. Kapitel 4) bereits entdeckt und beseitigt werden, sodass die Zahl der Fehler auf unter 1 pro 1 000 Zeilen gedrückt werden kann.[1] Trotzdem kann auch funktional korrekter Quelltext unter Umständen zu einer Schwachstelle werden – besonders wenn er Benutzereingaben verarbeitet und nicht vorgesehene Eingaben zu ungewolltem Verhalten führen.

Injection-Angriff

Zu den sicherlich am häufigsten auftretenden Schwachstellen in Softwareprodukten gehören Schwachstellen, die **Injection-Attacken** ermöglichen. Das Grundprinzip von

1 *Vgl. McConnel, Steve: Code Complete, 2. Aufl., London, Pearson Education, 2004*

Injections ist das Einschleusen von schädlichem Code in einen Interpreter. Daher werden diese Angriffsszenarien auch als Interpreter-Injection zusammengefasst. Ein Angreifer passt dabei eine Benutzereingabe so an, dass ungewollte Befehle durch speziell manipulierte Eingabedaten vom Interpreter ausgeführt werden. Prinzipiell ist also jede Software angreifbar, die zur Laufzeit Kommandos ausführt. Diese Kommandos können SQL-Anweisungen an eine Datenbank sein, aber auch JavaScript-Quelltext, der im Browser ausgeführt wird, oder Aufrufe von weiteren Programmen über einen Kommandozeilenaufruf.

Durch Injections versuchen Angreifer, entweder eigentlich zugriffsgeschützte Daten zu erhalten oder eigene Daten einzuschleusen. Im schlimmsten Fall können Injections dazu genutzt werden, dem Angreifer das Ausführen von beliebigem Code mit den Rechten der angegriffenen Software zu ermöglichen. Prinzipiell sollte bei der Entwicklung von Software daher vermieden werden, Benutzerdaten überhaupt an einen Interpreter weiterzuleiten.

Manchmal lässt es sich jedoch nicht umgehen, dass Benutzereingaben in Kommandos verwendet werden. Oft ist das auch bei Datenbankabfragen an eine relationale Datenbank erforderlich: Gibt es in der Software z. B. ein Suchfeld für eine Suche im Datenbestand (s. Abb. 8.18), muss die Benutzereingabe in ein passendes SQL-Statement eingebaut werden, wenn direkt in der Datenbank gesucht werden soll, wie in der bereits vorgestellten Immobilienverwaltung:

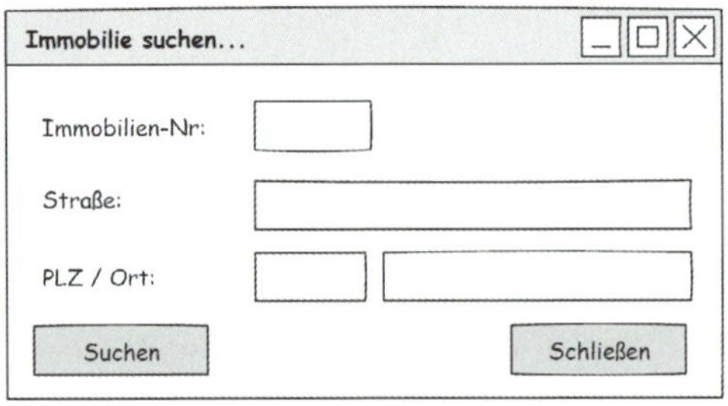

Abb. 8.18: Beispiel-Suchfeld zum Suchen einer Immobilie in der Immobilienverwaltung

Beispiel:
Eine Zeichenkette mit dem SQL-Statement für die Volltextsuche nach der eingegebenen Straße könnte folgendermaßen aufgebaut sein:

```
String sqlStatement = "SELECT * FROM T_Immobilien WHERE
               'Strasse' LIKE '%" + tfdStrasse.getText() + "%';"
```

Hier wird der Inhalt des Textfelds „Straße“ ungefiltert in das SQL-Statement eingesetzt. Eine erwartete Eingabe wie „steins“ würde dann Immobilien mit Einträgen wie „Bernsteinstraße“ oder „Insteinsweg“ finden. Ein Angreifer könnte aber versuchen, über einen geschickt gewählten Suchbegriff die Datenbank zu seinen Gunsten zu manipulieren, und folgende Daten eingeben:

```
'; UPDATE T_Immobilien SET Preis = 0; --
```

Wird diese Zeichenkette dann in das ursprüngliche SQL-Statement eingesetzt, ergibt sich zusätzlich noch eine – eigentlich nicht gewünschte – weitere Abfrage zur ursprünglichen SELECT-Anweisung:

```
SELECT * FROM T_Immobilien WHERE 'Strasse' LIKE '%';UPDATE
T_Immobilien SET Preis = 0; -- %';
```

Der Angreifer hat also über eine einfache Suchabfrage eine weitere SQL-Anweisung eingeschleust und damit den Datenbestand zu seinen Gunsten manipuliert – oder zumindest gewissen Schaden angerichtet. Statt der UDPATE-Anweisung könnte er auch versuchen, über ein SQL-Statement die Zugriffsrechte in der Datenbank zu verändern, alle Daten zu löschen oder auch andere Daten als die eigentlich vorgesehenen aus der Datenbank abzufragen.

Neben Manipulationen der Daten können über SQL-Injections auch andere Angriffe erfolgen. Bei einer unsicher implementierten Anwendung lässt sich dann evtl. auch die Programmlogik angreifen. Wenn eine Webanwendung z. B. über einen geschützten Bereich verfügt, bei dem sich der Anwender mit Benutzername und Kennwort anmelden muss, kann die SQL-Abfrage unter Umständen derart manipuliert werden, dass gar kein gültiges Kennwort notwendig ist.

Beispiel:
Ein Angreifer, der natürlich weder Benutzername noch Passwort kennt, könnte versuchen, sich als Admin anzumelden:

Benutzername: `admin' #`
Kennwort:

Im SQL-Statement der PHP-Datei würden die Eingabedaten wie folgt ausgewertet:

```
$sql = "SELECT benutzername FROM T_Benutzer
   WHERE benutzername='" . $_POST['username'] . "'
   AND kennwort='" . $_POST['kennwort']. "'";
```

Wenn die Eingabedaten dann direkt in die SQL-Abfrage eingesetzt werden, werden alle SQL-Elemente nach der Raute als Kommentar interpretiert. Das an die Datenbank gesendete Statement hat somit folgenden Inhalt:

```
SELECT benutzername FROM T_Benutzer
  WHERE benutzername='admin' #'
  AND kennwort=''
```

Dadurch findet keine Passwortüberprüfung mehr statt, der Benutzer „admin" kann sich ohne Kennwort anmelden. Gibt es keinen Benutzer „admin", kann ein Angreifer auch andere Informationen in das Abfrageformular eingeben:

Benutzername: `' OR '1'='1`
Kennwort: `' OR '1'='1`

Die Anweisung `'1'='1` ist ein boolscher Ausdruck, der als wahr ausgewertet wird. Durch die OR-Operation ist der gesamte Ausdruck gültig und die fertige Abfrage liefert als Ergebnismenge alle Benutzernamen und Passwörter zurück:

```
SELECT benutzername FROM T_Benutzer
  WHERE benutzername='' OR '1'='1'
  AND kennwort='' OR '1'='1'
```

Um solche Angriffe zu verhindern, sollten zuallererst die Benutzereingaben auf unerlaubte oder unerwünschte Zeichen untersucht und entsprechend gefiltert werden. Eine numerische Eingabe wie die Immobilen-ID sollte also programmintern nicht einfach als Zeichenkette weitergereicht werden, sondern zuerst in eine Ganzzahl konvertiert werden. Bei Zeichenketten sollten Sonderzeichen entsprechend ausgefiltert werden, für SQL-Statements insbesondere Anführungszeichen.

Die meisten Programmiersprachen bieten auch die Möglichkeit, mit sog. Prepared Statements zu arbeiten. Bei einem Prepared Statement werden Platzhalter vorgesehen, in die Variablen und Benutzereingaben eingesetzt werden:

```
String anfrage = "SELECT * FROM T_Immobilien WHERE 'Strasse' LIKE ?";
PreparedStatement pStatement = connection.prepareStatement(anfrage);
pstmt.setString(1,"%"+ tfdStrasse.getText() + "%");
ResultSet results = pStatement.executeQuery();
```

Die von Java verwendete JDBC-Bibliothek maskiert im Suchstring automatisch die evtl. vorhandenen Anführungszeichen, sodass der Anfragestring nicht mehr manipuliert werden kann. Trotzdem sollte der Suchstring noch auf vorhandene Platzhalterzeichen wie „%“ oder „_“ untersucht werden, dazu können z.B. reguläre Ausdrücke verwendet werden.

Auch bei anderen Datenhaltungsformaten können Angriffe auf ähnliche Weise durchgeführt werden. Kommuniziert ein System über eine SOAP-Schnittstelle (s. Kapitel 6.7.6), kommt für den Datenaustausch das XML-Format (s. Kapitel 5.2.3) zum Einsatz. Genau wie bei SQL-Anweisungen können hier zusätzliche Elemente die ursprüngliche Anfrage verfälschen. Gleiches gilt bei einer REST-Schnittstelle, die im JSON-Format kommuniziert. Auch hier gilt: Mindestens eine Überprüfung der Eingabedaten und ein Maskieren der Sonderzeichen (allgemein Anführungszeichen, bei XML-Daten zusätzlich die Zeichen „<“ und „>“) sind als Sicherungsmaßnahmen auf jeden Fall erforderlich.

Buffer Overflows

Das Ausnutzen von Buffer-Overflow-Schwachstellen (dt. Puffer-Überlauf) gehört zu den komplexen Angriffsverfahren, denn prinzipiell muss der Angreifer dafür sehr systemnah programmieren. Dennoch gehören sie zu den besonders gefährlichen Schwachstellen. Mit einer solchen Attacke kann der Angreifer beliebigen Code auf dem angegriffenen System ausführen. Als Folge kann z.B. Programmcode nachgeladen werden (Drive-by-Download) und mit erhöhten Rechten ausgeführt werden (Privilege Escalation).

Bei der Buffer-Overflow-Attacke versucht der Angreifer, Teile des Programmspeichers im Arbeitsspeicher zu manipulieren. Wenn Eingaben während des Programms eingelesen werden – das können auch Dateien oder Netzwerkverbindungen sein –, muss im Arbeitsspeicher der notwendige Speicherplatz reserviert werden. Wird im Quelltext z.B. eine Variable für die Eingabe von 16 Zeichen reserviert und ein Feld für 16 Chars angelegt (s. Kapitel 2.3), wird dieser Platz irgendwo im Arbeitsspeicher reserviert. Bei einem Buffer Overflow gelingt es dem Angreifer aber, mehr als die eigentlich vorgesehenen 16 Zeichen einzugeben. Diese landen dann, wenn sie nicht durch eine Überprüfung abgefangen werden, tatsächlich im Speicher. Auf diese Weise könnte der Angreifer die Werte anderer Variablen manipulieren. Wenn der Angreifer aber deutlich mehr Werte eingibt, könnte er plötzlich auch Speicherbereiche beeinflussen, die für das Betriebssystem oder die Laufzeitumgebung eine besondere Rolle spielen. Ein solcher Bereich im Arbeitsspeicher ist der Stack (s. Abb. 8.19).

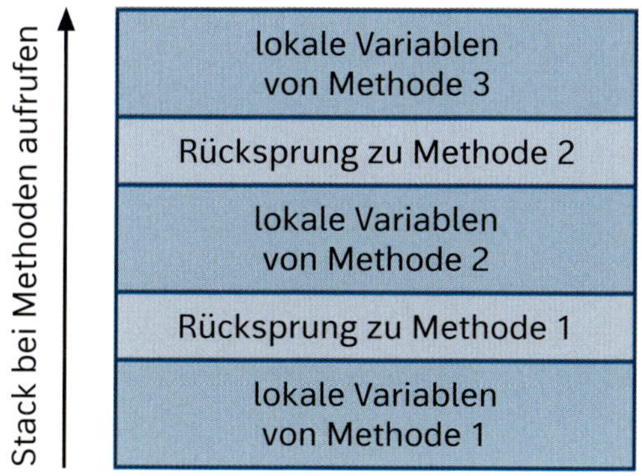

Abb. 8.19: Stack bei Methodenaufrufen

Der Stack (Stapel) wird immer dann benötigt, wenn eine Methode aufgerufen wird. Auf dem Stack werden die lokalen Variablen der gerade aufgerufenen Methode gespeichert – dazu gehören auch die übergebenen Parameter. Wird eine neue Methode aufgerufen, wird die Rücksprungadresse hinterlegt. Die Rücksprungadresse verweist auf genau die Stelle im Arbeitsspeicher, an der der Methodenaufruf erfolgt ist. Bei einem Rücksprung aus der Methode (in Java z. B. über eine Return-Anweisung) springt die CPU oder die Runtime Engine an die dort hinterlegte Stelle zurück.

Genau hier befindet sich die eigentliche Gefahr: Gelingt es dem Angreifer, die Rücksprungadresse zu überschreiben (s. Abb. 8.20) und geschickt die passenden Parameter auf den Stack zu legen, kann er auch in eine beliebige andere Methode zurückspringen und auch Methoden des Betriebssystems aufrufen. Durch geschickte Kombination von Methodenaufrufen wird es dem Angreifer dann möglich, weiteren Schadcode nachzuladen und damit weitere Angriffe durchzuführen.

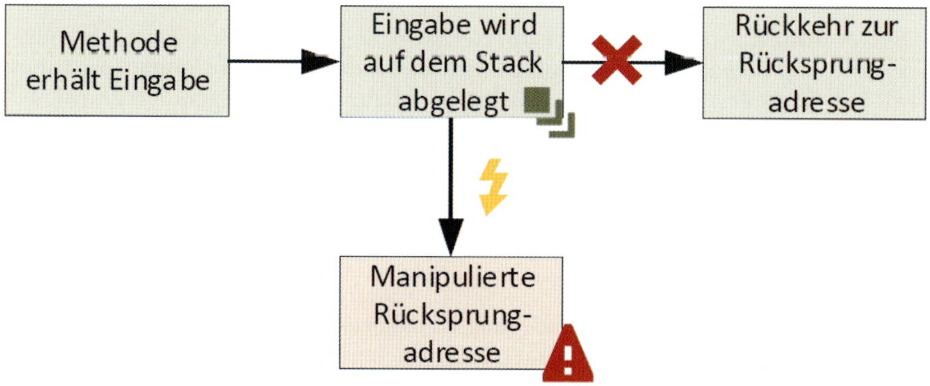

Abb. 8.20: Umleiten eines Rücksprungs durch Stack-Manipulation

Das Erstellen solcher Buffer-Overflow-Attacken ist alles andere als trivial. Auch sind Anwendungen, die wie Java oder C# mit einer eigenen Laufzeitumgebung ausgeführt werden (wie der Java Virtual Machine oder der C# Common Language Runtime), selbst nicht direkt anfällig für Buffer-Overflow-Angriffe.

Eine Java-Anwendung wird aber dann angreifbar, wenn sie über das Java Native Interface (JNI) externe Bibliotheken mit nativem Code einbindet und diese selbst anfällig für eine Buffer-Overflow-Attacke sind. In solchen Fällen wird die eigene Anwendung also über Drittsoftware angreifbar, und erst durch die Kombination von eigenen Implementierungsfehlern und Schwachstellen der genutzten Bibliotheken entsteht die Sicherheitslücke

Daher sollte bei der Wartung und Pflege der Software (s. Kapitel 1.2) immer auch darauf geachtet werden, ob die verwendete Drittsoftware noch aktiv weiterentwickelt wird und potenzielle Sicherheitslücken behoben werden.

> Mit dem **Java Native Interface (JNI)** und dem .NET-Äquivalent **Platform Invoke (P/Invoke)** können in Java- und C#-Programme Bibliotheken eingebunden werden, die nur als kompilierte Binärdateien für das jeweilige Betriebssystem vorliegen. Unter Windows sind das DLL-Dateien (Dynamic Linked Libaries), bei Unix-Betriebssystemen werden sie als Shared Libraries bezeichnet und haben meist die Dateiendung „.so“. Dieses Verfahren wird verwendet, wenn Programmcode besonders effizient ausgeführt werden soll oder direkt auf Hardwarefunktionen oder das Betriebssystem zugreifen muss.

8.9.3 Schwachstellen im Betrieb und Management

Nachdem die Software an den Kunden ausgeliefert und in Betrieb genommen wurde, wird sie vermutlich eine recht lange Zeitspanne im Produktivbetrieb eingesetzt werden. Dabei können ebenfalls Schwachstellen auftreten, die von Angreifern ausgenutzt werden.

Prinzipiell immer anfällig sind Anwendungen, die auf ein Client-Server-Modell setzen. Der Server kann dabei auch einfach nur der Datenbankserver sein, auf den mehrere Arbeitsplätze parallel über das Netzwerk zugreifen.

Unsichere Server-Konfigurationen

Da die Server prinzipbedingt mindestens im Netzwerk des Kunden erreichbar sein müssen (ein Server, der keine Clients bedient, ist nicht besonders sinnvoll), können sie auf jeden Fall von Angreifern erreicht und attackiert werden. Auch ein eigentlich geschlossenes Netzwerk hilft hier nicht: Sobald irgendein Arbeitsplatz im Netzwerk mit einem potenziell unsicheren Netz verbunden ist, kann ein Angriff erfolgen. Selbst das „sicher“ geglaubte Netzwerk des Informationsverbunds Berlin-Bonn (IVBB) der deutschen Bundesministerien wurde auf diese Weise erfolgreich von Hackern angegriffen: Über E-Mails mit Schadsoftware im Anhang konnten die Hacker in eine an den IVBB angeschlossene Hochschule eindringen und weitere Server attackieren.

Neben Schwachstellen in der Implementierung ist dabei eine unsichere Serverkonfiguration die größte Gefahr. So sollten auf keinen Fall unsichere (oder sogar gar keine) Kennwörter für den Zugriff auf Server oder Datenbanksysteme verwendet werden. Auch nicht veränderte Standardkennwörter werden häufig von Angreifern als Einfallstor verwendet.

Als Absicherung ist vor allem konsequentes Anwenden von Maßnahmen aus dem IT-Grundschutz (s. Kapitel 8.1) in Kombination mit klaren Vorgaben an Kunden wichtig. Schon bei der Inbetriebnahme von Server-Client-Anwendungen sollten alle Kennwörter neu gesetzt werden. Im Idealfall wurde die Anwendung bereits so gestaltet, dass sie bei der Installation und Einrichtung automatisch die Kennwörter abfragt und setzt und dabei nur sichere Kennwörter zulässt.

Denial-of-Service-Angriff

Ein **Denial-of-Service-Angriff (DoS)** hat im Gegensatz zu den meisten anderen Angriffen nicht die Intention, Zugriff auf geschützte Daten und Systeme zu erlangen. Mit solchen Angriffen soll vor allem der Betrieb der IT-Infrastruktur eines Unternehmens gestört werden.

Bei einem DoS-Angriff versuchen die Angreifer, einen Dienst oder Server durch möglichst viele gleichzeitige Anfragen lahmzulegen. Der Angriff kann dabei auf die Überlastung der Netzwerk-Ebene zielen und versuchen, möglichst viel Bandbreite zu belegen. Die Folge sind Verbindungsabbrüche für reguläre Benutzer und eine Überlastung der Netzwerktreiber im Betriebssystem. Dazu benötigt der Angreifer eine entsprechend große Anzahl an Systemen unter seiner Kontrolle, von denen er die Anfragen absenden kann. Dazu bringt er über „klassische" Angriffsverfahren möglichst viele Rechner unter seine Kontrolle und lässt sie ferngesteuert möglichst viele Anfragen in kurzer Zeit absenden. Diese Variante (s. Abb. 8.21) wird auch Distributed-Denial-of-Service-Attacke (DDoS) genannt, da die Anfragen von vielen verteilten (*distributed*) Systemen gleichzeitig abgesendet werden.

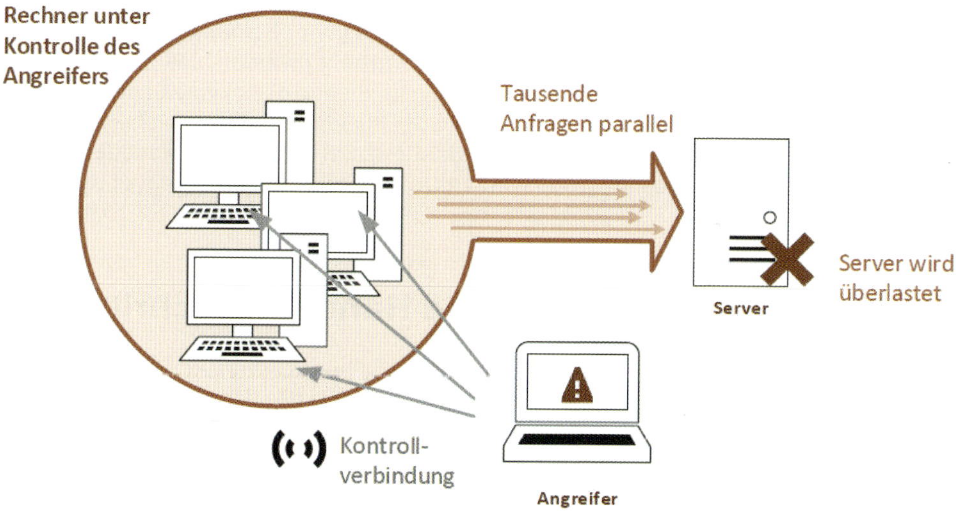

Abb. 8.21: Distributed-Denial-of-Service-Angriff

Moderne Firewallsysteme versuchen, solche Angriffe zu erkennen, die entsprechenden Anfragen direkt zu blockieren und die nachgelagerten Systeme zu schützen. Gegen brachiale Gewalt im Sinne von mehreren Millionen Anfragen pro Sekunde von tausenden Rechnern gleichzeitig kann jedoch selbst eine Firewall nur eingeschränkt helfen. In solchen Fällen sind eher eine Lastverteilung oder das kurzfristige Zukaufen von Rechenleistung bei Cloud-Dienstleistern als sinnvolle Gegenmaßnahmen hilfreich.

Neben einem Angriff auf Netzwerkebene kann ein Angreifer auch versuchen, den Server durch möglichst komplexe Anfragen auszulasten. Besteht z.B. die Möglichkeit, direkt über eine URL eine sehr komplexe und rechenintensive Suchfunktion auf einem Datenbankserver auszulösen, muss der Angreifer nur eine vergleichsweise kleine Anzahl an

Anfragen losschicken, um die Server auszulasten. So kann der Angreifer mit recht wenig Aufwand großen Effekt erzielen. Zur Absicherung gegen solche Attacken kann die Anwendung eine maximale Anzahl von Aufrufen für bestimmte Funktionen vorsehen, die im Normalbetrieb ausreicht. Im Zweifelsfall erhält der Benutzer dann eine Fehlermeldung und muss die Anfrage erneut stellen, ein Angriff wird somit deutlich schwerer.

Die Folgen eines DoS-Angriffs sind vor allem wirtschaftliche und Imageschäden. Sind Shopsysteme und andere Verkaufsplattformen einige Zeit nicht erreichbar, kann der Betreiber in dieser Zeit keinen Umsatz generieren. Unzufriedene Nutzer weichen dann ggf. auf die Dienste der Konkurrenz aus und sind als Kunden verloren. Nicht zuletzt leidet evtl. auch der Ruf des Unternehmens als zuverlässiger Anbieter, sodass seine Dienste weniger genutzt werden.

Da das natürlich auch den Angreifern bewusst ist, nutzen Cyber-Kriminelle die DDoS-Attacken entweder aus politischen Gründen oder versuchen, virtuelles „Lösegeld" von den angegriffenen Unternehmen zu erpressen: Die Cyber-Kriminellen fordern dann einen großen Geldbetrag über ein anonymes Zahlverfahren als Gegenleistung dafür, dass sie von Angriffen auf die Infrastruktur des Unternehmens absehen.

> Trotz aller Bemühungen und Qualitätssicherungsverfahren ist Software ein Produkt, das selten völlig fehlerfrei ist. Sowohl in der Planung bzw. im Entwurf (Design) als auch in der Implementierung sowie bei Betrieb und Management der Systeme können potenzielle Schwachstellen auftreten. Viele Fälle lassen sich bereits in der Planungsphase ausschließen. Besonders dann, wenn Benutzerdaten verarbeitet werden, sollte mit geeigneten Maßnahmen bei der Implementierung sichergestellt sein, dass keine Schwachstellen entstehen. Viele typische Sicherheitslücken wie SQL-Injections lassen sich bereits mit einfachen Mitteln wie Prepared Statements verhindern. Bei Betrieb und Management sollten auch die Vorgaben des IT-Grundschutzes (s. Kapitel 8.1) berücksichtigt werden.

8.10 Aufgaben, Übungen und Handlungsschritte

Anna, Emre und Paul haben genug von der Theorie. Sie brennen darauf, ihr Wissen anzuwenden. Frau Zeinab gibt ihnen eine Woche Zeit, die folgenden Übungsaufgaben zu lösen.

AUFGABEN, ÜBUNGEN UND HANDLUNGSSCHRITTE

1. Diskutieren Sie die Vor- und Nachteile der EU-Datenschutzgrundverordnung (EU-DSGVO) im Hinblick auf Vereine, Firmen und Privatpersonen. Hat sich die Verordnung bewährt?
2. Finden Sie heraus, welche Daten Google und Facebook von ihren Nutzern speichern. Was ist das Geschäftsmodell der beiden Firmen?
3. Inwiefern handelt die „Deutsche Post DHL Group" mit Kundendaten?

4. Lesen Sie den Artikel „Big Data – Die ungezähmte Macht“ von Thomas F. Dapp und Veronika Heine[1]. Welche Positionen unterstützen Sie, welche nicht?
5. Finden Sie außer der Zahl 3 eine weitere Zahl, die bezüglich mod 5 primitiv ist.
6. Schreiben Sie ein Java-Programm, das die ersten 1 000 Primzahlen berechnet.
7. Nennen Sie jeweils einen Vor- und einen Nachteil des symmetrischen, des asymmetrischen und des hybriden Verschlüsselungsverfahrens, gerade auch im Hinblick auf die Schlüssel.
8. Implementieren Sie das symmetrische Verschlüsselungsverfahren One-Time-Pad in Java.
9. Auf wie viele Kommunikationspartner ist die Teilnahme am Diffie-Hellman-Verfahren begrenzt?
10. Gegeben sind die zwei Primzahlen $p = 3$ und $q = 11$ sowie der öffentliche Schlüssel $e = 3$. Verschlüsseln Sie mit dem RSA-Algorithmus die Nachricht $x = 5$. Um das Ergebnis (die verschlüsselte Nachricht) auf Korrektheit zu kontrollieren, entschlüsseln Sie die zuvor berechnete Nachricht wieder. Sie benötigen dafür einen privaten Schlüssel d, der generiert werden muss.
11. Herr Weiß möchte sich mit Frau Schwarz am Freitag (Klartext: F, Klartextzahl: 6) treffen. Dafür möchte er Frau Schwarz eine geheime Botschaft zukommen lassen. Wie verschlüsselt Herr Weiß die Klartextzahl zu einer Geheimtextzahl? Erläutern Sie ausführlich das mathematische Verfahren ($N = 85$ und $E = 5$). Tipp: Die Lösung ist 41.
12. Frau Schwarz bekommt von Herrn Weiß eine geheime Botschaft (Geheimtextzahl: 41). Wie entschlüsselt Frau Weiß die Geheimtextzahl zu einer Klartextzahl? Erläutern Sie ausführlich das mathematische Verfahren ($N = 85$ und $D = 13$). Tipp: Die Lösung ist 6.
13. Implementieren Sie eines oder mehrere dieser vier Programme in Java:
    a) Verschlüsselung einer Klartextzahl (Eingabe: E, N, Klartextzahl; Ausgabe: Geheimtextzahl)
    b) Entschlüsselung einer Geheimtextzahl (Eingabe: D, N, Geheimtextzahl; Ausgabe: Klartextzahl)
    c) Erzeugung der öffentlichen Schlüssel (Eingabe: P, Q, D [alles Primzahlen]; Ausgabe: N, E [Primzahl])
    d) Versuch des Hackens des geheimen Schlüssels (Eingabe: N, E [Primzahl]; Ausgabe: P, Q, D)
14. Sie kaufen bei einem Onlinehändler über eine angeblich sichere Webseite ein. Woran erkennen Sie, dass Sie der Webseite trauen können?

1 *Vgl. Dapp, Thomas F., Heine, Veronika: Big Data – die ungezähmte Macht. Deutsche Bank Research. 04.03.2018. https://www.dbresearch.de/PROD/RPS_DE-PROD/PROD0000000000444436/Big_Data_%C2%96_die_ungez%C3%A4hmte_Macht.pdf [01.03.2019]*

8

15. Die ProSoftware Business Consulting (PSBC) hat von einem Kunden den Auftrag erhalten, eine Schwachstellen-Analyse für ein kleines Webportal durchzuführen. Das System wurde bereits vor einigen Jahren programmiert und soll daher noch einmal unter die Lupe genommen werden. Es handelt sich um eine selbstgeschriebene Anwendung, die auf PHP basiert und die Daten in einer SQL-Datenbank ablegt. Einige Teile werden auch über AJAX direkt im Browser des Anwenders nachgeladen. Bereiten Sie eine Checkliste vor: Welche der in Kapitel 8.9 vorgestellten potenziellen Schwachstellen enthält die Anwendung möglicherweise, und mit welchen Maßnahmen können die Entwickler von PSBC hier Abhilfe schaffen?

16. Viele Webanwendungen sind für SQL-Injection-Angriffe anfällig. Erläutern Sie anhand des folgenden Beispiels, mit welchen Eingaben ein Angreifer über eine SQL-Injection eine Schwachstelle nutzen kann und mit welchen technischen Möglichkeiten die Anwendung gesichert werden sollte.

```
$name = $_GET['name'];
$sqlNeu = "INSERT INTO 't_hausbesitzer' ('p_hausbesitzer_nr',
    'name') VALUES (" . $hausbesitzerId . "' '" . $name . "');";
```

9 Algorithmik

Anna, Emre und Paul sind überrascht, dass der Ausbildungsinhalt „Algorithmik" so spät kommt. Sie haben ja schon selbstständig in Java programmiert und schon viele Algorithmen eigenständig implementiert. Frau Zeinab beruhigt sie: „Es geht ja jetzt um Definitionen und um Such- und Sortieralgorithmen. Dieses Wissen war ja bisher in der Ausbildung nicht gefordert."

Im Laufe dieses neunten Kapitels erwerben Anna, Emre und Paul somit die folgenden Kompetenzen.

Sie ...

- ... definieren den Begriff Algorithmus in einfachen Worten (Ein Algorithmus ist eine eindeutige, ausführbare Folge von Anweisungen für einen Rechner zur Lösung eines Problems).
- ... beschreiben einige Eigenschaften von Algorithmen (Allgemeinheit, Eindeutigkeit, Ausführbarkeit, Endlichkeit, Determiniertheit und Terminierung).
- ... erläutern das Qualitätsmerkmal der Laufzeit.
- ... wenden die Steuerstrukturen Folge, Auswahl und Wiederholung an.
- ... erläutern das Konzept der Rekursion.
- ... implementieren einige Sortieralgorithmen (Bubblesort, Insertionsort, Mergesort, Selectionsort, Quicksort).
- ... implementieren einige Suchalgorithmen (lineare Suche, binäre Suche, Mustererkennung nach Boyer-Moore).
- ... diskutieren über KI-Algorithmen und Industrie 4.0.

9.1 Einführung: Algorithmusbegriff

Was sind Algorithmen? Drei Quellen geben unterschiedliche Definitionen:

- „Algorithmen sind Verarbeitungsvorschriften zur Lösung von Problemen, die so exakt formuliert sind, dass sie von Maschinen abgearbeitet werden können."[1]
- „Ein Algorithmus ist grob gesprochen eine wohldefinierte Rechenvorschrift, die eine Größe [...] als Eingabe verwendet und eine Größe [...] als Ausgabe erzeugt. Somit ist ein Algorithmus eine Folge von Rechenschritten, die die Eingabe in die Ausgabe umwandeln."[2]
- „Ein Algorithmus ist eine präzise (d. h. in einer festgelegten Sprache abgefasste) endliche Beschreibung eines allgemeinen Verfahrens unter Verwendung ausführbarer elementarer (Verarbeitungs-)Schritte."[3]

Das Wort Algorithmus ergibt sich als Abwandlung des Namens von Muhammad Ibn Musa al-Chwarizmi (783–850), dessen arabisches Lehrbuch über das Rechnen mit Ziffern in der lateinischen Übersetzung mit den Worten „Dixit Algorismi" ("Algorismi hat gesagt") beginnt.[4]

Abb. 9.1: Al-Chwarizmi, der Namensgeber des Algorithmus, auf einer sowjetischen Briefmarke anlässlich seines 1 200-jährigen Geburtsjubiläums

Was für den Menschen vergleichbar mit einem Kochrezept oder einer Gebrauchsanweisung ist, ist für den Computer ein Algorithmus in einer speziellen Maschinen- bzw. Programmiersprache.

Dabei muss ein Algorithmus den folgenden Eigenschaften genügen:[5]

- **Allgemeinheit:** Ein Algorithmus muss allgemeingültig sein, d. h., er löst eine Vielzahl von Problemen der gleichen Art. Die Auswahl eines einzelnen konkreten Problems erfolgt über die Eingabedaten bzw. Parameter.
- **Eindeutigkeit** (Determinus): An jeder Stelle des Algorithmus muss eindeutig festgelegt sein, was zu tun ist, und vor allem, welcher Schritt der nächste ist. Der Folgeschritt muss also eindeutig bestimmt sein.

---

1 *Quelle: Becker, Dr. Klaus-Peter (redaktionelle Leitung): Algorithmen und ihre Eigenschaften, zuletzt geändert am 09.01.2018, Zugriff am 26.09.2018 unter: http://www.inf-schule.de/algorithmen/algorithmen*

2 *Quelle: Cormen, Thomas H. u. a.: Algorithmen – Eine Einführung, De Gruyter Oldenbourg, 4. Auflage, 2013, S. 5, ISBN 978-3486748611*

3 *Quelle: Saake, Gunter; Sattler, Kai-Uwe: Algorithmen und Datenstrukturen: Eine Einführung in Java, dpunkt verlag GmbH, 5. Auflage, 2013, S. 16, ISBN 978-3864901362*

4 *Vgl. Saake, Gunter; Sattler, Kai-Uwe: Algorithmen und Datenstrukturen: Eine Einführung in Java, dpunkt verlag GmbH, 5. Auflage, 2013, S. 13, ISBN 978-3864901362*

5 *Vgl. Meyer, Manfred: Java: Algorithmen und Datenstrukturen, W3L Aktiengesellschaft, 1. Auflage, 2012, S. 16, ISBN 978-3937137179*

- **Ausführbarkeit:** Jede einzelne Anweisung eines Algorithmus muss tatsächlich ausführbar sein.
- **Endlichkeit** (Finitheit): Die Beschreibung eines Algorithmus muss eine endliche Länge besitzen, d. h., das Verfahren muss in einem endlichen Text eindeutig beschreibbar sein. Zudem darf ein Algorithmus zu jedem Zeitpunkt für seine Daten nur endlich viel Platz belegen (dynamische Finitheit).
- **Determiniertheit:** Wird ein Algorithmus mit denselben Voraussetzungen (gleichen Eingabewerten und Startbedingungen) wiederholt, so muss er stets dasselbe Ergebnis liefern.
- **Terminierung:** Der Algorithmus muss nach endlich vielen Schritten beendet sein, d. h., er liefert ein Ergebnis bzw. hält an.

Ein mögliches Qualitätsmerkmal von Algorithmen ist die Laufzeit. Dabei werden in der Regel die drei Fälle Best Case, Average Case und Worst Case unterschieden.

Algorithmen lassen sich wie folgt einteilen:

- **Sequenz** (Folge): Eine Abfolge von Anweisungen
- **Selektion** (Verzweigung): unterschiedliche Anweisungen in Abhängigkeit von einer Bedingung
- **Iteration** (Wiederholung): eine (mehrfache) Wiederholung von Anweisungen durch Schleifen

Algorithmen sind **Verarbeitungsvorschriften für Computer**. Diese müssen so exakt formuliert sein, dass sie vom Rechner abgearbeitet werden können und zur Lösung von Problemen führen.

9.2 Das Konzept der Rekursion

Häufig werden Algorithmen iterativ implementiert, d. h. Wiederholungen werden mit Schleifen gelöst. Doch es gibt eine weitere Möglichkeit, Wiederholungen in Algorithmen auszudrücken, und zwar durch Rekursion. Ein Algorithmus mit rekursiver Implementierung ist meist eleganter und einfacher zu formulieren als ein Algorithmus mit iterativer Implementierung. Viele Berechnungen und Datenstrukturen sind „von Haus aus" rekursiv, d. h. selbstbezüglich. So lassen sich mathematische Funktionen oft sehr leicht rekursiv implementieren. Als einführendes Beispiel soll die Berechnung der Fakultät dienen.

Beispiel:
Die Rechenvorschrift der Fakultät von 6 lautet: $6! = 1 \cdot 2 \cdot 3 \cdot 4 \cdot 5 \cdot 6 = 720$.
Allgemein wird die Fakultät mit $n! = 1 \cdot 2 \cdot \ldots \cdot n$ berechnet. Als iteratives Java-Programm sieht dies folgendermaßen aus:

```
public static int fac(int n) {
  int fac = 1;
  while (n > 0) {
    fac *= n;
    n--;
  }
  return fac;
}
```

Soll die Fakultät rekursiv berechnet werden, hilft es, sich die rekursive mathematische Definition anzuschauen.

$$n! = \begin{cases} 1, & n = 0 \\ n \cdot (n-1)!, & n > 0 \end{cases}$$

Es fällt auf, dass sich die Funktion immer wieder selbst aufruft, mit einem um 1 dekrementierten Wert. Hat n den Wert 0 angenommen, liefert die Funktion den Wert 1 zurück. Schematisch sieht das Ganze wie folgt aus:

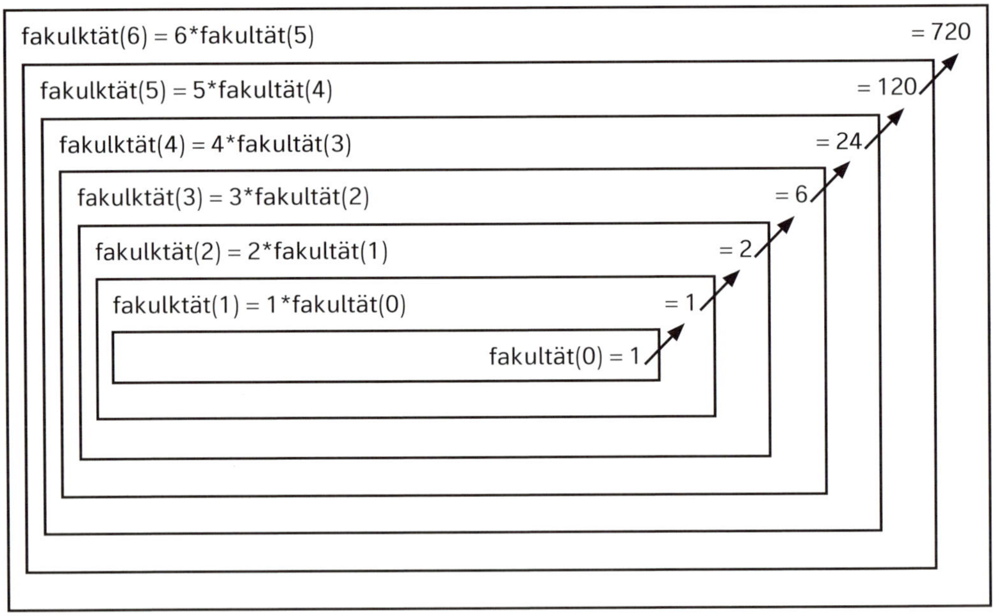

Abb. 9.2: Rekursive Darstellung der Fakultät

Als rekursives Java-Programm reichen die folgenden zwei Codezeilen:

```
public static int fac(int n) {
  return n == 0 ? 1 : n * fac(n - 1);
}
```

Da sämtliche Zwischenergebnisse im Speicher abgelegt werden müssen, ist der Rechenaufwand einer rekursiven Implementierung meist größer als bei einer iterativen Implementierung. Dies macht sich besonders stark bemerkbar, wenn besondere Rekursionsmuster (z. B. baumartige Rekursion) auftreten. Ein typischer Vertreter ist die Berechnung der Fibonacci-Folge. Hier werden viele Zwischenergebnisse doppelt berechnet.

Theoretisch ist es möglich, jeden rekursiven Algorithmus auch iterativ zu implementieren und umgekehrt.

> **Rekursion** ist eine weitere Möglichkeit, um Wiederholungen in Algorithmen auszudrücken. **Ein rekursiver Algorithmus ruft sich selber auf**. Oft ist die Rekursion relativ einfach zu implementieren, dafür aber meist rechenaufwendiger als der iterative Algorithmus und somit langsamer.

9.3 Ausgewählte Sortieralgorithmen

Sortieralgorithmen sind gut untersuchte Algorithmen in der Informatik. Es gibt viele verschiedene Verfahren, um Elemente zu sortieren. Bei den folgenden fünf Algorithmen (Bubblesort, Selectionsort, Insertionsort, Mergesort, Quicksort) soll ein unsortiertes Zahlenfeld (Array) sortiert werden.

9.3.1 Bubblesort

Unter den Sortierverfahren ist Bubblesort wegen seiner Einfachheit ein klassischer Einsteigeralgorithmus. Die Idee ist, nacheinander zwei aufeinanderfolgende Elemente zu vergleichen, beginnend bei dem Element, das am weitesten links im Array steht. Sind beiden Elemente nicht in der zu sortierenden Reihenfolge, wird die Position der Elemente getauscht. Nach dem Vergleich des vorletzten und letzten Elements steht zwangsläufig das größte Element ganz rechts (s. Abb. 9.3). Nun wiederholt sich das oben beschriebene Verfahren. Bei jedem neuen Durchgang kann das zu durchlaufende Array um ein Element auf der rechen Seite verkürzt werden. Ist kein zu vergleichendes Element mehr übrig, endet der Algorithmus. Alle Elemente im Array sind sortiert. Die Grafik (s. Abb. 9.3) illustriert den ersten Durchgang von BubbleSort.

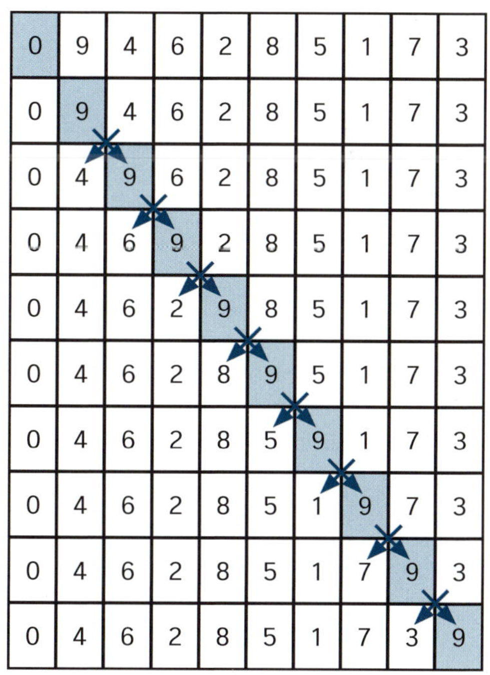

Abb. 9.3: Der erste Durchgang von BubbleSort

Das zugehörige erweiterte Struktogramm sieht wie folgt aus:

sortiere(int[] x)

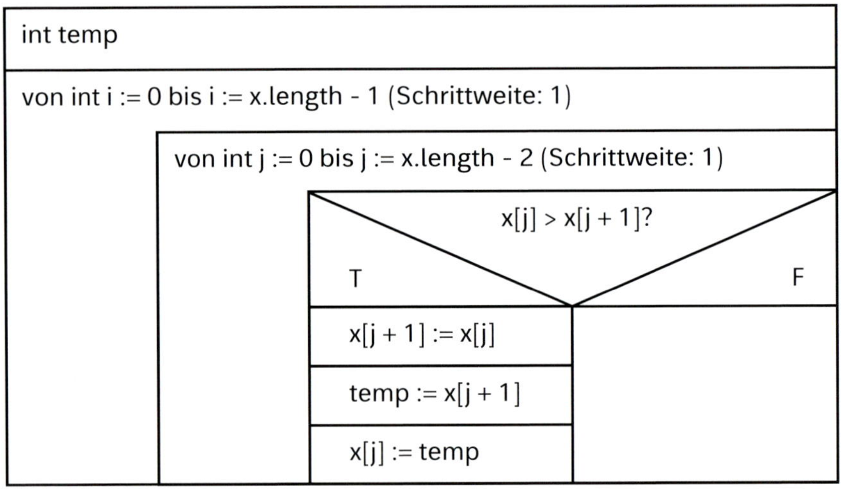

Abb. 9.4: (Erweitertes) Struktogramm zu Bubblesort

Als Java-Code kann der Algorithmus wie folgt implementiert werden:

```
public class BubbleSort {

  public static void sortiere(int[] x) {
    int temp;
    for (int i = 0; i < x.length; i++) {
      for (int j = 0; j < x.length - 1; j++) {
        if (x[j] > x[j+1]) {
          temp = x[j+1];
          x[j+1] = x[j];
          x[j] = temp;
        }
      }
    }
  }

  public static void main(String[] args) {
    int[] liste = {0,9,4,6,2,8,5,1,7,3};
    sortiere(liste);
    for (int i = 0; i < liste.length; i++)
      System.out.print(liste[i] + " ");
  }

}
```

Die Ausgabe sieht dann so aus:

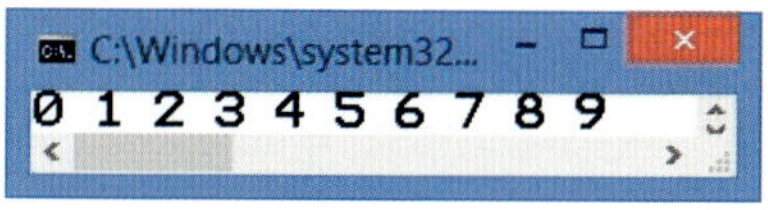

Dieser Algorithmus ist noch verbesserungsfähig, da er, auch wenn das Feld schon sortiert ist, beide Zählschleifen bis zum Ende abarbeitet. Hier könnte man eine boolsche Variable einbauen, in der gespeichert wird, ob es im letzten Durchlauf zu einer Vertauschung gekommen ist. Wenn nicht, kann der Algorithmus abgebrochen werden, da das Feld dann schon vollständig sortiert ist.

BubbleSort hat den Nachteil, dass es eine vergleichsweise lange Laufzeit[1] hat.

9.3.2 Selectionsort

Selectionsort ist ein weiterer Sortieralgorithmus mit einer vergleichsweisen langen Laufzeit[2]. Grundlage ist, wie bei Bubblesort, ein unsortiertes Array. Soll das Array der Größe nach (beginnend mit dem kleinsten Element) sortiert werden, wird in jedem Schritt das kleinste Element der ungeordneten Menge mit dem äußersten Element auf der rechten Seite der ungeordneten Menge getauscht. Die sortierte Menge wächst so in jedem Schritt um ein Element, die unsortierte Menge verringert sich entsprechend um ein Element. Ist die ungeordnete Menge nur noch ein Element groß, ist das Array sortiert. Abb. 9.5 zeigt den Sortiervorgang im Schritt Drei.

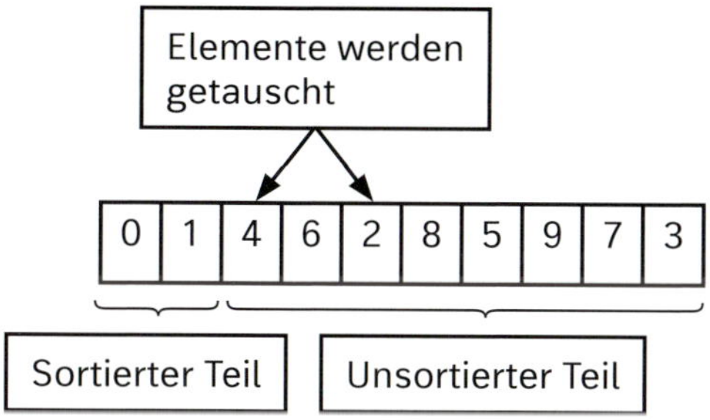

Abb. 9.5: Selectionsort im dritten Durchgang

1 *Quadratische Laufzeit $O(n^2)$*
2 *Quadratische Laufzeit $O(n^2)$*

Das erweiterte Struktogramm sieht wie folgt aus:

`sortiere(int[] x)`

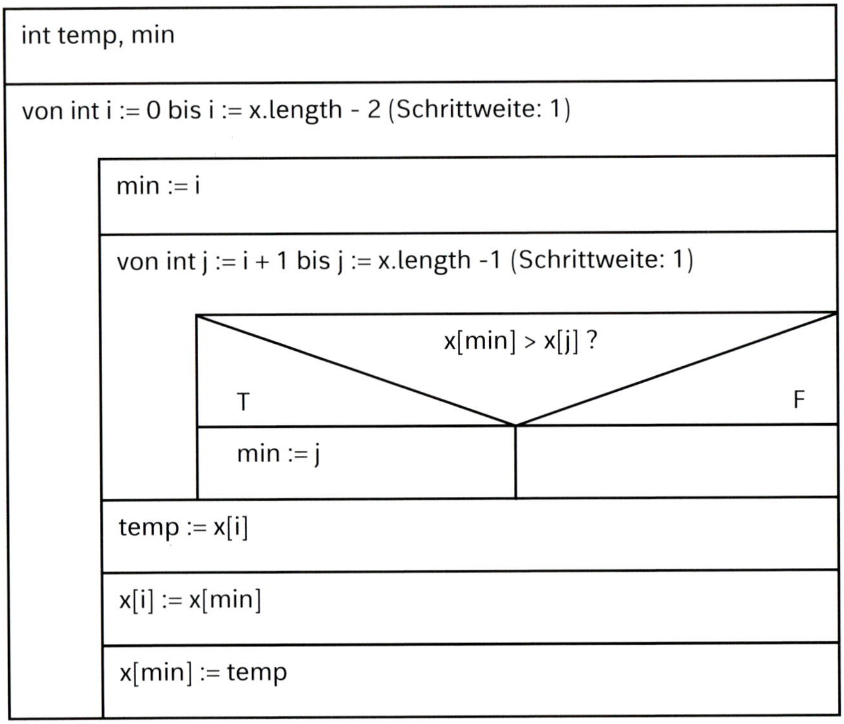

Abb. 9.6: (Erweitertes) Struktogramm zu Selectionsort

Als Java-Code kann der Algorithmus wie folgt implementiert werden:

```
public class SelectionSort {

  public static void sortiere(int[] x) {
    int temp, min;
    for (int i = 0; i < x.length - 1; i++) {
      min = i;
      for (int j = i + 1; j < x.length; j++) {
        if (x[min] > x[j]) {
          min = j;
        }
      }
      temp = x[i];
      x[i] = x[min];
      x[min] = temp;
    }
  }
```

```
  public static void main(String[] args) {
    int[] liste = {0,9,4,6,2,8,5,1,7,3};
    sortiere(liste);
    for (int i = 0; i < liste.length; i++)
      System.out.print(liste[i] + " ");
  }
}
```

Die Ausgabe sieht dann so aus:

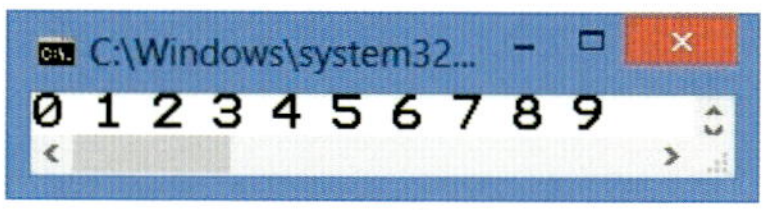

9.3.3 Insertionsort

Auch Insertionsort reiht sich in die Liste der Sortieralgorithmen mit einer vergleichsweisen langen Laufzeit[1] ein. Die Idee: Das Array besteht aus zwei Teilen, dem unsortierten und dem sortierten Teil, wobei am Anfang der sortierte Teil leer ist. Aus dem unsortierten Teil wird ein beliebiges Element herausgenommen und in den sortierten Teil an der richtigen Position eingefügt. Das Problem beim Einfügen besteht darin, eine freie Stelle im Array zu schaffen, denn vordefinierte Arrays können ihre Größe nicht ändern. Durch Rechtsverschiebung aller Elemente von der einzufügenden Stelle bis hin zur gerade freigewordenen Stelle (dort, wo das Element herausgenommen wurde), ergibt sich eine neue freie Stelle (dort, wo das Element eingefügt werden soll). Nun kann das herausgenommene Element eingefügt werden. Der sortierte Teil ist nun um ein Element vergrößert, der unsortierte Teil um ein Element verringert worden.

Abb. 9.7 illustriert das Herausnehmen eines beliebigen Elements aus dem unsortierten Teil und das Einfügen dieses Elements in den sortierten Teil eines Arrays.

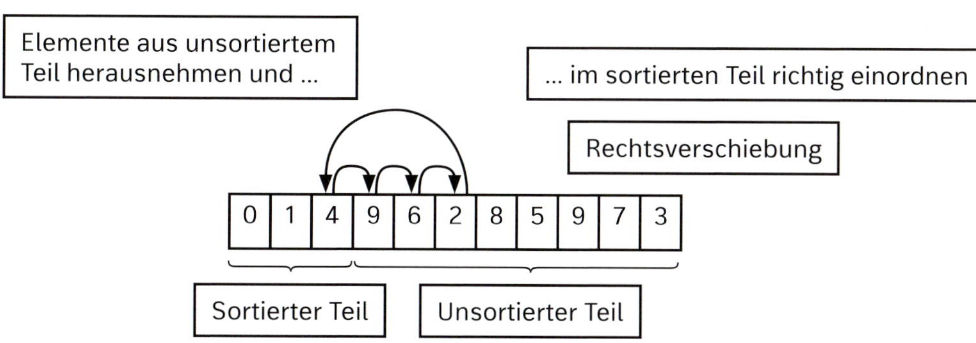

Abb. 9.7: Herausnehmen und Einfügen eines Elements bei Insertionsort

1 *Quadratische Laufzeit $O(n^2)$*

Das zugehörige erweiterte Struktogramm und der Quelltext sehen folgendermaßen aus:

sortiere(int[] x)

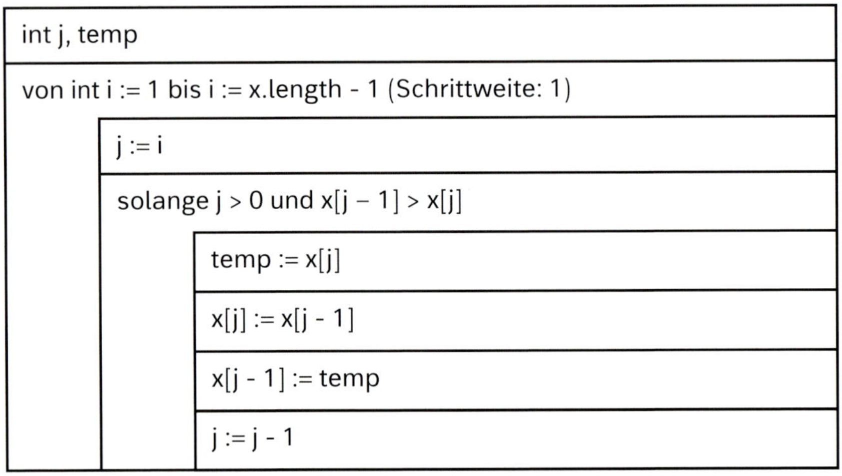

Abb. 9.8: (Erweitertes) Struktogramm zu Insertionsort

```
public class InsertionSort {

  public static void sortiere(int[] x) {
    int j, temp;
    for (int i = 1; i < x.length; i++) {
      j = i;
      while (j > 0 && (x[j-1] > x[j])) {
        temp = x[j];
        x[j] = x[j-1];
        x[j-1] = temp;
        j--;
      }
    }
  }

  public static void main(String[] args) {
    int[] liste = {0,9,4,6,2,8,5,1,7,3};
    sortiere(liste);
    for (int i = 0; i < liste.length; i++)
      System.out.print(liste[i] + " ");
  }

}
```

Die Ausgabe sieht so aus:

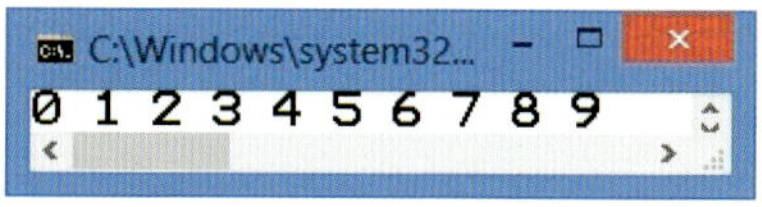

9.3.4 Mergesort

Mergesort ist ein Sortierverfahren mit einer noch vergleichsweise kurzen Laufzeit[1]. Es wendet das Prinzip *„divide and conquer"* („teile und herrsche") an, d.h., ein großes Problem wird in mehrere Teilprobleme zerlegt und dann gelöst. Übertragen auf den Mergesort-Algorithmus bedeutet dies, das gesamte Array solange zu zerlegen, bis jedes Element für sich alleine steht. Da jedes einzelne Element trivialerweise sortiert ist, werden nun die zerlegten Teile nach dem LIFO-Prinzip[2] wieder zusammengefügt. Beim Zusammenfügen wird jeweils das erste Element der beiden Teile verglichen. Das kleinere Element wird aus der Teilliste herausgenommen (so entsteht ein neues erstes Element) und in die neu entstehende Gesamtliste eingetragen. Dieser Vorgang wiederholt sich so lange, bis es keine Elemente in den Teillisten mehr gibt. Abb. 9.9 illustriert das Teilen und „Verschmelzen" bei Mergesort.

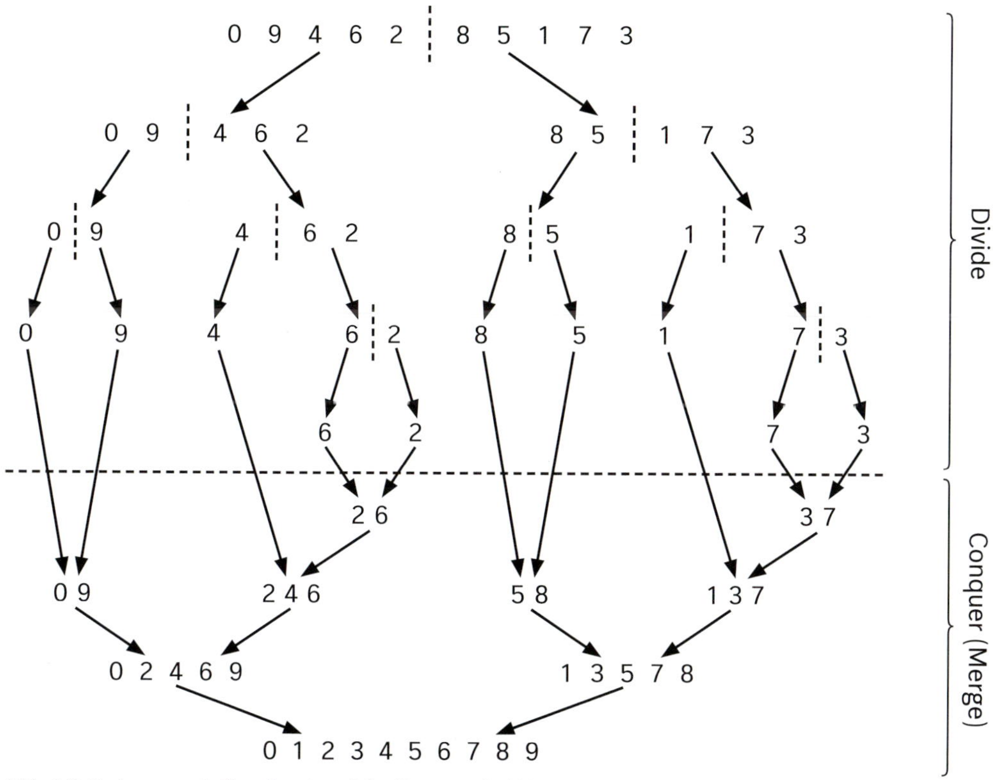

Abb. 9.9: Zerlegen und „Verschmelzen" der Elemente bei Mergesort

1 *Quasilineare Laufzeit O(n log(n))*

2 *Last In – First Out, d.h. letzte Zerlegung, erste Zusammenführung*

Divide-and-Conquer-Algorithmen lassen sich besonders gut rekursiv implementieren. Im Folgenden sind die Struktogramme für den Mergesort-Algorithmus dargestellt.

`mische(int[] x, int pStart, int pMitte, int pEnde)`

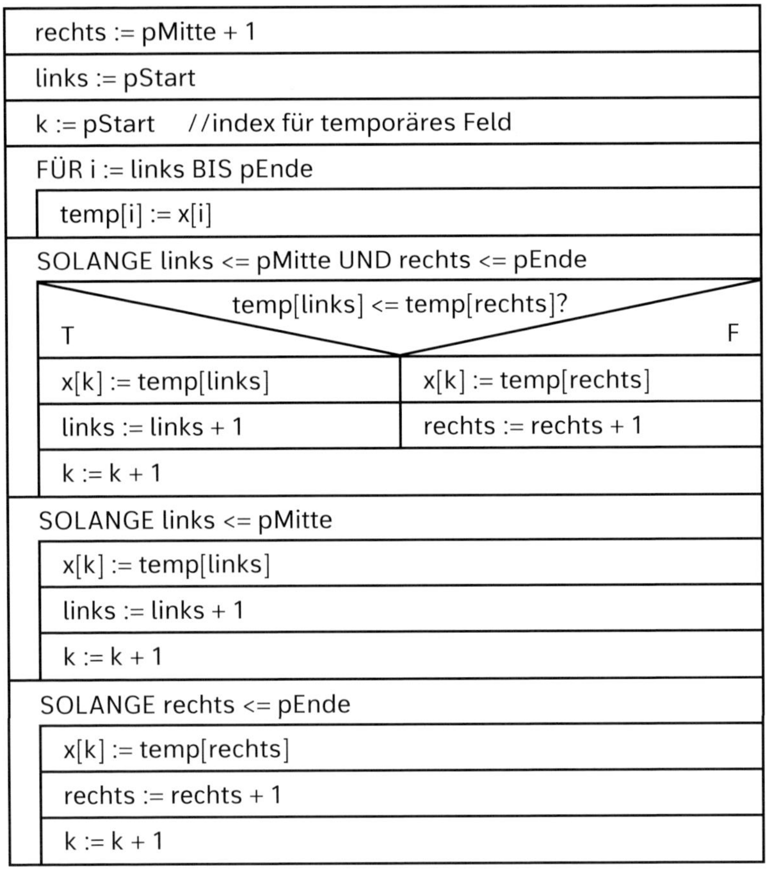

`sortiere(int[] x, int pUnten, int pOben)`

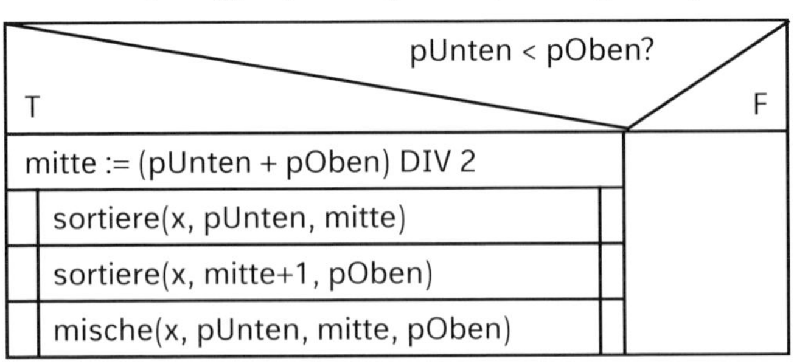

Abb. 9.10: Struktogramme zu Mergesort

Für diesen Sortieralgorithmus wird kein Quelltext angegeben, da die Implementierung eine der Übungsaufgaben ist.

9.3.5 Quicksort

Quicksort ist ein Sortieralgorithmus mit einer sehr günstigen Laufzeit[1]. Der Algorithmus ist effizienter als Mergesort. Besonders gut lässt er sich rekursiv implementieren.

Der Algorithmus läuft ebenfalls nach dem Prinzip „teile und herrsche" ab. Zuerst wird ein zufälliges Element aus dem Array gewählt, das sog. Pivotelement. Dieses muss nun an die richtige Stelle im sortierten Array geschoben werden, sodass alle Elemente, die kleiner als das Pivotelement sind, links davon und alle Elemente, die größer als das Pivotelement sind, rechts davon stehen. Dies geschieht mittels zweier Hilfsvariablen, die auf das erste („links") und letzte Element („rechts") im Array zeigen.[2] Nun wird der „Links-Zeiger", der auf das erste Element im Array zeigt, so lange nach rechts verschoben, bis dieser auf ein Element stößt, das größer ist als das Pivotelement. Danach bewegt sich der „Rechts-Zeiger", der auf das letzte Element im Array zeigt, so lange nach links, bis dieser auf ein Element stößt, das kleiner ist als das Pivotelement. Nun werden die Elemente, auf die die beiden Hilfsvariablen zeigen, miteinander getauscht. Dieser Schritt wiederholt sich so lange, bis der linke Zeiger weiter rechts im Array steht als der rechte Zeiger (d. h., die Zeiger haben sich gekreuzt). Zum Schluss wird geprüft, ob das Element, auf das jetzt der „Rechts-Zeiger" verweist, größer als das Pivotelement ist. Sollte dies der Fall sein, wird das Element des jetzt rechten Zeigers mit dem Pivotelement getauscht. Das Pivotelement ist jetzt im Array richtig einsortiert, denn links davon stehen alle kleineren und rechts davon alle größeren Elemente. Nun wird der gleiche Algorithmus so lange rekursiv auf das links sowie rechts vom Pivotelement entstandene Teilarray angewandt, bis alle Pivotelemente einsortiert sind. Abb. 9.11 zeigt den linken und rechten Zeiger (Pointer) kurz vor dem Vertauschen der Elemente.

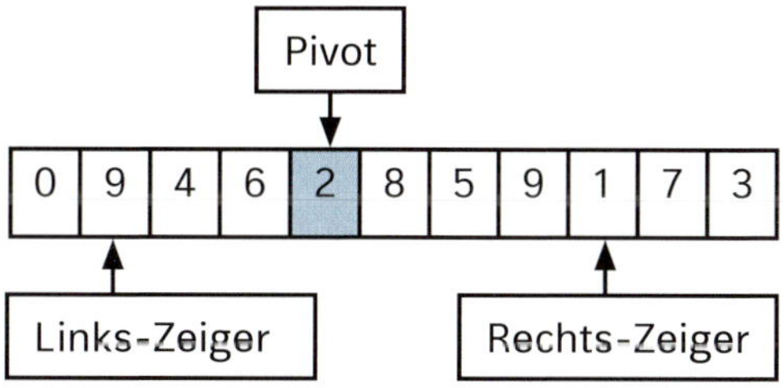

Abb. 9.11: „Links-Zeiger" und „Rechts-Zeiger" kurz vor dem Tausch der Elemente

Die rekursive Funktionsweise des Algorithmus wird in den folgenden erweiterten Struktogrammen und im Quelltext deutlich gemacht.

1 *Logarithmische Laufzeit O(log(n))*

2 *Ist das Pivotelement das letzte Element im Array, zeigen die Pointer auf das erste und vorletzte Element.*

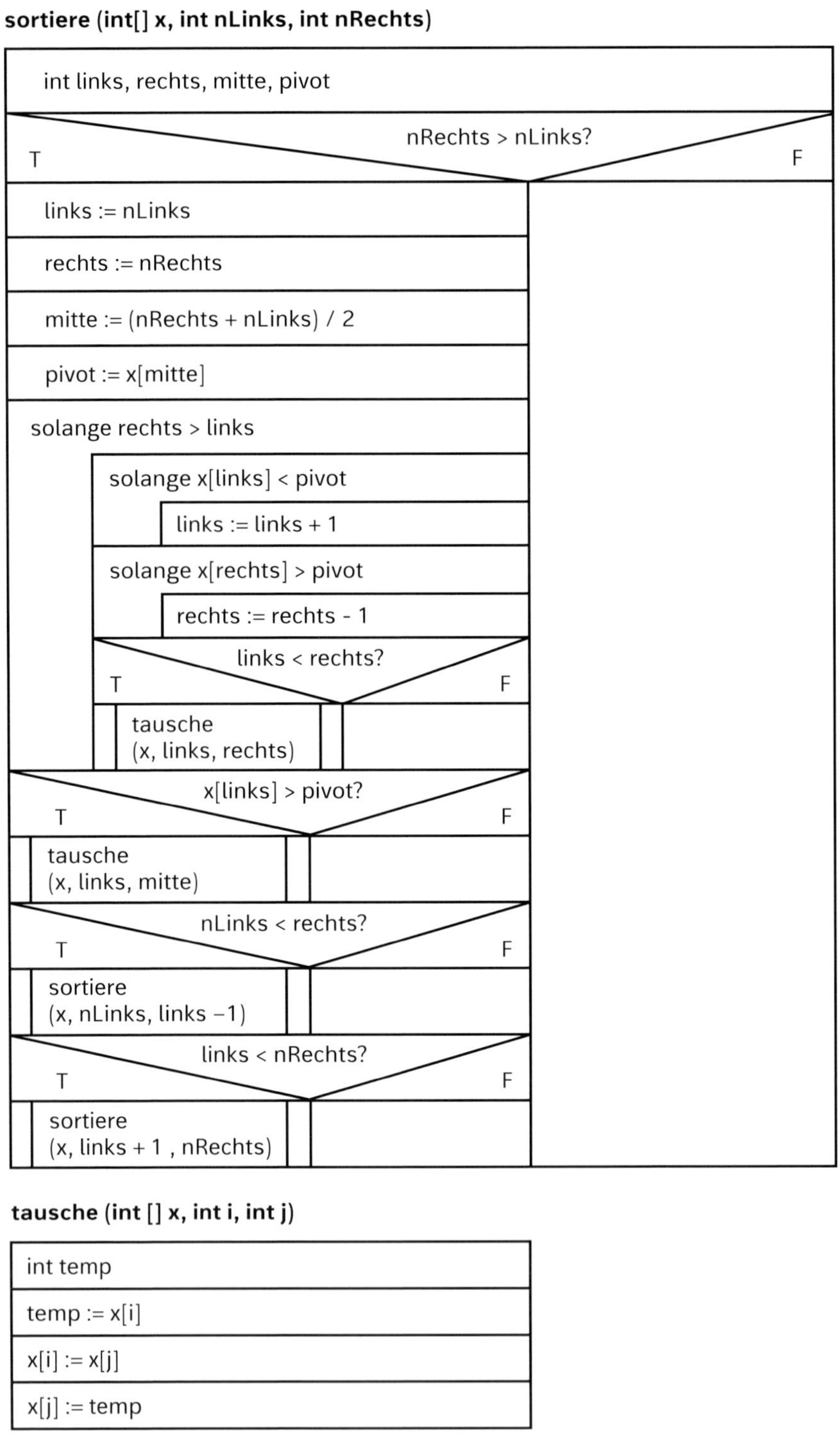

Abb. 9.12: (Erweiterte) Struktogramme zu Quicksort

```
public class QuickSort {

  public static void sortiere(int[] x, int nLinks, int nRechts) {
    int links, rechts, mitte, pivot;
    if (nRechts > nLinks) {
      links = nLinks;
      rechts = nRechts;
      mitte = (nRechts + nLinks) / 2;
      pivot = x[mitte];
      while (rechts > links) {
        while (x[links] < pivot)
          links++;
        while (x[rechts] > pivot)
          rechts--;
        if (links < rechts) {
          tausche(x,links,rechts);
        }
      }
      if (x[links] > pivot) {
        tausche(x,links,mitte);
      }
      // An der Stelle "links" ist das Element genau richtig!
      // Alle Elemente rechts davon sind größer
      // Alle Elemente links davon sind kleiner
      if (nLinks < rechts)
        sortiere(x,nLinks,links-1);
      if (links < nRechts)
        sortiere(x,links+1,nRechts);
      }
    }

  public static void tausche(int[] x, int i, int j) {
    int temp;
    temp = x[i];
    x[i] = x[j];
    x[j] = temp;
  }

  public static void main(String[] args) {
    int[] liste = {0,9,4,6,2,8,5,1,7,3};
    sortiere(liste, 0, liste.length - 1);
    for (int i = 0; i < liste.length; i++)
      System.out.print(liste[i] + " ");
  }

}
```

Die Ausgabe sieht dann so aus:

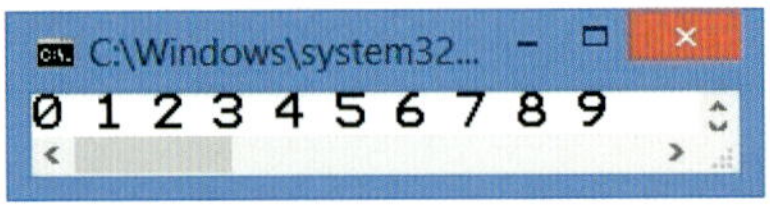

Es gibt viele verschiedene **Sortierverfahren**. Einige lassen sich besser rekursiv, andere besser iterativ implementieren. Um qualitative Aussagen über die einzelnen Sortierverfahren treffen zu können, ist die Betrachtung der **Laufzeit** wichtig. Ein vergleichsweise langsamer Algorithmus ist **Bubblesort**, ein vergleichsweise sehr schneller Algorithmus ist **Quicksort**. Natürlich hängt es von den funktionalen Anforderungen einer Anwendung ab, ob die Laufzeit eines Algorithmus als akzeptabel beurteilt wird oder nicht.

9.4 Ausgewählte Suchalgorithmen

Anna, Emre und Paul schwirrt der Kopf. So viele verschiedene Sortierverfahren. Emre meint: „Aber passieren die nicht oft im Hintergrund bzw. stellen nicht einige Klassen (z. B. einige Container-Klassen) Sort-Methoden zur Verfügung?" „Was ist denn eigentlich mit den Suchalgorithmen?", meint Paul. Also nehmen sich die drei Zeit für dieses Thema.

Die Problemstellung bei allen Suchverfahren kann wie folgt formuliert werden: Finde ein Element (oder auch eine Zeichenkette) in einem bestimmten Behälter. Als Behälter soll hier ein Array dienen.

Konkret soll nun ein Name im Telefonbuch gesucht werden. Dies ist für Menschen ein leichtes Unterfangen. Doch wie kann ein Rechner dieses Problem algorithmisch lösen? Es gibt eine ganze Reihe von Suchalgorithmen, hier sollen drei häufig gebrauchte vorgestellt werden. Der erste Algorithmus sucht das Telefonbuch linear ab, der zweite Algorithmus ist etwas effizienter und benutzt das Prinzip „teile und herrsche". Der dritte Algorithmus bedient sich eines Mustervergleichs. Alle drei Algorithmen basieren auf unterschiedlichen Lösungsstrategien für das Problem.

Es gibt viele weitere algorithmische Verfahren, die Elemente in einem Array suchen. So wird in baumartigen Strukturen oft die Breiten- oder Tiefensuche verwendet. Es soll hier aber genügen, auf die oberen drei Verfahren einzugehen.

Auch bei den Suchalgorithmen ist die Laufzeit ein Qualitätsmerkmal.

9.4.1 Lineare Suche

Die lineare oder auch sequenzielle Suche ist ein sehr einfaches Suchverfahren. Nach einem bestimmten Element im Array wird gesucht, indem jedes Element der Reihe nach „angefasst" und auf Übereinstimmung mit dem gesuchten Element verglichen wird. Wurde das gesuchte Element gefunden, wird die Suche abgebrochen. Bei diesem Verfahren müssen im schlechtesten Fall (gesuchtes Element befindet sich ganz hinten) alle Elemente einmal angefasst werden. Kommt das gesuchte Element im Array gar nicht vor, muss das komplette Array trotzdem durchlaufen werden. Dies kann bei einer großen Anzahl von Elementen relativ lange dauern. Die Laufzeit des Algorithmus ist proportional zur Anzahl der Elemente[1]. Das Struktogramm in Abb. 9.13 zeigt den Ablauf der linearen Suche.

sequenzielleSuche (int[] a, int x)

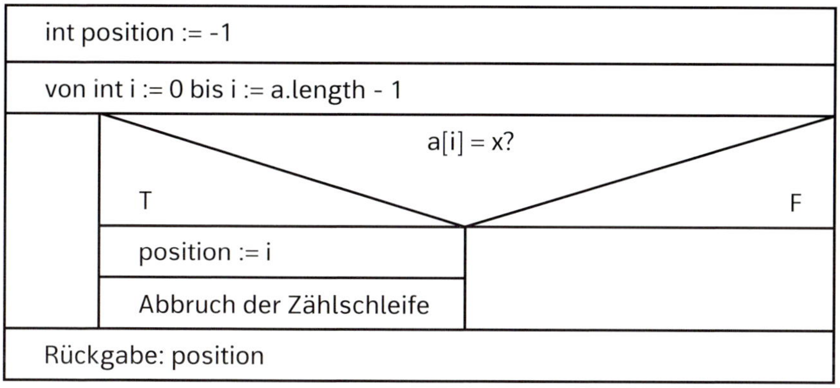

Abb. 9.13: (Erweitertes) Struktogramm zum linearen Suchalgorithmus

Der zugehörige Java-Code sieht wie folgt aus:

```
public static int sequenzielleSuche(int[] a, int x) {
  int postion = -1; // Falls kein Element gefunden wird
  for (int i = 0; i < a.length, i++) {
    if (a[i] == x) {
      position = i; // x gefunden
      break;
    }
  }
  return position;
}
```

9.4.2 Binäre Suche

Der binäre Suchalgorithmus ist effizienter als der lineare Suchalgorithmus. Die Laufzeit[2] dieses Verfahrens ist verleichsweise sehr günstig. Dafür wird hier im Gegensatz zur linearen Suche ein sortiertes Feld (z. B. aufsteigend sortiert) vorausgesetzt. Die Idee ist, nicht das ganze Feld zu durchsuchen, sondern immer nur einen Abschnitt des Felds. Am Anfang wird das gesamte Feld als Abschnitt interpretiert. Dieser wird halbiert. Nun wird geschaut, ob das Element in der Mitte das gesuchte Element ist. Ist dies der Fall, ist der Algorithmus beendet. Ist dies nicht der Fall, wird die Hälfte, in der das gesuchte Element nach der sortierten Ordnung sein muss, der neue zu durchsuchende Abschnitt. Das Halbieren wird so oft durchgeführt, bis das Element in der Mitte das gesuchte Element ist oder im neuen Abschnitt keine Elemente mehr existieren.

---

1 Lineare Laufzeit O(n)

2 Logarithmische Laufzeit O(log(n))

Das Struktogramm zeigt den Ablauf der binären Suche.

binäreSuche (int[] a, int x)

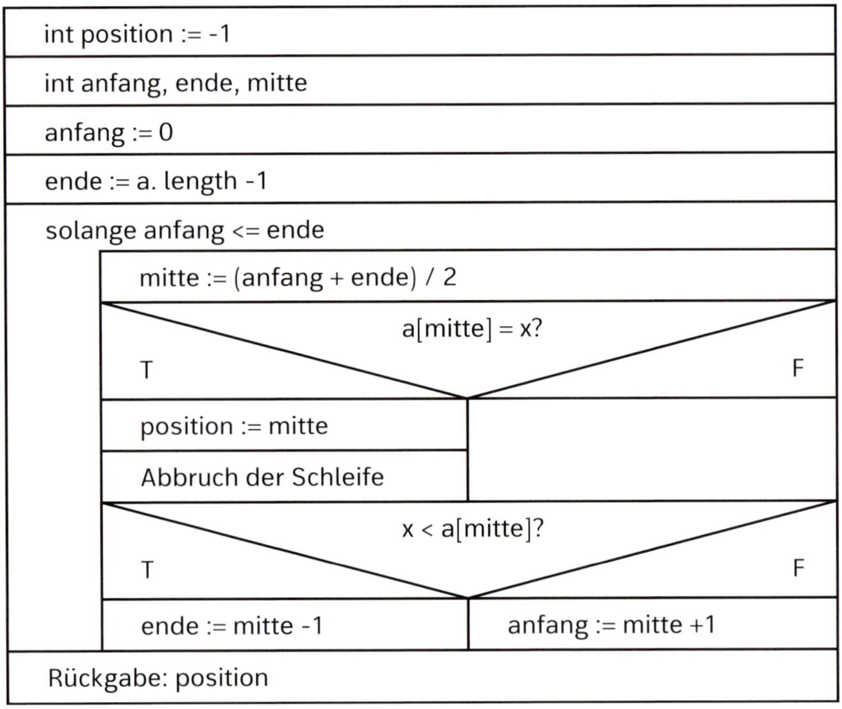

Abb. 9.14: (Erweitertes) Struktogramm zur binären Suche

Der zugehörige Java-Code sieht wie folgt aus:

```java
public static int binaereSuche(int[] a, int x) {
  int position = -1; // Falls kein Element gefunden wird
  int anfang, ende, mitte;
  anfang = 0;
  ende = a.length - 1;
  while (anfang <= ende) {
    mitte = (anfang + ende) / 2;
    if (a[mitte] == x) {
      position = mitte;
      break;
    }
    if (x < a[mitte])
      ende = mitte - 1;
    else
      anfang = mitte + 1;
  }
  return position;
}
```

9.4.3 Mustervergleich nach Boyer-Moore

Der Boyer-Moore-Algorithmus sucht ein Stringmuster in einem Text. Die Laufzeit ist (wenn der Algorithmus abbricht, sobald die erste Übereinstimmung gefunden wurde) proportial zur Addition der Länge des Suchmusters (`muster`) und der Länge des Textes (`text`).[1] Ansonsten (wenn alle Übereinstimmungen gefunden werden sollen) ist die Laufzeit proportional zum Produkt von `muster` und `text`.

Die Grundidee besteht darin, das Suchmuster von links nach rechts buchstabenweise mit dem Text zu vergleichen. Stimmt kein Buchstabe des Musters mit dem Text überein, so wird die volle Länge des Suchmusters nach rechts verschoben. Kommt der Textbuchstabe an der Position, an der sich der letzte Buchstabe des Suchmusters befindet, im Suchmuster vor, wird das Muster um so viele Positionen nach rechts verschoben, bis der gleiche Buchstabe des Textes sowie des Suchmusters untereinander stehen. Abb. 9.15 illustriert dies.

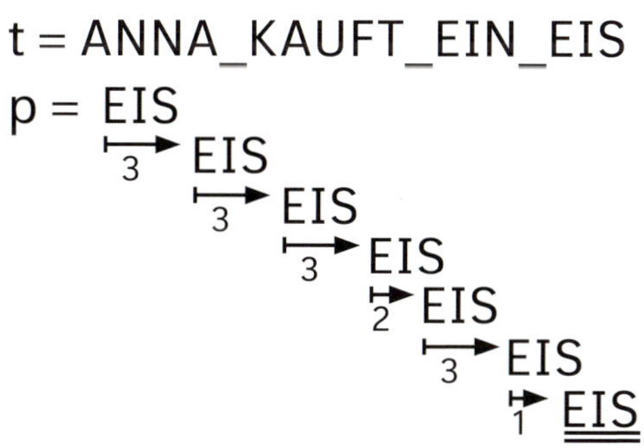

Abb. 9.15: Positionsverschiebung im Boyer-Moore-Algorithmus

Der folgende Beispielcode implementiert den Boyer-Moore-Algorithmus:

```
public class BoyerMoore {

  public static int einfacherBoyerMoore(String t, String p) {
    char[] text = t.toCharArray();
    char[] pattern = p.toCharArray();
    int tlength = text.length;
    int plength = pattern.length;
    int verschiebeStellen = 0;

    for (int i = 0; i <= (tlength - plength); i +=
                                            verschiebeStellen) {
      verschiebeStellen = 0;
      for (int j = plength - 1; j >= 0; j--) {
        if (pattern[j] != text[i + j]) {
          verschiebeStellen = Math.max(1, plength -
                findeCharImMuster(text[i + plength - 1], pattern));
```

1 *lineare Laufzeit O(m+n)*

```
          break;
        }
      }
      if (verschiebeStellen == 0) {
        return i + 1;
      }
    }
    return 0;
  }

  public static int findeCharImMuster(char a, char b[]) {
    int i;
    for (i = b.length - 1; i >= 0; i--) {
      if (a == b[i]) {
        return i + 1;
      }
    }
    return 0;
  }

  public static void main(String[] args) {
    String text = "Anna kauft ein Eis", pattern = "Eis";
    System.out.println("Gefundene erste Stelle des Musters: " +
                              einfacherBoyerMoore(text, pattern));
  }
}
```

Die Ausgabe sieht folgendermaßen aus:

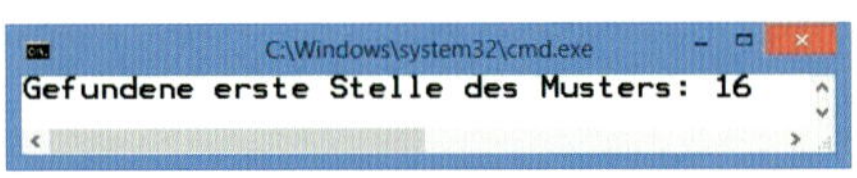

Hinweis: Die Ausgabe „Gefundene erste Stelle des Musters: 0" bedeutet, das Muster wurde nicht gefunden.

Es gibt viele verschiedene **Suchstrategien**, die in unterschiedlichen Datenstrukturen ihre Anwendung finden können. Die bekanntesten Algorithmen sind die **lineare** und die **binäre Suche**. Wie bei den Sortierverfahren kann es in Abhängigkeit von der funktionalen Anforderungsspezifikation der Anwendung auf das **Laufzeitverhalten** des Suchalgorithmus ankommen.

9.5 KI-Algorithmen und Industrie 4.0

Algorithmen waren lange Zeit eindeutig und nachvollziehbar. Wenn „das und das“ vorliegt (Eingabedaten) passiert „aus dem und dem Grund“ (Algorithmus) „das und das“ (Ausgabedaten). Das, was in den Anfängen der Künstlichen-Intelligenz-Diskussion als KI verkauft wurde (z. B. Schachprogramme), waren in Wirklichkeit relativ durchschaubare Algorithmen, die nur durch die immer schneller werdende Hardware und durch reine Rechenleistung zu erstaunlichen Resultaten führten (s. Abb. 9.16). Inzwischen ist auch das Go-Spiel „geknackt“ worden (sprich der Rechner ist besser als der beste menschliche Go-Spieler). Aber die Algorithmen haben sich verändert, sie sind undurchschaubarer geworden und lernen auch manchmal selbstständig dazu.

Abb. 9.16: Zum ersten Mal (Mai 1997) triumphierte ein Computer (Deep Blue) über einen Schachweltmeister (Garri Kasparow).

Diese KI-Algorithmen werden bei Brettspielen in der Regel nicht von Menschen hinterfragt. Ein Problem entsteht aber z. B. dann, wenn die Bank einen Kredit trotz bester Bonität verweigert oder ein Onlineshop dem Kunden beharrlich Bücher vorschlägt, die man nie im Leben lesen würde. Die Auswirkungen maschinellen Lernens kennt jeder aus dem Alltag, aber die Algorithmen sind oft nicht transparent. Liegt der Algorithmus falsch oder ist der Betroffene wirklich nicht kreditwürdig? Je weitreichender die Einsatzgebiete solcher Algorithmen sind, umso gefährlicher sind mögliche Fehlschlüsse oder Ungenauigkeiten. Dies kann jeder sofort nachvollziehen, wenn es beispielsweise um das autonome Fahren geht.[1]

1 Vgl. Wolfangel, Eva: Die Grenzen der künstlichen Intelligenz, veröff. am 03.05.2016 unter: https://www.spektrum.de/news/die-grenzen-der-kuenstlichen-intelligenz/1409149

Wie lernen Maschinen bzw. die dahinter stehende Software überhaupt? Eine zentrale Unterscheidung wird bei der Art des Lernens gemacht. Algorithmen können „überwacht“ oder „unüberwacht“ lernen.

1. Überwachtes Lernen

Dieses wird u.a. für Klassifikationsaufgaben genutzt, z.B. bei der Fragestellung: „Ist auf einem Foto ein Mensch zu sehen oder nicht?“. Grundlage dafür sind Trainingsdaten, anhand derer der Algorithmus auf Vorgabe eines menschlichen Trainers lernt, was das richtige Ergebnis ist: Auf diesen 10000 Bildern ist ein Mensch, auf diesen 10000 Bildern nicht. Die Idee ist: Wenn ein System genügend Trainingsdaten hat, dann lernt es daraus, auch bislang unbekannte Bilder zu klassifizieren.
Die Go-Spiele-Software AlphaGo lernte beispielsweise anhand von Millionen menschlicher Go-Spielzüge.
Aber auch überwachtes Lernen kann in die Irre führen. So kursiert in Forscherkreisen das Beispiel eines Systems, welches darauf trainiert wurde, Panzer auf Bildern zu erkennen. Der Trainingsdatensatz bestand zum einen aus Werbebildern von Herstellerfirmen von Panzern, zum anderen aus beliebigen anderen Bildern, auf denen kein Panzer zu sehen war. Aber das System funktionierte leider in der Anwendung nicht: Es erkannte Panzer nicht, sondern filterte stattdessen Bilder heraus, auf denen die Sonne schien. Das Problem war, dass auf den Werbebildern stets die Sonne geschienen hatte. Der Algorithmus hatte anscheinend die Sonne als Kriterium ermittelt.

Aber es gibt auch Erfolge.
Verily Life Sciences, ein Tochterunternehmen des Google-Konzerns Alphabet, hat einen auf KI basierenden Algorithmus entwickelt, der Herzerkrankungen bei einem Menschen vorhersagen kann, noch bevor konkrete Krankheitssymptome auftreten. Der Algorithmus wurde mit medizinischen Daten von rund 300000 Patienten trai-

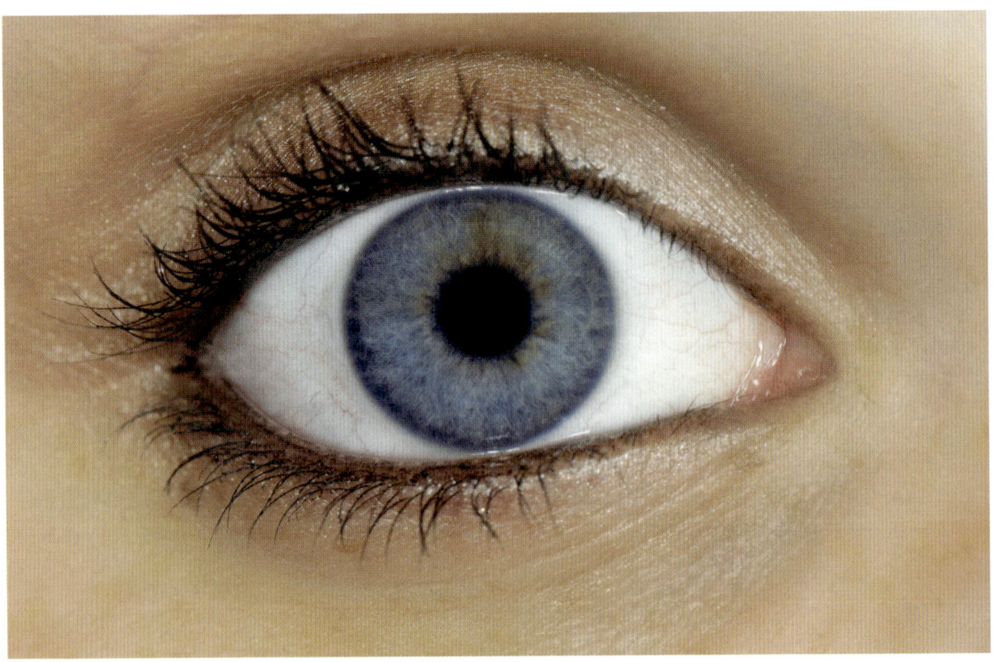

Abb. 9.17: Googles Deep-Learning-Algorithmus benutzt einen Augenscan

niert. Dabei wurden Scans des Augenhintergrunds eines Menschen sowie seine allgemeinen Gesundheitsdaten eingegeben. Der auf neuronalen Netzwerken basierende selbstlernende Algorithmus erkennt nach der Trainingsphase Muster und Zusammenhänge aus den Augenscans und anderen Risikofaktoren, wie Alter, Blutdruck, Trink- und Rauchgewohnheiten sowie Vorerkrankungen. Die Software liefert eine Risikoeinschätzung für eine Herz-Kreislauf-Erkrankung innerhalb der nächsten fünf Jahre. Die Trefferquote für eine richtige Diagnose liegt bei etwa 70 %, das aktuell anerkannte Verfahren über Bluttests liegt mit 72 % zwar etwas darüber, ist jedoch deutlich zeitaufwendiger.[1]

2. **Unüberwachtes Lernen**

   Beim sog. unüberwachten Lernen bekommt der Algorithmus keine Trainingsdaten und keinen Hinweis auf das gewünschte Ergebnis, sondern er soll Strukturen bzw. Zusammenhänge in den Daten erkennen. Er kann so z. B. ungewöhnliche Ereignisse finden, sog. „Outlier“. Das wird angewendet, um z. B. Hackerangriffe auf Computernetzwerke anhand auffällig anderer Anfragen aus dem Netz zu erkennen. Ein anderer wichtiger Anwendungsfall ist die Clusteranalyse, sprich die Suche nach „natürlichen“ Gruppen oder Daten mit ähnlichen Eigenschaften. Diese Verfahren sind geeignet, um Cliquen in sozialen Netzwerken zu identifizieren oder Kunden zu „clustern“. Amazon beispielsweise wendet eine Mischung aus überwachten und nicht überwachten Verfahren an: Angaben wie „Kunden wie Sie interessierten sich auch für ...“ beruhen zum Teil auf dieser Clusteranalyse, die darauf schließt, dass Käufer von Produkt A oft auch Produkt B kaufen. Der Algorithmus sortiert hierfür die Menschen in verschiedene Gruppen. Im Endeffekt liefert das Kundenverhalten die Trainingsdaten für den Algorithmus: Wird z. B. ein Produkt nach Empfehlung gekauft, bestätigt dies die Einschätzung des Algorithmus.

Industrie 4.0

Was haben nun KI-Algorithmen mit der sog. Industrie 4.0 zu tun? In der Industrie 4.0 verzahnt sich die Produktion mit modernster Digital-, Informations- und Kommunikationstechnik. Die treibende Kraft dieser Entwicklung ist die stark zunehmende Digitalisierung von Wirtschaft und Gesellschaft. Sie verändert die Art und Weise, wie zukünftig produziert und gearbeitet wird: Jetzt sollen intelligente Fabriken (sog. „Smart Factories“) die vierte industrielle Revolution einleiten.[2]

Technische Grundlage hierfür sind digital vernetzte Systeme, mit deren Hilfe eine weitestgehend selbstorganisierte Produktion möglich wird. Menschen, Maschinen, Anlagen, Logistik und Produkte kommunizieren und kooperieren in der Industrie 4.0 direkt miteinander. Produktions- und Logistikprozesse werden intelligent miteinander verzahnt, um die Produktion noch effizienter oder auch flexibler zu gestalten.

Aber die Vernetzung ist nur die Grundlage für die Industrie 4.0. Alle Prozesse, einschließlich der Kommunikation, müssen sinnvoll algorithmisch gesteuert werden. Wenn diese Algorithmen intelligent bzw. selbstlernend sind, dann kann eine intelligente Wert-

1 *Vgl. Bünte, Oliver: Google KI-Algorithmus kann Herzerkrankungen durch Augen-Diagnose voraussagen, veröff. am 20.02.2018 unter: https://www.heise.de/newsticker/meldung/Google-KI-Algorithmus-kann-Herzerkrankungen-durch-Augen-Diagnose-vorhersagen-3973918.html*

2 *Vgl. Bundesministerium für Wirtschaft und Energie/Geschäftsstelle Plattform Industrie 4.0: Was ist Industrie 4.0?, Zugriff am 27.09.2018 unter: https://www.plattform-i40.de/I40/Navigation/DE/Industrie40/WasIndustrie40/was-ist-industrie-40.html*

schöpfungskette entstehen, die alle Phasen des Produktlebenszyklus einschließt: von der Idee eines Produkts über die Entwicklung, Fertigung, Nutzung und Wartung bis hin zum Recycling.

Abb. 9.18: Genaue, datengesteuerte Führung eines Robotergreifarms an einer vernetzten Fertigungsstraße.

Bei der Industrie 4.0 entstehen in den Systemen an unterschiedlichsten Stellen eine Vielzahl von Daten, z. B. Werte aus tausenden von Messpunkten zur Überwachung von allen Komponenten einer Produktionsstätte. Diese Daten sind zu „reinigen", zu analysieren, miteinander in Bezug zu setzen, zu interpretieren und dann sind daraufhin Entscheidungen zu treffen. Die für die Entscheidungsfindung nötige massive Kognitionsleistung kann nur von entsprechend angepassten Methoden der KI erbracht werden.

Beispiel:
Der große Baustoff-Konzern Saint-Gobain erprobt modernste Produktionsverfahren. 14 Millionen Autoscheiben werden jährlich an diesem Standort gefertigt, eine der neuen Produktionslinien wurde 2018 vollständig auf Industrie-4.0-Standard umgestellt.
„Wir nehmen hier jede 20. Millisekunde an 2000 Datenpunkten Informationen auf, die direkt in den Verarbeitungsprozess einfließen und diesen ständig verbessern", sagt Stephan Kranz, Chef der Sicherheitsglassparte Sekurit. „Früher wurde bei einem Problem ein Bericht geschrieben und dann abgeheftet." Heute hat der Ingenieur auf einem großen Bildschirm alle Daten im Blick, wie bei einem i-Pad steuert er den Monitor mit Wischbewegungen. „Alles wird in das lernende System hineingeschrieben, gespeichert und verarbeitet."[1]

Allerdings werden diese hochkomplexen Systeme ihre innere Komplexität bei der Kommunikation mit dem Menschen eher verbergen. Nur durch eine unkomplizierte Kommunikation mit dem menschlichen Kommunikationspartner werden die intelligenten Systeme auf Dauer beim Menschen bzw. bei der Belegschaft der Produktionsstätten Akzeptanz finden.

Bei sog. **KI-Algorithmen** wird eine zentrale Unterscheidung bei der Art des Lernens gemacht. Algorithmen können „**überwacht**" oder „**unüberwacht**" lernen.
Vernetzung ist die Grundlage für **Industrie 4.0**. Durch **intelligente Algorithmen** soll eine **Wertschöpfungskette** entstehen, die **alle Phasen des Produktlebenszyklus** einschließt: von der Idee eines Produkts über die Entwicklung, Fertigung, Nutzung und Wartung bis hin zum Recycling.

1 *Quelle: Hartmann, Guido M.: „Industrie 4.0 ist momentan eines der wichtigsten Themen", veröff. am 01.05.2018 unter: https://www.welt.de/regionales/nrw/article175964428/Saint-Gobain-Industrie-4-0-ist-momentan-eines-der-wichtigsten-Themen.html [01.03.2019]*

9.6 Aufgaben, Übungen und Handlungsschritte

Anna, Emre und Paul brennen darauf, ihr theoretisches Wissen endlich anzuwenden. Frau Zeinab gibt den Dreien eine Woche Zeit, die folgenden Aufgaben zu bearbeiten.

AUFGABEN, ÜBUNGEN UND HANDLUNGSSCHRITTE

1. Finden Sie im Internet weitere Definitionen für den Begriff Algorithmus.
2. Zeichnen Sie den rekursiven Baum der Fibonacci-Folge für fib(5) auf.
3. Implementieren Sie einen Bubblesort-Algorithmus, der schneller ist als der im Buch angegebene.
4. Sind die im Buch implementierten Algorithmen für die Sortierverfahren Insertionsort und Selectionsort auch korrekt bei Zahlenfeldern, die gleiche Zahlen enthalten (z. B. `int[] liste = {5,5,2,2,0,9,5,1,7,3};`)?
   Wenn nein, verbessern Sie den Algorithmus.
5. Schreiben Sie ein Programm, dass das Array
   `int[] liste = {0,9,4,6,2,8,5,1,7,3};`
   mit dem Sortieralgorithmus Mergesort sortiert.
6. Führen Sie einen Schreibtischtest des im Buch vorgegebenen Quicksort-Algorithmus mit dem vorgegebenen Zahlenfeld durch. Wie oft wird die Methode aufgerufen? Welche Werte werden als aktuelle Parameter (linker und rechter Zeiger: nLinks und nRechts) mitgegeben, in welcher Reihenfolge befinden sich jeweils die Zahlen im Zahlenfeld?
7. Schreiben Sie einen rekursiven Algorithmus für die lineare und für die binäre Suche.
8. Erweitern und implementieren Sie den Boyer-Moore-Algorithmus so, dass nicht nur die erste, sondern alle Fundstellen ausgegeben werden, und testen Sie ihn an dem Text „HERR MEIER ISST EINEN EIMER EIS“ mit dem Suchbegriff „EI“.
   Tipp: Die Lösung lautet 7, 17, 23, 29.
9. Vergleichen Sie den Boyer-Moore-Algorithmus mit einer sog. nativen Mustererkennung.
10. Diskutieren Sie die Vor- und Nachteile von KI-Algorithmen und der sog. Industrie 4.0.

Sachwortverzeichnis

T

U

V

Bildquellenverzeichnis

alamy images, Abingdon/Oxfordshire: 360b 16

Balsamiq Studios, LLC, Sacramento: https://balsamiq.com 420

Bulls Pressedienst GmbH, Frankfurt am Main: 23, 27, 31, 33, 40, 46, 59, 64, 217, 218, 220, 436

datagraphis GmbH, Wiesbaden-Nordenstadt: 353

Ehlert, Albrecht, Bestensee: 35, 55, 56, 96, 98, 99, 99, 103, 104, 104, 104, 106, 108, 108, 109, 109, 119, 119, 121, 126, 129, 130, 131, 135, 139, 141, 143, 143, 152, 158, 161, 162, 163, 164, 169, 170, 172, 173, 173, 175, 180, 222, 222, 223, 224, 225, 225, 230, 230, 231, 234, 238, 238, 238, 238, 420, 479, 481, 483, 488, 492

fotolia.com, New York: DragonImages Titel; Furian, Peter Hermes 352; monsitj Titel

Greser & Lenz, Aschaffenburg: 434

Hasso-Plattner-Institut - Campus Griebnitzsee I Universität Potsdam, Potsdam: 37

Informationstechnikzentrum Bund - ITZBund, Bonn: V-Modell® ist eine geschützte Marke der Bundesrepublik Deutschland 25

Katholnigg, Johannes, Wiesbaden: 425

King's College London / Faculty of Natural & Mathematical Sciences, London: 89

Niedersächsisches Ministerium für Umwelt, Energie und Klimaschutz, Hannover: 41, 42, 328, 328

Oracle Trademark & Copyright Legal Group, Redwood Shores: 93

Picture-Alliance GmbH, Frankfurt/M.: CPA Media Co. 474; dpa-Zentralbild/euroluftbild.de 344; Gollnow, Sebastian 496; Hertzog, Patric /epa AFP 217; imageBROKER 494; Stan_Honda 493

Preckel, Elke, Jühnde: 337, 342, 342, 359, 359, 359, 371

Project Cartoon, Bradenton: 40

Ritter, Roland, Kleinmachnow: 458, 458

Röhner, Gerhard, Frankfurt: 144, 145

Schleyer, Martin, Berlin: 313, 365, 365, 365, 365, 365, 366, 366, 366, 366, 366, 366, 377, 387, 395, 402, 402, 403, 404, 462, 464, 467, 469

Schneider, Thomas, Werder: 111, 114, 114, 116, 116, 123, 123, 285, 287, 288, 288, 289, 289, 290, 291, 291, 291, 292, 293, 293, 293, 294, 301, 315

Statcounter – Guinness Enterprise Centre, Dublin: Creative Commons Attribution-Share Alike 3.0 Unported License 321

stock.adobe.com, Dublin: Alen-D 11; Atkins, Peter 13; detailblick-foto 10; Drobot Dean 12; Firenight 32; godesignz 100; hobrath 27, 28, 192, 194; kameraauge 127; Kitty 128; MrForever 21; POKPAK 321; Stefanovskiy, Andrew 32; wajan 50, 350

Technische Universität Clausthal – Department of Software and Systems Engineering, Clausthal-Zellerfeld: 26

TIOBE Software BV, Duisburg-Neudorf: 84

Verein SwissEduc, Wettingen: swisseduc.ch – Programmieren mit Kara 89

W3C: 324

Widder, Oliver, Hamburg: 402, 412

wikimedia.commons: Hüttermann, Michael 28; Wallroth, Sebastian 34

Wir arbeiten sehr sorgfältig daran, für alle verwendeten Abbildungen die Rechteinhaberinnen und Rechteinhaber zu ermitteln. Sollte uns dies im Einzelfall nicht vollständig gelungen sein, werden berechtigte Ansprüche selbstverständlich im Rahmen der üblichen Vereinbarungen abgegolten.